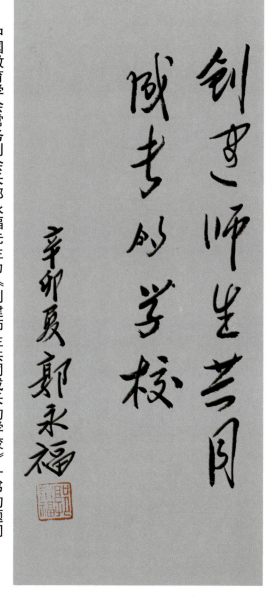

创建师生共同
成书的学校

辛卯夏 郭永福

中国教育学会常务副会长郭永福先生为《创建师生共同成长的学校》一书的题词

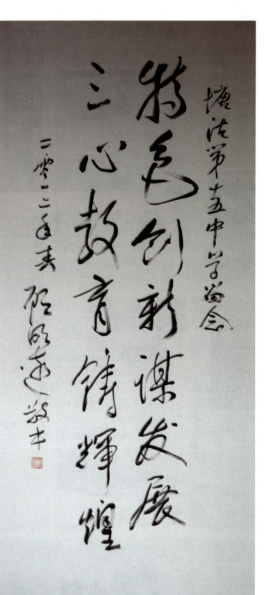

塘沽第十五中学留念

特色创新谋发展
三心教育铸辉煌

二〇一二年春
顾明远

《特色教育谋发展 三心教育铸辉煌》——顾明远题

《让每个学生都成功》——郭永福题

《为每个学生成长提供适合的教育》——顾明远题

2010 年 6 月 3 日，天津市教育科学研究院院长张武升博士率专家团来我校指导梳理办学成果

2010 年 9 月 22 日，天津市委常委、市委教育工委书记苟利军（前排中）到澳大利亚悉尼大学慰问在此研修学习的未来教育家奠基工程首期学员和部分校长

2011 年 6 月 27 日，中国教育学会常务副会长郭永福（右二）、中国教育学会初中教育专业委员会理事长李锦韬（左一）、天津市教育学会常务副会长刘长兴（右一）来我校考察指导实施"三心教育"的情况

2011 年 11 月 3 日，天津市委教育工委常务副书记魏大鹏（前排中）等市区局领导来我校考察指导工作

2011 年 11 月 2 日，天津市滨海新区教育局局长荆洪阳（前排中）、塘沽教育局局长闫国梁（前排右一）等来我校考察指导工作

2012 年 3 月 25 日，中国教育学会会长顾明远先生来我校考察指导工作

2008年11月，参加天津市第四届基础教育教学成果奖表彰会

2008年12月5日，获得天津市第二届基础教育名校长高峰论坛论文一等奖，被评为天津市第三届最具创新精神"十大"校长

2009年3月24日，应邀参加了中美高中特色办学研讨会

2010年12月，参加了在北京人民大会堂举行的全国第五届十佳初中校长表彰会

2011年11月26日，参加了首届中国当代特色学校推选活动颁奖典礼

2012年5月28日，在天津市未来教育家奠基工程首期学员结业式上，张俊芳副市长亲自为我颁发结业证书

2009 年 11 月 28 日，在全国中小学学校管理与校园文化研讨会暨天津市塘沽十五中学校管理经验展示会上做大会主题报告

2009 年 12 月 27 日，应邀在第五届全国优秀班主任、优秀校长颁奖大会暨教育创新论坛上做大会典型发言

2010 年 4 月 9 日，在天津市未来教育家奠基工程总结大会上，代表首期学员做大会典型发言

2010 年 12 月 21 日，在天津礼堂举行的马长泽、潘怀林办学思想与实践成果展示、研讨、交流会上做大会典型发言

2011 年 3 月 26 日，应邀参加广东省教育评价实战论坛并做大会主题发言

2011 年 9 月 18 日，全国区域开展"说教材"活动暨塘沽十五中办学经验交流会在我校召开，我在大会上做了学校办学经验的专题介绍

2011 年 10 月 14 日，在山西太原举办的全国培养学生良好行为习惯现场会上做典型经验介绍

2011 年 10 月 20 日，在四川泸州举行的中国教育学会初中教育专业委员会第十六次学术年会上做大会典型发言

2012 年 3 月 25 日，在塘沽十五中举行的全国初中创新教育研讨会上做大会典型发言，介绍学校的办学经验

我校德育工作引起媒体的高度关注,2011年11月9日的《天津教育报》以《责任文化引领学生健康成长——滨海新区塘沽第十五中学采访纪实》为题报道了学校在德育和体育方面的情况

2009年11月6日的《中国教育报》以《让教师潜下心来自主发展》为题报道了我校教师专业化发展方面的经验

2009年11月11日的《中国教师报》以《一所普通中学迅速崛起的奥秘——塘沽十五中潘怀林校长与他的团队》为题全面报道了学校的办学经验

2010年3月5日的《中国教育报》以较大篇幅报道我校集体备课经验

2010年11月26日的《中国教育报》报道《潘怀林让每一个学生都成功》

2011年12月13日的《中国教育报》以《潘怀林:向"一"出发,从"心"开始》为题报道了学校的教育教学情况

学校及个人获奖荣誉

学校及个人获奖荣誉

用智慧点燃教育改革之火

——塘沽十五中办学实践探索

潘怀林 著

中央民族大学出版社

图书在版编目（ＣＩＰ）数据

用智慧点燃教育改革之火——塘沽十五中办学实践探索 / 潘怀林著 .-- 北京：中央民族大学出版社，2012.11

ISBN 978-7-5660-0332-4

Ⅰ .①用… Ⅱ .①潘… Ⅲ .①中等教育 – 教育改革 – 中国 – 文集 Ⅳ .① G639.21-53

中国版本图书馆 CIP 数据核字（2012）第 283508 号

用智慧点燃教育改革之火——塘沽十五中办学实践探索

作　　者	潘怀林
责任编辑	子　木
封面设计	墨天九龙
出 版 者	中央民族大学出版社
	北京市海淀区中关村南大街 27 号　　　邮编：100081
电　　话	68472815（发行部）　　　传真：68932751（发行部）
	68932218（总编室）　　　　68932447（办公室）
发 行 者	全国各地新华书店
印 刷 厂	北京龙跃印务有限公司
开　　本	787×1092（毫米）1/16
印　　张	33.5
字　　数	500 千字
版　　次	2012 年 11 月第 1 版　　　2012 年 11 月第 1 次印刷
书　　号	ISBN 978-7-5660-0332-4
定　　价	80.00 元

⊙ 作者简介

潘怀林，1968 年 12 月生，天津市武清区人。现任天津市滨海新区塘沽第十五中学校长，中学高级教师，天津市特级教师，天津市未来教育家奠基工程首期学员，中国教育学会初中教育专业委员会常务理事、学术委员，中国人生科学学会全国生命教育工作委员会专家委员会专家及"教育家种子营（BDC）"导师，北京师范大学校长培训学院教育专家发展研究中心特约教育专家。

曾荣获全国教育系统先进工作者、首届全国百强特色学校"十佳"创新校长、第五届全国"十佳"初中校长、首届全国教育改革创新优秀校长、全国科研杰出校长、全国"十一五"教育科研先进工作者、全国特色教育先进工作者等荣誉称号，入选 2011 年《中国教育报现代校长》周刊年度校长榜。

主持了十余项国家级和市级课题，获得第五届"中国教育学会科研成果奖"三等奖、教育部中国教师发展基金会优秀科研成果一等奖、中国教育学会学术论文评比一等奖、天津市第四届基础教育教学成果一等奖、天津市第二届教育科研优秀成果一等奖、天津市首届基础教育科研成果一等奖等。

在教育部主管的《人民教育》《中国教育报》等国家核心期刊和教育主流媒体上发表 60 余篇有关学校管理方面的文章，发表有关化学教学研究的文章近 80 篇。已公开出版化学教学研究和学校管理研究方面的专著、编著及主编、参编的著作近 20 部。应邀为全国 20 余个省市和在全国各种学术会议上做办学经验介绍 40 余次。

任校长的六年来，带领全校教职员工，使学校成为人们口中的"不普通的普通学校"。其教育理念"三心"教育已经成为学校发展的品牌。学校荣获首届全国百强特色学校、天津教育十大特色学校等 50 余项国家级和市、区级荣誉称号。

普通校办得不普通的"变生之道"

变化之道，一为无中生有，一为革旧呈新。怀林校长将普通校办得不普通实为"革旧呈新"下的变生之道，这种变生是变化，是生成，是对菁华与精髓的吸纳与弘扬，是对悖谬与糟粕的勘误与摒弃。

任何形式的革新都需要勇气与魄力。积习永远也不会成为革新进程中的推动力。在"普通"与"不普通"之间，是选择按部就班、平平稳稳地普通下去，还是选择探索改革、轰轰烈烈地实现自己对教育理解的愿景，我想，怀林校长是做过思想斗争的。因为这个革新，革得好了皆大欢喜，嘉褒必至；革得坏了牢骚满天，前途遇阻。可贵和可喜的是，他选择了后者，以他多年对教育的追求与思考，以他坚定的教育信仰，以他极大的勇气和魄力改变了现状，并且取得了成功。

一个好校长成就一所好学校。一个敢于破旧，勇于创新，理论完备，善于研究，具有进取精神的学术型校长，正是我们这个时代的教育所迫切需要的。现行教育体制下，学校走怎样的路，校长是旗帜，普通校要怎样发展，要如何"变生"，怀林校长给我们做了一个很好的范例。

在推动普通学校"变生"的过程中，怀林校长坚守着一个信念、摆正了一个位置、推动了两个发展、确保了三个根本，使一所普通学校走上了不普通的变化生成之路。

坚守着一个信念——教育的基本功能是育人，育好人，这就是学校的本分。十五中学面对着地域相对偏僻、生源平平的现状，怀林校长以"相信每一个学生都能成材、相信每一位老师都有无尽的潜能、相信学校能为每一个学生提供适合的教育"的信心和勇气，确立了"让每一个学生都成功"的办学理念，向社会公开承诺"不让一个学生掉队、从最后一名学生抓起"。在当前仍存在片面追求升学率的教育现状之下，怀林校长的这种"不抛弃、不放弃"的责任与坚守，挑战了当今的教育现实。

摆正了一个位置——校长是学校荣辱兴衰之匙，是学校发展和师生共同进步的引领者，校长的价值观对学校的发展有着决定性的影响。怀林校长创造性地进行了"四处两室"学校管理模式和"三处一室"教学管理模式的改革,提出了"校长十抓""千分制考核"策略,解决了如何做好校长、怎样定位自身以及一所学校的领导者所必须面对和必须要解决的众多问题。管理体制和运行机制的创新为普通校的"变生"注入了生机与活力,奠定了孕育新生的坚实基础。

推动了两个发展——教师专业发展和学生成长发展。怀林校长提出了教师发展的"七静三品四用"和教师队伍建设的"九大策略",极大促进了教师专业发展,为学校发展奠定了基石。学生的成长是学校发展的根本目的,他提出"三个转变"和"三个改变"的学生教育观,促进了学生的发展,也成了教师专业发展的原动力,这两个发展互促互进,使学校走上了良性发展的快速路。

确保了三个根本——学生发展是根本,教育科研是根本,德育是根本。一所学校怎样立足,这三个根本都要做牢,更要出实效。怀林校长的整体建构和谐教学的"学练议"教学模式,有效地促进了课堂教学质量的提高。因材施教、分类指导的"十抓"策略,关注了每个学生的个性差异,使每一个学生都获得了发展。科研兴校、德育为先的理念更加快了学校前进的步伐。"信心教育+静心教育+责任心教育"的系列教育改革实践最终实现了普通学校办得不普通的华丽转身。

一所义务教育阶段普通学校的生存发展和成功与否,不是看学生的分数,不是看有多少学生考上重点学校,而是看学校给多少学生铺就了发展的道路,奠定了成功的基石。本书正是以"让每一个学生成功"为最终目的加以阐述的,而这一点恰恰是怀林校长教育信仰的核心。怀林校长创生了特有的"探索改革—优化催生—稳固沉淀"的学校发展新模式。他积极探索改革管理体制、运行机制乃至开创高效课堂模式,积极优化催生德育实践、队伍建设和"三心"教育模式,积极稳固沉淀内涵发展灵魂和校长理念,这正是一所普通学校办得不普通的"变生"之道。

《用智慧点燃教育改革之火:塘沽十五中办学实践探索》一书的指导意义是显而易见的。它生动展示了一位有激情、有作为的优秀校长在教育改革与创新实践中走向教育家的成长之路。书中提到的诸多理论是在实践中摸索、创新出来的,现实性和可操作性更强。

总之,这是一本不可多得的好书,值得每位教育者细细品读和珍藏。祝愿潘怀林校长在教育之路上越走越坚定,祝愿塘沽十五中再铸教育的辉煌!

李锦福

2012 年 7 月 26 日

(作者系中国教育学会初中教育专业委员会理事长)

为学生的终身发展奠基

塘沽第十五中学是地处天津滨海新区城乡结合部的一所公办初级中学，生源条件一般，绝大多数学生入学成绩位于中等偏下，大部分学生没有养成良好的生活、学习、行为习惯，欠缺良好的意志品质。学校经过不断地探索、发展，使得办学影响不断扩大，终于得到了社会的广泛认可和支持。2009 年，《中国教育报》《中国教师报》等多家国家级媒体对学校的发展情况予以报道。2009 年 11 月 28—29 日，全国中小学学校管理与校园文化研讨会在我校召开，推广了我校在学校管理和校园文化建设方面的经验。2010 年 12 月 20 日举行的由天津市教委、《中国教育报》基础教育新闻中心主办，天津市教科院、天津市未来教育家奠基工程办公室、塘沽教育局承办的"塘沽十五中潘怀林办学思想与实践成果展示研讨交流会"，面向全国推介了我校的办学思想和实践成果。2011 年 9 月 18—19 日，全国区域开展的"说教材"活动暨"天津塘沽十五中办学经验交流会"在我校召开，推广了我校的办学经验。

如何把一所普通学校办得不普通？我认为，成功的秘诀就在于树立让每一个学生成功的教育理念，然后从最普通的学生的实际出发，创造适合他们的教育，为学生的终身发展奠基。

一、让每一个学生成功，普通学校不因普通而平庸

每一个学生都是一个鲜活的个体，都是具有巨大发展潜力的个体，都希望能够有尊严地生活。学校有责任让学生生活得更有尊严，让他们在学校里得到应有的、符合他们特点和未来发展需要的教育，把他们培养成为符合社会要求的合格公民和社会主义的建设者、接班人。

美国教育学家布卢姆在做了大量的调查研究后认为："学校学习中的许多个别差异是人为的、偶然的，而不是个体所固有的……只要提供适当的先前与现时的条件，几乎所有人都能学会一个人在世上所能学会的东西。"许多人都知道布卢姆的这一研究结论，但从教育教学实践层面贯彻落实却并非易事。

普通学校的作为在哪里？我认为在于增强"教育提升力"。就教育教学而言，

普通学校教育提升力主要应表现在面向全体学生，不仅要"一个都不能少"，而且要"一个都不能丢"，通过关爱和帮助、引导和鼓励，使他们在原有的基础上都得到发展，让他们每一个人都可以成功。

在上述思考的基础上，我校提出了"人人有才，人人成材"的办学理念。这一理念的基本含义是"相信每一位老师和学生都有很大的潜能，都能做好本职工作和搞好学习。学校尽一切可能帮助教师得到发展，帮助每一个学生为日后成为社会栋梁之材而奠定基础"。在办学理念的引领下，我校勇敢地向社会做出了公开承诺："从最后一名学生抓起，不让任何一名学生掉队，让所有进入塘沽十五中的学生都能在原有的基础上取得最大的进步。"

"让每一个学生成功"是实现教育公平的必然要求，也是我们这所普通校变得不普通的必然选择，更是塘沽十五中"人人有才，人人成材"办学理念的生动体现和具体写照。追求"让每一个学生成功"，切实做到"让每一个学生成功"，一所普通学校也可以不普通。

二、实施"三心"教育，为普通校办得不普通夯实根基

育人是教育的中心任务，信心、责任心等是个体素质的重要组成部分。温家宝总理指出："信心比黄金更重要。"联合国教科文组织认为，教育发展的方向之一是使每个人承担起包括道德责任在内的一切责任。为实现普通学校办得不普通的华丽转身，学校实施了"信心教育 + 静心教育 + 责任心教育"的教育改革。

1. 实施信心教育，为每一个学生成功增强内在动力

普通校，引导学生树立发展的自信心是关键。多数学生认为，其与优质学校的学生相比处于劣势，因此，他们对自己的未来发展缺乏足够的信心。信心能够带来勇气和超越；有信心，才有努力和毅力；有信念，才有坚守和追求。基于这些，我校实施了信心教育，旨在为学生树立信心，为学生的终身发展奠基。

重视学生自主活动，增强学生成功的信心。一次活动的育人效果胜过千百次的说教，自主的体验感悟胜过千百次的灌输。我校已开发了近30个课外活动小组和社团，涉及文学、艺术、体育、科技、劳技、社会、心理等领域和门类，让学生做社团和活动小组的主人。此外，学校的班会活动总是把学生推到"台前"，由他们自编、自导、自演。这些丰富多彩的活动，不仅培养了学生的创新意识，锻炼了学生的综合能力，还成功地增强了学生的自信心。每周的升旗仪式、每天上下午30分钟的大课间活动（包括跑操、做广播操、直臂走、旗语操等）就已经形成了常态。

2. 实施静心教育，为每一个学生成功奠基

静心教育指的是，全校师生都要胸怀远大理想，不斤斤计较眼前的一得一失；做人心态平和，待人宽容大度，生活知足常乐；遇事善于思考，深入探究；做事专心致志，精益求精。

为实施静心教育，学校为师生营造安静的工作和学习环境，并引导师生培养平和大度的良好心态。学校引导教师进行"七静三品四用"的修炼。"七静"指的是：静下心来上好每一堂课，静下心来批改每一本作业，静下心来与每个学生对话，静下心来研究教学，静下心来读几本书，静下心来总结工作规律，静下心来反思自己的言行和方式。"三品"指的是：品味师生的情谊，品味工作的乐趣，品味生活的幸福。"四用"指的是：用智慧启迪灵性，用人格陶冶情操，用爱心浇灌希望，用汗水哺育未来。相应地，学校也对学生提出了适于学生的"七静三品四用"的要求。

3. 实施责任心教育，为每一个学生成功导航

学校的德育工作以责任心教育为主线。在责任心教育思想方面，落实"千教万教，教人求真；千学万学，学做真人"。在责任心教育内容方面，做到从小到大，由此及彼，相互渗透。在责任心教育方式方面，做到抓住主渠道，凸现主环节。让学生学做一个有健康体魄、健康心理、规范行为、良好学习习惯的普通学生；学做一个爱自己、爱别人、爱家乡、爱祖国的有爱心之人；学做一个明是非、知廉耻、重操守、守信义、讲气节、有骨气的人；学做一个有自我教育能力、有管理集体经验、有建设家乡宏愿、有责任感的社会新人。在校园环境建设上，以构建"责任文化"体系为目标，创设浓郁的育人氛围。

学校定期举办"责任教育"展览，由各班学生轮流担任解说。当他们站在同学家长、社区居民、上级领导、来访专家的面前，为客人介绍自己和同伴在"责任教育"活动中发生的变化和取得的进步时，他们那种喜悦和自豪之情溢于言表。

三、实施"学练议"教学模式，让普通校展开腾飞的翅膀

《基础教育课程改革纲要（试行）》指出："教师在教学过程中应与学生积极互动、共同发展……注重培养学生的独立性和自主性，引导学生质疑、调查、探究，在实践中学习，促进学生在教师指导下主动地、富有个性地学习。"学校不断改革，探索出了能够有效发挥学生主体地位的"学练议"教学模式。

1. 探索深化"学练议"教学模式

针对学生基础较差且参差不齐的学情，学校提出了"学练议"教学模式。"学

练议"既是一种课堂教学模式，也蕴含着新课程改革的理念，具有坚实的教育理论基础。

"学练议"教学模式的基本含义是指，让学生在课堂教学中"学一学、练一练、议一议"，通过这三个环节的循环活动，使学生在课堂上确实能够在自己原有的基础上有所收获，获得提高。"学练议"教学模式以分层教学思想作为理念支撑，以"学练卷"作为载体，以改革备课方法、夯实校本教研作为基础。

运用"问题导学法"引导学生"学一学"。无论哪一学科的内容，都有很多知识不需要教师讲解，学生就可以消化、吸收。对于学生通过自学无法掌握的知识，就应该运用"问题导学法"引导学生学习，即把学习内容设计成问题的形式，让学生带着问题阅读教材，在此基础上教师指导学生学习。

多种形式引导学生"练一练"。学生在了解了有关的知识后，需进行相应练习才能进一步把握其实质。练习包括纸笔练习、实验操作等多种形式。不论哪一种形式的练习，都要有明确的目的性，让每一层次的学生在课堂上都有事可做、有所收获。

适时适度组织学生"议一议"。有些知识，学生通过阅读教材能够基本掌握，但要深入理解其内涵，还需要教师适时适度地点拨和同学之间的相互讨论。因此，在课堂教学中我们还适时适度地组织学生讨论，也就是让学生"议一议"，让学生把其对问题的想法、迷惑讲出来，通过学生之间的相互启发来解惑答疑。

当然，根据不同的课型和知识难度，"学""练""议"三个环节的先后次序不尽一致，有的可能是先学后议再练，有的是先学后练再议，也有的是先练后学再议。

为了配合实施"学练议"教学模式，学校探索并推广使用了富有教学个性的共享教案。

2. 使用富有教学个性的共享教案

学校组织每个备课组集体备课，使用统一的电子备课稿，形成集体备课下的共享教案。首先，由年级备课组的教师集体讨论教法；其次，在充分论证的基础上，每位教师承担一定的任务，执笔写教案；再次，通过集体讨论来修改教案，形成比较完善的共享教案；最后，在共享教案的基础上，每位教师结合本班学生的特点进行个性化修改，或再设计教学流程，以实现富有个性的教学。

在使用共享教案的基础上，要求教师年年修改、不断完善共享教案。同时，为了有效沟通"教"和"学"，还把成熟的共享教案演绎成"学练卷"，以此加强对学生学法的指导。

学校定期开展"说教材"活动，作为使用共享教案的配套措施。说教材分为说每一课时的教材、每一单元的教材、每一册书的教材及整个学段的教材，通过多种形式来提高教师把握课标、理解教材、驾驭教材的能力。"说教材"以备课组、学科组为单位，每位教师都要讲解自己对教材的理解和处理设想；然后通过备课组、学科组教师的共同研究，形成比较完善的每一单元教材、每一册书教材及每一个学段教材的知识体系、能力体系和价值观体系。

在"说教材"活动的基础上，学校每周都会开展教改大课堂活动，由同一学科的老师，分别讲授不同的教学内容，但围绕着"学练议"教学模式进行，以此探讨有效教学的课堂教学模式。

通过使用共享教案，开展"说教材"活动和教改大课堂活动，既减轻了教师的负担，又做到了资源和智慧共享，同时也为教师关注每一位学生腾出了时间。通过这些措施，我校教师在短时间内深化了对教材的理解和把握，教师的专业化水平得到了很大提升，一批骨干教师迅速成长起来。

四、建立"千分制"考评制度，为普通校不再普通助力

要使考评真正发挥导向作用，科学、客观、完整地反映教职工的工作是基础。学校为了把务虚的职责变为务实的工作实录，为了客观公平地评价教职工的工作，在实践中逐步探索出了"千分制"考评制度。

"千分制"考评制度指的是，根据干部、教师、职员的工作性质分别制订考核细则，并设定以 1000 分作为考评满分，根据各项考核指标的主次分别进行赋分的一种考核评价制度。下面我以对一线教师的"千分制"考核评价方案为例说明我校"千分制"考核的实施操作。

一线教师的考核评价主要包括三部分：教学科研占 700 分，考勤占 100 分，师德占 200 分。其中教学科研又包括三部分：日常教学 140 分（每月一评），包括区校教研、课堂教学、考试纪律、教案使用、组长职责；学期综合 210 分（每学期一评），包括材料上交、控辍管理、课堂等级、校本教研、问卷调查、课堂展示、教学交流、教育科研、课题研究、专项活动；教学成绩 350 分。

教学成绩的 350 分按照学科性质分别制订计分细则，重点考查进步比率和相对位次，次重关注完成比率和特殊贡献。每月由主管主任对教师的日常教学情况逐项量化打分，每学期各月的平均分作为教师的学期日常教学得分；学期末各部门主任会同，对教师的学期综合评定项目和教学成绩打分，核定教师学期的教学科研总得分；师德由德育和教学统筹 100 分，另加学生、家长、学校、组内教师问卷合成 100 分；考勤由办公室按照考勤的量化标准核定分数。各项分数综合计

算后在年级内排序定等。

"千分制"考评制度秉承科学、公平、公正的原则，既便于操作，也便于对考评结果进行分类定等。实施"千分制"考评制度，在相当程度上减轻了教师的心理负担，给教职工营造了一个良好的工作环境和公平竞争、和谐发展的工作氛围。

五、实施"四处两室"管理模式，为普通校不再普通服务

管理也是生产力。学校教育质量与管理模式有着密不可分的关系，要充分发挥管理服务于学校发展的功能，就需要不断创新出符合学校发展现状的管理模式。

1. 实施"两增""一减"的学校管理改革

"两增"指的是：其一，改革传统的教务处设置运行模式，进行"三处一室"的教学管理创新；其二，增设综合办公室，下设党政办公室、校园文化研究室和学术委员会三个部门。"一减"指的是把原来的德育处、体卫处整合为德体卫艺处。

通过"两增""一减"的学校管理改革，学校形成了"四处两室"的学校管理模式。四处指的是教学运转处、教学质量处、教学科研处和德体卫艺处，两室指的是名师培养办公室和综合办公室。

学校管理机制的变化，更加明确了教学工作管理，增强了德育工作综合管理的力度，彰显了年级工作既竞争又齐头并进发展的氛围。

2. 实施"三处一室"的教学管理改革

学校改变了教学与科研笼统地合在一处的传统做法，建立了教学运转处、教学质量处和教学科研处，并设置了名师培养办公室。教学运转处的主要职能是负责协调课表、组织考试等常规性、事务性工作，保证维持正常教育教学秩序；教学质量处重点跟踪教学质量、制订相关评价办法及对教学质量进行量化考核；教学科研处主抓教育科研，培养教师的科研能力。名师培养办公室的职能以培养名师为主攻方向，负责制订培养办法，策划培养活动，并为每一位教师建立了《教师发展记录手册》。

通过建立教学运转处、教学质量处和教学科研处以及名师培养办公室，教学管理走上了专业化管理之路，教学管理显现出有章有法、有条不紊的发展态势，教学质量逐年提升。

六、构建"三层"教育科研网络，引领普通学校不再普通

教育发展有其自身的规律，办学应遵循和敬畏教育规律。每个学校都有其个性，不可能简单套用已有的理论和他者的办学经验。学校通过教育科研的成果引

领学校发展，这是遵循教育规律；学校重视教育科研，这也是遵循教育规律。

学校一向重视教育科研，重视通过教育科研提升教师的业务能力和专业化水平。目前，学校已经形成了完善的教育科研网络体系和评价机制，教育科研已经成为了我校的办学特色。

我校构建了完整的三层教育科研网络体系。第一层是"核心体系"，处于教育科研管理和实践的"领头羊"位置，并担任重要的课题研究工作。第二层是"骨干队伍"，由从教育科研实践中选出的优秀教师组成，在群体性教育科研活动中起带头作用。"骨干队伍"不但在实际工作中指导把关，更是市、区级课题组成员，并参与教师课题的评估。第三层是"群体队伍"，即在科研骨干队伍的引领下参与某项子课题的研究工作。"十一五"期间，我校有 13 项国家、市区级课题结题，市级以上课题均获得最高结题鉴定，"十二五"申报立项的课题数量又有增加，教师参与的范围更加广泛。

学校制订了科学的教育科研评价机制。首先，学校在制度上保证教育科研的地位，把它作为一项教师基本功来评价，在教师的业务考评指标中占有一定的权重，且是评选先进教师等一系列荣誉称号的必备要求。其次，学校强调课题研究应围绕教育教学或管理中的困惑、难点进行，课题研究成果能有效指导教育教学和管理，并具有一定的推广价值。最后，学校根据教育科研成果的含金量制订了相应的教育科研成果奖励方案，在财力非常紧张的情况下，仍拿出大量资金重奖在教育科研方面取得成果的教师，以此鼓励教师参与教育科研工作。

最后我用新加坡教育部部长写在《校长委任状》上的话与大家共勉："你的手中是许许多多正在成长中的生命，每一个都如此不同，每一个都如此重要，都对未来充满着憧憬和梦想。他们都依赖你的指引、塑造及培育，才能成为最好的个人和有用的公民。"

潘怀林

2012 年 7 月

目　录

第十章　公开发表的部分报道

第十一章　部分课题研究报告

第十二章　部分领导和专家对学校办学的评价

第一章 坚守与奋取：我的教育追求

放眼当今世界，教育成为社会关注的焦点，教育改革的浪潮也是此起彼伏。无论是决策者，还是普通百姓，都对教育及其发展抱以殷切的期望。可以说，教育已经成为社会关注的焦点之一。教育对我而言，不仅是一种职业，更是一种为之奋斗一生的事业、一种为之坚守一生的信仰。

我的教育信仰——让每一个学生成功

光阴荏苒，我在教育战线上已经工作 22 年了，回顾这些年来追求教育理想的心路历程，我时常沉浸在付出后的收获和喜悦之中。22 年间，我从事过化学教师、班主任、德育处干部、教导主任、塘沽区化学教研员、塘沽教育中心综合办公室主任、塘沽十五中学校长等诸多性质的工作。为了教育的梦想，我快乐地追逐着，22 年的时光虽然改变了我的容颜，却始终没有改变我对学生的热爱、对教育的挚爱、对卓越教育的追求。我在 22 年的工作中曾在各级各类刊物上发表论文百余篇，获奖论文近 70 篇，出版著作 12 部，荣获国家级、市级科研成果一等奖 5 项。可以说，我在 22 年的工作中取得了一些成果，但这些距离理想与追求还有差距。虽然如此，我也可以问心无愧地说，哪怕是一个微小的进步，哪怕是一点点的改革，都得需要无限的付出。我不是专职研究者，只是一名普通的教师，一所普通初中校的校长，我用自己的勤奋和努力诠释了对教育的忠诚与热爱。

"教育者须对于教育有信仰心，如宗教徒对于他的上帝一样；教育者须有健全的人格，尤须有深广的爱；教育者必须能牺牲自己，任劳任怨。我斥责那些以教育为手段的人！我劝勉那班以教育为功利的人！我愿我们都努力，努力做到那以教育为信仰的人！"这是朱自清先生《教育的信仰》中的一段话，也是我非常欣赏的一段话，我把这段话写下来，与各位教育同仁共勉。

一、怀揣教育使命

我于1968年12月出生在天津市武清区,1990年毕业于天津师范大学化学系。1990年7月,我怀着满腔的憧憬和希望,来到了位于渤海之滨的塘沽,成为了一名光荣的人民教师。从此,我与三尺讲台结下了不解情缘,对教育的满腔热情也在我的心中燃烧,并绽放为我的不懈追求和努力。在教学中,我凭借年轻人身上的那股"闯"劲大胆地实践起来。为了上好每一节课,我几乎翻阅了所有可以接触到的资料;为了让课堂充满激情,我认真琢磨每一句课堂语言;为了进行"培养学生的创新精神和实践能力"的课题研究,我专程去湖北宜昌参加新课标研讨会,当面向专家请教。在20世纪90年代初期,多媒体刚刚进入课堂,我就自费参加计算机培训学习,大胆进行了"应用多种教学媒体,优化初中化学教学,大面积提高初中化学教学质量"的课题实验。新的教学模式和方法使学生兴趣大增,学习热情高涨,学生的成绩也突飞猛进。在这种情况下,许多同行都慕名而来听我的课,在与同行们交流、探讨、研磨的过程中,我进一步提升了教学能力,坚定了"育人为本"的教育理念。

2001年5月,我调入塘沽教育中心任化学教研员,开始了专业教学研究之路。在任化学教研员的5年中,我坚持对整个初中化学教材进行了比较系统的分析,做笔记10多万字,完成了近2万字的初中化学教学基本功讲座的讲稿。在任化学教研员的那段时间,不知有多少个夜晚,我独自坐在桌前,以书为乐,以写为乐。

无论是初为人师时跌跌撞撞的摸索,还是接触教科研工作时兢兢业业的探究,抑或是后来从事行政管理工作时的艰难求索,我都抱定了一颗坚定的教育之心,始终把"热爱学生、热爱学校、热爱教育,把从事教育工作当做自己今生最值得做的事业"这句话当做自己的教育箴言。也正是在这句话的激励下,我完成了一个个身份和角色的转变,并坚信:大礼不辞小让,细节决定成败。小事和重大的事一样,都是一种挑战,既然是应做的,就要好好地做,并要努力做好。把每一件简单的事做好就是不简单,把每一件平凡的事做好就是不平凡。从事教育工作的这些年,我没有洋洋洒洒的豪言壮语,唯有把教育教学工作当做自己生命中最重要的事情来做,唯有把从事教育工作当成一种使命去时刻提醒自己,唯有把从事教育工作当做一种对信仰的追求和践行。在二十多年的教育工作中,我幸福地耕耘着、品味着、实践着,并逐渐将教育的理想变成现实。面对荣誉,我心静如水,因为我认为:荣誉是一时的,淡泊名利的心境才是最大的财富。

二、坚守教育信仰

1999 年，我有幸被破格评聘为中学高级教师；2006 年 7 月，我被任命为塘沽第十五中学校长；2009 年 3 月入选天津市中小学"未来教育家奠基工程"，成为了首期学员。虽然工作的内容和中心有所变化，但在我内心唯一不变的是对教育的敬仰之情，对师生的挚爱之心。

近年来，无论是在国家领导人的讲话中，还是在国内的各类主流报刊杂志上，出现频率颇高的一个词汇就是"教育家"。通过学习古今中外著名的教育家的著作和传记，我对教育家形成了一些粗浅的认识：教育家应具有较系统的、先进的、具有时代性和前瞻性的教育思想和教育主张；教育家应该是有思想的实践家，应该积极投身于教育教学实践中，如果没有和学生面对面接触，心与心的沟通交流，是不可能成为真正的教育家的；教育家应该是教育教学改革的实践家、创新的实践家；教育家应该是一个先行者、示范者、发动者，具有高超的专业技能和专业智慧；教育家必须人格完善、人格高尚，具有高尚的道德品质和人格魅力。

作为一名有理想、有抱负的教育工作者，其终极追求应该是"成其一家"，即能在教育界留下属于自己的声音和影响。但教育家不是自封的，也不是什么机构评选出来的，更不是谁给包装出来的，教育家应该有自己的坚定追求，有遵循教育教学规律和符合时代要求的实践探索经历，应该有全心全意促进学生成长的决心和勇气，并在一定区域内甚至在全国范围内具有较大影响。那么，怎样才能具备教育家的品质，践行教育家的实践，无限接近教育家的境界呢？我在教育工作中不断地追问自己，并进行着一步步的探索和实践。

也就是自从事教育工作的那个时候开始，我便不停地思考：怎样才能在教育事业中锐意创新、有所作为，让每一个我所能接触到的学生获得最大的成功呢？从最初做教师起，我就产生了要让每一个学生成功的朴素想法，并在教育教学实践中进行了不懈的尝试和探索。在尝试和探索中，我严格要求自己，努力践行着"让每一个学生成功"的教育追求，自觉地追寻着教育家的成长足迹。

在担任班主任工作期间，我把"育人为本"作为基本的教育理念，把教育的目标定位在"使学生能够自学自励，出了学校，做主动有为的人"；把育人的成效落实在"教学生学会做人、学会做事、学会合作、学会学习"之中。为此，我把学生的成长建立在集体的大环境之中，让学生领悟并践行"集体因个体努力而进步，个体因集体的进步而发展"。可以说，从我作为一名化学教师到担任班主任，在教育教学工作中是有一条主线贯穿其中的，即"让每一个学生发展，让每一个学生成功"。自从被任命为塘沽十五中的校长之后,我结合学校的发展实际,把"让每一个学生成功"作为学校办学和发展的核心价值追求。目前,"让每一个学生成功"已经成为塘沽十五中办学和发展的核心价值。

让每一个学生成功,是我一直思考的一个重要问题。通过学习和研究,我发现:让每一个学生成功是世界教育发展的重要趋势;实现教育公平是世界性教育发展的主题,无论是从逻辑的角度还是从教育实践发展的角度来看,让每一个学生成功,都是教育公平发展的必然趋势;让每一个学生成功是作为普通校的塘沽十五中变得不普通的必然选择。

首先,教育面对的是一个个鲜活的"具体个人"。这在教育实践中的重要表现是,进入新的教育历史发展阶段以来,让每一个学生成功,已经成为了世界教育发展的重要趋势。许多国家,如美国、法国、芬兰等都进行了这方面的理论和实践探索,这对我校实施"让每一个学生成功"具有重要的借鉴和启发作用。其次,教育公平是社会公平的重要内容,在某种意义上可以说,教育公平是实现社会公平的重要保障。目前,实现教育公平已经成为了世界性教育发展的主题;从新中国成立以来的教育实践来看,推进教育公平始终是我国的教育基本政策。总体来看,无论是从逻辑的角度还是从教育实践发展的角度来看,让每一个学生成功,是教育公平发展的必然趋势。

总之,塘沽十五中从管理制度的制订和改革,到教师队伍的建设等都是围绕着"让每一个学生成功"展开的,"让每一个学生成功"不仅是一所普通学校办得不普通的持续动力,也是引领我校走向不普通发展道路的航标,更是我的教育信仰。

三、践行教育理想

在日常的教育教学工作中,我关注每一个学生的点滴进步,关注每一位学生的成长和发展;我珍视每一个生命,真诚帮助学生找回自信、树立起坚定的信念,真诚帮助学生发现自己、肯定自己、悦纳自己。

让每一个学生成功,不仅是一种愿景,是一种核心价值,更是我校教育教学和管理工作的指导原则,是我校教育教学和管理工作的终极目的。那么,何谓成功呢?不同的人对此有不同的理解,比如,有人认为成功就是达成所设定的目标,有人认为成功就是逐步实现有价值的理想,有人认为成功就是成就功业或事业,也有人认为成功就是事情获得预期结果、成效。《现代汉语词典》将"成功"进行了言简意赅的诠释:"成功,获得预期的结果。"

基于上述的研究并结合我校的办学实际，我所理解的成功是：主体通过努力获得预期的结果，达成预期设定的目标，实现预期的目的，其具有多样性、丰富性、层次性和连续性等特点。学生的成功是学生通过自己的努力获得了预期的学习结果，达成了自己预期设定的目标，实现了预期的目的。具体而言，学生成功，更多强调的是学生能够完成对自己富有挑战性的任务，着眼于学生的潜能挖掘和发展，着眼于学生的自我教育能力的提升，着眼于学生的进步和发展。从某个角度来说，学生成功是一种特殊意义的成功，遵循着"在教师的帮助下成功—追求自主成功—享受成功"的发展路线，它不仅强调学习的成功，更强调生活的成功、合作的成功、创新的成功；不仅强调学习结果的成功，更强调学习过程的成功；不仅强调个体学生的成功，更强调全体学生的成功。

我始终认为，每个学校都应有自己的发展目标，每个校长都应有自己的办学理念，但只有把这些目标和理念内化为全体教师的共同愿景，才能激发每个教师的自觉性和积极性，才能让他们发自内心地工作，才能把学校的发展目标与个人的奋斗目标融为一体。只有这样，才能充分发挥团队的凝聚力，才能使每一个人的内心变得强大起来，学校的发展也才有希望。

基于上述认识，我带领全校师生开始了"让每一个学生成功"的求索和实践。我校的学生、我校的教师都是最为普通和平凡的，在他们每个人的身上，没有多少荣耀的光环可以炫耀，没有什么辉煌的业绩为人瞩目，但他们也同样是有理想、有追求，并且有自己的长处和闪光点的，关键是学校如何引领他们去成功、去成材。我相信，在他们身上，有着极大的发展潜能，他们也都同样地追求进步，渴望成功。尤其是学生，他们每个人都具有学习的能力、发展的潜力，只要善于发现和开发他们的学习潜能，激励他们自信、奋进、探索、创造，就一定能有所作为、获得成功，最大限度地实现自我价值，为其终身发展奠定良好的基础。因此，我始终坚信，我校的每个学生都有成功的愿望，我校的每个学生都有成功的潜能，我校的每个学生也都能获得多方面的成功。

让每一个学生成功，不仅仅关注那些成绩优异的学生所取得的进步与发展，更要将目光投放于那些存在学习困难、学业失败的"学困生"，使其也能通过一定的努力获得一定的成功，为其以后美好的人生奠定良好的基础。学校要让每一位学生都成功，只有每一位学生成功了，教师才算成功，学校才算成功。检验和评价一所学校是否是优质学校，关键不在于该校培养了多少"尖子生"，也不在于该校升学率的高低，而在于这所学校是否真正着眼于每一位学生的进步和发展，是否能为他们提供同样成功的机会和策略方法。

我校勇敢地向社会做出了公开承诺："从最后一名学生抓起，不让任何一名学生掉队，让所有进入塘沽十五中的学生都能在原有的基础上取得最大的进步。让小学升初中成绩为优的学生，三年后全部考入重点高中。让更多的小学升初中成绩为良的学生，三年后考入重点或普通高中。让小学升初中成绩极不理想的学生，三年后也能接受高中阶段的教育，成为国家的有用人才。我们的教师一定做到：用发展和欣赏的眼光看待每一位学生，用宽广的胸怀容纳每一位学生，用高尚的品德影响每一位学生，用渊博的知识塑造每一位学生。"这个承诺极大地鼓舞了全体教职员工的士气，提振了学生的信心。我校三个年级组的老师分别自发地写下了各年级的誓言与目标，张贴在教学楼道里，同时各年级也分别召开了以教师承诺为主题的年级会。

作为塘沽十五中师生的共同信念，"让每一个学生成功"已经像血液一样流淌在塘沽十五中人的意识和思维里。为了使这个信念能够有效地转化为教师的日常教育教学实践，我们组织教师分别从认识和实践的角度思考这个问题。《让每粒种子长出奇迹》这个案例集就是我们对此信念的理解和践行的见证之一，这个案例集简洁而深刻地阐释了我们是怎样思考和怎样做到让"每一个学生成功"的。

《让每粒种子长出奇迹》寄语：

从坐在你面前的一双双深情的目光中，我们感到的是一种莫大的责任，孩子一生最新最美图画的奠基将在我们手中完成，我们又怎能不感受到职责的神圣与伟大！每一个孩子都是珍贵的存在，让我们为孩子们的快乐成长而努力工作，用爱心去浇灌、用真情去感化、用智慧去启迪、用人格去熏陶、用理想去塑造这一个个充满希望与梦想的生命。孩子是千差万别的，让我们用心研究每一个孩子的个性特点，挖掘其潜能，发挥其特长，引知识之泉，叩心灵之门，启智慧之锁，让每一位孩子得到全面与个性和谐统一的发展，让我们在教育中，坚持做人与成材并重、智商与情商并重、知识与能力并重，全面培养孩子的基本素质，为孩子的终身发展负责，为孩子的可持续发展负责。

寄语强烈地再现了"让每一个学生成功"的思想和理念，这一思想和理念根植于每一位教师的内心深处，也让教师认识到自己肩上的责任，使每一位教师都能为这一基本的、终极的目标贡献每一份才智，从而为每一个孩子美好的人生奠基。"让每一个学生成功"已经成为我校教师的共同信念，并逐渐转化为教育教学的实践行为。

走进塘沽十五中

2006 年 7 月，我被任命为天津市塘沽第十五中学校长，之前虽也大致了解学校的一些情况，但当真正零距离面对时，我还是倒吸了一口凉气：进校门是一排老平房，操场是泥土铺的，刮风就尘土飞扬，下雨就泥泞不堪，学生做操、课外活动要看"天"行事。不但硬件不行，软件，比如生源也很成问题，初一招生时只有 100 余名新生，而且大多是所谓的三四流生源。这些还不是最重要的，最重要的是学生的状态有很大问题，他们大多抱着"来这就是没指望，也就混个初中文凭"的消极心态。

面对学校这样的办学条件，我虽也不能完全相信自己就一定能够带领学校走出一条崭新的发展之路，但我深知，若连我自己都放弃了，那学校的发展、师生的成长就更没有希望了，于是我坚持自己一直奉行的"不干则已，干则一流"的座右铭，开始了谋求实现塘沽十五中华丽转身的艰难探索之路。

现在社会上流行的一句话："一名好校长就能造就一所好学校。"此话虽然有些极端，但它至少说明了校长在学校发展中的作用是非常重要的，这一点是毋庸置疑的。经过 22 年勤奋努力的工作，我由一名普通的化学教师逐步成长为一名优秀的中学校长，感到自己的每一步都走得比较踏实、坚实、厚实。有人说"不是歌德成就了浮士德而是浮士德成就了歌德"，因此，我很庆幸能在 2006 年被任命为塘沽十五中校长，从此我的个人发展成长就与这所学校的前途和命运紧密地联系在了一起。

塘沽十五中创办于 1989 年，地处城乡结合部，是一所普通的公办初中校。学校占地面积 18000 多平方米，建筑面积 11000 多平方米。2006 年我到学校时，在岗教职工 105 人，专任教师 77 人。就专任教师而言，从性别结构来看，男教师 12 人，女教师 65 人；从学历结构来看，研究生学历 1 人，占 1%，本科学历 64 人，占 84%，专科学历 11 人，占 14%，高中毕业 1 人，占 1%；从职称结构来看，高级教师 13 人，占 16%，中级教师 32 人，占 42%，初级教师 32 人，占 42%；从年龄结构来看，30 岁以下 31 人，占 40%，31~40 岁 40 人，占 52%，41 岁以上 6 人，占 8%。学校共有 22 个教学班，其中 1/3 是外来务工人员子女。学校所在社区居民中，绝大多数是"蓝领"……通俗一点讲，学校生源质量整体来说不尽如人意，并且让教师"头疼"的学生不少。塘沽十五中就是这样一所再一般不过的一般校。

2006年我初到塘沽十五中时，学校存在的主要问题是：

其一，学校发展面临着前所未有的挑战。教师的经济收入与其他兄弟校差别极大，严重影响教师的积极性，学校的发展面临着前所未有的困难。塘沽十五中在2006年中考成绩不是很理想，社会声誉受到一定影响，给本来就很困难的学校又带来了前所未有的困难；而且，那年我校没有招外片生，使得学生的生源质量更差，以至于达到了建校以来的最低谷。

其二，需要根据新课程改革的要求不断完善学校的管理体制和运行机制。

其三，亟待加强教师队伍建设。塘沽十五中教师虽然有一定干劲，但毕竟相当一部分教师教龄较短，教育教学经验欠丰富，教育教学能力需要进一步加强。

其四，生源状况不理想，大部分学生没有形成良好的习惯和意志品质。这主要表现在以下几个方面：入读塘沽十五中的学生中，优等学生寥寥无几，中等偏上学生人数不足四分之一，绝大多数学生入学成绩位于中等偏下；缘于家长的教育观念、家庭生活状况及居住的地理环境等原因，大部分学生没有养成良好的生活、学习、行为习惯，欠缺良好的意志品质。

其五，学校硬件建设需要进一步加强。学校的硬件建设存在着很多制约学校发展的现实问题，不能满足学校发展和教育现代化的需要，如：学校没有专业教室、图书馆、体育馆、食堂，这给教师的工作和生活带来很大不便，也影响了学校进一步发展。

就是这样一所普通学校，应该如何适应现代教育发展的步伐，打造自己的教育特色，推动学校可持续发展呢？塘沽十五中进行了积极的探索。

在理想与现实中探索前行

一、现实前的徘徊

回想2006年7月，我被塘沽区教育局党委任命为塘沽第十五中学校长时的情景，时至今日，我仍记忆犹新。到塘沽十五中工作，对我来说非常突然，没有丝毫思想准备。但想到我是一名受党教育多年的党员，无论困难多大，服从组织决定是对一名共产党员最起码的要求。因此，自从步入塘沽十五中校门的那一刻起，我就自觉地与塘沽十五中的全体教职员工和学生捆绑在了一起，全身心地投入到了学校各个方面的工作中。

虽然我以前做过多种性质的教育教学工作，有一定的教育教学实践经验和管理经验，但尚没有做校长的经验和经历。我虽然有干好这个工作的信心、决心和一定的工作经验及知识积淀，但还是感觉到如履薄冰。

当时的塘沽十五中，可以说正处于发展的"低谷"。学校工作中有许多问题亟待解决，如学校的教育教学质量如何才能提升，如何增加社会对学校的公信度，等等。毕竟，一所学校由我主持，这意味着我必须对这所学校的发展负责，对这所学校学生的成长负责，对这所学校的教职工的发展和成长负责。我感到了沉甸甸的压力和厚重的责任。

组织的信任和领导的鼓励、帮助，促使我务必做好这个工作。领导在我就任塘沽十五中校长前和我进行过一次长谈，这次谈话，我始终铭记在心。记得领导说："没有做过校长对你的工作开展肯定是不利的，因为同志们的观点一般是认为你缺乏经验，所以缺乏对你的信任；但反过来，你没有做过校长也可能成为你工作的优势，因为你没有更多的条条框框，也许不会被一些旧有的观念所束缚，也许会有新的突破，组织上是信任你的！"这些话，给了我莫大的鼓励，坚定了我办好十五中的信心，我也在想，假如一切都安排好了，还要我这个校长干什么？

虽然具有办好塘沽十五中的信心，但对于如何办好学校，我还是心存迷茫。面对学校的诸多不利因素，我内心仍然充满了困惑和迷茫。

其实，不仅仅是我内心充满迷茫和困惑，塘沽十五中的教职工最初对我能否办好学校，也存有疑虑。记得我在进校时，一位老师曾给我这样的描述："端详着我校新来的校长，一副眼镜，面带笑容，如一个十足的书生。我情不自禁地摇摇头，心里说：'这副面相，管理学校够呛，等着瞧吧！'"教职工对我能否办好塘沽十五中存有疑虑，有人怀疑："他过去只是个教研员，能当好校长吗？"有人甚至不无尖刻地说："是不是局里在拿十五中找乐儿？"面对这种现实，我一度陷于彷徨之中。

二、师生的希望促前行

我该怎么办？是维持现状，不求有功但求无过，做一个平庸无为的校长；还是做一个勇于进取、探索创新、奋发有为的校长。显然，前者不是我想要的，也辜负了教育局领导对我的信任和重托；但是，要做后者，也实属不易。就是在这样的进与退的纠结之中，我经历了人生中最艰难，也是最关键的抉择，毅然决然地选择和塘沽十五中一起扬帆起航。其中，给我直接触动和鼓舞的就是全校师生的希望，是他们进一步坚定了我办好学校的信念。

刚到塘沽十五中任校长时，为了进一步了解学校的情况，我组织召开了部分教师和学生的座谈会。这次座谈会，给我很大触动，引发我深入思考十五中的发展问题。最初，我找来几位老师开了一个茶话会，聊一聊学校的情况。席间我问："咱学校怎么样？"各位老师纷纷发言，其中有一位老师说："总觉得咱们学校不如别的学校，见到重点学校的老师好像矮半截。"听到老师们这样说，我的心里感到非常沉重。我理解老师，他们不想在"大树"遮荫下去工作，他们多么希望在充足的阳光下体面地工作和生活。同时，从老师们谈话的内容和语气中，我也隐隐觉察到了老师们在内心深处有一种不自信。让老师树立自信心，成就他们的人生价值，难道这不是我作为校长的使命吗？

后来，我又找来部分初一学生进行访谈，希望借此进一步了解学情和校情。通过调研，我了解到他们小升初的入学成绩多数都在良以下，属于中等偏下成绩。我问学生："你们对自己的学业有什么打算？"有的学生回答希望可以上重点高中，也有的学生回答希望能够上高中，但没有一个学生回答希望初中毕业就参加工作。不难看出，学生对于学校充满了希望，对于自己的升学和前途也充满了憧憬。当然，他们的回答，也从一个侧面反映了家长的期望。让学生们树立自信心，实现他们的理想和抱负，圆他们心中的梦想，难道这不是我作为校长的使命吗？

由此，我陷入了沉思。是啊！对于一所地处城乡结合部的普通初中校，与其说是教师业务水平的限制和学生入学成绩的不理想牵绊了学校的发展，不如说是他们自信心的缺乏，对自己前途的迷茫挡住了成功阳光的普照。但是，我同时也发现我校的老师具有很强的敬业精神和奉献精神，他们也非常希望把学校办成一所被人赞誉、人人向往的一流学校，自己能够受人尊重、被人爱戴，能够心情舒畅地在学校里工作，使自己得到充分的发展，成就自己的人生理想，实现自己的人生价值。学生们也渴望能够受到优质的初中教育，能够升入更高一级的学校学习。师生的希望和合理的期求，开启了我的使命感和办好普通校的强烈责任感。这也促使我下定决心，今后无论面临怎样的困难，付出怎样的艰辛，我都要带领学校的教职员工把这所学校办好，以实现师生的愿望和理想。

是的，教师和学生的希望，就是校长的使命和责任。

毋庸置疑，学校发展是学校全体教职工同心协力、共同奋斗的结晶；校长在学校发展中扮演着重要的角色，发挥着重要的作用，这也是由我们所处的特定社会发展阶段决定的。作为校长，是学校的法定责任人、学校发展的领头人，学校的荣辱兴衰系于一身。"一位好校长成就一所好学校"，陶行知先生也曾说，校长是一个学校的灵魂，这些都生动地说明了校长对于学校发展的重要作用。有人曾把校长与学校的关系形象地比作"母亲与孩子"的关系，母亲孕育培养了孩子，使其健康成长，而终究有一天，长大成人的孩子离开了母亲，而孩子继承了母亲的遗传基因，孩子身体里流淌着母亲的血液，使得母子交融、合为一体。这有一定的道理。校长的价值观对学校的发展有着重要的影响，有什么样的校长就会有什么样的学校；学校的办学特色、文化内涵正是校长的价值观、风格、个人喜好的最佳体现。

使命是一种重大的责任，校长的使命就是促进学生的成长、教师的进步、学校的发展。当使命的意义和厚重的情感交织在一起的时候，使命才会本真。基于此，我为自己写下了承诺："引万道清泉，浇校园花朵，倾一腔热血，铸英才灵魂。"并把这一承诺镶嵌在镜框里，悬挂于我的办公桌对面的墙上。这样做一则是把"承诺"作为我办学的座右铭，二则教师和学生可以以此对我进行督促与监督。

三、扬帆破浪，积极探索

基于我校的办学实际，我进行了多方的求证，并侧重确定学校发展目标、完善领导机制和加强队伍建设三个方面进行了积极创新实践。

首先，确定适合学校实际的发展目标，这是学校各项改革的前提和基础。2006年任校长之初，我带领学校班子领导研究学校的发展现状，在调研的基础上制订了塘沽十五中学三年发展目标，即全面贯彻党的教育方针，积极实施素质教育，培养全面发展的合格学生，造就德才兼备的优秀教师，建设让人民满意的学校。以滨海新区大开发大开放为契机，通过三年的努力，把我校建成在同类学校里居于前列的学校。

我校的办学目标是与时俱进的，是在已有基础上不断调整提高的。在学校不断发展的基础上，我在2008年7月提出了一个新的目标，再用三年左右的时间，把塘沽十五中办成全市一流的优质初中校，用五年左右的时间办成全国一流的优质初中校，办人民群众真正满意的学校。基于这种目标定位，我校确定了2009—2012年三年的发展目标。塘沽十五中新的三年发展目标是：实施"科研兴校、名师强校、质量立校"的发展战略，创建天津市一流、全国知名学校；形成独具特色、卓有成效的学校管理模式和运行机制，构建高效的课堂教学模式，创造适合每个学生的教育；培养一批在全区、全市乃至全国有一定影响的学科教师和班主任，形成一批在全市有一定影响的教育教学科研成果；把塘沽十五中办成人民满意的学校。

其次，完善校长负责制，充分发挥党组织的政治核心和监督保障作用，充分发挥共产党员的先锋模范带头作用；提高干部队伍的政治素质和业务素质，强化干部的责任意识、奉献意识、战略加细节意识；深化分层次管理的内涵，形成执行力强、办事高效、运转畅通的学校管理体制和运行机制；确实落实岗位责任制、考核奖惩制、绩效工资制，真正体现责大多得、质高多得、量大多得的分配原则；形成明确的办学理念，校训、校风、教风、学风内涵丰富，切合实际，催人奋进，人人皆知。

最后，侧重加强结构完善、层次合理的队伍建设。第一，培养一支有魄力、有能力、有水平，执行力强、责任心强、求真务实的具有责任意识、奉献意识、战略意识和细节意识的能够独立规划本部门工作的中层干部队伍。第二，打造一支德艺双馨的学科骨干教师队伍和班主任队伍，使他们不仅获得上级教育行政部门的命名，更能真正成为学校发展的中坚力量。第三，培养一支能够为教育教学和管理提高坚实服务保障的后勤队伍。

守得云开见月明

面对诸多的挑战，我坚信自己有足够的能力干好这项工作，在初任校长的第一年里，无论遇到什么难题，我都抱定了这样的心态：如果一切事情都给你安排好了，还要你这个校长干什么？就这样在别人的怀疑目光和一片质疑声中，我和十五中师生一起，开始了一系列艰难的探索。那段日子经历了无数的风风雨雨，虽然艰难，但我们的班子团结、老师敬业，一道道难关最后都闯过去了，并在各项工作中取得了突破性的发展。

一分耕耘，一分收获。在塘沽十五中全体师生的共同努力下，我校的教育教学改革取得了显著成效，学校的各项工作焕然一新。具体而言，学生们的学习有了明显的进步，综合素质有了很大的提高；教师们的课堂教学水平、科研能力和专业素养得到了显著提高，一大批市、区级优秀教师和优秀班主任脱颖而出；学校的各项工作顺利开展、稳步推进，并呈现逐年向上发展的趋势，学校持续进步，得到了家长和社会的极大认可。

一、办学思想

"办人民满意的教育，办家长满意的学校"，这是我们的办学目标。只有当学校教育遵循和敬畏教育规律，符合党的教育方针按照素质教育要求达到国家对人才需求时，才会得到社会的认可。如果说党的教育方针回答了"培养什么样的人"的问题，那么素质教育恰恰阐释了"如何培养人"的问题。

教育的本体功能是育人，帮助学生成人和成材是学校教育的根本。学校提出"人人有才，人人成材"的办学理念，立意让教师树立人本教育观念，突出以学生为中心，培养学生健全的人格、独特个性和创新能力，使学生获得自由、充分、和谐的发展，让学生在认知、情感、技能等方面均衡发展。

我校相信每一位教师和学生都有很大潜能，都能做好本职工作和搞好学习。学校要尽一切可能帮助每个学生为日后成为社会栋梁之材、为每位教师得到发展而奠定基础。追求卓越是我校的校训，其基本含义是：全校师生要自强不息、勇于奋斗、超越自我，力争办最好的学校，做最好的老师，当最好的学生。

我校的校风是：规范、文明、和谐、向上。其基本含义是：规范，即事事有章可循，人人照章做事；文明，即环境整洁美观，师生彬彬有礼；和谐，即师生关系、干群关系、家校关系、社校关系融洽；向上，即师生人人生机勃勃，富有朝气。

敬业、民主、创新、高效是我校的教风。其基本含义是：敬业，即工作兢兢业业，爱岗奉献；民主，即教学作风民主，关爱学生；创新，即不墨守成规，积极探索，勇于创新；高效，即工作方法科学，效率高，质量高。

勤奋、科学、自主、合作是我校的学风。其基本含义是：勤奋，即学习刻苦认真，奋发向上；科学，即注重总结学习规律，寻找科学方法；自主，即能自主探究，独立完成作业，不依赖别人；合作，即与同学相互帮助，共同提高。

二、办学条件

我校注重加强师资队伍建设，努力提高教师的专业化水平，学校现有塘沽首席教师 1 名，塘沽学科带头人 5 名，塘沽命名的区校级骨干教师 19 名，骨干教师人数在塘沽初中校中名列前茅。自 2006 年以来，经过全体教职工的团结奋斗，学校发生了历史性的变化，校容校貌欣欣向荣，学校各项管理指标均达到塘沽前茅，科研成果喜人，教学质量连年攀升。学校获得了首届全国百强特色学校、全国特色学校、全国优秀现代学校、第十届现代教育理论与实践全国优秀学校、国家教师科研专项基金科研先进单位、全国"十一五"教育科研先进集体、2011 年天津教育十大特色学校等 50 余项国家和市、区级荣誉称号。《中国教育报》《中国教师报》《天津教育》《天津教育报》《求贤》杂志、塘沽电视台等多家媒体均报道了学校的发展情况。2009 年 11 月 28—29 日，全国中小学学校管理与校园文化研讨会在我校召开，推广了我校在学校管理和校园文化建设方面的经验。2010

年 12 月 21 日，由天津市教委和《中国教育报》基础教育新闻中心联合举办了潘怀林办学思想与实践成果展示、研讨、交流会，面向全国推介我的办学思想和实践成果。2011 年 9 月 18—19 日，全国区域开展的"说教材"活动暨"天津市塘沽十五中办学经验交流会"在我校召开，推广我校的办学经验。2012 年 3 月 25 日，全国初中创新教育研讨会在我校召开，推广我校实施"三心"教育提升学校办学水平的经验。我也应邀为广东、山东、山西、海南、河北、天津、贵州等 20 余个省市和在全国各种学术会议上做办学经验介绍 40 余次，接待全国各地 20 余个省市的数百所学校和学术团体来校学访交流，产生了较大的社会影响。著名教育家、中国教育学会会长顾明远先生、中国教育学会常务副会长郭永福先生、中国教育学会初中教育专业委员会理事长李锦韬先生等知名的教育专家来校考察后都对我校的办学给予了很高的评价。

2009 年 11 月 3 日，天津市人民政府教育督导室根据《天津市义务教育学校现代化建设标准》对我校进行了评估验收，经过专家组集体讨论，100 条标准全部通过，给予了 10 个方面认可：

（1）办学思想端正，体现了素质教育的方向和科学发展的要求。学校从最普通的学生、最普通的教师的实际出发，确定了"人人有才，人人成材"的办学理念，并且得到了全校教师的认同，提振了全校师生的信心。学校向社会做出的"从最后一名学生抓起，不让任何一个学生掉队"的承诺，主动争取社会对学校工作的监督，进一步激励了广大师生积极进取的意识。特别是学校提出的"静下心来教书，潜下心来育人"的要求，得到了比较好的落实，为改变学校落后的面貌发挥了重要作用。

（2）教育科研成效比较显著，形成了办学特色。学校根据生源的构成特点，开展的"分层教学模式的研究"，以及确定的"人人参加，研以至用"的群众性教育科研课题，使一些成功的经验和成果得到了有效推广。"分层教学模式的研究"解决了既要保证课堂教学质量，又要为促进学生全面发展留有充分时空这个难题，为普通初中实施素质教育，找到了一条比较可行的路径。作为一项教育创新，应当予以推广。

（3）学校管理的改革，进一步优化了学校的运行机制。学校在坚持制度管理的同时，完善了校长负责制；党支部的核心、监督、保障作用得到了充分的发挥；教代会的民主监督和民主管理职能得到了较好的体现。处室管理构架的整合，推动了学校的改革和发展。实行"千分制"教师评价系统，得到了全校教师的广泛认同。领导班子已经成为一个"想事、干事、成事"的管理团队。

（4）德育工作成果比较突出，体现了针对性、实效性和主动性。学校坚持开展"以人格塑造人格，以爱心培养爱心"的主题活动，从根本上加强了班主任队伍的建设。学校实施的以"成功德育拉动成功智育"的策略，包括构建教育、管理、服务相结合的德育体系，和学校、家庭、社区相结合的德育网络，为落实德育的目标提供了有力保证。特别是学校深入开展的养成教育和责任教育，效果十分明显。养成教育中的"每月五颗星"评比和心理健康教育等活动，以及责任教育中紧密结合滨海新区的发展开展的活动，都对学生的人生产生了重要的影响。全校学生精神状态积极、向上，行为习惯良好。

（5）课堂教学改革成果比较明显，常态教学行为更加规范。学校抓住实施高效教学过程中的难点，强化了教学管理。巡课制度有记录、有反馈，扎实而到位。学校改革传统的集体备课模式，既注重发挥信息技术的优势，又积极调动教师个体的能动作用，提高了校本教研的效率。学校推广"学练卷"的教学方法，体现了面向全体、师生互动、精讲多练，课堂教学质量普遍提高。学生反映学习有了自信，家长反映成绩较差的孩子也愿意上学了。

（6）学校文化建设特点突出，形成了教师和学生共同向上、共同奋斗的良好氛围。楼道、办公室、教室、运动场等各处的环境布置及内容，经过了老师们的共同讨论，简明而深刻，适合学校的特点和师生的共同追求，充分发挥了感染、熏陶、激励的功能。特别是"责任教育墙"，让学生在接待客人中进行创造性的讲解，创新了学校文化的教育方式。

（7）教师教育比较深入，整体素质得到较快的提升。学校把师德建设作为根本，实行承诺书等制度，开展"爱生月"等活动并且列入了考评范围，工作实，效果好。学校采取"走出去、请进来"等办法，支持教师专业学习，并利用教师发展记录手册（电子版）、骨干教师资源库等载体，促进教师专业发展。特别是为加强青年教师的培养，还建立了"青年教师文化沙龙"等活动机制，增强了教师队伍的发展后劲。

（8）体育、艺术教育得到重视，学生活动生动活泼。学校在保障体育、艺术课堂教学质量的同时，着力加强课间操训练，取得突出的成效。学校坚持每天两次的大课间活动，内容比较丰富，管理比较规范，保证了学生的健康。学校传统体育项目也在原有基础上得到发展，学生参与的兴趣很高。

（9）积极创新互动方式，主动加强与社区的交流。学校全方位地与社区进行一些主题性的合作，既推动了学校的工作，又推动了社区的精神文明建设，对于外来人口较多的社区是一种特殊的贡献。

（10）办学条件达到规范的要求，教学装备、教育经费能满足学校需求。教学设备能够用足、管好，提高了使用率。生活设施也比较完善，能够满足全校师生的需要。

2010年3月，中国教师发展基金会秘书长杨春茂任总编辑，线装书局（系国家新闻总署直辖出版机构）出版的"国家教师科研基金'十一五'成果集"——《中国名校》一书正式出版发行。书中的其中一卷专门讲述了我校在"十一五"期间发展历程与成果。《中国名校·塘沽第十五中学卷》包括四个方面的内容：第一篇是学校管理篇，第二篇是德育研究篇，第三篇是教学科研篇，第四篇是宣传成果篇。该书凝聚的是集体的智慧，抒发的是教育之情，交融的是心血与汗水。我出版了《让每一个学生成功——一所普通学校办得不普通的理论与实践探索》《怎样把普通校办得不普通——我当校长四年的思考》《创建师生共同成长的学校》等学校管理方面的专著，主编学校管理方面的著作7部。这些都凝聚了我在学校管理方面付出的心血和汗水，是我对学校管理实践的理性思考的成果。

三、学校管理

贯彻落实教育方针、政策，达成并实现办学目标，组织、安排、落实各项工作，激励教职工获取工作绩效，需要卓有成效的管理。首先，改革管理机制是高效畅通管理的前提，学校根据不同时期的工作重点设立组织管理机构。我校成立了教育教学综合处，具体分设四个职能处室——德体卫艺处、教学运转处、教学质量处和教学科研处，四个处室设置的目的是为了谋求协调管理、协作办事的工作局面，把工作真正落在课堂教学上，对学生实行统一管理。其次，建章立制是学校管理的保障。学校依据不同的职务性质和责任范围无一例外地为41个岗位制订了明确、具体的职责，分别对中层干部、一线教师、职员、班主任及兼职人员制订了考核评价标准，相关管理部门每月进行一次考核评价，终结性评价以"千分制"学期考核评价为依据，依据考核结果兑现绩效奖金。再次，日常管理本着"精细化管理"要求，注重各项工作责任落实，抓分层管理，抓各层次人员执行力，抓考核评价。实践证明，这一系列举措的实施使得学校管理走上了良性发展的路径，督导评估验收连续多年荣获区级A等。

1. 管理理念

（1）精细化管理的精髓就是落实责任，将管理责任具体化、明确化，形成人人都管理，处处有管理，事事见管理的管理网络。

（2）把简单的事情天天做好、做细、做实就是不简单，就是创新，就是特色。

（3）认真做事只能把事情做对，用心做事才能把事情做好。

2. 学校管理网络图

滨海新区塘沽第十五中学学校管理网络图

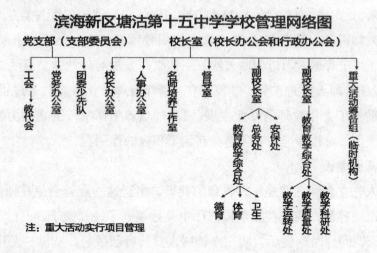

注：重大活动实行项目管理

3. 班子建设

班子的工作作风是：听话、厚道、精明、有活。其基本含义是：听话，即招之即来，来之能战，绝对服从，绝不盲从，时间性强；厚道，即相互理解、相互补台、态度认真、实事求是、有理有据；精明，就是目标明确、勤于思考、精细管理、讲求策略、彰显亮点；有活，就是手里干着活，眼里盯着活，心里想着活，有超前意识，有创新能力。

班子坚持的工作方法是四种关系、六种能力、八种意识。四种关系就是：一是领导与被领导的关系要做到到位不越位；二是主要工作与次要工作的关系；三是分工与协作的关系，这种关系是分工不分家；四是领导之间与领导同群众之间的关系，即，尊重他人等于尊重自己。

班子建设要提高六种能力，培养八种意识。六种能力是指：较高的政治水平和业务能力，较高的组织能力和协调、处事能力，较高的学习、研究能力和创新能力。八种意识是指：强烈的责任意识和目标意识、坚定的政治意识和大局意识、强烈的学习意识和创新意识、真诚的服务意识和公平意识。

4. 管理制度

从岗位职责、考核评价、奖励方案、管理制度、"千分制"考核等方面完善学校管理制度建设。

四、教师成长

一支高素质的教师队伍是办学的首要因素，是学校发展的中流砥柱。然而，教师的教育思想、师德修养、教育理论、专业水平、教育教学能力、教育科研能力等方面素质的提高是优化教师队伍的重要内容。为了促进教师迅速成长，我校坚持"请进来，走出去，自挖潜"的培养方略。学校先后聘请各级各类专家、学者、特级教师为教师讲学、培训多达40余次，组织教师到北京、上海、山东、重庆、河南、山西、辽宁等地学习近400人次，一线教师参加对外教学交流活动多达44人，占一线专任教师人数的57%。学校成立"青年教师文化沙龙"，通过思想交流、竞技比赛，助推了青年教师的专业发展。"名师培养工作室"的建立为教师搭建学习展示的平台，对教师进行业务指导起到了积极的作用。

1. 加强师德建设

立德树人先立教师之德是学校教育的共识，牢记这一点就会使教师自觉地强化自我职业道德建设。我校在教学楼前厅中央处镶嵌了一面镜子，上面写有陶行知先生的每天四问，时刻提示教职工立德树人要从自己做起，从每一天开始。

2. 请进来

面对教育目标、内容、过程、方法、评价等方面多元化的今天，教师固守过去的经验和做法是不能达到与时俱进的效果的，因此，帮助教师转变观念、改变方式方法就需要有好的引领。专家的一种思想，学者的一种观点，名师的一种方法，可能会给教师拨开迷雾，可能会给教师带来思想飞跃。

3. 走出去

走出去就会发觉山外有山，因此，让教师走出去体验、体察是提高教育教学能力的有效途径。对外一次展示，试比高低，对教师不仅是一次锻炼，重要的是经历了一次实践过程，让老师总是在不断地追求和探索中进步。

4. 自挖潜

教育资源共享，多源于本土资源，找准自己的优势，发掘自己的潜力，自己去发挥，瞄准了某些问题自己去解决，才会奠定可持续发展的基础。

5. 教师发展记录手册

我校教师发展记录手册是记录教师成长过程的显性材料，是学校进行教师队伍发展建设研究的第一手材料，反映的是教师成长的足迹。以此帮助教师在认识自我的基础上，去发现自我，发展自我，创造自我，成就自我。

教师发展记录手册由三部分内容组成。第一部分为教师基本情况，包括个人信息、工作简历、教学业绩、各种荣誉及家庭主要成员情况；第二部分为教师三年规划发展目标，包括自我评价、总体目标、阶段目标及实现目标的行动计划；第三部分为教师工作情况，包括教学、教育、科研、学习和评价资料。

五、德育工作

基础教育是为学生成人、成材打基础的重要阶段，学生所受的教育决定着学生未来的发展方向。毋庸置疑，育人先育德是学校整体工作的重中之重。我校坚持"以德促智，以体促智，以体育德"的德育工作思路，始终把"养成教育"和"责任教育"作为德育工作的主线，打造责任文化，创建德育特色，构建学校、家庭、社会"三结合"的德育工作模式，积极探索新形势下德育工作的序列化，以丰富多彩的特色活动渗透德育工作。

1. 德育理念：人人有德，人人向上

全体教职工要树立德育第一意识，让每一个学生具有较好的品德修养和健康向上的身心。全体学生要懂得高尚的品德是成人之道，是获得进步的原动力。

2. 德育工作原则：严、细、实、恒

严，就是目标制订严谨，监督考核严格，奖惩执行严肃；细，就是管理制度细，过程管理细，注重细节教育；实，就是从实际出发，注重落实，讲求实效；恒，就是常抓不懈，持之以恒。

3. "养成教育"彰显学生精神风貌

教育需要从培养学生的良好习惯做起，习惯决定性格，性格决定命运，好习惯帮助学生实现人生价值，好性格帮助学生健康快乐持续发展。好习惯、好性格让学生终身受益，这是教育的责任。

4. 以责任教育创德育特色

随着社会经济的日益繁荣，学生的生活条件越来越好，使得相当一部分学生少了责任意识。然而，责任是人一生中必不可少的东西，责任代表了一个人的品质，有责任的人会承担起义务，会懂得关心帮助和爱护他人。

2006年，塘沽教育局德育科开展了"我成长，我负责，我与滨海新区同发展"的责任教育，从此这个教育主题成为了我校德育工作的一个重要内容。在责任教育启动仪式上，校长向全体师生们进行了"做有责任感的人"的演讲，拉开了我校责任教育的序幕。

5. 以丰富多彩的活动渗透德育工作

教育应该是鲜活的，开展适合学生的教育活动才是好的教育，学校体育、科技、艺术等是学生喜闻乐见的活动，这本身就是道德教育的一种形式。

6. 体育、艺术彰显健康向上

学校坚持"健康第一"的指导思想，以体育、艺术"2+1"活动为主线，在

进行体育、艺术活动中,有机地把群体性与个体性相结合,为丰富学生的课余生活,学校开展了艺术节、合唱节和体育节等活动,给学生搭建展示才华的舞台,彰显了"人人有才,人人成材"的办学理念。

我校体育成绩取得了历史性的突破。学校在没有特招的情况下,连续六年取得了塘沽田径运动会前六名的好成绩,其中,2009年取得了塘沽秋季田径运动会第三名,2010年获得了塘沽春季田径运动会第三名。

7. 加强班主任队伍建设

我校通过开展"以人格塑造人格,以爱心培养爱心"的"五个一"活动,打造了一支智慧型、科研型、学习型的班主任队伍。

六、教学工作

教学是培养学生成材的主要渠道,是教师教和学生学相统一的活动,是学校实现办学目标的基本途径。通过教学应使学生获得知识技能,发展智能,培养优秀思想品德。教学环节有多个方面,其中课堂教学是提高教学质量的主阵地。

在探索行之有效的教学之路上,我们边学习、边实践,边思考、边改进,在诸多方面取得了进展。例如,循环电子教案的使用大大减少了教师重复性的劳动;学练卷的使用形成了有效教学载体;分层教学模式的研究成果推广、整体建构和谐教学思想的实践,使课堂教学质量进一步得到提高;全员"说教材"活动、"教改大课堂"活动的开展,使得教师驾驭教材的能力和专业学术水平迅速提升。

1. 教学管理

教学质量的保证,依赖于有效的教学管理,好的管理一定是合乎校情的管理,一定是踏实、务实的管理,一定是不断改革创新的管理。

(1)建立有效的管理机制

教学质量的提高需要强有力的管理,根据不同时期的目标要求来改革教学管理体制是实现目标的重要方略。2006年寒假,学校研究决定,把原来的教务处分设三个处——教学运转处、教学质量处、教学科研处,使得教学管理工作更为具体化,专业化。2009年是实施学校新三年规划的启动开始,为了达到全员育人的目的,为了全员聚焦课堂教学,学校经过反复论证决定,把德育和教学的中层管理部门整合为教育教学综合处。四个处室高效运行,保证了教育教学工作的高质量开展。

(2)教学理念:人人有才,人人进步

全体教师要树立学生主体意识。以发展的眼光看待学生,让每一个学生在原有基础上都有所进步。全体学生要懂得打好学习基础，只有打好学习基础，才能发展自己。

（3）教学管理要进一步直面课堂

教学管理的出处在哪？在课堂。课堂最能说明教学问题，课堂最能体现教师的软实力，课堂最能验证教师教学改革力度。课堂是教学质量的载体，抛开课堂进行教学管理，显然是苍白无力的。于是，我校要求中层及以上干部每天必听一节课，并要求相关教学管理干部既听必评，其他干部侧重了解学生学习情况。

（4）教学管理要深入教研组

教学管理的关键环节是对学科教研的管理。教学管理者深入教研组同教师一起教研，一方面是要了解教研情况，保证教研质量，使教研工作更为规范；另一方面是要指导教师进行教研，就建设性或前瞻性的教学见解与教师达成共识，努力营造学术研究氛围。

（5）坚持巡课

就教师而言，巡课是一种教学服务。因为课堂教学中总会有预料之外的事情出现，有了巡课，便可以帮助教师及时处理解决问题，保障教学秩序稳定。就学生而言，巡课是一种促进，有了巡课，学生会有更好的表现，对学困生的学习和纪律会起到约束作用。

（6）坚持集体备课，实现教案共享

我校从实际出发，改变教师的备课办法，提倡教师集体备课。其具体做法是：备课组集体讨论教材教法及课程标准—分工执笔写教案—集体讨论并修改教案—形成电子教案共享。形成后的电子教案可以循环使用，但使用时要做进一步修改。修改时，由中心发言人提出改进意见，然后二度讨论达成共识，在原电子教案上留有个人批复意见。集体备课助推了青年教师成长，同时大大减少了备课中的无效劳动。这项工作的实施，教师收获良多、感触颇深。

2. 高效课堂的探索与实践

提高教学质量的关键是提高课堂教学的效率，只有抓住了课堂教学这个主渠道，关注了学生的个体差异，调动了学生的学习主动性，开发了学生的学习潜能，教学质量的提升才具生命力，教学质量才能不断地提升。

（1）课堂教学教师要有精气神

第一要有勇气。即，认同自我能力，发挥自我优势，靠自我驾驭课堂。第二，要有底气。要做到有底气，就必须备课充分，内容过程设计独到，敢于打破传统观念。第三，精力充沛。即，充满活力，关注学生学习，课堂组织有序。第四，要有激情和表情。有激情就是以强烈的情感和精思巧问激活课堂，激发学生兴趣；有表情是要以舒展的举手投足塑造生动课堂，以直观的微笑营造温馨课堂。

（2）三次力推高效课堂

当关于分层教学模式的研究获得成果的时候，学校充分认识到要使成果转化为高效课堂教学资源，必须要有一个系统的工程来落实。这个工程在我所做的三次教学讲座中拉开了序幕。第一讲：突出"一种理念"作为支撑——课堂教学必须贯彻分层教学的思想；第二讲：采取"一项措施"作为载体——"学练卷"承载教学分层；第三讲：高效教学的实践与探索（包括分层教学"十抓""五反思"；"学练议"教学模式；一个载体"学练卷"）。这三讲内容在五个中考学科教学中得以展开，并成为了常态教学。

（3）说教材活动

如果一位教师连教材都没有把握好，对所教的教学内容不能融会贯通，再好的教学方式和学习方式又有何用，又怎么能提高课堂教学效率呢？相反，如果一位教师对所教的教材非常清楚，烂熟于心，即使他的教学方式不是特别优化，那么他也一定能实现最基本的教学目标。所以，无论进行怎样的课程改革，钻研教材、吃透教材是教师永恒的基本功，是把握教学的前提，是提高课堂教学效益的本源。因此，为了锤炼教师的基本功，把好教材关，我校开展了"说教材"活动。说教材包括说整个学段教材、说一册书教材、说一单元教材、说一节教材、说一课时教材五种形式。

（4）教改大课堂活动

为了践行分层教学思想，摸索"学练卷"的使用方法，推进"学练议"教学模式，我校着力课堂教学的研究，组织了"教改大课堂"主题活动。通过第一轮次21节"教改大课堂"的课例研究，加深了对教学模式的实践，"常态课堂展示化""展示课堂常态化"的教学观念在逐步形成，高效课堂的生成在研磨中步步深入。

（5）挖特色，辅教学

我校定于每年4月为校园英语节。在为期一个月的时间里，每位同学都要出一期英语手抄报、学唱一首英文歌曲，校园广播每天播放一首英文歌曲。英语展报评比、英语短剧、歌曲表演、策划班内英语角等活动的开展，助推了学生学习英语的热情。

阅读是学生不可缺少的东西，是学生自主学习的重要方面。学校充分利用图书馆、读书室这些学习阵地，课表化安排学生阅读活动，并开展了以"阅读伴我成长"为主题的读书系列活动。学校组织语文教师编辑《语文阅读拾零》，师生共同撰写好书目录、图书简介,并设计读书卡片。另外,还要求各班制订读书方案,设计班级图书角,并届时召开主题班会,交流读书笔记,畅谈读书体会。

学校利用校园广播台,宣读师生家长征文;利用校园网向全体师生及家长宣传读书意义;定期组织诗文诵读、歌曲演唱、课本剧、小品等展示活动;通过开展征集读书宣传语、宣传画、师生楹联、软笔书法、藏书票设计等活动,使学生践行读书理想。

七、教育科研

我校始终遵循"科研兴校,科研提升办学质量,科研提升教师品味"的思想,坚持科研与教研相结合,专题研究与成果推广相结合的工作方式。在促进教育科研持续持久深入地进行方面做了一些大胆构思和有益尝试。实践证明,我校所进行的《分层教学模式的研究》《新形势下教师队伍发展建设的战略研究》以及确定的"人人参与,研以致用"的群众性教育科研思路,为学校的科研发展找到了一条比较可行的路径。

1. 科研理念：问题即课题

教育科研不是难不可上,也不是高不可攀,科研课题及其研究植根于教育。抓住教学过程中的典型问题、典型矛盾就是教育科研的课题,潜心研究解决的办法和揭示一般规律,就是课题的成果。所以,人人都能承担或参与课题研究工作。我们坚信,只要多点求真务实的功夫,研以致用,教育科研就会有生命力。

2. 建立教育科研的研究体系

为了把教育科研工作落到实处,保证课题的有效进行。学校把教育科研工作划分了三个层面：第一层是"核心体系",由教育教学的领导干部组成,并担任重要课题的研究工作,校长要成为科研的"领跑人";第二层是"骨干队伍",由从教育科研实践活动中选出的优秀教师组成,在群体性教育科研活动中起带头、引领作用,并参与或承担市、区级课题研究工作;第三层是"群体队伍",我校要求所有一线教师都必须参加教育科研活动,并制订了相应的教育科研成果奖励系列方案,以此鼓励教师自 觉参与科研。

3. 不懈的科研追求

我校作为"中国教育学会'十一五'科研重点课题《整体建构和谐教学实验》重点实验基地"和"天津市教科院基础教育研究所实验学校",承担着两项中国教育学会科研重点课题《提高教学效率,减轻学生负担的整体建构和谐教学实验》和《名师教学思想与教法研究》的子课题。2009年7月,又立项了天津市教育科学规划课题《构建教师评价体系，促进教师专业化发展》的研究。现正在承担天津市教育学会科研规划重点课题、中国教育学会立项课题《"信心、静心、责任心"三位一体系统教育的行动研究》，天津市教育科学规划资助课题《教师专业化发展的校本管理策略研究》及《以减轻学生过重课业负担为目标的教师专业化发展的实践研究》三项"十二五"课题的研究工作。

4. 科研成果

"十一五"期间，我校承担了塘沽中小学 25 项天津市教育科学规划课题（省部级）中的 4 项，且这 4 项课题均获得了 A 级鉴定。"十二五"期间，我校共承担各级课题 16 项，"十二五"校级教育科研小课题共有 62 个课题立项。

2008 年 10 月，天津市第四届基础教育教学成果奖评选揭晓，我主持的课题《分层教学模式的研究》获得了一等奖，这一奖项的取得，填补了塘沽在基础教育教学成果上一等奖的空白，是塘沽教育教学科研路上新的里程碑。

2010 年 5 月，天津市第二届教育科研优秀成果奖评选揭晓。此次评奖是天津市教育科研成果的最高水平的一次评奖，涉及高等教育、中等教育、职业教育、基础教育和科研院所等各级各类学校和教育机构。全市评出的 13 项优秀成果一等奖中基础教育仅占两项，其中由我主持的课题《新形势下教师队伍发展建设的战略研究》获得优秀成果一等奖。

在多年的探索实践中，我校形成了新形势下教师队伍发展建设的九大策略，有多篇论文成果发表在《中国教育报》《人民教育》等国家核心刊物上，有多位老师站在教改的潮头，向外省市伸展教改成果。学校曾多次在全国性、市、区级大型会议上进行研讨交流或作经验介绍，《中国教育报》《中国教师报》多次以不同专题报道了我校教师队伍建设及整体发展情况，已有二十余个省市数百所学校慕名来我校进行实地考察。这项成果的取得为我校进一步研究教师队伍的发展建设问题奠定了坚实基础。

八、校园文化

随着素质教育的全面实施，学校不仅关注硬件建设，努力改变办学条件，更重要的是学校要体现内涵发展的精神底蕴，努力提高办学水平。为了顺应教育的发展，为了推进学校不断进步，为了满足青少年健康成长的需要，我校于 2007 年开始启动校园文化建设工程，并成立了"校园文化研究室"专门承担这项工作。经过几年的努力，校园环境建设有了显著变化，并有效地发挥着教育功能，促使学校向深层次发展。

1. 彰显陶冶功能

校园文化承担着课堂教学无法替代的价值功能，校园优美整洁、育人气息浓厚、文化意蕴深刻，这本身就是一种濡化教育。学校在外环境建设中形成两大板块：第一版块建构的是校院区域文化，包括团队文化、学生活动文化、责任教育文化和墙面文化等四个区域；第二版块建构的是楼内区域文化，由楼道文化、班级文化、办公室文化、功能教室文化等四个部分组成。

2. 发挥促进功能

校园环境文化的建构，不仅让师生浸染在教育文化之中，而且也为学校德育提供了一个十分广阔的教育天地。"责任教育基地"的建立，诞生了"学生讲解团"，促进了学生自我教育；每周升旗仪式上的讲话由"学生干部演讲团"担任，他们以专题的形式，谈教育中的自我感受；各班门前的班牌不仅代表了一个班集体的形象，而且也彰显了"养成教育"及班风、班训等的具体内容，各班每月还要评比出不同类别的标兵。

3. 带来传导功能

当校园文化呈现在人们面前的时候，学校的大门被打开了，不知有多少学校慕名而来对我校进行实地考察，他们被育人环境吸引着，他们与每一面墙对话，拍下了所有的图片资料。他们提出诸多教育问题与我们交流，达成了诸多共识。

4. 铸就学校精神

校园精神支撑着学校发展。学校引领师生向文化方向走去的时候，校徽、校训、校风、教风、学风的逐渐形成，无不体现着我校师生特有的人生观、道德审美观和价值观，为学校向前发展注入了精神和力量。

5. 书写学校文化史

校园文化建设，引发了全体教职工对事业的美好追求，他们思想的绽放、心与心的碰撞、专业上的钻研、学术上的交流，都在尽心尽力地为学校续写着文化史；他们继往开来的文化笔耕，使一所普通校越发生机盎然、厚积薄发。《中国名校》中的一卷是塘沽十五中人的精气神；《智慧的教育》中的一卷是塘沽十五中人集体智慧的结晶；《用心做教育的人》中的一卷是塘沽十五中人心血的写照；还有《感悟》《反思集》《心与心的碰撞》《科研铸造品牌》《责任培养习惯》等文集是塘沽十五中人无悔的心声。

"心系学生，育满园桃李，功在千秋；情系教坛，担一肩霜花，此生何求。"看着一茬又一茬学生成长起来，目送一届又一届学生走出了校门，我们心潮澎湃。学生赋予了学校无限的生命力，教师创造了学校辉煌。自2006年以来，学校获得了 50 余项国家级和市区级荣誉，其中国家级 8 项，市级 12 项，区级 33 项，学校课题成果和经验介绍大量涌现，在市级以上刊物发表的有 18 篇，其中国家级 6 篇，市级 12 篇；教师队伍人才辈出，学校涌现出了塘沽区首席教师、塘沽区学科带头人、塘沽区命名的区校级骨干教师等。

无论当教师还是做校长，我始终秉持敬业进取、改革创新的工作理念，一路征战一路高歌，其间虽有坎坷和磨难，但在坚守与奋取中，也获得了专业的提升，收获了重要的人生成长，近二十年来取得了一定的成绩：

被评为全国教育系统先进工作者、第五届全国"十佳"初中校长、首届全国教育改革创新优秀校长、全国科研杰出校长、全国"十一五"教育科研先进工作者、全国特色教育先进工作者、天津市第三届最具创新精神"十大"校长、天津市优秀德育研究校长、天津市阳光体育活动先进校长、天津市基础教育科研带头人、天津市"九五"立功奖章、天津市基础教育教学改革积极分子、铁道部优秀教师、铁道部青年科技拔尖人才、塘沽区第六届专业技术拔尖人才、塘沽区教育系统优秀共产党员标兵等。两次获得天津市优秀教师、天津市"十佳"青年教师提名奖、天津市普教系统优秀青年教师、天津市交通口岸系统优秀共产党员。多次被评为北京铁路局先进工作者、优秀教育工作者、优秀教师、优秀共产党员和天津铁路分局"十佳"职业道德标兵、"十佳"先进职工标兵、优秀共产党员"十佳"标兵、师德高尚"十佳"标兵、"十佳"教学能手等。

主持了多项国家级和市级课题的研究，其中有 3 项课题获得天津市教育科学规划办专家组 A 级鉴定。曾获得第五届"中国教育学会科研成果奖"三等奖，天津市第四届基础教育教学成果一等奖，教育部中国教师发展基金会优秀科研成果一等奖，天津市第二届教育科研优秀成果一等奖，天津市首届基础教育科研成果一等奖，天津市第二届、第三届基础教育名校长高峰论坛论文一等奖，天津市青年校长学术论坛二等奖。在《人民教育》《中国教育报》《中国教师报》《教育文摘周报》《天津教育》《天津教科院学报》《天津教育报》《教·校长参考》《求贤》等刊物上发表了 60 余篇有关学校管理方面的论文，撰写并发表教学研究的文章近 80 篇。出版教学编著 1 部，教学专著 1 部，主编和参编的教学著作有 9 部，出版学校管理方面的专著 4 部，主编学校管理方面的著作 7 部，有多篇学校管理方面的论文在国家级和市级的学术论文评比中获得一、二等奖。

2010 年经过严格遴选，入编由著名教育家、中国教育学会会长顾明远先生任主编的《感动中国·教育人物——中华名校校长风采录》一书。

第二章 审视与把脉：
在上下求索中确立学校发展方向

发展是人类社会的永恒主题，也是当今各级各类学校面临的首要任务。科学地规划学校发展的方向、规划学校的科学发展方向，对于推进学校整体建设和可持续发展具有重要意义。塘沽十五中以科学发展观为指导，以深化素质教育为核心，基于学校的发展现状和区域教育的发展要求，为实现学校的特色发展和可持续发展进行了不懈的探索和实践。

审视学校发展面临的困境与瓶颈

普通学校在当前社会急剧发展与变革中面临着巨大的生存和发展压力。对于国家而言，落后就要挨打；对于学校而言，落后就可能遭到淘汰。"物竞天择，适者生存"的法则在教育领域同样适用。在生源压力持续加大，社会和家长普遍希望学生接受优质教育的背景下，普通学校面临着前所未有的压力。要摆脱面临的困境，走上可持续发展之路，普通学校必须进行创新和变革。在进行创新和变革时，转变观念是重中之重，这也是我始终思考的一个核心问题。观念是人们在实践当中形成的各种认识的集合体。人们会根据自身形成的观念进行各种活动，利用观念系统对事物进行决策、计划、实践、总结等活动，从而不断丰富生活和提高生产实践水平。观念具有主观性、实践性、历史性、发展性等特点，形成正确的观念有利于做正确的事情，促进事情的发展进程，达到事半功倍的目的。[①]因此，确立学校的发展方向，首先是实现观念上的转变，而实现观念转变的首要条件是树立自信心。

"总觉得咱们学校不如别的学校，见到重点学校的老师好像矮半截。"这是我

---

① 李维：《试论制度与观念的变革对经济发展的影响》，载《高教探索》，2011年第6期。

初任校长时与教师的座谈会上一位教师说的一句话，这句话总是环绕在我的耳畔，每每想起，心里总是感到异样的沉重。我能理解一位普通教师对学校发展的热切期盼，对学校办好、办出成效的渴求。但同时，教师的这句话里也隐藏了些许的不自信。同样不自信的还有学生，但是这些孩子也有自己的理想，也渴望能上重点高中，实现自己更高的人生追求。我们常说，"信心比黄金更重要"，对于塘沽十五中的师生来说，树立自信是学校发展的先决条件。

让老师树立自信心，成就他们的人生价值；让学生树立自信心，成就每一个学生的理想，这应该是我作为校长的使命。所以，我认为普通校的发展，师生的成长，树立自信心是关键。于是，充分考虑到校情、学情，我校提出了"人人有才，人人成材"的办学理念。在"人人有才，人人成材"办学理念的引领下，我校积极探究学校的变革路径，侧重通过创特色文化活动来提升学校办学精神，确定了在转变观念的基础上努力寻求学校的可持续发展。

确立"人人有才，人人成材"的办学理念

"知是行之始"，先进的教育实践必须以先进的教育理念为其前提。领导的理念能鼓舞人心，能凝聚实现共同愿景的力量。实践也一再证明，成功的组织都在努力设法以共同的愿景把大家凝聚在一起。有了衷心渴望实现的目标，大家会努力学习、追求卓越，不是因为他们被要求这样做，而是衷心希望这么做。共同愿景的整合，能帮助组织成员主动而真诚地奉献和投入，而非被动地遵从。由此可以看出，确立共同理念对于学校的发展具有非常重要的意义。

在塘沽十五中办学理念提出之前，我就一直有一个朴素的想法，江苏省泰兴市的洋思中学、山东茌平县的杜郎口中学等，一度都是普通学校，这些学校分别在蔡林森校长和崔其升校长的带领下迅速发展和崛起，普通学校不再普通，一举成为在国内具有一定知名度和美誉度的学校。而对于塘沽十五中而言，应该说无论是硬件方面还是软件方面，都不比这些学校差，我为什么就不能把这所学校办好呢？当时，我就下定决心，一定要把十五中办好，做一任称职的校长。我也坚信，只要自己肯付出百倍的努力，加强学习，用理论武装头脑，按教育规律办学，走改革创新的道路，就一定能把学校彻底变样。

提起我们塘沽十五中"人人有才，人人成材"的办学理念，还有一段鲜为人知的故事。有一天，我偶然注意到校园里两片树林，一片是高低错落地生长着，

一片是齐刷刷地比着长，心中品味着人与自然相依相随的关系。树是什么？树是具有一定材质的生命体。它们在一定的条件和养分下会越长越旺，有的会出类拔萃，它们竞相生长，是渴望成材，和谐发展。眼望校园的老师和学生，他们多么像一棵棵成长的树，关键是学校如何引领他们去成材。由此，学校的办学理念——"人人有才，人人成材"便应运而生。

"人人有才，人人成材"办学理念的立意是要给师生一种自信的力量，让师生共同树立战胜自我的信心，让师生扬起"我要成材，我能成材"的信念风帆。自信带来了动力，我校勇敢地向社会做出了公开承诺，承诺每一个进入塘沽十五中的学生在原有的基础上取得最大的进步，不放弃任何一个学生。三年之后，我们许下的承诺完全兑现了，毕业班成绩连续三年稳步提升，得到了家长和社会的极大认可。我们的老师走出去之后，也不在因为是十五中的老师而感到自卑，而是因为是十五中的老师而感到自豪。

我校的办学理念体现了对塘沽十五中全体师生的极大信任，而这种信任也被我校的全体师生所接受和认同。在这个基础上我校几经论证，提出了"创天津市一流学校、全国知名学校"的办学目标。应该说，以我校原有的基础，提出这个办学目标具有很大的挑战性，但这种挑战性隐含着学校发展的创意和突破。我们学校虽然是一所普通校，但普通校并不意味着不能办一流的教育，不能成为一流的学校。我们坚信，只要确定的学校发展思路适合学校的发展，选择的学校发展的策略方法能够有效服务于学校的发展规划，通过全体师生的共同努力，我们一定可以把学校办得极具特色，不断培育学校品牌，提升教育质量，最终跨入全国知名学校的行列。

塑造追求卓越的学校品质

为了进一步明确学校的发展方向，我和学校领导提出了"追求卓越"的校训。因为特殊的学校地理位置和学校一贯的平凡表现，"普通"二字成为大多数人对这所学校的定位，也正是因为渴求突破"普通"最终走向"不普通"的愿景，让塘沽十五中人选择了一条任重道远的道路。校训所蕴含的心声，激起了师生强劲的发展势头。在"追求卓越"的校训的鼓舞下，我校全体师生相互鼓励着："要自强不息、勇于奋斗、超越自我，力争办最好的学校，做最好的教师，当最好的学生。"这是一所普通校对"追求卓越"校训的诠释。经过全体教职工的团结奋斗，我校发生了历史性的变化。

一、追求卓越，培育领导班子成员的优秀品质

学校要发展，领导班子是关键，这是办好一所学校的前提和保证。领导班子作为学校的领导核心，其思想、观念、行为及作风等直接影响着学校的风气，也直接影响着学校办学理念的贯彻、学校发展规划的落实和办学目标的实现。因此，有意识地培养班子成员的优良品质，是实现"追求卓越"的重要内容。

一是培育讲学习的优秀品质。建立"学习型"组织是班子建设的重要内容。学校把学习作为"一把手"工程，党支部书记、校长带头践行学习，所有班子成员坚持参与学习且不走过场。在科学发展观的主题实践活动中，班子成员把学习作为一个课题进行研究，积极改进学习方法，完善学习措施，开展学习互助与交流，从而较好地解决了发展认识问题，进一步增强了班子成员思考问题、追求发展的使命感。在学习中，班子成员还针对教育发展的"大环境""大期盼"，自觉到本市知名学校和市外品牌学校考察学习，及时吸纳和借鉴兄弟单位优秀的办学成果，从而较好地培育了新的学习优势。

二是培育讲敬业的优秀品质。班子成员大力倡导想事、干事、成事的优秀作风，以敏锐的职业敏感捕捉育才育人的前沿信息，以时不我待的精神状态加强教育教学和管理的研究工作。所有干部都发扬了"5+2"和"白＋黑"的工作精神。例如在出勤方面，班子成员带头早来晚归，一些成员带病坚持给学生上课。在班子成员的有力影响下，很多年轻教师一再推迟婚期，有的老师主动请示愿意承担多项教学工作。通过培训班子成员讲敬业的优质品质，从而在我校形成了干事创业光荣的良好氛围。

三是培育讲民主的优秀品质。在我校，书记和校长不搞"一言堂"，当班长不当"家长"。在教育改革、教育创新等工作中认真听取全体教职员工的意见，在全校开展了"最佳课堂""最佳年级组""最佳教学方法"评比活动，鼓励教学工作"百花齐放、百家争鸣"。在涉及重大问题、重大人事变动、重大开支方面坚持民主程序不走样，虚心听取不同层面的意见和建议。在评选优秀教师、优秀党员等活动中，学校领导班子重视群众公论，发挥集体决策作用，形成了正确的工作导向。

四是培育讲科学的优秀品质。我校"一班人"坚持科学管理教学。学校领导班子自觉解放思想、更新观念，在全校大力倡导"用科学的思想引领教学，用科学的方法管理教学，用科学的成果延伸教学"。为了实现科学管理，"一班人"在

加强制度建设的同时，把管理的重点向一线倾斜，坚持做到"调研坚持到教学一线，检查指导到教学一线，传授帮带教学经验到教学一线，解决问题到教学一线"。这些做法为科学管理注入了活力。

五是培育创一流的优秀品质。塘沽十五中尽管是一所普通校，但"普通"彰显着十五中人追求卓越的品质，迈向"普通"的"制高点"是"一班人"和全体教职工共同的理想。新一届领导班子上任以来，积极挖掘教师无形的潜力，在全校弘扬"不用扬鞭自奋蹄"的精神，潜心支持教师们默默无闻、脚踏实地的工作。"一班人"还大胆地提出了"创天津市一流学校、全国知名学校"的目标，并用醒目的大字写在教学楼的墙上。为了实现发展目标，学校又带领着全体教职工勇敢地向社会作出了公开承诺，并用展牌挂在学校门前。学校发展目标与承诺一经确立，立即发挥了极大的号召力，各年级组也纷纷向学生家长立下誓言和目标，并张贴在各层教学楼楼道里。争创一流，实现新跨越已经成为全校师生共同的追求。

二、追求卓越，培养教师优秀品质

"一流的教育必须要有一流的教师来支撑"，学校要实现可持续发展，必须要有一支精良的教师队伍。基于上述考虑，我校十分重视培养教师的优质品质。

一是立德树人。一方面，学校制订了师德规范要求和制度；另一方面，以活动践行师德风范。学校开展了签订《教师承诺书》、师德风范周、"爱生月"等活动，要求老师台上讲师德，自觉为人师表、言行一致，时时处处给学生做出榜样和表率。学校对老师的师德加强考核和检查，组织学生代表评议。教师在述职时，要把德作为重要内容，加大量化分数比例。

二是教书育人。教师必须真正重视育人，重视学生的成长发展和成人，这样才能真正实施好的教育。为此，学校在教师中开展了"十问"教育活动。

三是关注细节。学校注重抓"完美第一次教育"，要求教师"第一次亮相是形象、第一次叫出学生名字是亲切、第一次提出要求是信任、第一次上课是艺术、第一次批改作业是鼓励"，使我校的教育在完美中追求和实现卓越。

四是实现最佳。学校要求教师必须要静心工作，并提出了"七静"的工作要求，即：静下心来上好每一堂课，静下心来批改每一本作业，静下心来与每个学生对话，静下心来研究教学，静下心来读几本书，静下心来总结工作规律，静下心来反思自己的言行和方式。这"七静"的落实，不仅提振了教师工作的精神状态，还加强了教育质量建设，提高了育人育才效果。

五是转化成果。通过把专家请进来，让教师走出去的策略，开阔我校教师的教育教学视野。在教育多元化的今天，把教育专家请来，通过专家的学术讲座或示范课等，可能会使教师转变观念、茅塞顿开；让教师走出去学访调研，通过实地考察，一方面可以开阔其视野，另一方面还可以借鉴经验为我所用。

三、追求卓越，培养优秀教育科研品质

为了使教育科研真正落在实处，学校领导班子立足学校发展实际，紧贴办学中心工作做了一些有益的尝试。

一是校长引路。作为教育科研的实践者，校长积极参与、身体力行、率先垂范，不当挂名领导。

二是明晰责任。为了把教育科研落到实处，学校专门成立了教学科研处，组建了一批专兼结合的教科研队伍，具体落实教育科研的各项工作，由一名副校长专门负责。同时学校在制度上、舆论上、奖励上鼓励教师进行教育科研活动。

三是强化选题。在选题过程中，将教育教学中的典型问题、典型矛盾引进课题，采取"问题即课题"的选题思路。同时，科研处严格把关课题上报，避免"假、大、空"的倾向。

明确学校发展应解决的问题

确定了"人人有才，人人成材"的办学理念后，我校工作的重点是确定适合学校实际的发展目标。围绕着"让每一个学生成功""追求卓越的学校品质"，结合塘沽教育局党委的要求并在广泛征求教职工意见的基础上，我校制订了总体发展目标，即全面贯彻党的教育方针，积极实施素质教育，培养全面发展的合格学生，把我校建成教育思想先进、教育管理和谐有序、科研有实效、师资队伍有发展、教育技术现代、办学条件优良、教学质量在同类学校里居于前列的学校。

学校发展目标已经确定，接下来的问题就是问诊、明确实现我校发展目标应着重予以解决的问题。概括而言，以下两个方面的问题是我们在实践中应侧重予以解决的。

一、教育教学存在的问题

1. 亟待实现"三个转变"和"三个改变"

每一个生命都需要有尊严地生活，学校和教育工作者有责任让学生生活得更

有尊严，让他们在学校里得到应有的、符合他们的特点、符合他们未来发展需要的教育。素质教育以促进学生的全面发展为目标，意在唤起学生的主体意识，发挥学生的主动性，使学生生动活泼、积极主动地发展。不过，目前在学生观、师生观等方面存在的问题，阻碍了素质教育的进一步推进。概括而言，在教育教学观念和教育实践方面急需实现"三个转变"和"三个改变"。

其一，转变教育主体观，应树立全体学生都是教育主体的理念。基于我的调研，根据参与师生互动的情况，学生在课堂教学中可以区分为三种类型。第一类学生是支撑课堂教学的骨干，如果没有这些学生，教师授课就难以顺利进行，"关键时刻"的课堂提问就可能无人回答。第二类学生偶尔参与课堂教学活动，但一般并不参与课堂教学的主要活动。第三类学生大致属于"旁听生"，这些学生基本不参与任何课堂教学活动。在课堂教学中，教师往往倾向于让第一类学生回答问题，在公开课上更是如此。虽然已认识到学生是主体，相当一部分教师事实上却只把尖子生作为主体，而忽略了大多数。我们要全面实施素质教育，让每一个学生成功，就应面向全体学生，把所有学生作为教学活动的主体。

其二，转变片面的"全面发展观"，应树立"扬长避短"全面发展的理念。基础教育是整个教育体系的关键部分，万丈高楼平地起，没有良好的基础教育，就不可能有优秀的高等教育。联合国教科文组织 1977 年在肯尼亚首都内罗毕召开的高级教育计划官员讨论会上，对基础教育进行了广泛而深入的讨论，认为"基础教育是向每个人提供并为一切人所共有的最低限度的知识、观点、社会准则和经验的教育"，"它的目的是使每一个人能够发挥自己的潜力、创造性和批判精神，以实现自己的抱负和获得幸福，并成为一个有益的公民和生产者，对所属的社会发展贡献力量"。[①]

基础教育不仅仅是为培养少数拔尖人才奠定基础的教育，也是为培养千千万万的普通劳动者奠定基础的教育。在目前的情况下，强调后者具有重要的意义。理想的素质教育应是坚实的素质基础和良好的个性特长的统一体。

遗憾的是，我们的教育培养的往往是片面的"全面发展的人"，即没有特长的所谓"全面发展的人"。这在教育理念层面和实践层面都有比较明显的表现。在这种理念或实践观的影响下，如果一个学生某学科学得比较好，我们就会鼓励该生在其他学科上多下工夫。我们不是发展学生的优势学科，而是弥补他们的弱势学科，这恐怕是我们对全面发展的片面认识。因此，我们要坚持全面发展的观点，

---

① 陈书全：《论义务教育公共服务均等化政策取向——以山东省为例》，载《山东社会科学》，
2011 年第 5 期。

在注重全面发展的同时，引导学生发挥自己的优势，发现自己的兴趣，发展自己的特长，全面发展的教育应是扬长避短的教育。

其三，转变传统的"师者为尊"的师生观，应树立民主、平等、和谐的师生观。根据我的经验和调查来看，传统的"师者为尊"的师生观在教育实践领域还有很大的市场。研究发现，许多学生的心理障碍源于师源性伤害。良好的师生关系是培育学生健康情感的重要因素，教师应以真挚的情感对待学生，努力建立一种平等、信任、理解、尊重、友爱的师生关系，营造有利于学生身心健康、全面发展的文化氛围。

以上侧重教育教学观念，分析了亟待实现的"三个转变"；此外，在教育教学实践方面，还需要实现"三个改变"。

其一，改变"唯分数论"的选拔评价标准。现行的教育考试制度，在一定程度上导致学生成了分数的奴隶。教师与家长的功利追求，也使得学生在考试分数的重压之下喘不过气来。另外，残酷的教育选拔与淘汰，让学生失去了本应享有的幸福和快乐。因此，要改变目前选拔评价标准中存在"唯分数论"的倾向，使选拔评价成为了解、激励、帮助学生学习和发展的手段。同时，摒弃用一把尺子衡量学生发展水平的做法，应多几把尺子、多几种尺度、多几种方法来全面衡量学生的发展。

其二，改变重智轻德、轻体的现状。在目前的教育实践中，存在着明显的重视智育，轻视德育和体育的倾向，这种倾向的存在严重影响了学生的全面发展。这种倾向在塘沽十五中也不同程度地存在着。我们应改变重智轻德、轻体的现状，给学生提供足够的自由活动时间和丰富的教育活动形式，让他们根据自己的兴趣、爱好及愿望等，自主地选择适合自己的活动内容和活动方式。

其三，改变"千篇一律"的现状，要"因人施教""因材施教"。多年以来，我们在教育教学实践中，过度强调共性要求，相对忽视个性发展。要使学生得到发展，就应承认差异、重视差异、培养差异，要善于激发学生的兴趣，培养学生的特长，启迪学生的智慧，挖掘学生的潜能；要对不同类型、不同层面的学生实施不同的教育，提出不同的教学要求，达到分层教育、分层教学，以培养适应现代社会需要的健全的人。

2. 亟待实施信心、责任心和静心教育

其一，亟待提振信心。重点学校和普通学校客观上存在着差异，这种差异给了普通学校的教师和学生一种消极的、不自信的自我效能感。目前，在重点校或说是示范校这棵大树的遮蔽下，普通学校的学生、教师甚至是校长，都不同程度

地存在着一种消极的自我认知，即我们不如人家好，我们处处不如人家，我们是没有什么希望的。

这种消极的自我认知的存在，后果是非常严重的，它有可能成为横亘于学生成长、教师进步及学校发展之间的一道无可逾越的屏障。在这种情况下，即使是栽种下再有潜力的幼苗，在大树的遮掩下，也不可能茁壮成长，甚至可能越长越萎缩，同时，还可能影响其他树木的成长。这是非常可怕的。

塘沽十五中发展中面临的诸多困难决定了要实施信心教育。我校发展面临着很多困难，比如经费问题、生源问题及教师队伍建设等等，这些困难和问题无疑是制约我校进一步发展的瓶颈，但这些困难和问题也恰恰为我们提供了新的发展空间。我们必须有战胜困难的信心和勇气，必须提高破解各种难题的能力，必须有意识地进行信心教育。

其二，缺乏责任意识。责任，代表了一个人的个性品质，是成功人生必不可少的要件。责任，使人成熟稳重；责任，使人知晓并履行自己的义务；责任，能使一个人拥有一批对其真正关心、帮助和爱护的朋友。反过来说，如果一个人缺乏责任感，没有责任心，将可能失去他人对其的信心和信任，将可能变成一个他人厌恶的人，最终将可能一事无成。

由于受到社会不良风气的影响，相当一部分学生存在着缺乏责任意识的现象。比如：遇事只求适合自己，不考虑他人和集体；对父母长辈缺乏礼貌，对待同学缺乏热情；遇事以自我为中心，一言不合，性情烦躁；集体荣誉感不强，遇事怕担责任，自己该做的事推给别人，未做好的事怪罪他人，做错了的事不敢承认事实；卫生值日能逃则逃，敷衍了事，等等。因此，提高学生的责任意识，是我校应重点解决的问题。

维护教师对事业的强烈责任心也是学校需要重点解决的问题。由于招生政策等方面的原因，我校存在着优秀学生"孔雀东南飞"的问题。比如，2007届学生入学成绩较差，在塘沽27所初中中排位第16名，但经过老师们两年辛勤的培养后学生的成绩有了大幅度的提高。天津市规定，外地生不能在天津读高中，因此，在初二升入初三时，我校年级前40名的学生中有38人转回原籍准备考高中。无论对于学校领导还是教师，这都是一个沉重的打击。部分教师情绪波动较大，觉得无论怎么干也不会有太大的收获了。其实细想起来这种想法是很正常的，也是很朴素的。学校领导也非常清楚，这种情绪的背后隐藏着一种教师们对事业的强烈责任心。但如何维护好老师们对事业的强烈责任心，是学校应当重点解决的。

其三，不能静心学习和工作。"静境"在当今教育背景下对于做好教育教学工作具有重要意义。在塘沽十五中主持工作的第一年，我终日忙忙碌碌，是在事务堆里走过来的，不是写计划就是写总结，不是开会就是写汇报，不是迎接检查就是准备督导，还有许多其他方面的事情要处理，每天身体和精神都处于疲惫状态。但静下心来对一年的工作进行检讨却发现，一年中的工作虽不乏可圈可点之处，但仍有改善的空间，比如，教育教学研究工作颗粒无收。

反思我从事教育工作以来的经历，给我很多启发。我的第一段工作经历是做化学教师，由于善于钻研、肯于开拓，我取得了突出的教育教学成绩，先后获得过天津市"九五"立功奖章、天津市普教系统"十佳青年教师"提名奖、天津市第二届及第四届优秀青年教师、天津市基础教育教学改革积极分子、塘沽优秀中青年知识分子等荣誉。我的第二段工作经历是任化学教研员，在这段时间，我潜心研究，编著了2部教学研究的书，参与了天津市教研室等牵头组织的9部图书的编写工作。通过反思我以往的工作，并与目前的工作进行比照，我认为，只有静下心来研究教育、实践教育，才可能取得良好的教育教学效果，才能真正走进教育；反之，如果不能静下心来研究教育、实践教育，就可能逐渐偏离真正的教育。

为什么在塘沽十五中工作的第一年工作不太理想？我认为最主要的症结是静不下来。自己没有静下来，奋战在一线的教师能否静心工作、静心研究呢？

记得某新闻调查中有这样一段描述："教师不论在学校，还是在家里，甚至在梦中，都惦记着学生，想着刚进行的模拟考试，顾着明天将要进行的公开课，后天的主题班会，下周的安全检查，下月的课间操评比……以及没完没了的统计数字和报表，随时随地地推门听课，防不胜防的意外事故，突发事件和告状风波。"就我了解的情况来看，老师们的事务性工作实际上还不止这些，如开学初要交各种计划，期末要交总结，每节课要写课堂日志，每周要交教学反思，每月要交教学笔记，每学期要交论文。此外，一年一评需要业绩，两年一度要考评等等。除了要做好日常的教育教学工作之外，老师们还有如此多的事务性工作，在这种情况下，老师们又怎能静心工作呢？

概括而言，目前有几个方面的因素导致了老师们不能静心工作。其一，老师们既要承担繁重的教育教学工作，还要从事繁杂的事务性工作，超负荷的劳动是制约教师静心工作、静心研究的首要因素。其二，目前存在着一种拜金主义的价值取向，这种价值取向刺激着人们的神经，在这种情况下，一些教师经不住诱惑，心动了起来。其三，在市场经济条件下，教师虽然有稳定的收入，但这和教师的期望仍有一定差距。其四，有的教师功利心理强烈，急于求成而弄虚作假，心浮了起来。以上四个主客观方面的因素极大地影响了教师静心工作。在这种情况下，如何让教师静心工作显得十分重要。

作为一所普通校，塘沽十五中的现状决定了必须静心工作、静心学习。我校是一所普普通通的学校，生源状况一般，教师的专业素质和水平也需要提高。对于这样一所学校，在教育教学上应力戒浮躁，确立打"持久战"的观念并在实践中始终坚持。这就要求校领导要静心管理，教师要静心工作，学生要静心学习。

二、亟待加强教师队伍建设

应对时代挑战，教师必须要有责任意识。就教育外部环境来看，随着社会变迁的加剧，学生置身于其中的社会环境发生了很大的变化，各种思想文化观点相互碰撞，尤其是互联网的日益普及，学生面临的选择，也包括各种诱惑层出不穷。就教育内部环境来看，在新的历史条件下，学生出现了许多新特点，素质教育正向实施层面扎实推进，新课程改革向着纵深发展，广大的学校和众多的教师面临着彻底摒弃应试教育、适应新课程改革要求等诸多考验。在教育外部和内部环境变化的背景下，学校教育出现了一系列新特点、新问题，老师们也不可避免地面临着前所未有的挑战。迎接和应对挑战，教师必须要有责任意识。这是教师的天职，是教师职业的根本。

中青年教师特别是青年教师的比例大，这使得青年教师成为我校教育教学的主要力量。加强青年教师队伍的建设，让教师静心工作，努力提高师德修养，加强对青年教师的培养更是我校的当务之急，是关系到能否提高教育教学质量和顺利实施素质教育的关键，应摆上学校发展的重要议事日程。

三、抓教育思想的引领

如果说教育不带有超越现实的目标，不具有对现实的批判性，而是纯粹的训练人们顺应和接纳现实，那么教育就丧失了其应有的功能。按照组织行为学理论，任何一个组织都包括决策层、管理层和操作层三个层级。在学校，校长是决策层，负责学校重大事务的决策；副校长和中层干部是管理层，负责具体事务的管理；教师是操作层，负责具体工作。一个组织良好运行的关键，是各个层级各司其职、各负其责，在组织内部上传下达都按照组织的层次依次进行。校长是站在学校的立场实施管理，围绕学校发展的全局做事，有所为有所不为，校长不可能也没有必要事必躬亲。大家都清楚：思想引领行动，思路决定出路，认识决定力度，态度就是高度，细节左右效果，责任大于能力，执行决定成败，行动改变一切，质量建立信誉，信誉吸引生源，生源带来资源，资源支撑发展。所以，作为校长关键是应该拿主意、抓思路、想办法、定政策。

校长的工作使命中一个很重要的方面是用其先进的教育理念引领学校的发展。著名教育家苏霍姆林斯基说过：校长对学校的领导首先是教育思想的领导，其次才是教育行政的领导。没有先进、前瞻的教育思想，就办不出真正的教育。[①] 一名好校长应该是"播种的能手"，把他的教育理念遍撒于校园的每个角落。

实现教育思想的引领，校长首先要勤于读书学习，从书本中汲取大量的营养。因为，你不读书学习就无法了解教育的变化，就无法掌握教育理论，就谈不上教育创新，更谈不上搞教育实验。当然，一个好学爱读书的人不一定能当校长，但一个校长必须是一个好学爱读书的人。通过读书，使我学习到了很多知名的教育专家、优秀校长的管理方法，并有意识地在实践中运用，收到了较好的效果。实践使我认识到了读书学习的重要性，认识到了当校长的过程就是不断地将所学习到的知识运用到具体实践中的过程，树立了"在学习中工作，在工作中学习，学习工作化，工作学习化"的理念。

除此之外，校长还必须学习政策法规、学习新课程改革的理念，学习教育管理学的理论，学习名校长办学的成功经验，只有这样才能不断提升自己引领学校发展的能力和水平。其次，校长必须引领干部教师读书学习，实现有固定地点课表化安排的读书活动。校长可围绕一些教育观点搜集一些名家、名师、专家、学者的论述提供给教师，让教师们认真阅读、思考，然后开展论坛活动进行相互间的交流、碰撞，这样可提高教师的理论水平，改进教学实践。

四、抓学校愿景规划

教育思想引领是规划学校愿景的基础，规划学校愿景是教育思想引领的具体化。每个学校都有自己的发展目标，每个校长都有自己的办学理念，只有把这些目标和理念内化为全体教师的共同愿景，才能激发每个教师的自觉性和积极性，让他们发自内心地工作，把学校的发展目标与个人的奋斗目标融为一体。

建立共同愿景也是实现激励的有效措施。现代领导观认为，领导的力量源于制度、领导者的个人魅力和具有凝聚力的组织目标三者之合力，而其中组织目标，即理念领导应该是本源性的，因而也是最核心的要素。当领导者把自己的办学理念转化为组织目标，转化为全体教职员工的共同目标，即共同愿景时，它就会成为强大的动力源。学校发展愿景要目标清晰、富于鼓舞力，使全体教职工明确，这是最好、最合理的选择。另外，还要注意愿景的理性化与可行性，这也是鼓励

---

① 朱耀华：《论新时期的教育思想领导》，载《教学与管理》，2011 年第 21 期。

成员提高行动效率的关键。

为此，我们按学科组和年级组将全校教师分成 9 个团队，每个团队根据学校的发展目标提出本团队的具体目标，这样的目标不再是学校领导的单方面要求，而是全体教师主动提出的，学校的发展目标变成了全体教师共同的愿景，教师不仅被鼓励参与到愿景的设计中来，而且还要将共同愿景作为其教学工作的指南。在共同愿景里，价值和学校目标坚定了教师员工如何分配时间、解决何种问题以及资源如何分配，促使他们的工作动机更加强烈、具体，让他们产生超越自我和他人的愿望，并将潜在的巨大内驱力释放出来，为实现学校的远景目标奉献自己的热情。

沃伦·本尼斯说过："人类组织中，愿景是唯一最有力的、最具激励性的因素。它可以把不同的人联结在一起。"[①] 愿景是一种关于未来的思想、景象或意象。唤起全体教师的共同愿景是构建和谐学校、集众人之力发展学校的重要一步。学校首先要注意宣传学校发展的愿景：例如在开学初，校长要向所有的教师阐述学校发展的规划、前景，让所有的教职员工明确学校的发展方向，并接纳为大家共同的愿景，产生"沉浮与共"的情感；课题组会议要向大家宣传合作型团队建设对我们成长的重要性、对我们学校持续发展的必要性，从而让大家意识到紧迫性，建立积极的相互依存的观念。

抓学校愿景规划还要注意营造学校氛围，让全体教职工可以时刻感受到学校的共同愿景。原因在于，如果校长仅仅是提出要求和愿景，大多数教师就会有一种被支配的感觉，从而难以产生主人翁的情感。办学实践也证明，要实现共同愿景，就需要激发每个教师的个人潜能。学校领导的艺术就在于把每个人的智慧和潜能激发出来，充分发挥愿景在引领学校发展中的重要作用，让教职工在憧憬中"荣辱与共"。

---

① 张功超：《创建合作型学校的理论与实践研究》，载《苏州大学》，2008 年。

第三章 探索与创新：
完善学校管理体制和运行机制

2006年我初任塘沽十五中校长时，学校正处于发展的低谷时期，其中最大的问题是管理队伍缺少引领。学校多数中层管理者已经适应并逐步习惯了被安排，守着自己的"几亩地"，工作不主动、不积极，凡事等指示，日复一日地重复扮演他们的工作角色；在执行日常管理工作的过程中对教师讨好的多、批评的少，遇到事情不敢出面解决。这种状况让我意识到，如果不进行学校管理体制和运行机制改革，学校的发展无疑是天方夜谭。

如何进行有效的管理改革呢？研究中我发现，学校的组织架构是提升管理质量的关键点，不打破旧的组织制度，革新组织弊端，学校很难得到发展。要改变塘沽十五中的面貌，必须要改变学校管理中士气低迷、秩序混乱、规则不清的现状；而要想使学校变革富有成效，则需要进行一系列的管制体制和运行机制改革。

推行全员聘任制

一、全员聘任制的探索

管理制度和运行机制建设是学校管理的重要内容，是创建和谐学校的重要保证，也是体现公平、公正的重要手段。对于任何一个有一定规模的组织来说，践行组织宗旨、实现组织目标，管理体制和运行机制都在其中起着全局性、长期性、根本性的作用。

针对我校在人事制度方面存在的弊端，我们大胆实行了全员聘任制，确定了"按需设岗，公开招聘，平等竞争，择优聘用，严格考核"的原则，明确了全面实施聘任制度的指导思想。我校推行全员聘任制是为了进一步深化人事制度改革，完善学校双向选择、择优上岗的用人制度，通过逐步建立健全激励、约束的竞争机制，保障教职工的合法权益，调动教职工的积极性，增强办学活力，提高教育教学质量。实施全员聘任制旨在打破教师中较为普遍存在的"干与不干一个样，干多干少一个样，干好干坏一个样"的固有思维模式，打破实施"铁交椅、铁工资、铁岗位、铁饭碗"所带来的弊端，全力调动教职工工作的积极性，引导广大教师多干、干好，争创一流工作业绩，激发教师的工作热情。

我校实行的全员聘任制是学校与教职工在平等、自愿的基础上建立起的一种契约关系，其宗旨在于：按需设岗，公开招聘，平等竞争，择优聘用，严格考核。实行全员聘任制是实现由身份管理向岗位管理，由重身份、重评审、重资格转向重岗位、重职责、重聘任的重要措施，是结合学校不同岗位工作特点、对人员实行合理聘任、分类管理的有效措施，也是现代人力资源开发与管理在学校人事管理中的灵活应用。

我校自 2007 年暑期起正式开始尝试实行教师竞争上岗。当年就有 13 名教师竞聘年级组长，我们最终择优聘任了 3 名；有 33 名教师竞聘班主任，我们择优聘任了 24 名。从此，我校开始探索实施全面聘任制。

二、全员聘任制的全面实施

在聘任制的探索实施过程中，我校多方面听取教师职工的反馈意见，主动更新和完善聘任办法，逐步实行了全员的聘任制，并完善了岗位责任制，完善了中层干部、年级组长、教研组长、备课组长和教师、职员的岗位职责及相应的聘任方案。

1. 全员聘任制的基本原则

首先是依法办事的原则。既大胆探索、勇于实践，又要遵循国家有关政策法规，坚持按政策法规办事。

其次是公开、公平、公正的原则。在方案制订、岗位设置、教职工竞聘中，严格工作程序，增强教职工聘任工作的公开性和透明度。

再次是简洁高效的原则。严格编制管理，合理设置工作岗位，定编、定员、定岗、定责，提高工作效率。

最后是优化组合的原则。按照顺向流动，合理配置人才资源，实行按需聘任，择优聘用，实现优化组合，做到人尽其才，才尽其用。

2. 全员聘任制的聘任条件

一是遵守国家法律法规，热爱教育事业，具有良好的思想品德和职业道德，能为人师表，身体健康，承担满工作量；年度考核、师德考核均在合格以上等次。

二是能履行工作职责，热爱学校，关爱学生，不做（说）有损学校形象的事（话），没有违反《中小学教师职业道德规范》的行为。

三是教师必须具有《教师法》规定的岗位所需的学历或相应的教师资格，履行《教师法》规定的义务，遵守教师职业道德，能够胜任班主任工作和其他教育教学工作，责任心强，能圆满完成教育教学任务和岗位责任目标。

四是教辅、工勤人员必须具有岗位所需的相应学历或取得相应的专业技术职务或资格，能够胜任本职工作，并圆满完成岗位责任目标。

3. 全员聘任制的聘任程序及管理

教职工根据学校确定的岗位设置、聘任条件向学校提出聘任申请，填写应聘意向书。按照聘任方案，学校聘任领导小组根据资格审查、学年度考核结果和双向选择原则确定聘任人选，聘任结果张榜公布。聘任程序实行逐级聘任制，教职工实施聘任后，一律实行岗位责任目标管理。如教研组长由教研组教师选举产生，由教务主任聘任，教务主任提出聘任意见，经分管校长同意，报校长批准后正式聘任。班主任由政教处聘任。政教主任根据专业组组长推荐教师及工作需要会同教务主任协商后提出聘任意见，经分管校长同意，报校长批准后签订聘任合同。

4. 全员聘任制的工作组织机构

为了使聘任工作充分体现公正、公平、公开原则，确保聘任工作得到积极、稳妥、细致的推行和实施，我校专门成立了聘任工作领导小组。领导小组由组长、副组长和相应的成员组成。

下面节选了一部分聘任工作方案：

2007年塘沽十五中全员聘任工作方案

按照塘沽区教育局人事部门编制要求和组织干部科的干部管理要求及我校教育教学工作的实际及学校干部队伍现状，我单位内部拟实行岗位聘任制，聘任采取分层次进行的方法。

一、聘任的步骤

1. 公布岗位：向全体教职员工公布聘任的各种岗位、岗位职数、岗位职责、岗位待遇、聘任的基本条件、特殊岗位的特殊条件以及聘任的有关注意事项。

2. 公开应聘：应聘人员根据本人条件，由本人在规定的期限内提交应聘意向书，表明竞争岗位的意向。

3. 考核审查：聘任工作领导小组根据聘任条件，对应聘人员进行资格审查。

4. 竞争上岗：竞聘中层干部的人员要向全体教职员工进行公开述职，回答聘任工作领导小组提出的有关问题，并组织全体教职员工对竞聘人员进行民主测评。其他竞聘人员向聘任工作领导小组提交书面竞聘材料，按照竞聘程序组织相关人员进行考核。

5. 公布结果：根据条件由学校聘任工作领导小组确定岗位受聘人员。优秀者优先聘任。聘任的方式根据不同的岗位特点采取一级聘任和逐级聘任相结合的办法。

6. 公示：中层干部的公示时间为5天，其他岗位人员的公示时间为2天。

7. 签订教职工岗位聘任协议书，中层干部还要签任年度目标责任书。聘任期限为1年，年度考核合格的继续聘任，年度考核不合格的解聘或转岗。

注：新录用的教师由学校安排见习岗位。

二、聘任的程序

聘任工作分两个阶段进行，第一阶段进行中层干部的聘任；第二阶段进行年级组长、教研组长、班主任、科任教师、职员和备课组长的聘任。

第一阶段：关于中层干部的聘任

中层干部的聘任参照教育局党委的有关要求并结合我校教育教学改革的实际及目前干部队伍的现状进行。具体聘任条件见第三项。

第二阶段：关于年级组长、班主任、科任教师、职员及教研组长、备课组长的聘任

1. 关于年级组长的聘任

年级组长对各个职能部门均负责。参考个人意愿，并通过群众举荐和组织推荐相结合的方式提名年级组长人选，最终由聘任工作领导小组讨论决定是否聘任。此项工作的责任人是校长。

2. 关于班主任的聘任

参考个人意愿，首先由年级组长提名班主任的人选，然后由分管德育工作的副校长、德育处各位主任、年级组长共同研究，提名拟聘任的班主任人选，最终由学校聘任工作领导小组根据学校整体工作需要确定聘任班主任的人选。此项工作的责任人是分管德育工作的副校长。

3. 关于科任教师的聘任

参考个人意愿，首先由年级组长和班主任提出本年级、本班级科任教师的最佳组合，然后由分管教学工作的副校长、教学运转处主任、教学质量处主任、科研处主任和年级组长、班主任平衡，提出拟聘任的科任教师的初步人选和任教班

级，最终由学校聘任工作领导小组根据学校整体工作需要确定各班科任教师的人选。此项工作的责任人是分管教学工作的副校长。

4. 关于职员的聘任

参考个人意愿，由各处室主任提出本处室工作人员的最佳组合，初步提出拟聘任的人选，最终由学校聘任工作领导小组根据学校整体工作需要确定职员的聘任人选。此项工作的责任人是各职能处室的主任。

5. 关于教研组长和备课组长的聘任

参考个人意愿，由分管教学工作的副校长、科教处、教学运转处主任、教学质量处主任共同研究，初步提出拟聘任人选（体育组组长由分管体育工作的副校长、体卫处主任提出拟聘任人选），最终由学校聘任工作领导小组研究决定。此项工作的责任人是分管教学工作的副校长。

三、中层干部的聘任条件

中层干部的聘任参照教育局党委的有关要求并结合我校教育教学改革的实际情况进行。具体聘任条件为：

一般条件：

1. 思想政治素质好，合作意识强，能顾全大局，有奉献精神，遵守法律法规、具有极强的事业心和责任感，有开拓创新精神。

2. 敢于对所分管的工作承担责任，不上推下卸。

3. 具有竞争职位所需要的专业知识和工作能力，胜任竞争职位所需要的理论政策水平和组织领导能力，在某一学科或某项工作中做出突出成绩。

4. 清正廉洁、作风民主、顾全大局、公道正派、坚持原则、以身作则，善于团结同志，有奉献精神。

5. 具有三年以上工作经历，身心健康。

6. 未从事过行政管理工作的竞聘人员应具有大学本科学历（或大本在学），年龄一般在 40 周岁以下。现正从事行政管理工作的竞聘人员不受学历和职称限制，但男应该在 55 周岁以下，女应该在 50 周岁以下。

特殊条件：

1. 竞聘教学管理和教学研究方面的主任暨竞聘科研处主任、教学运转处主任、教学质量处主任必须具有满 10 年以上在一线从事教育教学工作的经历，原则上也应有班主任的工作经历，且具有中级或中级以上的业务职称。德育处主任必须具有满 5 年以上的班主任工作经历或 3 年以上行政管理工作的经历，且所带的班班风正、学风浓，曾被评为校级优秀班主任和优秀班集体。

2. 科研处主任应该具有独立承担或指导区级或区级以上的教科研课题的经历，科研处主任和教学运转处主任、教学质量处主任一般应具有教研组长、备课组长或教学管理方面的工作阅历，在某一学科教学上做出过突出成绩。

3. 凡具有业务职称的且年龄在 50 周岁以下的中层干部都应具有任教每周不少于 4 课时即承担一个或两个班且与所学专业对应学科的教学任务。

说明：中层干部的聘期为 1 年，聘期结束后要向全体教职员工进行公开述职，并进行民主测评，考核合格的继续聘任。对于不能很好地履行工作职责，考核不合格的给予解聘。新拟聘的中层干部第一年为试用期，原中层干部不设试用期。

四、聘任的岗位及职数

1. 中层干部岗位及职数

行政办公室主任 1 名、党支部办公室主任 1 名、科教处主任 1 名、教学运转处主任 1 名、教学质量处主任 1 名、德育处主任 3 名、团委书记 1 名、体卫处主任（兼政教处工作）1 名、总务处主任 1 名。

2. 兼职工作岗位及职数

七—九年级年级组长各 1 名，七—九年级班主任共 24 名，语文、数学、英语、理化生综合组、政史地综合组教研组长、现代教育技术研究组长各 1 名，七—九年级语数外理化备课组长每年级各 1 名，历史、地理、生物和体音美备课组长各 1 名。

3. 教师工作岗位及职数

略

五、日程安排

略

六、几点说明

1. 参加聘任的教职员工必须身体健康，能履行所聘任岗位的岗位职责。

2. 因各种原因不能完成一个学年教学任务的不能参加教师岗位的聘任。

3. 因各种原因不能完成正常的教育教学任务，不能对学生的作业进行批改或对学生进行课后辅导的不能聘任教师岗位。

4. 因本人身体原因或各种困难不能参加早自习辅导、晚自习辅导及周六等辅导活动的不能参加教师岗位的聘任。

5. 教育教学质量明显低的不能参加教师岗位的聘任。

6. 不能履行科任教师德育工作条例的不能参加教师岗位的聘任。

塘沽第十五中学聘任工作领导小组

5. 全员聘任制下的分配机制

学校实行全员聘任制的同时还优化了分配机制。全员聘任制是"以岗定薪，岗变薪变""优劳优酬"思想的具体体现。在实施竞争上岗的同时，学校还进一步深化了分配制度改革，采取了岗位与津贴相配套、贡献与奖金相挂钩的奖金分配方案，并进一步完善了学校内部的分配条例，内部分配进一步向一线教师、骨干教师倾斜，以促使广大教师努力具有独立主体地位和自主行为能力。

在全员聘任制的实施过程中，学校注重加强对全体教职员工德、能、勤、绩的考核，注重目标管理和过程管理，并本着公开、公正、公平的原则，把"一考两评"工作落实到了实处，这样的考核结果直接与绩效奖金挂钩，从而增强了教职工的责任感和质量意识。管理体制畅通，管理职责分明，各层级干部在管理工作中具有多重角色，干部的责任意识、全局意识、工作能力大幅度提升，群众满意度显著提高；各项管理制度和激励机制覆盖学校工作的方方面面，形成了具有我校特色的岗位职责、奖励方案和管理制度。

三、全员聘任制的实施效果

实行全员聘任制是落实用人制度改革的必然要求，在一定程度上启动了竞争激励机制，建立起责、权、利统一的学校内部管理体制，有利于发挥教职工的聪明才智，调动教职工工作的积极性、主动性、创造性，全面提高教育教学质量，促进学校的健康稳定发展。自从学校推行了全员聘任制方案，实行了层层聘任、交互聘任等多种方式相结合的聘任办法，在干部聘任、班主任聘任等方面均取得了一定的成效。

首先，全员聘任制的实施强化了学校的良好形象。树立"质量吸引生源、生源带来资源、资源促进发展"的意识，并从学校的长远发展考虑，强化依法办学的意识，不以任何名义乱收费、乱办班，严格执行教育收费公示制度。

其次，充分发挥教代会和全体教职工的聪明才智。全员聘任制的实施坚持集体决策，凡涉及教职工切身利益的大事、要事，诸如评先、评优、绩效奖金分配、职称评定等都要广泛征求大多数群众的意见，并经过领导小组和领导班子成员反复酝酿才能形成决议。

学校领导班子成员团结协作，共同谋事，以事业为重，无私奉献，大事讲原则，小事讲感情。2009年学校领导班子被评为塘沽教育系统"五好"班子。尊重人、信任人、人人都管理、事事见管理、处处有管理的管理格局正在逐步形成。学校先后获得了塘沽教育系统先进集体称号，受到了区委、区政府的表彰，学校还获得了塘沽文明学校等多项区、局级综合性的荣誉称号。

第三，全员聘任制增强了学校管理人员的竞争意识，优化了学校的管理队伍结构。全员聘任制是我校为了进一步深化人事制度改革的重要举措，它的实施和开展完善了学校的双向选择，确保了择优上岗的用人制度。全员聘任制的实施使学校逐步建立健全、激励、约束的竞争机制，保障教职工合法权益，调动教职工的积极性，增强办学活力，提高教育教学质量。全员聘任制对于促进我校人力资源开发与优化配置，推进人才强校战略也具有十分重要的意义。经过几年的摸索与实践，全员聘任制取得了一定的成绩，积累了一定的经验，对推动学校管理队伍建设发挥了积极的作用。一方面，增强了学校管理人员的竞争意识、危机感、紧迫感，逐渐在学校内形成了努力工作、主动学习、团结协作、不断进取的良好氛围。另一方面，促进了学校管理队伍结构的优化。通过设置岗位任职条件、任职资格审查、择优竞聘等环节，进入管理队伍的人员素质得到了提高。一些不具备原岗位任职资格的管理人员，通过双向选择流动到适合他们的工作岗位上。全员聘任制是注重实绩、不拘一格用人才的人力资源开发与管理理论的具体应用，打破了"论资排辈"的旧的人事管理传统，一大批优秀中青年管理人员进入了学校管理岗位，从而促进了学校管理工作水平的提高。

执行岗位责任制

一、什么是岗位责任制

哈佛大学荣誉校长陆登庭说："哈佛的成功主要是形成了一种明确的办学理念，一套系统的制度和机制，所以现在即使没有校长，哈佛一样可以正常运转。"[①]学校管理的最高层次就应该是即使无人管理，学校仍在高效正常运转。这应该是我们学校管理者追求的目标。要达到这样的目标，建立科学可行的规章制度是基础。

基于这种理解，我校在推行全员竞争上岗的同时，还进一步深化了每个岗位的职责，建立了岗位责任制。岗位责任制是指根据各个工作岗位的工作性质和业务特点，明确规定其职责、权限，并按照规定的工资标准进行考核及奖惩的制度。实行岗位责任制，有助于学校工作的科学化、制度化。

① 刘春普：《我们该怎样打造名校》，载《大连日报》，2007年3月4日。

　　实行岗位责任制，旨在改变以往有人没事干、有事又没人干的局面，避免苦乐不均现象的发生。建立和健全岗位责任制，必须明确岗位任务和人员编制，然后才有可能以任务定岗位，以岗位定人员，责任落实到人，达到事事有人负责。我校在实行岗位责任制时，严格执行以下原则：一是才能与岗位相统一的原则。就是根据人员的不同才能及特长，分配与之相适应的岗位。这就要求充分考虑各种因素，在实际工作需要中，调整人员，量才授职，扬长避短，才能人尽其才，也才能使每个岗位上的工作卓有成效。二是职责与权利相统一的原则。职、责、权、利四项是每个工作岗位不可或缺的因素，责任到人，就必须权力到人，并使之与实际利益密切联系，体现分配原则。有责任无权力，难以取得工作成效；有权力无责任，将导致滥用权力。因此，建立岗位责任制，必须使学校中每一个成员都有明确的职务、权力和相适应的利益享受。三是考核与奖惩相一致的原则。岗位责任制的建立，提供了人员考核的基本依据，而考核必须作为奖惩的基本依据，这样才能使两者相一致，论功行赏，依过处罚，岗位责任制就能起到鼓励先进、激励后进、提高工作效率的作用。这样的岗位责任制才能真正发挥作用。

二、岗位责任制的实施和开展

　　学校管理的最高境界就应该是无人管理，学校仍在高效运转，这也是学校管理者追求的目标。要达到这样的目标，规范岗位职责、科学地进行考核评价、恰当地奖惩是基础，也是不可逾越的必经阶段。

1.规范岗位职责，明晰岗位要求

　　岗位责任制明确规定各种工作岗位的职能及其责任并予以严格执行，要求明确各种岗位的工作内容、数量和质量以及应承担的责任等，以保证各项业务活动有序进行。

　　学校有多个岗位，每个岗位的工作性质不尽相同。作为学校管理者，必须让每个干部和教师都清楚自己的岗位职责范围是什么，怎样才算尽职尽责。为此，我校首先为全校的每一个岗位制订岗位职责，如德育处主任的职责、副主任的职责、年级组长的职责、备课组长的职责、课务员的职责、学籍员的职责等；每个岗位的职责描述都很具体，争取做到不留空白，避免出现大而空、模棱两可的现象。在我校岗位责任制实际执行的过程中，岗位职责制订出来后，教职工要反复讨论修改，经过讨论修改，教职员工就可以不断明晰自己的岗位职责。可以说，岗位职责讨论的过程也是一个教育的过程，是一个培养责任意识的过程。

　　在学校工作中，各项工作如果不与评价考核结合起来，便很难落到实处。因此，岗位职责制订出来并被干部教师认可后，我特别注意督促和考核这个环节，学校根据每个岗位的职责都制订了相应的考核评价方案。此外，考核评价一定要注意评价方式要尽量简化，这样也有利于考核评价能持久地坚持下去。

2. 细化考评标准，落实评价体系

建立和健全岗位责任制。首先，要制订出各类教师的岗位具体职责，使每个人清楚自己应该干什么；其次，要制订与岗位职责配套的评价指标体系，使每个教师知道自己干到什么程度才算好；最后，要制订考核的具体方法和奖惩办法，把评价指标体系落到实处。以上三个问题可归纳为：干什么、干到什么程度、干与不干有什么区别。

学校管理者首先必须让每个干部教师都清楚自己的岗位职责是什么，这是学校管理中重要的一步。在岗位职责制订出来并被教职员工认可后，我们又制订了相应的考核评价方案。评价方案分为工作态度、本职工作、加分项和减分项四个指标，每个指标都有若干关键表现点予以佐证。我在实践中体会到，学校制订的考核评价措施必须综合考虑学校工作的各个方面，不能过分强调某一方面而忽略另一方面。在评价上要让教职员工感觉到谁都不能主宰他，只有他的努力才能主宰他自己，这样才会使学校的人际关系简单化，让教师静心工作。

我们坚持每月一小评、学期一终评，月评和期评各有侧重，月评和期评的评价结果都要求教师签字认可。考核评价的最终目的并不是给教师扣分，而是通过考核评价让教师不断查找自身不足，进而改正不足，提高工作质量，促进自身的提高。考核评价形式分为自评、主管领导评、学生评、家长评、学校评。为便于对考核评价的结果进行分类定等，也便于实际操作，我们在实践中逐渐形成了"千分制"考核评价制度。

除考评教职工的本职工作之外，学校还制订了对全体教职工的考勤、参加学校各种会议和活动以及师德等情况的考核评价。

三、岗位责任制对学校发展的重要意义

首先，细化岗位职责，可以增强全体教职员工的责任意识。学校要办好，必须人人都有一种责任感，人人都不能坐等。想想看，你没有成绩，谁会支持你呢？所以，当我们面对各种困难的时候绝不能坐等，要找准工作的切入点，主动克服困难，要具有强烈的责任意识。江苏洋思中学，他们特别强调责任意识，他们的岗位职责细化到了一钉一铆，每个岗位的职责都非常具体明确，每个工作环节的要求都非常清晰，他们对教师的备课、上课、作业、辅导、评价要求得非常具

体，并对这些要求一定检查落实，如果哪个环节出了问题，是谁的责任谁就要负责，该奖励的就奖励，该惩罚的必惩罚，他们在执行制度的时候严格坚持制度面前人人平等。他们引入了承包制，每个分校长负责一个年级中10个班的教育教学，对分管的教育教学负全责，班主任和科任教师不仅要管理本班的学生，还要负责所教班级学生的全部问题，谁的课堂谁负责，既管教书又要管育人，人人都有育人的责任，各个层面的执行力相当强，对各项工作主动参与。

其次，细化岗位职责，落实岗位职责，可以起到注重督促和考核评价的作用。如果说岗位职责对教师是鼓舞激励，那么考核评价则是对教师工作成就的肯定。在学校工作中，各项工作如果不与评价考核结合起来，便很难落到实处。为此，学校根据每个岗位的职责制订了考核评价方案。方案按工作特点归为16个类别，每个类别中又分为加分项和减分项四个指标。其中，加分项主要是鼓励教师做特殊贡献，鼓励教师对学校工作提建设性意见。同时，方案还制订了对全体教职工的考勤，参加学校各种会议、活动等其他工作的考核评价。

再次，激励教职工工作的积极性和主动性。健全奖励制度对加强教师队伍建设会起到积极的推动作用。对于工作优秀、业绩突出的教师给予必要的物质奖励和精神奖励，通过奖励促使教师们更加愉快地工作。为此，学校相继制订、完善了《班主任工作的奖励方案》《教师完成教学常规工作的奖励方案》《各年级教学质量的奖励方案》《体育竞赛的奖励方案》《指导学生参加第二课堂活动奖励方案》《教师参加教育硕士学位进修的奖励方案》及各级各类教育教学成果的奖励方案。奖励有"舍得"之哲理，学校只有用心去投入，合理分配使用资金，教师群体的凝聚力、积极性才会产生，学校才有望得到发展。

四、学校岗位职责例选

学校管理者必须让每个干部教师都清楚自己的岗位职责是什么，怎样才算尽职尽责。从2006年开始，我校开始为每一个岗位制订岗位职责，如教学质量处主任的职责、教学运转处主任的职责、教学科研处主任的职责、课务员的职责、学籍员的职责等。岗位职责共涉及41个岗位类别。

下面是我校岗位职责例选：

校长职责

1. 校长首要任务是依据党的教育方针，确立办学思想，把握办学方向。按教育规律办学，全面实施素质教育，立足于学生人格的培养，着眼于学生成材。

2. 客观分析校情，确定办学思路，提出办学目标，制订可行性发展规划，切实履行校长任期责任书。

3. 不断完善学校规章制度和岗位职责，有完整的、科学的评价体系。

4. 注重学校四支队伍建设。抓干部队伍建设，力求先进性；抓教师队伍建设，力求专业性；抓班主任队伍建设，力求择优性；抓学生队伍建设，力求规范性。

5. 坚持潜心育人、管理育人、环境育人、全员育人原则，把责任教育、养成教育作为德育工作主流工作，寓教育于活动之中见特色。

6. 坚持以教学为中心，抓好教学各个环节。倡导教师静心教书、钻研业务、以教学科研引领常态课堂教学，在课题实效上求质量。

7. 充分发挥工会、教代会、学术团体等群众性组织的民主参与、民主监督的积极作用，促进学校和谐发展。

8. 树立稳定、安全的思想意识，关注师生工作、学习的环境安全，确保学校设备和生活设施始终处于良好状态。抓好综合治理工作。

9. 努力创建整洁美观的育人环境，善于积淀学校文化，打造学校文化，以此形成良好的校园风气。

10. 按照九年义务教育现代化建设标准，检查学校工作，做好学期、学年等工作总结。

德育副校长职责

1. 协助校长全面贯彻党和国家的方针政策，按照学校"以德促智"的工作思路展开工作。

2. 组织管理学生思想品德教育工作，督促职能部门及时检查学生行为规范，完善学生管理制度，稳定学校秩序，树立良好校风。

3. 建设好班主任队伍，择优选择班主任，加强班主任工作管理与评估，注意提高班主任思想政治水平和业务管理能力，定期开好班主任会，提高班主任工作质量。

4. 抓好所管职能部门工作，应做到有计划，有检查，有总结。抓好年级工作，深入年级组指导工作。

5. 抓好科技活动，丰富学生课余生活，指导学生共青团、少先队工作。

6. 常抓不懈责任教育、养成教育，要形成学校教育特色。

7. 抓好体育、卫生、安全保卫工作，落实各项标准要求。

8. 不断完善校纪校规，督促职能部门加强对学生合理检查，并做到反馈及时，成效显著。

9.制订本部门工作计划，主持本部门工作，不断提高自身政治理论水平和业务水平。

10.协助校长做好教职工思想政治工作，协调好部门与学校、学校与上级主管部门关系，推动学校德育工作。

11.完成校长交办的其他工作。

教学副校长职责

1.协助校长全面贯彻党和国家方针政策，按照学校"科研兴校，名师强校"的工作思路展开工作。健全教学指挥系统，努力抓好教学管理，做好每学期教学分析。

2.做好学年、学期教学工作计划，认真组织、推动教学工作。

3.抓好所管职能部门工作，建立和完善管理制度，落实教学过程各环节要求，处理好教学工作的中心问题。

4.负责组织对老师工作的考评，及时总结和推广典型经验。

5.负责组织毕业班工作和招生工作。

6.关注老师的专业成长，积极为老师创设教学交流平台，有目的、有计划地培养教学骨干。

7.抓好课堂教学，深入课堂调研教学情况，做好教学反馈和指导、引领工作。

8.抓实教学科研工作，注重成果及成果的推广，提升老师专业水平。

9.关注学生学习情况，有好的举措督促学生学习，适时召开学生家长会。

10.协助校长做好教职工思想工作，注意自身素质的提高，协调好各管理部门关系，勇于实践，勇于创新。

11.完成校长交办的其他工作。

党务办公室主任职责

1.负责收发有关党务文件。及时交给校领导审批，做好分送、转运工作。

2.承办群众来信来访工作。对来信来访反映的问题，及时向校领导汇报。

3.承办调查接待工作。严格履行外调手续，认真出示证明、材料。

4.承办干部考察工作。

5.负责党员调查统计工作。认真细致地做好统计报表的审核工作，保证统计数字质量。

6. 协助党支部书记负责党员、教职工政治理论学习的具体组织工作。

7. 协助党支部书记负责日常各项党务工作。经常深入基层，督促、检查支部决议和工作安排的贯彻和落实情况，做好党务日常工作。

8. 协助党支部做好工会、共青团、学生会等基层组织工作，做好经常性的教师和学生的政治思想教育工作。协助各部门之间的关系，充分发挥其作用。

9. 负责对积极分子和预备党员进行培训、教育和考察工作，具体办理接收新党员和预备党员转正手续。

10. 接转党员的组织关系，按时收缴党费。

11. 负责党务文书档案整理工作。及时做好各种公文处理后的回收、清理、立卷归档，建立各项档案管理制度，认真填写档案情况统计的各种报表，保管印章的使用。

12. 承办上级党委及学校党支部交办的有关工作。

13. 参与策划、组织学校大型活动及临时接待工作。

14. 做好师德建设工作，有计划开展相关师德内容活动。

15. 关注教职工敬业事迹，有文字记载，有宣传文章，做好学校的日结、周结工作。

16. 完成好教职工考勤统计和办公室卫生、教师着装检查工作。

17. 完成综合办公室布置的打字或其他工作。

确立与实施"千分制"考核评价方案

一、"千分制"考核方案的出台

学校教育具有复杂性、长期性和不确定性，如何正常完成学校教育是教育工作者必须首先思考的问题。而学校管理的最高层次应该是"无为而治"。也就是说，表面上看来学校的管理很淡化，看不出"管"来，但实际上学校的管理却井然有序。即使校长不在学校，学校的各项工作仍有序、高效地进行。然而，要达到这样的境界，建立科学可行的规章制度、精细化的岗位职责和必要的考核评价办法是必经的管理阶段。当全体教职员工都能自觉地履行自己的岗位职责，正确的价值观念已经成为大家的共同价值取向时，"无为而治"的高效管理才会自然地形成。

然而，如何建立科学的评价体制是一个非常复杂的工作，因为对全体教职员工的评价既要考虑定量评价，也要考虑定性评价；既要考虑终结性的结果评价，也要考虑过程性评价；既要考虑学校领导的评价，也要考虑学生评、家长评以及教师之间的互评，特别是更要尊重教师的自我评价。只有综合考虑各种评价，评价的结果才更具说服力，才能更好地发挥评价的激励和促进作用，也才能增强学校内部机制的运转活力。实践中，我们结合塘沽开展的"一考两评"工作，在充分调研、多次修改、不断完善的基础上相应地制订了适合我校教职员工的考核细则，尝试实施了"千分制"考核方案，取得了较好的效果。

从2006年开始，我校为30余个岗位制订了职责要求，岗位职责确定后，没有评价将会是一纸空文，为此，我校又根据每个岗位职责制订了考核评价方案，按16个类别四项指标的完成情况，累计成"千分制"的量化考核方式，客观测评教职工的工作业绩，并兑现《教师完成常规工作的奖励方案》。这种从要求到评价，最后给予奖励的环环相扣的三大管理机制，深得教职工的赞同，使教师感到了优劳优酬、有所做有所得的精神满足。管理制度的完善与建立，让教师把责任、质量、需求融为一体，把教师对工作成就的渴望转化成了一个和谐集体的向心力。

《"千分制"教职工考核方案》无疑是我校制度文化中的一个亮点。所谓"千分制"考核评价方案，实质是一种量化的考核方案，是由学校各主管部门，依据学校对教师德、能、勤、绩四个方面考察规定，根据教师完成的工作情况，以分数形式体现的客观评价，是根据各项考核指标的主次分别赋分的一种考核评价方式。

选择千分而不是百分作为评价手段，是因为"千分制"无疑比百分制考核更具体和细化，更利于客观准确地评价教师的工作业绩，使教师感受一种公平，获得一种尊重，得到一种认可，以励他们再战。同时，从量化区别中，也能使教师感受到工作的紧迫，促使教师为缩小工作差距而努力。

各种量化指标不是绝对排名，而是考虑进步幅度。比如说将考试成绩细化到占平均分的比率。如果比率大于上次，那就代表即使是最后一名也有进步。这样不同层次的老师都能看到希望，不管什么班级都有值得激励的方面，用教职工自己的话讲就是"方案细化到了一钉一铆"。"千分制"考评方案实行至今，已经形成了一套系列化的方案，取得了不错的效果。考核后的结果与个人的工作表现大体一致，方案设计科学合理，得到了教职工的普遍认可。此外，"千分制"考核方案体现了公正、公平的原则，将人际关系的影响降低到最低点，工作的成绩不是主观评出来的而是客观算出来的，从而给教师营造了一个变压力为动力的良好工作环境。

"千分制"考核方案实施一段时间以后，老师们普遍感到"千分制"的最大意义是在无形中营造了一种公平竞争、和谐发展的工作氛围，这在相当程度上减轻了教师们的心理负担。

二、"千分制"考核评价的实施方案

我校制订的岗位考核内容是按照专业类别和岗位特点分别确定的，实行层层负责的管理体制，分管校长考评年级主任和处室主任，年级主任和处室主任考评本年级教师和处室工作人员，实行月末、期末量化公示，这样就使每一名管理者都以双重身份参与其中，对制度充分理解并能认真执行。作为管理者都能够严格履行职责要求，自觉完成检查、计算、公示、解释、积累资料等一系列工作。

1. 中层干部的"千分制"考核评价方案

中层干部的评价主要包括三部分：第一部分为分管领导、全体教职工、中层干部互评，校级干部、负责处室的工作人员及中层干部自评等内容，总计700分。其中，每月由分管领导（分管副校长、主持处室整体工作的中层干部）依据中层干部月考评细则对中层干部进行量化打分，每学期月评平均成绩占总分数的50%。每学期末对中层干部进行学期考评，期评成绩占总成绩的50%，期评成绩的组成为：全体教职工（不含校级和中层干部）对中层评价占学期成绩10%；中层干部互评占学期成绩的10%；校级干部对中层评价占学期成绩15%；所负责的处室工作人员评价占学期成绩5%；中层干部自评占学期成绩5%；全体教职工对中层干部的民主测评占学期成绩的5%。以上总得分乘以7即为该部分的分数。第二部分为执勤落实情况占200分，第三部分为考勤占100分。

对中层干部和职员的考核评价实行月评、期评制度，坚持集中考评与日常考评相结合；坚持自评、互评、处室人员评、校级领导评、全体教职工评暨民主测评（模糊评价）等多条途径考评，能从多角度、多层次、多方位较为准确地反映出中层干部和职员的德、能、勤、绩等方面的实际情况，这样的量化考核评价能促使中层干部和职员认真学习岗位职责，改进工作方法，完善工作作风，加强团结合作意识，提高工作能力。首先，这有利于主管领导对中层干部和职员平时工作的指导、检查、监督、激励；其次，这有利于中层干部和职员们及时调整工作，查找工作中的不足与缺失，以全面提升工作质量；再者，这也促使中层干部和职员能自觉接受群众的监督与考核，起到对中层干部和职员的监督、激励作用，增强了工作的责任意识和竞争意识。

2. 班主任的"千分制"考核评价方案

班主任工作考核由班主任学期量化成绩和相关部门评价两部分组成。其中班主任学期量化成绩所占比例为60%，相关部门评价占40%。班主任的学期量化成绩由两部分组成：班级、班主任量化积分（德育处月评，学期累计平均，其中包括体育、卫生、财产）的70%和智育成绩的30%（由教学部门提供）。德育成绩的70%来自于班主任履行职责情况和班级日常管理情况的考核，进行月考核制度，学期末德育处汇总平均得分，另外30%的智育成绩由教学部门提供。相关部门评价占40%，其中中层及以上领导的评价占5%，主管领导、处室主任的评价占15%，班主任自评占5%，科任教师的评价占5%，学生的问卷占5%，家长的问卷占5%，其中各项的评价细则共十条。班主任学期工作质量考核成绩＝（德育量化的70%＋智育的30%）×60%＋相关部门评价（40%），最后的得分乘以10转化为1000分。

对班主任的"千分制"评价方案是为了激励班主任工作的积极性、主动性和创造性。通过考核班主任的德、能、勤、绩，把班主任各方面的工作分别放到德育处、团委、教学处、总务处、体卫艺处、年级组等六大部门进行考核，同时学生、家长也参与考核工作。对班主任的"千分制"评价区分了班主任的工作质量，既能把班主任在各方面的工作所体现出的特点区分，也把班主任各种能力、责任心、工作态度区分开来，从而挖掘了班主任的潜能。同时，对班主任的"千分制"评价把班主任工作的绩效与班主任评优、晋职相联系，极大地调动了班主任工作的积极性、主动性和竞争意识，使得班主任工作迈上了一个新的台阶。

3. 一线教师的"千分制"考核评价方案

一线教师的考核评价主要包括三部分：教学科研占700分，考勤占100分，师德占200分。其中教学科研又包括三部分：日常教学140分（每月一评），包括区校教研、课堂教学、考试纪律、教案使用、组长职责；学期综合210分（每学期一评），包括材料上交、控辍管理、课堂等级、校本教研、问卷调查、课堂展示、教学交流、教育科研、课题研究、专项活动；教学成绩350分。

对一线教师的考核评价实行年级主任负责制，由分管年级的主任负责组织评定本年级教师的考核分数，在年级内排序定等。具体评分过程是每月由年级主任对教师的日常教学情况逐项量化打分，每学期各月的平均分作为教师的学期日常教学得分；学期末由年级主任会同教学质量处、教学科研处主任对教师的学期综合评定项目和教学成绩打分，进而核定出教师学期的教学科研总得分；师德由德育和教学统筹100分，另加学生、家长、学校、组内教师问卷合成100分；考勤由办公室按照考勤的量化标准核定分数。

对教师的考评注重强化过程管理，这样在规范教师的教学行为方面起到了积极的作用。我们对教师的日常工作有明确的要求，并且常规检查及时，记录准确，每月按期完成量化已经形成制度。同时，平时性的考评记载是指导、检查、督促，以激励教师认真履行职责、努力提高自身素质，是完成工作任务的重要手段，也是期末考核的基础。

4. 后勤服务人员的"千分制"考核评价方案

职员的评价主要包括三部分：第一部分为处室主任、校级领导、中层干部、全体一线教师评价和职员自评，总计 700 分。处室主任于每月末对本处室每位职员进行量化考评，每学期每月评价的平均分数为处室主任对职员的评定分数，占50%，学期末校级领导评价占 20%，中层干部评价占 10%，全体一线教师评价占15%，职员根据自己的工作情况自评占 5%。以上总得分乘以 7 即为该部分的分数。第二部分为考勤占 100 分，第三部分为执勤情况占 200 分。

"千分制"考核评价方案是全员参与的考核。学校坚持没有评价的教育是盲目的教育，没有教师参与的评价是不完善的评价的观点。在各项评价过程中，突出的特点就是重视全员参与，充分考虑到被管理者的意愿，按照不同的比例，采纳了同事间的互评，不同岗位的互评，不同职级的互评。同时坚持以人为本，采纳教师的自评，多层面、多角度地丰富考评内容。这样的考评能对干部教师的工作、考勤、业绩等作出公正的评价，鼓励先进、鞭策后进，并为日后的各种评优、职称评定、工资晋升等提供较为准确、科学的数据，减少了评价的人为因素，提高了学校管理的科学性。

三、对"千分制"考核的反思

学校经过"千分制"考核制的实施，认真总结反思，总结出了以下需要注意的几点：

第一，制订明晰的可操作性的考核细则是关键。无论是每月考核还是学期末考核，都需要有细致的考核项目。岗位职责确定后，我们将其细化为有利于操作的条目，研究权重的分配，能够量化的指标在月评中尽可能量化，对于不能量化的指标和不宜量化的指标在期评中要做出定性的描述，并且在同一层级相对统一的基础上修改部分内容，以求考核不断提高管理效能。另外，考核指标必须做到具有可操作性、客观性、公正性。

第二，要尽量减少因为评价人的不同而造成的误差。如对中层干部的月考评，因为不同的主管领导对月考评细则掌握的尺度不尽一致，各主管领导在进行月评量化时会出现考评分数的差距，而且月评成绩的比重很大，相乘的系数也高，所以会出现最终总分悬殊甚大。再如，在实施月考核的过程中，由于设定了加分的项目，其中加分的权重不甚明确，完全取决于考评者的理解；也有些项目，扣分的尺度难于把握，所以，各分管领导、年级主任和处室主任对分值的把握尺度应保持相对统一，另外也可以考虑分年级、分处室，考评后按年级和处室公示、划等、兑现，从而减少年级间和处室间的不平衡。

第三，要尽量考虑到不同学科、不同年级的特点，科学地使用考核的各项数据。如对教师的量化考核中，教学成绩的计算问题较多。在整个考评体系中，教学成绩的得分举足轻重，也是教师间区分度较大的一项。在制订计算原则上虽然考虑到了工作量和学科类别的不同，方法略有区别，但考评结果显示，不同类别间的区分度过大，考试、会考、考查科目间的差距，同学科不同教师间的差距明显。究其原因，虽然教师间的教学成绩、工作量的确有一定的差距，但也要考虑超分封顶的问题，以免造成各类别间差距太大，教师无法接受。

第四，对各种原始资料的保存要准确，各种数据必须真实可靠，尤其是教师的荣誉，主管部门应准确无误，教学成绩的留存要全面，尤其是区内兄弟学校的成绩（包括区成绩）备全，便于比较和计算。

增强管理的教育性

一、增强管理的教育性

校长的主要工作对象是富有文化素养的教师，教育者的身份规定了他们的自律自尊，教育教学的特性又赋予他们既自觉又自由的意识，过细的制度会令他们厌烦，而管理者的严肃面孔又易引起他们的反感。因此管理中不能只用分数和制度来评价教师，用金钱来激励教师，这样的学校没有真正的精神和文化，学校发展无后劲，还极易引起干群对立。所以，校长要重视管理中人与人之间的真诚交流，精神、情感与文化氛围的建设，从而使人心思教，人心思改，形成凝聚力、向心力。

要使学校的管理具有教育性，我校主要做了以下几个方面的工作。

1. 善于倾听，满足需要

作为校长，首先要明确自己不是管教师的，而是要用一种平等的心态，一种服务意识来与教师交流，为教师提供支持和支援，让教师感到校长与他们是平等的，是可以交流的；其次要保持专注和警觉，善于倾听教师的心声，尊重他们的一些想法，体谅下情，了解需求，满足教师的合理需要，从而调动教师工作的积极性。

对那些有组织领导能力、事业心强的中青年骨干教师，应将其提拔到学校领导岗位上，或使他们晋升更高一级的职称，或给予他们更高的荣誉，从而使他们在内心深处产生更高层次的需要。通过这样来培植典型，可以使其他教师学习有榜样，工作有方向，进而在学校形成一种积极向上的氛围。作为校长应了解每个教师关心什么、致力于什么，有何期望，进而区别对待，积极创造条件，选择最佳方式去满足教师的合理需要，进一步激发他们的进取心。

2. 学会赏识教师

没有赏识就没有管理，没有赏识就没有成功。教师都有施展才能、创造业绩、实现自身价值的愿望，教师是渴望被赏识的。从某种意义上来说，赏识就是教师生命中的阳光、空气和水。赏识的基础是关心、尊重、理解、信任，但关心不等于滥施恩惠，尊重不等于放任自流，理解不等于逢迎迁就，信任不等于简单器重。

校长对教师的赏识要发自内心，不能矫情造作。校长对教师的赏识是一种信息，可以传递给教师引起共鸣；是一种能量，教师受到感染，情感也会随之变化，工作中也会激情四射，干劲倍增。校长一定不能吝惜自己对教师由衷的赞美。

3. 真诚帮助，热情服务

无论在生活中还是在工作上，不同年龄的教师有着不同的忧虑。如刚参加工作的年轻教师会感到工作经验不足，中青年教师有更多的家务拖累，老教师经常感到体力、精力不佳，甚至疾病缠身。校长要及时地做好相应的服务工作，真诚地帮助他们，哪怕是一句关心体贴的话，也可能使教师感受到尊重，受到启发，信心倍增。比如，对刚参加工作的年轻教师，校长要定期召开座谈会，指导他们的工作，关心他们的生活，使他们感到工作起来有方向、有干劲，从而尽快成为一名合格的教师。若对教师的疾苦漠不关心，他们得不到尊重，积极性就会化为乌有。

对于校长的日常工作而言，必要的事务性工作不可少，但注意力戒事无巨细，事必躬亲。因此校长要合理地搞好分工合作，使上下层次清楚，职责分明，便于学校各部门的信息沟通，有利于校长宏观指导和控制大局。同时各司其职，各负其责，各使其权，便于激发每个领导成员的工作事业心和责任感，焕发出他们的工作热情和创造力。

4. 处理好沟通协调工作

著名组织管理学家巴纳德认为："沟通是一个把组织的成员联系在一起，以实现共同目标的手段。"① 在任何一所学校，要想不断增强凝聚力和战斗力，让全校教师众志成城、同心奋斗，校长与教师之间的有效沟通起着积极的作用。因此，校长应摆正自己的位置，与教师平等地进行沟通，凭借自己的人格魅力、凭借对教师的理解与尊重、凭借共同目标激励下的情感共鸣赢得教师行动上的服从。

　　校长与教师的沟通要因人而异，讲求方式。关心青年教师，侧重他们成长的需求，敢于给他们压担子。关心老教师，比关心青年教师要重。因为他们是青年教师的榜样，是学校教育的宝贵财富。因此，学校重大事情先听听他们的意见，请他们出主意。同时，充分发挥他们的余热，让他们承担培养青年教师的任务，承担学校校园文化研究工作，使他们感到教育的终身责任。关心中层领导，校长既要以大哥的角度真心实意尊重他们，又要以严父的身份严格要求他们。校长必须深入到教职员工当中做深入细致的工作，要抽出时间同教职员工接触，让教职员工参与学校管理并且出谋划策。另外，校长要通过有效的沟通和教师建立和谐的人际关系。学校人际关系包括学校领导之间的关系、学校领导与教职工之间的关系、教师之间的关系、教师与学生之间的关系、学生与学生之间的关系等。良好的学校人际关系有助于广大师生员工达到密切合作，形成一个团结统一的集体，更好地发挥整体效应。校长就如同圆心，教职员工就如同圆上的各个点，校长和教职员工的关系就如同圆心和圆上的点一样，应该跟每个教职员工的距离都是一样的，不能有亲近疏远之分。

　　此外，学校领导还要做好和上级有关部门的沟通和协调工作，要主动争取各类教育教学资源。要积极和上级教育行政部门争取政策上的支持，和教学研究部门、各类学术团体争取学术上的指导，和新闻媒体争取舆论上的支持，这样可使学校在宽松的环境下得到快速发展。

二、改革管理模式创和谐

　　在管理工作中努力贯彻"两众一己"的工作原则，即"谋事在众，决断在己，成事在众"。具体而言，所谓"谋事在众"就是说我们的任何一件事情，特别是大事、要事，在决策之前，我们都要充分发扬民主，广泛征求大家的意见，集中大家的智慧；所谓"决断在己"就是说作为行政一把手，在充分发扬民主、广泛征求大家意见的基础上，敢于担当，敢于拍板，敢于承担责任；所谓"成事在众"就是说一旦决策之后，不必事必躬亲，要放手让大家去干，靠大家的共同努力把事情做成。

　　作为校长，还要把管理的重心下移，要放权给下属，尽可能少地使用权力，

① 胡荣裕：《浅议学校管理中的沟通细节》，载《科学咨询（教育科研）》，2010年第7期。

尽可能少地管理具体事务，要充分发挥下属的主动精神和创造能力。校长必须要明确哪些事情是校长必须亲自做、不自己做不行的；哪些是副职、助手应该做的；哪些是主任应该做的；哪些是必须马上做的；哪些是可以放置一定时间再做的；哪些是不必马上做而经过一段时间后会自然得到解决的。

我在工作中倡导一级对一级负责，在什么岗研究什么事，该指挥的就不要具体参与，该具体参与的就不要怕麻烦，要一竿子插到底。我主张校长可以越级调研，但一般情况下不宜越级指挥；中层干部可以越级反映问题，但一般情况下不宜越级请示问题。

校长主要是抓学校统筹全局和保证方向的大事，对中层干部的具体工作要关注，要督办，但不要过分干预。校长要学会分层次管理，分块管理，大胆授权于中层管理者，放手让他们管理好自己所分管的工作，充分发挥他们的积极性和创造性，让权力人人有、任务个个担、责任人人负，形成人人都管理、事事见管理、处处有管理的局面。这样，校长才能腾出来时间做或思考一些大的事情。另外，学校的组织结构可根据不同时期的工作重点而不断调整，但调整的最终目的应该是提高工作效能。

注重常规管理和文化建设

一、强化精细化管理

强化精细化管理在促进学校发展中具有重要作用。江苏后六中学胡建军校长讲得非常好：常规＋细节＋过程＝奇迹。事实就是如此，把常规的工作抓实了，抓细了，就会出成绩。江苏后六中学的早读没有老师盯着，但学生却非常自觉地学习，为什么会这样？因为他们对早读的要求前一天晚上就做了明确的要求，并且把要求写到了黑板上，人人皆知。他们并不是盲目地放纵学生，要求细化到了早读该读哪一篇英语课文中的哪一个句子，应该背下哪一个单词。教师只是在早读下课之前的十分钟去检查，去落实，这样做既减轻了教师的工作负担，也增强了学生学习的内驱力。抓备课，他们不求形式，力求实效。如江苏东庐中学的备课实行了三案合一，教案、学案、作业融为一体，他们不要求学生订购任何一本复习资料或练习册，所有的习题都是教师经过反复筛选精心编制而形成的，分层训练，当堂清，日日清，周周清，月月清。

1. 一张一弛调动教师主动性

有了制度之后，如何调动教师工作的积极性，这成为学校面临的又一问题。面对每天沉浸于日常教学工作与琐碎事务而无暇自顾地老师们，学校领导认识到，教师的负担重是事实，但这不完全是应试教育造成的；教师除了教书育人之外，在不知不觉中承担了太多他们本来不应当承担的任务。

应该让教师更"体面"地工作！为此，学校从会议管理、教案管理、班级管理等各方面进行了大刀阔斧的改革，为教师"松绑"。首先，学校取消了除校级会议外的每周各层级例会；能在周计划安排表上见到的内容，绝不另外开会宣布；小事能不开会尽量不开会，能5分钟解决的问题绝不拖到10分钟；当然，大事如"评先""评优"必须开会，不搞背后评分表决。其次，从实际出发，学校不再硬性规定教师必须撰写教案，改变教师的备课办法，提倡集体备课，共享教案，循环使用，定期完善。期末考评时，每位教师只需提交"10节课+5个教案"，再附加2个优秀教案作为补充，学校以质量而非数量作为教案的评价标准。这样，教师从抄教案的无效劳动中解放了出来，能够集中精力研究学生、考虑教法，大大提高了课堂教学效率。再者，学校把原来的德育处、体卫处整合为德体卫艺处，其中有专人主抓班主任工作，实施自主化班级管理，把班主任从日常的琐事中解放出来。

单单给教师"松绑"是不够的，还要在此基础上激励教师千方百计把工作做好。所以，我们一再强调，学校管理层为学校的41个岗位——校长、中层、一线教师等无一例外制订了岗位职责，让每个人都清楚自己的职责范围是什么。方案制订出来后，先让教师们反复讨论修改，之后在全校范围内大力推行。

这样，在一张一弛之中，教师在教育教学上的独立主体地位和自主能力得到了确认，质量意识和责任感也得到了增强。

2. 一切以教师自主发展为核心

学校的各项改革措施解放了教师，如何有效利用时间实现自我发展，是学校改革后教师们关心的重要问题。

学校在实际调研的基础上形成了三级教科研网络。对青年教师，学校专门出台了"青年教师培养方案"，并帮助他们制订详细的发展规划。科研处还专门成立"青年教师文化沙龙"，旨在引导青年教师加强读书积累，帮助他们自觉地养成撰写教学反思札记的习惯，大力提倡主动地进行教育教学活动，为他们的专业发展搭建思想交流、教育研究、教学研讨、成果共享的平台，全方位提高他们的能力。"青年教师文化沙龙"得到了青年教师积极响应。

对于有一定教学基础的优秀教师，学校采取有目标的名师培养与良师建设相结合的方法，以此形成名师队伍的 5 个梯队：区首席教师，区学科带头人，区骨干教师，区命名校级骨干教师，校命名骨干教师。反过来，由名师交替上升拉动良师队伍进一步发展，由此达到教师整体队伍的良性发展。

学校为教师成长和教师作科研不遗余力地投入，开设教育教学讲座、派出教师外出参观学习，鼓励有余力的教师攻读在职学历。在稳定教学秩序的前提下，学校还为教师们安排了专门的读书时间，给科任老师和班主任都推荐一些优秀书籍阅读，并要求他们写读书笔记。通过心得交流会、读书报告会、教师论坛等形式，提升教师的文化素养和理论水平。

二、提高会议实效性

无谓的会议既浪费管理者的时间，也浪费被管理者的时间。成功而有效的管理，应该是最大限度地节约被管理者的时间，只有这样，被管理者才能真正成为自己的主人，作为管理者的校长也才能有更多的时间思考学校发展的大事、要事。

在近年的学校管理工作中，我校逐步做到了使会议瘦身，废除了每周都开行政例会的做法，无特殊情况，一般是分别于学期初、学期中和学期末开三次行政办公会，全体会也很少开。我校倡导凡是分管校长管理的处室均由分管校长按照学校的总体工作计划布置具体工作，协调解决相关的问题；对于跨部门的事情，则先由分管校长之间协调解决，分管校长之间确实很难协调解决的事情，校长再出面协调解决。

另外，我校主张凡是周工作计划上写得很明确的事情，就不要再打电话通知，让大家养成看周工作计划的习惯；能打电话通知的事情就不要再开会集中讲；能集中少部分人员讲的就不要集中全体人员讲，且无论开任何性质的会议，开会时都要有主题，尽量减少层级传达，要一竿子插到底，这样既能保证会议任务有效地落实又能节约被管理者的时间。

目前，那种只在会上讲个不停，而在行动上又不去执行，"拉弓不放箭"地消耗教师宝贵时间的现象在我校已销声匿迹。六年来，从干部到教师，从老师到学生，人人都在自觉、忙碌地工作、学习着，学校很少开会，管理也渐显"淡化"，但各项工作的质量却逐步在提升。

学校发展有赖于校长办公会的有效引领。校长办公会是学校管理工作中最为常见的工作，说它简单，是因为每位校长都能去做；说它难，是因为真正能持之以恒愿意做好的终究是少数人。坚持不懈地按校长办公会的原则去做才能真正体现校长办公会的有效性。可以看出，校长办公会是研究处理行政日常工作的会议，是校长日常管理的第一要务。那么，如何提高校长办公会的有效性呢？

第一，坚持以"少"为原则。尽管学校工作纷繁复杂，千头万绪，但总能分出孰重孰轻，总会涉及该谁管理的谁管。所以，坚持少开可开可不开的会议，对于零星事情，在时间界定内化零为整，以此减少会议次数；坚持少邀请可参加可不参加的人，做到参会者具有针对性。校长办公会可分为班子会、中层干部会、综合办公室会、教育教学部门会等，从而分解参会人数，达到参会人数最小化；坚持少说可说可不说的内容，做到有事说事，说话从简，避免节外生枝，由此会减少会议的分散力，增强注意力。这样做的好处是去掉了会议多余的部分，让会议彰显删繁就简。这样做的益处是节省了时间，让更多的时间服务于干正事。莎士比亚告诫人们："时间是无声的脚步，是不会因为我们有许多事情要处理而稍停片刻。"因此，校长办公会坚持以"少"为原则，是对时间的珍惜，是对工作的责任，是对同事的尊重，是校长办公会效率所在。

第二，坚持以"重"为原则。学校众多工作，对于界定在两可之间的会议坚持以"少"为原则是必要的，但是，对于学校的重点工作，如果持省事的态度是要不得的。所以，校长办公会坚持把教职工的切身利益放在首位，因为完成学校工作的主体是教职工，他们的利益直接关系着学校的发展，关系着他们每一个人的成长。这是学校的大局，是力求学校稳定和谐的办学基础。一年一度的评优、评先、评职称这样的大事，校长办公会必须要有公平、公正、公开处事的态度，必须要有严谨、缜密的工作方法。议事中要舍得花费时间和精力，从而去营造学校和谐的共同愿景。学校的中心工作是教育教学，教学质量是学校的生命线，因而，校长办公会坚持每学期分别召开一次学校教学工作会议、德育工作会议，这是正事，也是大事，应放到重中之重的位置。然而，"两会"的议程是什么？怎样评价过去？解决什么问题？制订完善哪些制度？如何规划下一步蓝图？没有充分的调研分析，没有足够的理论联系实际的论证怎么能行？因此，校长办公会坚持以"重"为原则，是统筹全局工作的举措，是办学的方略，是校长办公会效益所在。

第三，坚持以"责"为原则。校长办公会一般定为每周一次，长此以往会议的主持者以及参会者就会产生疲沓心理，出现不负责任的态度，拿着校长办公会不当回事。原因在哪？心理学家认为，对某一件事情来说，如果选单个个体被要求独立完成任务，责任感就会很强，会作出积极的反应。但如果是要求一个群体共同完成任务，群体中每个个体的责任感就会很弱，面对困难或遇到责任往往会退缩。可见，不负责任的态度是由于责任分散效应所致。由此，作为办公会主持者的校长，必须树立"第一责任人"的意识，应做到办公会要有鲜明的主题，要有充分的精心的准备，并落在纸上；要克服随意性，掌控会议的节奏与议题；要有时间观念，在既定的时间内完成会议内容。对于办公会与会者，校长必须要引领他们树立责任意识，任何工作的部署必须责任到人，让他们独立承担责任。责任是做好工作的前提，校长办公会的效果所在乃责任。

三、重视文化建设

在完善学校管理体制和运行机制的过程中，学校还特别重视文化建设。学校文化建设是学校实施素质教育和精神文明建设的重要组成部分，是青年学生成长成材的内在需要，更是推进学校和谐发展的重要载体。学校精神文化简称"学校精神"，是一个学校本质、个性、精神面貌的集中反映，它主要包括学校历史传统和被全体师生员工认同的共同文化观念、价值观念、生活观念等意识形态，具体彰显在校训、校风、教风、学风、班风、校歌、校旗、校色、校服等方面。学校精神文化建设是校园文化建设的核心内容，也是校园文化的最高层次。校园制度文明作为校园文化的内在机制，包括学校的传统、仪式和规章制度，是维系学校正常秩序必不可少的保障机制，是校园文化建设的保障系统，要突出校园制度文化的执行力。

学校精神文明建设要突出激励性，制度文化要突出执行力。我们在学校内倡导静的文化，克服浮躁情绪，促使教师们静下心来教书，潜下心来育人。总体来看，我校的学校文化建设已渗透于学校的管理、教育教学、科研及各种活动的方方面面。

学校文化渗透于学校管理中。我在实践中深刻地认识到：学校的管理文化应该突出精细化，即学校在日常管理工作中应努力实施精细化管理。所谓精细化管理就是要落实管理责任，将管理责任具体化、明确化，形成人人都管理、处处有管理、事事见管理的管理网络。在日常管理工作中，我要求工作的每一个步骤都要精心，每一个环节都要精细，每一项工作都要成为精品，要把大家平时看似简单、容易的事情用心、精心地做好。比如，德育文化要突出实践性，培养学生的责任意识。环境文化要突出教育性，健康优美的校园环境就像是一部立体的、多彩的、富有吸引力的教科书，它有利于陶冶学生的情操，能够美化心灵、激发情感、启迪智慧，也有利于学生素质的提高。学校的研究文化要突出务实性，学校管理者要引导教师树立工作科研化、科研工作化的理念，使教师克服对科研的"神秘感"和畏难情绪。

第四章 发展与深化：走科研兴校之路

"科教兴国"是我国的重要发展战略之一，学校教育承担着知识创新，培养具有创新精神和实践能力的人才的重大使命。学校教育是理性的活动，仅靠经验已不能完成高素质人才培养的使命，它需要教育科学的支撑。教育科研是现代学校教育工作不可缺少的重要手段。教育工作是艺术，更是科学，它须臾离不开科学理论的指导。2001年发布的《国务院关于基础教育改革与发展的决定》中指出："基础教育是科教兴国的奠基工程，对提高中华民族素质、培养各级各类人才，促进社会主义现代化建设具有全局性、基础性和先导性作用。"要积极开展教育教学改革和教育科学研究，广大教师要积极参加教学实验和教育科研。只有深入地学习现代教育科学理论，并切实地去指导教育教学实践，教育科学研究才能转化为教育教学的高质量、高水平、高速度、高效率。基于这些理解，塘沽十五中选择了走科研兴校之路，并取得了良好的效果。

校长应作为教育科研的引路人

为什么提出"科研兴校，名师强校，质量立校"的办学思路？因为十五中人形成了这种共识：科研是有效、高效解决教育问题的工具，是研究教育方式、方法的重要途径，是提升学校品位、促进教师专业发展的重要基础，是提高教育教学和管理质量的重要保证；名师的培养是学校持续发展的保障，是学校最为宝贵的财富；质量是一所学校的生命线，普通校也不例外，没有质量的学校一定是没有生命力的学校。所以，我校坚持走科研兴校、科研促发展、科研提高办学质量之路。而实现科研兴校，校长在里面起着重要的作用。

中国人民大学附中校长刘彭芝女士说：校长就是个"领跑人"——面向世界、面向未来、面向现代化，领着全校的教职员工不停地奔跑，领着一茬又一茬的孩子不停地奔跑。"领跑人"的办学理念在奔跑中反映，"领跑人"的心智、情感在奔跑中展现，"领跑人"的人生价值在奔跑中实现。这句话讲得非常好，对校长的角色定位也恰如其分。学校的教育科研工作能否真正落到实处，能否抓出实效的关键在于校长的重视程度，在于校长的观念是否具有前瞻性，更在于校长是否能考虑学校的可持续发展。校长要成为教育科研的领路人，就必须抓住一切机会去学习，使自己对教育科研工作有一个正确的认识。作为校长，既要做教育科研的管理者，也要做教育科研的实践者。作为教育科研的管理者，我们学校成立了教育科研工作领导小组，校长亲自挂帅指导教育科研工作，由一名副校长专门负责这项工作，同时成立了科研处，组建一批专兼结合的教科研队伍具体落实教育科研的各项工作。

一、校长要做教科研的管理者，创建一支科研队伍

校长是一所学校的领导，一名好校长能造就一所好学校。合格的校长要有思想、有学识，是教育教学的内行。作为校长，其角色定位更多的成分是"指挥员"，但在新课程建设中应增强服务意识，扮演好支持、支援的角色，所以还要充当好一个优秀的"战斗员"，既"博"又"专"。

校长要提高学校的教学质量，必须通过抓科研工作来占领新课程建设的"制高点"，做教科研的管理者和实践者。作为教育科研的实践者，校长要积极参与、身体力行、率先垂范，不当挂名领导，亲自承担课题研究。作为校长，要充分发挥自己的影响力和领导力，不仅在思想上帮助教师树立教育科研第一的理念，在行动上更是带头搞科研，亲自传经验，鼓励教师把课堂教学中的问题变成研究课题，按照科学方法进行研究，以寻求解决的路径与方法。

校长要努力创建一支科研队伍，增强教师的科研意识和科研能力。校长应牢固树立"千军易得，一将难求"的意识，下大力气培养出自己学校的学科带头人，构筑起人才高地，多培养出几个"明星级""大师级"的教师，以带动学校整体教科研水平向前推进，从而提高教学质量。

需要指出的是，学校应积极地为全校教师提供教育科研的良好环境，并在制度上、舆论上鼓励教师进行教育科研活动，对学校的教育科研工作进行有效管理、综合调度。

二、重视科研的组织和过程管理

我在实践中深深地体会到，搞好教育科研工作，领导是关键，领导必须身先

士卒，率先垂范，带头搞科研，具体地参与到科研工作中去，这样，才能真正成为教育科研的领导，组织工作才能有实效。2006 年，当学校的教学科研处成立后，我主动提出，要亲自挂帅指导教育科研工作。领导班子制订了有关教育科研成果的奖励办法，然后积极为学校争取各类课题，并主张"问题即课题"，从而引领教师从教育教学实践中寻找自己的研究课题。

作为校长不仅要重视对教育科研组织工作的领导，还要注重对教育科研过程管理的领导。学校建立每月一次专门研究教育科研工作的例会制度，关注教育科研全过程，促使教育科研工作做实，做出成效。通过对科研过程的严格管理，有效抵制了课题的选择方面的名利主义、形式主义和"假大空"的倾向，做到了教育科研"真实显功力，平淡见崎岖"，使课题研究切实沿着源于实践、指导实践的轨道健康发展。

应该说一把手参与教育科研充分体现了学校对教育科研工作的重视，也能促进教育科研工作向纵深发展。由于教育科研工作的领导比较到位，管理比较到位，同时我校的教师在观念和行动上重视科研，这保证了我校的教育科研工作有组织、有步骤地顺利进行，并取得了明显的成效。

三、深入到工作第一线，让教师听到校长的声音

校长要旗帜鲜明地抓教育科研，学校要形成"科研即工作、工作即科研"的浓厚氛围。为此，我校提倡教师写教学后记、教学反思，引导教师结对帮扶、相互听课、相互交流，开展专题讲座，鼓励教师读书读报。

从学校管理的角度来看，学校要真正形成"科研即工作、工作即科研"的氛围，还需要校长要真正走进校本教研，既要成为教学的研究者，又要成为教研的组织者，使学校成为一个研究性的群体。

校长要成为教学的研究者。首先，校长要十分熟悉教学理论和课堂教学模式，具有较高的听课、评课能力，这样才能指导并推动教师的课堂教学改革。其次，校长要具备帮助指导教师选准研究课题、运用教育科研方法来处理教科研结果的能力，只有这样才能使教师夯实自己的教学"内功"，进入科研的高层次、高境界。再者，校长需要在与教师的交流合作中将自己的见解表述得深入浅出，这样教师才可能心悦诚服地接受你的思想，并在无形之中接受你的影响。

校长要成为教研的组织者。校长作为学校教育科研的引路人，必须对学校的中心工作，即教学工作有深入地系统了解，只有这样，校长才能真正做到引路和指导教育科研。这就需要校长应通过深入教学第一线熟悉教学工作业务，制订出

简明、高效的教学管理制度和诊断、调控全校教学质量的措施与办法；还需要校长熟悉主要学科的教学，在1~2门学科教学中选择有较高造诣的教师，作为本校学科带头人，培养教育科研中坚力量。

建章立制，让科研成为一种习惯

让制度成为师生的习惯需要一个较长的过程，在这个过程中需要辅之以一套行之有效的机制，需要该组织的领导者必须有鲜明的旗帜，即使旗帜有争议，作为领导者也不能轻易易帜。正如芭芭拉·格罗根所言："这世界爱唱反调的人真是太多了，他们随时随地都可能列举出千条理由，说你的理想不可能实现。"① 这句话对我的工作有很大的启发。对于学校的发展校长必须有一个坚定的立场，即我提倡什么，反对什么，我最终要使学校达到什么目标，三年后、五年后学校要成为一个什么样子的学校，校长必须有一个愿景规划。而根据我校的实际，学校必须形成一种科研兴校、科研立校且具有鲜明个性特点的校园文化，最终促进学校各项工作水平的提升。在这一点上我们允许干部教师有不同的认识，但我们一方面必须通过不断的培训等方式使干部教师的认识不断提高，另一方面要建立一种真抓实干、务求实效的管理体系和管理措施。

教育科研促进教师素养的提高，促进教师的可持续发展。教育科研应成为教师工作的习惯，为此，学校建立了各项教育科研规章制度，努力让教育科研成为教师的一种习惯，努力提高教师的专业素质。近年来，我校始终遵循"科研兴校，科研立校，文化立身，名师强校"的思想，充分发挥教育科研的先导作用，坚持发挥教育科研的服务、交流、研究、指导、管理五大职能，坚持科研与教研相结合、专题研究与一定范围内成果推广相结合的工作方向。

一、建立校本教育研究的网络化体系

我校一直把教科研工作当成"一把手工程"来抓，建立了"核心体系""骨干体系""群体队伍"的三层网络体系。第一层"核心体系"处于教育科研管理和实践的"领头羊"位置，并担任重要课题的研究工作；第二层"骨干队伍"不但在实际工作中对具体科研工作指导把关，更是市、区级课题的课题组成员，并且参与教师课题的评估，这支教师队伍由从事教育科研实践活动中选出的优秀

① 刘登阁：《这些习惯是必须的》，北京：新世界出版社，2008年版，第67页。

教师组成，在群体性教育科研活动中起带头、引领作用；第三层是"群体队伍"，即所有教师都必须参加教育科研活动。

为了保证校本教育研究网络化体系的有效运行，我校侧重做了以下工作。

首先，在制度上予以保证。我们制订了一系列制度，在制度上保证了教育科研的地位，把它作为一项全校教师的基本功来管理。

其次，在考核评估上予以保障。我校规定教科研在教师的业务考评指标中占有一定的权重，同时规定教科研是评选先进教师等一系列荣誉称号的必备要求。

再者，通过奖励的手段予以保障。我校根据不同类别的教育科研成果的含金量和获得的难易程度制订了相应的教育科研成果奖励系列方案，在财力非常紧张的情况下，仍拿出大量资金，重奖在教育科研方面取得成果的教师，以此鼓励教师参与教育科研工作。

二、以科研管理为重点，开展"群众性"教科研工作

学校科研处树立服务全体教师的意识，深入教师、深入课堂、深入教研组、深入到学生中间，掌握第一手数据资料，为教师科学的进行课题研究和开展研究工作出主意、想办法，使越来越多的教师参与到教科研工作中。我校非常注重对教科研工作的宣传，通过教研组长会、教科研培训、学校领导教师座谈会、听课、评课、听汇报、问卷调查、访谈等形式，提高了教师对教科研工作的认识，规划课题的申报受到了教师们的广泛关注。

我校的教科研为教师成长打开了一扇门。在塘沽十五中，校长、主管科研工作的副校长和主任亲自参加到课题研究工作中，比如，在我校有很多课题都是在校长直接支持、参与下或是亲自承担下完成的。在这样的科研机制和氛围中，教师的科研热情被激发起来了，学校教科研为教师成长打开了一扇大门，催生和滋润着教师的进步，从而形成了在需要中改变，在体验中发展，在科研中寻求进步的工作气氛。老师们在参与课题研究的过程中改善了心智模式，逐渐学会了辩证地思考，学会了理性地看待自身工作，学会了自我超越；学校也逐渐形成了工作学习化、学习工作化的良好氛围。

随着科研工作的逐渐开展，教学工作的壁垒也只有在课题研究中才能被攻破，新的教育教学模式在课题研究中慢慢形成，教师也在科研氛围中渐渐成熟起来。让科研成为一种思维习惯，让科研成为一种工作习惯，这已经成为教师们开展教育科研的自觉行动。为了在学校形成"全员性""群众性"的教科研工作局面，我校以科研管理为重点，展开了各方面的积极探索。

第一，抓规章制度的建设。为保证科研工作顺利、有序、高效地进行，我校修订了《塘沽第十五中学教育科研管理制度》《课题组研究人员职责》等规章制度，为教育科研工作的开展提供了制度保障。在学校的年度规划中，教科研工作也被放到了十分重要的位置上。为此，我校修改完善了《塘沽十五中教育科研管理办法》《塘沽十五中教研组长职责》《塘沽十五中教科研奖励办法》等相关制度。目前，我校的教科研做到了学期有计划，期末有总结；形成了教育科研管理从选题、论证立项、申报到课题研究的中期、后期检查指导和成果申报、鉴定、课题发布等较为系统的、操作性较强的全程管理制度。

第二，抓科研队伍建设。学校组建了科研处，加强了教育科研组织机构的建设；完善了激励机制，进一步规范了过程管理，做到一题一档。我校注重科研管理人员的工作分配和责任明确，坚持做到分工明确，职责到人，这为课题研究的顺利实施打下了良好的基础。其中课题负责人对开展课题研究全面负责，并从各方面提供支持和帮助；学校教科研领导小组其他成员负责检查、督促，指导课题的全面实施；各课题组长具体负责课题的开展及档案的管理工作。

抓教研组长科研素质的提升。教研组长在学校科研处的指导下工作，是学校开展教育科研工作的得力助手。教研组长的科研素质直接关系到学校教科研工作的质量，关系到教育教学成果的水平。因此，我们坚持定期对组长进行培训，请优秀的教研组长介绍经验，或是到先进学校进行参观学习，召开课题观摩研讨活动等，从而创设相互学习、交流、反思、研讨的氛围。

第三，抓过程管理。要让课题研究有效发挥促进教育教学和管理改进的功能，就必须重视课题研究的过程管理。我校以教科研带动学校工作的整体优化服务为宗旨，要求教科研工作要有总体规划，课题研究要有具体目标。其中校长是学校教科研工作的第一责任人，要领导学校教科研工作，充分发挥学校科研处的职能作用，经常过问课题研究进展情况，为课题的顺利实施提供人力、物力、财力方面的支持与保障。校长亲身参与课题研究，积极组织课题承担人对课题的论证，检查课题承担人的原始资料和数据。另外，学校建立了各级课题档案，要求每学期要按课题实施进程，写出计划和总结，并在课题进行的中期对课题实施情况进行评估总结，以及时校正实验方案，确保实验目标的达成度。在课题研究过程中，研究方案要根据实际进行不断调整和完善，并且要加大中期检查和评估的力度。

在对教科研工作的管理中，学校的具体工作思路是确定校本课题、校本研究、校本管理的工作思路。将研究中心下移到教研组，学校科研工作的开展要强调以教师在教育教学中遇到的各种具体问题为对象，以教师为研究主体，以改进教育教学为目标，以行动研究为主要方式，以专业引领为催化剂。另外，课题研究要和教育教学工作紧密结合，以突出课题研究在课堂教学中的实践功效，倡导教科研课题不离开课堂教学这个中心环节。用教育科学的理论、方法、技术去审视、指导教育教学实践，从而将教育教学经验上升到理论的高度。

学校一直重视对重点课题的跟踪管理活动，还积极鼓励教师开展个案研究交流研讨活动。在过程管理工作中，我们本着以课堂教学为依托，以课题研究为载体，以解决问题为目的，以服务为宗旨，充分发挥广大课题研究者的积极性，使作为研究者的教师从幕后走向台前，提高研究者的研究水平，从而提高课题研究管理工作的质量。

第四，抓教科研方法的普及。教育科研工作的重要目的在于提高教师的专业化水平，使教师成为"研究者"。因此我校采用走出去、请进来、自挖潜这几种方式，加大了对骨干教师教科研培训的力度。比如，我校多次请来塘沽教科室的领导和老师来我校进行课题指导。为了提高校本培训的针对性与实效性，我们根据教师的实际情况，和培训专家联系具体培训事宜并设计培训内容，以确定培训方式。

一般来说，我校的培训内容包括教育科研发展动态、课题的选择与论证、调查问卷的设计、现代教育技术知识、课改理论、论文撰写及成果撰写等等。其中培训内容既有教科研理论及方法，又有先进的课改理念。我们要求所有的教研组申报课题，让老师们充分参与、亲身体验课题研究的过程，这种做法收到了显著效果。

三、通过请名家、访名校提升教师科研水平

素质教育离不开高素质的教师，而普通教师成长发展为高素质的教师更需要高水平专家的指导；学校的可持续发展，必须有一支精锐的教师队伍做支撑。学校清晰地意识到：校内有一部分老师教学经验丰富，但要上水平，必须有"高人"指点。

2006年10月，教育科研专家王敏勤教授第一次走进塘沽十五中，为全体教师做了一堂精彩的讲座，开阔了教师们的视野，坚定了教师们搞好教育科研的信心。此后，我校多次请王敏勤教授来校指导。后来，学校又邀请了多位中国教育学会和天津教育科学研究院的专家、塘沽的专职研究人员、特级教师、市内及外省市的名师等，莅临学校指导教科研工作。各位专家、学者的思想、方法不断更新我校教师的认识和知识，鼓舞了教师们的热情，使我校教师以更坚定的信心投入到教学与科研当中去。

为了引领教师思想，学习先进经验，开阔教师视野，学校还不断组织教师访名校，以提升教师的科研水平。自 2007 年开始，学校多方联系，克服经费不足等困难，组织全体教师到课改实验走在全国前列的山东省邹平县魏桥实验中学、九户中学等学校进行学访，后又组织部分教师对杜郎口中学进行学访。出去访名校的教师回校后向全体老师谈体会、展示照片和材料，交流收获，号召老师们积极参与到教科研当中去，大家反响热烈。学访极大地开阔了老师们的视野，坚定了老师们内练素养、外学经验、利用科研提升教学，从而促进学校发展的信心与决心。

创建科研与教研相结合的模式

为了提高学校办学质量，我校创建了科研与教研相结合的模式。教科研相结合，是教研与科研相统一，教研上升到科研，科研下嫁到教研，从而形成教研、科研相得益彰的局面。这有利于克服单纯的为科研而科研和低层次教研的倾向，努力促使教育理论与教育实践有机结合，促进教学质量提高，推进素质教育。教研活动与科研活动相统一在教研实践的基础上，还能不断提炼升华，探究教育规律，继而上升到教育科研。与此同时，把教育科研中学到的理论，掌握的方法策略，用以指导教研活动，在教学之中验证其教育科研的真伪和优劣，努力实现教育科研的研究目标与教学工作目标、管理目标相统一，学校的管理目标与追求的教学目标相一致，教师的个人追求与学校集体需要相吻合。

一、抓好教育科研与教学的整合，使教育科研具体化

我们积极创设科研工作化、工作科研化的氛围，引导教师树立"教学就是研究"的理念。为了使教科研工作有效开展，学校在实施静心教育的过程中，注意引导教师静心工作，在"静"的文化中品味师生的情谊、工作的乐趣和生活的幸福，用智慧启迪灵性，用人格陶冶情操，用爱心浇灌希望，用汗水哺育未来。另外，我们提醒教师不要忽视教育中的每一个细节，要注意"五个第一次"，即第一次亮相是形象，第一次叫出学生名字是亲切，第一次提出要求是信任，第一次上课是艺术，第一次批改作业是鼓励。

同时，为了提高教师的教育实践与研究，我们对教师提出了"5 个 1"和"4 个 2"的具体要求。即每学期撰写 1 篇有深切感受的德育论文或教育案例，每学年主持或参与 1 项校级以上科研课题，每学年撰写 1 篇具有一定学术水平的教学研究论

文，每学期做 1 节校级或以上研究课或专题讲座，每学年做 1 次校级或以上教材分析或参加 1 次读书论坛活动。每学期完成 2 篇以上有创意的课堂教学设计方案，每学期完成 2 篇以上 2000 字左右的教学反思，每学期编制 2 份以上高质量的单元检测试卷，每学期制作 2 节课以上的多媒体教学课件。

围绕这些要求，学校积极给教师们搭建平台，举办相应的研究课及不同层次教师的优秀课竞赛活动，如首席教师、学科带头人、骨干教师展示课，青年教师研究课，进行优秀教学设计方案、学案、优秀试卷、优秀课件、优秀教学案例、优秀作业设计及优秀论文等的评比交流，举行说课、读书论坛等活动，让教师们在这些活动中反思自己的课堂教学。通过这些活动的开展，让教师们磨砺自己的教育教学基本功，在全体教师中形成"比""学""赶""帮""超"的浓厚氛围。同时，学校把在各级各类的各项教学评比中获奖的优秀论文、课件等结集成册，并在校园网上发布。对有重要指导意义和借鉴意义的教学成果，我们还通过召开各类交流会进行更深层次的研讨，以此促使教师之间的相互交流。通过引导教师写教学反思，写理论学习随笔，编写教学反思集、教学案例集、理论学习随笔集等不断提高教师的教育教学研究能力。

二、引领实践，利用科研把教学品质转化为教学智慧

1. 坚持正确的教育科研选题思路，保证教育科研的实效性

教育科研有没有生命力，能不能持久的进行，与我们的选题有密切的联系。在教育科研选题过程中，我们力求体现我校教育科研工作"求真务实"的领导思路。一线教师进行教育科研活动的根本目的在于解决教育、教学实际中所遇到的具体问题，并揭示其教育规律，使之指导教育教学行为。所以，在实际操作过程中，我们十分注意将教学过程中的典型问题转化为研究课题。

在教育科研工作中我们提倡淡一点理性提升的色彩，多一点求真务实的真功夫，坚决抵制教育科研工作中的名利主义、形式主义和"假大空"倾向。在价值判断与导向、方法论等宏观决策上确立"求真务实、研以致用"的教育科研价值观，使之在揭示教育规律，运用教育规律办学治校，促进教师发展的实践中切实起到指导作用。我们要求学校课题研究必须结合教育教学实际进行，必须重视课题研究成果的应用价值，使课题研究切实沿着源于实践、指导实践的轨道健康发展。

迄今为止，我校已承担过国家级课题、中国教育学会"十一五"科研重点课题、市规划办课题、市电教课题、市级课题子课题、区级课题等，这些课题的成功立项有一个重要的原因就是我们坚持了正确的教育科研选题思路。

2. 抓常态教学研究，夯实科研基础

在实施素质教育的新形势下，全面搞好教科研工作，注重教学各个环节中教师的自我提升，对大幅度提高教学质量有着深远而重要的意义。教学研究也只有基于课堂才能焕发生命的光彩，所以学校组织实施了"课堂教学常态监控"。在老师不刻意准备的情况下采取课讯形式随堂听课，以提高我校教师对常态课的重视，进而提高校本教研的水平。学校的具体做法是听课完成后，检查教师的教案、流程本、学练卷、作业等，并和上课老师认真交流、反馈。这种做法有效地提高了我校常态课水平，促进了老师新课改理念的提高，让"在变化中求发展"的理念成为全体教师的一致共识。学校还以点带面，不断完善集体备课、校本教研的实效性，也在实践中不断改进提高。尽管每个学科的性质不同，日常教研的程序不完全相同，但主要环节是一致的。下面是我校常态教研活动的基本程序实例。

我校教学备课组日常教研流程

1. 上周教学体会与反思。同学科教师在一起将上一周的授课内容进行交流，利于发现教学以及学生学习中存在的典型问题、共性问题，引起教师关注，同时也能把更适合学生的教法学法进行比较，达到老师之间资源共享，互相促进的目的。

2. 研究课标。课标是教学的方向，只有深入研究新课标才能更好地把握教材，适应新课程改革的方向，避免教师一人的漫无目的让所有的学生一起跟着受累。

3. 研究课本教学内容（主备人提前印制，人手一份。主要有教什么：概念、例题、习题、练习、作业；怎么教：教法、学法；为什么这样教：教材、学情）。

4. 研究本周内容在中考（会考）的知识点分布，题型1~2例，出学练卷。

5. 结合科研导报的研究主题或自主确立的研究方向，进行小课题研讨交流。

3. 以教育科研促升教学智慧

以教育科研促升教学智慧是学校科研工作的追求目标之一。为此，我校围绕课题开展了相应的课堂教学竞赛、说课比赛、教学设计方案评比等活动，这些活动都使课题研究在课堂教学中发挥了作用，也取得了一定的成效。

通过抓科研促进课堂教学，进而鼓励教师进行主动的教育科研活动，也锤炼了教师的综合素质。善于抓课堂这个教育科研的主阵地，就会使教育科研活动具有很强的生命力，也为教学工作提供有力的支持和帮助。

由此可见，对教师而言，教育教学不只是为学生成长所作的付出，不只是完

成别人交付的任务，同时也是自己生命价值的体现和自身发展的有机组成部分。每一个热爱学生和自己生命、生活的教师，都不应轻视作为生命实践组成的课堂教学，而应自发地激起上好每一节课、使每一节课都能得到生命满足的愿望，并积极地投入教育科研中去。

4. 抓课题成果推广，提升教育理念

我校非常重视通过推广课题成果来提升教育理念。比如，课题《分层教学模式的研究》获得了天津市第四届基础教育教学成果一等奖后，学校科研处就着手课题成果的推广筹划工作，学校也以此为契机，全面推开了"高效课堂"教学的探索与实践。

教科研成果只有与教学相结合才会焕发第二次生命，为此，校长为全体教师做了三次关于《分层教学模式的研究》成果推广的专题讲座。讲座围绕三大核心内容展开，第一是突出"一种观念"作为支撑——课堂教学必须贯彻分层教学思想；第二是采取"一项措施"作为载体——"学练卷"承载教学分层；第三是探索"一种教学模式"作为实践——"学练议"教学模式打造高效课堂。在此基础上，我们又把分层教学理念与整体建构和谐教学思想进行整合，开展了说课标、说教材活动，这大大提高了教师驾驭教材的能力。再者，为了帮助教师提高"学练议"教学模式的操作效果，科研处每个学期都组织老师在不同的学科开展"教改大课堂活动"，通过引导、要求老师们在"同课异构""同科异课"的交流中来推广课程成果。

分层教学模式的全面推广，取得了丰硕的成果，引起了上级有关部门的关注。2010年5月5日和2010年12月21日，在我校承办的全国办学成果展示会上，我校24个教学班的课堂全部开放，广泛接受来自外省市、本地区教育专家代表的观摩和指导。展示会引发了国内同行的强烈反响，得到了极高评价。2011年11月19日，我校教师参加了全国首届和谐杯"我的模式我的课"展示，会上我以分层教学"学练议"模式为题做了汇报，并由几位老师进行了课堂展示。汇报与课堂展示得到了与会专家学者的高度评价。

总之，教育科研工作要向纵深发展，还必须积极探索促进教育科研工作向纵深发展的激励机制和管理机制，真正发挥教育科研在推动教师专业化发展方面的作用。正如有学者指出的，投身教科研，不仅使教师自身得到发展，还使教师的精神世界得到充实和满足。从我校的科研实践来看确实如此。通过参与教科研，我校的教师更新了教育教学观念，改进了教育教学行为，并且更为难能可贵的是，在这个过程中教师们具有了一种探索的精神，一种自我超越的精神。

让教师成为研究者

一、促进教师科研水平整体提高的必要性

整体提高学校教师教育科研水平是时代对当代教师的客观要求，是学校发展对教师的客观要求。教育改革实践已使许多学校的领导和教师意识到教育科研的重要性，教育科研也已经成为学校改革与发展的新的关注点，教育科研是提高教育质量的有效手段；参与教育科研成为教师专业发展的有效途径，教育科研在许多学校已呈现出一派勃勃生机。

1. 从教师"教书育人"的使命看，教师应该从事教育科研

一方面，教师作为人类知识的传播者，起着传递人类文明的重要作用，其自身必须不断地学习、研究和探索，才能掌握人类最新的科学知识并进而传授给学生；另一方面，教师作为言传身教的教育者，不仅要向学生传授知识，更应时时以一个勇于探索的研究者的形象出现在学生面前，这对于培养学生勤于思索、勇于创新的精神，无疑会起到榜样作用。

2. 投身教育科研有利于教师更新教育观念

当今教育发展飞快，教师参与科研促使教师能接触到最新的教育观念、方法和教育理论，把它与自己的工作结合起来，从而有利于大大提高教师的业务水平。教育改革尤其是新课程改革的推进已经并且还将更深刻地影响学校与教师的改革发展，其中充满了许多不确定性因素。所以，每一所学校、每一位教师都会面临着一些新的问题、新的困惑、新的矛盾。比如说，教师如何从事课程开发？如何改变自己及学生的课堂教与学行为？如何挖掘和利用课堂中生成的各种课程资源？如何引导和促进学生探究、自主、合作的学习？自身又如何去进行教学的总结和反思？如何去承担课题的研究？等等。要真正解决这些矛盾或问题，仅仅靠自己过去的经验是行不通的，这就有赖于教师的研究，有赖于教师从实践者向研究者的转变，有赖于教师以研究者的眼光，通过研究的途径，寻找到合适的解决问题的方案。

3. 整体提高学校教师教育科研水平是全体学生全面发展的需求

学生德、智、体、美、劳全面发展的理念早在 20 世纪 80 年代便响彻神州大地，

但直到新课程改革开始之前，学生发展的片面性依然很严重，学校往往将学生导入到题海战术之中，用成绩的高低来衡量学生的优劣。教师除了研究完整、严谨的知识，编写系统、精确的课后作业之外，对于学生情感的培养、技能的提高鲜有研究，因而"造就"了大批"高分低能"，走出学校却不能自理、自立的学生。其生活、社会适应性较差，甚至一些被评为"三好生"的学生不懂得尊老爱幼和文明礼貌，品行恶劣。许多教师习惯了用一个模式去培养多个具有不同个性的学生，对"因材施教""因人而异"的深入研究很少，尤其是对自身教学的反思极度地缺乏。这些都大大地阻碍了全体学生的全面发展。所以，一所学校的学生要得到全面、全体发展，就离不开这所学校全体教师在教书育人问题上进行的教育科学研究。

二、提升教师科研水平的策略

要真正实施教育科研，在当前关键是要解决一个认识问题。要破除可有可无的随意性的教育科研，确立只有加强教育科研才是教师立身之本、发展之基的生存观；破除教育科研高不可攀的神秘感，确立科研人人参与人人受益的学术观；破除搞科研会影响教学质量的恐惧心理，确立没有教育科研就不可能有高质量，更不可能有持久的高质量的发展观；破除科研是不务正业的歪理邪说，确立开展教育科研是教师的必备能力，是教师立身之本的基本观念。

1. 积极提高教师的科研意识

意识支配着行动。教师只有在思想上意识到教育科研是教师职业生活的新方式，是教师生活的重要组成部分时，教师才会主动地，以饱满的热情投入到教育科研中去。这是整体提高教师教育科研水平的重要前提。要把教师转变为真正的研究者，就要让教育科研走进教师的实际生活。素质教育的推进也好，新课程的实施也好，所改变的不只是学校的外在面貌，不只是教学内容或教学媒介，而更为重要的是在呼唤着一种新型的学校文化，催生着"教师新的职业生存方式"。它从根本上动摇了教师原有的角色定位，要求教师以研究者的姿态出现在学校的舞台上。就此来说，教师成为研究者，已经是当今教师基本素养的一部分，已经是教师新的职业存在的基本表现形态。

基础教育阶段的学校搞教科研，老师们感觉心里没底，甚至有些老师不认可，认为太形式主义，是务虚的行为。但如果连形式都没有，怎么会有内容呢？在很多教师的眼里，往往感到日复一日的工作没有什么研究的价值，而忽视了身边的变化。老子说："图难于其易，为大于其细。天下难事，必做于易；天下大事，必做于细。是以圣人终不为大，故能成其大。"在这种情况下，学校要引导教师树立一种理念，即能把简单的事做好就是不简单，能把平凡的事做好就是不平凡。做人不计小，做事不贪大。与其苦苦追寻缥缈的影子，不如脚踏实地一步一步前行。通过对教师进行教育，我们逐渐打开了老师们的心结。经过多次论证和专家指导，我校积极进行探索，确立了教科研工作的突破口。

把教育科研当做教师职业存在的新方式，还要求教师摆正对教学和教研关系的认识，对教师专业的价值有清晰而透彻的理解，并形成坚定的教育信念，对自己所从事的教研专心致志。充分弘扬主体精神，寓研究于工作，寓工作于研究，敬研乐研，养成扎扎实实，实事求是，严谨、严肃、严格的教研作风。这样，教师不仅能够品尝到教研的艰辛与痛苦，而且能够体验到教研的趣味与欢乐，从而真正、自觉地走上教育科研这条"幸福之路"。

所以，学校应该做的是要给教师搭建这样的平台，营造科研的氛围，树立榜样和典型，促使教师走进科研的大门，去挑战其中的困难，鼓励教师逐步品尝科研的甜头，形成习惯，这样教师的主动性才能被激发出来。同时，学校教育科研的展开，重要的是"有人去做"。没有广大教师的积极主动参与，就没有广泛的基础，就缺乏了教研主力军。因而学校要让教师在明确教育科研的意义和作用的基础上，通过做示范、压担子、做课题、老带新等方式，少一些斥责，多一些帮助，放低要求，分层次给教师提供参与科研、参与锻炼的机会，使教师觉得有路可攀，逐步走上科研的道路。

2. 树立问题研究意识

"问题中心"应是中小学教育科研的切入口。与专业研究人员的研究所不同的是，中小学教师的教育科研是以解决工作实践中的问题，进而促进学生健康丰富的精神世界的形成为直接目的的一种科研活动。这是中小学教育科研的生命所在。从这个意义上说，从问题到研究应该成为我们开展教育科研的基本思路。科学研究其实就是要在已有的基础上发现问题，提出问题，进而解决问题。对于教师们在实践中遇到的问题，可以分为三种类型：一是现实性问题，就是学校明显存在、需要我们直接面对，又必须想办法加以解决的问题；二是探索性问题，就是将教育理论、教育观念、教育成果转化为具体的教学实践活动时所遇到的问题；三是反思性问题，这是具有"问题意识"的教师为改进提高自己的专业能力水平，通过对自己教学行为的回顾和检讨所发现的问题。问题研究的方法有很多，就目前来说，校本研究和反思性研究是比较普遍也比较切合实际的研究途径。

基于这样的认识，我们学校要求所有教师都要结合自己的课堂教学，针对急需解决的问题，设立研究的小课题，以此强化和提升教师们的教学科研意识。活动的督促、理念的转变、实践的收获，伴随着教师不断变化的情感体验，教育科研慢慢走近了教学一线。当前，我校基本形成了"人人搞教学，人人做科研"的浓厚研究氛围，每位一线教师都有小课题，并在科研处备案。

通过对实际教育教学问题进行课题研究，老师们加深了对教材的理解。学生活跃的思维也带给老师教学的新思路，拓展了教学方法，也促使老师们对自己认为熟悉不过的教学内容再整理、再认识。学生简洁、明了的解题方法，多种多样的解题形式给老师提供了有价值的科研论文资料，使老师们能在报刊、杂志等发表自己独到的见解，为自己争得荣誉的同时，也提高了自己的业务能力和水平。

通过各自不断地尝试，老师们感受到课题研究只有与课堂真正融合在一起才能相得益彰、熠熠生辉。渐渐地，把课题研究融入自己的课堂几乎成为每个教师的一种自觉行为，更让人欣喜的是教师们对课题的理解正在教学实践中不断地深入，并围绕学校确立的"高效课堂"的总课题研究，各选角度，多点深入，结合自身实际，进行调整、反思和提升。

3. 进行校本研究，共同研讨学校的教育教学现象

校本研究是"以学校所存在的突出问题和学校发展的实际需要为选题范围，以学校教师作为研究的主要力量，通过一定的研究程序取得研究成果，并且将研究成果直接用于学校教育教学的研究活动"。它是学校根据自己的办学思想，以教师为主体，自主进行的教育科学研究，是以学校为基地，以办学质量的全面提高为目标，以解决学校的实际问题为起点，选择切实可行的方法进行的教育科学研究。它直接指向学校中教育、教学、管理等方面发生的问题，其特点是将学校的实践活动与教育科研密切结合在一起，并要求学校全体教师积极参与。

可以说，学校教育中众多的活生生的教育现象都可能成为校本研究的对象。对学校而言，学校在发展中可能存在着一些由来已久或正在发生的一些教育"障碍"，比如，顾及到了个性，但会妨碍集体；关注到了学生的自主学习，却破坏了课堂教学常规。这些问题都可称之为教育的"两难情境"，没有现成的模式可供借鉴，此时学校通过研究寻找适合自身特色的做法就显得非常必要了。而对个别教师而言，课堂教学、课堂管理、对学生施行的德育教育等一系列发生在身边的教育问题、教育难点都可以成为研究的对象，教师也可以通过校本研究的方式来探索、验证某种教育教学设想，乃至自己的教育理念。

4. 抓同伴互助科研，促进教师科研水平整体提升

学校实行了校长、主任跟踪，学科主任引领，同学科教师集体办公，全员参

与专题研讨的科研环境。我们这样做的目标是通过抓同学科教研，使不同层次的教师都有所进步。对于新教师，教学研究的重点是怎样把所学知识与教学实践结合起来，尽快完成角色转换，成为合格的教师。对于骨干教师而言，要从老教师身上吸取经验，从年轻教师身上吸收教育新观念，不断修正完善自己的教学思想和教学实践，打造自己独特的教学风格。对有理想成为学者型、专家型的教师而言，要通过教研不断升华自己的成功经验，带动整个学校的教学发展，通过教科研，凝聚一批人，培养一批人，锻炼一批人。

教师个体素养是学校教师整体素养的基础，教师的个体素养只有融入到教师整体中，才会产生整体效应。任何一所学校都有高素质教师的个体，但要使学校形成合力，就必须有卓越的整体效应。苏联教育家马卡连柯在《论共产主义教育》一书中描绘的教师集体："有共同的见解，有共同的信念，彼此之间相互帮助，彼此之间没有猜忌，只有这样的教师集体，才能够推进学校教育的发展。"[①] 它使教师集体能够发挥出远远超过个体之和的绩效，实质上是一种群体成员的向心力，群体内的每一位成员都应该自觉地服从于同一活动目标，形成浓厚的团结协作气氛，树立集体主义精神，也就是说要形成合力。教师之间的团结协作、同心同德是搞好学校教育科研的强大凝聚力之所在。教师教育科研发挥出整体效应的关键，在于要有良好的科研氛围，表现在群体成员对研究目标有共同的思想基础，对所研究的课题的重要意义有清楚的认识，严肃认真地完成各自所承担的任务并能很好地相互协作。

5. 抓区域学访交流研究

鉴于学校的工作性质，外出学习的时间毕竟有限，学校制订了"放眼本地区向兄弟校学习"的策略，组织了多次学习交流活动。学校领导带领青年教师、骨干教师，曾先后10余次到塘沽十一中、六中、五中、二中、国际学校、外国语学校进行课堂观摩，学习兄弟校课堂教学的好方法。还与天津一中、开发区国际学校、山东魏桥实验学校、天津宁河造甲城中学、天津西青二中等10余所学校建立联谊校关系，确定相互交流学习的机制。尤其是天津一中优秀教师团队来我校对我们毕业班教学的指导，让我校教师受益匪浅，促进了教师们的思想转变。同时，教师还感受到了差距，从而增强了对教改的认识，对教学水平提升的紧迫感，这比任何说教都有教育作用。此外，许多外省市的学访团队以及各级领导的视察，也对我校教师的思想及课堂教学水平的提高起到了较大的促进作用，为学校的后续发展储备了能量。

① ［苏］马卡连柯著，刘长松译：《论共产主义教育》，北京：人民教育出版社，1955年版，第403页。

6.健全学校保障机制，稳步推进科研工作进行

学校教师的教学工作是比较繁重的。犹如教师自己要经常检查学生的作业才不致于学生不好好完成作业一样，教师本人作为学校的一名职员，其工作也同样需要学校的检查和督促，尤其是教科研工作。所以，学校在提号召、布任务的时候，也要规定相应的时间和要达到的要求。同时，要有专人定时检查，并与教师的常规工作一样记入到衡量教师工作的标准之内。

教师开展科研工作同样需要激励，同样希望他人尤其是学校能肯定其教育教研的成绩。因此，学校运用了多种鼓励形式对于教师教研进行表彰。规定人人参与，形成良好氛围，并且鼓励教师尤其是中青年教师参与教育科研，为教研群体提供参加各种学术会议和教改实验机会，并给予必要的经费资助。

另外，学校的评价机制也是影响科研工作有效开展的重要因素之一。许多学校评价教师的教育科研成果仅依据上公开课的多少和在杂志上发表的文章数量，却很少关注到其他教师实实在在的教育科研工作，更是很少关注到作为群体的教育科研评价。这样的评价是不成熟也是不公正的，并可能导致有些教师在研究中有务虚不务实的倾向。

在对教师教育科研的评价中，我们应该更注重教师更新知识的程度及把研究成果应用于实际工作的能力，应强调教师对自己教学行为的分析与反思，教师评价不再是简单地判定谁是优秀教师、谁是合格或达标，而是和教师一起分析自己工作中的成就、不足，提出改进计划，促进教师的成长和发展。第一是要从教师的研究范围、研究方法、资料搜集整理、分析能力以及在科研过程中的合作等方面进行评估；第二是科研成果，这是一项研究最显性的表现，成果的形式是多样的：特色性的课堂教学、科研报告、科研论文，主要评估科研成果的科学性、创造性、实用性，对理论的发展和对实践的指导价值，整体效益的发挥；第三是教师的科研能力，主要是指教师的科研意识、科研态度、科研组织能力和科研理论水平及理论联系实践的能力，其中核心指标就是对自身的教育教学工作的指导力度。学校成立教研工作评价委员会，在平时有意识地调查学校教师教研的情况，在期末召开一次教研工作总结大会，由个人或团体用实例来汇报教研进展情况和心得。对取得成效的教师要进行表彰，对有进步的教师，尤其是团体的教研成绩更应该给予肯定。这样，学校教师教研才能扎扎实实，才能多些合作，才能促进学校教师整体教研水平提高。

夯实科研活动，创设科研氛围

一、树立科研先导意识，端正科研态度

1. 树立科研先导意识

加拿大著名教育家富兰在《变革的力量——透视教育改革》一书的前言中提出：我们将认识到不可能解决"变革问题"，但是我们可以学会预先了解它，更有效地和它相处。[①] 这也正如我国著名学者叶澜教授说的，学校越是自觉清晰地认识社会变化着的需求和发展趋势，就越能认清变革的方向，有效地利用社会提供的发展条件和机遇，把外在的需求内化为学校的目标，走主动发展的变革之路。教育科研是一种有意识、有目的、有计划、有系统地采取严密的方法，去认识教育现象的客观存在，探索教育科学规律的活动。它是从事教育研究与实践活动的人们，在不自觉的教育实践中，逐渐认识教育自然现象、教育规律，到自觉地去发现教育科学真理的行为，它是脚踏实地、面对现实、继承前人、深入研究、超越前人、开辟崭新领域、推动教育科学发展的一种创造活动。

学校通过开展教育科研活动，不仅实施着学校各项变革活动，而且把身边的变革活动作为研究对象，有意识地认识和研究变革，促进学校各项变革活动有效地开展，不断促进学校的发展。科研意识、自主发展意识在促进学校发展过程中的引领、推动作用具体表现在两个方面：一是能够清楚地认识学校组织变革的发展现状以及面临的挑战，自觉捕捉到存在的关键问题，确定研究课题，启动变革；二是能够充分利用各种资源，在积极主动寻求解决问题方法的过程中，课题研究方向，设计变革。因此，学校管理者和教师应该树立科研的先导意识，以科研引领学校发展和变革，并且在科研理念的关怀下，实现学校组织变革的科学性、计划性。

2. 端正科研态度

有些教师搞教育科研是为了评定职称，是为了评骨干教师、评学科带头人，这不是坏事，这是一种正常的需要。但如果只是停留在这个层次上就很容易造成教育科研的浮躁和教育科研的虚假繁荣现象。所以我校明确提出，坚决抵制教育科研工作中的名利主义，树立求真务实、研以致用的科研价值观。所以，我们要

---

① ［加］迈克·富兰著：《变革的力量——透视教育改革》，北京：教育科学出版社，2000年版，第1页。

求参与课题实验的每一位教师都要认认真真地按照课题实施计划进行，并在实施过程中不断地完善。

二、坚持正确的科研价值观

在学校开展科研兴校、科研立校的过程中，基于提升学校的科研质量，提升教师的科研水平，学校总结和建立了科研工作的要点，即：要确立一个理念——从实际出发，以人为本；教育科研要保持两种身份——内在的参与者，外在的观察者；一个好的教育科研成果要具有三种力量——文化力量、科学力量、逻辑力量；教育科研要关注四个趋势——由经验性、资料性研究向科学性、思想性转变，由宏观、确定性研究向微观、动态性研究转变，由理想状态的速求向现实问题的扩展，从单一学科向多元发展转化；做教育科研要树立五种意识——主体意识、课题意识、问题意识、创新意识、生态意识；教育科研成果应避免的六个倾向——研究结论的理想化、研究方法的目的化、文献方法的虚化、研究成果表达方式的官化、研究态度的情绪化、研究的语言表达西化；在教育科研方面培养的七种素质——自觉、良知、想象力、独立意识、注重体验、积累教育智慧、有社会责任感；好的教育科研成果要坚持的八个标准——论点要新颖、概念要准确、论证要严密、思想要深刻、论据要充分、结论要可靠、方法要科学、行文要流畅。

另外，教育科研工作要研究真问题，要有国际视野，要有数据支撑，要有事实做基础。所谓的真问题是指所研究的问题是教学过程中实实在在发生的，是客观存在的，要有本质意义、有质量。研究者应该具备研究此课题的能力且对该课题研究有兴趣。我们所研究的课题要与学校的发展紧密结合起来，要让更多的人参与课题，创设科研的浓厚氛围，这样的课题投入才值得，也才能出真正的课题成果。如果搞课题单单是为了自己的"功利"，那样的课题搞不搞还有什么意义呢？我们研究课题必须有明确的目的，是为了解决什么问题，课题研究不是作秀，而是通过课题研究解决我们在学校管理和教育教学中的实际问题。我们的课题研究还必须关注新课程改革中出现的问题，上级教育行政部门要关注校际之间的教育均衡问题，学校的管理者和教师要特别关注学生之间的均衡问题，要使每个学生都有相对均衡的发展机会。

三、立足教学实践，教研和科研工作常规化

1. 科研工作要立足教学实践

学校的教育科研要立足于解决实际问题，改进教育教学实践，最终要促进学

校的发展。我们不仅要重视课题的立项，更要关注在日常的教育教学中出现的常态问题的研究；既要重视教育科研的成果，更要关注教育科研成果的转化，还要充分发挥成果在实际教育教学和管理中的应用，在应用中进一步深化成果；学校不仅要有足够数量的教育科研课题，关键还要有能统领学校发展的总课题，使之能整合各个分课题，突出内容、淡化形式；既要重视经验的总结，也要重视理论的提升；既要重视教育科研的行动研究，也要注重教育科研的方法指导；既要注重教育科研的定性研究，更要注重教育科研的定量研究。

教育科研的深入进行，还要突出抓好教学反思、教学叙事、教学案例、教学课例、教学论文的撰写。教学反思要突出探究性、专题性，要围绕问题进行反思，在一定时期内要围绕某一专题进行反思；教学叙事要突出深描，要从中讲出道理；教学案例要突出问题线索，通过对问题的分析、思考得出启示；教学课例要突出典型性、可操作性；教学论文要突出经验概括、理论深化。

2. 教研和科研工作常规化

将校内教研课表化，由专业领导跟踪指导，充分利用好年级主任的管理机制和教研、备课组长这支队伍，严格履行监督指导之职。贯彻学校精简会议的要求，减少召开全体会，坚持深入日常的教学活动中做具体指导，每学期分年级召开专题教学分析会 3 次，解决一线教师的实际问题，加强对课堂教学、课外辅导的调控。拓展教研空间，与"手拉手"学校实行联合校本教研，多渠道交流，开展送课和同课异构教学研究，使青年教师得到了很好的锻炼学习的机会，也让我校教师在与兄弟校的互助中加深了解。

科研工作的反思与交流

当然，中小学教师的研究与专业研究者的研究是不同的。从本质上说，教师的研究是为解决自己所面临的问题而展开的研究，是从自身内部发展起来并且为改变自身所面对的独特情景而进行的研究。从这种意义上说，教师既要将持续不断的反思作为一种研究方式，还要把它作为自己的生活方式。也就是说，教师所展开的研究不再是对教学职业的补充，而本身就应是教师职业生活方式的内容，它本身应该体现教师作为人、作为实践者所拥有的本性。因此，开展反思性研究，与同伴交流共同探讨教学中的困惑，是中小学教师开展科研工作的一种有效方式。

曾子曰"吾日三省吾身"。反思有利于总结经验，寻找不足，快速提高。作为教师只有时常反思自己的教育教学情况，及时组织相关教师进行研讨，对教学中的成败得失进行客观的总结讨论，参与研讨的教师能把一些问题上升到理论的高度，碰撞出问题研究的火花，才能进行深度思考，不断地提高教育教学水平。为了促进反思交流，有效提升科研工作，学校进行了有组织的系列培训、校本交流等活动。

一、以《教科研导报》为平台

为了更好地推进我校科研兴校的战略部署，为全校教师在学科专业化发展方面提供更专业更有效地引领，学校科研处特别精心编排了《教科研导报》，主要栏目包括：

先锋寄语：每期邀请一位校级领导、中层干部或学科骨干等在教科研方面起到先锋模范作用的同志撰写一段寄语，给老师们的教科研工作以引领、启迪或者激励。

深度关注：每期刊登我校校本教研中的精华内容，帮助老师们加深印象，提高认识，引发深层次的思考、讨论和研究。

教研热点：每期围绕一个大家普遍关注的话题进行讨论，刊登出备课组或个人的精彩见解，同时为大家提供业内同行专家的看法作为参考和借鉴，帮助大家打开思路，深入研讨。

学校搭建这一交流的平台，旨在更多的反馈报道学校教研教改的动向、形成常态教研的专题性，用文字和老师们交流，做广大教师的良师益友，共同成长，一起进步。

二、以示范激励为引领

在繁杂的日常教学中，教育科研工作更是容易被忽视，有时普通教师总感觉教育科研神秘而不敢涉足。我校秉承把教育科研作为提高教师自身综合素质的重要理念，采取自上而下、自下而上的策略，领导亲言、勤做起到了很好的表率作用。下面就选取学校领导发表在《教科研究报》上的一些寄语。

做个顶天立地的教育者

"十一五"期间我校教科研工作取得了有目共睹的成绩，为"十二五"奠定了很好的基础。科研处搭建《教科研导报》这一平台，为大家提供教育教学研究的视角、理念、实践和经验，尤感新颖和必要。我在想，教育工作正如温家宝总理所言"既要仰望星空又要脚踏实地"。应该是顶天立地的。顶天就是仰望星空，要向上看，向前看，树立远大理想，有执着地追求。立地就是脚踏实地，要干实事，干真事，兢兢业业、踏踏实实。顶天需要有见识，有智慧；立地需要有善意，有爱心。教育教学有其自身的规律，把它当做科学去研究体现的是一种态度。"一个人只能为别人引路，不能代替别人走路"。提倡大家，"用勇气去改变可以改变的，用胸怀去接受不能改变的，用智慧去分辨二者的区别。"

认真是个人进步的关键因素

我们很多人，做的事情往往是任务驱动式的，有时候任务是外来的，来自于领导、同事、家人或制度化的规定，有时候，任务是自己赋予自己的。不管是来自于内部还是来自于外部，既然不得不做某项任务了，就要认真地去做好。谁都希望别人把事情认真地做完——即使做事不怎么认真的人，也喜欢与认真严谨的人交朋友。"认真"这个词儿说起来容易，做起来很难，特别是在任务太多，心烦意乱的时候。心理学有句名言："困扰我们的，不是事件本身，而是我们对于事件的看法。"因为教学是艺术，是科学，所以就要讲究方法效率。如何在有限的时间让学生学习更多的东西，是每一个老师必须认真考虑的问题。不管课程改革怎么改，教师钻研驾驭教材、组织调动课堂的能力是永远的基本功。上好每堂课的首要前提条件是教师要有认真的态度，其次要具有钻研的精神，当然还要具备科学的方法。知识是讲不完的，练习题也是做不完的，教师只有教给学生学习的方法和规律，学生才能以不变应万变，既减轻了课业的负担，又提高了学习的成绩。

选择了教育，选择了教师，意味着永无止境的学习，也意味着充满爱心的奉献。个人的脚步到底能到达哪里，其实并不重要。带着饱满的热情行走，才是梦想的翅膀！

三、以专项活动为带动

专项活动体现真实、实在才会有意义，也才会对别人、对自己带来收获。我校利用教学活动的机会，以教师实际参加的活动为依托，大力倡导参与者自醒、反思。

以下摘自我校老师参加全国第二届"和谐杯"说教材比赛后的反思：

第二届"和谐杯"说教材比赛后的反思

在参加"和谐杯"说教材比赛之前，我对"说教材"真的是所知甚少，虽然也曾学习过其他老师说教材的课件，但也只是停留在一些很肤浅的认识上。因此，当接到领导交给的这个说教材的任务时,我本能的第一反应就是"抵触",很想拒绝,因为实在是不了解什么是说教材,但领导竟非常坚持,相信我能行,我也只好勉为其难接受了这项工作,以不辜负领导的期望。

参与这项活动对我来讲最大的收获就是知道了什么是说教材、如何说教材。下面就我的理解简述如下:

首先在选题方面,应以一册书、一个单元或一个学段作为说教材的内容。其次说教材的段落构成一般包括说课程标准、说教材编写意图、说教材内容、说教学建议、说评价建议、说课程资源的开发和利用。在这几个环节当中,我认为重点要说好教材内容的知识结构、教学建议、评价建议。关于说教材内容的知识结构,我认为应该做好知识之间的整合,即说教材的内容结构、本单元知识之间的联系、本单元各章的内容以及本单元与其他章节的联系。在说教学建议方面,我认为最主要的是要根据教材的特点,把自己在教学中好的教学经验和方法提炼出来,教学建议应该是最能体现教师教学思想的一部分内容,为了说明教学建议的可操作性,还应利用影像把教学实践过程记录下来,并在说教材课件中进行演示。在说评价建议时,应注意与教学建议相呼应,例如教学建议中我首先就提出了分层教学,因此在评价学生方面,应该也是在尊重学生个体差异的基础上,实行分层评价。总之,评价的目的是为了激励学生全面的发展,同时,也是教师改进教学方法、能力提升的重要手段。

参加这次说教材的活动,我对"苦尽甘来"又有了一番体味,记着刚接到这项任务时是一个周三,被通知下一周就要校内说教材,说什么、怎么说,全无头绪,再加上班主任工作,在学校根本没有时间去做说教材的准备工作,只有晚上回家才能静下心来去思考和整理,并撰写说教材的文稿和制作课件。就这样,经过五个深夜的"鏖战",初稿和课件终于在转过来的周一初见端倪。之后,我完成了校内的说教材,本以为终于可以轻松一下,又被领导告知要代表学校参加第二届和谐杯全国说教材比赛,说教材的内容必须要改,尤其是教学建议要有自己的特色。我只好一遍又一遍地修,一遍又一遍地改,真的是很熬人,幸运的是我们有一个很好的团队,他们不时在帮我,不时为我打气,其中我真的非常感谢我们数学组的同仁,尤其要感谢孔老师,他甚至逐字逐句地帮我去改。在孔老师身上,我看到了一名老教师的严谨、勤奋与执著,实在令人钦佩和感动,值得我们去学习。在背稿方面,我还专门要感谢黄艳老师,大概是因她发现在校内几个说课老师中我是说的最不熟练的一位,总是在看稿,所以就告诉我:"你就一张一张幻灯片地说,把稿子变成自己的语言,不要死记硬背。"按着她的方法,我一遍又一遍熟悉着内容，记得周六独自在家练了二十几遍（周日比赛），转天凌晨四点起床，又练了两遍。当我迎着清晨的朝阳去参加比赛时，我充满了自信和勇气，因为不管成败与否，我曾经努力过，我曾经付出过！

人们常说：不经历风雨，怎么才能见到彩虹。的确，通过参加这样的活动，在对知识的整合、把握中考方向、对教材的理解、对课标的理解把握等方面以及自身的业务水平发展上，我自认为都有了长足的进步。每一次参加这类活动，都是人生的一次历练，都有人生的一次感悟，都会引发我们新的思考。

我们期待着新的挑战！

四、以典型反思为重点

进行日常积累、反思是教师最根本、最实际、最有效的培训形式，教师只有珍惜自己的教学成果，在平时善于积累教学心得，勤于总结教学经验，才能呈现出完美的教学案例或故事。

以下摘自我校英语老师获得天津市基础教育科研优秀成果一等奖的教学案例：

有理不在声高

又到六点钟了，望着窗外徐徐降临的夜幕，我的耐心已经快要消耗殆尽了。每次都是这样，每当学完一篇英语对话，布置背诵检查的时候，总有几个这样的"磨头"在"最后期限"时在这儿耗点儿。明明已经布置了三天了，有几个学生就是找一切的理由逃避，想到这儿，我的火气一个劲儿地往上上蹿。

今天留下背诵的学生中，有一名学生叫小兴，他平时成绩不错，听讲也算认真，理解新知识也挺快的。但有一点，不愿背课文，经常与我"讨价还价"。此时，他正坐在办公室中间的小板凳上，东张西望，心不在焉。看着别的同学背完书后一个个离开办公室，他就夸张地唉声叹气。我知道他的家住得比较远，也几次督促他要抓紧时间。以前有时会考虑到他的家远的问题，让他回家去背，结果，他不但没有按时背完，读也读得结结巴巴的。所以今天我决定要亲自监督他一次。

过了几分钟，刘老师带着几个学生回到办公室，叮嘱了几句话就让他们回家了。小兴看见后小声嘀咕道："我要是刘老师班的学生该多好！"说完重重地叹了口气，脸上还露出了美慕的神情。我一听，顿时火冒三丈，感到又愤怒又委屈，觉得自己花了这么多的时间来单独辅导他们真是不值得。所以我站起身来批评了他一顿，甚至让他第二天搬着桌椅去刘老师班里上课。小兴见我发了火，便不再出声，低着头坐在板凳上。又过了一会儿，我让学生们回家，自己也在收拾东西。小兴没有走，他拿着书站在我的旁边，我当时挺生气的，脸色也挺难看的。他站了一会儿说："老师，我知道您是为了我学习好，我刚才是在开玩笑，没想到您能听见。"接着又向我道了歉，两只手紧张地拧着书。我觉得刚才在学生面前发脾气时挺丢脸的，而且他还是个孩子，家住得远，着急回家的心情是可以理解的，但是我又对他在学习上的不上进而耿耿于怀。

　　我冷静了一下，决定和他简短地谈一谈。我搬了把椅子让他坐下，他疑惑地看了看我，轻轻地坐下了。接着，我把英语书打开，像在课上一样，把对话中的重点词组和句型又重新讲了一遍，然后又把一些有难点和疑点的句子重新翻译了一遍，并告诉他，只有在理解的基础上，才能更好更快地把对话背下来。他赞同地点了点头，脸上露出了不好意思的表情。顺便，我又询问起他是如何背课文的。小兴表示他总是希望像某些学生那样在很短的时间内把对话背下来，背不下来就着急，但又自觉性差不愿自己在家多下点儿功夫。对话稍长一些就想分段背，降低难度，不愿克服困难，最后总是希望能蒙混过关。

　　了解到这些情况后，我先是鼓励了他，因为他有一定的基础，学习起来并不吃力。然后帮他分析了背不下课文的原因以及如何背诵效果才最好，告诉他人和人的学习方法、接受能力和记忆特点是不一样的，不要照搬别人的学习方式，应该找到适合自己的方法。并且，要学好外语是不能偷懒的，你只看到别的同学在学校背诵了十分钟，又怎么知道人家在家里下了多少工夫。小兴听后也频频点头。我趁机告诉他一些背诵的技巧，并鼓励他说应该有克服学习中遇到的困难的决心。还开玩笑说，1+1很简单，难道永远只学1+1吗？他也笑着说不能。最后，离校的时候，他向我保证第二天一定把对话背下来，我一下子就释怀了。其实很小的一件事，干吗非要用"怒气""责骂"这种让两个人都不舒服的方式呢？

　　平静了自己的心绪，开始回想整个事件的发生，我认识到作为教师遇到学生的抱怨时，粗声大气地批评是不利于解决问题的，反而容易激化矛盾。如果在解决矛盾时，能站在学生的角度上，设身处地地为学生着想，照顾到学生的情感需要，那么学生会更好地接受。事实证明，情通则理达。

　　接着我反思了一下学生为什么对英语背诵有这么大的抵触情绪呢？很简单，没兴趣。本身我校的学生英语水平就普遍偏低，朗读和背诵英语的能力就更不尽人意。于是我改变了由我一人检查全班这种受累不讨好的方式，而是把全班分成12个小组，每组4人，组长不固定而是由组内第一个背下来的学生担任，由组长检查其他三个组员，并把背诵情况用平时分的形式体现出来。每背完一篇，视背诵的流利程度和正确率而定，得6至10分不等。一共10篇对话，总分就是100分。同时我在讲解时也更注重怎样让学生更好地理解，并且反复让学生跟读，模仿录音中的语音语调。这样一来，学生们背诵热情空前高涨，一个个小组长比我检查得都认真负责，学生之间互查避免了学生面对教师时的紧张，同时也培养了一批有责任心的小干部。最大的好处是让我有更多的时间投入到教育教学工作当中去，真是一举数得。

有理声高是普遍的，理直气壮也是必然的。教师在处理学生问题时总会带有强烈的情绪，这是可以理解的。但是，暴风骤雨式的解决方式的确会产生一定的教育作用，但会很有限，弄不好还会产生副作用。让我感到庆幸的是小兴并不是一个蛮不讲理的孩子，如果他因为我的愤怒地批评指责而一走了之的话，那么这件事会很不好处理，也会花费我更多的时间和精力。教师真正的高明之处在于能更理性、更智慧地处理学生的各种各样的问题。

这件事发生后，我意识到，有理不在声高，解决问题也可以心平气和。其实，无论发生什么事，都应该心平气和地，冷静地解决问题，而且只有这样才能解决好问题，从而避免教师和学生之间关系的僵化。

五、以广泛交流为常态

一位教师只有经常地学习、积极地实践、自觉地反思与调整，用研究的眼光看待日常工作，才能从平凡的、司空见惯的事物中看出新的方向、新的特征、新的细节，才能在平凡的教学实践中寻找教育的真谛。

下面就摘自我校平时交流培训活动中教师的反思。

反思日志

2011 年 8 月 26 日

今天是学生们开学返校的日子，我们组内决定今天就教学生元素符号，让学生们回去背。利用中间课余时间，我第一次走进了七班。

第一次踏进教室，刚刚开始略微有一点紧张，因为从来没有在这么多人面前上过课。刚开始说话脸略微有点发热，不过，过了一会儿心里放松了许多。我让班长在黑板上给大家抄写我预先准备好的纸条：元素符号、名称，按照"气""石""金"规律给出，同时带领大家读了元素名称及元素符号字母书写规则。但是我觉得今天带领大家读元素名称的时候语速太快，应该再慢一点，而且在教给学生的时候应该找一点技巧，例如，根据我说名称让学生找出元素符号并且应该以提问的形式来了解学生对该知识的掌握情况。同时，在教"金"字旁元素符号时，可以按照金属活动性强弱的顺序让学生记忆的同时为金属活动性顺序表打下基础。

2011 年 8 月 29 日

我上第一节课之前是很紧张的，因为从来没有在这么多人面前上过课。上课前，为了克服心里的紧张情绪，我始终面带微笑。今天刚到学校才知道王校长和邵主任要听我的课，心里还是紧张，毕竟开学第一天第一次被学校领导听课。

开始正式上课了，由于在大学待得时间长了，没有上课起立的习惯，所以上课我也不会喊上课叫同学们起立什么的。不过班长倒是一看到上课了，就喊了起立，同学们就说老师好。其实我当时挺感动，课下她们见到我就喊老师，让他们喊得说实话心里挺高兴的。课上得还是挺顺利的，一节课下来我的紧张心情没有表现出来，而且讲课时的次序还算比较清晰。下课后我怀着忐忑的心情找到校长和主任反馈，真没想到她们是那样的和蔼可亲，她们的指点让我觉得自己还是存在好多的不足，需要改进的地方还很多啊。我想说上课之前想得再好也是空的，到自己真正上讲台讲课的时候才发现，上课不容易啊，上好一堂课更不容易。以前看到老师站上讲台，书都不看一眼就能流利地讲到下课，觉得没什么。可事情往往没有想得那么简单，能做到这个样子是要很多年的功力。我深深地体会到"台上一分钟，台下十年功"这句话的深刻含义。我还有得学呢。还有就是再小的细节也不能小看。有时候就是这些被我们忽视的小细节使我们的辛苦付诸流水。所以我要向战斗在三尺讲台上的人类灵魂的工程师们致以崇高的敬意！

第一堂课结束后，我去听了我师傅郭老师的课后我自己也意识到不足和缺点：

1. 讲话并没有深入到让学生知道"怎么办？如何做？"

2. 语言缺乏风趣，直击中考太乏味，应该结合生活引起学生的学习兴趣；

3. 声音虽然洪亮但是缺乏抑扬顿挫；

4. 新课引入时太直白了，郭老师通过提出为什么学习化学从而引入了新知识化学与人类的关系，而我是直截了当地引入化学与人类的关系，缺乏技巧；

5. 在讲化学定义的知识点时，应让学生自己动手在书中找出其定义并带领大家一起记忆，而我在这方面做得不好。

2011 年 9 月 8 日

坦率地讲，我并不知道自己应该怎么去上一堂课，我不断地去钻研教材，利用网络寻找更多的教学资料来为学生扩充知识，希望能够将每个知识点都能够以最清晰的方法"教"给学生。但在那个时候，我没有意识到课堂上不是一味地把老师的知识"喂"给学生，而是要教会他们自主去探究学习的能力和方法！在这几天里，我们化学组里所有老师的每节课我都去听，学习其他老师的教学方法，来改变自己教学方式的不足。今天听完郭老师的习题课后，我受到了很大的启发，比如在习题课的形式上，试卷上的题在做之前先把知识点展示给学生们，然后为了巩固记忆结合习题找相应的知识点，这样起到了巩固记忆的效果；在组织学生做卷子时，可以给每一个小组做题速度快的同学批改完后，把任务分配下去让同学判，这样可以调动学生的积极性；板书上重点的内容用红色粉笔标注出来。

2011 年 11 月 7 日

昨晚，我仔细翻阅每一位同学的期中考试卷子，帮他们分析错题的原因和相应的知识点，并且针对每一个学生围绕出错的知识点找出一系列相关习题。另外，今天利用课余时间，我找了每一位学生谈话，指出他们薄弱的知识点和习题，学生们全都对我说："老师您太认真了。"学生们的称赞给了我许多动力，虽然我辛苦一点但是这是值得的，我还可以做得更多更好，连我的师傅郭老师都表扬我很用心呢！其实学生在学习过程中是要不断鼓励的，他们需要老师的鼓励和耐心。比如，今天上课讲的复分解反应，尽管在讲台上讲了两遍了，有一位学生仍然不会，于是我趁着大家在课堂上写习题的空闲时间又单独给他讲了一遍，在讲解的过程中我不断地给予鼓励和肯定，仅仅几个"对、没错、好"字眼对于我无大碍，但是对于学生来说却是一种认可、表扬和肯定，我能感觉到通过我对他的肯定他找到了自信，再也不抵触写化学方程式了。此时此刻，我的内心有一种莫名的喜悦，很有成就感并且感到很欣慰。

天道酬勤，经过几年的艰辛，全体师生共同努力，我校的教育教学改革有了显著成效，学校面貌焕然一新。

自"十一五"以来，学校始终遵循"科研兴校，科研立校，文化立身，名师强校"的办学思路，逐步完善科研管理规章制度，抓牢教研组长这支教科研工作的助手队伍，强化过程研究与监督，构建起学校教育科研的网络体系和评价机制，确立了以教学改革和课程改革为核心的科研导向，围绕课题开展相应的教学活动，用实实在在的行动为教师揭去教科研的神秘面纱，为学校教科研工作注入扎根一线的精神力量，使学校教育科研工作减少束缚、摒弃空洞、放下包袱、扎实推进。通过教育科研活动的开展，促进教师的专业提升；通过教育科研工作的成效，提升学校品位，保障学校的科学发展。

第五章　优先与优化：把德育工作摆在首位

　　学校德育如何改革创新、与时俱进、提高其实效性，是广大教育工作者一直热切关注并积极探索的新课题。让每一个学生成功，首先是学生做人的成功。因此，学校教育教学工作就是要教书育人，要让每一个学生都有良好的道德品质。我们在学校的整体工作中十分重视学生的道德成长。面对青少年思想工作的新问题、新情况，我校审时度势，找准德育工作的切入点，把德育放在首位，以养成教育为基础，以学科德育渗透为重要途径，在全校师生中树立责任与我同行的信念，秉承"人人有才，人人成材"的办学理念和"立德促智"的工作思路，将培养学生基本的道德品质和基本的责任感作为德育工作的主要任务，并贯穿于学校各项工作之中。

完善德育管理，构建整体育人的德育观

一、当前学校德育观念中存在的问题

　　长期以来，一些人陷入了德育工作是"虚"的误区。他们片面认为德育是看不见、摸不着的，因而是软任务，甚至把德育工作曲解为是耍嘴皮子的把式。这在德育实践中一般有以下三种表现形式：

　　一种是没有树立德育效果观，认为德育管理只要有耕耘，就会有收获，只要肯干，就必然会有好的结果。岂不知，有什么样的耕耘，就会有什么样的收获；不同的教育，就会有不同的效果。如果管理不当，即使教育者辛辛苦苦搞了许多活动，也可能产生零效果，或事倍功半的低效果，或是事与愿违的负效果。

　　第二种是不愿树立德育效果观，只管耕耘不问收获，认为只要努力工作了，完成了上级布置的任务，就心安理得了。而至于德育工作产生的效果如何，学校从不过问，只满足于形式的"走过场"，对学生思想发展过程中的热点、难点问

题采取回避、敷衍的态度。还会有意无意地以各种理由，将德育效果不佳的原因推向受教育者、家庭或社会，推卸了一个教育者应负的责任。

第三种是缺乏正确的德育效果观，只图表面上的轰动，不求实际效果。持有这种德育观的学校只讲搞了多少次大型活动，创新了什么活动方式，但不关心学生思想深处的实际问题。这种形式主义的教育，只能产生虚、假的效果。

因此，21世纪的德育，要破除这些虚假德育管理观，把德育管理当做硬件，由虚到实，从根本上提高德育工作的实效性。

二、树立新的德育理念

开展和实施学校德育工作要站在科学发展观的高度，坚持以人为本，促进人的全面发展。要用更加新颖的视角、更加辩证的理性思考来审视当代德育的作用与使命，尤其要与转变教育思想紧密结合，树立与时俱进的教育观、德育观和人才观。

首先，要树立德育为先的教育观。德育为先的教育观，是一种导向，一种激励，也是一种保证。教育发展到今天，我们应该重新审视教育的功能和价值。教育最重要的功能是陶冶人性，铸造健康健全的人格。教育最根本的任务是让学生回答好两个问题：一是人类应当怎样存在，二是人生应当怎样度过，也就是说教会学生学会做人。学会做人是立身之本，学习知识、掌握知识只是服务社会的手段。

其次，要树立以人为本的德育观。加强和改进学校的德育工作，必须树立以人为本的德育观。以人为本是科学发展观的核心内容。以人为本是一种思维方式，要求我们的工作不仅要符合规律，体现时代性，富于创造性，还要符合人性发展的要求，实行人性化管理和人性化服务。

最后，要树立注重个性发展的人才观。个性发展是全面发展的核心，没有个性发展的全面发展很难说是全面发展；全面发展是个性发展的基础，没有全面发展的个性发展，可能是一种畸形发展。我们不能把全面发展当成全科发展，要求学生样样都去学，样样都行，样样都精，我们尊重学生的个性和差异性，不应用统一目标评价学生，而应走进千差万别的人的世界。针对每位学生的优势领域和弱势领域，为每位学生提供多元发展途径。要将教育选择的遥控器交给学生，让学生学习自己最有兴趣的东西，在学习中找到快乐，在学习中找到前进的动力。

三、构建整体育人机制

学校建立主管校长负责、德体卫艺处牵头、各职能处室协作、班主任监督、全员落实的全方位育人机制，并围绕"严管理、重考核、创特色"的总体思路，建立全员育人考核监督机制，使学校各部门及每一位教职员工都有德育任务和意识，从教书、管理、服务、实践、环境、班级、家庭等方面形成完整紧密的德育管理网络，做到了人人有岗位、岗位有责任，既分工明确，又团结协作，使学校德育工作走向了规范化、制度化、科学化的轨道，也为学校其他工作的开展提供了强有力的动力和保证。

1. 立足"细"字，保证实效

立足"细"字，即管理制度细、过程管理细、注重细节教育。为保证学生德育工作的科学化、制度化，学校研究制订了多项管理制度，并根据实际开展情况不断修订。同时结合我校整修一新的校园环境，学校又修订了《学生在校一日生活常规》《卫生管理条例》《学生奖惩条例》《卫生检查考核评分标准》《纪律考核检查评分标准》《塑胶场地使用与保养规定》等。这些规章制度的修订和完善，有效地保障了对学生行为的全方位管理、全方面规范。

与此同时，我校还特别注意制度的贯彻和落实，对每项制度的实施，都要求做到"三保证""三落实"，即保证人员、保证内容、保证时间；落实计划、落实考核、落实奖惩。使班主任管理学生有依据、全体学生言行有规范、工作有计划、优劣有赏罚，从而确保德育工作有章可依、有序可循。

2. 抓好"严"字，分层推进

抓好"严"字，即目标制订严谨、监督考核严格、奖惩执行严肃。我校为确保行为规范养成教育的实效，结合各年级学生特点，分层次、分阶段、有侧重地制订养成教育训练的要求和目标，此外还特别强化了对学生一日生活常规的严格考核。我们制订并实施了中层以上干部、政教人员、工勤人员值勤考评制度，充分发挥领导组的榜样、监督作用。同时由各班班长、卫生委员和纪律委员组成一支行为规范检查组，加大管理力度，规范学生的言行，要求学生必须做到："五不""四严禁"。"五不"指不留长发，不化妆，不穿奇装异服，不佩戴首饰，不带手机进校；"四严禁"指严禁吸烟酗酒，严禁打架斗殴，严禁考试作弊，严禁无故旷课。

另外，我们还在全校学生中开展了爱校教育活动，树立了学校是我家、环境靠大家、爱校如家意识，设立了文明礼仪岗和文明监督岗。文明礼仪岗佩戴标志，在校园中执勤，检查学生佩戴统一胸卡、仪容着装、迟到早退及行为规范等落实情况；文明监督岗在校园办公楼、教学楼各层执勤，检查学生日常行为、环境保洁，通过自治，要求学生力争做到要求明确、责任明确、制度明确。通过严格的管理和有序的引导，使我校学生的自主意识大大增强，他们把规范自己的行为作为一种责任，养成了良好的行为习惯，变他律为自律，在全校范围内，掀起了争创文明班级、争当文明学生的热潮，我校纪律卫生工作实现了整体积极向前推进的良好势头。

3. 突出"实"字，量化考核

突出"实"字，即要求从实际出发、注重落实、讲求实效。我校在贯彻落实德育工作条例时，始终做到公平、公开、公正，严格按照制度和条例对班级和个人进行考评，每周将学生考核结果反馈到班主任手中，协助班主任及时了解学生情况，有针对性地处理问题。班级考核结果直接与班主任津贴、优秀班主任、先进班集体评选挂钩，每月公布班级量化考核结果，促进学校工作顺利进行。我们现在基本做到了"三有""三杜绝"，即学生形象有标准、待人接物有礼貌、行为举止有规矩；校园内杜绝痰迹、杜绝纸屑杂物、杜绝胡写乱画。确保校园环境整洁，教学工作有序，教学效率提高，这赢得了社会的好评、家长的赞扬、学生的认可，全校整体文明的面貌逐年提升。

4. 坚持"恒"字，常抓不懈

坚持"恒"字，即要求德育工作常抓不懈、持之以恒。良好的行为习惯的培养，要做到常抓不懈，持之以恒。我校始终坚持以主题月活动为主线，将德育工作贯穿于整学年的学校管理工作中，确保月月有主题、周周有安排，这大大提高了德育工作的针对性、实效性。

5. 强化全员育人

德育工作要想取得实效，每一位教职工尤其是班主任的影响力非常重要。因此，学校非常重视教职工的师德建设，尤其是德育干部和班主任的思想品德修养、知识修养、能力修养、心理素质的培养。学校成立了德育委员会，围绕"严管理、重考核、创特色"的总体思路，实施了成功的德育拉动成功的智育策略——"以德促智、以体促智"，在"教师为主、全员参与；教学为主，全面渗透；学校为主，全方配合"的原则指导下实行全员育人，使学校各部门及每一位教职员工都有德育任务和意识，从教书、管理、服务、实践、环境、班级、家庭等方面形成完整紧密的德育管理网络，做到了人人有岗位、岗位有责任，既分工明确，又团结协作。

学校在"以德促智"工作思路的指导下，实施"全员育人"。为了增强教师的责任意识，提高教师的敬业精神，在全体教师中开展了"不让一名学生掉队""从最后一名学生抓起""为每一个学生负责""为每一位家长负责""帮助每一名学生进步"的"五个一"活动，营造"事事育人，人人育人"的良好氛围。学校还要求教师定期进行家访，让学校德育进入到家庭中，使学校的教育要求被学生家长所了解。有家长的督促，学校的检查，也就促进了学生自治、自理能力的提高。同时充分发挥家长的特长，让学生学会交往，学会合作，开阔视野，锻炼能力。

教师在这些活动中，主动与学生交流、与家长沟通，让家长认识到学校德育工作的重要性，请家长参与并协助学校的德育活动。实践证明，在学校和家长的共同配合下，学生的责任感得到了增强，也有利于提高德育工作的实效性。

学校在德育工作中一直坚持"把每一件事情做好就是不简单，把每一件平凡的事情做好就是不平凡"。在责任教育中，力求工作务实，做到精细化管理。哪怕是文具的摆放和楼门门钩怎样挂、谁来挂，都责任到班、责任到人。责任，会让学生明白世间的道理，会让学生明白和读懂世界的一切东西，也会使学生知道应该怎样做人，做一个怎样的人。这是每一个人都不可缺少的美丽的东西，只要学生拥有了责任心，他们就会发现，在拥有责任心的同时，他们更加拥有和收获了快乐。

加强德育队伍建设，不断提高德育工作水平

德育队伍对于学校开展德育工作是十分重要的，从广义的概念讲，德育队伍包括德育骨干队伍、德育基础队伍和德育队伍中的社会力量。德育骨干队伍包括学校中层以上的党政领导、思想政治课教师、主任、教导员、团队专职干部等；德育基础队伍包括其他任课教师和教辅人员；德育队伍社会力量是指学校以外的具有公德意识的社会公民，如科学家、教育家、优秀工程技术人员、企业管理人员以及英雄模范人物等。这里指的德育队伍是指狭义的德育队伍，包含德育干部、班主任、心理健康教师和思想政治课程教师四大类别。其中，德育干部包括中学党政领导、主管德育的校长、政教（教育）主任、团队干部等。

德育骨干队伍是学校德育总的设计者和实施者，是全面推进以德育为首位的素质教育的核心力量。德育骨干队伍以德育为自己的工作重点，不断地在这一领域进行学习、实践、研究，为德育的实施和发展发挥着基础作用。各学科的任课教师人数多、分布广、专业理论知识丰富，随时可结合本学科教学渗透德育。工作在实验室、电教室、图书馆、医疗卫生、总务后勤等岗位的教辅人员，是学校实施德育的一支重要力量。只有充分发挥全体教职员工的育人作用，全方位落实"教书育人""管理育人""服务育人"，德育的总体目标才能较好地实现。

一、德育队伍建设的重要性

1. 德育工作中存在的问题

我们多年的教育究竟有没有深入到孩子的心灵？我们的德育怎么了？许多从

事德育工作的教育工作者经过长期探索，认为德育工作主要存在以下几方面问题：第一，德育的目标内容脱离学生的实际。虽然近年来，各级部门和各类学校已经意识到这个问题，在德育的内容上作了适当的改进，但总的来看，还存在着空、大的倾向，特别是德育工作缺乏具体的落实措施。第二，德育工作处于被动状态。往往是上面布置什么任务、什么活动，下面就搞什么，很少真正从学校、学生的思想实际出发，去主动研究和解决。有人可能会说，现在能够应付上面的活动已经不错了，根本没有时间和精力去思考问题。第三，德育的方式、方法简单化。把上上课、开开会、搞搞活动当做是德育工作的全部。德育课很重要，但我们并没有真正重视，德育课的教学常常是照本宣科。开会是德育的重要途径，但开会也常常流于形式。活动应该是德育生动活泼的形式，但是，如果为搞活动而活动，没有对活动进行精心设计，也没有从内涵上去挖掘，这样的活动也就失去了意义。第四，开展德育工作缺乏持久性。学校德育工作常常是不断地变换内容，短时间内就出来报告和小结，缺乏一抓到底的决心和有力的措施。另外还有德育评价扭曲等。

所以，新形势下的这些问题，给我们德育工作者提出了新的课题。如何建设一支高素质的德育队伍，是解决目前德育工作问题的一条有效的途径，需要我们去认真研究和探讨，抓住教师队伍的建设，就是抓住了学校建设的根本，就是掌控了教育可持续发展的"驱动器"[①]。

2. 德育队伍建设的意义

首先，德育队伍建设是当前我国素质教育深入发展的需要。世纪之交，中央确定了深化教育改革、全面推进素质教育的战略任务，给中学德育队伍建设提出了更高的要求：如何教育青少年正确认识我国国情，继承和发扬中华民族优秀文化传统和中国共产党领导下的革命传统，树立民族自尊、自信、自强、自立的精神；如何引导学生逐步树立正确的世界观、人生观和价值观，培养良好的道德品质；如何培养学生具有自力更生，艰苦奋斗的精神和坚强的意志品质；如何指导学生在观念、知识、能力、心理素质方面尽快适应新的要求。这些都是学校德育工作者需要研究和解决的新课题。加快改革开放和现代化建设步伐，以及素质教育发展的新形势、新任务，迫切地要求德育工作者更好地发挥对青少年学生健康成长和对学校德育工作的导向、动力和保障作用。

其次，中学德育队伍建设是学生全面发展的需要。现代社会要求素质教育把学生培养成为有理想、有道德、有文化、有纪律的建设者和接班人。德育队伍要重视培养学生开拓进取、自强自立、艰苦创业的精神；大力加强法制教育特别是

① 鲁洁、王逢贤：《德育新论》，南京：江苏教育出版社，2002年版，第45页。

宪法的教育；要有计划地进行社会公德和道德教育，通过多种方式对不同年龄层次的学生进行心理健康教育和指导，帮助学生提高心理素质，健全人格，增强承受挫折、适应环境的能力。德育工作者要关心指导学生的学习、生活，要深入到学生中去，通过谈心、咨询等活动，指导他们处理好在学习、成材、择业、交友、健康、生活等方面遇到的矛盾和问题；德育工作者要加强德育管理，认真贯彻实施《中学生日常行为规范》，严格校规校纪，加强良好校风、学风建设。培养学生自我教育、自我管理、自我服务、自我约束的能力。德育工作者要积极营造良好的德育教育氛围，注重学生素质的全面发展，让学生获得自身的最佳发展，进而等他们长大后能在不同的岗位上为社会的进步做贡献。

再次，加强德育队伍建设是解决当前德育工作存在问题的重要条件。学校的德育工作常常遇到德育现状与社会需要不相适应的矛盾，这种矛盾使德育工作者普遍感到学校德育的实际收效与投入相比十分不协调，结果往往是事倍功半。可以说现实中的德育工作远远达不到人们和社会对青少年的期望，有时甚至出现德育工作"等于零"的结果。面对德育工作中的问题，德育工作者常常感到"束手无策"，甚至"一筹莫展"。德育始终是一个全社会的大课题，要扭转新时期德育工作之薄弱局面，收到良好的德育实效，不但需要教育工作者的积极努力，同时还需要家长和社会的关心、支持和帮助。社会各方面力量应该共同来营造适于青少年成长的德育环境，使社会道德在他们身上迅速内化，转化为他们自身的道德素质，从而促进中华民族之未来国民素质的整体提高。[1]

二、加强德育队伍建设的策略

1. 把好德育工作人员的选择关

从事德育工作人员的整体素质如何，决定着德育的功效和成败，所以必须把好德育工作人员的选择关。学校在选择德育工作者时应注意以下四点。

首先，德育工作者应具备高尚的职业道德。德育工作者是塑造人类灵魂的工程师，所以不仅要具有高尚的道德品质，还应具备良好的职业道德修养。职业道德修养是道德原则和道德规范转化为个人道德品质的主要途径和手段。在转化过程中，人们的内在信念起着极其重要的作用。如果人们原来的内在信念反对某种道德观念，那么这种道德观念就很难转变为个人的道德品质。要激发人们内在的道德信念，就必须调动人们的主观能动性。德育教师的工作是无止境的、艰苦的、繁重的劳动，这种劳动的价值是无法用具体尺度来衡量的，因此，德育教师要具有奉献精神。

---

[1] 蔡方华：《中学德育队伍建设初探》，载《山东师范大学》，2006年，第21页。

其次，德育工作者应具备优雅的风度。教师的职业特点决定了教师不仅要教书，更重要的是育人，尤其是德育教师，他们作为社会文明的传播者、人类灵魂的工程师，肩负着培养下一代的神圣使命，对社会的发展起着很大的推动作用。因此，德育教师的形象和风度如何，直接影响到未来人才的素质和整个现代化建设的进程。一名优秀的德育教师时时处处都要注意衣着整洁得体、举止文雅端庄、坐态典雅周正、站姿自然稳重、待人热情诚恳、性格开朗活泼、思想境界崇高。只有有风度的德育教师才能培养和造就有修养有才学有风度的学生。因此，德育工作者应给自己树立一个严格的进取准则：在整个教育教学过程中，一定要表现得有风姿、有才略、有气度、有涵养，要善于驾驭和调整教育教学局势和氛围，使一定的教育教学活动始终都在紧张、有序、活泼和愉快的气氛中进行，从而达到德育工作的最终目的。

再次，德育工作者要拥有广博专精的知识储备，必须学而不厌、勇于创新。一般地讲，德育工作者除掌握一般的自然科学、社会科学知识外，还必须通晓教育学、心理学、政治学、人才学、社会学、组织行为学、领导科学等知识，懂得教育规律和人才成长规律。德育工作者还要必须努力学习，做到学而不厌。[①] 经过系统的专业训练的德育教师，虽然有了一定的知识水平和教育能力，但要把这些知识和能力转化为学生的广博知识和综合能力，也并非轻而易举的事。德育教师必须精益求精，寻求最佳的教育教学方案，为此就必须继续学习。

最后，德育工作者必须具备服务意识，增强社会责任感和历史使命感。角色是社会地位的外在表现，德育教师的角色就是塑造"四有"新人的人类灵魂工程师。德育工作者要怀有"捧着一颗心来，不带半根草去"、全身心地为学生服务的情怀。德育工作者的一切教育活动，都应该服务于学生内部矛盾的发展与转化。可以说服务意识是德育教师工作的核心所在，是完成教育任务的基础。全方位的服务就是要关心学生的知识获得和思想品德的形成；对每一个学生要有正确的认识和评价，尊重学生的自尊心和人格，尤其要重视后进生的转化。在进行教育活动的过程中，德育工作者要坚持动之以情、晓之以理、导之以行、持之以恒。[②]

2. 加强德育队伍建设的策略

（1）德育教师队伍建设的内容

一是加强普通德育队伍建设。首先，加强德育工作的政治理论培训和国家大政方针的强化，使德育教师在开展工作时能够有着较强的政治责任感，根据国家

---

① 龚春燕、董国华、蔡政权：《魏书生教育教学艺术》，桂林：漓江出版社，2005年版，第124页。
② 杨贤金、石凤妍：《师德新论——以德治教与师德建设》，南京：江苏教育出版社，2004年版，第83~100页。

新时期新形势，随时进行有针对性、符合时代特点的教育。其次，加强师德培训，以邓小平理论为指导，以《教育法》《义务教育法》《教师法》《未成年人保护法》《中小学教师职业道德规范》为依据，本着理论联系实际的原则，广泛开展教师的思想政治教育和职业道德教育，强化教师自我修养，树立正确的世界观、人生观、价值观、职业观，坚持依法施教、依法办学。再次，要加强教师现代教育理论及专业知识更新的培训，根据中学学科教学的特点和要求，加强教育学、心理学等基础理论、现代教育理论和学科发展前沿理论的学习，使教师具有较高的教育理论修养，不断丰富与更新学科知识，能够在德育工作中遵循学生身心发展的规律和教育规律，有时效性地开展工作。最后，强调德育工作者的情感培养，让所有的德育工作者富有爱的情感，对孩子有爱心，这是德育工作中非常需要的，也只有这样才可能培养富有爱心的孩子。

二是强化德育干部的培训。我们知道德育工作要想取得实效，每一位教职工尤其是班主任的影响力非常重要，因此学校在重视教职工的师德建设的同时，尤其要重视德育干部和班主任的思想品德修养、知识修养、能力修养、心理素质的培养。在德育干部和班主任中开展"以人格塑造人格、以爱心培养爱心"为主题的"五个一"活动，以此增强德育干部的责任感、使命感和紧迫感，提高了班主任的责任意识、工作方法、工作水平，努力探索出了新型、实用的班级管理模式。我们还大力倡导尊重教育与关爱教育，要求全体干部教师在教育教学工作中，尊重教育规律，尊重学生的人格、个性，关爱学生的成长过程。同时加强班主任培训，坚持班主任例会制度，通过班主任自学和集中培训相结合、示范班经验介绍和班主任论坛相结合的形式，有效地提高了班主任工作的质量；通过对班主任常规管理工作的检查督促与指导考评，德育的实效性大大增强。班主任真正成为了学校德育工作的主体，他们在传授科学文化知识的同时，潜移默化地播种正直诚信、热情洋溢、乐于奉献的时代精神，一支善学习、勤钻研、肯耕耘、能奉献的科研型班主任队伍已经形成，为我校德育工作和学校各项工作的顺利开展，做出了突出的贡献。[①]

（2）德育队伍建设的方式及要求

在德育工作队伍培训工作中，我们坚持以校本培训为基础，以实践应用性培训为重点，全面提高德育工作者的德育工作能力和水平。在培训上，逐渐形成制度化、标准化、全员化、效能型的培训模式，全面提高德育工作水平。在培训机制上，实行以校本培训为基础的责任制。在培训方式上，实行以实践应用性培训为重

---

① 蔡方华：《中学德育队伍建设初探》，载《山东师范大学》，2006年，第30~33页。

点的专项研修制。主要研修专题有：集中自主学习、集中讲座式的基础性培训；问题解答式的随机性培训；自学反思、实践交流；以科研引导为主的应用性培训及侧重于教学设计和教学案例应用的实践性培训；文本解读式的制度性培训，即侧重于对管理制度条文解读、细化，形成自觉行为的养成性培训。在具体操作上，学校坚持个体与群体相结合的原则，既要注重广大德育工作者的整体工作水准，又要注意每个德育工作者的德育工作能力的提高。学校还通过选拔德育骨干力量参加上级教育部门组织的德育队伍培训和学习，以及采取"走出去"和"请进来"的方式，虚心学习兄弟学校德育管理的先进经验等来提高德育教师队伍建设的实效性。[1]

（3）完善德育工作管理机制，建立健全德育管理体系

学校形成了以德育工作领导小组、德体卫艺处、年级组长、班主任为核心的德育管理网络。德体卫艺处、年级组、班主任各个管理层，职责任务明确，各司其职、各尽其责。各年级组充分发挥年级组长的作用，在班主任和德体卫艺处之间进行有力的协调，并能够对学生进行有效的管理和检查。

完善班主任考核、评价体系。实行班主任工作综合考评，这是我校对班主任工作管理进行评估而探索的一种方法。综合考评由"三项指标、四评、四结合、五个一"等实施环节组成。综合考评给班主任工作提供了一个努力的方向，对班主任的工作起到了指导性、方向性的作用。班主任工作分别由德体卫艺处、团委、教学处、总务处、年级组等部门进行考核，同时学生、家长也参与考核工作，考核既能把班主任在各方面的工作所体现出的特点区分，也把班主任各种能力、责任心、工作态度区分开来，挖掘了班主任的潜能。同时把班主任工作的绩效与班主任评优、晋职相联系，极大地调动了班主任工作的积极性、主动性和竞争意识，使得学校的教育教学工作开始迈上了一个新的台阶。

学校德育队伍建设不断探索新的途径，并紧跟新时期的教育步伐，撰写了大量的理论和实践相结合的德育论文，有数十篇文章在天津市德育工作协会学术论文评选中获不同等级奖项，有数篇德育论文和教育个案被市区级教育刊物发表。学校每年都要开展班主任主题论坛活动，2010年我校开展了以《班主任责任意识的提高与学生责任感培养》为题的班主任工作论坛，24位班主任阐述了对责任的认识、见解。结合塘沽开展的师德建设年，在班主任中开展以《心与心的对话》为题的走进学生心灵爱生月活动，班主任通过与学生密切接触后，写出教育反思和教育案例。我们将班主任的优秀论文和教育案例编辑成册，提供给全体班主任相互交流学习，从而推动和改变班主任的教育理念和教育方式。

---

[1] 肖光畔：《中国教育调查问题教育》，北京：大众文艺出版社，2005年版，第50~70页。

目前我校已经形成了德育科研的良好风气，广大教师积极参加班主任知识培训，所有一线教师都参加了班主任 C 类培训并取得了合格证书。"十一五"期间学校承担两项市区级德育课题《学校、家庭、社会三结合的德育工作模式实用性的研究》《在班集体活动中如何培养学生的责任感的研究》均已结题，研究成果显著，被评为"十一五"天津市中小学责任教育理论与实践研究先进单位、被批准为"十二五"责任教育理论研究与实践课题实验校。"十二五"期间，学校承担两项市区级德育课题《学校责任文化建设的实践研究》和《在历史学科教学中渗透责任教育的理论与实践研究》的研究工作，课题研究进一步推动了我校德育工作向纵深发展。

拓展德育渠道，发挥各方面教育优势

学生的道德发展只有通过现实的社会生活才能实现。社会生活是学生认识道德及道德教育对己、对人、对社会的价值和意义的源泉和有效渠道，只有通过对社会生活中各种道德问题、道德现象、矛盾冲突和挑战的认识、体验，道德知识才能真正被学生内化，学生的道德观念才能得以确立，道德自我才能有效形成，继而道德水平才能不断提高。因此，真正的富有成效的道德教育必须有它的现实生活根基，学校的德育工作者必须让道德教育走出学校环境，拓宽德育的渠道，让德育回到现实生活中来，发挥各方面教育优势，既贴近生活，又回归生活。也就是说，道德教育的内容和素材要来源于生活，道德教育要在生活中进行，德育只有根植于学生的现实生活并着眼于学生的道德发展才有深厚的生命力。另外，社会力量也是学校德育的有效补充，只有充分发挥其作用，才可以使学校德育充分融入到学校、家庭、社会的大德育体系中，实现大德育的整体化、系统化、社会化，增加学生社会实践的机会并提高德育质量。

一、拓展德育渠道的原则

拓展德育渠道，发挥各方面教育优势是实施德育的有效途径，合理利用各方资源，拓宽教育渠道，开发潜在德育课程，可以有效提高道德教育的实效性。在拓宽德育渠道的过程中，要坚持如下原则：

1. 主体性原则

杜威说过："兴趣就是自我与某一对象的主动认同。"[①] 能否吸引学生是道德教

---

① 陈瑶：《隐性课程的文化学思考》，载《学术探索》，2000 年第 2 期。

育成败的关键。道德教育应当考虑兴趣，也应当考虑教育本身所应有的价值引导的特点。应当从肯定学生积极的社会需要和道德动机出发，并从鼓励这一动机水平的巩固和提升的高度去考虑道德学习的需要与兴趣。通过一些合乎学生道德发展实际的活动使那些学生不感兴趣的教育内容也能够慢慢成为学生学习感兴趣的内容。从反面的角度看，主体性原则要求的是杜绝那种缺乏学生主动参与的形式主义的活动。在学校的日常德育活动中，许多活动都是"有组织"的，而有组织意味着是教师安排、策划和指挥的。因此即使表面上十分热闹的活动也是"招之即来，来之即做，做之即散"的，形式主义和强制的成分很多，因而是与潜在课程的精神实质背道而驰的。采用潜在德育的教育方式应该是在学生的活动中，教育目标不要过于显性化，让学生在实践中探索和体会，并做好引导工作，让学生在复杂的环境中经受锻炼，接受考验，使他们增强抵抗力，形成内在稳定的思想道德素质。

2. 实效性原则

德育研究表明，传统的德育课程，特别是知识性德育课程表现出"不合理性与无效性或低效性"。有学者对学生品德教育现状的一项调查表明："学生对思政、思品课需要率不高。对开设这些课认为是完全没有必要的，看来对开设这些课程的重要性缺乏认识。"[①] 中学开设的知识性德育课程存在严重脱离学生实际的现象，因而收效不尽如人意。为此，开发潜在课程，提高道德教育的实效性，首先要充分认识潜在德育课程对学生的隐性教育功能，它与显性德育课程有着内在的互动关系，二者密切配合提高德育的实效性；其次，要改进教学方法和教育形式，注意理论联系实际，防止空洞说教，克服形式主义倾向，提高学生的满意度；再次，要改革教学内容，道德教育要随着形势的变化而变化，同时要注意内容的相对稳定性、内在逻辑性和内容的科学性。

3. 整体性原则

整体性原则是指，首先，道德教育总是作为一个有机的整体而存在并发挥着功能的，离开了德育的有机整体，德育的特征及功能便无从理解；其次，德育的作用是通过正规性与非正规性、显性与隐性的形式发挥出来的，显性德育课程背后隐藏着潜在德育因素；再次，德育的现象处在不断运动变化之中，学生的思想道德品质是在环境不断变化、相互作用下形成的，相对地表现为动态特征；最后，德育的整体作用是通过课堂教学、教师人格、校园文化、物质环境协同产生效应。"学校无小事，处处是教育"，形成潜在德育效应，发挥着综合的教育，单靠显性

---

① 李文红：《潜在课程与课堂教学》，载《广西教育学院学报》，2001年第3期。

德育课的教育是远远不够的。[①]

4. 潜隐性原则

潜隐性原则，是指潜在德育课程不是表现在教师个体对学生个体的正式作用，而是表现在整个环境对其中个体的隐蔽的作用。用物理学的语言来说，即是"场"对个体的作用。这种"场"在潜在课程中表现为有利于促进并引导学生主动提高自身素质的环境和氛围。生活在其中的学生接受来自周围环境的信息，利用有意识和无意识的交互作用，调动人脑无意识领域的潜能，在潜移默化中受到深刻的教育。将学生的心灵吸引到营造的氛围和环境之中，收到"润物无声"的效果。

5. 因地制宜原则

潜在德育课程的内容是相当广泛的，学校的建筑物、设备、景观及空间布置、校风、班风、教师的师表形象、治学态度、人生观、社会制度中的价值观念、意识形态、校园文化、校内民主氛围等，都会对学生产生影响。不同的学校，可根据自身的条件，开发潜在德育课程。

总之，道德教育是一项长期而艰巨的工作，它除了让教师展现自己的专业知识外，更重要的是还要向学生展现自己的人格、情操、工作态度、爱心、个性、情趣等。它除了使学生获得科学知识外，还体验到一种高雅、热烈、神圣、庄严的精神生活，体验到知识的力量，体验到其中的博大，体验到学习活动自身无与伦比的美感。当学生全身心沉浸在这种审美体验之中时，他感到的将是幸福、自豪和震动。在这种长期的心理体验和学术氛围中，学生便会逐渐构建起高层次的全方位的"科学、文化、人生、心理"四位一体的个性模式，成长为时代所需要的优秀人才。[②]

二、改进德育工作方式方法

要想争取德育的良好效果，就需要多读书，熟悉尽可能多的德育方法。但这还不够，面对千人千面的学生和复杂的现实环境，一劳永逸地生搬硬套某种方法，显然是不恰当的。马卡连柯说："没有任何十全十美的方法，也没有一定有害的方法。使用这种或那种方法的范围，可以扩大到十分普遍的程度，也可以缩小到完全否定的状态，这要看环境、时间、个人和集体的特点，要看执行者的才能和修养，要看最近期间要达到的目的，要看全部的情势如何而定。"[③] 因此，科学而艺术地

---

① 陈朴丰：《中学潜在德育课程的开发》，载《浙江师范大学》，2006 年，第 33~34 页。
② 同上。
③ 徐海静：《德育方法合理选用的思考》，载《天津教育》，2005 年第 9 期。

选择德育方法应引起每一位德育工作者的重视，也是作为一个合格德育工作者必须具备的素质。德育工作者改进德育工作的方式方法，应从以下几个方面入手：

1. 影响德育方法选择的因素

正确的思维方式加上对事物内部矛盾的准确把握，可以引导正确的选择。从主观上看，德育方法的选择一方面取决于德育工作者本身的修养、阅历和经验的积累，比如，一个人的修养越高、人格越完美、知识越广博、阅历越丰富，他就可能越贴切地择取最好的方案，相反则不然。另一方面，德育工作者的思维方式也在不同程度地左右着自身择取的过程。

从客观上看，影响德育方法选择的因素主要有五种：一是德育目的的原则性和严肃性，这在一定程度上支配着德育工作者的德育活动，制约着德育工作者运用德育方法的灵活度和德育手段的自由度，限制了德育工作者的教育才能的充分发挥。二是教育对象心理和知识基础的层次差异影响着德育工作者对德育方法的选择定位，因为不同教育程度的学生有着不同的道德需要。三是传统的习惯势力、社会文化基础和思想观念、现代生活方式和价值取向对德育工作者思想意识的形成产生着重要的作用，德育工作者的行为方式不可能独立于社会定势之外而不受其影响。四是事物发展变化的广度和深度及其内在联系的暴露程度支配着德育工作者洞察力的敏锐性程度。五是社会的变革、体制的转型和重大历史事件的出现不可避免地要引发人们行为方式和观念的剧变，而这种剧变打破了德育工作者原有的思维和心理定势，促使其不得不在教育方式上对一直沿用的方法重新评估并做出相应的调整。[1]

2. 要给德育准确定位

如果德育定位不准或偏移，就会影响到德育的实施等一系列的问题。德育定位主要包括认识上的定位和实际工作中的定位两个方面。就二者的关系来讲，认识上对德育的定位准确与否，会直接影响到在实际工作中对德育的定位。要克服学校教育中德育不到位、游离不定和偏移现象，必须充分认识世界经济和价值多元化的挑战，综合考虑国家民族利益、中国人的素质状况和中学为学生发展奠定基础等因素，把中学的思想品德和人格德行的培养放在突出位置，把育才和育人有机结合起来。这就要从根本上变革思维方式，克服分割性思维的惯性影响，用复杂性思维重新做系统思考。

德育必须依托智育、体育、美育等其他教育，以诸育为载体，在诸育中渗透德育。学校里的课程或班级系统仅仅是学校德育序列之一，其影响力是有限的

---

[1] 王桂林：《试论潜在课程的概念、功能和建设》，载《辽宁教育行政学院学报》，2005 年

不能代替学校里的其他德育序列。学校里的每个人都应该重视德育，不仅主管德育的校长要抓，所有校长和教师都要抓；不仅德育处或政教处要抓，学校里的所有部门都要抓；不仅德育课上讲德育，所有课程中都要渗透德育；不仅要通过德育活动搞德育，而且在学校的日常管理和师生交往等一切过程中，都要渗透德育意识，把育人和育才结合起来。

把德育工作的位置摆正，学校其他一切工作才可能形成和谐的关系，进而充分发挥各方面的功能和作用。德育不仅是学校教育工作的灵魂，也应融于整个社会生活之中，不存在从生活整体中抽离出来的德育。德育在本质上是人格、生命的完整生活质量的教育，它必须与生活交织、渗透在一起。人的生活是完整的，生活中的种种现象和关系中都存在着道德问题，生活中处处有德育。学校德育要挖掘和利用社会生活中的各种德育资源，要与家庭、社区和社会各界紧密联系起来，通力合作，综合作功，共同育人。[①]

三、营造良好氛围，拓展教育渠道

"以德促智，以体促智"，在"教师为主，全员参与；教学为主，全面渗透；学校为主，全方配合"的原则指导下实行全员育人，我校的德育工作也在不断拓宽领域和渠道，德育工作常抓常新，从而达到了全方面育人、全过程育人、全员育人的目的。我校从七方面发挥了德育工作的优势。

1. 重视课堂教学的主渠道作用

课堂是对学生进行教育的主渠道，要求教师在学科教学中挖掘德育内容，并体现在教案之中，搞好学科德育的有机结合、有机渗透。尤其思想政治课教师更要充分利用学科优势对学生进行教育。

2. 重视环境教育

校园内各种建筑设施皆体现教育性，我们精心布置了校园环境，将德育渗透到各个角落。校园文化课题组与德育处共同编写了《责任教育 100 问读本》，还建设了责任教育长廊。学校针对各年龄学段学生的不同特点，分别制订并悬挂了不同的班风牌匾，选定班歌，制订班规，立德警句彰显在每一面墙壁上，温馨提示牌竖立在每一片花坛绿地上，校园的每一面墙壁都会说话，各个角落都体现浓厚的育人氛围，可谓"随风潜入夜，润物细无声"。

3. 重视利用重要纪念日开展主题教育月活动

首先，注重传统教育、爱国主义教育、集体主义教育等。学校成立了国旗班，

① 许军：《中小学校本课程中隐性课程的开发》，载《内蒙古师范大学》，2003 年第 6 期。

坚持每周一举行规范的升国旗仪式。结合重大节日组织了清明节扫墓、六五世界环境日宣传、八一慰问、庆祝教师节、安全教育月等主题教育活动。例如，2008年学校借助我国举办奥运会的契机，与塘沽公安缉毒大队联合开展"迎奥运、人人有责、禁毒我参与"禁毒宣传活动，学生积极参与，纷纷表示为创建和谐校园、平安塘沽，喜迎奥运做出自己的贡献。

其次，将主题教育活动系列化、制度化、经常化。开展实践活动，寓责任教育于主题教育、体验活动之中。开展"诚实守信"责任教育系列活动，继续开展责任教育评价（社区居委会评、邻居评、家长评、自己评）活动，让学生在活动中磨砺品质、学会自理、关心他人、关爱自己、相互协作；在评价中增强组织纪律性、树立集体荣誉感；在活动中受到教育，体验成功的快乐。从而强化了德育工作的层次性、针对性、实效性，促进学生的全面发展。

4. 重视科学、艺术教育

学校成立了音乐、美术、书法、健美操、车航空模等社团小组，举办了"青春与责任同行"校园艺术节暨新年庆典活动，将德育与音美结合，以此提高学生的审美水平，提高学生的综合素质。我校的科普活动已成为德育特色，并在第22届科技活动周开幕式上进行了经验介绍，还进行了车、航模现场表演及科普活动成果展示，受到了与会的各级领导的高度赞扬。

5. 重视学生自律教育

我校实行学生干部值周制度，在学生纪律卫生、公物保护、仪容仪表等常规管理方面，通过学生检查、监督、考核、评比而达到管理要求。我校通过实行学生干部值周制度，实现了学生自我管理、自我教育、自我提高；培养了学生的创新精神和实践能力，提升了学生的思想道德水准，也使学校整体工作进一步焕发了生机与活力。

6. 注重学生的心理健康教育

学校非常重视师生的心理健康教育。坚持派心理辅导教师外出学习和培训以提升教师的综合素养，这为进行心理健康教育工作打下了坚实的基础。学校的咨询室采取集体讲座、小团体辅导、个别咨询、个案辅导等方式教育学生懂得感恩、学会交际、提高心理调控能力，这提高了学生自我认识和自我分析的能力，促进了学生的身心健康发展。

学校还利用心理咨询室，坚持集体与个别辅导相结合的工作模式，加强教育研究，促进了学生身心健康发展。每个学年心理咨询室都要结合学校实际，开展全校大型心理健康教育讲座不少于4次，小型团体辅导不少于8次，个别咨询辅导不少于 50 人次。通过心理健康教育工作，进一步解除学生心理障碍，促进学生身心健康发展。

由于心理健康教育贴近学生的需要，能够及时解决学生的现实问题，受到了老师和同学们的一致认可。学校还接受塘沽新河街办事处邀请到其所辖社区为中小学学生家长进行题为"家庭教育的五大理念"的心理健康教育讲座，受到了家长们的欢迎。

7. 重视"三结合"教育，使学校、社会、家庭教育三位一体

构建学校、家庭、社会一体化的大德育格局，推进与家庭、社区的联系，建立以学校教育为中心，家庭教育为基点，社会教育为依托的德育管理、教育网络，发挥学校的主导作用，努力得到家庭、社会、社区的支持，共同做好学生的教育工作。

为此，学校成立了家长学校，分校级、年级、班级三个层次开展活动。定期召开家长会，请"知心姐姐"报告团来校做"关注孩子的生存智慧"的专题讲座报告，讲授教育子女的新理念及成功的经验和做法；学校建有家长委员会，研究探讨学校发展大计；综合治理领导小组与街道、派出所联合治理学校周边环境，净化学生活动场所风气；学校还建立了交警、公交、社区劳动实践基地 8 个，开展各种实践活动，让学生走出校园体验生活、经受锻炼、增长知识，潜移默化地渗透德育，增强责任意识。学校原来的周边环境不太好，我们和社区街道办事处、交通队、城管大队、工商所、派出所密切合作，商定综合治理的方案，又和学校德育处一起制订了"拉网式执勤"的策略，德育管理从校内一直延伸到学校周边。这种大德育的方式有效制止了学生和社会不良青年的接触，学生家长都非常满意。

学校重视与家长的沟通，德育处安排专门的教师负责接待家长，并与家长共同研究、分析个别学生的教育方法，也探究切实可行的教育途径并丰富教育内容。德育处认真组织班主任做好家访（走访）工作，同时通过"家校通"平台高速高效地与家长交流沟通，这推进了家庭教育工作，也促进了家长对学生的教育理念的更新，因人施教的水平也有所提高。

8. 重视安全、法制教育

学校定期进行安全教育并组织全校师生进行紧急疏散演习，增强师生的安全意识和防范意识。学校每月进行一次法制教育讲座，组织学生收看《青少年警示录》教育光盘，有针对性地对学生进行法制教育，让学生不仅知法、懂法、守法，更重要的是让学生运用法律武器保护自身和约束自我的行为。近年来，全体师生没有出现一起安全事故，学生违法犯罪率为零。

四、建立科学的德育评价体系

长期以来，德育工作的泛政治化以及形式化、表浅性所造成的德育的封闭性与约束性，难以从内心感化学生，致使德育未能成为有助于学生生命发展、心灵成长的工作。传统的德育工作的实施已出现很多困难。现行德育评价考核机制中，未能发挥学生主体性作用，而且评价内容上有些项目过于笼统和抽象，难以适应日益突出的学生德育评价个性的要求；评价时间间隔太长，对学生的形成性评价远远不够，运用现行评价机制评价学生在品德养成教育过程中经常会出现的波动性和反复性的行为，往往很难准确反映学生思想品德变化的轨迹。这些都大大降低了德育评价的效度。

伴随着德育课程改革的不断深入，走出传统德育约束人和"认知发展性"的范式，建构发展性学生德育评价体系，把发展人作为德育的根本目的，以德性发展统摄人的灵魂，促进人的整体、内在、持续地发展，已成为改革德育评价体系的新要求。有效地实现德育功能转换、目标转换和思维范式的转换，探求新时期德育评价的有效途径与方法，使评价不再仅仅是甄别和选拔学生，而是促进学生的发展，促进学生潜能、个性、创造性的发挥，使每个学生都具有自信心和持续发展的能力。以往对学生的德育评价存在模糊和随意性，可操作性差，使得对学生的德育评价不够客观、公正、科学。现在，研究德育评价体系，要注重许多方面，其中非常重要的是学生的心理发展规律。这样，一方面要适应社会发展的多方面需求，另一方面也要考虑人的身心发展的可能性，按照人的身心发展规律加以组织和研究。

在德育评价体系研究上，除了适应学生身心发展规律以外，还需要在科学发展的基础上，不断加以创新和发展。创新德育评价机制就是要在德育评价途径和评价内容上实现创新，改变以往只注重学生在校具体表现的局限，激活学生主体的能动作用。在德育评价内容方面结合学生实际，应体现出主体性、多元化、个体化、求异性、可持续性的特征。改进德育评价方式，学校德育工作放在素质教育的首要位置，并贯穿于教育教学的各个环节。扩大正面评价的范围，对学生多一些表扬、鼓励，少一些批评、指责。以生为本，加大纵向评价的力度，关注学生个体成长历程的差异，有效地激发学生的积极性，增强自信心。构建学校、家庭、社区"三位一体"的未成年人思想道德建设网络，开展德育教育进社区，家访、社会调查等活动以构建学校、家庭、社会的网络评价体系，切实提高未成年人思想道德建设工作的实效性，共同做好培养教育青少年的工作。学生德育评价体系是学校德育工作的基础和关键，学校德育工作任务重、难度大，进一步探索学生德育评价体系仍然是学校未成年人思想道德建设工作的一项基础性的重要工作。要充分结合学校发展、办学特色和学生实际，从不同方面积极探索学生德育评价体系，从根本上提高学生德育工作的实效性，使学生真正受益。[①]

落实养成教育，夯实德育基础

习惯是养成教育的产物，它往往起源于看似不经意的小事，却蕴含了足以改变人类命运的巨大能量。养成教育就是培养学生良好行为习惯的教育。养成教育的内容十分广泛，既包括正确行为的指导，也包括良好习惯的训练，以及语言习惯、思维习惯的培养。

一、养成教育是学校道德教育的根基

为什么德育在教育中始终占重要地位，但在一些地方、一些人身上，如今却连最基本的道德操守都已丧失？原因可能错综复杂，但很重要的一点就在于我们多年来养成教育的缺乏。长期以来，无论家庭教育、学校教育还是社会教育，多注重于用说教或抓典型、树模范、大张旗鼓地搞宣传的方式进行品德教育，这当然是必要的，但却忽视了对个人良好习惯的教育培养，也就是我们通常所说的教养。而一个人道德品质的确立，绝非一朝一夕之功，而在于一点一滴的养成。古希腊的哲人就曾指出，德是表现在行为上的习惯，"德只能在习性或制约中寻求"。古罗马的一位作家也曾说过："在任何事情上，习惯总是极其有效的主人。"[②]

实际上，人日常的言行举止、所作所为，在大多数情况下并非道德判断之类的理性使然，更多的是习性使然，所谓"少成若天性，习惯成自然"。比如说，谁都知道闯红灯、过马路不走人行横道是违反交通法规的行为，但为什么那么多人都明知故犯？一句话，习惯了。一般来说，一个人的行为习惯，就是其品德、人格的体现；国民的行为习惯，就是一个国家道德水准的体现。很难想象一个偷窃成性的孩子将来会是个廉洁奉公的人；也很难想象假话充斥、假货泛滥的地方能有诚信不欺的社会风尚。所以，注重养成教育，才能使德育具有根基；培养公民良好的行为习惯，才能树立起良好的道德风尚，才能为精神文明建设打下坚实

① 蔡方华：《中学德育队伍建设初探》，载《山东师范大学》，2006年，第30~33期。
② 胡光明、王聪：《德育的关键是养成教育》，载《中国科教创新导刊》，2010年第18期。

的基础。

美国心理学家威廉·詹姆士说了这样一句话："播下一个行动，收获一种习惯；播下一种习惯，收获一种性格；播下一种性格，收获一种命运。"我国著名教育家叶圣陶先生也说过："什么是教育？简单一句话，就是要养成习惯。""德育就是要养成良好的行为习惯，智育就是要养成良好的学习习惯，体育就是要养成良好的锻炼身体的习惯。"[①] 可见，抓好养成教育是一件多么重要的事情。

二、实施养成教育注意的事项

那么，在实施"养成教育"的过程中，都有哪些方面值得注意呢？

1.热心观察，留意表现

实施"养成教育"，首先要注意针对性，针对学生的年龄特点，针对地方实际，针对学生日常的行为习惯。所以，作为教育者，一定要留意观察学生的一言一行，以期选择最好的教育手段，做到"对症下药"。

例如，某位老师发现班里有一男生连续好几天心神不定，总不断吐痰，就立即警觉起来，问他怎么回事，他说没事。可是真的没事吗？老师跟其家长取得了联系，家长说近几天总发现卫生间有烟蒂。这很可能就是吐痰的原因了。老师马上找了好多"吸烟危害健康"的资料，在班里搞了个小展览后，又搞了个讨论会。这次活动后，全班同学更进一步地了解了吸烟的危害性，吐痰的同学也马上来找老师了。他说，近来跟了几个社会上的人，他们老叫他抽烟，从现在起再也不跟他们来往了，也不抽烟了。果然，没过多久，这学生就不再吐痰了。

2.家校联系，不可或缺

有些学生具有"两面性"，有的是"在家是个好孩子，在校是个顽皮生"，有的则相反。所以，教师不能单凭学生的在校表现就作出判断。有的学生的"两面性"还不是表现在家校的区别，而是表现在"表里不一"。学生虽然大都比较单纯，不善于掩藏，但个别学生还是可能因为成长过程、生活环境的某种特殊性而导致其丰富的内心世界与日常的行为表现不尽相同，甚至截然相反。这类学生还要通过老师的关爱、沟通或日记交流等措施去作全面了解。

曾有这样一个学生：她是班长，各方面都很优秀。有一阵子，她上课时偶尔目光游离，还有时发呆。老师跟她谈心，她总说"真的没事，请老师放心"。家长说家里一切正常，孩子回家也跟往常一样做家务和功课，就是近来有一男生常打电话来，孩子每次听电话都有些不耐烦。凭我的感觉，这学生是有什么说不出

---

① 高其印：《论培养小学生数学学习习惯》，载《科教创新》，2011年第8期。

口的事了。于是，老师在她的周记里写上这么一句话："你还没把我当朋友吗？"周记发下去后，她马上就又交上来了，只见里面写着："老师，我真服你了——我可什么都没流露出来啊。是的，我近来心里很复杂，因为我碰到一件说不出来的事啊！我就在周记里跟你说，好吗？""心门"就要开了——在过后通过几次周记交流中，她终于把心掏出来了。原来，隔壁班有一男生向她"求爱"了，说如果她不答应就不读书了。她不可能答应，又担心那男生真的因此荒废了学业，又不敢告诉别人，怕伤了对方的自尊心，所以不知如何是好。后来，在老师的帮助下，问题终于得到了妥善解决。

3. 以身作则，重中之重

"学高为师，身正为范""身教重于言传"，这是好多老师都懂的至理名言。可"懂"不等于就能做得好。试想，如果一个老师对"有礼"的学生"疼爱有加"，对"没礼"的学生爱理不理；或站在讲台边抽烟边教育学生抽烟如何不好；或边讲粗话边怪学生不文明，那后果会是怎么样呢？不难发现，板书"龙飞凤舞"的老师，带出来的学生写字大都是潦草的；板书"中规中矩"的老师，带出来的学生写字大都是端正的。

4. 教育形式，切忌单调

由于学生的年龄特点使然，我们在对其实施"养成教育"的过程中，切忌形式单调，特别是一味的说教，更会让学生"昏昏欲睡"。所以，我们必须针对实际情况，采取形式多样、生动活泼的教育措施。

无论是在求学的过程，还是学成之后走上社会，学生已具备良好的行为习惯和思想品质都会使其获益匪浅，成功的几率当然也是相对高的。伟大的人民教育家陶行知先生早在多年前就谆谆告诫全体教育者："小学不但要培养小学生，而且同时培养小先生。这样的小学才算是现代前进的小学。如果只教小孩读死书而不肯教人，那么，它只是一个小小书呆子或一个小小守知奴的制造厂。"[①] 陶先生所说的"培养小先生"也是要求我们要重视"养成教育"，让学生学到做人的道理吧。

三、实施养成教育的方法与途径

学生良好行为习惯养成教育的方法很多，经过我校多年的实践与研究，总结出了以下三种主要方法与途径。

1. 榜样示范法

中学生具有模仿力强、可塑性强、富于幻想、生动活泼的特点。学校在倡导

---

① 许慧芳：《推行"小先生制"实施自动化管理》，载《小学教学参考》，2006 年第 15 期。

养成教育中，应充分运用学生的这些心理特征，用榜样的力量激励他们。"榜样教育"之所以具有巨大的影响力，其重要的理论依据就是榜样与偶像的完整结合与和谐统一。但是在进行"榜样教育"时，要避免盲目性和空洞性。使榜样具有形象性、真实性、感染性，把抽象的道德规范具体化、人格化，使受教育者看得见、摸得着、学得了，这就很容易激起学习者思想感情上的共鸣，具有很强的说服力。榜样对孩子的心灵是一束非常有益的阳光，而这种阳光是没有任何东西可以替代的。每一个成长中的孩子，都需要一个好的榜样，好的榜样对孩子的影响力是很强的，会成为他们前进的目标和动力之源。

美国学者哈里斯提出的"群体社会化发展理论"认为，在孩子的儿童期、少年期，家庭的影响渐渐在减弱、淡化，群体的影响渐渐增强。所以，每个初中生都可能会参与并认同一个社会群体，从而在群体中学习在社会公众中的行为方式。榜样（尤其是同龄榜样）在初中生学习、生活中的位置十分重要。萧伯纳曾说"如果你有一个苹果，我也有一个苹果，彼此交换，每个人只有一个苹果。如果你有一种思想，我也有一种思想，彼此交换，每个人就有了两种思想"[1]。学校充分利用社会上各行业先进的事迹和人物对学生进行养成教育，并不断发挥教育者自身言传身教的作用，注意教育过程中与学生多沟通、多鼓励，与榜样共同进步。

2. 训练法

习惯是一种动力定型，是条件反射长期积累和强化的结果，因此必须经过长期、反复的训练才能形成。[2] 我国古代就很重视行为习惯的训练，重视言行一致的作风。国外的教育家也很重视行为习惯的训练，并指出，教师应该利用一切时机，甚至在可能的时候创造时机，给他们一种不可缺少的练习，使之在他们身上固定起来，这就可以使他们养成一种习惯。这也就是我们俗话说的"没有规矩，不成方圆"。

行为训练也要有规矩，并力求达到一定的标准。训练要有目标，更要有比较具体的指导，使学生学有要求、行有标尺，并可以此评价自己或别人的行为。当然，规范的训练必须从符合学生的年龄特点、心理状态和思想实际出发，通过游戏、活动、竞赛、绘画等途径，不断变换形式来进行训练。训练需要一个过程，因为好的习惯往往需要较长时间来巩固，不可能一蹴而就。严格的训练要避免情绪化，要形成一定的程序或是模式，要经常性和系统性地发生。千万不要一高兴就放松了对他们的要求，或者是因为心情不好而对一个小细节斤斤计较。没有相当的磨

---

[1] 国际 21 世纪教育委员会著，联合国教科文组织总部中文科译，《教育——财富蕴藏其中》，载北京：教育科学出版社，1996 年版，第 167 页。

[2] 孙建云：《初中生良好行为习惯养成教育研究》，载《湖南师范大学》，2009 年。

炼，很难养成好的习惯。不同行为习惯有不同的标准，确定标准之后，就要严格遵守，不能放松。因此，在实施训练法的途径中要注意目标明确，要求具体；并且要层次分明、及时检查。

3. 环境熏陶法

有人说，环境造就了人，就是指环境对于人品形成的影响而言具有非常重要的作用。影响人品形成的环境，主要是指政治环境、人文环境、经济环境、自然环境，尤其是家庭文化环境，对人的成长影响最大。孟母择邻而处的典故足以说明近朱者赤、近墨者黑。有人说，当一个人跨进非常安静的阅览室，他会产生一种连咳嗽一下都不自在的感觉，更不好意思大声喧哗。同样，当一个人步入窗明几净、地面如镜的大厅里，他会产生一种怕踩脏了地面的感觉，无论如何都不会去吐上一口痰。反之，如果一个人走进某个很脏的场所，他也就会随地乱扔果皮、纸屑、随地吐痰。班级是学生每天活动时间最长的地方，如果能够把这个环境利用起来，就可以起到无声教育的作用。可见，环境对于人品的影响是不容忽视的。

环境熏陶法是一种以隐性教育为主的间接教育法。环境有物质环境与精神环境之分，物质环境对人的影响是很大的，它能使人精神愉悦和振奋，提高工作和生活质量。物质环境主要指学生生活、学习的环境。精神环境主要是指社会风气、校风、班风，它通过日常生活影响着学生的心灵，塑造着学生的人格，是一种无言的教育、无声的力量，它对学生的影响是全方位的，学生沐浴在良好的精神环境中，能逐渐养成良好的思想情操和行为习惯。优良的环境也是培养、巩固和发展学生良好人格的重要手段，我们必须给予充分的重视。因此在实施环境熏陶法时要注意营造和谐的人际关系，教育者要具有优良的个性心理品质和高尚的人格魅力。

在养成教育的理念下，通过使用榜样示范法、训练法和环境熏陶法等方法，我校常规德育管理着力做了以下工作。第一，落实《中学生守则》《中学生日常行为规范》的要求，坚持抓实抓细、抓固抓牢；第二，注意"五化"，即实施程序化、形式多样化、榜样示范化、环境育人化、教育网络化；第三，体现"细、严、实、恒"四个字，即立足"细"字，保证实效；抓好"严"字，分层推进；突出"实"字，量化考核；坚持"恒"字，常抓不懈。通过组织一系列有目的、有计划、有组织的养成教育训练活动，我校的学生已经人人举止文明，各个行为规范。

目前，我校的德育已经取得了显著成效。从学生方面来看，学生的精神面貌发生了巨大变化，良好的学生向优良行列发展，优良的学生向优秀行列发展，优秀的学生朝着更高的目标发展；从学校方面来看，全方面育人、全过程育人、全员育人的风气日益增强，学校德育工作已经形成家长称心、社会放心的大好局面。

第六章　激励与引导：
不拘一格促进教师队伍发展

当今世界，经济全球化、一体化趋势加剧，综合国力的竞争日趋激烈，人才已成为经济社会发展的第一资源，成为国际竞争的焦点所在。能否拥有和保持一支规模宏大的高素质的人才队伍，已经成为一个事关国家兴衰成败的重大战略问题。国家兴盛，人才为本；人才培养，教育为本。造就数以亿计的高素质劳动者、数以千万计的专门人才和一大批拔尖创新人才，建设规模宏大、结构合理、素质较高的人才队伍，教育的作用无可替代。百年大计，教育为本；教育大计，教师为本。建设一支思想政治过硬、业务素质优良的教师队伍，是决定基础教育改革发展成败的关键。实施素质教育，完成塘沽十五中内涵式发展，要靠每一位教师的不懈努力。创造新的教育，创造有助于学生全面、主动、多样发展的、宽松的、民主的教育，要靠教师来完成。要解放学生，先要解放教师，尊重教师的创造性劳动，为教师创造主动多样发展的机会。在工作实践中帮助教师转变观念，提高自身的素养，不单是实现教育观念与教师角色转换的关键，也是教育创新的关键。

创建学习型团队，激发职业愿景

教育是民族振兴的基石，是青少年成人成材的保障，也是教师实现和成就自我的事业。教师是教育目的的实现者，教育活动的指导者，教育方法的探索者，教育活动的创造者。只有鼓励教师实现人生价值，创造人生辉煌，教师才能有效地带动学生走向成功。教育部副部长陈小娅在 2007 年 7 月份举行的"亚太地区教师发展和管理研讨会"上，对与会的来自 12 个国家的教育官员和教育工作者发表讲话时说："当今中国教育面临的最重大问题，就是发展高质量的教育，实施素质教育，而解决这个问题的核心和关键，就是加快建设一支高素质的教师队伍。"①

我本人在工作中也深深地意识到，处在竞争极其激烈的时期，获取持久生命力的渴望，无论对教师还是学校，都变得愈加迫切。在新形势下的教师队伍建设，最关键的是创建和谐的学习型团队。成功的育人团队将是学习型团队，因为我们要教会孩子学习得好、学习得快，运用得好。学习型育人团队将有助于教师完成自己的使命，实现自己的梦想，培育合格的社会栋梁。

一、创建和谐团队，激发个人潜能

每一位教师都希望拥有成功快乐的人生，即不断实现自己内心深处最想实现的愿望，不断创造和超越自我。这种自我超越根植于团队中，就会带动整个团队成员来共同创造价值。为此，我校根据学科和年级的不同将全校教师分成几个和谐的小团队，每个团队设计奋斗目标；同时，请每位教师根据自己的实际情况设计一句话；把每个团队的全体照及奋斗目标及个性展示张贴在宣传栏中，以便形成互相督促、互相激励、互相帮助和共同提高的团队精神。

为使促进教师成长工作落实到实处，我校给每位教师都建立了教师发展记录电子档案，内容包括对教师本人的自我评价和教师本人的总体奋斗目标及阶段目标等，里面详细记录了教师的教学情况、科研情况、教育情况、学习情况等。

另外，对于骨干教师的培养，学校给他们压担子，有意识地引导他们完成一些具体的工作任务，并明确规定要达到的要求，以此来促进这些教师的快速成长。对骨干教师的要求如下：

（1）享受工作，享受生活，享受人生。树立良好的师德，勇于承担并胜任班主任工作。学习研究教育学、心理学，并能结合自己的教育实践撰写一篇有特色的德育论文或教育案例，将教科研落实到日常工作中。

（2）努力提高教育教学质量，积极推进学校学科的发展。教学成绩在同行中要名列前茅，教学常规工作要达到学校优秀等级。

（3）主持或参与一个科研课题的研究，积极承担其中的研究任务并取得一定的进展；或者承担群体性课题下面的某项子课题的研究工作。

（4）加强教育教学理论学习，不断提高自我修养。每学期要至少阅读教育教学理论书籍不少于两本，认真撰写读书笔记和读书体会，读书笔记不少于 5000 字。每年要至少撰写 1 篇有一定学术水平的体现自己研究课题的教学论文。

（5）积极承担和参与各级各类教学研究、教育教学交流活动。每学期做 1 节

① 《专业化是加强教师队伍建设关键》，载《中国教育报》，2007 年 7 月 10 日。

校级研究课或讲座，每学年做 1 节区级或以上级别的研究课或讲座。

（6）认真进行教学反思，每学期应至少完成 2 篇 2000 字以上的教学反思；每学期应编制至少 2 份高质量的单元检测试卷提高自己的命题能力；研究至少 2 节课的多媒体系列教学软件，提高现代教育技术的应用能力。

（7）每学期完成至少 2 篇有一定创意的课堂教学设计方案或学案，要求符合课改精神，切合学生实际，渗透有关的教育理念，有自己的风格和特色，并进行个案剖析，以此提高自己设计课堂教学的能力。

（8）积极参加各种进修学习、考察培训、教育教学论坛、教育教学报告会、课堂教学展示以及读书交流等有关教育教学的研讨活动，从中不断提升自己的素质。

此外，学期结束后，进行团队整体及表现突出的个人的工作绩效展示，以鼓励先进个人及先进团队，带动教师整体的共同提高。

二、强化信念，拓宽学习视野

领导的理念能鼓舞人心，能凝聚坚持实现共同愿景的力量。成功的组织都在设法以共同的愿景把大家凝聚在一起。有了衷心渴望实现的目标，大家会努力学习、追求卓越，不是因为他们被要求这样做，而是衷心想要如此。共同愿景的整合，能帮助组织成员主动而真诚地奉献和投入，而非被动地遵从。为此，我们首先研究出学校的办学理念、工作思路、工作目标。

考虑到当学校的办学理念转化为全体教职工的共识时，它才是最有生命力和驱动力的，也只有将全体教师的工作热情点燃，才能够齐心协力地以"海的胸怀，山的信念"共同实现学校的愿景。因此，我们首先将学校的工作思路"科研兴校，名师强校，质量立校"，学校的办学理念"人人有才，人人成材"，学校的工作目标"创天津市一流、全国知名学校"等通过各种形式的学习内化为教师自己的追求，并引导教师将它们转化并落实到自己的教育教学实践中，同时鼓励教师用自己所学和领悟到的理念大胆实践，不断积淀并逐步升华为自己的教学行为，提高自己的专业能力，形成自己的教学风格。

教师专业能力的提升和教学风格的形成必须在先进思想和方法的引领下才能实现，而提升的途径就是学习。学校每学期都邀请知名学者到校作专题讲座或开报告会，把此做法形成制度，并作为加强教师队伍建设、促进教师专业发展的重要一环。在专家讲座和报告的基础上，教师们通过和专家零距离接触，面对面请教，直接对话，使教师真正领悟到教育理论的精髓，也让专家真正了解教师的需求；专家们走进课堂，研究教师们在新课程实践中存在的问题，与教师们商讨实施新课程的具体策略。与专家们面对面交流所产生的心灵震动和观念冲击，提高了教师学习教育理论的积极性，提升了他们的水平和理论层次。

例如，我们请到了天津市教科院基础教育研究所所长王敏勤教授定期来学校进行专题讲座，内容涉及《提高教学效率，减轻学生负担的和谐教学整体建构实验》的有关内容，如怎样搞教育科研，怎样构建和谐校园，怎样开发校本课程等；请到了中国著名的心理学教授包剑英老师来校对教师进行心理辅导讲座；我们还请市区的一些名特优教师来校做报告。

另外，我们派3名优秀教师赴澳大利亚参加境外英语培训，先后4次派20名教师参加市教科院的课题指导讲座；校长亲自带领全校教师去山东邹平考察学习；派4名学科带头人去上海华东师大进修学习。总之，只要有学习的机会，学校就克服困难让老师们参加，帮助教师高起点"充电""换脑"，提升理论素养，拓宽视野。同时学校购进大量图书，以供教师共同研习实践。

三、增强团队合作，打造育人文化

团体的智慧高于个人智慧，团体拥有整体配合的行动能力。当团体真正在学习的时候，不仅团队整体产生出色的成果，个体成员成长的速度也比其他方式的学习要快。团体的成员只有视彼此为工作伙伴，才能共同深入思考问题和发生深度交谈。视彼此为工作伙伴很重要，因为在团体沟通的过程中，彼此的思维会不断地补足和加强。把彼此视为工作伙伴能产生较好的互动，对建立一种成员彼此间关系良好的气氛，以及消除深度交谈时差距所带来的障碍有所帮助。

1. 挖掘内部潜能，发挥我校区级学科带头人和骨干教师的作用

学校现有区级学科带头人6名，区校级骨干教师19名，学校充分发挥这些骨干力量的作用，组织这些人为全体教师做各类专题教学讲座，把他们学习到的新理念与全体教师交流，在互动中得到共同提高。学校进行内部资源的挖掘，不仅有效地利用身边的教育资源，还给教师提供一个展示、交流的平台，让教师在互动分享中发现问题、解决问题，进而整体发展提升。

2. 通过各种类型的教学比赛活动，提高教师的教育教学能力

我校每年都举行不同层次教师的优秀课竞赛活动，针对各种研究课题举办相应的研究课活动，让教师们在这些活动中反思自己的课堂教学。另外，我们每学期还进行"优秀教案，优秀试卷，优秀课件，优秀教学案例，优秀作业设计"的五个一评比交流，举行说课比赛等活动。通过这些活动的开展，教师们磨砺了自己的教育教学基本功，在教师中形成了比、学、赶、帮、超的浓厚氛围。

此外，我们为了配合市区的教育教学论文评比，学校每学年都举行一次校级论文评比活动，并推荐出优秀论文参加更高级别的论文评选。通过举办各类论文评选活动，引导教师认真总结自己的教育教学经验，并努力把自己的教育教学经验和教学体会上升到理论的高度用以指导自己的教育教学实践。同时，学校把在各级各类的论文评选中获奖级别高的优秀论文结集出版，并在校园网上发布。对有重要指导意义和借鉴意义的论文成果，我们还通过召开论文交流会等方式进行更深层次的研讨，以此促进教师之间的相互交流。通过引导教师写教学反思，写教育理论学习随笔，编写教学反思集、教学案例集、理论学习随笔集等成果集，不断提高教师的教育教学研究能力。

3. 提高教育科研的实效性，使教育科研成为教师素质提高的助推剂

通过教育科研提升教师的素质，带动教育教学质量的提高，最终促进学生的发展，这一观点是无可否认的。但如何把教育科研落实到实处呢？

首先，要从思想上克服一些模糊的认识，即搞教育科研不是在"作秀"。引导教师树立工作科研化，科研工作化的思路，使教师克服对科研的"神秘感"和畏难情绪。引导教师把教育教学实践中遇到的困难和问题作为科研的课题，这样的课题与教师的距离最近，通过教师们锲而不舍地研究，最容易出成果，这样的研究成果也最真实，最有实践价值。另外，在课题研究过程中努力追求科研过程的真实性，树立正确的科研价值观，把科研和我们的教育教学实践紧密地结合起来。需要指出的是，即使我们实实在在进行的课题研究暂时出现了问题，我们也从中获得了一次学习，也有一定的收获。

其次，提高教育科研的层次和水平，注意培养科研骨干，并让这些科研骨干作为课题负责人承担市、区级课题，发挥他们的引领和辐射作用，从而带动吸收有关的老师参与到相关的课题中，逐步扩大科研队伍，逐步在学校内形成科研氛围，使不同层次的教师都能有所提高。

第三，学校注重开展德育科研工作，提升德育工作的层次和水平。结合学校实际，我校确定了德育课题，开设了班主任工作论坛，引导班主任进行理论总结，撰写德育论文，召开德育工作研讨会，出版德育论文集，巩固德育工作的成果，这些都有效地促进了教师队伍素质的提高。

4. 增强校本教研的针对性、学术性和创造性

学校的教研组、备课组逐步改革备课方法，提倡学术争鸣，务实开展研究工作，既加强集体备课和学术交流，又注重个案分析研讨，改革备课模式，提高备课的实效性。按照教学内容，每位教师承担一定的备课任务，任课教师先进行主备，

提出自己的观点，然后进行说课—研讨修改—上课—自评反思—研讨修改—上课。

5. 切实做好师徒结对工作

对新分配的青年教师，我们都给配备了师德高尚、业务过硬、经验丰富的中老年教师、骨干教师和学科带头人作为师傅，以老带新，相互促进。对师徒结对工作，我们把各项工作都落实到实处，力求取得更大的实效。我们分别给师傅和徒弟制订职责并进行严格的考核，考核时不仅考核徒弟的教育教学业绩，还要考核师傅带徒弟的效果及履行职责的情况，同时把这些情况记录在师傅的个人档案上，在评先评优、职务晋升等方面予以考量。

实施分层培养，促进教师专业化发展

重视教师队伍建设，要创造条件促进他们的发展和提高。学校教师是一个群体，存在着不同年龄、不同教龄、不同学科、不同成长背景等多方面的差异。学校在着眼教师的发展过程中，要针对不同教师的特点区别对待，我们在教师发展和培养方面进行了多方面的实践探索。

一、良师培养策略

从学校教育整体资源来看，当前每一所学校外部环境和硬件配套设施都得到了明显的改善。但是，大楼并不意味着大师，硬件实力并不意味着学校文化的软实力。让教育的各种资源发挥其最大效应，内在的核心问题必然是学校教师队伍建设问题。

教师是知识分子，他们对自身价值的认同感非常强烈，然而一些客观事实可能使这种认同感消失殆尽。教师会因为各种原因失去成长的动力和奋斗目标而浑浑度日。作为校长要敏锐地觉察到教师成长中存在的这些问题，积极营造民主和谐的管理氛围，尊重教师，关心教师，知人善用。实施良师培养策略，有利于激发教师的责任感，唤起教师在学校获得归属感，并由此产生职业幸福感，获得教师人人能育人，人人会育人，人人善育人的效果。因此，学校要想有后劲、获得持续发展，必须打造一支新形势下的教师队伍，尤其是良师队伍的建设更是关系到学校的发展。在良师培养方面，我们的具体做法主要有以下几方面。

1. 让教师静心工作

目前教师们被繁杂的事务性工作累得筋疲力尽，再加上物欲横流的价值取向的刺激，有些教师在功利心理的驱使下，不免心浮了起来。如何让教师静下心来工作，在当今显得十分重要。

时间对教师而言极为珍贵，因为教师静心教书需要时间，潜心育人也需要时间。为教师争取"静"的时间，学校负有不可推卸的责任。为教师减负，减少一些不必要的东西，给教师腾出些时间，需要学校领导深思熟虑做实事。第一，消除功利的诱惑需要引导也需要硬性规定。学校规定，在职教师绝不允许进行有偿家教，一经发现，要严肃处理。第二，为教师争取时间应从领导做起，减少会议、压缩内容要形成领导作风。第三，自习课不提倡教师、班主任进课堂，德育处统一管理，课间操实行学校统一监控。

静心才能静悟，为了实现教师"静态"工作，学校提出"七静"要求，这一提法得到了有关专家的高度赞扬。

2. 请进来

教师专业能力必须在先进思想和方法的引领下，才能逐步实现提升。学校每学期都邀请知名学者到校作专题讲座或开报告会，且把这一做法形成了制度，作为加强教师队伍建设促进教师专业发展的重要一环。在专家讲座和报告的基础上，教师们和专家零距离接触，面对面请教，直接对话，使教师真正领悟教育理论的精髓，也让专家真正了解教师的需求。专家们走进课堂，研究教师们在新课程实践中存在的问题，与教师们商讨实施新课程的具体策略。与专家们面对面交流所产生的心灵震动和观念冲击，提高了教师学习教育理论的积极性，提升了他们的能力水平和理论层次，这是其他培训方式难以企及的。

老师工作时间越长，保守残缺的思想就可能越严重，因此，推动和促使教师转变一些观念、更新一些思想是必要的。年轻教师工作时间短，缺乏实际经验，给年轻教师予以指导和点播，让他们尽快成长也是十分必要的。名师的一种方法，专家的一个观点，很可能使我们的老师发生质的飞跃。基于这种认识，学校扎实推进教师培养策略，从 2006 年至 2012 年，我校聘请了区、市、全国名家来我校为教师进行达三十多次培训。

3. 走出去

为了开阔教师视野，学校支持有条件的教师外出学访。重视人的长远发展是课程改革乃至学校发展的重中之重，教师是培养学生的人，教师必须走出故步自封地教学状态；如果教师的认识是有局限性的，学生的发展就无从得到落实。我们鼓励教师走出去，以开放的精神将自己的认识与他人交流，以谦虚的态度去肯定他人的优点。只要有学习的机会，学校就克服各方困难让老师们参加，帮助教师高起点"充电""换脑",提升理论素养,使得学校教师在专业化发展的道路上,整体向前迈进了一大步。对教师参加各类教研活动、课改培训、班主任培训等学校全力支持,尤其是学历进修,学校在时间、工作安排上给予了保障,并对毕业后获得教育硕士学位的教师进行一次性奖励。

4. 自挖潜

（1）加强校本教研并制度化

校本教研是"建立以校为本的教学研究制度"的简称。实施校本教研的制度创新是提高校本教研有效性和促进校本教研可持续发展的根本保证。以促进教师专业发展为目标,我校积极开展了一系列校本教研活动。

首先,组织形式。由教学质量处安排课表化的校本教研时间,分为大学科组教研和年级备课组教研两种形式。日常的教研活动通常在年级备课组进行。凡教研活动,学校相关领导一定到会,做到实地跟踪并予以教研指导。

其次,备课方法。按照教学内容,每位教师承担一定的备课任务,任课教师先进行主备,提出自己的观点,然后进行说课—研讨修改—形成教案—上课—自评反思—研讨修改—形成电子教案,最后提供给下一个年级。

最后,制度程序保障。学校制订了"上岗培训"制度、"师徒结对"制度、"集体备课"制度、"交流展示"制度、"以评促导"制度、"教学反思"制度、教研跟踪记录表、"总结反馈"制度等,并实现了校本教研制度化。

（2）实现资源共享教案

在教师备课方面,过去我们往往重格式轻内容,重形式轻效果,学校领导花费大量时间检查教案,教师花费大量精力抄写教案,但上课时往往不用这个教案,只是为了应付检查。我们从实际出发,改变教师的备课办法,提倡集体备课,形成共享的电子教案。继而采用教案循环使用的方法,来加深教师对共享教案的深度交流,并定期修改完善。这就把教师从抄教案的无效劳动中解放出来,集中精力研究学生、考虑教法,这样就大大提高了课堂教学效率。其实,我校不仅仅是教案实现共享,课件、习题也逐步在实现资源共享。

（3）课表化读书引导教师自发学习

教师整天工作忙碌,无暇考虑读书,老师原本的书香气渐渐散去,在新形势、新教育、新课改下,老师不读书怎么行,只低头拉车,不抬头看路怎么行。于是,学生自习课实行学校统一管理,在稳定教学秩序的前提下,学校没法安排教师读书活动,每周有两节课规定的读书时间,安排老师到图书馆读书,并做到了课表化,同时做到有检查、有落实。

我们每学期给科任老师和班主任都推荐一些优秀书籍供教师们阅读，并要求教师写读书笔记。通过心得交流会、读书报告会、教师论坛等形式，提升教师的文化素养和理论水平。让全体教师牢固树立终身学习、不进则退的理念。另外，我们重视把教育教学理论的学习落到实处，每学期学校科研处都选编一些优秀文章结集成册发给每一位教师，让老师有目的地去学习，学校学期末还要对教师的学习情况进行总结。

在内部挖潜的过程中，学校鼓励和实施同伴互助。用好教师资源，注重挖掘内部的潜能，搞好有关的培训工作，组织学校范围内的互助指导是促进教师发展的有效做法。学校充分发挥这些骨干力量的作用，组织这些教师为全体教师做各类专题教学讲座，把他们学习的一些新理念与全体教师交流，在互动中得到共同提高。

二、青年教师培养策略

青年教师是学校教师队伍的一个重要组成部分，是学校教育教学事业发展的希望，是学校可持续发展的后备力量，青年教师的思想政治素质、业务水平等直接关系到学校的生存和持续发展。我校青年教师居多，30岁以下教师占任课教师总数的40%，他们都在教学第一线上，这个主流群体一直得到了学校的高度重视。

学校意识到学校发展的希望关键在青年教师身上，因而启动了青年教师培养策略，并作为学校的一项重点工程来打造。由此，学校专门出台了《青年教师培养方案》，帮助青年教师制订发展规划，明确指出奋斗目标。为了有侧重地培养青年教师，学校委派科研处成立了"青年教师文化沙龙"，这得到了青年教师的积极响应。

成立"青年教师文化沙龙"，旨在引导青年教师加强读书积累，帮助他们自觉地养成撰写教学反思札记的习惯，通过大力提倡有思想地进行教育教学活动，为他们的专业发展搭建思想交流、教育研究、教学研讨、成果共享的平台，全方位提高他们的师德修养和教育、教学、科研综合能力。

我校"青年教师文化沙龙"活动的主要内容有：

（1）每一位成员必须履行青年教师文化沙龙组织规定的十条义务。

（2）准时参加每月一次的组织活动，并做好活动记录。

（3）活动形式有三种：①研讨汇报式；②咨询观摩式；③争鸣论坛式。

（4）定期上交书面教学札记。

（5）做好学年活动总结。

为了验证青年教师文化沙龙的效果，学校每个月专门组织有关领导和资深教师与青年教师进行笔谈交流。经过一段时间的组织之后，我们欣喜地发现，这些青年教师所写的教学反思札记比过去学校规定上交的教学反思有了很大的进步。具体表现在：书写教学反思札记已成为自觉行为，有的青年教师能达到每节课必反思；由教学反思札记可看出，他们平时是在抽时间读书；教学反思既是土生土长的个人所见，又具有一定的专业深度；教师们能认真地阅读和思考反思后别人给予的点评。

下面摘录的是我校老师通过参加读书活动的感受：

读万卷书，行教改路

我是个喜欢读书的人，可自从参加工作以后，读书的时间就越来越少了，这其中固然有工作忙的原因，其实更多的是由于自己的懒惰，总觉得抽不出时间看书，所以爱读书的习惯渐渐淡了……

一次走进潘校的办公室，映入眼帘的是办公桌上那一摞摞厚厚的书籍。这些书籍有的是关于学校管理方面的，有的是关于新课程教学改革方面的，还有的是关于领导技巧方面的，真的好多好多！于是，我好奇地问潘校工作这么忙，能有时间看这么多的书吗？他微笑着说：“时间是挤出来的，我要求自己每天一定坚持读书，只有不断地学习，才能让自己了解教改的动向、管理的艺术，努力将我们学校办成一所优质的初中校。”停顿一下，他又说：“孙老师，我听过你的课，你的课逻辑性强，思路清楚简洁，课上得不错，但决不能停留在这里，要读书，要不断地学习，从而提高自己的理论水平，用理论去指导你的教学，在教学中注意总结积累。那些名师之所以成为名师，就在于在工作中积极进取、探索、学习，因此在今后工作中，你不要只停留在教书，要通过读书学习，想想如何教会更好，并把那些成功经验记录下来，那将会成为你的论文中很好的素材。”

听了潘校长的这番话，我深深地点点头。我在感激潘校长关爱的同时，对自己的疏懒更是感到惭愧。作为一名校长，潘校长工作其实更忙，不仅要进行学校管理工作，还要抽出时间读书，发表论著，积极推进教学课题的研究，他实在是一位令人钦佩的学者型校长。

鲁迅说过：“时间就像海绵里的水，只要愿挤，总是有的。”于是在工作之余，我开始认真学习有关新的教学理念、新的教学思想的书籍，思考那些成功的教学方法成功之所在，在班级授课中实现新课程三维目标：知识与技能、过程与方法、情感态度价值观落实的最优化，在我的课堂上打造高效课堂，从而点燃学生学习的兴趣，激发学生学习热情，发挥学生自主能动性，使学生在学业上有超常收获，有超常提高，有超常进步。这其间，每当做课和教研活动时，潘校都不时地鼓励我，并给出诸多宝贵的建议和意见。通过努力，我所任教的班级成绩进步了，在区统考中也位列前茅。

为了更好督促自己读书学习，我参与了学校国家级课题"提高教学效率，减轻学生负担的整体建构和谐教学实验"。在实践中，我越来越发现自己理论知识方面的不足，真是学无止境。同时在学习中不忘积累，因为这是思想升华的体现，于是我结合自己的教学心得体会以及成功与失败的经验，撰写科研论文。通过努力，我的论文《兴趣是提高课堂效率的关键》获得了中国教育学会第21届学术年会论文三等奖，论文《在课堂教学中如何培养学生的学习兴趣、方法和能力》获得了天津市新世纪杯三等奖，论文《发挥例题习题功效，培养学生数学思维品质》获得了塘沽一等奖。

《礼记·中庸》中说道："博学之，审问之，慎思之，明辨之，笃行之。"让我们的生命因读书而美丽，因教育而幸福，因超越而精彩吧！

三、名师培养策略

现在人们越来越认识到，教育改革的成败在教师，只有教师团队水平的不断提高，才能带动教育水平的整体提升。为此，教师队伍建设应成为一所学校、一个校长工作中的重中之重。加强教师队伍建设，是提高教育教学质量的根本出路，也是提升学校办学水平和知名度的正确途径。

名校由名师而托起，名师因学校而生成，以名师成就智慧学子，由智慧学子提升名校，因此，名师是学校最为宝贵的财富。基于这种理念，学校门前横幅写道："人人有才，人人成材。"只要我们的学校有目的地去发现人才，有计划地去培养优秀人才，终究会出现人才。清华大学老校长梅贻琦曾说："大学非大楼之谓也，乃大师之谓也。"这一句话无疑给学校指明了办学方向，点明了在办学过程中，名师所具有的举足轻重的作用。因此，加强对各层次教师的培养，尤其是对名师的培养又是学校管理工作的重点之一。当学校把名师培养摆到学校发展的重要战略意义上的时候，一个有专人负责的"名师培养工作室"开始组建，其职能是以培养学校名师为主攻方向，努力去实施计划、实现目标。

"名师培养工作室"的工作思路如下。

1. 培养目标

依据扬长避短、人尽其才的培养原则，在分析本校教师队伍状况的基础上，实现有目标的名师培养与良师建设相结合的方法，以此形成名师队伍的 5 个梯队：区首席教师—区学科带头人—区骨干教师—区命名校级骨干教师—校命名骨干教师。反过来，由名师交替上升拉动良师队伍进一步发展，由此达到教师整体队伍的良性发展。

2. 培养流程

首先，达成共识。"名师培养工作室"的负责人对学校拟定的名师培养候选人一对一进行思想交流，并提出 5 条要求。在信任、鼓励的气氛下达成共同愿望，形成强大的推动力。

其次，把握条件。借鉴塘沽首届首席教师、第五届学科带头人和第三届骨干教师的评选条件要求，分别向名师五个不同梯队传达硬性规定，以利于这些教师对照执行，并起到监督检查作用。

再次，跟踪业绩。依据塘沽第三届骨干教师申报表的业绩要求，"名师培养工作室"及时填写名师培养人业绩情况，以便提示他们硬性规定指标的完成情况。

"名师培养工作室"在关注名师成长的过程中，还深入到他们的教学实践中，给予适当的指导和帮助，使他们少走弯路。

3. 培养途径

首先，在条件允许的情况下，一定要让他们承担班主任工作，因为教师的成长与成功都与班主任工作息息相关，可以说班主任工作是成就名师的摇篮。另外，名师培养基本功很重要，建议他们要有两个笔记本，一本用于个人习题集，另一本用于教学反思或教学成功案例集。其次，引导教师参加重要课题，并在完成的工作量和时间上作出明确规定。为他们提供阅读的时间与空间，实现每周阅读不少于两课时。再有就是树立"健康第一"的工作理念，学校设法安排每周不少于两个课时的体育活动时间，把人文关怀与生动活泼的工作结合起来。

4. 培养措施

具体的培养措施包括：①创造民主和谐的工作氛围，让他们能参与到学校的工作上来。在信任的激励下，让他们能向前冲，得到出色的发挥，在发挥中使老师工作成绩得到体现，并形成良性循环心理状态，从而越干越好。②面对复杂的社会、复杂的舆论、复杂的教育，要引导教师有思想地去工作。课堂教学是永恒的研究课题，要围绕着课堂教学效益做文章。③支持优秀教师参加教育硕士学习，并提供一定的方便，在不影响工作的前提下，若学习时间为工作日，则按公假对待，学业有成者，学校还给予一次性奖励。④为名师培养开辟展示渠道，学校每学期要举办读书报告会、心得交流会、教师论坛和班主任论坛等活动，以此增强教师争当名师的自信心。⑤加大与市、区及外省市学校的沟通，为名师培养提供外出考察学习提高的机会，扩充治学视野。学校规定，教师们在学访后要有书面材料向全体教师做访谈汇报，以此带动更多的教师发展、提高。⑥设法请一些知名专家、学者到学校进行业务培训，培训结束后，要求名师培养对象写出培训后的思想感悟，在新理念下不断明确新目标。⑦有些工作出色的教师因未能达到区级骨干教师的硬性条件规定而从中落选，学校可给予校级学科带头人命名，并予以适当的奖励。⑧名师的成长一定与其所在的优秀团队密不可分，打造优秀的团队，为名师培养创设优良的工作环境尤为重要。

名师的培养是一个系统工程，也是一个动态工程，只有始终瞄准这个工程，并精心地打磨这个工程，方能涌现一支名师队伍。我们也不断地告诫老师，名师成长的经历，必须以阅读和学习为积淀，必须以精细的教学研究为指导，必须以高效课堂为核心，必须以爱的执著为境界，还必须把握教育改革的脉搏，才可能享有名师的美誉。作为学校，有责任让老师功成名就，体面地笑对人生。"名师工作室"最大的责任，是要保住原有的骨干教师不掉队，要力争新生骨干教师层出不穷，使每一届的人数有所增加。

四、班主任培养策略

班主任是班级工作的组织者，是班集体建设的指导者，是学生健康成长的引领者，是学生思想道德教育的骨干力量，是学校德育工作的主力军，是完成学校各项教育任务的中坚力量。班主任是学校最基层的领导，是学生最信赖的老师。一个班级的稳定要靠班主任，一个班级教学成绩的提高很大程度上取决于班主任。因此，抓好班主任队伍建设是做好学校德育工作的关键，是发挥德育管理效能的基础和保证，是提高学生学业水平和提高学校办学质量的主干力量。从学校干部队伍发展来看，他们中的多数都与班主任经历有关。可见，班主任队伍建设关系到学校的持续发展。由于班主任工作的重要性，加大班主任的培养力度是学校不容忽视的大问题。

1. 健全领导机制，明确职能

学校成立了以校长为组长，主管德育副校长为副组长，德体卫艺处相关主任为成员的班主任队伍建设领导小组，其职能之一是制订相关的管理制度，职能之二是把关班主任人选，职能之三是加强班主任的培养。学校先后制订了《班主任工作职责》《班主任例会制度》《班主任工作经验交流制度》《德育科研课题汇报交流制度》《班主任德育工作评价考核制度》等。在任用班主任问题上，必须经过领导小组研究形成一致意见，才能做出决定。

2. 采用多种培养模式，全面提高班主任队伍整体素质

对于班主任新手，我们不能全靠他们在摸着石头过河中探索，对于班主任老手，也需要更新班级管理理念，做到与时俱进。在班主任管理过程中，我校积极探索和实践班主任培养的多种模式，如理论学习、师徒结对、讲座培训、经验交流、课题研究、个别指导等。这些措施有利地促进了班主任素质和管理水平的提升。

首先，加强学习，提升班主任的思想政治素质和心理素质。一个思想政治素质不高的班主任不可能带出一个团结向上的优秀班集体。因此，我们除了要求班主任自觉地加强理论学习和政策法规学习外，还利用班主任会和政治学习的时间，学习"三个代表"的重要思想和时事政治以及优秀班主任的事迹，让班主任树立起"重视学生完整人格的培养和个性的充分发展"的观念；树立起"为学生创设有利于他们创造性思维和实践能力形成的条件"的观念；树立起"由保姆型、事务型向民主型、自主型管理转变"的观念，从而使班主任能潜下心来有效的育人。

良好的心理素质是做好班主任工作的前提，班主任不仅要对学生进行心理健康教育，而且更重要的是提高自身的心理素质。我校不仅要求班主任要经常学习心理学知识，了解学生的生理、心理发展特点。同时，还通过我校心理辅导教师结合自己工作实践向班主任介绍学生生理、心理发展特点，使班主任了解学生的心理状态，了解学生的学习心理、交往心理、个性发展特点、个性意识特点。学校还定期请心理专家为班主任举行讲座，使班主任学会自我认识、自我调整。

为了使班主任缓解心理的疲惫，每学期各个年级都要召开一次"班主任与学生情感互动会"，通过学生赞美老师、老师欣赏学生的交流，使班主任从中体验教育的成功和亲情的快乐。

其次，以分层培训为立足点，促进班主任研究能力的发展。分层培训分为以下几种情况进行，一是普通培训，主要是培养工作能力。为了不断提高班主任的研究能力和教育艺术，每学期德育管理部门都精心设计新学期班主任学习培训计划，确定重点内容，做到有计划、有组织、有记录、有考评。新的学年开始时，学校利用假期对新初一班主任进行集中培训，重点讲解新生的养成教育和学校的有关规定。每逢大的对外活动，都要进行相关内容的培训，用以达成教育活动的最佳效果。每逢周一，作为班主任例会进行集中学习。另外，根据教育的适时性聘请专家进行辅导，以不断更新教育观念，掌握先进的教育手段，提高解决问题的能力。

二是重点培养，以提高研究能力。为了促进班主任队伍建设与发展，学校着眼于"名班主任培养"。给班主任中的骨干创造各种外出学习的机会，让他们在学访中借鉴先进的教育方法、手段为我所用。学校为他们"搭台子，搬梯子"，提供更多的展示，让他们更好地发展。学校还通过组织班主任论坛让他们做重点发言，把他们的典型经验、教育案例、德育论文向市、区推荐参加交流和评选，同时为了记录他们的成长过程，学校将他们的教育手迹编辑成册，成为班主任学习、交流的材料。

最后，积极开展德育科研，促进班主任理论水平和工作能力的提高。社会的发展，素质教育的深入，引起了教育的深刻变革。在变革中不可避免地要出现无数新的问题，那么德育科研工作就成为解决这些问题的有效途径。我校班主任大部分是本科毕业生，这为开展德育科研工作提供了良好的条件。为了保证德育科研工作的顺利开展，学校将德育科研制度化，提出"问题即课题"的理念，要求班主任从学生入学时起，结合学生的实际情况，制订德育工作规划并确定德育科研课题，确定研究人员，并根据科研的程序开展研究。学校还定期检查课题的研究进展情况，期末召开德育科研课题汇报交流会，各年级对德育科研的研究结果进行汇报，经过长期的坚持，我校逐渐形成了浓厚的科研氛围。年级之间、班主任之间相互交流学习，使班主任的科研意识变成了自觉行为，有力地促进了班主任理论水平和工作能力的提高。

3. 完善激励导向机制

（1）实行双向选聘

每学年工作结束前，下发新学期教师工作意向表，征求班主任工作岗位人选，然后挑选其中自愿承担班主任工作的优秀教师进行聘任。

（2）注重激励

激励方式有：津贴激励——根据考核结果发放班主任岗位津贴；关爱激励——积极为班主任提供进修的机会和成为名师的机会；升职激励——在评职、晋级等方面给予政策上的倾斜；推优激励——推出评选"优秀班主任""特色班主任"等活动，注重对班主任的精神奖励。

（3）健全考核评价机制

制订班主任管理办法，并对班主任工作进行多元化的考核是加强班主任工作的日常管理的重要内容，是学校的德育工作能够通过班主任的具体工作得到落实的保证，同时也是帮助班主任实现工作需求的有力举措。为了发挥考核评价的效应，促进教师力争上游，学校在完成这项工作中有如下流程：

第一，构建评价指标体系。建立评价指标体系主要有四项内容：一是班主任是否符合基本任职条件；二是履行班主任职责情况；三是履行班主任职责所应具备的素养达成情况；四是班主任工作的实际效果。在四项大的指标下又分解为若干个具体的可测评的指标及其权重分配。为保证其科学性和可测性，学校组织专门力量，在广泛听取班主任意见的基础上加以制订。

第二，建立评价运行机制。为了防止评价的片面性，学校坚持他评与自评结合的方法，以自评为主。他评主要包括领导评、同事评、学生评、家长评等，这些都属于外部评价，外部评价一方面对班主任起着监督促进作用，另一方面也促使班主任不断反省自己的工作。自评是班主任自我认识、自我分析、自我促进、自我提高的过程，它比外部评价更具有持续性和有效性。当然，外部的评价最终还得通过班主任自身的认同、内化，才能真正发挥作用。

我校在班主任建设过程中，通过思想上、制度上、能力上、评价上等方面的教育与培养，有力地促进了这支队伍的壮大与发展，并涌现出一批积极向上的年轻班主任。班主任队伍建设离不开日常管理，班主任的成长离不开有计划、有目标的培养，我们也将持续地坚持下去，继往开来，为实现班主任队伍的整体优秀而不断努力。

依托校本教研，强化教师专业能力

校本教研，就是为了改进学校的教育教学，提高学校的教育教学质量，从学校的实际出发，依托学校自身的资源优势和特色进行的教育教学研究。积极开展校本研究，大力倡导"教师"即"研究工作者"已经成为教育研究与实践的热点。1996年以"加强教师在多变世界中的作用之教育"为主题在日内瓦召开的国际教育大会第45届会议的非洲地区筹备会议提议，教师必须通过有适当监督的校内实践经验而获得教学技能，同时还要求进行行动研究："教师应对他在课堂上遇到的问题加以研究，这种研究成果将可以丰富教师教育的内容。"国际教育大会第45届会议最后通过的《建议》则指出："教师不仅必须不断地更新自己的技能，而且还应培养其学生在整个生活过程中创造知识所需的态度和技能，教师自己要积极参与进修计划地制订。"由于能满足学校和教师发展的实际需要，教师对学校或学校与大学联合提供的校本课程及活动参与程度很高，辅之以有效的相关专业发展计划，确实能提高教师的教育能力。[①] 以上这些会议决定都指出了教研对教师专业能力提升的重要性。

随着我国新一轮基础教育课程改革的不断深入，与之相适应的教师教育培训体系逐渐形成。不过，人们发现当新课程的理念在操作层面落实时，能够从高层传递给低层的信息竟变得非常模糊，而这种模糊信息往往也使操作层面因为理解不到位而带有很大的盲目性，并因教育情境的复杂性而导致理论与实践相分离的现象，从而使培训变成了因为行政指令不得已而为之的任务。面对越来越多的教师抱怨，一些地区和学校也逐渐从学校实际出发，开始建立立足课堂教学，从本校的实际出发，构建以教师所在学校为基地的校本培训。

基于上述分析，深入地学习现代教育科学理论，并切实地去指导教育教学实践，教育科学研究才能转化为新课程理念下教育教学的高质量、高水平、高速度、高效率。通过教育科研提升学校的品位，促进教师的专业化发展，这已经成为塘沽十五中人的共识。

一、营造教研氛围，务实教研文化

学校搞教育科研，不是搞形式，不是搞花架子，也不是为了装门面。它的基点在于造就一支具有高素质、高水平的师资队伍，进而推动学校的教育、教学等各项工作。作为学校，不能盲目地追求课题立项的级别和数量，而应根据学校不同发展时期的需要，在充分调研的基础上确定学校的研究课题，课题研究的过程应该成为促进学校发展的过程，也可以说是学校的办学不断形成特色的过程。要努力创设务实的研究文化，这是教师走向教育科研的基础。

首先，校本教研要关注教师的需要和成长。校本教研培训有利于教师的专业成长，对教师来说应该是一个提升自己的重要过程。因此，在校本教研培训中，学校力争采取多种形式，利用各种条件，借助多种渠道，组织教师学习有关教育改革与发展的文章，学习现代教育理论，特别是素质教育理论，增强学习意识。并在此基础上研讨、交流、提升认识，形成新的教育理念，进而用先进的教育理念指导教育实践。另外，在进行教研活动的过程中，学校十分关注教师的需求，十分关注教研活动是否有利于教师的专业成长。新课程改革的实施，使我们认识到校本教研要尊重教师的个性和人格，发展教师的兴趣，提升教师的培训水平。

其次，校本教研要和课题研究相结合。课题研究在促进教师专业化发展方面

---

① 严苏凤、梁崇科：《校本教研：新课程背景下教师继续教育模式探究》，载《理论导刊》，2009年第4期。

的作用已经被大多数学校管理者认可，各校也非常注重课题立项的级别和数量。我校十分重视引导教师进行课题研究，并帮助教师收集和公布市区级的课题信息，指导教师进行课题立项等工作。另外，学校在课题立项后是如何实施的，实施的过程是否真实可靠，是否解决了教育教学中的实际问题，课题实施后发挥的效益如何等问题也安排专门人员进行了监督和指导。中小学教师搞教育科研的根本目的就是为了解决教育教学中的实际问题，最终应定位在提高课堂教学的效益、促进教师和学生的发展上。我们十分注意将教育教学过程中的典型问题、典型矛盾转化为课题，采用"问题即课题"的教育科研选题思路。力求通过校本课题研究，促进教师成为研究型、专家型教师。

最后，学校领导要引领示范教师开展科研活动，这样，才能真正成为教育科研的领导，教育科研的组织工作才能有实效。尤其是校长要成为教育科研的引路人，要必须抓住一切机会去学习，使自己对教育科研工作有一个正确的认识。深入课堂、聚焦课堂，抓好对教育教学工作的引领永远应该是校长的"主科"。脱离课堂、不抓教育教学的校长不是称职的校长。校长只有经常深入到课堂中，深入到学生中，才能发现教育教学中的真实问题，也才能针对问题进行课题研究，真正做教育科研的引路人。

二、结合教学课例，优化动力机制

科研能育师，科研能兴校，一支高素质的教师队伍必须是一支善于发现问题、勇于探索、大胆创新、协作分工的群体。我校在实践中坚持把科研与教学相结合、研究与培训相结合，以此促进教师教学水平与能力的提高，促进教育教学质量的提高。

为了优化教师发展的动力机制，我校在开展校本教研活动中，把对教师的能力要求引入课堂的实际操作之中，并实施开展教学即研究活动，其中学校的典型做法是开展了"说教材"活动。

1. 为什么要开展说教材活动

基础教育课程改革已经进行了多年，取得了一定的成效。但在课程改革过程中，一些基层教学研究者和一线教师往往更关注教师的教学方式和学生的学习方式的变革，而对教学内容的改革重视不够。在课程改革过程中出现这种现象，有四方面的原因。其一，《基础教育课程改革纲要》指出"课程改革特别要注重教师的教学方式和学生的学习方式的变革"的影响。其二，一些基层教学研究者和一线教师们往往认为教学内容是国家规定的，教师只要按照教材提供的内容教好就行，不需要再进行过多的研究。其三，一些学校管理者存在片面的认识，他们认为现在分配的教师都是正规院校毕业的，在知识上是没有问题的，关键是教学方法问题。其四，上级部门开展的一些教学研讨活动以及论文征集、课例征集等评比活动，多数都是针对教师的教学方式和学生的学习方式进行的，一些课程改革推动会也多是片面追求教师的教学方式和学生的学习方式的创新。然而，对于教学内容方面的改革却很少有人关注，都认为那些是专家的事情，不是一线教师的事情。

针对目前的这些情况，我们感到很担忧，试想，如果一位教师连教材都没有把握好，对所教的教学内容不能融会贯通，再好的教学方式和学习方式又有何用，又怎么能提高课堂教学效率呢？相反，如果一位教师对所教的教材非常熟悉，那么即使他的教学方式不是特别优化，我想他也能实现最基本的教学目标。

所以，无论进行怎样的课程改革，钻研教材、吃透教材都是教师的基本功。尤其在当今课程改革搞得轰轰烈烈的背景下，我们更应该关注教师对教材的把握情况。其实，很多特级教师的教学效果之所以好，与他们对教材的把握是密不可分的。由此可见，在课程改革进行到今天，我们必须重新认识把握教材、吃透教材的重要性。扎扎实实地开展说教材活动，正是为了使更多的教师更好地把握教材，以此锤炼教师的教学基本功。

2. 怎样开展说教材活动

第一，要引导教师反复深入地学习各个学科的课程标准。国家的课程标准是唯一的，教材却不是唯一的，专家们可根据国家的课程标准编写出各类不同版本的教材，但无论哪个版本的教材都需要在课程标准的指导下编写。所以，教师们只有把握好课程标准，才能站在更高的层次上认识教材、把握教材，真正体现新课程标准所提出的"用教材教，而不是教教材"的要求。

那么，如何研读课程标准呢？首先，应该明确课程标准对整个学段教材的总体要求。另外，要明确课程标准对各个年级教材的教学要求。在理解课程标准对整个学段教材和各个年级教材要求的基础上，再研读整个学段的教材。教师要弄清整个学段教材的编排体系，即整个学段的教材都包括哪些知识，这些知识是按照怎样的逻辑顺序串联在一起的；在学习这些知识的过程中，要培养学生哪些能力，这些能力的形成是如何渗透在各个不同年级的；在传授知识和培养学生能力的过程中，应该渗透怎样的情感态度和价值观。也就是说，教师在整体把握教材的基础上，要弄清楚整个学段的教材对学生的知识体系要求、能力体系要求和价值体系要求，为此可分别画出知识树、能力树和价值树，以更直观地反映出整个学段教材的要求。

第二，要通过研读整个学段的教材，弄清楚前后教材中的哪些部分可以整合，前后教材的内在联系是什么。只有明确了各个部分知识之间的关系，才能用好教材。在教师把握整个学段教材的基础上，学校可开展说整个学段教材的活动。说整个学段的教材，要求学科组的每一位教师都要精心准备。以学科组为单位，人人登台进行讲解，学科组内的教师可相互学习，相互借鉴，最后通过学科组教师的共同研究、讨论形成比较完善的学段教材知识体系、能力体系和价值体系三棵知识树，并做好对教材的深入分析。

写教材分析要从以下几个方面来写：①课程标准对本学段的基本要求是什么（质的要求和量的要求），应如何落实这些要求；②本套教材的编写意图和体例是什么；③本套教材包括了哪些知识，是以什么样的逻辑线索把这些知识结构起来的（要画出知识树并加以说明）；④本套教材哪些知识可以前后整合起来；⑤本套教材所蕴含的能力体系和价值体系是什么；⑥初中和高中要分别说明考试大纲的要求；⑦如果学校领导让我从初始年级教到毕业班，我打算如何处理这套教材。

写完教材分析后，以教研组为单位人人登台演讲，把自己画的知识树投到银幕上（或画到黑板上），讲解自己对教材的理解和处理设想。当然这项工作不可能一遍完成，要反复讨论、烂熟于心。

说一册教材和一个单元的教材也是按照以上七个方面说，只是说一册教材比说一个学段要具体一些，说一个单元就更具体了。

第三，说教材形式可以多样化。说教材活动可分为说整个学段的教材、说一册书的教材、说一个单元的教材、说一课（节）书的教材、说一课时的教材五种形式。另外，有的学科还根据知识之间的内在联系开展专题说教材活动。在各类说教材活动中，各个学科说教材的总体框架基本一致，教师们都紧紧围绕自己设计的知识树展开。近年来，我校共组织教师先后赴河南安阳、山西太原、北京等地参加30余次全国性的各类说教材展示和示范活动，此举锻炼了一批中青年教师，使其开阔了视野。从一些中青年教师的教学反思中，我们看到了这些中青年教师积极上进、渴望进步的精神。我校开展的说教材活动不断推向深入，教师们认识越来越深刻，由开始盲目地开展，到现在有序地开展，经历了几年的时间，取得了一定的成效，教师素质以及教育教学水平有了明显的提高。

三、开展多种活动形式，丰富校本教研

1. 开展多种教研活动形式

我们积极创设科研工作化、工作科研化的氛围，引导教师树立"教学就是研究"的理念。我们围绕课题开展了相应的课堂教学竞赛、说课比赛、教学设计方

案评比等活动。学校积极给教师们搭建平台，举办相应的研究课及不同层次教师的优秀课竞赛活动，如首席教师、学科带头人、骨干教师展示课，青年教师研究课，进行优秀教学设计方案、学案，优秀试卷，优秀课件，优秀教学案例，优秀作业设计，优秀论文等评比交流，举行说课、读书论坛等活动。让教师们在这些活动中反思自己的课堂教学。

通过引导教师写教学反思，写理论学习随笔，编写教学反思集、教学案例集、理论学习随笔集等不断提高教师的教育教学研究能力。学校通过改革备课方式，探究使用集体备课下的共享教案，科学使用讲学稿，抓各种业务比赛，进行同课异构、读书沙龙等活动促使教师成为研究型教师。

2. 拓宽校本教研活动范围

校本教研虽然是以学校教师为主体，但它不完全局限于本校内的力量，因为校本教研是在一定理论指导下的实践性研究，缺少先进理念的引领，就可能困于经验总结水平上的反复，甚至导致形式化、平庸化。教师专业能力也必须在先进思想和方法的引领下，才能逐步实现提升。因此，学校必须拓宽各种渠道，采取多种形式，有针对性地组织各类培训，加强对教师的专业引领，强化理论对实践的指导，实现理论与实践的沟通，促进教师观念的转变和综合素质的提升。

一是聘请知名的专家教授作为学校的常年顾问，定期到学校来开展讲座和评课、座谈等活动。通过专家、学者的指导，提炼聚集教学中的实际问题，分析问题的归因，设计改进的策略，验证教学研究的成果。聘请高等院校和科研机构的理论研究工作者给教师讲解新课程改革的新理念、新做法，拓宽教师的教育视野。聘请市区的名特优教师讲述自己的教育教学实践，给教师的具体做法给予方法上的指导。

二是组织全体教职工到课改先进地区、先进学校考察学习，回来后组织"学访大讨论"进行了深入的分析，很多老师在自己的课堂教学中进行了有益的尝试。

三是学校充分挖掘自身的资源，对教师进行培训，由于经验做法就在身边，所以教师们更容易接受。我校先后安排外出学访的领导教师进行学访汇报交流，组织学校内的首席教师、学科带头人和骨干教师进行说教材的示范和课堂教学展示等诸多培训活动。

这样开展校本教研培训时，教师都能充满热情地参与到活动中来。学校鼓励和强调教师个体的自我努力和感悟，因此教师能把理论学习同教学实践的具体案例相结合，在学前思考，在学中交流，在学后感悟，每一次校本教研培训的过程都是教师体验、感悟、反思和自我发展的过程。

四、实施教师集体备课

　　过去教师们书写教案往往重格式、轻内容，重形式、轻效果；领导检查教案时往往只要是数量足够、书写工整、项目齐全，就往往被评为优秀教案。然而教师究竟是否用这个教案去上课，教案里的内容是否体现了教师的创造性劳动却很少有人关注。这个现实我们不能不面对，也不能回避这个现实。因此，为了提高教案的实效性，我们就必须从实际出发，改革教师的备课办法，提倡集体备课。

　　集体备课的具体做法包括：备课组集体讨论教科书教法—分工执笔写教案—集体讨论并修改教案—形成电子教案并共享。教师们在应用共享教案时，还可以结合本班学生的特点适当进行修改或设计教学流程，进行个人加减，这样做的目的是尽可能减少教师们无效劳动的时间，把精力真正用在了备课上。

　　据调查，我校倡导教师集体备课的做法每周可减少教师五六个小时的无效劳动。这样做可以把教师从抄教案的无效劳动中解放出来，集中精力研究学生、考虑教法，结果会大大提高课堂教学的效率。教师们在教学过程中有了新的体会，可及时在电脑上或共享教案上提出修改意见，每个教师使用一种颜色的记号，一看就知道是谁的建议，过后开展集体讨论，修改后的教案供下一轮使用。但这里需要指明的是，无论多么好的教案，也不可能把教师备课的全过程体现出来，教师上课时还是要根据具体的情境进行适当的调整。

五、有效利用各种业务比赛

　　学校积极给教师们搭建平台，举办相应的研究课及不同层次教师的优秀课竞赛活动，如首席教师、学科带头人、骨干教师展示课，青年教师研究课；进行优秀教学设计方案、学案，优秀试卷，优秀课件，优秀教学案例，优秀作业设计，优秀论文等的评比交流；举行说课、读书论坛等活动。让教师们在这些活动中反思自己的课堂教学。通过这些活动的开展，让教师们磨砺自己的教育教学基本功，在全体教师中形成同伴竞争互助，超越自我的浓厚氛围。

完善校本培训，创新学校管理

一、校本培训的特点

　　教师校本培训有两种含义：一是以培训地点为依据，指完全在中小学内进行的教师在职培训活动；二是以培训内容为依据，即促进教师专业发展、改善学校和教学实践为中心的培训。目前，比较常用的是后一种含义。联合国教科文组织《1998年世界教育报告——教师和变革世界中的教学工作》指出："大多数国家的师范教育虽然仍把重点放在教师的前期培养上，但教师的在职培训或进修在最近30年显得很重要。教学同其他职业一样，是一种'学习'的职业，从业者在职业生涯中自始至终都要有机会定期更新和补充他们的知识、技巧和能力。"[①] 教师校本培训在20世纪70年代中期作为教师在职培训的新概念与新策略最先在英、美等国产生。教师校本培训的出现主要是针对由大学或教师教育机构进行培训时的弊端而出现的，这种弊端主要是教育理论与教育实践脱节、规律性的教育理论难以应对复杂的教育实践、解决教育问题，教师自主性得不到发挥，培训效果不理想。于是，各国开始重视学校在教师的在职培训及教师专业化发展过程中的作用，逐渐形成了以中小学校为中心的教师在职培训模式。[②]

教师校本培训与非校本培训相比，有以下特点：第一，目标的直接指向性。教师校本培训有效克服了传统教师培训（包括学历教育、脱产进修、在职进修等）的局限性，将培训目标直接指向教师和学校的具体要求，从学校和教师的实际出发，通过培训解决学校和教师的具体实际难题，促进学校自身的发展，提高教师的教育教学和教育科研能力，从而提高教育教学质量。第二，组织的自我主体性。校本培训多由学校自身组织、规划，不仅培训方案由学校自身研究设计，而且培训力量也多半来源学校内部。当然也离不开校外专家的指导，但他们都是与学校教师结合成"共同体"，协同开展研究、培训。第三，内容的现实针对性。校本培训的内容不再是为解决普遍性问题而选择的，而是从学校和教师的实际出发，有什么问题就培训什么，其培训内容充分体现了差异性，实用性和针对性。第四，方式的灵活多样性。校本培训的方式极为灵活，主要有课题研究，教育专业人员作教育教学和教育科研报告，优秀教师与新教师结成师徒，学校或各教研组组织教师互相听课、评课、开教学研讨会、经验交流会，校际间的交流、互往等。

二、校本培训的效果

校本培训是教师专业可持续发展的有效途径之一。教师素质的提高绝不是单一地通过组织培训就可以实现的，必须通过建立一种能够不断激发教师内在发展

① 联合国教科文组织：《1998年世界教育报告——教师和变革世界中的教学工作》，1998年，第12页。

② 王晶：《课堂教学分层培养模式的教师校本培训实证研究——以天津市第一中学为例》，载《天津师范大学》，2008年。

动力的发展性培训机制和手段。在构建发展性培训机制的时候，一方面要注意教师当前的教育教学困难，同时，也要强调教师对未来教育中可能出现的问题的关注。要有效地避免"头痛医头，脚痛医脚"的问题，要实现对教师前瞻性、全方位发展的关照，不要停留在教师培训低水平重复的误区。通过校本培训，提高教师的专业知识水平、教研结合能力以及信息技术的运用能力，以促进角色的转变。

第一，提高专业知识水平。专业知识与教学智慧相辅相成，当今世界的迅速发展，专业知识在不断地更新换代，教师只有不断学习，才能更新教育观念，才能有更广阔的教育视野，才能胜任工作，适应时代的教育变迁。

第二，提高教研结合的能力。走教育科研之路，促进教育的发展已成为大家的共识。教师边教学边研究自己的课题，才会形成教育思想，找到教育规律，提高教学效率，向着教学的自由王国迈进。

第三，提高信息技术的运用能力。教师在掌握信息技术的过程中，要努力提高搜集和处理信息的能力、课程开发和整合的能力、将信息技术与学科教学有机结合的能力、指导学生开展研究性学习的能力等等。

第四，促进角色的转变。新课程提倡培养学生的综合能力，而综合能力的培养要靠教师集体智慧的发挥。因此，教师必须学会与他人合作，与不同学科的教师打交道。另外，教师必须转变教与学的观念，以促进学生全面健康发展作为教师教学行为的指导思想。

三、完善校本培训模式，实施科研兴师战略

我校通过开拓校本培训的途径和方式，构建了校本理念、校本活动（各种业务比赛）、校本科研、校本文化（教师文化、课堂文化、制度文化、管理文化）、校本管理（教案共享、学练卷）、校本教材等多种培训模式。学校先后制订了首席教师、学科带头人和骨干教师的培养方案和考核办法，制订了任职3年内的青年教师、任职3~5年的青年教师及任职5~10年的青年教师的培养考核办法。

围绕以上要求，学校积极给教师搭建平台，举办相应的研究课及不同层次教师的优秀课竞赛活动，如首席教师、学科带头人、骨干教师展示课，青年教师研究课等，进行优秀教学设计方案与学案、优秀试卷、优秀课件、优秀教学案例、优秀作业设计、优秀论文等评比交流，举行说课、读书论坛等活动，让教师们在这些活动中反思自己的课堂教学。同时，我校每学期或每学年都对这些要求进行严格的考核评价，考核评价结果与绩效奖金紧密结合。

加强校本培训，引导教师写教学反思，通过课堂教学反思提升自己的专业化

水平。我校的教研组、备课组逐步改革备课方法，提倡学术争鸣，务实开展研究工作，既加强集体备课和学术交流，又注重个案分析研讨，改革备课模式，提高备课的实效性。在教学实践中，我们探索出了分层教学的可操作性的教学模式，现在我校正在围绕分层教学开展课堂教学改革。同时，"导入新课，明确目标；自学指导，整体感知；检查点拨，探寻规律；练习达标，拓展提高"的四环节整体建构的课堂教学模式也正在各个不同学科中实施。实践证明，以学生为本，研究课堂教学，进行教育科研必须采取求真务实的态度才能收到真正的效果。

我校组织教师每周写一篇教学反思或学习笔记，思考失败之处或反思自己的教育教学行为。纵观老师们的笔记，有的教师反思教育教学是否让不同的学生得到了不同的发展；有的教师反思自己的教学是否真正达到了教学目标；有的教师则记录着教育教学过程中的所得、所失、所感。从老师们的教育教学反思中可以发现，"反思"已经成为校本培训的有效方法，已经在有力地推动着我校的教育教学质量的提升。

四、创新管理模式，使校本培训走向完善

社会竞争的日益加剧给学校发展带来了前所未有的挑战。每一所学校只有抢抓先机，向更高层次发展，才能提升学校的核心竞争力。而学校的发展，其根本就是教师的发展，一所学校只有把内涵发展的进程融合到教师发展的进程中，才能把打造品牌的功课做得风生水起。为此，我校从当前的教育形势和学校的教学实际出发，不断创新管理，注重创设激发教师发展意识的教育环境，不断加强教师队伍的建设与管理，为教师专业发展构建了良好的管理氛围。

1. 实施人本管理，激励教师发展

苏霍姆林斯基说过，学校及学校所从事的一切活动赖以确立的基础，就是每个教师的多样化的知识、丰富的智力生活、宽阔的眼界和在学识上的不断提高。新课程实施后，我们必须正确认识新课程给学校管理带来的巨大变化，确立以人为本的管理观，激励教师积极发展。学校管理者必须要学会尊重，尊重教师的人格，尊重教师的合理需要。实践表明，满足人的需要是激励机制的核心，学校管理的一个重要任务就是要给教职工提供充足的机会来满足其个人发展专长、爱好和事业的需要，即学校除了要求教职工服从学校组织的目标外，还需要更多地顾及教职工的利益，满足教职工的合理需要，做到关心每一个人，关心每一个人的个人价值和奉献。

我们要制订促进教师专业发展制度，构建教师发展激励机制，为教师的发展

注入动力，激发活力。要尽可能多地为教师提供服务，除了必要的刚性管理以外，学校应最大限度地实施柔性管理，努力做到对教师工作上支持，生活上关心，人格上尊重。因为和谐比约束更为有效。

2. 规范岗位职责，细化岗位目标

要让教师静心工作，首先，要制订出各类教师的具体岗位职责，使每个人清楚自己应该干什么；其次，要制订与岗位职责配套的评价指标体系，使每个教师知道干到什么程度才算好；最后，要制订考核的具体方法和奖惩办法，把评价指标体系落到实处。以上三个问题可归纳为：干什么、干到什么程度、干与不干有什么区别。

在岗位职责制订出来并被教职员工认可后，我校又制订了相应的考核评价方案。评价方案分为工作态度、本职工作、加分项和减分项四个指标，每个指标都有若干关键表现予以佐证。学校制订的考核评价措施必须综合考虑学校工作的各个方面，不能过分强调某一方面而忽略另一方面。在评价上要让教职员工感觉到谁都不能主宰自己，只有自己的努力才能主宰自己，这样才会使学校的人际关系简单化，让教师静心工作。下面是我校教师的岗位具体的责任制要求。

教师岗位职责

1. 按时参加区、校教研及校内教学会议，教研记录不得过于简单，要按时上交。

2. 病事假需提前一天请假，突发疾病需尽早通知学校。教师因病、事假未及时通知学校造成误课、空课或漏课、私自倒课都将追究教师责任。

3. 媒体使用应达到月课时总数的50%。

4. 教师要有效地组织课堂并坚持正面积极地教育学生，不得将学生哄出教室或随意停课；教师不能有迟课、课上随意出教室、课上接打手机、无教案上课、坐着上课等现象。

5. 监考期间不得闲谈、看书报，监考不能迟到、早退、中途外出，由于个人原因不能监考要提前请假，不得出现收发试卷错误等监考失职现象。

6. 作业批改应符合次数要求、有鼓励性语言和复批，并按时上交被检作业，不应批阅简单、出现误批现象（主科70%，副科50%）。

7. 按时上交记分册、教案、试卷分析，按量完成听课记录，记录要翔实。

8. 按时上交暂困生档案、学优生档案。

9. 对有流失倾向的学生要有工作措施记录。

10. 按要求开展教研活动或上交材料，备课组长按时上交授课计划，教研组长按时上交学期计划、总结。

11. 支持学校安排，承担早自习、自习课及临时性工作；辅导学科竞赛或承担二课堂活动。

12. 每月按时交 2 篇学习笔记、2 篇教学反思，力争获得优等级。

3. 减轻教师负担，创设宽松环境

校长的工作经历使我感受到作为当代的一名校长着实不易。在学校正常的工作时间之内，校长根本没有多少精力和时间静下心来读书学习。联想到我们的老师，他们同样也面临着这样的问题。现在的教学常规要求越来越高，教案的规范要求细之又细，每堂课后教师要写教学后记、教学反思，每学期要写教学论文、教育案例，开学初要交各种各样的计划，学期末要交各种各样的总结等。如果是班主任，各种各样的事务性工作更多。再加上学校各种各样的量化评比，教师们的确负担很重，不免出现应付工作的现象。教师们面对繁重的工作，想静下心来读书学习、提高自己的专业化水平是很难的。作为校长，必须切实减轻教师的负担，减少教师的无效劳动，减少一些形式上的东西，给教师创设宽松的环境，使他们能够有充足的时间去提高自己的专业素养。

在这方面，我校采取了集体备课下的共享教案，改革学校例会制度，给教师自主研究提供时间。成功而有效的学校管理，应该是最大限度地节约教职员工的时间，只有这样，教职员工才能真正成为自己的主人，校长才能有更多的时间思考学校发展的大事、要事。近几年来，我校逐步做到了使会议"瘦身"，废除了每周都开行政例会的做法，无特殊情况，一般是分别于学期初、学期中和学期末开三次行政办公会，全体会也很少开。

在具体工作中，我们也尽量化繁为简，提高效率。凡是分管校长管理的处室均由分管校长按照学校的总体工作计划布置具体工作，协调解决相关的问题；对于跨部门的事情，则先由分管校长进行协调解决，分管校长之间确实很难协调解决的事情，再由校长出面协调解决。学校还积极推进学校例会制度的改革，提高会议效率，给教师自主研究提供时间，有力地促进了教师的专业化发展。

4. 搭建发展平台，鼓励教师成名

一名校长要抓的事情的确很多，但在繁杂的学校事务中，校长一定要头脑清醒，要抓那些牵一发而动全身的事情，要抓主要矛盾，抓矛盾的主要方面。在学校里，抓教师队伍建设，给教师创造条件，让教师能够静下心来自我发展，这才是抓住了主要矛盾，抓住了学校发展的灵魂。

5. 改革管理体制，一切为了教师发展

教师队伍建设需要强有力的管理。因此，改革学校管理体制、改革人事管理机制，无疑是非常重要的方略。2006年寒假，学校研究决定，把原来的教务处分设教学运转处、教学质量处、教学科研处三个处，下设三位主任。其中，教学运转处主要职责是负责教学的常规工作，教学质量处主要职能是跟踪教师业务成长情况，教学科研处主要职能是引领教师走教育科研之路。另外，把原来的德育处、体卫处整合为德体卫艺处，下设三位主任，其中有一名主任专门抓班主任工作。

自2007年暑假起，学校又做出了三项决定：一是成立了"校园文化研究室"，二是成立了"名师培养工作室"，三是学校实行了全员聘任、竞争上岗制度。实践证明，改制后的管理机制工作通畅，执行力大大加强，教师队伍建设的方向更为明确。人事制度的改革，使教师争创一流工作业绩的热情得到了极大的激发，促使广大教师具有独立主体地位和自主行为能力，也增强了教师的质量意识和责任感。由此可以发现，随着社会的变革给教育带来的前所未有的挑战，改革传统的管理体制，构建合理的竞争机制，是教师队伍发展建设的重要策略。

6. 积极指导教师制订工作规划，提高工作绩效

每到新学期开始，很多学校一般都会要求教师制订学期工作规划，甚至有的学校在上一学期末就给教师布置了这样的假期作业。学校进行这项工作可谓是用心良苦，其目的就是要督促教师更好的规划一个学期的工作，促进教师的专业发展。可实际上，究竟有多少位教师能够用心撰写这个规划呢？另外，教师们把写好的学期工作规划交到学校的有关管理部门后，学校领导又能审阅指导多少份规划呢？此外，我们的上级督导评估部门在检查学校工作时，又有多少人能认真阅读教师的工作规划呢？久而久之，学校的这个工作就是流于形式了，老师们写的规划也不过是成为了学校档案里的一些素材，不过是成为了学校应对上级检查的一些档案材料。可见，与学校发展规划"脱节"的教师个人发展规划，是无益于教师专业发展和学校教育教学质量提升的。

实际上，作为一个学校，要制订三至五年的学校发展规划，每个学年度或每个年度也要制订规划，甚至每个学期、每个月，乃至每一周都要制订规划或计划。可见，规划或计划在学校发展中的作用是至关重要的。然而，学校规划最终要依靠教师来完成，如果教师们能够根据学校的发展规划恰当认真地规划自己的工作，那么工作效率、工作效果就会大大提高；相反，如果教师们只是被动地接受学校安排的任务，其工作效果就不会好，学校的规划也不会高质量地完成。可见，教师制订的规划直接影响着学校规划的完成。那么如何指导教师做好个人的发展规划呢？

（1）引导教师做好自我评价

教师做好自我评价是制订好个人发展规划的前提。自我评价包括对自己目前基本现状的分析，如学历情况、职称情况、课堂教学能力、教育学生的能力、教育科研的能力以及从事班主任工作的能力和处理各种人际关系的能力等。对这些问题，教师都要逐一分析自己的主要优势和存在的主要问题。忽视了对这些问题的分析，就很可能使我们制订出的规划不切合自身发展的实际，使我们制订的规划成了无源之水、无本之木。但是，人们往往认识别人比较容易，容易发现别人身上的优点或不足，但往往不容易认识自我，特别是对自身的不足往往认识不到。但是正确地认识自我是制订规划非常重要的一个环节，所以，我们在制订规划前，必须要充分考虑自己现有的发展层次，要力求在原有的发展水平上继续得到发展，要在继承中求得发展。另外，要注意引导教师对我们所处的环境因素要分析透，如上级教育行政部门的工作重点是什么，学校的工作重点是什么，要综合这些因素，定位自己的发展层次，使自己的发展与学校的发展捆绑在一起。

如何引导教师正确地做好自我评价呢？可引导教师通过和学校的一些干部、不同层面的教师代表进行交流，从中了解他们对自己的评价；还可以从社会的公信度、社会的反映、学生及家长的反映来获取对自己评价的信息，从而找出存在的问题；还可以从学校对自己的考核结果，从一些直观的数据中了解自己在学校全体教师中的位置，等等，教师只有对自己的情况了如指掌，对我们所处的教育环境认识清晰，制订出的规划才能切合实际，才能有利于推动工作。

（2）引导教师做好目标的设定

目标可增强自我发展的推动力，教师要想得到快速发展必须要有明确的目标。简单地说，教师应该明确自己应该向哪个方向发展，清楚自己三年后要达到什么水平，五年后要达到什么水平；要达到这样的水平，每学期、每年都应该完成什么样的具体任务，应该从哪些方面做出努力。如果我们的教师缺乏终点思考的思维品质，不清楚自己三年后、五年后要达到什么样的水平，只是疲于"应对"，那么自己的专业就很难得到真正的发展。教师在给自己设定目标及发展规划时要遵循以下几个基本原则：

可行性原则：教师制订的学期规划不是单纯给别人看的，更不能是为了应付领导的检查，制订规划的主要目的是为了使教师自身的工作有目的、有方向，最终还是为了使自身更有目的地工作。所以，教师制订的规划一定要既适应形势发展的要求，又要切合学校发展的实际，更要符合教师自身的专业发展要求，不能只图形式上的新颖，要实用可行。

挑战性原则：教师制订的发展规划应该具有一定的挑战性，不能伸手可及，应该蹦一蹦、跳一跳，经过一定的努力才能达到。只有具有挑战性的规划才能激发教师的潜能，才能使教师的工作上水平，才能使教师自身的素质得到提升。如果教师制订的规划中的各项目标都很低，就不能激发其本人的斗志，即使所有的目标都实现了，工作也不会上水平，自身的专业发展也不会得到提高。

清晰性原则：发展规划应该目标明确，内容具体，这样才能有利于规划的有效落实，也才能发挥规划在指导实际工作中的作用，也便于规划的评估和反馈。如果规划中的内容都很模糊，就不便于规划的落实。

适应性原则：发展规划中制订的目标和措施应该具有一定的弹性，不能太死板，因为有些目标的实现不以我们的意志为转移，有很多客观条件难以控制。

持续性原则：发展规划中制订的目标应该具有一定的连续性，因为教师的专业发展需要一个过程，制订的学期发展规划只是教师自身专业发展规划中一个非常短的规划，所以设定的目标要和教师三到五年的专业发展规划结合起来。

（3）引导教师做好实现目标的行动计划

目标确定后，就要对实现目标的措施进行充分的论证，也就是说如何才能保证各类目标的实现。这样做的目的就是进一步强化目标达成的意识，因为目标制订出来后，不是给别人看的，而是引领我们提升工作质量的一个方向盘。如果没有切实可行的措施予以保证，制订的目标就很难实现。所以，为了保证目标的实现，我们一定要拿出具体的行动方式、具体的措施，如培训、学习、科研和实践等等。另外，我们必须正确地分析实现目标存在的困难，同时，也要指出希望学校提供的支持条件。

另外，要引导教师注意，学期发展规划实施一定时间后要进行评估和反馈，做好自我反思和自我调节。所以，我们制订的规划要有利于评估和反馈，能量化的尽可能量化，不能量化的尽量要有一定的素材供评价时参考。

构建教师评价考核和激励体系

一、教师评价的现状和意义

从目前学校发展的现状来看，首先学校在教师评价目标设定方面，基本兼顾了形成性评价与终结性评价，但终结性评价居于优势地位。在目标达成方面，终结性目标的达成度相对高于形成性目标，但二者的达成水平都比较低。其次，学校在教师评价政策制订方面随意性比较大，对评价政策的宣传学习还不够，透明度不高。关注评价方案的制订过程和宣传学习过程，是目前教师评价改革中需要加强的一个环节。目前的教师评价实践中，还存在的不足之处主要侧重在教师效能评价和教师素质评价方面，行为评价是目前教师评价需要加强的内容。在目前的教师评价实践中，由上而下的各级领导发挥着主要作用。对教师评价结果的书面或口头反馈没有得到充分重视，评价反馈在改进教师工作的作用没有充分发挥。

学校的各项工作如果不与相应的评价考核结合起来，便很难落到实处。那种没有对教师工作进行考核评价、完全依靠教师的自觉性去高质量完成各项工作的设想不仅是不现实的，而且也是不可能做到的。同样，教师的专业化发展如果不与相应的考核评价结合起来，即使我们对教师专业化发展方案设计得非常完美，也不会得到有效的落实，更不会收到较好的效果。因此，教师评价改革，既是课程改革的需要，也是学校管理和教师专业发展的需要。

《教育部基础教育课程改革纲要》指出，要建立促进教师不断提高的评价体系。强调教师对自己教学行为的分析与反思，建立以教师自评为主，校长、教师、学生、家长共同参与的评价制度，使教师从多种渠道获得信息，不断提高教学水平。教师评价具有导向功能和激励功能，如何通过教师评价来指导、激励教师专业发展，促进教师自身的成长，是许多教育管理人员思索和探索的重要课题。从课程改革来看，课改提出了培养学生"具有创新精神、实践能力和终身可持续发展能力"的观点，这也对教师评价提出了新的要求，指明了教师评价改革的方向。从教师角度来看，许多中小学教师对目前教师评价表现出不满情绪，教师评价没有很好地发挥其应有的积极作用，甚至产生相反的作用。所以，研究教师评价，建立科学的教师评价体系势在必行。

另外，做好教师的考核评价，也是对教师实施绩效考核工作的基础，它也是义务教育学校实施绩效工资制度的必然要求。绩效考核结果是绩效工资分配的主要依据。义务教育学校实施绩效工资分配改革，必须建立符合教育教学规律和教师职业特点的教师绩效考核制度，为绩效工资分配更好地体现教师的实绩和贡献、更好地发挥激励功能提供制度保障。做好教师绩效考核工作是加强教师队伍建设的重要基础。科学有效地实施教师绩效考核，是全面贯彻党的教育方针、深入实施素质教育的重要举措，是提高教师队伍整体素质、促进教师队伍科学发展的关键环节，是完善教师激励约束机制、努力构建充满生机与活力的教师人事制度的重要任务，对于加强教师队伍建设，充分调动广大教师的积极性、主动性和创造性，具有极其重要的导向作用。

二、构建教师评价体系的原则

教师评价是对教师工作现实的或潜在的价值做出判断的活动。教师评价的目的是对教师的工作给予反馈，改进或完善教师的教学，明确个人的发展需求和相应的培训，提高教师的能力以促进其完成目前的任务或达到将来的目标。教师评价应该给教师提供进步的空间和动力，应该是科学的有效的。因此，在制订评价指标体系时要掌握几个原则：

第一，部分评价与整体评价相结合。在对每类教师进行评价时，既要细化不同的岗位职责和考核标准，又要完整地看一个人。具体的岗位职责评价不具体就会流于形式，使评价工作落不到实处。但看待一个人的时候要完整评价而不是仅就某一方面做出判断。对教师的评价标准要采用综合的评价标准，不能顾此失彼、一好百好、一差百差。所谓综合的评价标准是全方位的、立体的教师评价标准，它要求对教师工作的方方面面都应做出科学的客观的评价。

第二，量化评价与质性评价相结合。在对教师的各项工作职责进行量化考核的同时，对一些不便于量化的指标要进行质性评价。质性评价虽然比较模糊，但对人的评价更完整、更深入。对于采用量化评价的指标要科学确定权重，对于不能量化评价的指标也要通过案例、实物等进行质性评价，要有看得见、摸得着、可操作的评价依据。

第三，引导与奖惩相结合。在评价中离不开具体的奖惩措施，离开必要的奖惩就无法引起人们的重视和形成良好的工作氛围。但评价的目的主要不在于奖惩，而在于引导教师的专业化发展。所谓发展性评价是指：评价是为了促进教师的发展。从这个意义上说，有利于教师发展的事就做，不利于教师发展的事就不做，一切为了教师的积极发展。所以制订出岗位职责和评价指标体系后，要广泛征求全体教师的意见，让大家参与到评价指标体系的制订中来。评价标准制订以后，要发动教师开展各种演讲竞赛和学习制度活动，取得大家的认同，这样大家就会自觉地遵守制度而不是靠奖惩来落实。要把制度管理和人本管理有机地结合起来。

第四，个体评价与集体评价相结合。评价对象既要有每一位教师的个体，也要有以学科备课组为单位、以教研组为单位、以教学班任课教师为单位、以年级组为单位的教师群体。所以，在研究评价指标体系时要把个体评价与集体评价结合起来。如同一年级的任课教师，如果过分强调个人的教学成绩或给教师排名次，就会出现同一个班的任课教师争课时、抢时间、压作业的现象。要强调集体的作用和力量，让每个教师在集体的发展中得到成长。

三、教师评价重在责任意识

责任意识是教师的基本素质。一个有责任感的人不会计较个人得失，会把做好本职工作看做是自己的天职，一旦做不好工作就会感到内疚甚至有一种负罪感，因而会千方百计地把工作做好。

教师的责任包含着多种内容。教师首先要对自己负责，因为这是自己的职业，也是自己的事业，关系到人生价值、教育理想的实现；要对学生负责，因为这是教育的本质，关系到每一位学生的生命价值和他们的将来；要对家长负责，因为孩子是家庭的希望，家长把孩子交给你，就是对你的信任，关系到每一个家庭的幸福；要对社会负责，因为社会的文明与进步取决于你的努力；要对国家负责，因为青少年是国家的希望与未来，"少年强则国强"。教师责任的关键是要对学生负责。青少年时代是人生的黄金时期，他们的成长过程带有很强的可塑性，教师的行业举止无不在潜移默化地直接影响着每一个学生。教师在观察中时常会发现：班干部管理同学，很多时候讲话举止、方式、方法特别像某位老师。这正如著名教育家加里宁所讲的那样："教育者影响受教育者的不仅是所教的某些知识，而且还有他的行为、生活方式以及日常生活的态度。所以，教育者要有高度的责任心。"因此，教师要为学生的成长负责，要为学生的未来着想，关注每一位学生，帮助他们走好每一步。为学生奠定一个坚实的人生基础是教师施行教育的根本目的。

评价教师的责任意识，首先在于让每个教师清楚自己的职责范围是什么，怎样才算尽职。为此，我校无一例外地为每一个岗位制订了岗位职责，如教学质量处主任的职责、教学运转处主任的职责、教学科研处主任的职责、课务员的职责、学籍员的职责等等。岗位职责共涉及 40 个岗位类别，每个岗位的职责描述都很具体，避免大而空、模棱两可的现象。

我们根据每个岗位的职责制订了考核评价方案。方案分为工作态度、本职工作、加分项和减分项四个指标，每个指标都要有若干关键表现予以佐证。加分项主要是鼓励教职工有特殊贡献，鼓励教师对学校工作多提建设性意见。同时，方案还制订了对全体教职工的考勤、参加学校各种会议、活动以及升旗仪式等其他工作的考核评价。

评价教师的责任意识，目的不是要一个结果，而是增强教师的责任意识。因此评价后，还要注意与激励制度结合。对于工作优秀、业绩突出的教师给予适宜的物质奖励和精神奖励，这是人之常情。健全奖励制度对加强教师队伍建设会起到积极的推动作用。通过奖励促使教师们更加愉快地工作、体面地生活，奖励之下我们的教师一定会把工作做得更好，乘势而上。

四、一堂好课的评价标准

一个教师是否是一个好教师，首先要体现在课堂教学，这是教师的基本功。因此，评价教师要重在课堂教学的评价。一个好教师首先要上好课。那么，什么样的课才算是一堂好课呢？不同的人有不同的评价标准，在不同的时期也有不同的评价标准。人们从不同的视角去审视和评价，也会得出不同的答案。我认为评价一堂课的好与不好，关键是要抓住学生能否得到发展和教师能否给学生的发展创造良好的条件这两个方面。

1. 有效促进学生的发展

课堂教学的本质是让学生学会学习，根本目的在于促进学生的发展。所以，评价一堂课的好与不好，关键要看学生的学习是否有效、高效，是否促进了他们的发展。学生在课堂教学中参与学习活动的欲望、具体表现以及在学习活动后得到的结果，都是评价课堂教学成败的关键要素。

好课应该是学生参与程度高的课。一堂好课应该是所有的学生都积极主动地参与到课堂教学的各个环节中。从参与课堂教学的广度来讲，所有的学生在课堂教学中的每一个环节都应该参与；从参与课堂教学的深度来讲，学生的参与应该是积极的、主动的，而不是消极的、被动的。在教师的引导下，学生应能够养成良好的学习习惯，掌握科学的学习方法，自主建构知识，形成独立获取知识、创造性地运用知识解决实际问题的能力。在课堂教学中，教师要努力为学生搭建自我展示的平台，提供自我表现的机会，创设主动参与的时间和空间，激发每一个学生的参与愿望，还学生以学习的自主权，使每一个学生在参与的过程中体验学习的快乐，获得心智的发展。

好课应该是学生主动提出问题、主动探究问题的课。传统的课堂教学一般是教师提出问题，学生在教师的指导下经过思考、讨论问题，最终达到课堂教学的目的，即解决问题。现代教学论认为，学习科学知识固然很重要，但形成科学态度、科学精神更重要。如果学生带着问题走进教室，又能带着更多的问题走出教室，那对培养学生怀疑的、批判的、探索的、创造的精神将是非常有益的。新课程改革要求教师不以知识的传授为唯一目的，而是以激发学生的问题意识、加深问题的深度、探求解决问题的方法，特别是形成自己解决问题的独立见解为目的。所以，学生在课堂上能否主动地提出问题，能否发表对某个问题的不同意见和独创性的见解，上完一堂课后能否再提出一些富有探究性的问题，能否再发现新的问题，是我们评价一堂课成功与否的一个重要指标。

好课应该是学生学习效果好的课。学生的学习效果不只体现在知识与技能方面，学习方法和学习习惯也是非常重要的。如果学生在知识、能力、方法、习惯等方面都学有所得，课堂的教学气氛和学生的学习气氛和谐，即师生关系和谐、生生关系和谐，师生互动、生生互动，能体现以人为本，学生总盼望着上课，那么这样的课肯定就是好课。

2. 为学生发展创造条件

课堂教学是教师的教和学生的学的共同活动。学生的学能否有效，与教师的教有很大关系。一堂好课应该是教学目标明确、教学重点突出、教学难点设置恰当、教学媒体使用得当的课。在新课程理念下，评价一堂课的好与不好还应该关注以下五个方面。

第一，好课能有效地落实三维教学目标。课堂教学的三维目标（知识与技能、过程与方法、情感态度与价值观）是相辅相成的，是一个问题的三个方面。因此，在落实"三维"目标时必须注意这三者的有机交融、渗透，不能完成了一维目标再落实另一维目标，它们是联系在一起的。就像是一个物体，不可能只拿起"高"而不拿起"长和宽"一样。知识是基础，是依托，是载体，是推动学生发展的双翅。学生在学习具体知识、形成一定技能的同时，必然要经历一定的过程，采用一定的方法，进而形成学习的初步能力，学会"学习"。在学习的过程中必然要伴随一定的情感和态度，总会有一定的价值取向。教师在教学过程中一定要引导学生具有社会责任感、正确的生活态度和做人态度以及科学的世界观、人生观、价值观。

第二，好课能关注学生的个体差异，使每个学生都能得到充分的发展。教师应该尊重学生的人格，关注学生的个体差异，满足不同学生的学习需要，创设能引导学生主动参与的教育环境，激发学生的学习积极性，培养学生掌握和运用知识的态度和能力，使每个学生都能得到充分的发展。在课堂教学中要承认学生之间的差异性，让每个学生在原有基础上、在不同起点上获得最优发展；承认学生发展的独特性，捕捉他们身上的闪光点，发现他们潜在的优势，让每个学生形成独特而鲜明的个性。课堂教学中问题的设计、习题的选择、合作小组成员的组合以及作业的布置等各个环节，都要充分考虑到各个层次的学生，不要让课堂被小部分学生所控制。在同一个教室里，学生是存在差异的，教师应该根据学生的具体情况为他们创造适合其表现的机会，不要使课堂教学中的某个环节或教室的某个角落出现盲区。

第三，好课能创设情景，培养学生的自主探究能力。一堂好课不在于教师给了学生多少知识，而在于培养学生的创新思维、创新意识、创新精神。新课程要求教师在课堂教学中让学生感受、理解知识形成和发展的过程，培养学生的科学精神和创新思维习惯，培养学生探究问题的能力。所以，教师在课堂教学中要善于将科学探究手段引入课堂，让学生在教师的指导下进行自主探究活动，在学习过程中充分"体验和经历"。

第四，好课能依据教学内容拓展课程资源。新课程倡导教师用教科书教而不是教教科书。也就是说，教科书只是一个范本，教科书上有的例子不一定都在课堂上用到。教师在课堂教学中应该根据课程标准的要求，关注学生的学习兴趣和经验，依据学生的实际水平和认知规律，有意识地拓展课程资源，加强课程内容与学生生活以及现代社会和科技发展的联系，注重开发和利用学生生活经验及学习经验中的教育资源，将教学内容设计为从社会、从生活走进教科书，再由教科书走向社会、走向生活，以此增强学生的情感体验，使教学过程充满情趣和活力，这样学生对学习就会有兴趣，就愿意学习。

第五，好课能有效地指导学生进行自我反思、自我评价。教学反思是提高教师专业化水平的有效措施，新课程要求教师要主动地进行教学反思。教师在教学中也要有效地引导学生通过反思提高自学的能力，提高建构知识系统的能力。在教学中，教师要引导学生思考：对这个问题我是怎么想的，我为什么这样想，为什么做出这样的选择，所选择的解题途径是否最佳，是否还有更好的解题途径，这些知识（或问题）之间有何联系，等等。这样做，可以培养学生反思的意识和习惯，有利于提高学生的学习能力。

五、"千分制"教职工考核评价

1. 形成并完善了"千分制"教职工考核评价

如果说岗位职责对教师是激励教育，那么考核评价则是对教师工作成就的肯定。教师们得到了工作的认可，会带来更为可观的激励作用。在学校工作中，各项工作如果不与评价考核结合起来，便很难落到实处。因此，岗位职责制订出来并被干部教师认可后，我们特别注意督促和考核这个环节，根据每个岗位的职责都制订了相应的考核评价方案。考核评价方案按工作特点归为 16 个类别，分为工作态度、本职工作、加分项和减分项四个指标，每个指标都有若干关键表现予以佐证。加分项主要是鼓励教职工有特殊贡献，鼓励教师对学校工作多提建设性意见。同时，方案还制订了对全体教职工的考勤，参加学校各种会议、活动以及升旗仪式等其他工作的考核评价。考核评价形式分为自评、主管领导评、学生评、家长评、学校评，考核评价方法分为月评和期评，最后由各部门归总成绩，形成学期每一个人考核评价的结果。通过考核评价让教师不断查找自身不足，进而改正不足，提高工作质量，促进自身的提高。为便于对考核评价的结果进行分类定等，也便于实际操作，我们在实践中不断形成了每学期每一个人"千分制"考核评价的结果。"千分制"让学校朝着管理的最高层次"无为而治"的方向发展，逐步实现"理"而不"管"。

2. 与"千分制"教职工考核方案对应的奖励方案和各类特殊奖励方案

对于工作优秀、业绩突出的教师给予适宜的物质奖励和精神奖励，这是人之常情。通过奖励促使教师们更加愉快地工作、体面地生活，奖励之下我们的教师一定会把工作做得更好，乘势而上。健全奖励制度对加强教师队伍建设、促进教师的专业化成长会起到积极的推动作用。为此，我们按照各类人员的"千分制"考核结果分别赋予适当的物质奖励。

此外，我们还设定了各类特殊奖励，如《班主任工作的奖励方案》《中考教学质量的奖励方案》《各类体育竞赛的奖励方案》《指导学生参加第二课堂活动的奖励方案》及各级各类教育教学成果的奖励方案等。一系列的奖励方案带来了明显的成效，这主要表现以下两个方面。

第一，奖励让教师们享受着成就，激励着教师们朝向更高的目标迈进，比、学、赶、帮、超的教风成为工作的大气候。

第二，教师们主动服务的意识增强了，教师不再是权威，面对面给予学生辅导随处可见。教学附属部门放下架子登门服务于教学一线，教学所需得心应手。干部不再高高在上，深入第一线，走进教师群体指导工作，已成为人性化管理的具体体现。

六、考核评价注意事项

经过"千分制"教职工考核的实践，多数教职员工认为，"千分制"教职工考核方案并不让人感到受约束，方案的最大意义是在无形中营造了一种公平竞争、和谐发展的工作氛围。大部分教职员工都是按照岗位责任尽职尽责地工作，所以不被扣分很正常，其实这正是学校的愿望。过去有一少部分人不严格要求自己，比如有事情不提前请假、随意离岗等，他们的随意实际上已经形成了对其他人的一种不公平，自从有了考核方案之后，感到受约束的主要是散漫惯了的人，这本身就是一件好事。

"千分制"教职工考核的实施进一步落实了我区推行的"一考两评"的"两评"工作。

首先，对教师的考评注重强化过程管理，为规范教师的教学行为起到了积极的作用。我们对教师的日常工作有明确的要求，常规检查及时，记录准确，每月按期完成量化已经形成制度。同时，平时性的考评记载是指导、检查、督促、激励教师认真履行职责，努力提高自身素质、完成工作任务的重要手段，也是期末考核的基础。

其次，对中层干部和职员的考核评价，实行月评、期评制度，坚持集中考评与日常考评相结合；坚持自评、互评、处室人员评、校级领导评、全体教职工评暨民主测评（模糊评价）等多条途径考评，能从多角度、多层次、多方位地较为准确地反映出中层干部和职员的德、能、勤、绩等方面的实际情况，这样的量化考核评价能促使中层干部和职员认真学习岗位职责，改进工作方法，完善工作作风，团结合作意识得到了加强，工作能力得到了一定的提高。一方面有利于主管领导对中层干部和职员平时工作的指导、检查、监督、激励；另一方面有利于中层干部和职员们及时调整工作，查找工作中的不足与缺失，以全面提升工作质量；再一方面也促使中层干部和职员能自觉接受群众的监督与考核，起到对中层干部和职员的监督、激励作用，增强了工作的责任意识和竞争意识。

第三，实施分层考核，强化了各层级人员的责任意识。我校制订的岗位考核内容是按照专业类别和岗位特点分别确定的，实行层层负责的管理体制，分管校长考评年级主任和处室主任，年级主任和处室主任考评本年级教师和处室工作人员，实行月末、期末量化公示，这样就使每一名管理者都以双重身份参与其中，对制度充满理解并能认真执行。作为管理者都能够严格履行职责要求，自觉完成检查、计算、公示、解释、积累资料等一系列工作。

第四，全员参与考核，创设竞争氛围。没有评价的教育是盲目的教育，没有教师参与的评价也是不完善的。在各项评价过程中，突出的特点就是重视全员参与，充分考虑到被管理者的意愿，按照不同的比例，采纳了同志间的互评，不同岗位的互评，不同职级的互评，同时坚持以人为本，采纳教师的自评，多层面、多角度地丰富考评内容。这样的考评能对干部教师的工作、考勤、业绩等做出公正的评价，鼓励先进、鞭策后进，并为日后的各种评优、职称评定、工资晋升等提供较为准确、科学的数据，减少了评价的人为因素。

第五，激励了班主任工作的积极性、主动性。量化考核区分了班主任的工作质量，通过考核班主任的德、能、勤、绩，把班主任各方面的工作分别放到德育处、团委、教学处、总务处、体卫艺处、年级组等六大部门进行考核，同时学生、家长也参与考核工作。考核既能把班主任在各方面的工作所体现出的特点区分，也把班主任各种能力、责任心、工作态度区分开来，挖掘了班主任的潜能。同时把班主任工作的绩效与班主任评优、晋职相联系，极大地调动了班主任工作的积极性、主动性和竞争意识，使得学校的德育工作开始迈上了一个新的台阶。

七、建立有效的激励机制

人同此心，每一个人的工作与生活都离不开心理需求，都会以成功感为心理慰藉，而获得成功的过程一定离不开有效的激励，激励会带给人最大潜能的发挥。学校如何调动教师的工作积极性，让教师出色地发展，如何保障他们体面的生活是必须要思考的问题。

1. 适时奖励，激励教师工作

适时奖励提高了教师主动服务的意识；教学附属部门放下架子登门服务于教学一线，教学所需得心应手；干部不再高高在上，深入第一线指导工作已成为人性化管理的具体体现。

2. 过程管理奖励

过程管理奖励以岗位、工作量及考勤为主，包括两部分：其一是职位津贴，其二是岗位、工作量及考勤津贴。奖金每月兑现，兑现时首先兑现职位津贴，然后根据剩余部分的总额按照岗位、工作量及考勤等兑现相应津贴。具体实施细则为：

（1）职位津贴

职位津贴按实际发生量计算核发，每月按实际履行职责的情况兑现相应津贴。

①班主任津贴：任班主任工作1年以内，每月200元；任班主任工作2~5年，每月350元；任班主任工作5年以上，每月400元。因病事假而不能履行班主任职责的，其职责由代理班主任履行（代理班主任由德育处主任负责安排），相应津贴由代理班主任享受。

②年级组长津贴：每月200元。

③备课组长津贴：每月60元。

④教研组长津贴：每月100元；学科主任：每月120元。

⑤超课时津贴：每节课补贴10元。

（备注：副校级干部岗位津贴：每月200元；中层干部岗位津贴：每月100元）

（2）岗位及工作量和考勤津贴

岗位标准：①一线教师和中层及以上干部标准津贴：每月800元；师德和劳动纪律奖200元；月考核奖200元；工作津贴（课时津贴）400元。②一般职员和工勤技能管理岗位标准津贴：每月700元；师德和劳动纪律奖200元；月考核奖200元；工作津贴300元。③教师兼管理岗位的津贴：兼课的部分按一线专任教师核算，剩余的部分按相应的管理岗位核算。

发放原则：月考核达到基本合格及以上等级的按上述标准结合工作量和考勤核算发放该部分津贴。月考核不合格的人员不享受此部分津贴。

①工作量：一线专任教师按每周的实际授课时数占标准课时数的百分比核算每月的津贴数额。

②考勤：一线专任教师月内累计缺勤1天扣发10元，同时扣发相应的课时费，每课时按10元计算。管理岗位的中层及副校级干部缺勤1天扣发20元，管理岗位的职员及工勤技能人员，缺勤1天扣发15元。同时从事管理工作和教师工作的人员，若病事假当天有课，按教师标准执行；若病事假当天无课，按本人所履行的相应的管理岗位及工勤技能人员标准执行。月内累计缺勤半天或缺勤的半天没有课的不扣发，若缺勤的半天有课，则扣发相应的课时费。

③师德和劳动纪律：由学校组织抽查，视情节由校行政会研究所扣金额，当月扣发。

④月考核：由千分制考核的责任部门提供月考核结果，距考核总分下沿2分之下的，每低1分扣发5元，超分值每分奖励5元，严重违纪视情节由校行政会研究，特殊情况将全部扣发。

⑤课时（工作）津贴：副校级干部、具体从事教育教学管理工作的现职现岗中层干部和中考5科教师加0.25责任系数，即1.25倍。

3. 终端管理奖励

终端管理奖励以教育教学成果和年终考核（年终考核以上一学年度的考核结果为基础）为主，按年度考核的结果发放。终端管理奖励设置以下几个部分：

（1）各类教育教学科研成果奖（主要指中考教学质量奖）、体育竞赛奖、特色活动奖。

（2）年度结算时，按照过程管理奖励实际发生量和终端管理奖励上述部分的实际发生量，计算出绩效奖金剩余款项的总额。绩效奖金剩余款项的总额依据实际情况可分为两部分发放：其一是年终考核基础奖励，其二是按照年度考核评价结果按不同等级进行奖励，奖金数额基本按1.5、1.2、1.0的压缩率确定具体数额。

强化师德建设，夯实教师发展基石

教育发展，教师为本；教师素质，师德为先。教师是学生成长的引路人，教师的思想政治素质和职业道德水平直接关系到学校德育工作状况和学生健康成长，可以说，师德建设是每一个学生成功的基石。胡锦涛同志在全国优秀教师代表座谈会上指出："要坚持育人为本，德育为先，把立德树人作为教育的根本任务，努力培养德智体美全面发展的社会主义建设者和接班人。"[1] 毋庸置疑，立德树人关键取决于教师的素质和师德风范。因此，加强师德建设是教师队伍建设的首要工作，是提高学校办学水平的先决条件。

一、用先进理念提升师德

虽然教师做教育工作，但是教师心中未必对自己的职业和教育的涵义有很好的理解，那么我们必须要问教育是什么？教师是什么？这是最基本的要让教师铭记在心的事情，也是必须要达成共识的事情，这应该是呼唤教师职业道德觉醒的源头。我们就从教育、教师两词开始探究。

教育一词在《辞海》里解释为：教育是按一定的目的要求，对受教育者的德育、智育、体育诸方面施以影响的一种有计划的活动。这是非常笼统的解释，其实"教"与"育"既有相同的意义，也有不同的侧重。"教"突出知识的传授，而"育"则重视道德品行的养成。二者有机结合，才是教育的全部。二者孰重孰轻，孰为本、孰为根是不可忽视的问题。德育为首，育人为本，把人的全面发展作为教育的目的，按照教育规律办教育、从事教育，才是教育。

教师是什么呢？教师是以教育、培养学生为职责的专业工作者。人们常把教师比喻为"园丁"，是人类灵魂的工程师。清华大学一位教授说得好："我只是把自己看作泥土。"那么，教育就是一种服务，犹如土壤服务于植物，土壤能够提供持续不断的供给植物生长所需的各种营养成分。泥土不仅把全部的爱给了花，给了树，也同样给了草。它珍惜每一个生命，如同教师的教育工作要"有教无类"。因此，教师给予学生肥沃的土壤，承担起培养人的责任，才不愧对教师的称号。文学家韩愈对教师的职业特点做了六个字的概括："传道，授业，解惑。"传道——

---

[1]　邱伟光：《构建以立德树人为根本的学校德育价值观》，载《思想理论教育》，2007 年第 12 期。

以言传身教的方式解决育人问题，用人格塑造人格；授业——以宽泛的知识、艺术的方式传授知识和基本技能，给予学生生存的学习能力；解惑——让学生主动学习，提出问题，在教师的指导下解决问题，给予学生思维能力和创造能力。

教师只有过问自己是干什么的，自己是做什么的，才有可能体会教育意义的重大、教师职业的崇高，才能唤起教师对职业道德的自我要求。对什么是教育、什么是教师的讨论与学习已成为我校每学期开学伊始工作的惯例。通过组织学习，使教师树立先进的教育理念，在教学活动中充分发挥学生个体的主观能动性，鼓励学生积极主动地学习和参与社会实践活动，使学生的潜力得到充分发展。教师是以灵魂塑造灵魂的工程师，教师的世界观、人生观、价值观引领着学生的发展。教师师德素养的提高首先是通过理论的学习来达成的，学校必须重视理论学习，通过学习来提升教师的理念。

我们每周二下午为教师理论学习的固定时间。每个寒暑假都安排 3~5 天集中学习培训，采取"集中学习与个人学习相结合，专题辅导与写心得笔记相结合，学习与讨论相结合"的办法，组织教职工系统地学习思想政治理论，学习党的路线、方针、政策，组织全校教师学习、讨论《教师法》《教育法》等。通过学习使他们树立为教育事业长期艰苦奋斗的思想，增强教师的师德意识和责任意识，增强法制意识和教师依法执教的自觉性，使每一位教师都能以良好的职业道德形象、饱满的热忱投身到教育教学工作之中。

我们通过请专家教授来校讲座、讲学，更新教师的教育观念，还走进强校进行实地学习取经，并坚持做到学以致用，结合我们普通学校的校情正确定位我校的办学理念。教育观念的更新使老师们着眼于全体学生的培养，着眼于学生的全面发展，着眼于学生的全程管理，着眼于全员育人作用的发挥，这些促使教师们的育人能力得到了增强。

二、以制度建设促进教师践行师德规范

根据学校实际和教职工的特点，学校先后制订并完善了《塘沽十五中师德规范》《塘沽十五中加强教师职业道德建设的具体要求》《塘沽十五中文明办公室要求》《塘沽十五中每周升旗仪式规定》等一系列规章制度。这些制度的建立，无疑让教师们找到了行为准则，有效地约束了教师的职业道德行为。

学校先后制订了《全员育人考核方案》《教师师德考核方案》，保证了教师职业道德建设不走过场。我们对教师师德评价的全过程是在民主评价中去实现师德建设的制约机制。其一，组织全体教师对照《中小学教师职业道德规范》和《塘

沽十五中师德规范》，实事求是地展开自评；其二，以年级、处室为单位，召开师德评议会，展开互评；其三，通过问卷调查或召开学生代表、家长代表座谈会来民主评议师德情况，并及时向教师通报；其四，学校师德建设领导小组依据日常行政值班的真实记录，对每位教师进行师德评估。

同时，学校在评估的基础上做了两项规定。一是凡违反《中小学教师职业道德规范》和《塘沽十五中师德规范》的教师，在评先评优和职称评定中，均实行一票否决制。学校接到家长或教育局举报我校教师违反职业道德的投诉，均作调查，并以书面形式向区教育局上报调查结果（情况属实的附处理意见）。学校把教师的师德情况列入学校教师年度考核标准之中，凡师德师风存在严重问题的个人，年度考核均为不称职，经教育仍不思悔改的，作出相应的处理，并记入个人师德档案。二是师德评估情况作为评聘、晋级、奖励的重要依据，对于师德高尚、业务精良、学生爱戴的教师，在评优评先工作中给予优先考虑。在这种评建结合、以评促建的师德建设中，我们完成了从解读—约束—管理—评价这一全过程，它的真实有效性，极大地鼓舞了教师，促使教师主动养成良好的职业习惯，努力追求师德价值观，共同走在师德良性发展的路上。

学校专门成立了以校长为组长、党政工团及各学科主任为成员的"师德师风教育工作小组"，并责成办公室直接督查师德建设工作。师德建设组织机构的建立，不但发挥了党团员的模范带头作用，而且形成了齐抓共管、各有侧重的管理局面，营造了"讲学习、讲政治、讲正气、求上进"的教师人文环境氛围。

（1）抓好典型示范。开展"师德标兵"评比，"感动十五"组长说事活动，"我身边的感动"演讲比赛等活动，注意挖掘带有普遍意义的好思想、好作风、好经验、好做法，实事求是地挖掘师德模范的真人、真事、真心、真情，大力弘扬师德先进典型，并运用多种形式加以宣传推广。每学期开学伊始的第二周，学校规定为"师德风范周"。要完成三项内容：①组织全校性会议进行"师德风范周"开周仪式，进一步认识教育、教师两个关键词；重温与师德有关法律法规；总结上学期师德风范进展情况；表彰师德风范典型事迹；公布校级师德标兵、管理标兵及服务标兵；根据存在的差距提出改进意见。②倡导教师以最佳的师德风范展示给学生。③由德育处组织各年级召开"感恩师德回报学校"师生现场交流对话年级会。除此之外，学校要求校园文化研究室在教师节之前做好师德宣传报道工作，利用学校发展建设展牌，开辟"师德楷模园"栏目宣传师德个人先进事迹。利用校报"责任与成长"版面宣传报道师德风范。珠联璧合的宣传活动，使教师的师德水平呈攀升势态，教师队伍整体风貌积极向上。

（2）抓好党员带动。党员的先锋模范作用在师德建设中尤为重要。在学校党员中开展"以党风带教风，以党性铸师魂"主题教育活动，发挥"一名党员就是一面旗帜"的引领示范作用，以自己的模范行动带动广大教师。党员带教活动，促进了我校师德建设的健康发展。

三、以自觉精神引领师德成长

教书育人是每个教师应遵守的重要准则，是人民教师对社会、对学生应尽的神圣义务。同时，教书育人是一种特殊的教育劳动，是一种深入学生内心深处的、形式千变万化的、外界难以直接监督的自觉劳动，是一种极为细致复杂的艰辛的劳动。要把教书育人转化为教师个人的内心要求和自觉行为，在很大程度上依赖于教师个人的师德觉悟和思想境界。因此，学校必须注重对教师的思想引领，不断地引导教师对学生前途关心、对学生一生负责，以社会主义新思想、新道德、新观念教育青年一代。特别是要注重引导教师发挥课堂的育人主渠道功能和为人师表的作用，把德育工作渗透到教育教学的全过程。

首先，要注重校园环境建设。校园环境是师德建设的外在表现，对教师的言行起着无声的制约作用。因此，我们十分重视师德建设园地，用22块展牌呈现了三个主题。一是学校对社会的公开承诺和学校办学的总体目标，明确指出了办学方向；二是学科组、年级组建设，展示了9个基层团队发展、团结、奋进、忘我工作的敬业精神和不同的工作特色，镶嵌在展牌上每一位教师的照片，不仅仅体现学校整体以及各团队积极向上、和谐共事的关系，更是给师生传递着一种自信和相互勉励的力量；三是教师队伍的发展建设，展示了近年来一所普通校所涌现出的一批骨干教师队伍。"教坛英才谱"谱写着25名区级骨干教师的事迹，"德育楷模园"彰显着17名区命名师德标兵的形象。在教师的辛勤培育下，一批又一批优秀的学生事迹展示在校园里，成为了在校学生的榜样……浓郁的文化气息也起到了"润物细无声"的育人功效，学生在潜移默化中获得了文化营养，教师在熏陶渐染中完善了道德品格。

其次，师德建设重在实践。让师德建设在活动中得到展示，是教师亲身践行良好师德的集中体现。通过全体教职工签订《教师承诺书》，使老师们更加深刻地认识到自己的使命；通过组织"教育教学开放周"活动，鞭策教师认真履行师德行为标准；通过开展"爱生月"活动，使教师走进每位学生心灵，关爱每一位学生，尤其关爱那些在学习、行为表现暂时落后的学生。通过开展"文明学科组创建活动"，使师德规范成为他们自觉遵守的行为准则。通过开展"我们是一家人——师生亲情互动"活动，不断激发学生的感恩情怀，不断唤醒教师的爱生情结；通过开展"老带青手拉手"活动，老教师的师德风范感染激励着青年教师茁壮成长……这些活动的开展，使教师们从中感受到，教育事业绝不是一种牺牲和付出，重要的是教育者在从教育过程中感受到幸福和快乐。

在师德建设过程中，我们以提高师德素养为目标，以践行师德规范为着力点，以师德建设长效机构为保障，强化了师德建设工作，使学校办学水平在良性的轨道上不断前行。在师德建设中，看到师生间、师长间、同事间、干群间所发生的不起眼的变化，却验证着小事成大道之理。老师们乐此不疲的工作精神头，既珍藏着十五中老师这个群体的工作印迹，同时又为十五中的发展带来了无限的希冀。

四、注重宣传，在总结表彰中营造师德风尚

注重宣传，在总结表彰中营造师德风尚，通过实施"立德策略"，教师整体面貌发生了很大改观。具体表现在：

（1）教师的劳动是自觉的。上班铃声响后，我们看不到老师进出校门的身影，教师们自觉遵守劳动纪律，爱岗敬业，无私奉献，已经成为一种习惯。

（2）教学运转处无需担心空课情况。有的老师亲人住院手术，却没有耽误一节课。

（3）班主任无空岗情况。无论班主任因公因私有事，科任老师都会主动承担临时班主任工作，并做到尽职尽责。

（4）爱的执著随时可见。一位老师家访后，见学生家中没有闹钟，前去购买送给学生。一位老师为汶川灾区捐款600元却不留姓名，直到居委会经过多方查找给我校送来表扬信，我们才得知此事。

（5）静下心来和每一个学生对话，我们再也听不到老师批评学生的喧闹声。

（6）教育管理责任的增强，使我们很难看到违纪学生在楼道逗留的身影。

（7）学生家长来到学校，无论哪一位老师都会让出一个座位请家长坐下，平心静气与家长交谈。

（8）教师工作的一致性，造就着一个和谐的集体：学生出现问题，谁的课堂谁管，从不依赖学校和班主任；集体备课，畅所欲言，资源共享；各组别、各处室之间工作分明，合作有序。良好的工作氛围，体现出老师们健康的工作心态。

第七章 创生与发展：
提高课堂教学效率的法宝

教学是教师的教和学生的学所组成的一种人类特有的活动。通过这种活动，教师有目的、有计划、有组织地引导学生积极自觉地学习和加速掌握文化科学基础知识和基本技能，促进学生多方面素质提高，使他们成为社会所需要的人。教学，尤其是课堂教学是学校实现教育目的，完成教育任务的重要途径。可以说，教学活动是学校各项工作的中心，是学生全面发展、教师专业能力提升、学校可持续发展的原动力。新课程实施以来，就其总体而言，课堂教学改革在朝着素质教育的方向扎实推进，并取得实质性的进展，但由于对新课程理念理解领会不到位以及实施者缺乏必要的经验和能力，课堂教学改革也出现了形式化、低效化的现象。我校在新课程改革中，在课堂教学层面也曾经遭遇挑战，不过，学校带领老师们一起积极探讨，走出了一条富有成效的教学改革之路。

学课标，扎实教学基本功

新课程改革以来，"用教材教而不是教教材"的理念不断冲击着教师的思想意识，对《课程标准》的研读成为教师又一项重要的基本功。学习《课程标准》既是各学科教研的重点，也是命题的依据。为此，学校聘请专家进行专题指导，订购各学科课标，每位教师人手一本。布置相应的学习任务，再针对自学归纳成果，开展"课标知识树"或图标的征集活动，每位教师根据自己的独特体悟，以形象的树形展现了本学科的教学要求和自己的理解。继而针对集体学习效果，分学科编写"近三年中考试题课标细目表"。学课标活动作为教学研究的基础，为其他教学活动的开展打下了基础。这种外化的过程渗透着教师自己的成长，教师也感受着体验的乐趣。

一、研读课标

教师对课程标准的把握需要一个学习的过程，有些编排意图和要求单纯看课本是看不出来的。因此，学校号召老师沉下心来，从基本字句开始研读。让大家领会新课标的理念：新的课程要面向全体学生，注重素质教育，突出学生为主体，尊重个性差异。结合这一理念，教师必须重视备课过程中的个性设计，领会新课标精神。国家课程标准是教材编写、教学、评估和考试命题的依据，是国家管理和评价课程的基础；规定了各门课程的性质、目标、内容框架，提出了教学和评价建议，体现了国家对不同阶段的学生在知识与技能、过程与方法、情感态度与价值观等方面的基本要求。从这个意义上来看，教师必须认真研读课标。

由于对课程标准的理解不完全一样，不同版本的教材在编写体例和材料选择等方面都有一定的不同。所以教师一定要认真研究课程标准和教材的编写意图，特别是要看一下教材编写者对教材解读的文章，这有利于进一步理解他们的编写意图和教材的特点。教师只有自己真正地理解和掌握了课标，才可能把课标和教材的内容转化成自己的知识结构，以更好地指导学生学习。

二、深挖课标

学习的过程总会有困惑，也会随着学习的深入突然顿悟，这其中挖掘的意识不能少。新课改以来，很多老师都认为对课标的理解和把握没有问题，关键是根据自己的理解把课标和教材的内容转化成学生的知识、能力和价值观，也就是怎样教会学生。这种观点有一定的偏颇。其实更为重要的是教师对课标的理解和把握是否准确，只有教师真正理解和掌握了课标和教材，对学生的引导才能准确到位。因为课程标准中有些东西在教材中并不能体现出来，特别是一册书、一个章节很难完整地体现课程标准的总体要求。各科目的课程标准，都有总体目标和阶段目标，而这些在教材中是看不出来的；此外，在课程标准中有质的要求，也有量的要求。这些都必须通过学习课程标准来准确地把握。

现在提倡"一标多本"，即各门学科全国只有一个课程标准，但教材可以多样。这种教材的多变，也给老师把握教材带来了难度。对于学生来说，用什么教材都无所谓，因为对于他们来讲，不管用什么版本的教材都是新的。而对于教师来讲却大不相同。教师如果不能熟练地把握教材体系，就难以有效地引领学生学习，教学的效率也就大打折扣。其实，把握教材不仅是指理解教材中的每个知识点，更是对教材的整体把握。学习课标，也就是要求教师熟悉本学科的课程标准，了解教材编者的意图，清楚整个学段教材的逻辑线索，能够把前后相关的知识整合起来。

三、反思课标

思考的深度和广度是因人而异的，但首先要进行自主的思考、主动的思考。教师备课最习惯的是"通教材"，也就是仅仅是把教材的知识点从头到尾"通"一遍，把不明白的问题和重点、难点搞清楚，一般是教哪册"通"哪册，并没有注意教材的整体性和课标的要求。而新课改要求教师要整合教材，不管教哪个年级，都要了解整个学段的课程标准的要求和教材的编写意图，要从教材的知识体系、能力体系和价值体系三个层面来把握教材。

新课程提出了三维的课程目标，有的老师认为这三维的课程目标是个形式，在课堂教学中没有多大用处，所以不必堂堂呈现、堂堂落实；有的老师认为，一节教材、一篇课文如果需要多课时处理，只在第一课时有课程目标就行了，后边几课时就没有必要了；也有的老师认为，老师知道三维的课程目标就行了，不必告诉学生。上述看法都有一定的偏颇。多少年来我们习惯于叫"教学目标"或"学习目标"，这次课程改革改为"课程目标"，这不仅仅是一个名称的变化，而是有深刻内涵的。过去"课程"和"教学"是分离的"二元独立模式"，课程一般是指学校教育（课内教育和课外教育）的内容，是学校教育的计划和进程；教学是指"教师的教和学生的学的共同活动"。这次"课程改革"而不叫"教学改革"，是有意识地把课程和教学整合在一起，课程中也包含了教学。

四、体悟课标

最能体现教师专业水平的是课堂教学，而上好课的前提是备好课，要备好课不体悟课程标准是不现实的。所以，教师要钻研教材、吃透教材，根据教学大纲合理安排课堂教学时间。课堂教学要成为课程的开发过程。教学不再只是忠实地实施课程计划的过程，而成为课程知识的建构与开发过程，是师生共同创生课程的过程。课堂教学要成为课程的体验过程。课程不只是"文本课程"（教学计划、教学大纲、教科书等文件），而更是"体验课程"（被教师与学生实实在在地体验到、感受到、领悟到、思考到的课程）。这意味着，课程的内容和意义在本质上并不是对所有人都相同的，在特定的教育情境中，每一位教师和学生对给定的内容都有其自身的理解，对给定内容的意义都有其自身的解读，从而对给定的内容不断进行变革与创新，以使给定的内容不断转化为"自己的课程"。所以教师不能仅仅局限于课本，要让学生用自己的直接经验和参与性活动理解知识，体验课程；要尽可能地拓展学生的视野和知识范围，给学生补充一些相关知识，或启发学生思考、讲述教材外的相关知识。

我校开展的推进式学习，旨在让教师用自己的钻研行为来改变自己的教学行为，尤其对目标的理解。三维的课程目标不是三个目标，而是一个问题的三个方面。如同一个立方体都有长、宽、高三个维度一样，课程目标也有三个维度。学生学习任何知识和技能都要运用一定的方法，不管是好方法还是不好的方法；都要经历一个过程，不管是主动探究还是消极接受。在这个学习过程中，学生总会伴随一定的情感和态度，不管是积极的情感还是消极的情感；不管是敷衍的态度还是认真的态度。伴随着知识和技能的学习，总会有一定的价值取向，不管是正确的还是不正确的。所以说三维的课程目标是一个问题的三个方面，而不是独立的三个目标。因此，教师要注意在课堂教学中不能完成了一维目标再落实另一维目标，它们是联系在一起的。只有目标确立准确了，才不会偏离方向。

积极开展"说教材"活动

对课程标准的深入学习，既是引导教师理清教改理念、扎实教学技能的过程，同时也是为下阶段活动打基础的过程。理论的学习、理念的转变，要靠实际行动去检验，学校将收集到的教师学习课标后制作的"成果"公布在校内资源网上，形成相互交流的平台，体悟反思的蓝本，但更重要的是实践操练。

新一轮基础教育课程改革提出，教材仅仅是个例子，教师要用好教材，超出教材。一个教师只有把教材吃透了，才能灵活变通教学方式，才能用最少的时间给学生以最大的收获，才能提高课堂教学的效率。天津市教科院王敏勤教授对"说教材"这一全新的教研活动下了定义："说教材就是以演讲的形式，运用知识树对一门学科的一个学段、或一册书、或一个单元（章、组）、或一类知识的教材进行解读和整合，主要包括说课程标准、说教材、说建议（教学建议、评价建议和课程资源的开发建议），简称'三说一看'（看演讲）。"之所以是说"教材"而不是说"课本"，是因为教材包括了学生用书（课本）和教师用书，有些学科没有学生用书（如体育），只有教师用书。而"说教材"与"说课"又有区别。说课是对一篇课文（一节教材）或一课时的教学设计的说明，虽然也有对教学目标和教材的分析，但更多的是谈教学设计，是在微观层面上。而说教材是在中观层面

（一个单元）和宏观层面（一册书、一个学段），角度不同、高度不同。特别是对课程标准的解读和把握，对一个学段、一册书、一类知识的整合，是说课达不到的。当然，说教材并不是代替说课，但说教材有助于教师在说课时从整体上对一篇课文和一节教材的理解和把握。

根据专家的建议，我校按照逐层深入、逐渐推进的原则，在组织学习《课程标准》的基础上，进行说教材培训、指导，还有意识地借鉴了其他省市的经验，开展一系列培训。随后组织教师针对一篇文章或一节教材、一个单元、整个学段、整册教材进行说教材。学校广泛的动员、精心的筹划，带动教师课下积极准备，相互学习，适时展示。精美的课件、流畅的表达、丰富的题例，折射出教师们踏实研究教材和集体备课的成果，提升了对教材的把握和挖掘的能力。

所谓"磨刀不误砍柴工"，很多教师深入系统地梳理教材，领会编者的意图，依据《课程标准》、学生的知识能力基础和身心成长规律，从不同角度科学合理地构建知识体系、能力培养体系、学法指导体系、德育渗透体系，这样的过程、经历给予老师的锻炼是有益的，极大地促进了教师队伍的成长。

一、典型示范

"说教材"对于老师们来说是个新鲜事，开始时大多表现出畏难情绪。我校首先从对电脑操作有一定基础的年轻教师和教学骨干中挑选一批老师先行试验。在专家的指导下，结合说教材的体例撰写说教材的稿子，再集中培训课件的基本制作，这样让一部分教师先动起来。因为每一学科的知识都有系统性，所以我们要求教师不仅做到对某一篇课文某一节教材的整体建构，还要运用纲要信号把这一章节的知识及时纳入更大的知识体系中去。师生要站在系统的高度去组织教学，让每个知识都是以系统中知识的面貌出现。

正如王敏勤教授所说，这就如同一片树叶，如果把树叶摘下来交给学生，这片树叶很快就会枯死，学生手里只是一片枯萎的、孤零零的树叶。而现在是让学生学习树上的一片树叶，这片树叶是整棵大树的一部分，永远充满生命的绿色。先整体后部分的认识观反映在教学上，就是要学生先整体感知和理解教材，然后再深入学习关键部分，先解决主要矛盾，后解决次要矛盾。学习也是一样，一开始对教材有了整体的把握，教材中的某一部分就很容易理解了，教师也没有必要一部分一部分地分析和讲解了。为了增强感官意识，学校组织了部分教师进行示范。下面就介绍一下我校英语教师以外研版新标准初中一年级（下）为例进行的说教材示范。

外研版《英语》新标准初中一年级（下）

一、教学内容整体把握、整体感知

根据整体建构的原则，我们在一个学段的开始，引导学生粗知一个学段的知识结构；我们所采用的教材是《英语》（新标准）初中部分，共计六册，分别适用于初中一年级至三年级六个学期。这就要求我们教师必须熟知整个初中学段对学生的基本要求，我遵循"以人为本"的教育理念，依据《英语课程标准》三级要求，以语法结构为主线整合初中一年级下册教材，学了这些新内容，学生就会用英语描述过去、现在和将来。

二、学生对所学知识整体感知

在本学期初，我以语法为线引导学生粗知本册教材的知识结构，和学生一起绘制了本册教材的知识树，并把它挂到教室的墙上，学生一开学就要让他学习这一知识树，让他知道在哪一阶段要学习哪些知识，要学习的每一部分知识都是这棵知识树上的一个分枝。这样使学生从整体上把握知识，系统地感知。避免了以往学生对知识的片面认识和碎片化识记。而对于每一节课来讲，上课开始，呈现这一节相关的知识树，上课结束，学生应达到的能力树。

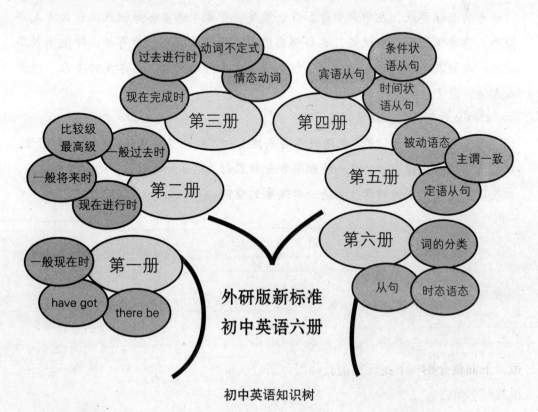

初中英语知识树

三、四环节的课堂教学模式

我以知识树中的现在进行时为例进行"四环节的课堂教学模式"的分析说明。

（一）导入新课，明确目标

文化导入，介绍世界文化知识专栏，激发学生兴趣。在导入新课后，要向学生出示或说明这堂课的学习目标。

（二）自学指导，整体感知

提出自学的要求，指导学生自学教材。在指导学生自学时要做到四明确：明确时间、明确内容、明确方法、明确要求。这样学生才能高效率地自学。学生在自学的过程中可借助知识结构图（知识树）来理清教材的主要内容和解决的主要问题。

（三）合作探究，归纳总结

在检查学生自学结果时，不仅要看学生对教材的掌握情况，更主要的是引导学生寻找教材的规律和解决这一类问题的方法，培养学生整体思维的习惯和解决问题的能力。教师不仅要有巡视，而且要进行合理的指导，或直接参与到合作学习中，帮助学生解决学习问题。虽然我们不是毕业年级，但应清楚每一部分内容对学生的具体要求，在中考中考到什么难度，中考中考查各知识点用什么方式与题型，需要掌握哪些知识点，具备哪些能力，教师要做到心中有数，即使不教毕业班，也应及早了解中考动向，了解新课程对教师的要求，对学生的要求。做到人人清，堂堂清。

（四）感悟验证，拓展提高

学生通过自学和讨论（包括教师的点拨），初步找到了解决问题的规律和方法，然后运用这一规律和方法进一步理解和分析教材，完善和巩固学习的知识和方法。拓展提高是给吃不饱的学生创造一片发展的空间。

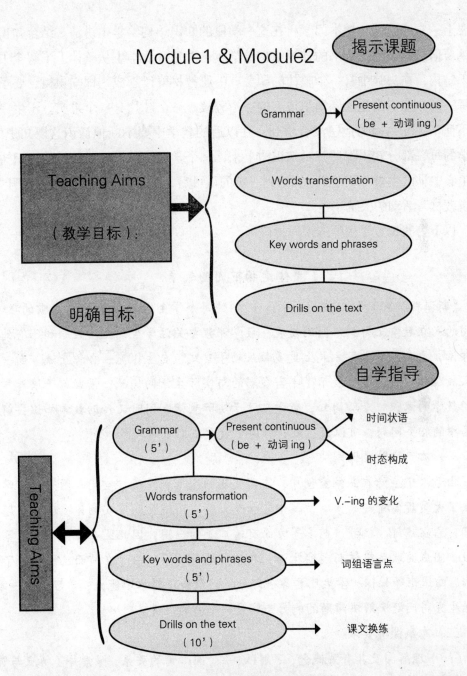

英语现在进行时课堂知识结构图

二、普及引导

经过一段时间的接触，又有很多老师接受并认可说教材这种方式。于是，我校进一步提出更具体的要求，增加说教材的覆盖面。同时，让老师们去体会：当学生进入一个新的学段时，如小学、初中、高中等，教师在教一门课的时候，首先要上一堂综合课，把本门学科在这一学段的知识结构给学生讲清。结合知识树或纲要信号图表把这本书的知识结构给学生讲清楚，让学生从整体上了解全书的知识结构，在头脑中有一个整体的印象。一册教材可以画成一棵知识树，要学习的每一部分知识都是这棵知识树上的一个分枝、一个叶片、一个果实。学生一开始不懂不要紧，因为他还没有学到，在以后的教学中要不断地认识这棵知识树，把学的每一部分知识都回归到知识树上来，一个学期结束，一册教材的知识树在学生心中早已生根开花结果。当达到一定的认可后，学校以教研组为单位，拉开"人人说教材"活动的大幕。

以下为我校数学教师的说教材讲稿。

整体建构下圆的教学

《新课程标准》提出：要面向全体学生，使每个学生学习有价值的、必需的数学，不同的人在数学上得到不同的发展。数学课程要关注学生的生活经验和已有的知识体系，要在数学学习方式上更多融入动手实践、自主探究、合作交流。新一轮的人教版初中数学教材展示了丰富多彩的与实际生活的例子，借助例子培养学生应用数学的意识。众所周知，数学来源于实际生活，同时又借助数学知识去解决生活中的相关问题，可以说，教材打通了数学与生活的联系。

一、本章地位和作用

由于人们生活在三维空间中，丰富多彩的图形世界给"空间与图形"的学习提供了大量现实有趣的素材，其中包含了大量与圆有关的现实物体、现实问题等内容，它在建筑、机械、艺术等方面有着广泛的应用，因此圆在几何中占有重要地位，圆成为联系数学与现实生活、科技发展的桥梁。由于在前面已经学习了三角形、四边形等知识，学生已具备一定分析问题和逻辑推理能力，学习圆这一章，对学生分析问题和解决问题的能力又将是一个新的促进。

二、本章课标要求

（一）理解圆及其有关概念，了解弧、弦、圆心角的关系，探索并了解点与圆、直线与圆、圆与圆的位置关系。

（二）探索圆的性质，了解圆周角与圆心角的关系、直径所对的圆周角的特征。

（三）了解三角形的内心和外心。

（四）了解切线的概念，探索切线与过切点的半径之间的关系；能判定一条直线是否为圆的切线，会过圆上一点画圆的切线。

（五）会计算弧长及扇形的面积，会计算圆锥的侧面积和全面积。

三、本章知识的重点及难点

（一）重点

1.垂径定理及其推论；2.弧、弦、圆心角之间的关系；3.圆周角定理及其推论；4.直线和圆的位置关系；5.切线的判定定理、性质定理；6.切线长定理；7.正多边形和圆的关系；8.弧长与扇形的面积；9.圆锥的侧面积和全面积。

（二）难点

1.垂径定理及其推论；2.圆周角定理的分情况证明；3.分清切线的判定定理和性质定理；4.圆锥的侧面积和全面积。

四、本章内容学法、教法建议

我通过三棵知识树来说明圆的知识脉络、圆的知识应用以及圆的学法指导建议来进行圆这部分内容的分析。

（一）知识脉络树

圆这章内容整合为四个部分。第一部分：圆的性质。在这一节中，重点介绍了圆的定义、基本要素、弧、弦、圆心角、圆周角的基本概念。由于圆是轴对称图形也是中心对称图形，因此，借助于圆的轴对称性，去探索"垂径定理"及其推论，为证明线段等、角相等、垂直关系提供重要依据。然后，借助于圆的旋转不变性去探索圆中弧、弦、圆心角之间的相等关系，圆周角定理及其推论对于角的计算，证明角相等，弧、弦相等提供了便捷的方法。

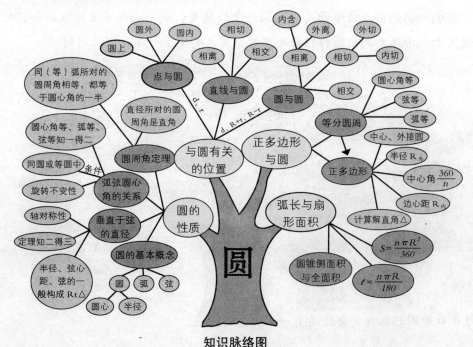

知识脉络图

第二部分：与圆有关的位置关系。在这一节教学时，可以引导学生用运动观点来认识图形、研究图形，通过点的运动、直线的运动、圆的运动让学生感受点与圆、直线与圆、圆与圆的位置关系变化，体会到各种位置关系在数量上存在着共性，三种位置关系在数量上可以归结为距离与半径之间的关系。同时，在这部分内容教学时，还应注意数形结合思想。

第三部分：正多边形与圆，正多边形与圆有着密不可分的联系，正多边形实质上是在圆的背景下产生的，作圆的内接正多边形实质是将圆周等分。在解决正多边形的计算问题时，通过作出边心距、半径，把正 n 边形分成 2n 个全等的直角三角形，因此正多边形的计算问题可以转化为解直角三角形问题。

第四部分：弧长和扇形面积，通过分析弧长与圆周长的关系，推导出弧长计算公式，类比此方法，联系圆面积公式推导出扇形面积公式。在圆锥的侧面展开图这部分教学中，让学生合作探究。通过把圆锥沿母线剪开、铺平这一动手实践活动，不仅能让学生理解圆锥侧面积和全面积计算公式的产生过程，还能培养学生的空间想象能力。

教学前，教师心中要有这棵树，这样可以从整体把握本章教学内容的重点、难点，了解本章内容对学生的知识能力要求。同时由这棵树展开教学，可以为培养学生综合运用知识的能力打好基础。

（二）圆的知识应用

圆的知识的引入使平面几何达到一个新高度，这个高度主要体现在知识的综合应用上，由此，我把圆的相关知识的应用又构建了一棵知识应用树。

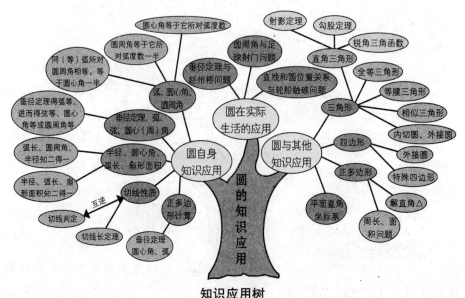

知识应用树

　　我把知识应用树分为三个部分。第一部分为圆自身知识之间的应用：1.弧、圆心角、圆周角之间的联系。圆与三角形、四边形最大的不同，那就是圆中有弧，利用弧这一纽带，将圆心角、圆周角联系起来，值得注意的是，同弧或等弧所对的圆周角相等，都等于它所对的圆心角的一半，这一关系往往成为解题的关键。2.垂径定理与弧、弦、圆心角、圆周角的关系。这两部分的关系在圆中推理和计算占据着重要地位，两部分内容通过弧紧密结合起来。3.半径、圆心角、弧长、扇形面积的关系。弧、扇形分别是圆周、圆面的一部分，那么弧长、扇形必然与圆心角有联系。由弧长公式可知，弧长、圆心角、半径三者之间知二得一，由扇形面积公式可知，弧长、半径、扇形面积三者知二得一。4.切线性质与判定：我们知道切线的性质与判定是相对互逆的，在教学时，要注意对比它们的题设和结论。由于圆的切线是直线，为了研究其他的性质，定义了切线长，在单切线的基础上得出双切线的性质，即切线长定理。

　　圆是初中平面几何学习的最后一个几何图形，它可以与其他图形整合在一起，应用前面所学的知识共同解决问题，于是有了知识应用树的第二部分——圆与其他知识的应用。

　　三角形是初中平面几何的基础，因而圆与三角形的知识应用的最多。例如，赵州桥问题应用的是直角三角形的性质——勾股定理，圆与全等三角形、等腰三角形的应用非常广泛。

　　由于圆内接四边形这一节的删除，这部分内容在新教材中被淡化了，我认为这部分重点问题是圆与特殊四边形的外切问题。

　　关于正多边形计算问题与解直角三角形问题的联系在前面已经阐述，在此就不再赘述。

　　圆的知识应用往往在平面直角坐标系的背景下进行应用，意在培养学生数形结合的思想和对知识综合运用的能力。

　　第三部分为圆在实际生活中的应用。

　　学习数学就是为了应用数学，理解了、会运用才是数学学习的目的。圆与实际生活联系比较紧密，教材中也充分体现了这一点。例如，求赵州桥的主桥拱半径问题利用的是垂径定理的有关知识；足球射门问题利用的是同弧所对的圆周角大于该弧所对的圆外角问题；轮船沿某方向行驶会不会有触礁的危险利用的是圆与直线的位置关系来解决问题；等等。教材中从实际生活中提炼的例子有很多，充分体现出数学来源于生活，同时又服务于生活，引领学生在数学学习中体验生活，提升了对生活的认识层次。

由于圆的知识综合性比较强，学生对很多知识之间的联系并不清楚。因此通过建立这棵树可以让学生从整体上把握圆的知识应用上的联系，我想这也是把这部分内容学薄的过程。同时，这棵树还有助于拓宽思维的广阔性、深刻性，有助于巩固各知识点，培养学生的创造性思维。

（三）学法指导

苏霍姆林斯基说："为使学生获得一点知识的光亮，教师应吸进整个的海洋。"要给学生一棵小树，教师必须先有一棵大树。在整个教学过程中，"知识线"和"方法线"贯穿始终。"知识线"是"明线"，"方法线"是"暗线"，教师始终用"暗线"引导"明线"。通过教师的引导，"知识线"让学生掌握了知识，"方法线"让学生形成了能力。老师教法转化为学生学法，这需要教师高屋建瓴，对知识进行整体构建。在日常教学中，要重视渗透数学思想方法和归纳解题方法。因此，我又构建了一棵学法指导树。

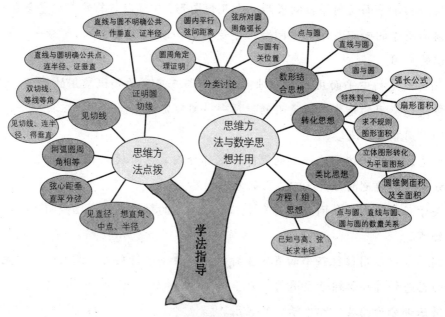

学法指导树

由于圆常与其他平面几何图形综合，形成一个比较复杂的几何图形。因此，在教学中，帮助学生归纳一些圆中的一般解题思路是很有必要的。如：见直径想直角、想中点、想半径；见到弦就想到作弦心距，得垂直平分弦；见到单切线，想到连半径，得垂直；见到双切线想到等边等角的出现；要证明直线是圆的切线时，当直线与圆有公共点时，则想到连半径证垂直；当直线与圆无公共点时，想到作垂直证半径；等等。

最终，让学生知道见到什么样的图形、见到什么样的条件，就想到做什么样的辅助线，得什么样的结论，给学生一定的思维导向，作为教师不仅要传授知识，更重要的是让他们懂得会利用知识去解决问题。

数学思想方法应该是数学的灵魂，只有当学生掌握了必要的思想方法，他们在平时的学习中，才会触类旁通、举一反三。因此在教学中，教师要有意识地渗透数学思想方法，如：圆周角定理的证明；求弦所对的圆周角度数问题、求弦所对的弧长；求圆内两条平行弦间的距离问题；与圆有关的位置关系等问题都需要用到分类讨论思想方法；点与圆、直线与圆、圆与圆的位置关系从图形与数量两个角度进行研究，用到数形结合的思想；常规的转化思想，如将立体图形转化为平面图形来解决，求不规则图形面积要转化为规则图形面积来求等；关于方程思想更是贯穿于数学中大部分的相关计算，只要不能直接计算就要用到方程思想，例如垂径定理已知弓高、弦长、求半径就要用到方程思想。

总之，如果在学生学习的过程中，老师若能围绕这三棵树展开教学，那么我想，课堂教学将一定是有效的。通过帮助学生将知识进行梳理、总结、归纳，给学生一定的思想方法，让学生对所学的知识了然于胸，解题时有章可循，有法可依，从而解题的效率就能大大提高，同时点燃学生的学习兴趣，那么教师教得自然也就轻松了。

三、展示交流

学校先组织所有中考学科教师说教材的展示活动，老师们针对整个学段、整册教材、一个单元、一篇文章或一节教材进行。中考学科教师多为班主任，且考试压力大，工作繁重可想而知。不过，老师们课下积极准备、相互学习，提升了把握和挖掘教材的能力，也涌现出一批在说教材方面训练有素的年轻教师，为"走出去"比赛奠定了基础。下面是摘自我校老师参加全国第二届说教材比赛获二等奖的说教材原稿。

今天我说教材的内容是：人教版语文七年级上册。我将从课程目标及本册教材的内容标准、教材的编写意图及内容结构、知识和技能的立体式整合、教学建议、评价建议以及课程资源的开发与利用这六个方面进行阐述。

一、课程目标及本册教材的内容标准

语文课程目标的设计思路是九年一贯整体设计，尽可能体现语文课程的整体性和阶段性，因此整个目标系统分为总目标和阶段目标。

总目标是基于人的终身需要及和谐发展所应具备的综合语文素养而提出的，它规定了在语文学习的过程中，应培养爱国主义感情，形成积极正确的人生观和价值观；培养热爱祖国语言文字的情感，培养语文学习的良好习惯和方法；指导学生主动进行探究性学习，在实践中学习、运用语文；丰富语言的积累，培养语感，发展思维，使他们具有适应实际需要的识字写字能力、阅读能力、写作能力和口语交际能力。可以看出，语文课程目标是依据"知识和能力""过程和方法""情感态度和价值观"三个维度来设计的，三个方面相互渗透，融为一体，注重语文素质的整体提高。

对于本学段的阶段目标，《语文课程标准》从识字与写字、阅读、口语交际、综合性学习和写作五个方面做出了详细具体的规定。我们可以从中提炼出七年级上册教材的内容标准：

1. 识字与写字：能借助工具书独立识字，规范书写，提高书写速度。

2. 阅读：能正确运用朗读、默读等多种阅读方法；在通读课文的基础上，能理清思路，理解主要内容，有自己的心得、情感体验，并获得有益启示；了解记叙、描写、说明等表达方式；能初步品味文章中的精彩语言；初步学习借助注释和工具书阅读浅显文言文。

3. 口语交际：学会倾听、表达与交流，初步学习文明得体地进行人际沟通与社会交往。

4. 综合性学习：能在自主、合作、探究的过程中聚焦学习和生活中的热点问题，搜集整理资料，展示学习成果，体验合作与成功的喜悦。

5. 写作：有独立完成写作的意识；写记叙文，做到内容具体，感情真挚；初步培养修改作文的习惯。

二、教材的编写意图及内容结构

本册教材是依据《语文课程标准》的精神编写的。它积极倡导自主、合作、探究的语文学习方式；加强语文与生活的联系，激发学生的学习兴趣；突出学生的语文实践活动，使学生在生活实践中学习语文；富于开放性和弹性，给学校和师生留有广阔的活动空间。总之，教材贯彻了工具性与人文性相统一的精神，致力于全面提高学生的语文素养。

教材在编排体例上，设置了四个部分，即：六个单元，课外古诗词背诵，名著导读和附录。

六个单元按照主题组织内容，每个单元又由阅读与口语交际·写作·综合性学习两大部分组成。

第一单元以"感悟人生"为主题。所选课文侧重于怎样面对人生道路上的困难或不幸。对于初一新生来说，由于环境的变化，他们在学习生活中难免会遇到种种困难，集中阅读以人生为主题的课文，可以让他们从中得到有益启示。本单元的写作·口语交际·综合性学习的主题是"这就是我"，目的是让每个同学尽快认识新同学，也更了解自己。

第二单元继续"人生"的话题，但侧重于"理想信念"，从内容上来看，理性成分比较浓厚，编者意在提升学生的阅读层次，引导学生形成积极的人生观和价值观。本单元的主题是"漫游语文世界"，目的是通过活动激发学生学习语文的兴趣，让学生意识到"生活处处有语文"，并能够自觉地在生活中学语文、用语文。

第三单元以"自然美景"为主题，所选课文基本都是描写自然景物的名家名篇，通过学习，可以引导学生感受美的景物、美的情感、美的语言，提高审美情趣，并且在对自然审美化、艺术化的认识和体验过程中，进一步体会人与自然的关系。本单元的写作·口语交际·综合性学习的主题是"感受自然"，也是本单元阅读的一个延伸。

第四单元以"科学探索"为主题，主要反映古今中外对自然世界进行科学探索的内容。本单元的综合性学习·写作·口语交际的内容是"探索月球奥秘"，通过活动，能够进一步激发学生的求知欲望和探索科学的精神。

第五单元以"家庭亲情"为主题，选文贴近学生生活实际，容易引起学生的学习兴趣和情感共鸣。本单元的写作·口语交际·综合性学习的主题是"我爱我家"，引导学生关注家庭生活，抒写美好亲情。

第六单元的主题是"想象世界"，所选文章可以使学生初步感受到想象类作品的艺术魅力，情感上得到感染，想象能力、发表见解的能力也将有所提高。本单元的综合性学习·写作·口语交际的主题是"追寻人类起源"，通过活动，可以进一步培养学生搜集整理资料、发展创新思维和口语表达的能力。

三、知识和技能的立体式整合

人教版语文教材阅读部分的编排有两条线索，外在线索是语文与生活的联系，内在线索是阅读能力的发展。

从横向上来看，根据"语文与生活的联系"这一外在线索，本册教材的六个主题单元分别可以纳入"人与自我""人与自然""人与社会"三大板块之中。而在阅读能力上，第一、二单元要求整体感知文意，提高朗读能力；第三、四单元在整体感知文意的基础上，提出了揣摩、欣赏精彩语言和练习概括文章要点的要求，阅读方法上，也加入了快速默读的训练；第五、六单元在之前的基础上，进一步提出了注意写法的借鉴和积极发表自己看法的要求，另外对朗读和默读的练习依然是这两个单元的重点。通过六个单元的学习，学生的阅读能力将逐步得到发展。

从纵向上来看，本册教材与初中学段的其他几册教材也存在着内部逻辑关系。外在线索方面，七、八、九年级都是按照"人与自我，人与自然，人与社会"三大板块组织单元内容的，以"人与自然"这一板块为例，七年级上册包括第三单元"自然美景"和第四单元"科学探索"；七年级下册包括第五单元"探险传奇"和第六单元"动物世界"；八年级上册包括第三单元"建筑园林"和第四单元"科学世界"；八年级下册包括第三单元"关爱自然"；九年级上册包括第一单元"赞颂自然"，九年级下册包括第三单元"生命之歌"。虽然都属于"人与自然"的范畴，但所选的课文内容由浅入深，从易到难，是一个循序渐进的过程。内在线索方面，七年级侧重培养一般的阅读能力，比如把握文意、理清思路、体验情境、揣摩语言、筛选信息、质疑问难、发表见解、做出评价等；八年级在第一阶段的基础上，结合记叙文、说明文、抒情文的文体、语体的特点，培养阅读记叙文、说明文、抒情文的能力；九年级在前两个阶段的基础上，结合文学作品和议论文的文体、语体的特点，培养欣赏文学作品和阅读议论文的能力。可以看出，在阅读能力的培养上，也是由易到难、由浅入深的。

四、教学建议

作为初中学段的起始学期，本学期教学的一大任务是为后面的语文学习打下良好的基础。根据课标要求以及本册教材的特点，结合七年级学生的学习实际，我将从以下方面提出教学建议：

1.培养良好的语文学习习惯

良好的语文学习习惯，可以为学生提供可持续发展学习的空间。本学期，我主要培养学生如下几种习惯：课前预习、诵读、积累、课外阅读以及勤动笔的习惯。下面我重点说一说对于课前预习和积累这两种习惯的培养。

预习不是漫无目的的行为，开学初，我就对学生进行了预习方法的指导。我将预习总结为三个步骤：一读，在学习一个单元之前，首先要阅读单元提示，明确本单元的主题及学习要求，从整体上进行知识技能的建构。具体到每篇文章，则要求学生熟读课文，了解文章的主要内容。二查，包括借助工具书解决生字词障碍和查阅资料，了解重要的作家、作品、写作背景等文学常识。三问，在阅读过程中，要积极思考，提出问题。既可以是自己难以理解的地方，也可以是自己认为比较重要的问题。对于学生的预习情况，可通过多种形式进行检查。如对于读，可通过指名朗读和让学生概括文章大意的形式检查。对于字词、文学常识，可利用"学练卷"或练习册进行检测。在课堂探究时，则可以考查学生提问的情况。

语文学习可积累的内容很多，本学期，我主要坚持让学生进行以下几方面的积累。首先是通过课前演讲，让学生积累成语故事和名人故事。演讲采用轮流和不定期抽签相结合的方式，这样既促使学生进行更多地积累，也提高了活动的趣味性。其次是以摘抄、背诵的形式，让学生积累一些格言警句、精彩语段和优秀的古诗文等。此外，在文言文学习过程中，还要引导学生积累重要的文言语法现象，主要从通假字、一词多义、古今异义、词类活用和特殊句式五方面，让学生先进行自我归纳整理，然后再通过课上互相交流，补充完善。

2. 倡导自主、合作、探究的学习方式

语文课程标准特别强调学生是学习的主体，因此在教学中，我经常采用"学生自主提问"的教学方法，不为学生预设过多问题，而是引导学生通过自己个性化的阅读，从内容大意、文章结构、段落作用、语言赏析和文章写法等方面自主提问，然后对有价值的问题，再通过全班的交流讨论来解决。我还尝试让学生当小老师，给同学讲题，出检测小卷并为答卷人做出评判等。这些方法既提高了学生的学习兴趣，也培养了学生自主探究的意识和能力。

此外，建立学习小组，开展合作学习，也是提高学习效率的一个有效方式。在遇到疑难问题时，通过讨论交流共同解决；在开展综合性学习时，分工合作，共同完成任务；在平时的学习中，小组成员互帮互助，共同提高。

总之，自主、合作、探究的学习方式，有利于学生语文素养的全面提高。

3. 开展丰富多彩的语文活动，在实践中学习语文

比如开展如课前3分钟演讲、课本剧表演、手抄报制作、查字典大赛、硬笔书法比赛、古诗文诵读比赛等活动。同时，配合每个单元主题安排的语文综合性学习，也是语文实践活动的一个重要内容。这些活动的开展，对学生积累语文知识、提高语文运用能力、激发学习热情，都会起到极大的促进作用。

五、评价建议

语文课程标准坚持全面评价的取向，因此在课程评价中，应该对知识和能力，过程和方法，情感态度和价值观三个方面的落实进行全面衡量。下面我就谈谈我在课程评价中的一些做法：

1. 实现评价主体的多元化

在课程评价中，除了教师，作为学习主体的学生，也应该参与到课程评价中来。学生评价包括自评和互评。自评主要是引导学生反思自己的学习态度以及学习过程中的收获与不足。而学生互评应用范围更广，例如对同学朗读和演讲的点评，作文的互判，给同学出的试卷写评语和建议，评选各种荣誉称号等，在评价别人的过程中，自己也会有所提高。此外，家长也可以成为评价的主体，对孩子在家庭中的学习习惯、态度、过程等给出评价。总之，评价主体的多元化，会使评价结果更加客观、全面。

2. 实施分层评价

我校坚持"分层教学"理念，因此在课程评价上，也是尊重学生的个体差异，实施分层评价。根据不同层次学生的学习能力，采取不同的评价标准。例如背诵比较长的课文，优等生要求准确、流利地背诵全文，一气呵成；中等层次的学生也是要求背诵全文，但可以分段背诵；而个别差等生，只要背会重点段落就算达标。分层评价的目的是让每个层次的学生都能获得发展，拥有体验成功的机会。

3. 采用多种评价方式

以往的教学总是把考试作为评价学生语文学习成效的唯一手段，新课程理念下，我们应该通过多种评价方式，从不同侧面评价学生的语文学习情况。比如建立语文学习档案袋，让学生把语文学习过程中一些重要的资料和作品放入其中，这样既便于学生分析自己的学习历程，不断改进学习，也为教师改善教学提供了依据。

我还采用定期颁发小奖状的方式来评价学习成果，激发学生的热情。小奖状的内容可以涉及方方面面，比如作业书写工整，课上积极回答问题，某方面取得进步，演讲精彩，等等。学生只要达到规定的标准，都可以获得一张小奖状。这种评价方式对学生很有吸引力，也能更加客观全面地反映学生整个学习过程的状态。

此外，问卷调查、考后制作学生成绩跟踪折线图等，也是我在课程评价中使用的一些方法，由于时间关系，不再展开。

六、课程资源的开发与利用

作为语文教师，只有积极开发和利用语文课程资源，才能为学生的语文学习提供更广阔的空间。

1. 深入挖掘教材资源

教材是语文学习的第一手资料，要深入挖掘教材资源，拓展语文学习的内容。

课本剧表演，朗诵比赛，课内外对比阅读，课文的续写、改写等，都是开发教材资源的重要方式。

2. 利用好学校资源

学校是课程资源最为集中的场所，就我校来说，可以利用图书馆、校本阅读课程、演讲比赛、辩论会、责任教育讲解团等各种资源，为语文学习提供条件。

3. 合理利用媒体资源

师生都应当合理、恰当地运用报纸、广播、电视以及网络等媒体资源，为语文学习提供条件。比如教师可利用图片、视频、歌曲、热点新闻等创设学习情境，激发学生兴趣；而学生则可通过上述媒体搜集、获取资料，积累更丰富的学习素材。

4. 开发社会和家庭资源

一方面要让学生关注社会，比如社会热点新闻、当地的民风民俗等，促进学生的听说读写能力。另一方面，也要充分利用家庭资源。例如在学习家庭亲情单元时，可以布置学生为家长做一件力所能及的小事以及给家长写一封信表达心声，并且要求家长写回信这样的作业。通过这种交流，学生对亲情的认识会更加深刻，对写作也会起到良好的促进作用。

四、辐射提高

2010 年 12 月 4 日，由教学校长和教科研主任带队，率我校 5 名不同学科教师前去参加在河南郑州举行的"全国首届'和谐杯'中小学说教材大赛"活动。来自全国 13 个省、市、自治区的 655 名代表和郑州由 150 名教师组成的观摩团参会，有 317 名教师参加大赛活动。在精心的准备、策划、把关下，我校参赛的 5 名教师全部获得较好的成绩。2011 年 4 月 23 日、24 日，由全国和谐教学法研究会主办、天津市滨海新区大港教育局承办的"全国第二届和谐杯'说课标说教材'大赛"在大港六中拉开了帷幕，来自全国各地 14 个省市自治区的 900 余名选手参加了角逐。我校选派的 6 名选手经过精心的设计和充分的准备，发挥出了自己的水平，均获得不俗的成绩。

比赛给老师们提供了一次非常好的锻炼机会，虽然承受着相当大的压力，但他们都没有退缩，以自己的努力实现了自身专业的提升，用优异的成绩表达了对帮助他们的同行的感谢，用自己的亲身经历为学校积淀了财富。与其说这是在比赛，不如说这更是一种培训，这样的机会值得教师珍惜。

五、感悟升华

经历是一种成长，经历是一种财富。经历记录下自己的成功经验和教学智慧，记录下自己的失误总结和补救措施，记录下自己的教学灵感和心得体会，记录下自己的收获和成长的脚印……经历了就会有感动、有领悟。

下面是我校老师在获得首届全国中小学教师"说教材"比赛一等奖后在校本培训会上的交流发言。

通过说教材活动，收获颇大，感悟颇多。

刚刚接受说教材的任务时，我没有考虑到有什么太大的困难。毕竟教材教过一遍，对教材的内容比较熟悉，唯一要做的是把知识上升为理论，把教材和新课程标准联系起来。但是当我第一次试讲的时候，真的把在场的所有老师和领导都"雷"到了。不但幻灯片制作得十分糟糕，而且讲稿的内容主线不明，重点不突出。

这次的试讲对我来讲是个沉重的打击，周五回家，对着电脑屏幕发呆，不知道怎么修改。只有两天的修改时间，怎么办？我几乎都有了打退堂鼓的打算。更让人头疼的是正式比赛的时候要求脱稿，而我的稿子长达五页，都是些专业术语，按照目前的状况背下来根本不可能。

静下心来，我发现了关键所在。我一直害怕参加像演讲等需要脱稿的比赛，害怕自己忘词，因此我恨不得在幻灯片中打上所有能打的词，所以幻灯片显得混乱不堪。另外，虽然我对教材的内容很熟悉，但是对教材的编写意图了解不够深刻，教材内在的知识联系没有仔细研究，因此说教材的稿子内容繁琐，条理不够清晰，和幻灯片严重脱节，自然背不下来。

于是我调整思路，一方面上人教版网站查看了许多专家学者对新教材和新课程标准的解读，理清所讲内容的前后知识脉络，把平面的知识立体化，理解编者的编写意图，另一方面对幻灯片进行修改，突出重点，并且和说教材的稿件结合起来，使二者浑然一体。经过修剪，我重点需要说明的幻灯片精简到了六张。这些准备工作也大大降低了我背诵的难度，因此周一第二次试讲的时候我已经可以脱稿，比较顺利地通过了。

两轮下来，我再次领悟到这个道理：读书就是一个从厚到薄，从薄到厚的过程。从厚到薄是你试图理解别人的理念、思想的过程，而从薄到厚是形成自己的理念、思想的过程。教学也是一样。在说教材之前，我其实对新教材有诸多疑问和不理解，比如环保问题，为什么初一、初二、初三都要讲？编写教材的人为什么不按照知识模块的方式，把这个问题一次性讲清楚呢？通过说教材活动我理清了线索：初一是从关爱生命的角度切入，在教育学生关爱自己生命的同时也要关爱地球，初步渗透环保理念；初二是从尊重生命的角度切入，教育学生不但要尊重人和社会，更要尊重自然，再次渗透环保理念；而初三由于学生的人生观价值关初步形成，因此教材从国家高度阐述环保问题。可以看出教材的编写符合学生的心理认知规律。

可以说我在准备说教材的过程中，通过对课程标准的分类目标的学习，通过对教材编写意图的研究，终于明白教材的编写突出生活化、情感化等特点的描述，明白了教材的编写不再是以知识逻辑为线索，而是以生活逻辑为线索。

在这次比赛中，其实有很多优秀的老师，他们对教材都有着深刻而独特的理解，在教学实践中有自己的独特做法。我之所以能取得这点成绩，跟我平时的教学实践有很大关系。我平时上课主要有这样几个教学环节，集体备课—搜集资料—课堂展示—课堂评价。这种方法我已经坚持一年了，而这种方法其实是源于学生的一句话。毕业的一个学生跟我说她在高中看不懂政治书，虽然这句话未必在批评我，但是让我对自己的教学模式"讲课—画笔记—做练习"产生了质疑。

因此我决定改变一下。初一的上学期我一直进行初始环节的训练——集体备课。所谓的集体备课就是让学生主动看书，自己整理笔记，改变了以往由老师画笔记的方法，我想学生主动地学习知识应该比被动地接受知识要印象更深刻一些吧。在这个环节我只是从旁指导点拨，对遗漏的知识点进行补充。

到了下学期我开始着手准备让学生当老师了。因为通过观察和了解，发现相当一部分学生已经可以独立找到知识点了，同时也发现学生具备了一定的搜集资料能力，一少部分学生还具备制作幻灯片的能力。更重要的是学生有上讲台当老师的愿望。家里有电脑的，会做幻灯片的人都有任务了，那些没有电脑的怎么办呢？所以我就加了一个课堂评价环节。这个环节包括学生评价和教师评价两方面。学生评价主要指学生对小老师的幻灯片制作的水平、上课讲的知识点是否有遗漏、是否有讲错的、教态语言等方面进行评价。这个环节是参与度最高的，通过这个环节学生不但巩固了知识，而且给自己积累了丰富的制作幻灯片的经验，上讲台的经验，搜集资料的经验，等等。老师评价主要是对有遗漏的知识、讲错的知识或讲得不够深刻的知识进行纠正补充和说明。

让我始料未及的是学生对这种教学模式的热情。我原以为只有在初一这个阶段学生参与度高，但现在来看，这种教学模式还是有着生命力的，不但好学生积极参与，一些暂困生也有强烈的表现欲。我不敢说通过这种方式在现阶段让学生提高了多少能力，增长了多少知识，领悟到了多少道理，但是从长远看，真正能讲好的同学不论是从自尊心、自信心，还是从搜集处理信息的能力、语言表达能力等都得到了非常好的锻炼。

总之，通过说教材收获很大，有助于促进教师的专业化成长，大大提高教师对教材的全面认识和整体把握。同时要感谢学校的领导在这次活动中所付出的辛苦的劳动，没有他们从旁点拨指导，就不会有我取得的成绩。

六、说教材应该注意的问题

"说教材"这种全新的教研模式逐渐受到中小学教师的青睐，并日益彰显出它诱人的魅力。全国很多省市，如黑龙江省、陕西省、山东省、天津市等已多次开展"研说教材，促进教师专业成长"活动。但是由于教师认识的不足及知识更新的不及时等原因，说教材也存在诸多问题。

首先是把说教材等同于说课。"说课"是在课时教学的层面上，教师和课标制订者、教材编写者以及学生之间进行的未见面的交流和沟通，是在"小范围"的碰撞、对接、磨合，是集约型的近景式研究。而"说教材"则是在学段（或学年、学期、学周）教学的层面上，在"大范围"内的碰撞、对接、磨合，是粗放型的全景式的研究。其次是把说教材认为是通教材。所谓"通教材"仅仅是把教材的知识点从头到尾"通"一遍，把不明白的问题和重点、难点搞清楚，一般是教哪册"通"哪册，并没有注意教材的整体性。而"说教材"则要求教师整合教材，不管教哪个年级，都要了解整个学段课程标准的要求和教材的编写意图，要从教材的知识体系、能力体系和价值体系三个层面来把握教材。三是"说教材"忽视形式的要求。其实，"说教材"不仅有内容上的要求，也有形式上的规定，是内容与形式的有机统一。[1]

说教材是课程标准校本化的重要途径，通过说教材活动，教师深入研究《课程标准》的要求，正确解读与驾驭教材，掌握教材教法，提升了自身专业素养。因此，在实际的教育教学过程中，我们要注意正确运用，及时总结反思，以达到说教材对教学促进效果的最大化。

首先，教师在说教材时要具备以下基本意识。一是正确的课标意识。《课程标准》作为教育教学法规性文件，是有关教材的一切活动的依据。教材是课标精神的文本体现。因此，教师在说教材时，要做到心中有课标、口中讲课标，课堂上践行课标，将课标意识作为说教材的首要意识，要把《课程标准》作为我们分

---

① 邓振娟：《走出说教材的三大误区》，载《成功（教育）》，2012年第2期。

析理解与驾驭教材、确立教材教法的法规依据，指导说教材。例如，在就一个学段、或一册教材、或一个单元进行说教材时，首先要明确《课程标准》对它们的要求与相关规定，同时要将《课程标准》作为法规尺度，度量说教材于始终。只有这样，我们才能够把握住正确的课程方向，同时，也有利于我们正确地解读与处理教材。二是正确的整体意识。教学过程是一个系统，各种教学要素达到和谐状态才能促进学生更好地学习；教学内容本身也是一个系统，要在整体感知的前提下引导学生找到解决问题的方法。这就要求说教材要着眼于教材整体，从整体出发，把教材的各个部分、各个要素联系起来考虑，优化组合，形成对教材完整准确的认识。只有这样，我们对于教材各个版块、各个系统、各个知识点等的把握才是准确的。要从整体到部分的感知、解读教材，自我构建知识网络。三是正确的联系意识。说教材是否揭示教材各个版块、各个系统、各个要素的内在联系及其逻辑关系，是衡量对于《课程标准》、教材与教法把握准确与否的重要标志之一，同时，也是正确处理、有效驾驭教材的基础。说教材只说有什么，不探究为什么和怎么样，对教材的把握就只能停留在表面，而触及不到实质，教师也就仅仅是教书匠，而不能成为研究者。因此，说教材不仅要遵循教材内在的联系与规律，还要将外显的与隐含的多种多样的联系用简明并准确的语言揭示出来，做到知己知彼，知其然，更要知其所以然。四是正确的层次意识是说教材的内在要求。就内容来讲，层次性存在于《课程标准》、教材编排设计、教学目标、教学重难点、知识、能力、价值体系、教学方法、学法指导等方方面面。说教材对象本身层级分明，各层级地位、作用、要求各异且相互交织的客观性，决定了说教材理清层级及其相互关系，突出层次性是至关重要的。[①]

说教材要遵循教材，但也要"超出教材"，所谓"超出教材"，就是开发课程资源和整合课程资源的过程。在实际教学中主要有以下几种做法[②]：

一是替换教材的例子。为了说明基本概念，教材中往往选用一些例子。尽管教材的编写者力求选用那些不同地区学生都熟悉的例子，但仍然不能照顾到每个地区和所有学生，所以新课程提倡要开发课程资源，要结合学生的生活实际和自身体验学习知识。用学生熟悉的例子和情境学习新知识，学生更容易理解，对学习更有兴趣，也更容易记忆。如小学《数学》中有一节教材是"找规律"，教材中选用了一些花朵、几何图形、人物图像等，让学生探索这些图案的排列有什么规律。有些教师在教学时照本宣科，按照书上的图案制作成幻灯

---

① 陈立:《浅议说教材必备的基本意识》,载《才智》,2011 年第 27 期。
② 王敏勤:《在新课程教学中怎样"用好教材,超出教材"》,载《天津教育》,2006 年第 2 期。

片、剪纸、图画、学具等，在备课时费了很大的工夫。其实教师在教学时可以不用这些图案，因为教室里就有活生生的例子，教师可以启发学生寻找：同学们，你们观察一下教室里的桌子排列有什么规律？窗户排列有什么规律？电扇排列有什么规律？同学们很快就会发现：教室里每排课桌的数量是一样的，间隔距离差不多；教室里的窗户南北都是对称的，窗户之间的间距差不多；每排电扇的数量是一样的，间隔的距离也差不多。通过这一引导，学生大致知道了什么是"有规律"。然后教师再引导学生观察一下，教室里还有哪些东西的排列是有规律的？学生就会发现：老师和同学衣服上的图案是有规律的，人的五官的排列是有规律的……再进一步启发学生想象：马路上会有哪些有规律的事情？学生就会联想到：马路旁路灯的排列是有规律的，树木的排列也是有规律的，十字路口的红绿灯是有规律的，汽车和自行车的行走是有规律的……这样逐步拓展，学生从眼前看到的，到脑子里想到的，对概念的理解越来越清晰，越来越深刻。这样的例子比教材上的例子更熟悉、更丰富，更符合学生认识和记忆的规律，更能激发学生的学习热情和积极性。放学后，学生走在路上、回到家里都会自觉不自觉地找规律，这就是新课程所提倡的让学生体验课程。

二是拓展教材的主题。一般说来，文科教材的主题是比较明确的。比如初中语文《罗布泊，消失的仙湖》是报告文学，写的是罗布泊的变化史，主题非常明确，就是要爱护环境、保护环境。但学生如果仅仅局限于课本的学习，就会觉得自己离罗布泊和青海湖很遥远，保护环境的意识还不强烈。如果教师能结合当地的实际情况引导学生来谈，学生就会对课文的主题有更深刻的理解。课后还可以布置学生搞一些调研活动，了解附近水源的丰缺情况和污染状况，提出保护水源和环境的措施，教材的主题就会得到深化和拓展，学生保护环境的意识就会得到强化。

三是改变教材的呈现方式。前面所说的替换教材的例子和拓展教材的主题，都是开发课程的要素性资源。同时，也可以开发条件性课程资源，如制作成挂图、剪纸、幻灯片、录像、录音等。这样平面的教材就变成了立体的教材，枯燥单调的书面资料就变成了丰富多彩的多媒体资料，学生对教材就会有兴趣，就愿意学习，也更容易理解。

四是整合不同学科的内容。这次课程改革一方面通过增加一些综合性的课程来整合学生的知识，如"科学"课整合了物理、化学、生物三科的内容，"艺术"课整合了音乐、美术的内容。另一方面，在分科教材中也增加了不同学科的知识，加强不同学科的联系。如初中语文新教材设立了"科学"单元，生物新教材设立了"生物学与文学"栏目，历史新教材中有许多是文学、科技等文化发展史方面的内容等。这些，都是在加强科学精神与人文精神的相互渗透与融合。教师在运用这些教材时要理解编者的意图，有意识地引导学生加强学科之间的联系。

除了教材中已有的学科渗透外，教师在教学时可有意识地进行多种学科的交叉与整合。如学习小学语文《第一场雪》，有条件的地方，课前教师可布置学生到雪地里观雪景、滑雪、堆雪人、打雪仗、拍照，回来后写感受；也可上网或到图书馆查阅与雪有关的小说、诗歌、散文、图画、照片、歌曲等；也可自己创作与雪有关的图画、文章等。这样上课时，在基本学习课文字词、结构和写作特点后，教师可引导学生展示自己收集到的各种体裁和形式的与雪有关的资料，让学生朗诵诗词、唱歌、绘画等，内容都与雪有关系，丰富多彩，既加深了对课文的理解，又丰富了课堂的内容，也提高了学生的学习兴趣。

五是鼓励学生提出不同的见解。与传统教材不同，新教材允许学生对问题有自己的独特见解，为学生的个性发展留出了空间。如人教版历史新教材的"动脑筋""活动与探究"等栏目中提供了不少可能引起争议的问题供学生探究，如"秦始皇功过的辩论"，以激发学生的个性化思维和独特见解。这些设计引导学生不唯书，不唯上，不迷信权威，对于教师在教学中尊重学生的个性化表现以及鼓励学生的批判性思维、独立思考与感悟能起到十分重要的引导作用。

贯彻和实施分层教学

一、分层教学实施的意义

由于遗传、环境等诸多因素的不同，学生的行为习惯、智力水平、身体素质、个性品质等方面都存在很大的不同。课堂上采用"一刀切"式的教学方法，会给教学带来很大困难。我国目前的课堂教学普遍采用的是班级授课制，这种授课方式有其优越性的一面，但也有明显的不足。它忽视了学生的个性差异，实行"一刀切"的教学方式，无疑妨碍了学生个性、爱好和特长的发展；而采用个别教学虽然可以因材施教，但其效率较低，就目前我国的国情来讲也是不可能实现的。

因此，针对当前以班级教学模式为主的实际，在以班级为单位集体授课的教学模式下，如何在教师的引导和帮助下，面向全体学生，让这些存在个性差异、学习基础不同、家庭教育和影响迥异的学生，都得到充分的发展，在最大限度内满足"个别化"教学的要求，实施"准个别化"教学的分层教学具有很重要的现实意义，也是全面落实教育方针、实施素质教育的重要要求。

分层教学就是指教师在教学过程中要充分考虑到学生存在的个性差异，针对不同层次的学生之间不同的个性特征与心理倾向，以及不同的知识基础与学习能力，设计不同层次的致力于促进全体学生得到最大限度发展的教学目标，通过教师引导学生分层探究质疑，分组讨论内化及分层练习测评等多种方法达到教学目标、强化教学目标和深化教学目标的目的。从而使全体学生都能在原有的基础上学有所得，在知识和能力方面都能得到充分发挥，先后达到教学大纲的要求。分层教学在教学组织形式上交替运用班级、分组和个别辅导等形式，充分体现了面向全体学生，分层优化，因材施教的教学特点，对于激发学生的学习兴趣，促使学生主动获取知识，大面积提高学生的学习成绩是很有效的。

首先，分层教学符合因材施教的教学原则。因材施教就是要正确地处理好多数学生和少数学生的关系问题。实际上就是在教学中如何正确地对待好、中、差三类学生的问题。对于有特殊才能的学生，要认真培养，严格要求，打破常规，采取特殊措施，促使其迅速成长；对于基础差的学生，则要耐心帮助，促使他们尽可能跟上去；对于中等生，则要鼓励引导，让他们跳一跳，以取得较大的进步。实施分层教学就是要依据因材施教的教学原则，要求教师从不同层次学生的实际情况出发，针对学生各个方面的具体差异，在教学中既有统一的要求与标准，又要针对不同水平的学生实行区别对待，采取不同的措施，达到全体学生充分发展的目的。

其次，分层教学也符合学生的个别差异。学生的个别差异是绝对的。人与人之间的差异，不仅表现在学生先天的遗传因素有区别，而且还表现在其身心成长与智能发展的后天条件上。因而其逐渐形成的自我意识水平与兴趣、爱好、个性特长等也有区别。也就是说，对于同一知识，不同的学生掌握起来，有快有慢，有好有差。同时，布卢姆的掌握学习理论认为：只要我们能为学生提供必要的条件，95% 的学生能够掌握我们所讲授的事物。实施分层教学就是要求我们从学生的实际出发，根据学生各个方面的差异，为学生创设符合他们实际水平的教学情境，克服在教学中"一刀切"的现象，把因材施教提高到可操作的水平，尽可能地使每一个学生都能在原有的基础上有所提高，获得成功。

再次，分层教学还是智力心理学的研究成果。智力心理学的研究认为，人的智力的差异是很大的，智力不仅在个体间有巨大差异，而且在个体内智力的不同组成部分也有较大的差异。长期的教学经验也告诉我们，有些学生许多学科都学得很好，但就是某一学科学得不好，甚至只是某一学科的某个部分学不好。实施分层教学不仅要求我们教师要把学生之间的不同层次分清，而且要求我们要对同一个学生在学习不同的知识时呈现的不同层次要分清。

贯彻分层教学的思想，要在教学的全过程中不仅尊重学生的个性差异，还要认真探究如何对学生进行分层和分组，教学目标、备课、授课、课堂练习、作业布置、作业批改、阶段测试、课后辅导、教学评价都如何进行分层，以保证每一个学生在课堂教学中都能够积极地参与课堂教学的活动，使每一个学生都能在原有的基础上有所提高、有所收获。

二、分层教学的实施

我们在实施分层教学时形成了实施分层教学要做到"十抓"和"五反思"。

1. 实施分层教学应该做到的"十抓"

（1）抓学生的分层和分组

在个体的发展过程中，由于受到遗传因素、家庭因素和社会环境的影响，每个学生个体之间都存在着一定的差异，导致学习上存在差异性。这就要求教师必须深入地了解学生，研究学生，根据学生存在的个性差异，合理地对学生进行分层和分组。教师可通过课堂提问考查其思维是否敏捷、清晰，通过平时作业、单元测验考查其对有关知识点的掌握是否牢固，通过平时的接触观察其兴趣、爱好之所在，通过平时的个别交谈、与班主任的联系等方式了解其原有的学习基础、学习态度等。教师在综合考查学生在各个方面的差异后，根据学生的可能性水平，可将学生分为三个不同的层次：优等生、中等生、学习困难生，并随着学生学习情况的变化而随时进行调整。

对于不同的学生所处的层次，教师可以告诉学生，也可以不告诉。搞好对学生的分层和分组需要注意的是在分组的前后要对学生做好深入细致的思想工作，要让学生明确教师分层和分组的意图，消除学生的思想顾虑，增强学生的信心，从而使各组的学生愉快而积极地配合教师的教学。

（2）抓教学目标的分层

分清学生的不同层次之后，教师就要根据课程标准的要求、具体的教学内容和班级中不同层次学生的可能性水平，制订与各个层次"最近发展区"相吻合的分层教学目标。教师可以把这些不同层次的教学目标在课堂上告诉学生，目的是让师生都明确学什么和各个不同层次的学生分别学到什么程度，以更好地发挥教学目标的导向和评价功能。我们一般将每节课的教学目标分为三个层次：起点目标——学困生达到，基础目标——中等生达到，提高目标——优等生达到。

实施这一环节时应注意：各层次的教学目标虽然有差异，但也只是反映同一教材内容在深度和广度上的差异，各层次的目标之间有着密切的联系，形成阶梯，使低层次学生也可向高层次目标迈进。对于有些教学目标来讲三个不同层次的学生都能达到，只是需要的时间长短问题，也就是达到教学目标的先后问题。

因此，实施教学目标的分层，要坚持以下的原则：第一，教学目标既对学生，也对教师指方向，既导教，又导学。第二，各层的学习目标虽有差异，但目标之间有着密切的联系，并形成差距不大的台阶，这些台阶只是反映了掌握同一教材内容在深度和广度上的差异。低层次的学生也可以向高层次的目标递进。第三，明确目标的形式可以是在讲新课之前用挂小黑板或投影等形式一次集中地展示，但从实用、实效出发，应以口叙为主。第四，明确目标不一定要一次集中进行，但一定要在教前明确，以便发挥目标的激励、凝聚、导思、启发、教练、管理等功能。可以在新课前突出明确主要目标、重点目标，其他目标在教学中逐步分层认定，给予强化，效果会更好。这样教师就可以根据不同课型，不同内容和不同教学目标立足"双基"，灵活运用，充分发挥，指导不同层次的学生学习。

（3）抓备课的分层

实施分层教学，搞好分层次的备课是非常关键的。教师要根据不同层次的教学目标，设计不同层次的教学内容、教学时间、教学步骤、教学方法和教学手段，以及不同层次的课堂提问、课堂反馈练习和课后作业，认真写好教案，做好课前的一切准备。搞好分层次的备课是搞好分层教学的保证。

（4）抓授课的分层

在目前班级授课的条件下，实行全班教学、分层教学和个别教学三结合的教学是十分必要的。即根据共性和个性的辩证关系处理好同步讲授和分层个别教学的关系，做到"合"与"分"的有机结合。一方面，教师的讲授要做到恰当的"合"，即教师的讲授要依据课程标准的统一要求、教材的统一内容和知识系统在统一时间、统一进度内向全体学生进行同步教学，把教学措施建立在学生共性的基础上，讲授最基本的教学内容，完成最基本的教学目标。另一方面，教师的讲授还必须做到恰当的"分"，即教师要根据优等生、中等生和学困生这三个不同层次的学生群体的知识、能力、情感、意志、性格等个性差异，采取分组分层。即教师可先按中等层次的学生的教学要求进行全班集体讲解，听懂的中等生和优等生可先做老师布置的练习，此时老师可对比较差的学生再进行讲解，进行个别辅导。这类比较差的学生通过老师的进一步讲解后，再进行练习，此时中等生和优等生可听老师讲解更高层次的内容或做难度比较大的习题。

对于个别学生和个别问题也可由一些优等生帮助解决，使一些优等生充当"小老师"的角色。也可在学生做分层练习时，由教师抽空给予个别辅导。在分层施教时，教师必须针对学困生的注意时间短、记忆容量小、概括能力差以及优等生需要自我表现的特点，采取教师的讲解和学生的活动交替进行的方式。一节课学生的活动和教师讲解的时间比一般为1:1，教师讲解的时间一般不能超过25分钟。否则，教师较长时间的讲授会使学生的听课注意力产生间断性的分散，影响对教学内容的感知与理解，造成"尽管老师反复讲，学生还是多次错"的局面。学生活动的形式可采用练习、讨论、实验、竞赛、回答问题等多种形式，防止因形式的过分单一影响学生的学习兴趣。

总结分层教学的经验，我们得出了分层授课的课堂教学过程中的四个阶段。

第一阶段：分层质疑，自主学习。教师将学习内容转变成可供学习的若干问题，并且这些问题的层次与教学目标的层次形成对应关系，使学生在解决学习问题的过程中就完成了相应的教学目标，并要求学生在达到最低目标的前提下，自行选择不同层次的内容进行自学。在这个阶段，教师需要考虑的是，如何保证学生对目标层次的正确选择。而影响学生对目标选择的因素有两个：一是学生对自己能力水平的估计，二是学生的成就动机。这两个因素的影响表现在学生对目标层次选择过高或过低两种外在行为上。教师应针对不同情况做出及时的指导：对于目标选择偏低的学生，教师要鼓励他们选择更高的目标层次，并帮助他们在完成任务的过程中正确认识自己的能力，树立自信，同时由于在学习中体验到了自身的价值，也必然会提高学生的成就动机；而对于目标选择偏高的学生，教师要采取默默观察的做法，不强行阻止学生的选择，在他们尝试到学习的失败后，通过谈话以及询问等方式潜移默化地引导他们认识到失败的原因，从而正确地看待自己，把成就动机适当地降低到正常的状态。

第二阶段：小组讨论，分类指导。学生针对自学中的体会和未能解决的问题，与小组同伴讨论、交流。教师可采用目标依赖、角色依赖等方法使小组内部形成互相帮助的良好氛围，学生在各抒己见、互帮互助中使问题得到解决。在这个过程中，教师要深入到各个小组参与学生的讨论。教师的作用是引导学生讨论的方向，避免讨论偏离主题，并且在学生遇到困难时从朋友的角度给出建设性的意见，启发他们自己解决。在学生讨论的基础上，教师要针对个别性问题进行分类指导，对于倾向性问题则统一收集，集体解答。教师对不同层次学生提出的问题应采用不同的指导方式：对于低层次学生的问题，教师要找出他们问题的初始点，重点讲解解题思路；而对于较高层次的学生，教师则主要通过点拨、启发的方法，鼓励他们自己思考。

第三阶段：信息反馈，分层释疑。结束讨论后，针对倾向性问题，教师以分层释疑的方式要求学生作答，并提供必要的帮助。分层释疑就是针对不同类型的问题，选取不同层次的学生回答。教师通过判断问题的类型而变换回答问题的方式，以保证适合各层次学生的认知特点，实现优势互补，并调动学生学习的积极性，提高学生参与的几率。在这个阶段最重要的是：教师必须明确问题的对象指向（即某一问题是针对哪一层学生提出的）和问题的目的指向（即提出某一问题，让某一层次学生回答的目的是什么），并在此基础上，选择相应的答题方式。一般来说，可以使用如下的方式：第一，示范性回答。教师首先要求高层次学生回答，再出示同一问题或相似问题要求低层次学生回答。这时，虽然提问的对象是高层次学生，可是目的却是要他们为低层次学生做出示范，并使低层次学生也能够解答。第二，补充性回答，适用于中等偏上难度的问题，选择低层—中等层—高层—中等层—低层学生依次回答的答题顺序。在层层补充、层层递进中，使问题得到完满的解决。第三，激发性回答。提出较难的问题，提问中低层次学生，目的指向高层学生。教师先要求较低层次学生做出尝试，利用回答中出现的问题和缺陷为高层学生提供智力刺激，激发他们思考。

第四阶段，分层练习，归纳小结。整个教学过程的最后一个步骤是学生针对所学内容进行巩固练习，并在教师的帮助下做出总结。分层教学的课堂练习与传统课堂的练习不同，它是根据各层教学目标的标准被区分成不同等级的，练习的等级同样要与目标的层次形成对应关系，一般可分为基础题、变式题和综合题。学生选择练习的方式与分层质疑阶段相同，即教师规定每个学生都必须完成基础题，然后允许学生自由选择。这是分层教学充分尊重学生主体性，重视学生自我选择的最直接的体现。教师分层次授课的实施使全体学生都参与到课堂教学当中，使学生的基础知识得以巩固，易于学习方法的培养，充分做到了因材施教。通过对问题的讨论和对实验的探索，培养了学生的学习兴趣，增强了学生对科学实践的探究能力和实践创新能力。同时也提高了教师自身对教学内容的理解、掌握程度和对课堂的驾驭能力，使教师讲课目的清楚，针对性强，学生学习效果好。

教学过程中要确保分层教学、分层授课的顺利实施，需要教师精心做好"分层备课"环节的工作，才有利于"提问、讨论、释疑、小结"四个重要阶段的完成。其间，让提问对各层次的学生均有不同程度的收获；在讨论中，各层次的学生都有发表言论的机会，并调动全体学生的积极性和学习热情；释疑时，使学生对所学知识有不同程度的理解，并培养学生运用知识的能力；依据不同层次学生的具体情况，使其获得不同程度且最大的收益——这将是教师在实施分层教学、分层授课中追求的永恒主题。

（5）抓课堂练习的分层

教师在课堂上讲完一个或几个知识点后，即可出不同形式的练习题，巩固所学习的知识，反馈教学效果，不要等讲完了全节课的内容之后才进行练习。教师出的巩固练习题要体现不同的层次要求，尽可能地不搞一刀切。对于学习困难的学生，侧重抓基本概念，过好"书本关"，多设计一些基础性、知识性、识记性的题目，不布置技巧性、难度大的题目；对于中等生，则应强调基本概念，并多设计一些基础题，可适当设置少量的有一定技巧和难度的题目；对于优等生，则应在强化基本概念和基本技能的同时，适当拓宽其知识面，并可设计适当的与巩固双基有关的技巧性强、难度稍大的题目。

设计的练习题可分别对三类不同层次的学生设计成三组，每类学生分别完成相应的一组；也可设计成由易到难的 A、B、C 三组，要求学习困难的学生完成 A 组，中等生完成 A、B 两组，优等生完成 A、B、C 三组。而完成 A、B 两组的学生也可尝试向高层次的练习冲刺，以发展智力，逐步缩小差距。课堂练习应尽量要求学生在课堂上完成，以减少学生的课后作业，因为如果把练习放到课后去做，这样教师了解的信息及时性差，失去了矫正回授的最佳时机，又加重了学生的课后负担。

（6）抓作业布置的分层

作业是教学中的重要一环，它是学生进一步巩固知识、应用知识的重要环节。教师在布置作业时一定要考虑不同层次学生的实际情况，分层设计。每次课后作业一般分三种类型的题目：一是必做题，题目深浅度适中，难易适宜，学习困难的学生经过努力也可独立完成；另一类是自选题，有一定的深度和难度，学习困难的学生和中等生可选做一些题目，优等生则全做；第三类是思考题，有一定的技巧性，优等生经过反复思考才能做出来，目的在于培养优等生综合运用知识解决实际问题的能力。教师在布置作业时还必须充分考虑作业的量要适度，不能超出学生的最大承受能力。以上三种不同类型的题目与中考试题中的 7∶2∶1 大致相对应。

分层设置作业的基本做法是：①教师根据每个学生的知识基础、智力水平，将学生大致分为低、中、高即 A、B、C 三个层次。作业可分为必做题和选做题，必做题要求全体学生都做，选做题可由 B 层学生选做，C 层学生全做。由于减轻了负担，学生量力而行，A 层学生也能有兴趣按时完成作业，集中精力解决基本题，杜绝抄袭现象；B层、C层学生则能在巩固基础知识的同时，拓展思路，提高分析、思维能力。②有时教师布置同样内容的作业，也可对学生提出不同难度的要求。如计算题中要求A层学生一题一解，C层学生一题多解，B层学生自行选择。③对于A层、C层学生在作业中出现个别不会做的题，教师可允许学生暂时放一放，待弄懂后再做，以防为应付而抄袭。④除了书面作业以外，教师还可以布置如收集资料、家庭小实验等动手作业，此类作业弹性大，可充分调动学生的积极性，培养学生的创新能力和动手能力。

　　（7）抓作业批改的分层

　　学生的作业批改必须分层次。这样做一方面可减轻教师的负担，另一方面对提高作业批改的实效性也有很大的作用。对于学习困难学生的作业，教师要当天全部批改，给学生指出错误及其原因，并由学生当天订正。如果教师能面批作业效果更好，这样可以使学习困难的学生不断进步；对于中等学生的作业，教师也要全部批改，记录下好的方面和存在的问题，及时反馈给学生，促使其不断进步；对于优等生的作业，教师可根据实际情况采用轮批的办法，教师每次可只批改一部分，其余的由科代表负责检查，向老师汇报，让学生主动发展。对于有些作业教师也可以采用公布答案的方法，让学生自己评价，培养学生的独立学习能力。

　　作业进行分层批改有几种批改方式：查批——检查学生是否完成应有的作业，不作详批；抽批——挑选部分学生作业详批、精改，以便了解学生在学习中存在的问题，以利课堂上及时纠正；面批——对学习困难的学生，可当面批改，个别辅导，使其及时解决困难，重鼓励、抓反复；互批——通过互批能提高学生学习的积极性，找出各级知识点的重要环节，以利改错；自批——让学生经常进行自我评价，找到成败或得失的真正原因，起到自我反馈、自我激励、自我导向的作用，使学生受益匪浅。

　　（8）抓阶段测试的分层

　　阶段测试题的编写必须要考虑到不同层次学生的实际能力，通过对测试题的解答能够考查出各个不同层次学生的学习水平。教师在命题时可出两套内容和难度不同的试题，即A、B卷。A卷侧重考查学生对基础知识和基本技能的掌握情况，B卷侧重考查学生灵活应用所学习的知识解决实际问题的能力。学习困难的学生和中等生答A卷，优等生答B卷。

　　（9）抓课后辅导的分层

　　课后分层辅导是实施分层教学的重要辅助环节。课后分层辅导的目的，其一是进行查漏补缺，使学习困难的学生不要掉队，尽可能地使差等生掌握最基本的基础知识和基本技能；其二是进一步激发学生学习的兴趣、爱好，提高学生的自学能力和创造能力。

课后分层辅导可采用集中辅导和个别辅导相结合的方式。对于学习困难的学生，重点放在端正学习态度、明确学习目的、培养学习兴趣上，帮助他们掌握最基础的、最重要的知识。通过老师耐心细致的辅导，"牵着过河"，使其"进得来、学得进、听得懂、留得住"。对于中等生主要是教会学法，逐步提高其自学的能力，使他们向优等生的层次努力；对于优等生除了给予他们较多的独立思考和个别点拨"指导过河"外，主要是培养其动脑动口动手的能力，以丰富学生的思维、想象和创造力。对这些不同层次的辅导，还要特别强调和加强心理辅导，帮助学生始终处于最佳的心理状态，令其个性得到充分、健康的发展。

（10）抓教学评价的分层

根据不同层次学生的学习能力，可采取不同的教学评价方式。对于同一份试卷，教师可对三类不同层次的学生提出不同的标准；也可针对同一检测内容，设计不同的检测卷进行检测。防止采用同一标准衡量不同层次的学生，使学困生丧失学习信心。

2. 实施分层教学的"五注重"

（1）要注重分层依据的科学性。在分层教学实施的初期，我们当时分层的依据一般是只按学生的学习成绩来分，对其他方面往往重视不够。随着分层教学的实施，我们意识到对学生的分层还要综合考虑到学生的认知风格、认知特点和认知差异等因素，这样才更科学。此外，实施分层教学的开始时往往过多地关注了教师的教，但随着分层教学的深入进行，我们意识到应该更多的关注学生的学。

（2）要注重分层过程的动态性。分层教学中的学生分层和分组必须是动态的，也就是说要有流动性和可变性。同一个学生在学习不同的知识时，可能处于不同的层次，有些学生在学习其中的一些知识时是处于优等生的层次，而在学习另一些知识时可能是处于中等生或是学困生的层次，这一点必须引起广大教师的注意。另外，教师为了激励学生向高一层面发展，在一个单元的测试后，教师就可以进行矫正分层，尤其是对于未达到分层目标的个别学生要采取补救措施，及时进行个别辅导，帮助他们顺利地完成学习任务。

（3）要注重分层结果的隐蔽性。实施分层教学时，我们目前一般采取"半隐蔽、半公开"的做法，这种做法对于优生施行公开层次可起到激励先进的作用；对于中、差生施行隐蔽层次可起到维护自尊、鞭策前进的作用。当然这种做法没有"全公开"那种对师生教与学双方的直达便利，也达不到"全隐蔽"那种对学生的保全自尊。分层过程中一定要特别注意保护学生的心理健康，在强化学生主体意识的同时，更要加强对学生个别的心理辅导，防止可能产生负面的"标签效应"。

（4）要注重分层评价的针对性。每个学生之间的个性特征与心理倾向、知识基础与学习能力是不同的，因此，在分层教学中要关注每一个学生的发展，做到课堂上没有教育盲区，同时还要关注每个学生在其原有基础上的发展变化，真正做到为了每一个学生的发展。

（5）要注重分层教学的计划性。分层教学是一项周期长、工作量大的工作，需要教师付出艰苦的努力才能搞好分层教学。课程标准所要求的目标，不同层次的学生在达标过程中所需要的时间和付出的劳动各不相同。少数学生能在学习新课时就一步到位；而大多数学生要经过一轮的复习、测试后才能达标；有的学生甚至要经过几轮或几次的复习与检测才能达标。为此，要求教师要有一个长远的、周密性的计划来分阶段、分层次地采用不同的方法手段使各类学生分别达标。

实施分层教学的备课过程的工作量比较大，教师可采用集体备课，一人执笔，教案共用。这样做既可以发挥集体的优势，又可以减少教师的一部分工作量，以便使教师能挤出一些时间去完成分层教学的其他环节。

多年来，在各级领导的关注下，在学校领导的精心指导下，在我校教师的共同努力下，分层教学在我校取得了实质性的成果，这与教师们努力的探索精神、积极的求知之心分不开。

下面是我校英语教师对课堂分层教学的探索。

我对英语课堂分层教学的探索

一、实施英语分层教学背景

随着初级教育的全面普及和公民对教育的认识程度不断提高，有条件的家长把优势生源大部分送到市、区重点学校。区内各所学校为了追求升学率也相应发挥地理优势、学科优势、师资优势等吸引优势生源。坐落于城乡结合部的学校往往不及区内学校所占优势多，在招生的过程中往往因任务需要降低门槛，甚至每年都需教师主动下农村进行现场招生。生源状况较之其他学校更为复杂，他们有的来自农村，有的来自外地，有英语基础不错的，也有一点英语也没学过的学生。另外，学生群体差异也非常显著。2006—2008级学生的入学成绩最高分和区内重点校平均水平相当，最低的仅达合格水平。显然分数只是学生各方面差异在考核成绩上的体现，但学生群体知识水平、接受能力、学习兴趣等方面存在较大差异是必须面对的事实。在这种情况下，如仍按传统的教学方法"一锅煮"，不但组织课堂教学十分困难，而且也难以收到良好的教学效果。

二、课堂分层教学的实施

分层教学主要根据学生的基础、智力水平和内在潜力，在教学目标、施教方法、练习与作业等方面分别进行处理。经过多年对分层教学的实践、探索和分析总结，我认为分层教学的方法可从以下几个方面来设计：

1. 学生分层

把学生划分为 A、B、C 三个层次。A 层次的学生基本功扎实，学习主动，对英语学习有浓厚的兴趣，接受能力强，并有超前的学习愿望。B 层次的学生在英语学习上有一定的进取心和潜力，可是基础不够扎实，接受能力稍微差一些。C 层次的学生学习不自觉且基础差，思维反应慢，在学习上有障碍，缺少家庭辅导条件，需要教师时刻关心和督促。把这三种不同层次的学生编排成若干小组，并设 A 层次的学生为组长，每位组长负责 B 和 C 层次的学生各一到两名，负责他们作业的监督和检查、课文的背诵、疑问的解答等。但这样的层次不是一成不变的，要根据发展情况随时调整，这样分层设组能调动学生学习英语的积极性，激发其内在潜力，提高英语教学效率。

2. 教学目标分层

教学目标的分层设置是分层教学的一个重要环节。凭借多年教学经验，我得出这样一个结论：设定学习目标的学生不仅富有进取精神，而且英语学习成绩比较优异；反之未设定学习目标者，其成绩较差，而且行动迟缓，缺乏学习兴趣。因此，教师要为各层次的学生确定较为具体的学习目标，使学生产生一种期望值，从而激发其学习英语的热情。我们可以把英语课堂教学目标分为三个层次：A. 发展性目标；B. 提高性目标；C. 基础性目标。基础性目标是每个学生必须而且可以达到的。学有余力的学生还可以选择提高性和发展性目标。教师在备课时，按班内各层次学生的实际确定教学目标。对 C 层学生的教学目标以掌握基础知识为主，把重点放在"理解"和"识记"上；对 B 层学生的教学目标重点以掌握教材内容为主，在"应用"上下工夫，力争不存在缺、漏、忘、记忆混乱等现象，使学生在听、说、读、写等方面得到一定程度的提高；对 A 层学生的教学目标放在全部掌握教材内容的基础上，相当于"分析""综合""运用自如"水平。在教学过程中特别应注重培养学生的学习能力和良好的学习习惯，使学生在听、说、读、写等方面都得到较大提高。

3. 施教分层

在课堂教学中，教师让学生确认了课堂学习目标后，关键是如何正确引导学生去实现各自的目标，这是课堂教学中最难操作的部分。其主要操作技巧是：由浅入深，分合有致，分类指导，异步发展，共同提高。教师要针对不同学生的具体情况，开展有区别的教学活动。一般在上新课前（或在上节课末），要求各层次学生按分层目标进行有目的地预习。在此基础上，上课时再采取鼓励、激发等方法，帮助学生向高层目标迈进。课上师生共同复习旧知识，教师启发设疑导入新课，激发学生的求知欲望，接着一起解决共性的问题（即全班教学）。当需要解决不同层次的问题时，则采取个别分组教学法，教师进行分层提问。

4. 练习分层

分层练习有助于教师正确把握学生的学习情况，便于开展个别教学活动，有助于大面积提高教学质量。一般情况下，教师要求 A 层学生根据所听内容用英语回答问题，比如可以根据对话内容概括中心大意，编对话并进行表演，讲故事，做口头作文，或者自己组织语言复述课文；要求 B 层学生能背诵对话或课文部分段落；要求 C 层学生熟读和理解对话或课文内容，并做到语音语调正确。课堂操练时，教师的方式方法不是一成不变的，要根据学生对知识点的掌握程度灵活运作。教师如长期不更换教学形式或手段，学生的学习兴趣就会下降。因此，教师还可以采用"优差搭配，合作达标"的操练方法。这样有利于活动的顺利开展，同时充分发挥 A 层学生对 B 层或 C 层学生的辅导作用，弥补大班授课时教师精力的不足，从而提高达标效率。

5. 作业分层

作业不仅是用来检查、衡量学生上课听讲效果的，更是学生巩固课堂所学知识和查漏补缺的重要手段和途径。学习英语和学习其他课程一样，单纯依靠课堂的讲解和学习，不通过独立做作业，学生是难以获得牢固的知识和熟练的技能、技巧的。在日常学习生活中，不同层次的学生常常被统一大量的作业所累，成绩好的学生会觉得一些作业简单无必要而不做；成绩差的学生因觉得一些作业太难、做不出而不做。因此，面对多层次的学生，在布置作业时要有针对性地提出不同的要求，比如，对课堂作业的要求可以是：C 层以抄写、朗读、记忆为主；B 层通过造句、填空、复述课文等形式来巩固所学内容；A 层通过写作、阅读理解训练来巩固所学语言。布置课后作业也要从学生的个别差异出发，遵循"两部三层"的原则。"两部"是把作业分为必做题和选做题两部分，"三层"是要求教师在留作业时要具有三个层次：第一层次为知识的直接运用和基础练习，是全体学生的必做题；第二层次为变式题或简单综合题，以 B 层学生能达到的水平为限；第三层次为综合题或探究性问题。第二、三两层次的题目为选做题，这样可给有能力的学生以提高和发挥的空间，调动其英语学习热情。

三、英语课堂分层教学应注意的几个问题

1. 合理估价水平，正确进行层次设置

教师在对学生分层前，应该对学生进行全面、充分地了解。只有充分地了解了学生，才能对学生进行合理的分层。教师在了解学生时，要注意做到全面，避免出现以偏概全的情况。有的同学某些学科比较突出，但这并不等于说他每门功课都很棒。通过对学生细致地了解，才能合理地对学生进行分层，将每个学生安排在适合他们的层次。要根据学生的学习成绩、课堂表现以及学生对英语学习的信心、毅力、兴趣、智力水平及内在潜力来划分学生层次。另外，分层教学要如在云端、如履薄冰，不断调整教学思路，不能简单地把学生区分为"优等""劣等"。这样做的结果，会使学生产生不平等的感觉，加剧学生的自卑感和优越感，影响学生自身定位。

2. 尊重个体差异，平等对待每名学生

"分层教学"，切勿"分流教学"。分层教学是一种在班级制授课条件下适应学生个别差异的课堂教学策略，它着眼于使各层次学生都能在原有基础上得到发展，从而大面积提高课堂教学质量，有利于学生全面成长。如果在施教过程中教师戴着有色眼镜对待学生并进行分层，在授课过程中歧视成绩和能力较差的学生，会造成很严重的负面影响，不仅不利于整体提高，甚至会挫伤全班学习英语的积极性。学生自尊心受损，会产生自卑心理，不仅会影响到他们的英语学习，而且会在一定程度上影响到他们今后的学习和生活。

3. 灵活组织课堂，常规与分层相结合

普通学校学生学习英语最大的弊端是缺乏语言环境，再加上科目本身存在枯燥、单一等特点，学生出现厌学、怵学等现象是正常的。如果教学模式单一、方法简单，久而久之会造成学生学之无味，失去对英语的学习积极性。任何一种教学模式和教学方法都有其弊端，课堂分层教学也不例外。分层教学是有目的、有步骤地提升学生英语学习效率的一种基本方法，不是一劳永逸的万能药方。在英语课堂教学过程中要分合有秩，根据具体内容和学习现实状况灵活运用各种教学方法。英语课堂分层教学不可与常规教学模式相分离，要注意与其他教学方法结合运用，这样课堂气氛就会活跃得多，也会凝聚英语课堂的吸引力，更大程度提高英语教学效率，提高学生英语学习成绩。

三、分层教学的实施效果与反思

1.分层教学的实施效果

首先，通过分层教学的实施，有利于培优、转差，解决了素质教育中的全体性和差异性原则所要解决的问题，使优等生获得了更多的时间参与能力训练与提高，发展个性特长，有利于使优生更优。同时，使差生乐于学习，主动学习，提高了合格率，大面积提高了教学质量。分层教学，能使更多的学生感到更多的关心，得到更多的具体帮助，使学生更加主动积极地参与课堂教学，使各类学生愿意学、学得了、学得好。学生在学习中不断体会到探索与成功的愉悦，他们的身心得到了更全面的发展。

其次，分层教学中的学生分层和分组必须是动态的，也就是说要有流动性和可变性。同一个学生在学习不同的知识时，可能处于不同的层次，有些学生在学习其中的一些知识时是处于优等生的层次，而在学习另一些知识时可能是处于中等生或是学困生的层次，这一点必须引起广大教师的注意。另外，教师为了激励学生向高一层面发展，在一个单元的测试后，教师就可以进行矫正分层，尤其是对于未达到分层目标的个别学生要采取补救措施，及时进行个别辅导，帮助他们顺利地完成学习任务。分层教学还要特别注意保护学生的心理健康，在强化学生主体意识的同时，更要加强对学生个别的心理辅导。

再次，实施分层教学的前提和基础就是要全面细致地掌握学生的情况。及时掌握学生的学习状况和兴趣、爱好、学习态度及学习方法等，是划分和调整不同层次学生的第一手材料，只有掌握了这些第一手材料，教师才能依次设计目标、方法、检测等，从而完成分层教学模式的各个环节。教师要通过"课堂提问、课堂反馈练习、作业情况、课外辅导、检测成绩"等多方面全面细致地掌握学生的学习状况，建立各层次学生的分类学习档案。然后教师再根据分层教学的"阶段"点——检测与评价获取的信息，及时反馈到学生群体的调查上去（如低层次学生阶段学习进步较大，将他们及时调整到上一层次；相反，则将其及时调至下一层次），同时要调整教师的教学方法、措施等。

2.对分层教学实施的反思与思考

首先，分层教学是一项周期长、工作量大的工作，需要教师付出艰苦的努力才能搞好。教学大纲和考纲所要求的目标，不同层次的学生在达标过程中所需要的时间和付出的劳动各不相同。为此，要求教师要有一个长远、周密的计划来分阶段、分层次地采用不同的方法手段使各类学生分别达标。

其次，实施分层教学的措施是否还有其他更科学、更有效的方法，这还需要我们进行深入的探索。目前我们的实施方法有课内设计不同坡度的提问、思考、练习题、实验操作等，要不同层次的学生回答、演练、操作；课外布置不同难度、不同要求的"必做题""选做题"，要学生分别练习，教师适时地进行针对性和代表性的讲评，利用自修时间采取针对性的辅导；单元检测设计成"试题"和"附加题"两部分或设计成 A、B 卷等。教师写教案要求分层次备课，精心组织和设计教法，更多地体现先备学生、后备教材的特点。另外，还要求教师有针对性的辅导，跟踪检测，设计和建立各种教学档案等。

再次，在实施分层教学时，我们一般采取"半隐蔽、半公开"的做法，这种做法对于优生施行公开层次可起到激励先进的作用；对于中、差生施行隐蔽层次可起到维护自尊、鞭策前进的作用。实施分层教学的备课过程工作量比较大，教师可否集体备课，一人执笔，教案共用？这样做既可以发挥集体的优势，又可以减少教师的一部分工作量，以便使教师能挤出一些时间去完成分层教学的其他环节。

探索深化"学练议"教学模式

教学模式是学校课堂教学成熟的体现，它能体现学校的办学理念、办学特色，也能促进学校和教师发展。在各级专家的指导下，我校结合生源的特点，将教学模式定位于分层教学理念下"学练议"教学模式，并以"学练卷"作为教学载体不断探索。两年多脚踏实地的探求，分层教学实践团队取得了有说服力的成绩，得到了全校老师和多位教育专家的认可。经过近几年的不断完善，我们打造了属于十五中的教学模式——以分层教学为理念支撑，以学练卷为载体的"学练议"教学模式。

一、什么是"学练议"

"学练议"教学模式的基本含义是指，在课堂教学中我们要让学生"学一学、练一练、议一议"，通过这三个环节的循环活动，让学生在课堂上确实能够学习到一点东西，能够在自己原有的基础上有所收获，获得提高。

1. 学一学

学习能力的基本要素是提高学生的阅读能力，学生的阅读能力提高了，学习能力和学习效率必然能够得到提高。所以，凡是学生通过阅读教材或参考资料能够弄懂的知识，教师在课堂上就没有必要再讲解了。但是，为了更好地引导学生阅读教材，我们可以把有关的学习内容设计成问题的形式，让学生带着问题阅读教材，这样可增强学生阅读教材的针对性，即采用"问题导学"法。实际上，无论是哪一学科的内容，都有很多知识不用教师去讲解，而通过引导学生阅读教材就能找到答案。在课堂教学中，我们要大胆的放手，让学生真正的"学一学"。

2. 练一练

学生对有关的知识了解了以后，必须进行相应的练习，让学生在练习中体会知识的运用，掌握知识的内涵。当然，练习的形式有多种，可以是纸笔练习，也可以是实验操作。但应注意，不管是哪一种形式的练习，都要有明确的目的性，使每一层次的学生在课堂上都有事情可做，都能在原有的基础上有所提高。

3. 议一议

课本上的有些知识，学生通过阅读教材就能够掌握其中的大致内容，但要想深入的理解其内涵，需要通过教师适时适度地点拨和同学之间的相互讨论才能达到。因此，在课堂教学中我们要适时适度地组织学生讨论，也就是要让学生"议一议"，让学生把自己对问题的想法、迷惑都讲出来，通过学生之间的相互启发，可能更有利于问题的解决。但应注意，学生之间议的前提是要先让学生独立地说，不要怕学生说错了，学生说错了或者说得不完全，可由别的同学补充，学生们确实都说不出来了，再组织学生讨论，也就是"议一议"。对有些难度较大的问题，不一定非得教师给学生进行反复的讲解，可采取"兵教兵"的策略，因为，有些问题，我们教师认为是比较简单的，但对学生来讲可能难度就大了，如果学生之间互相讲，可能就更容易理解，因为学生之间的交流更容易听懂。

上述三个环节根据不同的课型，不同的知识难度，先后次序可能不一致，有的课这三个环节可能是交互进行的。也就是说，有的课可能是先学后议再练，也有的课是先学后练再议，也有的课是先练后学再议，等等。比如说，先练后学再议，意指我们可先出一些题目让学生做一做，通过学生的练习，发现存在的问题，针对学生存在的问题，教师不是马上进行讲解，而是引导学生阅读教材，让学生在阅读教材的过程中领会一些新的方法，在回过头来改正错误，改完之后，同学之间相互讨论，互相评价。而对于实在解决不了的问题，教师再进行适度地引导点拨。

二、以"学练卷"确保"学练议"的有效实施

课堂教学中使用"学练卷"作为载体，以确保"学练议"教学模式的有效实施。"学练卷"不同于一般的练习试卷，它不是一些题目的简单堆砌，而是根据学生的认知规律和学习特点而为学生设计的学习流程，它不仅是教师教的依据，

更是学生学的依据，也是学生复习的依据。当然，"学练卷"也就自然是阶段测试考试命题的依据。"学练卷"重点关注的是学生的学，而不是教师的教，换言之，它是把教师的教学流程转化成为了学生的学习流程。

1. 学练卷的基本结构

学习目标：明确告知学生通过本堂课的学习应该学什么，学到什么程度，会什么，最终要达到什么目标。学习目标可设计为起点目标、基础目标、提高目标。目标的设定一定要具体明确，避免大而空、模棱两可的现象。学习目标在学练卷上一般只展示给学生知识与技能目标，至于过程与方法，情感态度与价值观目标一般不要呈现在学练卷上，因为这个学练卷是给学生用的，使用对象主要是学生。

预备知识（基础知识）：它是指学习本课内容时学生必须应该做的知识准备，如果这些预备知识不能熟练掌握，那么学习这一节课时就会带来很大困难。对于预备知识，教师一定要充分地挖掘，并指导学生认真落实，查缺补漏，扫清新课的学习障碍。

问题讨论：把要学习的内容设计成问题的形式，可以是问答题，也可以是填空题，其目的是引导学生带着这些问题来阅读教材，提高阅读教材的针对性，学习的有效性。

典型例题：突出知识的巩固，能力的培养，要少而精，重在教给学生方法规律。

巩固练习：设计的题目要紧紧呼应学习目标，避免随意性。可针对不同学生的实际水平，设计成不同的层次，可分为 A、B、C 三组，A 组突出巩固基础知识，B 组突出知识的运用，C 组突出知识的拓展提高。

达标检测：分层设置，可分为 A、B、C 三组。

作业设计：分层设置，可分为 A、B、C 三组。

对于学练卷上知识的掌握有几种形式：需要学生理解记忆的以理解记忆为主，那就要规定时间让学生背下来；需要学生根据问题探究理解的就要设计合理的问题让学生思考解决；特别困难的问题学生解答不了，或者即使能解答但要浪费大量时间的就可让学生暂时放下，待"合作交流"或"反馈校正"时解决。总之，一节课下来后，学生应该落实的东西都应在学练卷上体现出来，这样，学生课下的复习就有了明确的依据。

2. 学练卷的编写及使用方法

（1）备课组内教师根据授课计划分工，集体备课时主要讨论学练卷和课堂教学的主要环节，由同年级的教师共同合作完成，发挥集体的作用。确定后需提前三天交审核人审阅签字，经年级主任批阅后至少提前整一天送文印室印制。使用后可根据实际将修改情况记录，作为资料积累或交流。

（2）学练卷中涉及的知识要以问题的形式呈现，符合学生的起点，便于学生思考和书写，不要把问题的答案直接呈现在学练卷上。

（3）内容不宜过多，每节课（45分钟）最多一张纸（8开）内容，可单面印也可双面印。根据学科特点设计内容，如文科可针对篇目、模块设计学练卷。

（4）学练卷的主要内容基本都要在课上完成，能力提高和拓展题可有一部分留到课下完成，教师要进行认真批阅。

（5）学练卷要抓住学生的起点，体现分层次教学。根据学生的基础情况做不同的要求，基础好一些的学生要求高一些，基础差一些的学生要求低一些，但必须完成老师布置的基本任务。

（6）教师要在熟练掌握课本知识的基础上编写学练卷，精选练习题，要对教材的内容作进一步的整合，在适当的时间指导学生回归课本。

（7）教师组织学生每周对学练卷进行一次整理装订，提高利用率，作为学生复习的依据，并作为学校作业检查的唯一依据。

（8）学期末整理好完整的资料上交教学质量处备存。

（9）特色班同学或各班较优秀的同学可准备作业本，书写特别作业，但此类作业不作为检查的内容。

（10）学生的课堂笔记可记录在学练卷的适当位置，要把学练卷和课堂笔记整合起来。

3. 改革备课办法

为了切实保证课堂教学效益的提高，使"学练议"课堂教学模式能够真正地落实到实处，使课堂教学中使用的"学练卷"更有效，我们在教师备课和校本教研方面形成了本校的特点，即备课活动——定主题，定时间，定地点，定中心发言人，教研备课活动课表化。

我校集体备课采用的做法是：首先，由年级备课组的教师集体讨论教科书的教法，然后，在充分论证的基础上，每位教师承担一定的任务，执笔写教案，最后，通过集体讨论来修改教案，形成比较完善的共享教案。在共享教案基础上，每一位教师可以结合本班学生的具体特点适当地进行个性化修改，也可根据自己的设想再设计教学流程，进行个人加减，以体现教学的个性。

实践证明，教师们经过集体备课后形成的共享教案，创造性的成分较多，体现了教师们备课的效果，同时也减轻了他们的负担。

在建立了共享教案后，每位教师都有了成型的教案，不必再花费大量的时间去抄写教案。不过，在之后的工作中，为了使集体备课进一步的深入，我们采用的办法是"说教材"，分别进行说整个学段的教材、每一册书的教材、每一个单元的教材和每一课时的教材等，通过多种形式来提高教师把握课标、理解教材、把握教材的能力，从而深化集体备课，进一步提升集体备课的效果。

在说教材的基础上，我们每周都开展教改大课堂活动，暨同一学科的不同老师，分别讲授不同的教学内容，但围绕着同一教学模式进行，以此探讨高效教学的课堂教学模式。

通过这样的集体备课，更多的青年教师在短时间内深化了对教材的理解和把握，一批骨干教师迅速成长起来。另外，通过集体备课，我们还探讨了如何把成型的教案演绎成"学练卷"，以此加强对学生学法的指导。集体备课锻炼了一批中青年教师，使中青年教师开阔了视野，业务水平迅速提升。

创设师生共生互学的课堂

一、构建新型师生关系

构建新型师生关系是提高教学效率的基础。学校是育人的专门机构，应该致力于建立一个学习型组织。教师和学生是学校组织系统中不可缺少的重要组成部分。在现实的学校教育教学活动中，无论是教师的教还是学生的学，都是以学习为前提的。这大致包括教师自学和教师之间的相互学习，学生自学和学生之间的合作学习以及教师与学生之间的相互学习。教师和学生的角色定位已经不再泾渭分明了，教师不仅仅是教育者，学生也不仅仅是受教育者，二者在学校教育的同一场域中，融合为一个学习共同体，呈现的是一种动态性的共生互学的关系。

1. 学校是师生共同学习、生活的专门场所

在这个经济全球化、信息网络化、社会学习化、文化多元化的时代，教师不可能在知识、德性、能力等方面完全充当学生的楷模和"先生"，如果教师仍把自己定位于教育者的角色，这将会使教师疲于奔命、力不从心。从某种意义上说，教师已经无力承担"传道、授业、解惑"的全部职责，因而，也不必恪守师道尊严的古训。教师应该调整自己的角色定位，以获得自身的解脱和超越。在教育教学的活动过程中，教师是活动的组织者、研究者和参与者，教师承担的角色与其说是教育者，不如说是教育协作者。作为教育协作者，教师需要和学生一起以平

等的姿态，相互合作，共同探究，实现师生的共同成长和发展。

　　每一个学生都是一个有着独特生命价值的完整个体，是融物质肉体与精神追求于一身的生命存在。他们都有求知的热情和思考的能力，有独立的愿望和思想的自由，有丰富的潜能和人格的尊严。每一个教师都应该认识到学生是人，而且是一个有着无限发展潜能的正在成长中的人。随着现代传媒手段的丰富和普及，学生接触知识、信息等途径趋于多样化，学生的知识视野、价值取向、生活态度等已远远超出教师的想象。因此，现代学生的发展已并非完全被教师所掌控，在很多情况下，教师要向学生学习，成为一个学习者，学生反而成了教育者。

　　从学校发展的角度来看，只有师生的共同发展才是学校发展的本真体现。学校育人的过程就是教师和学生共同成长与发展的过程。学生的发展离不开教师，同样，教师的发展也离不开学生。教师和学生本来就是彼此平等、相互依存的，二者离开其中任何一方，另一方都将失去存在的价值。在教育过程中，师生之间的关系应该是一种平等互敬的"人—人"关系或"我—你"关系，是你中有我，我中有你的关系。这种新型师生关系是对传统的"教育者与受教育者"主客关系的消解。正如布鲁纳在《不平常的教育思想》中明确所提出的："在传统的驯化教育实践中，教师是学生的教师，学生是教师的学生。在新的解放教育实践中，教师作为学生的教师必须'死去'，以便作为学生的学生重新'诞生'。同时，他有责任向学生建议：学生作为教师的学生应当'死去'，以便作为教师的教师而'重生'。"[①]

2. 学校发展"以师生为本"

　　由于受我国传统"师道尊严"思想及苏联凯洛夫教育教学思想的影响，"以师为本"曾经是我国学校教育的主流思想。在这种思想的指导之下，教师处于学校教育的中心地位，在学校教育中对于学生拥有绝对权威，学生被老师牵着鼻子走，教师是学校发展的中流砥柱，是学生的管理者，是文化传承的实施者。随着社会的发展、知识经济的到来，在我国教育自身发展和国际教育之间广泛交流的推动下，人们逐步抛弃了"以师为本"的观念，转而接受和认同了"以生为本"的发展道路。"以生为本"更符合社会发展对教育的要求，教育中更应该关注学生的权利、尊重学生的人格、激发学生的主体性，把学生看成学校生存之本，把促进学生全面发展看成学校发展之本。客观地讲，"以生为本"是对"以师为本"深刻反思的结果，具有一定的进步性。"以生为本"扩大了学校教育中人的视域范围，它使学校发展不仅仅盯着几十个或上百个教师，而是转向成千上万的学生，它关注了更多的人的需求和发展。但遗憾的是，学校发展观从"以师为本"转向"以

---

① 刘惊铎：《道德体验论》，北京：人民教育出版社，2003年版，第93页。

生为本"，正如钟摆从一端偏向另一端一样，仍然没有找到平衡的基点。

在"以生为本"的感召之下，形成了众多的教育理念和教育口号，比如，要把"一切为了学生，为了学生的一切，为了一切学生"作为推动学校各项工作改革的动力之本，把一切为了学生作为教育的最高准则，衡量学校教育改革成败得失的最高标准、判定学校办学水平和教育质量高低的唯一尺度就是能否促进学生的全面发展，等等。在此类教育观念的影响下，学校似乎找到了生存发展的基点和理想路径。与此同时，学校中的教师却被无形地边缘化了，教师已不占据"本"的位置，只得"沦落"为"主导"地位。因此，从学校发展的角度来看，学生拥有更多的本体价值意义，而教师却更多地承担的是"工具价值"的角色身份。有论者更是尖锐地指出："学校几乎从来都被当做是促进学生发展的地方，教师的智能几乎从来都被定位在促进学生的发展上，教师就是促进学生发展的工具。教师自身的发展受到了忽视，如果有对教师发展的强调，那也着眼于学生的发展——教师的发展是为了更好地满足学生的需要，是为了更好地促进学生的发展。"[①]

教育的根本目的是促进人的发展，而人也只有通过教育才能成为一个真正的人。教师和学生作为学校教育中的主体，他们的发展理应是学校教育的根本目的所在。因此，我们应还原师生在学校发展中应有之"本"位，树立"以师生为本"的学校发展观。这就要求学校在制订各方面的管理制度时始终要以维护全体师生的利益、实现全体师生的发展为原则。一方面学校教育要尊重学生的情感，倾听学生的心声，关注学生的需要，使学生得到全面、和谐与可持续发展；另一方面学校也要为教师提供良好的个人发展空间，使其在职业活动中实现生命的提升与自我完善，使他们真正成为学校的主人。

学校发展"以师生为本"，是"以人为本"思想在学校教育中的全面体现。学校发展、教师发展和学生发展是三位一体的关系，三者彼此促进、互相融合。没有学生的发展而空谈教师的发展是没有任何意义的，这正如没有教师的发展而奢求学生的发展一样。教师和学生的发展是学校发展的核心内容和根本任务，学校发展也依托于教师和学生的发展，并为其发展提供各方面的保障。坚持"以师生为本"的学校发展观，是学校、教师和学生获得共同发展的观念指引。

胡锦涛总书记指出："相信谁、依靠谁、为了谁，是否始终站在最广大人民的立场上，是区分唯物史观和唯心史观的分水岭，也是判断马克思主义政党的试金石，对于马克思主义执政党来说，坚持立党为公、执政为民，实现好、维护好、发展好最广大人民的根本利益，充分发挥全体人民的积极性来发展先进生产力和

---

① 王少非：《论我国教师专业发展的多重障碍》，载《教育理论与实践》，2006 年第 10 期。

先进文化,始终是最紧要的。"一个国家能够持久发展的根基在于依靠全体人民的力量,维护和发展好最广大人民的根本利益,一个学校发展的动力就在于依靠全体师生,维护和发展好广大师生的根本利益。学校要实现可持续发展就必须树立"以师生为本"的发展观,确立广大师生在学校发展中的主体地位。相信和依靠广大人民群众,体现在学校的发展中就是要确立相信和依靠广大师生办学的理念;确立广大师生是学校的办学主体,是学校的主人翁的观念。要从相信广大师生不是机器或工具,而是思考并正在成长中的人这个前提出发,真正确立他们在学校事务及整个教育教学过程中的主体地位,充分信任他们、尊重他们、关心他们,激发他们的积极性、主动性和创造性。

教师的价值取向、精神面貌和知识技能的发展水平,直接影响到学生的素质培养,关系到教育质量和学校的发展。伴随着新课程改革的全面推进,教师的专业发展成为新课程改革的重中之重,只有教师发展好了,学生才能更好地发展,学校才能更好地发展。"以师生为本"的学校发展观,要求学校的发展要体现广大教师的切身利益,满足他们的物质需要与精神需要。学校应该为教师的专业发展创造良好的环境条件,留给教师更多的专业思考的时间,为教师创设有利于其专业成长的机制保障。

学校中学生的根本利益在于能够顺利完成学业,身心得到全面发展。学生和教师一样作为教育的主体,拥有相应的教育权利,应履行相应的教育义务。坚持"以师生为本"的学校发展观,一方面,要求学校要为学生的成长发展提供尽可能全面优质的物质保障;另一方面,学校要充分尊重和维护学生的权益,把学生权益和教师权益同等对待,把所有学生的权益同等对待。学校要主动赋权给学生,充分发挥学生的主体性,让学生参与学校的管理和运行,让学生对学习拥有一定的自主权利,并对自己的学习负责,从而真正让学生成为学校的主人和学习的主人。[①]

二、创建新型课堂

课堂是学校中最平常、最常见的地方,教师和学生在学校的生活绝大部分时间都在课堂。课堂是什么呢?课堂不是教师表演的场所,而是师生之间交往、互动的场所;课堂不是对学生进行训练的场所,而是引导学生发展的场所,课堂不只是传授知识的场所,而且更应该是探究知识的场所;课堂不是教师教学行为模

---

① 张军凤、王银飞:《论"以师生为本"的学校发展观》,载《基础教育参考》,2007 年第 4 期。

式化运作的场所，而是教师教育智慧充分展现的场所。①

课堂形态分为七类：以探究为主导的课型、以合作为主导的课型、以自主为主导的课型、以对话为主导的课型、以体验为主导的课型、以生成为主导的课型和以问题为主导的课型。②

下面，就以上提到的七种课堂类型分别做一介绍。

1. 以探究为主导的课型——探究式学习

探究式学习是在20世纪50年代美国掀起的"教育现代化运动"中，由美国著名科学家、芝加哥大学教授施瓦布倡导提出的，他认为学生学习的过程与科学家的研究过程在本质上是一致的，因此，学生应像"小科学家"一样去发现问题、解决问题，并在探究的过程中获取知识、发展技能、培养能力，特别是创造能力，同时受到科学方法、精神、价值观的教育，发展自己的个性。

探究式学习的特点包括：学生学习主动，能有兴趣、有信心、有责任感地探索和解决问题；学生通过亲身实践获得知识和技能，学习效率高；教室从封闭走向开放，实现课内外和校内网的联合。

探究式学习的主要活动形式有小组活动、头脑风暴和角色扮演。

探究式学习的操作步骤主要包括：提出问题、确定探究方向、组织探究、收集并整理资料、得出结论、采取社会行动等。

2. 以合作为主导的课型——合作学习

合作学习是合作的一种特殊表现形式，是合作认知、合作情感、合作技能与合作行为在教学过程中的具体体现与运用。简单地把学生分小组学习和在学生中形成合作有本质的不同。合作不是让学生做作业时坐在一起讨论他们的作业，也不是布置一个小组的学生写一份报告，其中一个学生做所有的工作，其他学生只是在报告上签名。合作不仅是学生身体距离的接近，不仅是和其他同学讨论，也不仅是帮助其他同学或和同学分享资料。

合作学习能够显著地提高学生的学业成绩，它能对学生的学习焦虑、学习动机等方面的影响较竞争性学习和个体性学习都有良好的作用。

合作学习的模式包括：分层—合作学习模式、互助—合作学习模式、建构—合作学习模式、自主—合作学习模式。

3. 以自主为主导的课型——自主学习

自主学习是指自主的学生以对学习效率和学习技巧的反馈为基础，选择和运

---

① 郑金洲：《课改新课型》，北京：教育科学出版社，2006年版，第1~3页。

② 同上

用自主学习策略，以获得渴望的学习结果。

自主学习的特征是自主性、有效性、相对性。

自主学习模式包括：非指导性教学、尝试教学、自学辅导教学、反馈教学法、分层递进教学法、六步教学法、六课型单元教学法。

4. 以对话为主导的课型——对话教学

什么是对话教学？首先，对话教学是教师、学生和文本三者都取得了平等地位的教学；其次，以平等的主体关系为基础，师生之间的对话不是停留在热闹的形式上，而是要深入情感的层次，共同交流自己对文本的体验；再次，随着对教师信赖感的建立，学生有了一个安全、自信的心理环境，他们的智慧便不可阻挡地迸发出来；最后，对话教学不仅仅是一种教学形态、教学方法，更重要的是它体现了一种平等、合作、互助的精神。

对话教学的类型有：教师—学生的对话、学生—学生的对话、学生—文本的对话、教师—文本的对话。

5. 以体验为主导的课型——体验教学

体验教学是以体验为基本特征，在教学过程中通过创设一定的情境，使学生在经历和体验过程中理解知识、发展能力、建构意义、生成情感的一种教学价值观、教学方法论和教学策略与方法。简言之，体验教学实际上是"为了体验""在体验中""通过体验"的教学。

体验教学有利于确保学生的主体地位，有利于加速知识经验的转换，有利于促进积极情感的生成，有利于创新精神和实践能力的培养。

体验教学的操作过程包括激发兴趣阶段、实践感受阶段、体验内化阶段和强化反馈阶段。

6. 以生成为主导的课型——生成教学

生成教学是在师生互动的过程中，通过教育者对学生的需要和感兴趣的事物的价值判断，不断调整活动，以促进学生更加有效学习的教学发展过程，是一个动态的师生共同学习、共同建构世界以及对他人、对自己的态度和认识的过程。

生成教学的最大优点在于，它能够调动学生学习的积极性，让学生学得更生动、更有效，以后利于发挥和发展学生的主体性，培养创新人才。生成教学的特征是复杂性、动态性、情境性和偶发性。

7. 以问题为主导的教学——问题教学

问题教学是指以问题为中心的教学，它是把教学内容化作问题，引导学生通过解决问题从而掌握知识、形成能力、养成心理品质的过程。

问题教学的种类有问答型问题教学、发现型问题教学、研究型问题教学、问题解决型问题教学。

在问题教学中，要实现教师角色的转换，主要有以下四个方面：教师要由学生的控制者变为学生的促进者，由教学过程中的权威变为学生的引导者，从单纯的教学者转变为教学者和研究者，单纯的教学者成为教学者和学习者。

三、教师课堂讲授时间灵活化

作为学校管理者，对教师上课时的讲授时间作出硬性规定，其出发点大多是为了充分发挥学生的主体作用，力求解决教师上课时满堂灌，或者教师讲得多、学生活动少的现状。而实际上对教师上课时的讲授时间作出硬性规定，不但达不到此目的，反而还会丢了西瓜去捡芝麻。此法真正落实起来难度很大，其实际效果也很难达到。

首先，教师上课时的讲授时间难以准确测量。无论是授课的教师还是听评课的教师都无法准确计算课堂上授课教师讲授的具体时间。我曾从事过教研员的工作，听评课是一项常规的工作。当时，为了强化教师在课堂上树立学生的主体意识的理念，实现学生"主宰"课堂的目的，在评课时也曾对教师的讲授时间作出过明确规定，也想以此为依据作为评价一堂课学生参与程度高低的一个量化指标，但实际操作起来难度非常大。因为，在课堂上教师不仅是单纯讲授，学生自主探究、实验操作训练等都要教师进行必要的引导讲解，这些时间也应计算为教师讲授的时间，可这些时间计算起来谈何容易？试想，如果一位教师上课时总在想着我的讲授时间是否超出了学校规定的讲授时间，他能全身心地投入到课堂教学的情境之中吗？如果听评课的教师把注意力分散在了记录授课教师讲授所用的时间上，他也不可能全身心地研究授课人的课堂教学设计意图，教师讲解和学生活动体现出的教育理念，教师运用的教学方法和教学手段是否得当，等等。另外，课堂教学中会有很多偶发事件发生，有的教学环节在课堂上的实施会与我们课前的预设有很大的差异。在课堂教学中我们的教师也会产生很多教育机智，所以课堂上教师讲授的时间也很难准确把握。因此，硬性规定教师在课堂上的讲授时间，不但很难实现，而且也会抑制教师教学的发挥。有的在评课时以一堂课讲授时间的多少来评价一堂课的好坏，甚至规定教师讲授的时间超出了规定的时间就不能评为优秀课，那就更是走向极端了。

其次，课堂教学质量的好坏与教师讲授的时间不成比例。课堂教学的本质是教会学生学会学习，掌握终身学习必备的基础知识和基本技能，根本目的是为了促进学生的全面发展。所以，课堂教学质量的好坏应该以是否促进了学生的全面发展为依据，不能简单地以课堂上教师讲授时间的多少来评价。课堂教学质量的好坏最终应由学生来评判，如果学生特别愿意上这位老师的课、上他的课都不愿意下课、不上他的课都感到很后悔很遗憾，那么这样的课就应该是一堂好课。因为，学生愿意上这位老师的课，学生在课堂上的参与程度肯定就高、学习兴趣肯定浓厚、师生关系肯定和谐，这样的课教学效果也肯定会好。上课时教师讲授的时间短，并不能说明学生的参与程度就高，自主学习的效果就好；相反，上课时教师讲授的时间长，也不能片面地认为学生的参与程度就低，学习效果就差。至于课堂上教师讲授的时间长短，要依据教材内容的难易、学校硬件水平的高低、学生的基础和教师的素质等多种因素综合确定。如果教材的内容比较简单、与学生的生活实际联系比较密切，学生的感性认识比较丰富，学生通过阅读教材就能学会，那么教师在课堂上就完全可以不讲，通过学生的自学、学生之间的相互讨论来解决课堂教学要解决的问题；如果教材的内容难度一般，教师可设计一些引导性的问题帮助学生自学，学生按照问题进行自学、讨论，教师再根据学生自学讨论中暴露出的问题进行有针对性的讲解；对于教材比较抽象难度大的内容，教师讲的就要多一些。另外，如果学生的基础较好，自学能力强，教师就可以少讲些；如果学生的基础较差，教师引导讲解的就要多一些。此外，如果学校的硬件设施好，某些问题就可以通过多媒体的手段来解决以减少教师讲解的时间。其实，在同一堂课上，根据不同层次的学生，教师讲授的时间也应该有所区别。所以，只要教师树立了以学生为主体，教师为主导的意识，至于教师在课堂上讲授时间的多少，则完全可以由教师自己决定，学校不能不顾客观实际生硬地规定。

再次，追求课堂教学的高效应该通过提升教师的教育理念来实现。课堂教学能否实现高效，其关键在于教师专业化素养的高低。实现课堂的高效需要教师有先进的教育理念，要心中有法、目中有人，要能关注学生的个体差异，需要具备一定的教育学和心理学的知识。试想，如果教师不具备先进的教育理念，对教师为主导，学生为主体的观念认识不深刻，单单凭规定上课时教师讲授的时间能提高课堂教学效率吗？全国各地不少学校都在学习江苏的洋思中学、山东的杜郎口中学，可他们真正学到了吗？可以肯定地说，没有真正学到。为什么没有真正学到？因为，他们没有学到这些学校的课堂教学改革的实质，没有学到其精髓的东西，只是照搬照抄一些直观的形式上的东西，所以就会出现很多杂乱无章、对教师上课讲解与学生活动的时间做出不同比例规定的各式各样的教学模式，甚至导致课堂教学的评价标准走向了极端。原洋思中学蔡林森校长退休后到了一所新的学校后，新的洋思中学的教学模式又逐步形成了，这是为什么？我想，这是蔡林森校长的教育思想在发生作用，是抓住了问题的实质。江苏洋思中学对课堂教学的时间作出规定，要求教师课堂上讲授的时间不能超过多少分钟，也不是学校领导单方面的行为，也不是一蹴而就的，他们的课堂教学改革模式是经过多年的探索不断形成的，是在教师们的教育理念在不断发生变化、学生的学习能力也不断提高的发展中才不断地提出的，可以说是教师们真正树立了学生的主体地位后的自觉自愿的行为。如果我们的学生自学能力比较差，教师的教育理念滞后，就生硬地提出在课堂上讲授的时间不能超过多少分钟，势必不但达不到我们预期的目的，反而会起反作用，使我们的课堂教学效益更低。所以，我们应该在提升教师的教育理念上下工夫，要通过专家引领、同伴互助、个人反思等多种形式提高教师的专业素养。教师具备了先进的教育理念，树立了学生的主体意识，至于课堂上讲几分钟，教师们就会根据教材的内容、学生的学习能力作出适当的决定，而不用非得学校规定讲多少时间。

四、校长听课要做到科学化

教育思想、教育理念的实现是要靠教学实践并最终落实到学生身上。课堂是师生活动的主要场所，是课程实施的主阵地，课堂状态是学校教师教育思想、教育理念的直接反应。校长对教育思想、教育理念以及对课程改革的领导必须从课堂抓起。因此，校长要深入课堂，并且在听课的过程中要做到"三利""三要"，以改善教师的课堂教学，提高教学效率。

1. 校长听课"三利"

首先是利于教师和学生的发展。课堂教学质量取决于教师的专业发展，校长要促进教师的专业发展，就要充分利用课堂。通过听课，校长和教师就处在了一个教学研究的共同体之中，业务交流起来就比较融洽。其实，学校的领导和教师的目的都是一样的，那就是如何提高教育教学质量，如何提高教师的专业素养。如果校长不听课，在指导教师方面就会纸上谈兵，缺乏说服力。校长经常深入课堂，深入学生所处的每一个空间，了解学生的学习需求，了解学生的思想状况，就会为学生的发展改善环境，有的放矢地进行教育教学的活动，达到全面提升师生素质的目的。通过听课，我们可以针对一些问题进行深入的探究，达成共识，为完成学校的目标而共同努力。

其次是利于形成学校的学术场。"场"很重要，不同的"场"对学校发展的作用不尽一致。学校的学术场其实就是为教师发展营造一种环境，"场"一旦形成，教学研究的文化氛围就会随之而形成，教学质量必然会随之而提升。校长在学术场的形成过程中作用极其重要，因为，一般来讲，校长的爱好兴趣会直接影响到其下属和教师。如果校长能够坚持每天深入教育教学第一线，深入课堂，其下属乃至教师都会不自觉地去深入课堂听课，互相研究，互相探讨。因为，校长关注的事情，他们往往认为是比较重要的。

再次是利于校长自身发展。校长通过听课可以学习优秀教师的先进的教学经验，与教师共同研究教学问题。听课既是一种研究也是一种学习。因为听课后必须评课，校长没有宽阔的知识面、没有了解课程标准与教材如何评课？这就迫使校长要去学习，把学习作为校长领导教学的自觉行为，从而促进校长的自身发展。

2. 校长听课"三要"

一要消除顾虑。校长听课有时也有一定的顾虑，这种顾虑主要是由于现行学校的管理体制和一个地域的校长所形成的文化氛围决定的。长期以来，人们认为校长不要介入过多的具体工作，特别是不要在教育教学的业务工作上动过多的脑筋，因为有具体负责业务工作的副校长和主任来抓业务工作；人们认为校长要抓全盘工作，要用好下属，如果说校长要抓具体工作的话，那就是要抓好人事权和财务权；人们往往认为一杯茶一张报纸的领导就是有领导力的校长，其所有的工作都分配给下属去做，这样的校长才会当领导。

上述观点不能说不无道理，这种一把手校长的管理文化也在全国各地不同的地区形成了一定的模式。另外，现在的学校管理体制仍是层级较多，学校有主管教学的校长、主任，也有主管教育的校长、主任，校长经常去听课是不是会影响教育教学的校长、主任的工作？是不是会束缚他们的手脚？是不是会在一些干部和老百姓的心目中造成这样的校长不务正业的嫌疑呢？我认为，这些问题的出现是很正常的，但作为一把手校长必须消除这些顾虑，因为学校的中心工作是教育教学，尽管有分管领导，他们完全可以把他们了解的情况向校长汇报，但必定听到的不如实际感受到的，校长不听课就不能全面获得教育教学的第一手材料，就无法引领学校的教育教学。所以，校长走进课堂听课是正事，要大胆地听。

二要端正目的。校长听课，千万不要为了找教师的"毛病"而听课，而是要抱着一种和教师一起研究的心态。因为，校长一般都是某一学科出身的教师，他们一般只对自己的学科比较专业，至多在自己的学科上有独到的研究，而对于其他学科一般则不是很精通，至多也就是了解一二。所以，校长听课不要认为自己就是权威，不要认为自己是各个学科的专家。

校长听课关键是要关注教师的教育教学实践行为，诸如教师的教学组织情况和教学环节的安排是否合理；教师的教学基本功，诸如板书设计、媒体的运用、教学语言、教态、提问的设计等是否合理；展示学习目标是否适时；课程改革的一些理念，诸如是否充分调动了学生的学习积极性，是否关注了学生的个体差异，体现分层教学；教师的师德风范作用发挥得如何。还要了解学生的学习情况，学生的学习状态，班风学风、良好习惯的养成等。更要注重观察教师在教育教学实践中是否体现了现代的教育思想，学校的办学思想是否成为教师的一种自觉的行为追求。

通过听课透视学校管理当中存在的问题。比如某学期开学第一天，我去听课，发现有些老师对自己上哪个班的课发生了混淆。为什么会出现此现象呢？我分析了其原因是因为在开学第一天，上午的第一节课和下午的班会课对调后，周计划上已明确原来所有的课都顺延，即第二节课上第一节课，后以此类推。可有些老师在理解上发生了歧义，认为是上午的第一节课和下午的班会课对调，所以就出现了混乱。这件事，虽然看起来事情并不大，但带来了一时的混乱。这件事，给了我一定的启示：今后对一些容易发生歧义的事情，我们的管理者还必须进一步解释清楚。试想，如果校长不深入课堂听课，会了解到这一情况吗？因为，对于这样"小"的事情下属不会向校长汇报。可我认为，此事看似小其实却很大。

三要进行评课。校长听课后必须要对教师的课堂教学情况进行反馈。要明确地指出此课存在什么优点，以使教师更好地坚持，继续巩固；同时，更要明确地指出教师在授课过程中存在什么不足，不足的地方要明确哪些是很快就能解决的，哪些是需要自己不断探讨的，这些都要给教师以明确的方向，这样做校长听课才对教师有指导作用，才能更好地促进教师的专业发展。

当然，校长每天的工作确实很多，有时听完课来不及面对面的交谈，那么我们可以采用博客的形式交流，也可通过发电子邮件的方式交流，其实这些方式更简捷有效。另外，校长听完课后，对听课的情况和有关的教育教学领导要及时沟通，对发现的共性问题，要集中时间进行培训。同时，对发现问题较多的课，还要做好跟踪听课，看其问题是否得到解决。校长与教师一起评课、议课，一起实践教育教学改革，即帮助教师成长、推动课程改革、提升教育教学质量，又能提升校长对教学的领导能力。

以科技教育为载体，培养学生创新能力

做好青少年科技教育工作，提高青少年的科学文化素质，是新形势下关心青少年成长的一项重要内容，是落实科学发展观的重要举措。我校近年来沿着"科研兴校、质量第一，名师强校，文化立身"的办学思路，把提升未成年人科学素质作为学校教育的重要内容。作为教师要想在科学教育中落实素质教育，有效地培养创造性人才，必须具有扎实的专业基础。因此，学校有针对性地组织教师进行培训，鼓励教师们多读科技方面的书籍，提高个人的科学素养，把科学素养的培养落实在学科教学中。

科技活动是青少年科技教育中比较重要的一部分。学校在开展科技活动时，注重贴近学生的生活实际，重视学生兴趣的激发，重视发挥学生的创造力和内在的潜力。我校开展科技小组活动做到了有计划、有步骤、有内容。学校每周有固定的时间进行科技活动，有许多科技小组的学生，在课余时间还自觉找到辅导员，解决在活动过程中出现的疑难问题。此外，我校在校园文化建设中，设置科普知识宣传展牌，以此来增强学生对科普知识的了解，拓宽知识领域，扩大学生的视野。以历次科技周为契机，组织各类科技活动。而且，我校积极联系校外活动基地，比如与天津市自然博物管建立了良好的合作关系。

科技教育是培养和提高青少年懂科学、爱科学的意识，拓宽广大青少年在科技领域里的视野的一种教育。我校的科技活动中教师们注重引导学生关注生活，树立发现问题的眼光，启发学生丰富的想象力，培养学生自觉思考的习惯和实践意识。科技小组活动大大激发了学生对科技的兴趣以及探求知识的欲望，提升了综合素质。

多年来，在上级领导的指导和帮助下，经过科技辅导员等全体教师的共同努力，我校在科技方面取得了较好的成绩。

青少年是祖国的未来和希望，培养、教育好祖国的下一代，是关系到国家富强和民族兴旺的关键所在。今后我校将继续加强对广大青少年学生进行科学技术普及的教育，充分利用现有资源和条件，并结合青少年心理特点和兴趣爱好，进一步开展一系列的科技活动，并积极为学生营造良好的科技教育氛围，提高学生动手、动脑的能力，促进学生综合能力的提升，为科技教育做出应有的贡献。

第八章　催发与自为："三心"教育的实施

育人是教育的中心任务，信心、责任心等是个体素质的重要组成部分。温家宝总理指出："信心比黄金更重要。"联合国教科文组织认为，教育发展的方向之一是使每个人承担起包括道德责任在内的一切责任。《国家中长期教育改革和发展规划纲要（2010—2020年）》也明确提出，深化教育体制改革，关键是更新教育观念，核心是改革人才培养体制，目的是提高人才培养水平。树立人人成材的观念，面向全体学生，促进学生成长成材。为实现普通学校办得不普通的华丽转身，我校实施了"信心教育、静心教育、责任心教育"三位一体的系统的教育教学改革，以促使学生人人成材，让每一个学生成功。

信心教育——学校发展的动力之源

普通校的发展、师生的成长，树立自信心是关键。我们常说"对未来要充满信心""做什么事都要信心百倍"等。那么，什么是信心呢？信心，就是所望之事的实底，是未见之事的确据。信心，通常意义是指对行为必定成功的信念。它主要是指对于尚未见到事物的信念和凭据，相信自己的理想、愿望或预见一定能够实现的心理。有信心，才有努力和毅力；有信念，才有不懈和追求；自信会带来勇气和超越。让老师树立自信心，成就他们的人生价值；让学生树立自信心，成就每一个学生的理想，这应该是作为校长的使命和职责。正是基于这种思考，我校提出了"人人有才，人人成材"的办学理念，其基本立意是，给学生和教师自信的力量，让师生共同树立战胜自我、超越自我的信心，让师生确立"我要成材，我能成材"的信念。

一、信心是学生走向成功的基础

在我初到塘沽十五中时就发现了我校师生都明显地不够自信，他们总认为较之重点校的教师和学生，他们是处于劣势的，因此，他们对自己的未来发展都没有足够的信心。由此，我觉得我校要发展，师生要进步，关键中的关键是树立足够的信心。针对这一问题，我专门学习和研究了关于信心的相关知识和研究成果。

心理学对信心的研究认为，信心的表现构成包括对行动实现难度的外在认知、情绪和外在意识三个方面的构成要素。激发信心中的任何一个表现要素，都会引发另外两个要素的相应反应，这也就是外在认知、情绪和外在意识这三个要素的协调一致性。信心构成要素中的外在认知是指人们对行为必定成功的认识过程，由于这种认识过程只能是对行为未来发展状况的预期，所以这种认识过程实际上又是一种对行为过程的想象和推断；情绪是指有机体在受到生活环境中的刺激时，生物需要是否获得满足而产生的暂时的较剧烈的评价和体验，它包括喜、怒、忧、思、悲、恐、惊七种；外在意识是指人们在行为中大脑对外界事物觉察的清醒程度和反应灵敏程度，人们在睡眠时意识水平最低，在注意力高度凝聚时意识水平最高。

认知往往是信心的决定要素，坚定认知中对行为成功必然性的信念，也就等于坚定了人们相应的情绪和外在意识。比如，1900 年之前在德国先后有 100 多"勇士"独自一人做了"驾驶单座折叠式小船横渡大西洋"的冒险，结果无一人生还。人们说这是胡来，但是德国医生林德曼认为，这些遇难的人首先不是从体力上而是从精神上败下阵的，是死于恐慌、害怕和绝望。为了证明自己的判断，林德曼博士也于 1900 年进行了相同的冒险尝试。林德曼博士的航海过程非常艰难，简直到了令人绝望的程度。尤其是最后 18 天，扑面而来的季风、严重的睡眠不足、眼前出现幻觉、运动机体感觉麻痹等不断侵蚀着他的信念。在这种状况下，他整日整夜都和狂风暴雨、惊涛骇浪搏斗着，心中反复呼喊着："一定成功，一定成功！"这个信念充满了身体的每个细胞。最后，林德曼博士终于完成了这一横渡大西洋的活动。

在这个事例中，林德曼博士之所以会成功是因为其坚定了横渡大西洋的信心的结果，其为坚定信心采用了在内心进行"一定成功"的反复的心理暗示（认知要素），使得这句话充满了他的躯体，成为他的第二知觉（外在意识要素），从而最终克服了自己的惊慌、恐惧心理（情绪要素）。

信心是成功的精神支柱，信心是迎接挑战的力量，信心是战胜困难的有力武器。因此，我觉得我校有必要对学生进行一种有目的、有计划、有组织的教育，使学生产生积极的心理反应和情绪体验，使其产生能够实现预期目标的自我认识，从而达到以增强其信心、使其取得成功更有内在动力为目的的信心教育。我也坚信通过一段时期的信心教育，定能使我校的学生坚定"我能行""我也能成功"的认识，进而激发他们自尊、自信、自强、自豪的情感，使他们具有自我调节、自我控制的意志力，进而为实现自己升入更高一级的学校的目标具有孜孜不倦的追求和敢于攀登的勇气和毅力。我校提出的"人人有才，人人成材"的办学理念，立意就是要给师生一种自信的力量，让师生共同树立战胜自我的信心，让师生扬起"我要成材，我能成材"的信念风帆。

二、营造和谐学校氛围，培育学生人生的信心

成功的教育最重要的一个标志是能给每一位学生以希望和信心，能够给予他们一直前行的动力和信念。要培育学生人生的信心，营造和谐的学校氛围势在必行，原因在于，这种学校氛围能为重振师生的信心提供一个全面的、积极的、潜在的、隐形的、深刻的心理场域。

有人认为："办教育，办学校，办的就是一种氛围。氛围也能育人，而且氛围无价。"我对此持赞同态度。学校的人际环境和氛围直接影响着学校的工作效能，民主、融洽、宽松、和谐的学校氛围一经产生，就会形成强大的向心力和凝聚力，就会以其整体的、无所不在的隐性渗透使全校师生在不经意间受到潜移默化的浸润熏染，优化着学校教育教学的方方面面。

我校和谐学校氛围的营造，主要侧重创设特色班级文化环境和建设和谐人际关系两个方面。

1. 创设特色班级文化环境，让每一个角落都体现育人功能

为了创设特色班级文化环境，让每一个角落都体现育人功能，我校的每一个班级都制作了班牌。在制作班牌的过程中，充分调动学生的积极性，由学生自己设计班名、自定班风、确定班级的奋斗目标、选取催人奋进的班歌。班干部还向老师和同学们"公开承诺"，明确干部的职责。特别值得一提的是，全校各班根据自己的特点，命名了一个个响亮、寓意深刻的班名，如"的卢班""逸兴班""励志班"等等。教室内还设有"我心飞扬"和"理想宣言"两个板块，把学生在学习方面的优秀作业进行张贴，宣传勤奋刻苦、成绩进步的学生，把学生自创的名言警句写在板块中。甚至教室的前后门玻璃上，各班也都贴上了名言，用以激励大家。当学生遇到困难想要退缩时，抬头看到自己的誓言，就会振奋起来，鼓足勇气迎接挑战；当学生干部因为干多干少而斤斤计较时，看到自己许下的"承诺"，就会鞭策自己一定要做好老师的助手，为同学服好务。独具特色的班级文化环境，为学生的健康成长营造了积极、有信心的氛围。

2. 加强学校人际关系建设，打造团结奋进的团队

学校人际关系包括学校领导之间的关系、学校领导与教职工之间的关系、教师之间的关系、教师与学生之间的关系、学生与学生之间的关系。良好的学校人际关系有助于广大师生员工达到密切合作，形成一个团结统一的集体，更好地发挥整体效应。为了营造和谐宽松的校园氛围，我校特别注重人际关系的建设，使学校领导之间的关系、学校领导与教职工之间的关系、教师之间的关系、教师与学生之间的关系、学生与学生之间的关系特别融洽，为每位学生成功创设了最优化的心理场域。

学校是一个育人的场所，这里，应该拥有浓厚的文化气息，从而让生活在这里的学生感受着高尚的道德熏陶，聆听着所仰慕的伟人的教诲，吹拂着满面的文化春风，触摸着时代的脉搏，滋补着精神的营养，吸收着进取的动力。要让学校充满这样的文化气息和道德熏陶氛围，就要用校园文化强修养、从特色活动见精神，并形成独特的校园文化氛围，提升学校教职员工和学生的精神面貌和信心。我校特别重视校园文化氛围的营造和建设。如我校的课间操是全区出了名的，拿过全区一等奖。于是我校决定通过课间操作为营造和建设校园文化氛围的突破口，这源于当初学校周围有不少居民楼和公交站，学生上课间操时经常有人观看，学校从而决定在课间操上做做文章。经过一段时间的严格要求和刻苦练习，操场上学生整齐地站立，横、竖、斜都是笔直的线，精神抖擞，呼号声音洪亮，精气神十足。久而久之，我校学生的课间操就成了一道亮丽的风景线。有了课间操的积淀，我校的广播操在全区阳光体育活动展示会上展演，得到了全区各级领导的好评，这都使我校师生的信心得到了前所未有的振奋和提升。这些成绩的取得，也主要得益于我校良好的和谐氛围的营造。

三、探索高效教学，增强学生学习的信心

纵观教育教学改革发展的历程，归结到一点就是，无论课堂教学怎么改革，其最终目的都是为了提高教育教学的质量。如果没有课堂教学质量做支撑，什么改革都是苍白的。而提高教学质量的关键是提高课堂教学效益，只有抓住了课堂教学这个主渠道，教学质量才能不断地提升，而且教学质量的提升也才具有持久力。只有课堂教学效益提高了，学生的负担才能减轻，学生才能有更多的时间发展自己的兴趣爱好，才能全面提高自己的综合素质，才能取得成功。

俗话说，学生学生，以学为生。学习是学生的天职和第一要务，帮助学生取得学习上的成功，体验学习成功所带来的积极的情绪体验是培养学生自信心的最

基础、最有效的手段。因此，我校在实施高效教学方面进行了一些有效的探索。

目前关于课堂教学是说"高效"还是"有效"，理论界有不同的看法。我认为，"高效"也好，"有效"也好，都是为了提高课堂教学效益，没有必要在文字上做更多的文章。天津几乎所有的学校都在进行高效教学的探索，而且每个学校出台的关于高效教学的意见与措施都不尽相同。无数的事实证明，成功的课堂教学改革不能好高骛远，也不能亦步亦趋别人的研究成果，而是要脚踏实地、求真务实，立足于解决本校教育教学实际中的问题。我们经过详细的调研与研讨，客观地分析了我校的实际情况，针对学生基础较差且参差不齐的"学情"，改革教学方法，实施分层教学策略，提振学生的学习信心。让每一节课得到落实；让每一个学生学有所得，这是培养学生学习自信心的关键。

四、重视学生的自主活动，奠定学生成功的信心

1. 对开展学生自主活动的认识

多元智能理论自 1983 年由哈佛大学发展心理学家霍华德·加德纳教授提出以来，已经逐渐引起世界广泛关注，并成为 20 世纪 90 年代以来许多西方国家教育改革的指导思想之一。加德纳的多元智能理论为我们重新认识学生、看待学生提供了一个新颖的、独特的、极具变革意义的视角，由此引起了其他诸如教学观、评价观等观念的革新。

多元智能理论认为，智能是在某种社会或文化环境的价值标准下，个体用以解决自己遇到的真正难题或生产及创造出有效产品所需要的能力；每一个体的智能都不尽相同而且各具特点；个体智能的发展方向和程度受环境和教育的影响和制约；要多维地看待智能问题。它给我们的核心启示是：我们应该树立积极乐观的学生观，即每个学生都有自己的优势智能，有自己的学习风格和方法，只要给他们足够的空间，他们同样能取得成功；我们的教育教学要向学生展示多方面的智能领域，让其有展示多方面智能的机会和体验；在平时的教育教学中要注意鉴别并发展学生的优势智能领域；作为教师，我们有责任帮助学生将优势智能领域的特点迁移到其他智能领域；我们还应该注重培养学生的创造能力；等等。

心理学家的研究表明：一个人只要体验到一次成功的喜悦，就会激发他 100 次追求成功的欲望。成就感犹如一种动力，使我们在学习和工作中有更高的追求。有位科学家曾做过这样一个试验：让一群孩子一起上课，课后给他们布置作业。第二天一部分人做的全对，老师给了表扬，结果第一天作业全对的学生对学习充满了极大的兴趣，而做错的学生则对学习失去了兴趣，甚至开始厌倦。这个试验

的研究结论适用于多数的学生。

由此可见，学习兴趣、学习信心与提出问题和成功的解决问题是相互关联的，孩子能从学习的成功体验中感受到学习的欢乐和知识的力量，假如他们经常遭受失败，体验失败的痛苦，那么他们就会逐渐逃避学习，对学习产生厌恶的情绪，而且会越来越没信心。

2. 注重开展丰富多彩的学生自主活动

我校特别重视学生的自主活动，以此来增强学生成功的信心。我们给学生提供了丰富多彩的课外活动，而且总是鼓励学生自选项目。我校开发了近30个课外活动的小组和社团，涉及文学、艺术、体育、科技、劳技、社会、心理等领域和门类。其中，有的很具创意，比如纸艺、编织，有的又很"冷门"，比如藤球、篆刻、心理健康营等。尽管每周只有一次自主活动，只要学生们提出来，我们都想方设法地去满足。由于活动种类多，学校组织和指导的难度之大可想而知，但是我们始终坚信，一次活动的育人效果能胜过千百次的说教，成功的自主体验、感悟绝胜过千百次的灌输。学生只有在自主活动的过程中才能最大程度上体验到成功的快乐，增强成功的自信。因此，在组织丰富多彩的活动过程中，我们总是费尽心思，目的就是力求使每项活动都能让学生有所收获，对学生有所裨益。

我校重视学生自主活动，主要目的就是为了顺应和保护学生的学习兴趣，给其提供展示该方面优势智能的机会和平台，从而增添其学习的信心，进而迁移并弥补其他弱势智能学科的学习，最后取得整体的全面的成功。

在学校组织的各种读书活动、体验活动、实践活动中，学生都有参与体验、发挥潜能的机会；在一次次的参与和体验中，学生的自信得到了提升，勇气也应运而生，并逐步走向成功。当然，学生信心的树立，是一个复杂、长期的过程，随着学生在学校和班级各类活动中取得的成绩不断增多，在广阔的参与背景下，学生获得越来越广阔的发展空间，他们的思想在保持一份天真的同时也在逐渐走向成熟。

这就是教育的真谛，孩子们的变化，源于学校给了他们前所未有的尊重、信任和与他人分享自己想法、体验自我成功的信心。试想，他们由此得到的收获能不深刻吗？他们能不循序渐进地取得成功吗？

五、提高教师信心的策略

1. 实施千分制考核，提振教师的信心

目前，九年义务教育阶段已实施绩效工资制度，但如何公平科学地考核教师们的绩效，是令许多校长头痛的事情。由于我校在这之前就实行了"千分制管理

考评办法"，所以在实施绩效工资时实现了无缝对接。我们认为：越是构建和谐社会，越是提倡注重人本管理，越需要有一套系列化的岗位职责、考核评价方案和奖励措施作为保障，否则就会有很多事情失去公平。作为校长，首先要制订出各类教师的具体岗位职责，使每个人清楚应该干什么。其次要制订与岗位职责配套的评价指标体系，使每个教师知道干到什么程度才算好。第三，要制订考核的具体方法和奖惩办法，把评价指标体系落到实处。

为此，我们无一例外地为每一个岗位制订了岗位职责，岗位职责共涉及 41 个岗位类别。考核评价方案按工作特点归为 16 个类别，与岗位考核对应的是 41 个考核评价表。

另外，各种量化指标并不是绝对排名，而是考虑进步幅度。比如说，将考试成绩细化到占平均分的比率，如果比率大于上次那就代表即使是最后一名也有进步。这样不同层次的教师都能看到希望，不管什么班级都有可激励的方面。千分制考核方案给教师营造了一个变压力为动力的良好工作环境和公平竞争、和谐发展的工作氛围，在相当程度上减轻了教师的心理负担。千分制考核的结果作为评价教师工作的主要依据，是有说服力的佐证，有利于调动教师的工作积极性，有利于教师自我教育和自我提升。因为考核的指标是公开的，考核的过程是透明的，并且需要个人签字认定，老师们不用担心会失去公平，对于自己应该做什么、做到什么程度能够心中有数，所以安心工作即可，不用再为绩效工资的事分心。这一点也大大提振了教师们的信心。

2. 强师资抓质量，提振教师的信心

学校的生存发展，没有质量作保障是不行的。加强学校管理，提高教师素质，改善办学条件，其根本的落脚点是提高教育教学质量，质量是学校生存与发展的保证。一个没有质量作保障的学校，远比一个没有质量作保障的工厂可怕得多。作为学校，一旦质量出了问题，生产出的不仅仅是"次品"，而且还是社会的负担，甚至是社会的危害。更让人揪心的是这些"次品"不可回炉重来，因而在人的培养问题上马虎不得。确保每个受教育者通过学校这个熔炉的锻造，通过教育这个环节的打磨都能成为"精品"显得尤为重要。

教师的引导作用在中学教育阶段尤为重要，因此提高教学质量很大程度取决于教师的素质，即强校先强师。经过几年的不断探索，我们初步形成了一整套适合普通中学教师队伍发展建设的九大策略：以立德策略提高教师职业道德水平，以改制策略提高教师竞争意识与敬业精神，以激励策略使教师树立正确的价值取向，以良师培养策略提高教师的基本素质，以青年教师培养策略为学校可持续发

展奠定基础，以名师培养策略去实现名师强校的办学目标，以班主任培养策略提高班主任育人管理的能力，以教育科研策略引领教师走专业化发展道路，以阶段盘点策略去调控教师自身的发展。

六、信心教育的成效

现在，我校的信心教育已经结出了累累硕果，我们的教师、学生和学校都发生了很大的变化。

教师们注重提高课堂教学的效益，专业素养发生了很大的变化，科研能力显著提高，科研成果屡获嘉奖。

学生们进入学校的三年也发生了很大的变化，就中考成绩而言，我校这几年以来，毕业班中考成绩在本区的位次上与学生刚入校时相比，均有明显提高。与此同时，学生在天津市乃至全国的各种活动中也是大显身手。

学校的办学综合水平发生了巨大的变化，学校先后获得了首届全国百强特色学校、全国特色学校、全国优秀现代学校、第十届现代教育理论与实践全国优秀学校、国家教师科研专项基金科研先进单位、全国"十一五"教育科研先进集体等50余项国家和市、区级荣誉称号。

学生们也能真切地感受到学校的变化，并体验学校、教师、自己成功带来的自豪感。我校某位学生说："放学了，当我和同学们与下班的叔叔阿姨同乘一辆公交车的时候，有人夸我们守秩序，有人夸我们知谦让，我们的心里甭提多高兴了。尔后，听到他们谈论我们的学校，说学校管理严，老师业务也不错，还说到我们中考的成绩进步了许多，好多同学都考上了重点高中。我仔细听，没有一个人给学校提意见的，真的一个人也没有。作为十五中的学生，我们怎能不为自己的学校叫好！"

静心教育——为学校发展奠基

"追求卓越"是我们的校训，"办最好的学校，做最好的教师，当最好的学生"是我们对校训的诠释。做最好的教师才能办最好的学校，教出最好的学生，这就需要教师静下心来自我发展，提高自身素质，努力走专业化发展的道路，为办好学校，教好学生奠定坚实的基础。但当前社会很浮躁，很多教师中也存在浮躁情绪。如何让教师静心工作，在今天就显得尤为重要。教师静心教书、潜心育人需要时间，需要教师心情平和而不动荡，宁静而不浮躁，专注而不繁杂，深入而不肤浅。这既需要教师从个体内部加强自我修养，又需要从个体的外部改善教师的生存环境。学校有责任为教师的静心教书、潜心育人创造良好的环境，为教师静心工作争取时间。我们学校通过开展静心教育，形成了"静"文化，让教师静心工作，获得自身发展，为每一个学生的成功奠定坚实的基础。

一、静下心来上好每一堂课

1. 静心备好每一节课

学校教学管理部门为教师的集体备课创造各种有利的条件，在实际的教学管理中永不停息地、持久地抓好备课的落实工作，注重整合、规范教师的备课流程。

（1）备课理念支撑

在学校教育中，每位教师的课堂教学面对的都是充满活力的学生，这就要求教师的课堂教学也是鲜活的，才能满足学生学习的需要。所谓鲜活的课堂就是在教师把握教材的基础上，整合教材的知识体系，开发课程资源。教与学是教学的一个过程，同时也是一个整体，教法与学法的有机碰撞才会形成良好的教学效果。我们要求教师在备课过程中就坚持这样的备课理念。

（2）备课组织保障

备课过程是一个年级学科教师的集合体共同进行的活动，这就要求有完备的组织观念和有效的组织保障。学校的备课组一般以年级的某一学科为单位，在备课组长的组织及相关教学领导的指导下进行。备课时有固定地点，每周有固定的教研时间（大教研每次时间约为两堂课，小教研时间约为一堂课），同时做好跟踪记录。

（3）备课形式

我校大体上有两种备课形式：第一种形式安排在开学前和期末前，分别集中两天，其中一天时间进行集体备课，作为筹划备课。开学伊始的备课主要任务是对教材进行整体建构，合理安排课时，处理好学段间、知识间的衔接问题。期末复习阶段主要是研究知识专题整合问题，并分配每位教师拟定专题复习内容。第二种形式是课时备课。每周安排两次教研活动，其中一次安排的时间为两课时，分配个体主备，全组群策形成课时教案；另一次安排的时间为一课时，主要教研内容是分析教材，分配课时，主备人为下一次教研打基础，同时随机完善前面的教案。

（4）备课内容

教师的备课内容非常关键，备课备什么也不是一个可有可无的问题。学校在备课的内容上有一些明确的规定。在备课的内容上有七项要求：一是集体确立三维课程目标，不能形同虚设。教师要对学生获取的知识和技能做到胸中有数，对学生获取知识的过程与方法做到贯穿课堂教学的始终，学生的情感态度价值观源于课堂教学，高质高效必伴随学生积极的情感态度升华。二是每一堂课要有知识树，也要回归知识树。三是教学中的每一个活动都要清晰可见且完整。四是要体现分层教学，在问题设计的拟题上要体现分层。五是要有反馈练习在当堂课内完成。六是要呈现对知识的拓展，供有余力的学生探究，但不要作为作业。七是做好教学内容时间分配，教师在一起探讨每一教学环节所需要的大体时间。

2. 静心上好每一节课

教师的静心上课就是静下心来上好每一堂课，要求教师在课堂教学中全身心地投入教学，充分发挥学生在课堂中的主体作用，共同完成教学任务，实现教学目的。

（1）提高教学效率，实现高效教学

首先，教师要在课堂上努力提高教学效率，实现高效教学。很多教师在课堂教学中效率不高，于是给学生布置很多作业巩固课堂知识的学习，其实许多作业都是不必要的，如果课堂上教学效率高，留给学生作业中的很多问题完全可以解决。还有的教师课堂效率低下，完不成教学任务就想方设法给学生补课，增加了学生的负担，所以教师静心上课首先要提高教学效率，不能把应该在课堂上解决的问题留在课下解决。为此我校倡导"减负高效"课堂教学，采取软着陆的方法，将提高课堂效率的理念具体落实，从减少补课时间入手，渐进式取消所有节假日授课，放学静校时间严格规定，对拖堂、不按时静校实行公示制，以此约束教师的教学行为，"强迫"老师研究高效教学。在毕业班复习阶段试行"讲练卷"，规范讲练卷的制订、使用、保存的每一个环节，加强反馈与约束，提高各学科复习阶段的课堂实效性，贯彻"功在课前、效在课上"的理念，也为毕业班的持续发展积累了大量资料。

（2）处理好课堂上"动与静"的关系

教师要处理好学生在课堂上"动与静"的关系，确保学生全身心投入学习，发挥学生学习的主体性。在现实的课堂教学中经常存在这样一种现象：课堂教学中学生十分活跃，教师安排的活动也很多，课堂很热闹，但是却缺少一定的规则，教学中热情多于理性，课堂秩序混乱，学生始终处于兴奋之中，注意力难以集中，也没有时间进行思考、体悟，教学质量不高。所以教师在教学中就应该动与静相结合，处理好学生的动与静的关系，让课堂保持适当的安静，给学生留出思考的余地。学生在课堂上对教师的讲解和同学发表意见时认真倾听，也是课堂互动的

"基础"，教师应让学生在课堂上让学生默默体会，静静涵养，给学生独立思考的时间。心理学的研究表明：只有在一种静悄悄的没有嘈杂的气氛中，学生的思维才会自然放松，才会迸发智慧的火花。事实上，智者也需要静，需要在凝视中体悟，在倾听中彻悟，在沉思中顿悟；需要在曲径通幽处悠然体会，需要在细细品味中沁人心脾。知识的学习和能力的养成，大多数由积淀养成，是日积月累的结果。所以，教师要在课堂上让学生静下心来观察、倾听、思考和领悟。同时很多学科的教学中也需要一些"静"的环节，例如数学强调逻辑思考和练习的学科就需要安静的课堂，在"静"中进行演绎与推理；理化生等学科有些教学内容适宜安排活动性教学，也需要在"静"中观察和操作；语文和英语学科涉及思考和品位的内容时就应该静下来。这就需要教师在教学设计中要具有情景的针对性、活动的启发性、指引性，做到有动有静，有张有弛。

（3）有效的课堂教学管理

教师静心上课需要有效的课堂教学管理来实现。课堂教学管理是课堂教学的重要组成部分，教师的教学管理要为教学创造良好的教学环境，创造稳定的和谐的富有活力的课堂秩序。因此教师要在课堂教学中注意到学生言行的控制，引导学生遵守一定的规则。要引导学生学会"静思"和"静听"。学生的学习是自由的，学生可以在课堂上自由地学习、讨论、发言、质疑，但是学生的学习自由是有限度的，正如蒙特梭利所言：孩子的自由，就其限度而言，应在维护集体利益范围之内；就其行为方式而言，应具有我们一般所认为的良好教养。因此只要孩子冒犯或干扰他人，有不礼貌或粗野行为，就应加以制止。所以教师要在教学中加强课堂教学管理，充分发挥学生的主体性，全身心投入教学，提高课堂教学效率。

二、教师静下心来批改每一本作业

1. 教师静心布置作业

作业在教学中占有十分重要的地位和作用，教师通过给学生布置作业，检查学生的学习情况，学生通过做作业，既巩固了所学知识，又能弥补学习中的不足。教师要静下心来批改作业，首先就要考虑给学生留什么样的作业，学生做作业对他们有什么作用。可是在现实的教学中，教师在给学生留作业和批改作业中却存在很多的问题。我们通过调查发现，由于部分教师的课堂教学效率不高，许多应该在课堂上完成的教学任务实际上完不成，只得课内损失课外补，校内损失校外补，靠加班加点、多布置家庭作业等来提高成绩和升学率。另外很多教师对留什么样的作业也很少进行专门的研究，造成学生的课业负担过重，课堂训练题不能精选，课下作业不能精心设计。在对学生作业的批改上，面对学生大量的作业，教师又经常抽不出更多的时间来批改，以致造成学生对自己作业中的错误总是在不断地重复，作业也无法发挥其原本作用。针对这种情况，我们首先在教师的作业布置上进行改革，让教师静心考虑给学生给什么样的作业，并静心批改每一本作业。与此同时，我们在学生作业的改革上，实行分层设置。

对学生分层布置作业最早是在化学学科中进行的作业改革，这项改革是在市级课题《初中化学分层教学模式》的课题研究的过程中进行的，也是课题研究的重要内容和成果。教师在教学时在综合考查学生各个方面的差异后，根据学生水平将其分为优等生、中等生和学习困难生三个不同的层次，并随着学生学习情况的变化随时进行调整。教师在布置作业时要充分考虑各个不同层次学生的实际情况，分层设计作业。每次课后作业一般分为必做题、自选题、思考题三种类型。不同类型的题目分别由不同的学生来完成。教师给学生分层留作业，需要静心考虑学生的学习情况、作业难度和题型设计等，对教师具有更大的挑战性。教师布置同样内容的作业，也可对学生提出不同难度的要求。如计算题中要求学习困难生一题一解，优等生一题多解，中等学生自行选择。

2. 教师改进批改方式，静心批改作业

作业批改是教师工作的重要组成部分，学校根据分层教学的课题研究情况，要求教师对学生的作业批改必须分层次。这样做一方面可减轻教师的负担，另一方面对提高作业批改的实效性也有很大的作用。对于学习困难学生的作业、中等学生的作业、优等生的作业，教师采取不同的批改方式，保证每个学生从作业中得到不同的提高和发展。

三、教师静下心来与每个学生对话

在学校教育中，教师与学生经常开展交流、对话是对学生进行教育的重要方式，在这种对话和交流中学生处于什么样的地位，教师应如何开展对话，采取什么样的策略和方法，应该注意哪些问题才能使对话取得教育的效果，这些都是教师和学生的对话中应该认真考虑和解决的问题。所以教师要静下心来与每个学生认真的交流、对话，才能起到教育的效果，也只有这样教师才能品味师生的情谊。

1. 教师与学生对话的条件

（1）教师要平等地对待学生

在传统的教育观念中，教师与学生在地位、人格上常常是不平等的，教师是高高在上的，形象威严，对学生的教育称为教诲、训导。教师对学生的教育交流与对话是单向的，学生被动接受教育，主观感受被忽略，情感的交流受到限制，很多问题得不到解决，容易形成厌学情绪。教师要静下心来与学生平等交流、对话，与学生做心灵沟通的朋友，从人格平等的观念出发，平等地对待学生。教师与学生的平等包括两个方面：在知识方面，教师与学生是先知与后知的关系，没有尊卑之别，只是闻道有先后而已。从情感和人格方面，每个学生都具有独立的人格，有丰富的内心和感情世界。教师在和学生对话时要从学生实际出发，熟悉并掌握学生的认知特点和个性差异，对每个学生的年龄特点、思维方式、个性特征、个性爱好和行为习惯有深入的了解。在对话与交流中要充分尊重学生的想法和意见，同学生建立平等的对话伙伴关系。

（2）教师要以爱心抚慰学生的心灵

没有爱就没有教育。教师只有热爱自己的学生，关心爱护他们，做学生的知心朋友，才能教育好学生。在和学生相处的过程中，教师要以平等的心态对待学生，以真爱去感动学生。教师要尊重学生的人格，关心学生的身体、学习和生活，使他们身心健康、全面发展。例如：天冷了，教师要多提醒学生多穿衣服；天热了，要提醒学生多喝水；放假时提醒学生注意安全，不要玩水玩火等。在日常的班级生活中，教师与学生应主动交流，以爱心打动学生，使学生把老师当做良师益友。学生有了困难要及时提供帮助，鼓励学生勇于克服困难。正如陶行知先生说过的："真的教育是心心相印的活动，唯独从心里发出来，才能打到心的深处。"

（3）教师要以诚心获得学生的信任

师生在对话中要彼此信任对方。首先学生要信任教师，相信教师的人格和学识。其次是教师要信任每一个学生，相信他们经过努力都能成功。教师在与学生的对话中获得学生的信任是对话成功的重要条件，亲其师，信其道，学生只有信任教师，对话才能取得实效。苏霍姆林斯基说过："自尊心和自信心是学生心理最敏感的角落，是学生前进的潜在力量，是学生前进的动力和向上的源泉。教师首先应该诚心对待学生，与他们坦诚相见，以心换心。教师要以诚心赢得学生的信任，用发自内心的真情实感打动学生，感染学生，教育学生。"[①] 教师特别是班主任应该细心观察学生，了解他们的学习、生活和思想状况，既要教书，更要育人。教师要在各个方面帮助学生，使他们逐步消除对学习的恐惧和与老师、同学之间的隔阂，激发学生的自尊心和自信心。

（4）以耐心期待学生的转化

学生在学校的学习与成长过程中难免会犯这样那样的错误，这些错误有些是

---

① 赵芳芳：《善于捕捉学生的闪光点》，载《新课程学习（基础教育）》，2010年第12期。

属于无意的错误即失误，有时是有意的错误即明知故犯。对于犯错误的同学，教师要有耐心，给他们改正的机会，使他们认识到自己的错误并积极改正错误。教师要学会站在学生的角度帮助学生认识到错误的危害，和学生一起分析怎样才能改正错误，如何在今后少犯错误。就像魏书生曾经说的："学生不管多么难教育，毕竟是青少年，其内心深处一定有一个广阔的世界，而世界必然是假恶丑与真善美并存的。教育学生时，要力争不站在学生的对面，让学生怎样，不让学生怎样。而要力争站在学生的心里，站在真善美那部分思想的角度提出：我们需要怎样，我们怎样做才能最好。这样，学生会感到你不是在训斥他，而是在帮助他。"

（5）以欣赏的眼光看待学生

任何人做事情都希望得到他人的肯定和赞赏，所以教师在日常的教育中要以欣赏的眼光看待学生，积极发现学生身上的优点，对学生的优点及时肯定和赞扬。教师要欣赏学生的长处，宽容学生的短处，让学生正视困难，保持良好的心态，使教育变得更加有亲和力。让学生在老师的欣赏中接受教育，自觉地完善自我，实现自我发展。

2. 教师与学生对话的策略与方法

（1）创设理想、轻松的对话氛围

教师要想与每个学生开展有效的对话与交流，首先就应该创设轻松愉快的对话氛围和环境，建立民主、平等、真诚的师生关系。正如马斯洛认为的那样：只有在真诚、理解的师生人际关系中，学生才敢于和勇于发表见解，自由想象和创造，从而热情地汲取知识、发展能力、形成人格。教师亲切诚挚的话语、善意婉转的批评、充满信任的鼓励等对学生都是无形的力量。在教育中是这样，在师生对话中也是这样，教师需要为对话创设自由、安全和交融的气氛，这不仅包括对话时环境的布置，更包括心理软环境的建设。

（2）教师要选择合适的交流话题

教师与学生的对话一定要有明确的目的性，通过对话解决一些问题，如学生学习、生活方面的，学生之间、学生与教师之间的交往关系问题等。所以对话时教师一定要认真考虑，选择合适的对话话题进行交流。通常话题是以教师向学生提问的方式呈现，但也经常是学生向老师提问。不管采用什么样的方法，对话的话题应是学生和教师都能领会的，话题也必须是真实的。对话的话题还要有开放性，师生都要积极发表自己的看法，在互相交流中实现对话目的。

（3）要提高对话技巧

教师与学生对话要讲究一定的方式和方法，需要一些谈话的技巧。比如提问的技巧、倾听的技巧、回答的技巧和理解不同看法的技巧。教师和学生要在对话过程中依据对话的情境和自身的教育机制灵活使用对话技巧。

四、教师静下心来研究教学

1. 说教材：教师静心研究教学的重要途径

教学是学校的中心工作，也是教师最重要的工作，教学既是科学，又是艺术。教师要静下心来认真研究教学，提高教学效率。我校开展的说教材就是教师研究教学的重要途径。

教师、学生和教材是教学的三个最基本的要素，在教学中是不可或缺的，直接决定教学的成功与否。教材研究是研究教学的主要内容和途径。教材是学校教学活动的载体，教师在踏上讲台之前能否吃透教材，能否对教材有准确的把握将直接关系着教学目标的完成，直接决定着课堂教学效率的高低。在新课程改革中学校有的教师认为既然教材是个例子，就不需要认真研究教材了，主要是转变教学方式，所以上课时师生忙于互动和表演，对教材的理解和掌握很肤浅。又有很多时候，教师只关注教材内容的知识点，忽略其在课程标准学段中的要求，忽略其在整体知识网络中的地位和作用。其实教师只有把教材吃透，才能灵活变通教学方式，用最少的时间给学生最大的收获，提高课堂教学效率。针对这种情况，我校开展了说教材活动。

说教材的目的是服务于教学，我们要求教师按照教材的设计思路、教学设想以及理论依据，利用十几分钟或二十几分钟的时间进行简单扼要的讲解、分析，把自己的教学特点加以阐述，使之得到完善和发展，以达到相互交流、相互学习、集思广益、完善教学过程、共同提高教学质量的目的。

2. 静心研究教学模式和教学方式

基础教育新课程改革对教师的教学和学生的学习都提出了很大的挑战，教师和学生需要转变教学方式和学习方式，从而适应新课程改革的需要。我校教师在教学中，静心研究新课程改革下的各个学科教学模式和教学方式，提高教学效率，实现高效教学，促进学生的发展和教师专业化发展。

我校教师在语文教学中积极探索，形成了一种学生自学探究为主，教师指导为辅，围绕学生提出的问题展开教学的模式。这个模式分为五个环节，称为"五步自学法"教学模式。该教学模式每一个环节都包括目的意义、步骤要求、课例、注意事项等说明。这五个环节是：自读自悟，提出问题；合作交流，筛选问题；探究发现，分析问题；反思修正，解决问题；积累运用，化成能力。在自主学习中，要积极创设问题情境，引发学生学习动机；运用各种教法，提高学生学习兴趣；在合作学习中，主题要鲜明，目的要明确，合作时间要有明确的限制，合作的形式要灵活多样；在探究学习中，要采用设置疑问、悬念或启动审美情感，激发兴趣，指导学生收集相关资料，进行深入学习。在语文教学中，只有将自主、合作、探究学习方式落到实处，才能促进学生有效得到学习。

在物理课堂教学中，我校教师经过多年的尝试、总结和反思，总结出提高物理课堂效率的策略和方法。一是培养学生学习物理的兴趣，提高课堂教学效率。可以通过发挥学科特长诱发学生的学习兴趣，善用课堂激励激发学习兴趣，让学生联系实际、动手动脑，深化学习兴趣。二是激活学生思维，提高课堂效率。在物理教学中必须激活学生的思维，引起学生的思考，使学生有持续学习物理、探索物理问题的兴趣。可以优化课堂导入，激活学生思维；角色转换，激活学生思维，提高学习效率；渲染物理课堂气氛，激发学生思维，促进学生主动参与。三是培养学生的探究习惯，提高课堂效率。坚持课堂探究，深挖教材内涵，使学生将固有经验升华为物理知识；引导探究，打破思维惯性，转变固有经验为物理知识。四是固化学生学习习惯，巩固提高课堂效率。要培养学生良好的预习习惯、听课习惯、实验习惯和巩固知识的习惯。提高物理课堂教学效率的方法包括：以物理实验教学为切入点，充分激发学生的学习兴趣；以探究式教学为途径，培养学生物理学习的方法；良好的教学艺术是提高课堂教学效率的关键；实施分层教学，减轻学生负担，提高课堂教学效率。

我校化学组教师在化学课堂教学中确立了"问题—解决"教学模式，这种教学模式就是教师根据教学要求、学生的年龄特征和认知规律将所学内容转化为一组组面向全体学生的序列性问题，由教师创设问题情境，以问题的发现、探究和解决来激发学生的求知欲和主体意识，培养学生实践和创新能力的一种教学模式。该教学模式分为发现问题、认识问题、解决问题和反思问题四个过程。这种教学模式的课堂实施策略有：一是准备策略——创设轻松、民主、合作的课堂教学气氛；二是核心策略——创设真实、丰富、有效的问题情境，可以利用教材内容、通过演示实验、联系生活实际创设问题情境；三是发展策略——培养学生提出、分析和解决问题的能力。培养学生化学问题解决能力的过程分为几个阶段：感知问题的客观存在，明确问题的各个方面，探究问题的解决方法，分析问题的实施计划，解决问题的回顾反省。

3. 精心研究教学评价

教学评价是教学的重要组成部分，我校教师在学科教学评价中进行的精心探索，取得了一些显著的成果，这在美术学科中最为突出。

我校大部分学生来自农村，学生美术底子很薄，很多学生在小学阶段没有正式接触过美术学习，对美术学习兴趣不高。我校美术教研组教师根据实际情况，把美术教学和评价着眼点确定在促进学生原有水平的发展上。在美术教学评价中，通过合理使用档案袋，做好中学美术教学评价，提高美术教学效率，取得了很好的成效。一是形成了有效的评价策略。教师建立美术学习档案袋，完整地留存学生在美术学习全过程中完成的作业和相关资料；建立美术课堂学生学习评价表，对学生的学习过程进行跟踪式评价；引导学生及时记录创作感受、意图；在教学过程中，教师引导学生进行自评、组内互评；采用不封顶的评价等级，预留出学生继续努力的空间。二是有效地促进了学生的发展。学生对美术课程的学习兴趣大幅度提升；学生的美术学习能力、技巧的掌握程度大幅度提升。三是教师的教学水平显著提高。课题组教师的课堂教学水平显著提高，多次做区级和校级研究课，在市级双优课和教学软件评比中也取得了较好成绩；课题组教师撰写科研论文、教学案例的能力显著提高，有很多论文在市区级获奖；课题组教师的专业创作水平也得到了进一步提高，多次参与市区级美术展览活动。

五、教师静下心来读几本书

1. 为教师静心读书创造条件

作为一名教师，读书与不读书完全不一样。凡成为优秀教师的，没有一个不喜欢读书的。因为只有读书才能使一个人具有人生的智慧和人文情怀。实践也证明了这一点。在学校里受到学生热烈欢迎、受到家长高度赞誉、受到同行普遍欣赏的教师，就是那种热爱读书和思考、底蕴深厚和独具慧眼的教师。读书能够提升人的思想和眼界，促进教师的专业成长。随着教育改革的不断深入，对教师的要求也越来越高，教师也需要不断地学习，提高自己的专业化水平。但现实却是，很多教师整天工作非常忙碌，根本没有时间读书，老师原有的书香气渐渐散去，很多教师凭经验教学，不利于教师的专业发展。加强教师队伍建设，必须引导教师读书。于是，学校在教师读书方面进行了一些制度设计，保障了教师有书可读，有时间读书。

（1）读书课表化，保障教师有时间读书

教师读书需要时间保障，很多教师就是因为工作繁忙而没有时间读书。学校于是要想方设法安排教师读书，通过制度的改进为教师读书腾出时间。每个学校的自习课都要有老师巡视，有的学校规定老师要盯在自习课上，这耽误了老师很多的时间。为此我们学校在学生自习课方面进行了改革，学生自习课实行学校统一管理。在稳定教学秩序的前提下，规定每周有两堂课的时间安排老师到图书馆读书，并对此做到了课表化，同时做到有检查、有落实。

（2）推荐读书目录，使教师有书可读

教师有时间读书了，书籍的选择成为教师的另一个难题。面对这么多的书籍，教师挑选书籍也很花费时间。学校为了解决这一问题，每学期都推荐一些优秀书籍供教师们阅读，并要求教师写读书笔记。通过心得交流会、读书报告会、教师论坛等形式，提升教师的文化素养和理论水平。让全体教师牢固树立终身学习、不进则退的理念。另外，每学期学校科研处都选编一些优秀文章结集成册发给每一位教师，让老师有目的地去学习，学期末学校对教师的学习情况进行总结。

（3）读书、思考、写作相结合，享受读书乐趣

我校很多教师是非常喜欢读书的人，可一些老师自从参加工作以后，读书的时间就越来越少了，这其中固然有工作忙的原因，其实有相当一部分原因是由于自己的懒惰，总觉得抽不出时间看书。作为教师，一定要养成读书的习惯，把读书、思考和写作相结合，从中品味和享受读书的乐趣。教师的生命因读书而美丽，因教育而幸福，因超越而精彩。作为校长我自己首先每天抽出时间静心读书，做了大量的读书笔记，给老师做了示范。在我的办公室的办公桌上，放着一摞摞书籍和笔记本。这些书籍有的是关于学校管理方面的，有的是关于新课程教学改革方面的，还有关于领导技巧方面的，等等。一些老师看到我办公室的书籍和笔记本，就好奇地问我工作这么忙，有时间看这些书吗？我告诉他们："时间是挤出来的，我要求自己每天一定坚持读书。只有不断地学习，才能让自己了解教改的动向、管理的艺术，努力将我们学校办成一所优质的初中校。那些名师之所以成为名师，就在于在工作中积极进取、探索、学习，因此在今后工作中，不要只停留在教书，要通过读书学习，想想如何教会更好，并把那些成功经验记录下来，那将会成为专业成长中很好的素材。"我在学校的各种会议上也向老师讲读书的重要性，多次给老师们强调："教师必须要走专业发展的道路。做个会思考的人，做个爱读书的人，做个常写作的人，我们离名师的距离就会越来越近，即使不成为名师，也一定会享受到与学生共同成长的快乐过程，从此远离职业倦怠带来的烦恼。"很多老师受到启发和激励，充分利用时间静下心来读书。另外，学校还成立了"青年教师文化沙龙"，引导青年教师加强读书积累，帮助他们养成撰写教学反思札记的习惯。

2. 教师静下心来读书的体悟

教师静心读书需要学校创造条件，我校为教师读书创造了很多有利条件。作为教师本人而言，要静下心来读书，就要讲究读书的方法，让读书促进自己的专

业发展。我校教师在读书中形成了以下一些认识。

读书要善于选择。现在的社会是信息社会，书籍浩如烟海，而教师每天的日常工作就已经很忙碌，用在读书上的时间又十分有限，这就需要教师在读书上学会选择，善于选择，要有明确的方向。学校尽管也经常向老师们推荐读书目录，但教师还是要根据自己的兴趣爱好和专业发展需要开展阅读。古人云：取法乎上，仅得其中；取法乎中，仅得其下。教师的读书不在于多而在于精。我校教师大多选择一些教育理论的书籍阅读，认真学习新的教育理念，促进自己的教育教学水平的提高。教师还大量阅读一些人文社会书籍，开阔自己的视野，提高自己的人文修养。

读书需要专心。教师们每天的事情很多，往往静不下心来，很难专心读书。但教师读书没有捷径可走，只能专心去读，认真学习和钻研才能有收获。我校的教师结合自己的工作实际和个人兴趣，按照不同的专题专心地开展阅读，增长了见识，提高了自己的综合素质。

读书需要质疑。古人说"学贵多疑"，"学起于思，思起于疑"。读书就是读者和作者之间心灵的对话，教师在阅读中要不断地产生自己的想法，敢于对作者的看法和观点予以质疑，有疑处才有进步。不能迷信于书本中，只有开动脑筋，质疑善思，才能把书中的知识转化为自己的知识。教师读书质疑的同时要提出自己的问题，在读书过程中多问几个为什么。

读书需要恒心。教师每天读书时间不多，这就需要每天抽出时间读书，每天都读书，持之以恒，积少成多，坚持"活到老，学到老"的终身学习观念。"腹有诗书气自华"，只要日积月累，自己的专业水平和自身修养就会不断得到提高。

六、教师静心总结工作规律

教师的工作既辛苦又幸福，说它辛苦是因为教师每天都面临着很多的事情，如对学生的教育、教学和管理，每天都很忙碌，日复一日，年复一年，甚至很单调。教师的工作同时又是很幸福的，教师在对学生的教育、教学和管理中，和学生共同成长，收获着喜悦和幸福。但是这种喜悦和幸福不是每个人都能体会和享受到的，每个教师对自己工作的感受也有很大的差别。这就需要教师静下心来总结自己的教育工作，努力发现并寻找工作规律，在与学生的相处中品尝工作的快乐，品味生活的幸福。

1. 教师要精心总结管理工作

班级管理是班主任的一项重要工作，学生在班级中能否健康地成长为全面发展的人，班主任肩负着艰巨而光荣的历史使命。如何针对学生的特点做好班级管理工作、做好班主任是教师需要在工作中不断总结和探索的。为了做好班级管理工作，班主任在班级管理中要注意以下几个方面。

（1）用心充实自己

现代社会是信息社会，知识更新速度非常快，教育改革也不断对教师提出新的要求和挑战。班主任首先必须注重广学博览，不断加强教学业务学习和基本功训练，满足学生的求知欲。所以班主任必须努力学习，提高自身的管理水平和素养。教师可以通过以下途径学习：一是要向书本学习，学习新的教育思想、现代教育理论、科学的管理方法和手段以及管理艺术。教师还要学习人文社会知识，提高自身的人文素养。二是要向同行学习，向管理有方、管理有道、管理有成效的班主任学习，同他们互相交流、相互切磋、取长补短。三是要向学生学习。现在的学生信息来源渠道多，了解很多教师不知道的知识和信息，所以班主任要虚心向学生学习，做到教学相长。这对学生的学习也有潜移默化的影响。四是要在做中学、学中做。班主任要在工作实践中不断学习，在总结经验教训的基础上，不断改进完善，以适应班级管理工作的需要。有的老师为了进一步提高自身的修养，在做好教学工作的同时，注重班主任工作的理论学习，认真学习教育学、心理学的最新研究成果，同时学习社会学、伦理学、哲学以及德育方面的知识，学习班主任工作心理学，学习优秀班主任的事迹，并运用于自己的教育实践中。

（2）用心呵护学生

班主任要学会爱学生，对不同类型的学生施以不同的爱。对优秀的学生要在德智体美等方面提出更高的标准要求，使之成为真正全面发展的学生，为其他同学树立学习的榜样。对后进生要与他们建立良好的师生关系，分析他们的特点，发现他们的优点，纠正他们身上的缺点。要使他们树立学习的自信心和自尊心，在班级中创设良好的共处氛围，使他们感受到班集体的温暖。对家庭经济困难的学生要时刻关心他们的生活，尤其是关注这些学生的精神状态，保护他们的自尊心，帮助他们克服困难，及时做好他们的思想工作，使他们明白困难是暂时的，要有克服困难及挫折的信心。对家庭经济条件优越的师生，要教育他们优越生活的来之不易，是父母用辛勤的汗水换来的，自己的学习和生活必须要自己努力去创造。

（3）用心对待学生

用心对待学生，就要对所有的学生一视同仁，公平对待，不能厚此薄彼，不能有贫富之别、亲疏之别。应该辩证地看待学生的发展与进步，看到学生身上的闪光点，为每个学生提供平等竞争的条件，尊重学生的个性，重视每个学生的进步。班主任要时刻以学生的事迹感动自己,并将这种心态传递给学生。教师要"蹲下来看孩子",和孩子保持一样的高度,以学生的眼光看问题,主动创造更多的时间和空间去了解、剖析、关爱学生,为学生提供最适合的教育。

(4)用心渗透教育学生

教师对学生的教育和管理是长期的,不可能一蹴而就。教师要通过多种方式渗透教育学生。一是阅读美文,渗透无私教育。教师通过选取优美的反映无私品德的文章,让学生认真阅读,细细品味。让学生体会到一个人当心中只有自己的时候,就把麻烦留给了自己;当一个人时刻想着他人时,其他人也在不知不觉中方便了自己。二是通过学生身边的人和事渗透责任教育。学生身边的人和事就在学生生活中,在学生身边,没有距离感。通过给学生举一些老师和学生认真负责的鲜活例子,让学生体会到责任的重要性。三是开设荣誉栏,渗透荣辱教育。有的老师在班级中开设荣誉栏,虽然仅仅记载一些学生偶尔取得的小成绩,却引导学生对这些小成绩"小题大做":分析成绩的来之不易,感动学生自己创下的奇迹,激励学生创造新的辉煌。在这种一次又一次的总结与分析中提高了学生的积极性,激励学生在各个方面都取得成绩和进步。四是寻找感动,渗透感恩教育。有的老师在自己的班级中开展活动,让学生寻找班级中感人的人和事,从中受到感恩教育。同学们找到了很多身边的感动:有的同学身兼多职样样出色感动了大家;有的同学不耻下问的精神感动了同学;有的同学在进步的过程中展现了顽强的意志感动了大家;有的同学值日时认真负责感动了大家;有的同学常年做着摆放自行车的工作感动了同学。学生从这些活动中学会了感动,学会了感恩。

2. 教师静心总结教学工作

教学是教师最重要的工作,教师要通过教书去育人。教学水平和教学质量是衡量一名教师最为重要的标准和尺度。教师要不断地总结自己教学的得失,促进教学水平的提高和课堂教学效率的提高。

我校英语组的老师对丰富课内外活动,让学生快乐学英语方面进行了认真的总结。其具体做法是:一是充分体现学生在课堂上的主体地位。在复习阶段、教授新课阶段和操练阶段,教师要担当不同的角色,让学生感受到自己是学习的主人。二是借助课堂内外的各种活动,增加学生学习的趣味性,如组织学生学唱英文歌曲,制作英文贺卡,编辑英文手抄报,自编自演英文话剧等,让学生积极参与学习中去,并对他们的成果进行及时展示。三是多给学生创设接触地道英语的机会,提高学生运用英语进行交际的能力。四是注重学生学习方法的指导和培养,提高学生自己学习的能力和效率。

　　为了实现高效优质的初中英语教学的目标，针对新教材的特点，教师在课堂教学中进行了有益的尝试。一是从学生的角度——课堂要高效，教师要有普遍的关注。教师要用微笑、目光的交流展现对学生的关注，用欣赏、夸奖的手段体现教师的关注，用提问或回答问题来表达教师的关注。二是从教师的角度——课堂要高效，教师对课堂要有创新。要启发激趣，让课堂变得生动；质疑交流，让课堂变得有理；提倡"合作"，让课堂变得融洽。三是从教法的角度——课堂要高效，教师要营造良好的课堂氛围。教师要营造能够给所有的学生以尊严的氛围，让所有学生都洋溢着生命活力的氛围，能够让学生自我管理的氛围，让所有学生都有归属感的氛围。通过教师、学生、教法三个角度来提高英语教学的教学效率，实现高效课堂。

　　在课堂教学中如何发挥学生的主体地位，让学生"活"起来、让学生在课堂教学中得到发展是教师不断探索的重要课题。我校的教师在这方面积累了很多的经验，静下心来进行了认真的总结。在语文课堂上，教师让学生在教学活动中积极地"活"起来，做到"口活""手活""脑活"。通过提高文章的朗读质量、设置多种形式的说话练习、努力扩大学生的诵读范围让学生"口活"起来；通过让学生养成"不动笔墨不读书"的习惯、让学生搜集整理汇编资料、让学生勤于写作让学生"手活"起来；通过精设问题、鼓励创新、开展讨论让学生"脑活"起来。通过这样得到活动，使课堂变成了充满生机、充满兴趣、充满智慧、充满生命活力的场所，把语文课堂还给了学生，促进了学生的发展。

　　我校物理教师对在课堂中如何真正体现学生的主体地位的问题进行了很好的总结。物理课程的根本目的是提高全体学生的科学素质。物理教学要注重科学探究，提倡学习方式多样化；着眼于学生的发展，强调学生的主体地位，把促进学生的发展放在首位；强调教学平等和教学民主，注重人的个性和创造性才能、创造性思维的发展。在以学生为主体的理念下，物理教师应该关注学生的基础、关注学生学习中的困难、关注学生的学习过程。因此物理教师要把发现的机会让给学生、把动手的机会让给学生、把思考的机会让给学生。只有这样才能真正实现学生在教学中的主体地位，提高教学效率，促进学生的发展。

七、教师静心反思自己的言行和方式

　　在我们的教育教学工作中，教师的言行和方式对学生影响很大，不仅影响着学生的学习，而且还影响着学生的人格和心理健康的发展，这些影响常常是通过教师的言传身教潜移默化地影响学生。所以教师要经常静下心来反思自己的教育教学的言行和方式。正如加里宁所说的:教师需要好好检点自己,他的一举一动都处于最严格的监督下,世界上任何人也没有受着这种严格的监督。教师要通过自己的言行和方式让孩子们感受老师对他们的关爱。只有这样教师才能用智慧启迪学生的心灵,用人格陶冶学生的情操,用爱心浇灌希望,用汗水哺育未来。

1. 静心反思教育的言行和方式

教师要对学生开展各种形式的教育,教师在日常的教育中要不断地反思自己的教育方式才能促进学生的发展和自己的专业成长。

在我校的责任教育中,教师要首先树立责任心,用教师的责任心培育学生的责任心。例如要求学生7点到校,教师也毫不例外,要第一时间赶到教室。放学后只要有一个学生还没有走,老师就不走,要最后一个离开教室。带领学生去室外时,看到废纸、垃圾要俯身拾起,对于由于自己的原因给学生造成的影响要主动承担自己的责任。通过这些小事,学生认识到教师对自己的工作和生活是具有强烈的责任心的,并勇于承担自己的责任,身教重于言教。教师对自己的这种教育行为的反思也增强了学生的责任意识,使责任教育得以顺利展开。

教师在教育中"身教重于言教"要求让学生做到的事情,教师首先应该能够做到。我校的赵艳梅老师通过对自己的教育行为的反思,对这个问题有了更加深刻的理解和体验。赵老师有一年接手一个新班,很多学生还没有养成良好的公共卫生习惯,教室的卫生状况总不能令人满意。虽然在班里多次强调但是效果并不明显。有一次赵老师在全班学生都参加课外活动的时候,对教室进行彻底的打扫:整理物品、摆放桌椅、扫地洒水、清理粉笔灰等,消灭了教室里的全部卫生死角。在学生回来之前,她悄悄地离开教室。不久赵老师发现教室环境有了很大的改善,竟然还得了"卫生流动红旗"。事后,赵老师的几名学生跟她聊天谈起了这件事情,学生说他们从没见到也不会想到老师能这样做,同学们都很受感动,大家为自己没有认真做好值日感到非常后悔。学生都真切地感受到班主任也是班集体的一员。从此以后,即使有的同学忘记值日,也总会有人提醒或帮忙,老师再也不用为教室卫生事情操心了。赵老师通过这件事情写下了这样的反思:这件事教育了学生,也教育了我。班主任作为班集体的一员,与学生一起活动,本来是很平常的事情,却往往被忽视。如果班主任只把自己定位于班级的管理者,就必然会指手画脚多,深入实际少,从而失去学生的感情,与学生越来越疏远。而真正放下教育者的架子,真正为班级做一些事情,哪怕只是一件小事,也会胜过三令五申的说教。其实重要的不在于老师为班级做了多少事情,而是通过这样的行动走进学生,这就是身体力行的教育作用。教育只有做到心里才能有效果。每个班级都经常开班会,但班会的主题是由老师定的，还是由学生提出的？教师在全班学生面前的演说，有多少是学生迫切需要的？有多少话可以略去不讲？能不能让听讲者来确定教师的谈话内容？教育是民主、平等，教育是服务，作为班主任，必须从我做起，从小事做起，给学生以潜移默化的影响。

作为教师要特别注意并不断地静心反思自己的言行和方式，这些都能对学生产生影响。我校王静老师在教育叙事中讲述了这样一个故事：一次一个学生到办公室交作业。他把作业本递给王老师时说："老师，作业我给您补上了。"老师立刻反问道："写作业是你自己的事情，怎么说是'给我'补上了？"那个学生小声嘀咕说："是您说的。"后来王老师在与学生交流时留意了一下，教师经常会对学生说："你给我坐好了""你给我再读一遍"或"你给我改这道题"等。没有想到学生对老师的措辞竟然如此在意。认真想一下，当老师说出"你给我"时，是要求学生被动地按照老师的意思去做，服从老师的管理。教师应该顾及学生的感受，不再对学生说"你给我"，不再忽视学生的主体人格和权力，使用符合新的教育理念的话语，才能让学生把学习真正看做自己的事情。

2. 对后进生心理素质研究的反思

促进每一个学生的全面发展是实施素质教育的基本要求，但是在各个学校都存在后进生现象，后进生问题是长期困扰教育教学质量的大问题，是全面实施素质教育的严峻挑战。后进生问题的解决需要通过科学合理的途径，从产生后进生的根源入手，以创新的理念有计划、有组织、有步骤地寻求解决的思路和方法。我校教师静心研究后进生转化问题，反思后进生成长中的一些问题，提出了后进生心理素质培养的一些对策。通过调查和观察，老师发现后进生的心理具有以下特点：学习目的不清楚，学习态度不端正；自信心不足，"自卑心""逆反心"强；自律能力差；学习一般呈波动状态，存在厌学情绪。针对这些特点，我校教师给予及时的肯定，并加以引导，用创新的理念转化后进生：第一，要尊重每一个学生，用正常心态看待后进生。第二，要放下师长的架子，走进学生的内心世界，做学生的良师益友。第三，要及时总结后进生转化中的阶段性成果，理性引导并激励后进生的进步与提高。第四，要积极支持和鼓励学生之间的团结协作与合理竞争。第五，要充分发挥优秀学生在后进生转化过程中的重要作用。

3. 静心反思班级管理问题

瑞士教育家裴斯泰洛奇曾经说过：为人在世，可贵者在于发展，在于发展个人天赋的内在力量，使其经过锻炼，使人能尽其才，能在社会上达到他应有的地位，这就是教育的最终目的。班级管理是班主任的重要工作，班主任如何进行班级管理，如何让学生成为班级管理和学习的主体，培养学生自身的能力，我校教师在实际的工作中进行了反思和探索。

（1）在班级管理中注重塑造优秀学生干部

班干部对班主任十分重要，是班主任的得力助手，因此要重视班干部的选拔和培养。在班干部的选拔和培养上，具体的方法有：第一，变任命制为毛遂自荐制。有喜欢做班委、愿意为同学们服务的学生，就会积极想办法，努力把工作做好。在自荐的过程中，有些学生便开始寻找自己的潜力，有学生在自荐信中这样写道："我想做班长，虽然我没有做过，但我认为自己有这个能力，我能严格要求自己，而且也具有管理别人的能力。我有着管理班级的一套想法，如果老师能给我一个机会，我不会让老师失望的。"实践证明，自荐的学生真的没有让老师失望，是公认的好班干部。每个学生都蕴含着巨大的潜力，一旦发挥出来绝不亚于任何一个公认的优秀班委。第二，采用竞争制。这种方法极大调动了班干部的工作积极性，也调动了全体学生的参与热情。第三，树立班委的威信。老师们的做法是全部权力下放，班委可以做自己决定的事情，班委有决定权。

（2）学习上采用激励法调动学生的积极性，挖掘学生的潜力

世界上每个人的能力相差不多，但是人们之间的成就却相差很大，原因就在于动机被激发的程度和行为积极性的高低。我校的教师采用激励的方法调动学生的积极性，发掘学生的潜力。

用激励提高学生接受教育的自觉性。在教育过程中，学生不仅是受教育者，还是学习的主人，在教育过程中对学生进行适当和及时的激励，可以使学生进一步理解教育活动的意义，促进自身"潜能"的需要，产生强烈的接受教育的愿望。

用激励加强学生接受教育行为的持久性。学生在教学活动中，接受教育是有一个过程的，对于学生的缺点和错误，不能一味地批评和惩罚。教师需要用奖励的手段强化和巩固学生被激发出来的积极性，促使学生勇于克服困难，获得更好的发展。

（3）对学生进行教育注重因材施教

培养优秀生，激励他们取得更大的进步。优秀生往往得到教师的厚爱，在学生中的威信也高，因此对优秀的学生需要提出更高的要求，促使他们取得更大的进步。一是要严格要求，不断鼓励他们更加上进。教育他们优秀生不应仅仅是学业上的优秀，更重要的是人品要优秀，心胸要宽广，言行要端正，心理更要健康，要处理好和同学之间带动关系。二要全面分析和认识自己，向他人学习。要求优秀生学会自我分析，自我对照，既要看到自己的优势，同时也要看到自己的不足，

才能在学习中取得更大的进步。

关心后进生，发展闪光点。对后进生应倍加关怀、加倍疼爱，多表扬、多鼓励，体贴他们，懂得他们的欢乐，了解他们的心灵，帮助他们解决学习和生活中的困难。在班集体中，要精心营造一种平等、和谐、友爱的气氛，让他们体验到集体的温暖和同学之间的友谊，为他们搭建展示自己的平台。特别是要多发现他们身上的闪光点，充分利用其闪光点使他们认识到自己的长处与不足，激发他们的学习动机，激励他们不断进步。

重视中间生，加强竞争性。班级中的中间生是容易受到忽视的群体，常常批评沾不上边，表扬不够格，既不给班级增光，也不会给班级抹黑。无论纪律还是学习成绩，都没有大的起伏和波动。教师应积极发现中间生的优点，使其转化为优秀生。有很多教师采用一个中间生和一个优秀生搭配的方法，让优秀生带动中间生，使中间生尽快转化为优秀生。教师特别要掌握他们的心理特点，调动他们的积极因素，竭尽全力为他们搭建展现自己的平台。

4. 对教学的反思

教师的教学反思是教育反思的重要组成部分，可以促进教师教学水平的提升，提高教学效率。教师的教学反思已经成为我校教师教学中的一个重要内容和重要环节，各个学科的教师都积累了很多教学反思的材料和成果。

我校数学教师从以下几个方面对数学教学进行反思：一是对于使用的新教材，实施新教法的反思和体会。教师要转变自己的角色，重新认识自己在新课程教学中的作用和角色。二是对教学主体——学生的教学反思。要提高学生的兴趣。三是对教学过程的反思。教师要特别注意从学生已有的知识和经验出发，有针对性地设计教学目的、教学方法和教学过程，引导学生从已知推导出未知，不断获得新知识。四是对学生评价的反思，评价要关乎学生的全面发展，评价的角度应该是多角度、多维的。我校教师还构建了师生互动的初中数学反思模式，这种模式既重视教师的教学反思，也重视学生的学习反思。一是要求学生做好课堂简要摘记。二是指导学生掌握反思的方法：在解决问题中反思，掌握方法；在集体讨论中反思，形成概念；在回顾知识获取时反思，提炼思想；在分析解题方法中反思，体验优势；在寻找错误成因中反思，享受成功。三是从课后学生的学习情况的反思及作业情况的自我反思中加强反思能力培养。四是帮助学生提高反思效果。

我校教师的教学反思提高了教师的教学水平，提高了课堂教学效率，促进了教师专业发展。

责任心教育——为学校发展导航

"人人有才，人人成材"是我校的办学理念，也是我们这所普通学校办得不普通的重要原因，它从根本上是让每一个学生都取得成功。实践这一办学理念需要学校的教师和学生从不同的方面进行努力，德育就是其中的重要方面。近年来，我们从道德教育入手，重视和加强责任教育，使责任教育为每一个学生的成功导航，取得了明显的成效。

责任教育就是对学生进行以"责任"为核心的政治思想和品德教育，其目标是培养学生的责任意识，规范学生的责任行为，提高学生的责任能力，养成学生的责任习惯，也就是培养具有责任意识、关怀精神以及健全独立的人格、能够负起责任的人。我校在责任教育中注重责任文化的引领，构建以责任文化为目标的校园环境文化，以责任教育创新德育特色，学校管理中注重以责任为重，强调教师的责任，通过制度建设进行责任教育。通过责任教育为每一个学生的成功导航。

一、以责任文化引领责任教育

所谓责任，就是一个人分内应做的事，是应承担的职责、任务和使命，是对职责、任务和使命的确认与承诺。责任是一种文化，是我国优秀文化传统的内在核心。我国历来重视对年轻一代的责任教育，孔子的"当仁不让"，孟子的"舍我其谁"，张载的"为天地立心，为生民立命，为往圣继绝学，为万世开太平"，范仲淹的"先天下之忧而忧，后天下之乐而乐"，顾炎武的"天下兴亡，匹夫有责"，李大钊的"铁肩担道义"，都显示着先人对国家和社会的责任感。责任教育也体现了国际社会道德教育的主要方向。早在1972年，联合国教科文组织在《学会生存》报告中就确定教育发展的方向之一是使每个人承担起包括道德责任在内的一切责任；1989年该组织将"面向21世纪的教育"国际研讨会主题确定为"学会关心"，呼吁一种道德关心与道德责任。

开展责任教育更是我国社会转型与全球化发展的必然要求和社会发展需要。党中央十分重视精神文明建设，提出以德治国的方针，同时出台了《公民道德建设纲要》，在道德建设纲要的指引下，一个讲文明、讲诚信、讲责任的氛围正在形成。但不能否认的是，一些不负责任的现象在社会上还存在。当前中学生中存在的种种缺乏责任感的现象也说明了责任教育的紧迫性。

责任文化是文化教育的重要内容，是组织全体成员共同信奉并实践的以责任理念为核心的价值观。学校要进行责任教育首先要形成一种责任文化，通过责任文化引领学校的责任教育。中学生的责任教育是对其进行以"责任"为核心的素质教育，以唤醒他们的责任意识，激发他们的责任情感，培养他们履行责任的能力，帮助他们形成良好的责任行为。为此我校在养成教育初建成效的基础上，进一步对学生实施责任教育，倡导"爱己才能爱人，爱校才能爱家，爱父母才会爱国家、爱社会"的和谐校园新风尚，促进学生综合素质全面、和谐地发展。我校从学校和学生实际出发，从物质层面、行为层面、制度层面和精神层面建构责任文化，以此引领学校的责任教育。

第一，从物质层面构建责任文化，这是责任文化建设的表层部分，是由物化的知识力量构成的，是一种以物质形态为主要研究对象的表层组织文化，是人的物质生产活动及其产品的总和，是可感知的、具有物质实体的文化事物。物质层面的责任文化在学校中的体现就是学校校园内的环境布置，包括校园、走廊、办公室、教室等各个方面。物质层面的责任文化是学生在学校学习与生活所处的外在的物质环境，是学生每天都可以感知到的。不同的环境文化都会对学生产生潜移默化的影响。

我校积极创设特色的班级文化环境，尽量做到以育人为突破口，让每一个角落体现育人功能。不同的地方、不同的载体、不同的内容，几乎都有责任在无声说话。耳濡目染，责任就会定格在师生的心理，渐渐变成与责任相联系的行为。

第二，从行为层面构建责任文化，这是以人的行为为形态的责任文化，在学校中以动态的形式存在。行为文化是精神面貌和价值观的行为体现，在社会领域则表现在上下级之间以及成员之间的关系是否融洽，各个部门能否精诚合作，在工作时间、工作场所人们的脸上洋溢着热情、愉悦、舒畅还是正好相反，向客户提交产品是否按时和保证质量，对客户服务是否周到热情，工作目标是否得到群众拥护。在学校中，行为层面的责任文化主要是通过各种各样的活动来体现的，包括家庭、学校及社区内开展的各种丰富多彩的体现责任教育的德育活动。通过这些活动，既能增强学生对生活的体验和责任意识、责任能力，也有利于师生之间、学生之间、学校与社会之间融洽关系的形成。

第三，从制度层面构建责任文化，它规定责任主体在哪些情况下必须负责任以及如何负责任，由组织在实践中建立的各种规范构成，主要是指对组织和成员的行为产生规范性、约束性影响的部分，是具有组织特色的各种规章制度、道德规范和成员行为准则的总和，包括社会经济制度、婚姻制度、家族制度、政治法律制度等。学校中责任文化的制度层面就是学校在实施责任教育中制订的各种规章制度和规范，这些规章制度和规范一般都会明确师生的权利和义务，是需要教师和学生共同遵守的。学校只有在一定的规则和制度约束下才能有效地开展各种责任教育活动，每个人在活动中才能充分行使自己的权利，也能切实履行好各自的义务，以实现责任教育的目的。

依据责任教育五级管理的目标，我们将责任教育的目标组合，形成三个层次责任目标，即学生的责任、孩子的责任、公民的责任，同时在设立三个层次责任教育目标的基础上，围绕提高学生责任意识这个核心，在确定责任能力、责任行为、责任情感、责任品格四个纬度的基础上，提出《责任行为100问》，实现了提高学生责任意识迁移到影响其精神体验与生活的实践。在此责任教育实践框架结构的基础上，学校德育梳理出年级特色活动主线，形成新形势下新的德育工作序列化，即：起始年级为规则教育，养成良好的学习和行为习惯，学会生活；中间年级为生命教育，树立珍爱生命和环保节约意识，学会尊重；毕业年级为公民教育，了解国情懂得报国与感恩，学会生存。坚持学校德育工作在"实、严、细、恒"四字上下工夫，提高德育工作的针对性、实效性。根据德育序列主线，学校又努力将爱国主义、社会主义、革命传统教育与《中学生守则》《中学生日常行为规范》进行融合，编写了《塘沽十五中责任教育读本》，这已经成为了我校实施责任教育的校本教材。

第四，从精神层面构建责任文化，这是责任文化的深层部分，是责任文化的核心和灵魂。它指的是一个组织在长期实践中所形成的组织成员关于责任理念的群体心理定势和价值取向，反映组织全体成员的共同追求和共同认识。学校责任文化的精神层面主要指的是学校的一些核心价值观，它与学校整体的办学理念、校风、教风、学风息息相关，体现的是学校师生共同的价值追求。

二、以责任文化为目标的校园环境文化

我校把加强校园文化建设当做学校落实育人目标、贯彻办学理念、传播社会主义精神文明建设的重要途径，同时注重创建特色，提升校园文化品位。为了加强校园文化建设，自2007年暑假起，学校专门成立了"校园文化研究室"，负责学校外部环境的文化建设和学校的文化宣传工作。"校园文化研究室"自成立以来，有组织、有步骤地进行校园文化建设，把学校的环境文化建设作为校园文化建设的突破口，从学校外部环境和班级环境两个方面构建以责任文化为目标的校园环

境文化，在学校环境文化中突出责任教育，从而深化了"人人有才，人人成材"的办学理念和"科研兴校、名师强校、质量立校"的办学思路，有力地推动了学校的校园文化建设。

1. 学校外部环境文化建设突出责任教育

学校是一个育人的场所，是师生共同生活的场所，应该拥有浓厚的文化气息。学校要充满着这样的文化气息和道德熏陶氛围，就要充分利用自身的校园文化加强教师和学生的修养，让学生从各种特色活动中见精神，并最终形成独特的校园文化。

苏联著名教育家苏霍姆林斯基曾经说过：物质文化建设是校园文化建设的重要组成部分，健康优美的校园环境就像是一部立体的、多彩的、富有吸引力的教科书，它有利于陶冶学生的情操、美化心灵、激发情感、启迪智慧，也有利于学生素质的提高。从社会学角度来说，校园文化能规范学校成员的思想行为，赋予学校以活力，进而促进整个社会文化的发展。从文学角度看，校园文化既是物质的，也是精神的，既包括科学知识，也包括审美、娱乐等文化知识；既包括课堂学习，也包括课余活动。从学校自身来说，教育不单纯是一种知识的简单传授，还有文化气质、道德风貌、人文环境、科学氛围等等。这是一个朴实、和谐、统一的有机体，仅仅依靠知识的传授是很难达到的。所以需要通过校园文化发挥这种潜移默化的作用，达到教育的效果。

为此我们紧紧围绕"责任"这一主题，充分利用学校现有的空间，精心布置校园环境设施，为学生的成长创造优良的物质环境。在学校的外部环境文化建设上，我校校园文化课题组和德育处结合学生实际，经过深思熟虑，精心挖掘和提炼教育内容，通过无数次的改稿和校稿后，以"责任教育"为主题，从整体上精心布置校园环境设施，形成了三个教育区域和墙面教育。其中第二个教育区域为"责任教育基地"，在这个区域集中突出责任教育主题。并配合责任基地建设制作大型的宣传展牌，置于学校的醒目位置，命名为"责任教育长廊"。它包括：引领篇、希望篇、孝敬篇、哲理篇、行为篇、励志篇、读书篇、毅力篇、爱家篇、爱校篇、爱国篇等30块展牌，在展牌中明确提出责任教育的要求与做法，既对学生进行耳濡目染的熏陶，也成为校园中一道亮丽的风景。为了能让"责任教育长廊"充分发挥作用，学校通过校讲解员小组，利用班校会的时间对学生进行讲解，力求让静态的宣传展牌通过学生举办的活动流动起来。

以下为我校责任教育展牌框架：

责任——我成长 我负责

引领篇——足迹

1. 足迹

第一篇——希望篇（厚望所归，不辱使命）

2. 毛泽东寄予青年人的希望

3. 校长的希望：今天你们因学校而自豪，明天学校因你们而骄傲

4. 家长寄语

第二篇——孝敬篇（茁壮成长，从孝做起）

5. 黄香温席

6. 杨继盛不忘恩师

7. 我为母亲洗脚

第三篇——哲理篇（体会哲理，开启智慧）

8. 穿越撒哈拉

9. 智慧能赢得财产但无法用财产换来智慧

10. 帮助别人就是帮助自己

第四篇——行为篇（规范行为，完善自我）

11. 站、坐、走的要求

12. 说的要求

13. 听的要求

14. 问的要求

第五篇——励志篇（同学少年，励志成材）

15. 毛泽东少时读书

16. 周恩来为中华之崛起而读书

第六篇——读书篇（人类进步，书是阶梯）

17. 小学毕业的博士

18. 书使我明理

19. 优秀书籍必读（一）《红岩》

20. 优秀书籍必读（二）《钢铁是怎样炼成的》

21. 读书方法介绍

第七篇——毅力篇（小中见大，贵在坚持）

22. 柏拉图的坚持

为了使学校的文化氛围更为浓厚，就要让学校的每个角落都会"说话"，每一面墙壁、每一个角落都具有教育意义，让校园文化的隐性教育功能得到充分发挥。因此我们在教学楼的墙壁上通过不同的形式张贴催人奋进的名言，时时激励学生积极进取。楼道中的名人画像，教室内的黑板报和名人名言，水房中的节水标语，草坪内的警示牌等，内容也十分丰富，具有深刻的教育意义，充分发挥了校园文化的熏陶作用。

我校通过建设学校外部环境文化，使学生处处受到知识和文化的浸染，在潜移默化中增长了见识，明白了事理，提升了责任。比如，有一位学生在心得中这样写道："塘沽十五中啊！你是那美丽的知识殿堂。文明之火从你这里点燃，幸福之花在你这里绽放。我们在你的怀里感受着：希望之光，照亮我们夜行的路；孝敬之礼，唤醒我们感恩的心；哲理名篇，鼓励我们走上成功的路；行为典范，彰显我们做人的尊严；励志勃发，激活我们求知的心；读古论今，探索我们好奇的疑惑；毅力恒心，打败我们身边的挫折；爱家敬校，画出我们人生美丽的感叹号！你点点滴滴的教诲，我们铭刻于心，放心吧！我们会让十五中因我们这些莘莘学子而感到骄傲的！"

2. 班级环境文化建设培养有责任心的人

班级文化环境是校园文化环境的重要组成部分，良好的班级文化环境体现着丰富的育人功能。在很多情况下学校的校园环境建设并不能保证每一个学生的充分参与,但由于班级是每个学生学习与生活的具体场所,每个学生都或多或少、有意识或无意识地参与班级文化建设,所以和校园环境建设相比,班级环境文化建设往往能够保障每个学生都参与其中,使每个学生在自己的班级环境建设中发挥不同的作用。

我校的班级文化环境成为责任教育的重要载体,通过班级文化建设使学生成为有责任心的人。在我校,班级文化建设最基本的也是最表层的就是教室的环境布置。通过每个学生的亲身参与,班级环境建设真正回归学生的生活世界,使教室成为了丰富学生课余生活和反映学生成长、精神面貌的空间,而不是仅仅局限于张贴名人名言、宣传画片和学校的各种规章制度等班级生活世界之外的文化产品。

各班都形成了一种"事事有人做,人人有事做"的氛围,这就有利于激发学生对集体的热爱,增强集体责任感和荣誉感。校园文化是社会主义精神文明在学校的体现,是一所学校独特的精神面貌,是学生成长和教师发展的生态环境,是无声的课程。我们打造特色校园文化,就是为了凸现环境育人的优势,也进一步增强德育教育的实效性,这体现了"人人有才,人人成材"的办学理念。

三、构建三结合德育模式,以责任教育创德育特色

责任是学校发展的灵魂,也是学校最有价值最有品位的文化建设载体,我们在责任教育中努力挖掘着它的内涵,全力拓展着它的外延。我们深知中学生责任感的形成不是一个简单的说理和教育过程,它是在家庭生活中,在参与集体和社会活动中,在人际交往的基础上,在主客观多种因素的共同作用下逐步形成与发展起来的,是一项由学校、家庭和社会三方共同参与的,从责任认知、责任情感和责任行为等诸方面齐抓共管的育人系统工程。因此,我校积极构建学校、家庭、社会三结合德育工作模式,积极推进与家庭、社区的联系,建立以学校教育为中心,家庭教育为基点,社会教育为依托的德育管理、教育网络,发挥学校的主导作用,努力得到家庭、社会、社区的支持,将责任教育贯穿于学校、家庭、社会教育的始终,使学校真正成为德育的主阵地,家庭成为德育的加油站,社区成为德育的大舞台。

1. 加强学校的责任教育文化建设,使学校真正成为德育的主阵地

(1)建立责任教育实践的框架体系,德育工作序列化

在现实生活中,学生行为的一点一滴都可以折射出其道德责任状况,同时责任教育涉及学校教育的方方面面和不同的层次,无论在理论上还是在实践中都非常复杂,需要学校进行整体、统一的考虑和部署,而不能零敲碎打地开展一些教育活动。我校高度重视以"责任"为核心的道德教育,建立了责任教育实践的框

架体系，德育工作逐步系列化。

在我区"责任教育"课题的引领下，我校依据责任教育五级管理的目标，将责任教育的目标重新组合，形成了三个层次的目标序列：学生的责任、孩子的责任、公民的责任，这三个层次涉及学校、家庭和社会三个方面。同时在这三个层次责任教育目标的基础上，紧紧围绕提高学生责任意识这个核心，确定了责任能力、责任行为、责任情感、责任品格四个维度，在此基础上制订了《责任行为100问》，提高了学生的责任意识，并将学生的这种责任意识迁移到影响其精神体验与生活的各种实践中，这样就形成了责任教育的实践框架结构。在责任教育实践框架体系的基础上，学校德育梳理出年级特色活动主线，各年级要求逐步提高，德育层次逐步递进，使新形势下的德育工作序列化。这种序列化具体来说就是在起始年级主要进行规则教育，包括培养学生养成良好的学习和行为习惯，学会生活；在中间年级主要进行生命教育，使学生树立珍爱生命和环保节约意识，学会相互尊重；在毕业年级主要进行公民教育，使学生了解国情并懂得报国与感恩，学会生存。学校的德育工作坚持在"实、严、细、恒"四字上下工夫，提高了德育工作的针对性与实效性。学校根据德育序列主线，又努力将爱国主义、社会主义、革命传统教育与《中学生守则》《中学生日常行为规范》进行融合，编写了《塘沽十五中责任教育读本》，该读本已经成为了我校实施责任教育的校本教材，也是我校责任教育系列化的重要体现。

（2）在课堂教学中适时开展责任教育

教学是学校的中心工作，在课堂教学中特别是学科教学中开展责任教育是一条重要的途径。例如美国的中小学就普遍开设"社会课"课程，责任教育最重要的课程就是其中的"公民学"。在课程教学中，一般采取由简到繁、由浅入深、层层递进、广泛正面教育的方式。在责任教育中不仅重视责任知识的传授，更强调责任能力的培养和责任行为的训练，重视理论学习和实践活动的统一。我校注重以责任教育为载体，以学科德育渗透为重要途径，培养学生的责任意识，形成学生良好的道德品质。

课堂教学是进行责任教育的重要渠道，学生通过课堂教学接受系统的科学知识，同时形成科学的世界观、人生观和价值观。我校注重课堂教学中的德育渗透，教师在制订教学目标时要遵照新课程理念的要求，从三个维度进行设计和教学，即知识与能力的培养，事物发展过程的展现和方法的传授，培养学生的情感、态度、价值观。教师在各学科教学中根据教学内容和学生的思想实际，确定责任教育目标、内容和重点，并通过恰当的教学方法，在充分尊重学生自主性和主体性的基础上，充分挖掘教材中所蕴含的责任感教育内容，向学生科学地分析和解释人生的责任，说明人为什么具有这样的责任，为什么应当履行这样的责任，怎样履行责任，等等。教师在讲解中因势利导，循循善诱，以情动人，激起学生的情感共鸣，促进学生的道德情感向良好的方向发展。课堂教学环境得以优化，教师们在传授知识、教给学生能力的同时，注重学生品德的形成，课堂教学围绕教学内容始终把德育放在首位，充分发挥学生的主体作用，建立民主和谐的师生关系，加强师生情感交流，培养学生适应社会发展的道德观念。

在历史课堂教学中，丰富的人物个性和生动的历史资料，为责任教育创设了良好的环境，铺设了宽敞的平台。教师可以根据学生善于模仿和可塑性的心理特点，利用人物成长过程和英雄事迹，尤其是通过正反人物的对比，对学生进行思想品德的陶冶和责任意识的教育。通过对历史史实和情景的再现，使学生从不同的角度观察和感受历史，对于增强他们的责任感和使命感都起到了潜移默化的作用。语文教材中也有很多蕴含责任教育的文章，是教师对学生进行责任教育、培养学生责任意识的重要资源。我国在数学上也有巨大的成就，在数学教学中教师可以紧紧围绕教学内容，穿插一些我国的数学发展史，使学生进一步了解祖国的历史成就，从中受到良好的爱国主义教育，激发学生的爱国责任感和民族自豪感。

（3）开展丰富多彩的责任体验活动，形成责任行为

在中学生中进行责任教育，必须循序渐进、不断渗透，把抽象的责任意识通过具体形象的形式展现出来，让学生置身其中，感悟和体验，使他们内心深处产生震撼，才能够达到责任教育的目的。也就是说责任教育需要学生通过自主的体验和感悟来达到教育目的。责任教育应为学生提供丰富多彩的自主选择和主动参与活动的机会，正如黑格尔所说：人的决心是他自己的活动，是本于他的自由做出的，并且是他的责任。活动是自由与责任的落脚点。责任本身就产生并存在于实际的人际交往中，个体只有通过多种合作与交往活动，才能切实感受到自己所担负的道义上的责任，从而萌生责任动机，履行自己的职责。生动有趣的活动也是学生感悟的载体，学生在一次活动中所获得的道德体验，往往是千万次说教都难以收到的效果。我校牢牢把握"学会负责，做合格公民"这一责任育人的支点，通过开展丰富多彩的责任体验活动实施"责任教育"，逐步培养学生的公民意识。让学生在活动中明白，自己不仅仅是一名学生，而且是一名公民。从教育学上讲，学校的一切活动都是为了教育人的。我们认为每项活动除具有本体功能外，都具有育人功能。因此我们拓展德育活动空间，寓责任教育于主题教育、体验活动中，通过多种多样的实践体验活动增强学生的责任意识。

　　学校在全校师生中开展了"我成长我负责，我与滨海新区同发展"的责任教育系列主题活动，在学生中开展"中学生应树立怎样的责任意识"大讨论活动，开展以"五尊、五不、五远离"为主题的手抄报和漫画制作活动。形式多样的主题活动往往能够从学生的实际出发，贴近学生的生活，大多数学生都能参与进来，学生能够从学校和班级的主题活动中受到潜移默化的责任教育。学校通过开展多种多样的主题活动，如演讲会、联谊会、知识竞赛、征文比赛、文化沙龙等，定期举办校园科技节、艺术节和体育节，使学生在活动中得到教育和熏陶，促进师生对学校精神的理解和传承。以广播操、武术操推广和国旗班的扩大为突破口，对学生进行生活、健体、行为、学习等良好习惯养成教育，提高学生的思想、文化和身体素质，从而提高了学生的责任能力。

　　学校两操（广播操、武术操）是参与人数最多、活动最频繁、最有规律的大型集体活动，其教育的社会助长效应是显而易见的。因此，我校以"两操"活动为德育工作的切入点，提出快、静、齐、全，横、竖、斜均成线的上操要求。学校领导非常重视广播操的质量，把它列为年度的重点工作目标，通过广播操的规范有序来促进学校的德育工作。在广播操的练习中，主要训练学生的距离感，增强"量距定位"的意识。学校成立检查小组，对各班做操、队列的质量进行量化评比，每月评出"红旗班"，发放流动红旗，并将评比结果纳入"规范示范班"的评选之中，这大大激发了各班练习的积极性。每天都能看到一些班级在操场上练习队列和广播操，学校还进行了广播操比赛。天津电视台记者对我校的广播操的质量和学生的精神面貌，给予了高度的评价。两操活动，不仅强健了学生的体魄，还强化了学生的团队意识。这种团队意识，不仅在两操中发挥了作用，而且也在自习课、午会纪律等方面见到了成效。

　　学校为进一步落实责任教育，增强学生爱国情感，选拔了由 36 名优秀学生组成的学校国旗班。由国旗班升旗，升旗时统一着装，从出旗到升旗整个过程，包括音乐和队形的变化，都模仿北京天安门广场的升旗仪式。每次升旗都能体现出对国旗的崇高信仰，激起学生的爱国情感和民族自强不息的精神。经过严格训练，我校国旗班升旗形成一大特色，也成为一大亮点，这一形式的展现激发了师生内心理想和责任的涌动，成为一股内驱力，使教与学形成良性循环。每次升旗仪式也吸引了辖区群众和路人的观看，使群众和路人不自觉地也受到爱国主义教育，既展示了学校教育的主渠道，也教育了学生爱家乡、爱祖国，继而激发他们努力学习的热情。丰富多彩的校园文体活动，促进了学生的身心全面和谐发展，形成了浓郁的文化艺术氛围，促进了学生良好品质的形成。

除此之外，我们不断探索德育工作可操作性的管理方法，避免德育活动的假大空、大而全，尽量使德育活动小一点，近一点，贴近学生生活。学生自己开展喜闻乐见的活动，如组建科技组、英语社团、文联社、形体社等20多个社团小组，也给学生开辟了广阔的自主选择的天地。我们将责任教育融入这些文艺、体育、科技等方面的比赛，每个同学都能在自己喜欢的比赛中展现自己的才能，发挥自己的作用，行使自己的权利，履行自己的责任，增强了德育教育的实效性。

（4）开发责任教育校本教材

多年来我们紧紧抓住活动育人，拓展德育活动空间，寓责任教育于主题教育、体验教育之中，责任教育成为我校的德育特色，取得了丰富的实践经验，提高了责任教育的实效性。我校教师认真总结这些实践经验，积极吸收和借鉴教育理论和课程理论，编写了责任教育校本教材。我校责任教育的突出特点不是用简单的理论灌输和单纯向学生讲原理、大道理，而是用学生喜闻乐见的、浅显易懂的小故事进行责任教育，这些小故事有的来自于名人的成长经历和突出事迹，有的来源于学生的现实生活，学生读起来比较亲切，也容易接受。所以这些校本教材也多是通过一些小故事向学生讲明深刻的道理。学校自编的校本教材有《责任教育读本》《责任教育100问》。《责任教育读本》共分为10大篇章——希望篇、孝敬篇、哲理篇、行为篇、读书篇、毅力篇、励志篇、爱家篇、爱校篇、爱国篇，包括了责任教育的各个方面；《责任教育100问》总共设计了包括学生的责任、孩子的责任和公民的责任在内的100个问题和责任行为跟踪反馈表，跟踪反馈表包括自评和他评两个部分，他评分别由家长、教师、家长或邻居填写。学生的责任包括爱校的责任、爱班的责任和学习的责任，考察的是学生在校的表现情况；孩子的责任包括孝敬父母的责任、承担家务的责任和自己的责任，体现的是学生在家庭中的表现；公民的责任包括公共场所的责任、社区的责任和乘车时的交通安全责任，体现的是学生在社区和社会上的表现。从此学校德育工作有了自己的校本教材。学校还根据校本教材制作了大型责任教育宣传展牌，命名为"责任教育长廊"，成立了责任教育讲解团，明确提出了责任教育的要求与做法，对学生进行耳濡目染的熏陶。

责任行为100问

一、孩子的责任部分

1. 未成年人肩负的三大责任是什么？

2. 你父母的生日是何年月日，他们的属相分别是什么？

3. 父母的生日你是怎样表达的?

4. 你能经常与父母进行语言交流吗?

5. 请你讲述一个为父母解忧的事。

6. 父母出行你为他们能做些什么?

7. 若父母生病了,你应该怎么做?

8. 你能做到每天给父母倒一杯水吗?

9. 当你在家中吃水果时,你怎么做的?

10. 与父母同桌吃饭时,你给父母夹过菜吗?

11. 你能给父母洗一次脚吗?

12. 你每天出门前、回家后与父母打招呼吗?

13. 平日与父母交谈时,是否能用"您"字?

14. 你能在父母面前大胆的承认错误吗?

15. 对待父母的批评你有顶撞行为吗?

16. 与父母发生矛盾时,你有意识调节吗?说一说你的调解方法。

17. 认为父母做事不妥时,你能发表意见吗?

18. 谈一谈你是如何孝敬爷爷、奶奶、姥姥、姥爷的?你能公平地善待这四位老人吗?

19. 在父母面前,你有说谎的时候吗?若有,事后什么感觉?

20. 做某件事情需要钱,有没有向父母多要钱的时候?

21. 你认为父母娇惯你吗?若娇惯你如何看待这件事情?

22. 你每天收拾屋子吗?都做了些什么?

23. 吃过晚饭,你应干些什么?

24. 父母做饭时,你在干什么?请自省一下对错。

25. 你能主动替父母买东西吗?

26. 你如何与邻居长辈相处?

27. 你能与邻里孩子谦让相处吗?

28. 家里的设施出了问题,你有什么办法?举例说明。

29. 生活中,你可以从哪些方面节省?

30. 到商场买衣服,你考虑到什么?

31. 你如何使用压岁钱?

32. 你认为常吃零食有什么不好?

33. 自己的衣服脏了谁来洗,请发表自己的看法?

34. 对自己的物品有很好的归置吗？

35. 有客人在家中，说说你的礼节。

二、学生的责任部分

36. 说说自己每天的作息时间。

37. 你能注重自己的仪表吗？

38. 你认为学生应该是什么装束？

39. 升国旗时你对自己有什么要求？

40. 你爱护学校的花草树木吗？

41. 你爱护学校的桌椅吗？有没有乱写乱画行为？

42. 你有节水、节电的意识吗？说说你是怎么做的。

43. 你能认真履行每周的卫生值日吗？

44. 若清晨下了一场大雪，你有什么意识？

45. 问问自己有没有破坏学校环境卫生行为？

46. 有人未经允许乱动实验仪器、电教设备，你持什么态度？

47. 楼道开关、班牌、宣传牌等设施，你是否触摸过？说说你的想法。

48. 你对上学、上课、开会迟到怎么看？

49. 你的学习目标是什么？

50. 你的人生理想是什么？

51. 怎样做才是课上专心听讲？

52. 你能独立完成作业吗？当作业有问题时怎么办？

53. 谈一谈你对抄作业现象的看法？

54. 你有预习的习惯吗？你是如何预习的？

55. 作业、试卷批改后有问题，你怎样对待？

56. 课上是否积极回答问题？

57. 课下是否愿意探索疑难问题？

58. 你愿意与同学合作学习吗？为什么？

59. 每节课老师讲了多少知识，你心中有数吗？没听懂怎么办？

60. 每逢阶段性考试前，你能归纳每一学科的知识吗？

61. 你喜欢看书吗？经常看哪类书籍？

62. 你喜欢看知识性的电视节目吗？平时都看哪些电视节目？

63. 同学中，你的榜样是谁？你为什么佩服他？

64. 哪位老师对你的影响非常大？为什么？

65. 说一说你是怎样尊敬老师的?

66. 你能从心里服从老师的教育吗? 若不能说说为什么。

67. 你的班有多少人? 男女同学各是多少?

68. 你在班里负责什么工作,是如何履行职责的?

69. 你能积极主动参加班级活动吗?

70. 谈一谈你对集体观念的理解?

71. 为班集体争荣誉,你做了哪些贡献?

72. 团结同学,你从哪些方面去做?

73. 假如你与同学发生了矛盾,你认为应该怎样处理呢? (可举实例)

74. 在没有老师的监督下,你能自觉遵守纪律吗?

75. 你对上课随便说话的问题如何看待?

76. 你每天向家长讲述在校学习生活吗?

77. 你认真读过《中学生守则》和《中学生日常行为规范》吗?

78. 简单的站姿对你有多重要,说说看。

79. 端庄的坐姿给你什么益处?

80. 精神的行走姿势,给你带来什么感受?

三、公民的责任部分

81. 你是怎样做一名文明观众的?

82. 你有随地吐痰的坏习惯吗? 若有如何克服?

83. 吃完口香糖吐在地上,你有什么感觉?

84. 当你看到别人把废弃物扔在地上时,你有什么想法?

85. 拥挤中踩了别人的脚怎么办?

86. 你认为哪些行为是损坏公共设施的行为?

87. 楼道、院落脏了,你有什么想法或做法?

88. 说一说你曾助人为乐的事。

89. 你参与过哪些社会活动?

90. 你能遵守社区的相关规定吗?

91. 你能很好地维护社区的卫生吗?

92. 做事你能守时有信吗?

93. 你对踩踏公共绿地有什么想法?

94. 校门前两侧绿地,上学、放学、买饭时,你是否有踩踏行为? 若有如何避免?

95. 什么是乘车有序？

96. 乘车时你有让座的意识吗？你给老弱病残让过座位吗？

97. 行走在马路上，你有意识走人行道，横过马路走斑马线吗？

98. 骑车走自行车道，你做到了吗？

99. 路口处不闯红灯，你是 100% 做到了吗？

100. 面对当前社会有些人不敢扶起路边摔倒的老人的现象，你有什么想法？

2. 责任教育与养成教育相结合，夯实德育基础

我校的德育工作坚持以养成教育为切入点，把养成教育与责任教育相结合，在关注细节中让学生养成责任行为习惯。学校常规德育管理坚持抓实抓细，抓固抓牢。学校十分重视学生养成教育中学习习惯、行为习惯的形成，着力落实《中学生守则》《中学生日常行为规范》的要求。在实际工作中注意做到"五化"，即：实施程序化、形式多样化、榜样示范化、环境育人化、教育网络化，即通过对学生有目的、有计划、有组织的教育训练活动，使学生人人举止文明，各个行为规范。

我校学生的广播操体现了学校养成教育的具体要求，也是学校进行养成教育的重要成果。学校把全面提高学生广播操水平作为学校一项重点工作，确定了横、竖、斜见线，动作规范，质量高的奋斗目标。依据目标要求在管理过程中做到"实、细、恒"，以这三个字为抓手，达到定面的目的。"实"就是培养学生距离感。我们确定了每生之间 2 米的间距，第一步每人准备 2 米线绳，四面拉直，"量矩定位"提高认识能力，第二步是取消线绳站在标志点上，然后逐步取消标志点。经过一段时间的专门训练，学生就会形成习惯，站立位置准确。带操老师要求严格，动作要领要求一致，行政领导进班查操起到了保障作用。"细"主要是指在学生广播操过程中的有效督促，从位置表上就能了解到每位学生的动作是否到位，以便进行及时纠正，弥补不足，解决了学生在理解、掌握态度上的差异。"恒"就是把学校的广播操作为一项常规性工作，对学生进行严格训练，通过学校的广播操对学生进行养成教育。全体教师都要有明确的认识，充分认识到学校的广播操对学生养成教育的重要性，各项评比都要和此项工作挂钩。

经过长期深入的思想教育和严格的考核管理，我校学生日常行为规范养成教育和中学生守则教育都已取得较大成绩。现在的塘沽十五中，校园环境干净整洁，学生遵规守纪，讲文明懂礼貌，学生的良好风貌赢得了辖区的好评。

3. 强化法制教育，实现安全责任教育

学校领导始终把安全法制教育和交通安全教育放在重要地位，成立了安全法制教育和交通安全教育工作领导小组，专门聘请了法制副校长，邀请派出所干警到学校上法制课，法制副校长和交警三中队定期来学校进行法制宣传讲座和交通安全知识讲座，加强学生的法制教育。学校定期组织教师学习"三法一办"（《义务教育法》《未成年人保护法》《预防未成年人犯罪法》和《学生伤害处理办法》），定期对学生进行集中安全法制教育，开展学生法制手抄报的评比活动。

学校十分重视学生的安全责任教育。学校开展了"交通文明小卫士"活动，小卫士在校门口和周边路口执勤，劝导学生不要在校门口聚集，指挥接送孩子的家长在接送线以外有秩序地等候，协助交警指挥疏导交通，保证同学们上学和回家途中的安全。同时抓好交通法规的学习与宣传。为了使学生明确交通安全与自身的密切关系，学校组织学生参观交通事故图片展；组织学生在主要路口参加和交警一起站岗执勤的社会实践；还在一些小区设立"交通安全宣传点"，热情为群众宣传交通法规和交通知识。值勤队伍还在学生上学与放学时间加强巡视，有效防止学生与不良青年接触，减少学生误交损友的机会，防止学生被坏人利诱、利用陷入违法犯罪的泥坑。同学们经过亲身实践和体验，受到很大的启发，有同学深有感触地说："以前不知道遵守交通规则的重要，总是掉以轻心，我行我素，现在才知道行车走路不能疏忽于一时，否则会后悔一生。"

二、将责任教育文化延伸到家庭，使家庭成为德育的加油站

简单来讲，思想品德教育就是把社会道德转化为学生个体思想品德，并使学生的思想品德社会化的过程，这种转化过程从孩子一出生就在家庭中潜移默化地进行了。在现代社会中，家庭教育对学校教育的影响越来越大，如果教师的道德评价与家庭道德标准脱节，就会造成"学校一套，家庭一套"的情况，使学生无所适从。因此，我们必须高度重视家庭教育问题，要求家长积极配合学校教育，努力做好家庭教育工作，让家庭成为德育的加油站，使家庭教育与学校教育一致，共同形成责任教育的合力。

1. 开发家庭教育资源，家校共建形成合力

家庭是学生成长的重要场所，对孩子身心各方面的成长都具有非常重要的影响。可以说，每个特殊的学生背后，都有一个特殊的家庭。一个真正成功的人、对社会有用的人必定是一个能够并且勇于承担责任的人。父母是孩子的第一任教师，父母的生活习惯、兴趣爱好、个性特征对学生的成长影响是极大的，家长本身应该做好学生的榜样。所以，在责任文化建设过程中，我们有意识地将责任文化渗透到家庭教育中，努力将责任文化由学校向家庭延伸。

我们将责任教育的目标细化为学生的责任、孩子的责任、公民的责任，通过家长会、致家长一封信的形式，将这一标准讲给每一个家庭，要求每一个家庭再对照标准，在每天的家庭生活中落实责任。家长围绕"责任文化"对自己的孩子做出正确的评价，学校则进行优秀责任家长的评选活动，在这个评选的过程中，家长们能够更加深入地明晓自己的责任，从而将责任意识深深地根植于他们的心里。家长与老师一道对孩子进行责任教育，形成一个家校合一的教育体系，教育的效果成倍或数倍增加。同时，在家校合作进行德育教育的过程中，家长的素质也得到明显提高。各种评选活动的目的不在结果，而在过程，评选的过程也是家长学习"责任"、内化"责任"的过程。

2. 开展家校活动，活动促发展，发展促提升

开展形式多样的家校活动是促进家庭和睦、学校发展的又一个重要举措。家长要配合学校有意识地培养学生的责任意识和责任感，不能一味的溺爱孩子，比如应该让孩子多参加家务劳动，使孩子不仅能够在参与劳动体会到父母养育子女付出的艰辛，而且知道感恩父母，懂得孝敬父母，成为知道关心人、会关心人的好孩子、好学生、好公民。但在现实中很多家长或是由于工作太忙，或是认识上的局限，或是教育理论知识的欠缺，不知道应该让学生参与什么样的活动，或者认为责任教育主要是学校的事情，不能担负起在家庭中开展责任活动的任务。家校活动能让学生和家长积极参与到活动中，并在活动中增加家长对子女的感情和理解，配合学校做好教育工作，积累教育子女的经验；而作为子女在家校活动中能有更多的机会体会到家长的辛苦，从而使家庭关系更加和谐。为此，学校成立了家长委员会研究探讨学校发展大计，分校级、年级、班级三个层次开展活动。学校德育处还认真组织班主任做好家访（走访）工作，同时通过家校通平台高速高效地与家长交流沟通，推进了家庭教育工作，也促进了家长对学生的教育理念的更新，因人施教的水平也有所提高。

学校利用各种教育契机，开展丰富多样的主题式家校活动。第一，开展感恩父母活动。让学生每人写一篇"我是怎样长大的"征文，让他们知道，父母在他们的成长过程中付出了怎样的心血，父母把他们养大是多么的不容易，应该理解父母的苦心与爱心。布置爱心家庭作业，送父母一句温馨的祝福；给父母讲一个开心的故事；父母过生日，赠送亲手制作的礼物；给父母捶捶背、洗洗脚；为家里做四件家务：打扫卫生、叠被子、洗碗、洗衣服。在母亲节时，我们在学生中开展"妈妈，我想对您说……"的征文比赛，以及"对母亲说一句祝福语""帮母亲做一件家务""为母亲做一道可口的饭菜""给母亲洗一次脚"的"四个一"

活动。开展以"爸爸、妈妈，你们辛苦了"为主题的一封家书活动，要求每一位在校学生以此为主题，给父母写一封家信。从这些感恩父母的学生征文中，我们发现许多学生由对父母的呵斥变为对父母的理解，从家务劳动中体会到父母的操劳，从为父母做饭洗脚中体会父母博大的爱。第二，家长开放日活动。学校每学期都要规定时间向家长开放，便于家长了解学生在校的学习和生活状况，加强与班主任的沟通。让更多的家长了解、理解与支持学校教育，营造有利于推进教育的良好氛围。开放日中家长深入课堂，透彻地了解教育理念。家长听课后都要填写《家长观摩课堂》反馈表，针对反馈意见分别与年级组长、教研组长及有关老师进行沟通，校领导进行点评总结，促进教育教学更上一个台阶。第三，开展亲子活动。为使家长贴近学生，理解班级的教育重点，学校要求各班根据本班特点开展亲子活动。有的班级邀请家长参与本班的主题班会课，与学生一起互动，活动结束后，家长与学生拥抱在一起，场面感人；还有的是拍摄短片或者利用录音机录制家长对孩子的期望。这些活动拉近了父子与母子之间的关系，为教育扫除了障碍，提供了教育软实力。第四，充分利用网络优势，构筑家校交流平台，铺设家校沟通的快速路——家校通。为了更快更及时与家长建立联系，学校开通了"家校通"信息平台，真正构筑了一条家校沟通的快速通道，有效地促进了家庭—学校合作。第五，开展"爱生月"家访活动。对于那些有心理问题、学习有困难的学生，学校提倡老师们走进学生家庭，倾注所有的爱心和温暖，唤醒学生的自信心，增强他们的责任意识。

形式多样、气氛活跃、情理交融、内容实在的互动活动，以学生和家长为主体，以趣味活动为载体，提高了家长和孩子相互关心的程度和互相合作的能力，使学生学会了感恩，培养了爱心。参与活动的家庭体验到了全面发展对学生一生成长的作用，家长普遍认为应更注重孩子的身体、心理、智力、语言、沟通等方面的关注，推行了正确的家庭教育方法，家长的观念得到更新，素质得到提高。有家长在交流中这样写道："逐渐成熟的女儿，整个人都好像变了，变成了一个小大人！以前的坏毛病变成现在的好习惯；以前的一个小小的举动，升华为无限遐想；以前的乖乖女成长为一个豁达、乐观、追求进取的优秀学生……总之，从每一个细节或动作，都可以看出女儿长大了，这都要归功于学校，学校为家长提供交流、学习的平台，让我们这些不懂教育的家长在学习之后，能够从容地应对家庭教育中出现的棘手问题。解决问题的过程，成了我与孩子增进感情的过程。作为家长，对学校表示衷心感谢！"

三、将责任文化拓展到社区，使社区成为责任教育的大舞台

社会教育是家庭教育、学校教育的延伸和有力补充，对学生的终身发展都有重要的影响。随着信息化社会的到来，对青少年的教育单靠学校、家庭两方面有时会显得苍白无力，学校、社会、家庭在育人上应以社区为结合点形成教育合力，才能提高育人的效果。面对新时期、新形势，中学生的德育教育应引导学生走向社会、了解社会和正确认识社会。因此，必须抓好德育基地的建设，努力为学生创造开展活动的广阔天地，让学生在环境刺激和激发中参加丰富多彩的社区实践体验活动。通过学生的主动参与，使德育目标得到内化，从而使他们获得亲身参与研究探索的经验，培养发现问题和解决问题的能力，培养对社会的责任心和使命感。

1. 拓展德育空间，使学生走向广阔社会，提高综合素质

我校的责任教育，把教育的空间拓展到校外，拓展到社会，建立了新河街办事处、交警杭州道大队、公交公司109路队、海军干休所、新河派出所等八个德育教育基地，让学生在社会中践行责任，提前"上岗"，了解责任，体验责任。引导学生通过体验，意识到什么是认真态度，什么是责任意识，以此来增强学生的社会责任感和公民意识，也使学生由对谁也不在乎，到关心身边的人，关心一座城市，乃至关心整个社会。例如学生在社区实践活动中，发现社区的花坛绿地中经常有宠物粪便，于是他们自发组成小组，利用课余时间对社区的宠物粪便进行清理，并向社区居民发出了"小区是我家，美化靠大家"的倡议，居民们也被同学们的行为所感染，主动维护社区环境，此举受到社区居委会的高度赞扬。通过体验，学生懂得了关心他人、关心社会，更懂得了作为新时代的青年人应具备的素质和应承担的责任，自然而然就能提高德育工作的实效性。

2. 积极拓展社会资源参与责任教育

为了更好地发挥社会监督作用，学校聘请了老干部、新河街团委、交通杭州道大队、公交109车队领导和部分学生家长作为责任教育校内外监督员，坚持每月一次监督员联系会议制度，及时反馈学生在校外基地的表现和对学生教育工作的意见和建议。我校的责任教育活动已经实现了系列化、制度化、经常化。让学生在活动中磨砺意志、学会自理、学会关心他人、关爱自己、相互协作；在评价中增强组织纪律性、树立集体荣誉感。使学生在活动中受到教育，强化德育工作的层次性、针对性、实效性，促进学生的全面发展。

通过组织社区活动，培养学生明辨是非的能力，增强竞争意识，形成正确的价值观念、道德观念，确立正确的人生观。通过到德育基地活动，让学生在丰富

多彩的活动中接受革命传统教育、法制教育、文明礼貌教育和安全教育，增强学生的劳动观念，激发学生的爱国激情。学生在体验、感悟中，责任感得到增强，自然而然就能提高德育工作的实效性。

我校以责任教育为载体，走"三结合"德育工作之路，形成了浓厚的德育氛围、强大的教育合力和多层次、全方位、一体化的教育体系，做到了学生校内、校外有人管，离校不离教，形成了良好的社会全员育人氛围，真正使"学校成为德育的主阵地，家庭成为德育的加油站，社区成为德育的大舞台"。

责任，让学生拥有真情，拥有诚信。"民无信不立;不精不诚，不能动人，诚者，天地道业，诚之者，人之道也。"我校在德育工作中一直坚持"把每一件事情做好就是不简单，把每一件平凡的事情做好就是不平凡"，德育工作无处不在，渗透在各个角落，全方面育人、全过程育人、全员育人的风气日益增强，学生的精神面貌发生了巨大变化。然而加强学校德育工作，提高德育工作的实效性，是一项艰巨而复杂的系统工程，绝非一时之功所能奏效，作为教育工作者，任重而道远。所以，学校今后需要加强科研队伍的建设，认真开展德育教育实效性研究，并用研究的成果来指导德育实践，服务于学校的德育教育工作。只有这样才能准确及时地把握学生的思想脉搏，掌握他们的身心发展规律，德育工作才能做到有的放矢，减少盲目性，具有针对性。在责任教育中，我们深切体会到：责任是一种素质，是一种精神，更是一种文化。责任教育只有真正触及并占据学生心灵，才能直达学生的心灵深处，并真正产生功效，才能伴随并引领、充实学生美好的人生，才能真正增强德育工作的实效性。

四、学校管理以责任为重

学校管理是学校德育取得实效性的重要保障，我校责任教育的有效开展，离不开学校管理，没有有效的学校管理，责任教育就不可能有针对性和实效性。我校把教师管理作为学校管理的重要组成部分，在教师管理中突出责任为重，通过多种途径加强学校管理，并以教师管理为重，增强教师的责任意识，培养教师"做有责任感的教师"。

1. 解放思想，转变观念，坚持"以人为本"

提高初中学生德育工作的实效性，首先要解放思想，更新观念，改变传统德育中的旧观念。传统德育偏重服务社会的功能，而忽视了为人的发展服务的功能，从而灌输多、说教多、管得多。在这种情况下，学生容易产生逆反心理，德育工作的实效性就必然差。传统的教育观念也使得部分教师重智轻德，再加上社会一些不良风气的影响，导致学生责任的缺失。而学生责任的培养，并不是产生于知识的灌输之中，而是产生于学生的生活世界中，一旦远离学生的生活，消减了责任教育的实践性，这种教育只能导致失败，因此真正的责任教育，必须走出只注重知识的灌输，而忽视学生生活和交往的误区。

随着时代教育的发展，以学生发展为本的理念也在教师中逐渐扎根。作为新世纪的教师，必须解放思想、转变观念、以人为本，重塑教师形象。在教育实践中，每一位教师应该是学生的朋友，了解学生的内心世界，用爱去点石成金，用爱去打开心扉，用爱去换取教育的春天。以人为本，就是要求教师相信学生，尊重学生，依靠学生，调动每一个学生的积极性，发展学生的个性。以人为本，就是要求教师研究学生的心理，有的放矢地开展德育工作。教育过程就是帮助学生更好成长的过程，学校应该是学生成长的乐园。教师应更新观念，着眼世界，放眼未来，面向新世纪！所以，德育教育必须针对学生的实际情况，分层次地确定德育教育的内容和整体规划，遵循青少年学生思想品德形成的规律和社会发展要求，根据德育教育的总体目标，科学地规划初中阶段各年级的具体内容、实施途径和方法；根据不同年龄段、不同类型的学生，有区别地进行德育教育，突显因材施教的教育理念。这样，才能使学校德育工作摆脱"跟着感觉走""围着问题转"的窘况。

学校德育教育要把责任教育融于其中。在教育思想上，体现"千教万教，教人求真；千学万学，学做真人"；在教育要求上，既有科学性，又有可操作性；在教育内容上，从小到大，由此及彼，相互渗透；在教育方式上，抓住主渠道，凸现主环节，才能使学生学做一个有健康的体魄、有健康的心理、有规范的行为、有良好学习习惯的学生；学做一个爱自己、爱别人、爱家乡、爱祖国的有爱心之人；学做一个明是非、知廉耻、重操守、守信义、讲气节、有骨气的人；学做一个有自我教育的能力、有管理集体的经验、有建设家乡的宏愿、有责任感的新时期主人。

为此，我校明确"观念是行动的先导"。教师要解放思想，更新观念。只有不断地学习教育理论，才能有效地开展教育工作。马卡连柯也曾说过"我非常重视教育理论，离开教育理论，我是不能工作的"。学校配备了大量的教育理论书籍，使老师们明确现代教育的实质是素质教育，而责任教育是对学生实施的一项基本素质教育，这不仅有助于教师用先进的理论武装自己的头脑，用科学的理论指导自己的教育工作，更有助于教师更新观念。

"学高为师，德高为范。"在价值取向多元化和信息化的今天，教师的示范作用也在不断增强，就责任而言，教师示范榜样作用主要体现在敬业精神上，对党的教育事业负责，对学校办学负责，对学生负责，以很强的责任心投入到教育工作中，就会产生伟大的人格魅力，来感染学生。

2. 加强德育队伍建设，构建全方位育人机制，实施"全员育人"

提高德育教育质量的关键在于建立一支思想业务素质好，事业心、责任心强，相对稳定的面向现代化、面向世界、面向未来的德育工作者队伍。在新时期，学校德育工作者要以身作则，有针对性地进行德育教育，引导学生正确认识和理解我国经济和社会中出现的一些新现象、新情况。班主任是学校德育工作的主要参与者，要求班主任要热爱每一个学生，尊重每一个学生的人格，公正、平等地对待每一个学生，与学生建立和谐的师生关系，营造良好的班风、学风。班主任要重视班级舆论的作用，班级舆论是一种巨大的精神力量。通过舆论，可以对一些不符合规范的不良行为有所监督，更重要的是让舆论起到指导和鼓励的作用。学校要把班主任是否尊重、信任、爱护学生，作为衡量班主任工作是否称职的标准，并指导他们正确地运用鼓励、表扬、奖励机制，千方百计地调动学生的积极性。

我校在"以德促智"工作思路的指导下，实施"全员育人"。为了加强教师的师德建设，提高教师的敬业精神，学校连续几年在全体教师中开展了"不让一名学生掉队，从每一名学生抓起，为每一个学生负责，为每一位家长负责，帮助每一名学生进步"的"五个一"责任教育活动和"走进学生学习，走进学生生活，走进学生家庭，走进学生心灵"的"四个一"责任奉献活动。师德是爱，更是责任。正是在这种办学思路的指引下，在德育工作和班级管理中，用爱心把学生培养成为有责任心的人，成为我校每一位教师铭记的责任。在课堂教育中"滴水穿石"，教师注入了责任教育这股清泉，是责任的泉水流淌进学生的心田。教师认真授课，精心辅导学生，对工作尽职尽责，都在潜移默化地影响着学生。空洞的说教变成了具体形象的教育，在学生的身上，我们逐渐看到了认真、看到了责任，教育由此变得灵动，收获由此也变得丰盛。学校还要求教师定期进行家访，让学校德育进入到家庭中，使学校的教育要求被学生家长所了解。有家长的督促，学校的检查，也就促进了学生自治、自理能力的提高。同时充分发挥家长的特长，让学生在不同的家庭学会交往，学会合作，开阔视野，锻炼能力。教师在这些活动中，主动与学生交流、与家长沟通，让家长认识到学校德育工作的重要性，请家长参与并协助学校的德育活动。

这些活动的开展，营造了"事事育人，人人育人"的良好氛围，既感动了身边的学生，又激发了教师职业的责任和激情，也有效地提高了德育工作的实效性。

第九章 公开发表的部分论文

让教师静心工作

记得我从事校长工作的第一年，盘点一年的工作，猛然想起陶行知先生送给我们的"每日四问"：我的身体有没有进步？我的学问有没有进步？我的工作有没有进步？我的道德有没有进步？遗憾的是，我可以肯定地回答：我没有进步。

那一年里，我是在事务堆里走过来的：不是写计划就是写总结，不是开会就是写汇报，不是迎接检查就是准备督导，还有其他方方面面的事情。论身体，每天处于疲劳状态；论学问，教育教学研究颗粒无收；论道德，不知教育服务于谁；论工作，丢了教育的方向。由此我想起了奋战在一线的教师，他们是否能静下心来教书？静下心来育人？如果不能，影响他们静下心来的因素又是什么？

媒体上曾刊载过这样一段调查："教师不论在学校，还是在家里，甚至在梦中，都惦记着学生，想着刚进行的模拟考试，顾着明天将要进行的公开课，后天的主题班会，下周的安全检查，下月的课间操评比……以及没完没了的统计数字和报表，随时随地的推门听课，防不胜防的意外事故、突发事件和告状风波。"教师的事务性工作实际上还不仅仅是这些，开学初要交各种计划，期末要交总结，每节课要写课堂日志，每周要交教学反思，每月要交教学笔记，每学期要交论文。还有一年一度的考评，几年以后要评职称等。除日常工作之外，又有如此之多的事情，教师能静下心来研究教育吗？超负荷的劳动强度是制约教师静下心来工作的首要因素。

面对教师静不下来的现状，我们这些教育管理者应该认真思考：如何贯彻胡锦涛同志在全国优秀教师座谈会上的讲话精神——"静下心来教书，潜下心来育人"。

一、教师静心需要条件

静心教书要时间，潜心育人要时间，时间对教师来说极为珍贵。每天两操，我们是否可以做到不让班主任到操场去监控学生，而实行集体管理？每学期4次检测，考后的分数统计是否可以由相关人员集中输入，然后提供给教师？早中晚自习是否可以实现无师管理，每周例会在无特殊情况时控制在1小时之内？如果真能做到这些，一周就能给教师节省不少精力，为他们提供更多静心学习的时间。

我认为，凡是需要应对检查，具有虚构成分的事情，就不要让教师再做。比如：学困生帮教计划、中等生提高计划、优秀生培养计划，这些有必要写在纸上吗？教师只要有意识去做就可以了。又如：教学德育计划、课堂日志、抄写教学笔记，这不是徒劳的事吗？教学渗透教育不是有计划就一定能兑现的。课堂出现问题，教师在第一时间解决了最好不过，写出来节外生枝反而不好。抄写笔记不如不写。我一直在设想，教师的教案能不能少写，能不能不做评比？也渴望尝试一下，我们的教师站在讲台上无教案，却是精彩的课堂教学。如果做到这个程度，那才是静的真谛。为教师减负，作为校长心静则实，方能鉴别虚的东西，做实事。

二、把"静"融入学校文化

"静以养身"是中国传统文化中的一种修养。得意时不骄，失败时不馁，静下心来坦然面对生活，方有一颗平常心。

"宁静致远"是中国传统文化中的一种境界。心静则远，这就是站得高，看得远，认识得深刻。人各有志，放飞自己远大的理想，只有静下心来，才会拥有广阔的天空。

静心静悟，问题在静中化解，是非在静中明辨，思想在静中绽放，工作在静中出色。静孕育智慧，静开发智慧，由此，静控制了冲动，抑制着盲目，克服了粗劣，驱散了功利，何乐而不为？

为实现教师静的工作状态，我们向教师提出了"七静三品四用"要求："静下心来上好每一堂课，静下心来批改每一本作业，静下心来与每个学生对话，静下心来研究教学，静下心来读几本书，静下心来总结工作规律，静下心来反思自己的言行和方式；品味师生的情谊，品味工作的乐趣，品味生活的幸福；用智慧启迪灵性，用人格陶冶情操，用爱心浇灌希望，用汗水哺育未来。"其中，静下心来上好每一堂课是教师首要的工作。上好课的前提是备课，我们备新课一般采取个体备课与教研组碰撞的形式，在同课异构中获得最佳教学设计，反对那种一人说课大家共享抄教案的行为。备练习课则根据学生学习能力的差异采取分层练习的形式，达到练习要过课本关、过技巧关、过能力关的目的，反对练习一刀切。备复习课，采取整体建构的形式，要设置单元知识树，实施专题练习，反对"东一榔头西一棒槌"的复习现象。同时，在学校制度上提供文化保障。

践行素质教育教师要有"潜下心来育人"的状态；实施新课程改革，教师要有"静下心来教书"的权利，校长要为教师静下心来工作扫清障碍。

（该文发表在 2008 年 12 月 9 日的《中国教育报》上，部分观点以《把静字融入学校文化之中》为题发表在 2008 年 12 月 19 日的《天津教育报》上）

强制教师坐班有碍工作效率提高

教师坐班还是不坐班？不同的学校管理者有不同的见解。笔者认为，从管理的高效、教师的职业特点、教育的实质等方面来看，应该废除强制教师坐班的制度。

强制教师坐班不利于实现管理的高效。教师管理主要是为了激发教师的工作热情，调动教师的工作积极性。在学校日常管理过程中，一些学校为加强坐班制，经常指派专门的管理者盯着教师上下班签到、签离，仔细记录教师的出勤情况，这实际上是对教师的一种不信任，打击了教师的工作积极性。与其这样做，倒不如在调动教师工作积极性上做文章。我校在发现强制教师坐班的弊端后，就对教师的坐班制度进行了一些改进，如对参加教育硕士学习的教师每周给两天时间自主支配，可以不来学校。这些教师的教学成绩和班级管理水平不仅没有降低，反而提高了，而且他们的教育科研能力也得到了显著提升。教育的实质是育人，即教会学生自我管理和自我教育，引导学生做该做的事，成为自己想成为的人。在完成这一使命的过程中，完全可以以教育效果为导向评价教师的工作，而非单纯追求形式上的坐班。坐班制度不可能产生"我要做"的效果，只是停留在"要我做"的层面上，那显然是低层次的。

强制教师坐班不符合教师的职业特点。教师的职业特点决定了教师的很多工作都是"良心活"。教师除了备课、批改作业、上课等看得见的劳动外，还有很多潜在性的劳动。比如，教师的教案书写得工工整整，备课的质量就一定很高吗？天天按规定时间到校，严格遵守坐班制度的教师，教学效果就一定好吗？虽然有的教师早晨上班迟到了，但也许这位教师昨天晚上为了精心准备第二天的课，为了批改学生的作业而熬到了深夜；也许，有的教师虽然没有严格遵守坐班制度，但他却经常利用业余时间去家访、去和学生谈心；有的教师在散步时，可能还在思考教学中的问题，躺在床上的时候也可能在考虑明天怎样上好课……这些怎么能用时间来计量呢？所以，笔者认为，只要教师在课堂上能够引领学生高效地学习、快乐地成长，就应该给教师更多自由的空间和时间。通过分析学校里那些成功的教师，我们可以发现，没有一个教师仅仅利用坐班时间就可以把工作做得非常出色。如果我们强制教师坐班，给予教师形式上的制约，就可能导致教师产生逆反心理，教师们就可能对自己那些无法计量的付出产生抱怨，从而拒绝进行坐班时间之外的工作。

强制教师坐班不利于培养学生的自主管理能力。试想，如果学生整天被教师盯着，处于被教师监控的状态，他们的心情是难以真正放松的。虽然这样可以防止和减少学生一时的违纪行为，但这很大程度上是教师的威严与监管的结果，未必是学生真正自觉的习惯。久而久之，就可能抹杀学生的天性，造成师生间的不信任。在学校工作中，笔者发现有这样一种现象：有些教师非常"尽责"，早读跟，午休跟，自习课跟，下课了还要跑去班上看看，各种各样的班规制订出一大堆。这种保姆式的管理，造成的结果却是：教师在班上的时候一般不会出现什么大问题，可一旦教师有事请假两三天，那些平时被看管紧了的学生就如同猴子出山，总要弄出一些事端来。反倒是那些无为而治的班级，教师不在时，班级的各项活动依旧进行。事实证明，学校对教师的管理不同于其他行业的管理，教育有其自身的规律，不能运用简单的行政手段来管理学校。

强制教师坐班不符合信息化发展的趋势。是否实行教师坐班制，关键取决于实施教师坐班的目的。从实行教师坐班制的初衷来看，一方面是便于进行备课、作业批改、教学辅导、听评课、教研活动等，另一方面可以对教学中遇到的新问题、疑难问题及时和本学科的教师讨论，也可以随时解决学生提出的问题等。但随着信息化的发展，教师之间的研讨活动、听评课活动，师生之间的互动交流等都可以通过网络来解决。比如，我校教师就经常利用手机信息、博客等多种形式与学生进行交流或与其他教师进行研讨。所以，就实行教师坐班制的目的来看，目前废除教师坐班制是完全可以的。学校管理主要是对人的管理，对人的管理不能简单地靠约束、管制来实现。在新的教育形势下，我们应摒弃既有的在学校管理上过死、过硬的做法，应该把刚性管理和柔性管理有机结合，这样才能有效地推动学校各项事业的发展。

（该文发表在 2009 年 3 月 17 日的《中国教育报》上）

办公室应成为学校的文化标志

办公室文化建设是校园文化建设的重要组成部分，是展现学校文化内涵、提升学校文化品位不可或缺的一个方面。学校办公室文化建设应体现以下特点：

装饰壁挂体现教育内涵。要充分利用办公室有限空间、墙壁，发挥装饰功能和让墙壁说话的功能。各类装饰物品尽量使用师生征集作品，以绿色基调为主，浓厚绿色环保氛围，作品不宜摆放过多、过滥，应该选择主题新颖、立意鲜明、内容外观健康、有适当个性的作品。在办公室墙壁适当位置悬挂张贴相应挂件，可以是手工艺作品，可以是书画作品，以文化底蕴、内涵为主，体现中华文化的博大精深，或以名言警句为主，激励教职员工奋发工作。在办公室墙壁显著位置，还应悬挂各项相关办公室的制度规范，如《教师职业道德规范》《接待家长来访、来电规范守则》等内容，时时刻刻规范教师言行，促进工作顺利开展。管理制度可以为办公室成员形成团队精神，为教师间相互尊重、相互理解、和谐融洽提供良好条件。

办公室团队气氛和谐融洽。一个办公室就是一个群体，是一个团队，团队成员的和谐融洽氛围直接影响团队的工作效率。构建民主、尊重、高效、严谨有序的和谐办公室文化是每位教师义不容辞的责任。因此，在办公室中应搞好学科教师之间的交流：在工作上，要善于听取并采纳别人的观点、建议，能包容与宽容不同的意见，要创造一个爱学习、爱钻研的研究性、家庭型团队；在生活上，要互相尊重，当有教师遇到困难的时候，这个团队的成员应多只手伸出来帮助，让每一名教师感受到集体的温暖、团队的凝聚力。办公室里应有一种乐观向上的精神，每个人都应十分关心学校的发展，把自己的喜怒哀乐与学校的发展紧密地联系在一起。在学校需要的时候，大家都应集思广益、齐心协力、共创辉煌。

充分体现办公室职能。无论哪个学科的办公室，在办公室文化建设上都应体现该办公室的职能。学校行政办公室要体现服务协调管理职能，教务处、德育处、总务处、教科室等办公室要相应体现教育教学管理、后勤管理、教育科研管理的职能，学科办公室更应体现严谨治学、学术交流、热心为学生及其家长服务的职能，等等。因此，办公室中要防止人浮于事，做到上班不串岗闲谈，不做与办公无关的事情，更不能在电脑上玩游戏、聊天、看电影、炒股票。要引导教师带着感情做事，做到热心事业、热情服务，使办公室成为弥漫着学术交流气息的沙龙，成为充满书香气息的书房，成为绘就师生宏伟前途的工作室，等等。

总之，学校办公室文化是一所学校重要的文化标志，它彰显着一个学校的办学理念、办学水平、办学品位。构建民主、高效、严谨和谐的办公室文化对学校的发展有着极为深远的意义。

（该文发表在 2010 年 2 月 2 日的《中国教育报》上）

集体备课促教师业务水平提升

集体备课是校本教研活动的一种重要形式，目前许多学校都实施了集体备课。不过，由于管理者的工作经历不同，对集体备课的认识程度不同，学校的文化积淀不同，等等，各校集体备课的组织形式也不尽相同。下面我简要地阐述一下我校开展集体备课的情况。

在担任校长一职之前，我曾承担过多年的化学教学工作，担任过多年的班主任，做过德育处干部、教务处主任、化学教研员和教育中心综合办公室主任等。这些不同类型的工作使我有更多的机会了解并感受教育教学第一线教师工作的艰辛。教师们每天都要重复进行课堂教学、课外辅导、批改作业、撰写教案等，任务繁重。为了加强教学管理，促进教师专业化水平的提升，不少学校对教案的书写要求细之又细，而且每堂课后还要求教师写教学后记、教学反思。教师们每学期要写教学论文、教育案例，开学初要交各种各样的计划，学期末要交各种各样的总结。如果再兼任班主任工作，那么各种各样的事务性工作就更多了。这些烦琐的工作，加上学校各种各样的评比，占据了教师们大量的时间。为了完成工作，教师们加班加点，难免会对一些工作采取应付的态度。

由于事务性工作占用了大量的时间，教师们钻研教材的时间明显减少。就拿教案来说，我在检查教案时，发现教师们备课写出的教案往往重格式、轻内容，重形式、轻效果，有相当一部分教师存在着抄写旧教案的现象，教案的内容缺乏创新。实际上，由于受专业的限制，校领导在检查教案时往往只是关注教案的数目、书写的工整与否，课题、教学目标、教学重点、教学难点、多媒体使用、教学过程、课堂小结、板书设计、作业布置、教后感等项目是否齐全。只要是数量足够、书写工整、项目齐全的就往往被评为优秀教案，而教师究竟是否用这个教案上课，教案里的内容是否体现了教师的创造性劳动，却很少受到关注。结果，学校领导花费大量时间检查教师的教案，教师花费大量精力抄写教案，但上课时往往不用这个教案，只是为了应付检查。这样的现象可以说是普遍存在的。在这样的背景下，近几年，我校从教师工作的实效性出发，大胆地改革了教师的备课办法，实施了集体备课。

我校集体备课采用的做法是：首先，由年级备课组的教师集体讨论教科书的教法，然后，在充分论证的基础上，每位教师承担一定的任务，执笔写教案，最后，通过集体讨论来修改教案，形成比较完善的共享教案。在共享教案基础上，每一位教师可以结合本班学生的具体特点适当地进行个性化修改，也可根据自己的设想再设计教学流程，进行个人加减，以体现教学的个性。集体备课的目的就是为了减少教师无效劳动的时间，引导教师把精力真正用在备课上，把教师从抄教案的无效劳动中解放出来，集中精力研究学生、考虑教法。

实践证明，教师们经过集体备课后形成的共享教案，创造性的成分较多，体现了教师们备课的效果，同时也减轻了他们的负担。据对部分教师的调查，这样做每位教师每周可节省五六个小时的时间。节省下来的时间教师们可进行自主研究，提高自己的专业素养。

在建立了共享教案后，每位教师都有了成形的教案，不必再花费大量的时间去抄写教案。不过，在之后的工作中，集体备课又该如何进一步深入呢？我们采用的办法是"说教材"，分别进行了说整个学段的教材、每一册书的教材、每一个单元的教材和每一课时的教材等，通过多种形式来提高教师把握课标、理解教材、把握教材的能力，从而深化集体备课，进一步提升集体备课的效果。对于"说教材"，学校以学科组、备课组为单位，人人登台讲解自己对教材的理解和处理设想。这样，学科组内的教师就可以相互学习，相互借鉴，然后通过学科组教师的共同研究讨论，形成比较完善的每一个学段教材、每一册书教材、每一个单元教材的知识体系、能力体系和价值体系。

通过这样的集体备课，更多的青年教师在短时间内深化了对教材的理解和把握，一批骨干教师迅速成长起来。另外，通过集体备课，我们还探讨了如何把成形的教案演绎成讲学稿，以此加强对学生学法的指导。集体备课锻炼了一批中青年教师，使一批中青年教师开阔了视野，业务水平迅速提升。

（该文发表在 2010 年 3 月 5 日的《中国教育报》上）

不辱使命，为教育奠基

天津市"未来教育家奠基工程"是市政府实施的一项关乎天津未来教育的战略工程。作为首期学员里的一名普通校长，我深深地感受到了天津市委、市政府对我市教育事业的关怀和支持，感受到了各级领导和各位专家对我们寄予的殷切希望。为了实施好这项工程，在市政府的领导下，市教委、市教科院、师大、市教研室都投入了大量的人力物力，周密细致地安排我们每一项的学习实践活动，专家们不辞辛苦，给予我们悉心的指导。

"奠基工程"的培训，既提高了我的理论水平，也丰富了我的实践经验，真是受益匪浅。我的体会主要有三点：

1. 明确责任，肩负使命是学习的不竭动力

能够参加天津市未来教育家奠基工程的学习，我起初确实感到这是一种荣誉，然而随着学习的深入，我渐渐地感觉到，入选这个工程，不单单是荣誉，更多的是一种责任。封闭式的集中培训，确实使我们学有所获受益匪浅，之后的课题研究、基地实践活动等，都需要我们投入大量的精力，付出艰苦的努力，如果没有一种责任感和使命感，不可能出色完成各项任务。因此，只有带着深厚的感情去学习才能真正有所提高。通过学习，使我认识到，必须树立坚定的理想信念，刻苦钻研，要在学习中有效地解决教育教学实际问题，要在基础教育改革中切实起到引领和示范作用，才叫不虚此行，才是不负众望。

2. 脚踏实地，潜心研修是学习的真谛所在

"未来教育家奠基工程"为我们的成长搭建了很好的平台，但我们的管理水平和教育教学水平能否提升，关键还是要靠自己。我在繁忙的工作之余，对教育理论不断学习研究，阅读了大量的教育理论书籍，总结自己的管理心得，在《中国教育报》《人民教育》等刊物上发表了多篇与教育教学实践和学校管理实践相结合的文章。我深感要想使自己的学校管理工作和教育教学工作取得一定的学术成果，要把自己的学校办出特色，必须要脚踏实地，潜心研修，正如天津市人民政府张俊芳副市长所说的，要不为名利所扰，不为金钱所惑，要能够稳得住心神，守得住寂寞，要能够静下心来思考，不浮躁，只有这样才能形成自己的教育思想，凝练出独具特色的教育教学风格，取得更多的教育科研成果。

3. 学以致用，勇于实践是学习的根本目的

学习的根本目的是为了学以致用，在实践中检验，在实践中提升，在实践中进步。通过研修学习，促使我们把课堂教学改革不断推向深入，《中国教育报》曾以较大篇幅进行了报道，我校也成功举办了全国学校管理与校园文化研讨会，我也被评为首届全国教育改革创新优秀校长。这些成绩的取得使我进一步认识到，只有把研修学习和学校的教育教学实践结合起来，研修学习才算起到了作用。作为一名年轻的校长，我时刻提醒自己，一定要把研修学习过程中的一些新的认识与学校的教育教学实践结合起来，要立足于学校实际，选准工作的突破口，勇于创新、大胆实践，真正把学校办出水平，办出特色，让普通校不普通，让人民群众真正满意真正放心。

作为奠基工程的首期学员，我认为必须始终秉持"办人民满意的教育、做人民满意的教师"宗旨，以自己的崇高追求、高尚品德和人格力量，在潜移默化中熏陶和影响师生；做学习的表率，做敬业的典范，做创新的先锋，做深化课堂教学改革、实施素质教育的排头兵，成为未来教育发展的引领者、示范者。

（该文发表在 2010 年 11 月 12 日的《中国教育报》上）

建立实至名归的教代会制度

《国家中长期教育改革和发展规划纲要（2010—2020 年）》（以下简称《教育规划纲要》）提出："建立健全教职工代表大会制度，不断完善科学民主决策机制。"一年来，我校在完善学校管理制度、建立健全教职工代表大会制度等方面进行了有益的探索和实践。

认识决定实践。教职工代表大会制度是学校管理体制的重要组成部分，是教职工依法行使民主管理权力、有序参与学校民主管理的基本形式和制度。但长期以来，一些校长往往不重视教代会，一些教代会的代表也不知道教代会的作用是什么。因此，建立健全的教代会制度，首先需要解决认识问题。一方面，要提高校长对教代会的认识，使教代会成为校长的左膀右臂，而不是"多余的婆婆"，凡是涉及学校改革和发展的重大决策以及教职工切身利益的大事、要事，都要通过教代会的充分讨论来解决；另一方面，学校的教代会要积极教育教职工代表，引导他们切实关心学校的发展，积极献计献策，把广大教师的利益与学校的发展切实结合起来。

教代会到底都应该干什么，到底有哪些权利，这是必须首先明确的。经过对纲要的深入学习，我们进一步明确了教代会的职权。如学校的年度工作计划、办学指导思想、发展规划、重大改革方案、校务公开情况、财务工作报告及其他有关学校改革发展的重大问题，都需召开教代会，征求教代会代表的意见和建议；涉及教职工切身利益的规章制度的执行情况、教职工的聘任、职称评定、奖惩、分配的原则、实施方案和教职工职业道德规范要求、学校的岗位目标责任，以及其他与教职工利益有关的重要规章制度等，都需要经过教代会审议、讨论通过。另外，教代会代表还要参与民主评议学校工作和领导干部，参与推荐学校行政领导人选，对学校领导干部进行民主监督等。

在学习《教育规划纲要》之前，我们对这些问题认识往往不够深刻，认为这些事情只要是按照上级有关政策制定执行就行了，其实不然，让教职员工参与讨论，本身就是一个提高认识的过程，一个再学习的过程。任何一项决定，只有得到了教职员工的高度认可才能提高其执行力，才会收到好的效果。例如，在"绩效奖金分配"的热点问题上，我们经历了教代会的民主讨论和民主决策议程，使绩效奖金分配这一棘手的问题得以顺利解决。其实，民主讨论、民主决策的过程也是培训教代会代表的过程。

实践证明，只有充分发挥教代会作用，切实抓好教代会的制度化、规范化建设，才会使学校依法推行行政管理制度和民主管理制度相结合的管理体制得以实现，才能更好地推进教育改革的深入发展。

（该文发表在 2011 年 7 月 5 日的《中国教育报》上）

校长人生的变与不变

光阴荏苒，一晃在教育战线上已工作 21 个年头了。回顾这些年来追求教育理想的心路历程，我幸福地享受着我付出后的收获。21 年间，我从事过班主任、化学教师、德育处干部、教导主任、化学教研员、塘沽教育中心综合办公室主任和塘沽十五中学校长等岗位的工作。时光虽然改变了我的容颜，却始终没有改变我对教育的热爱。

一、做有追求的教师，把教师职业视为精神生活

在我即将工作的时候，母亲对我说了一句话："山那边是海。"当时我并不理解，

只认为她在告诫我，农村孩子到了大城市要处处小心点。后来我渐渐觉得这句话有更深刻的含义。我曾在日记中写道："在跋涉中，我告诉自己要想知道外面的世界究竟有多大，要靠自己闯，不要有懈怠之心。在攀登时，我告诉自己每一级台阶都是目标，山到底有多高，只有登上去才知道。"

1990年，我从一名化学教师起步，开始了跋涉与攀登。从那时起，我把教师这个职业视为自己的精神生活，把教师的形象视为自己人格的象征，把教师的成就视为自己的生命线。

我在教学中凭借年轻人身上那股闯劲，大胆实践，不断探索新的教学模式，改进自己的教学方法。因为我懂得，教学方法和教学手段都应当随着社会的发展而改变。为了上好一节课，我几乎翻阅所有能接触到的资料；为了让课堂充满激情，我认真琢磨每一句课堂语言；为了进行"培养学生的创新精神和实践能力"的课题研究，我亲自去湖北宜昌新课标研讨会上向专家请教。当时多媒体刚刚进入课堂，我一马当先自费参加计算机培训学习，并大胆地进行了"应用多种教学媒体，优化初中化学教学，大面积提高初中化学教学质量"的课题实验。

我的教学开始活起来，学生的热情开始高起来，学生兴趣提高了，思维开阔了，成绩突飞猛进了。许多慕名而来的同行来听我的课，在与同行们研磨、探讨、交流的过程中更加提升了我的教学能力。我以5个"静"警示自己："静下心来备好每一节课，静下心来批每一本作业，静下心来总结规律，静下心来研究学问，静下心来反思教学的成败。"

在担任德育干部和班主任期间，我更是把"育人为本"作为履职的基本理念，把教育的最终目标锁定在"使学生能够自学自励，出了学校，做主动有为的人"；把育人的成效落实为"学会做人，学会做事，学会合作，学会学习"。我所带的班向同行们展现了一个又一个拥有健康心态、健全人格、积极向上的学生集体。

作为一名教师，我幸福地耕耘着、品味着、实践着，将教育理想逐渐地变为现实。面对荣誉，我心静如水，因为人生没有止境，每个人都要追求更有意义、更能体现自己价值的生活。

二、做专业领跑者，让教研工作引领教师专业发展

2001年5月，我调入塘沽区教育中心任化学教研员，开始了专业教学研究之路。不知多少个夜晚，我独自坐在桌前，以书为乐，以写为乐。我深知作为一名教研员，应该走在所有教师的前面。

我曾利用暑假时间，完成了近2万字的初中化学基本功教学讲座的稿件，并

对整个初中化学教材进行了比较系统的教材分析，做了 10 万字的笔记。平时，在教研活动中和老师们进行研讨交流，不断总结和推出适应新课程理念的不同课型的教学模式。做教研员的 5 年间，我几乎走遍了塘沽区的每一所学校，撰写听课调研报告 3 万余字，指导教师做各种类型的研究课 30 余节。每一次研究课，我都帮上课教师精心设计，准备了非常详尽规范的课堂教学设计方案，同时，精心设计所讲部分的专题练习，为每一位教师提供了比较满意的复习材料，赢得了全体初中化学教师的认可。我还亲自主讲各类级别的研究课 50 余节，研究课也曾获得天津市最高级别的双优课比赛一等奖。

作为一名教研员，我时常想，绝不能让自己的学科影响全区的教学质量。5 年教研之路，我始终怀着"不干则已，干则一流"的志向，永不懈怠地行进在教研前沿。尽管一路千辛万苦，但我得到了领导和同事们的认可，先后被授予"塘沽区优秀中青年知识分子""天津市基础教育教学改革积极分子"称号。

三、做幸福的校长，让普通学校变得不再普通

2006 年夏，我任塘沽十五中校长。虽然之前已积累了较为丰富的教育教学实践经验，但做校长的经验还是一片空白。尤其是面对这样一所地处城乡结合部的普通学校，该怎么办？我暗下决心：一定要让这所普通的学校变得不再普通，一定要让进入这所学校的每个学生获得进步和发展。

我提出"从最后一名学生抓起，不让任何一名学生掉队"，以此促进学生的均衡发展。为了明确学校的发展方向，我提出了"追求卓越"的校训，意在勉励全校师生要自强不息、与时俱进，力争办最好的学校、做最好的老师、当最好的学生。

围绕"育人"这一中心任务，我们实施了"信心教育 + 静心教育 + 责任心教育"的教育教学改革。我认为，对于普通校来说，帮助师生树立信心是发展的关键。有了信心,才会有努力和毅力,才会有勇气和超越。学校要帮助教师树立信心，成就他们的人生价值；更要帮助学生树立信心，成就每一个孩子的梦想。

静心教育，是指学校要为师生创设安静的工作和学习环境，师生要为自己创设平和大度的心态。我向师生们提出了"七静三品四用"的希望，鼓励大家无论为人还是处事，都要静心而为，用心品味。我们还适时地改革了学校各种相关制度，在工作中化繁为简，避免形式主义。创新教师绩效评估机制，实施"千分制"考核，把人际关系的复杂程度降到最低点，给教师营造一个变压力为动力的良好工作环境和公平竞争、和谐发展的工作氛围，在相当程度上减轻了教师的

心理负担。

此外，学校德育工作以责任教育为主线。在校园环境建设上，以构建"责任文化"体系为目标；在教育思想上，强调"千教万教，教人求真；千学万学，学做真人"；在教育内容上，从小到大，由此及彼，相互渗透；在教育方式上，抓住主渠道，凸现主环节，让学生学做一个明是非、知廉耻、重操守、守信义、讲气节、有骨气的人，学做一个有自我教育的能力、有管理集体的经验、有建设家乡的宏愿、有社会责任感的现代公民。

任校长5年来，"信心教育、静心教育、责任心教育"效果显著，十五中也发生了质的飞跃，由一所地处城乡结合部的普通学校，跃升为天津市的知名学校。

这几年，学校和我本人的荣誉接踵而至，当别人掂量这些成果的"重量"时，只有我知道，哪怕是一个微小的进步，哪怕是一点点的改革，都需要无限的付出，唯有厚积才能薄发。

任校长5年来，每天休息只有五六个小时，有时候看似正确的路也会让自己"头破血流"，但这就是校长人生，而我也愿意为这样的人生去坚持。如今，我已步入中年，虽然青春年华已逝去，但不变的激情仍促使我在充满劳绩的职业生涯中体验着教育的意义，享受着人生的幸福。

（该文发表在2011年12月27日的《中国教育报》上）

迈向"普通"的高处就是追求卓越

追求学校的卓越发展，领导班子是关键，是办好一所学校的前提和保证。领导班子是学校的领导核心，通过它的行为、作风所表现出来的思想、观念以及品行，直接影响着学校的风气，决定着学校办学理念的引领、办学思路的实施和办学目标的实现。

天津市滨海新区塘沽十五中是地处城乡结合部的普通公办初中。近年来，学校各项管理指标均达到全区前茅，教育教学质量连年攀升，学校先后获得各种荣誉40余项。学校课题成果和经验介绍大量涌现，在市级以上刊物发表论文40余篇；教师队伍人才辈出，拥有骨干教师25名，占一线专任教师人数的33%；教师先进典型脱颖而出，现有全国教育系统先进个人1名，市级优秀教师2名，市级优秀班主任2名……这一切，原因何在？

十五中的领导班子，带着"普通"二字的定位，实践着"追求卓越"的理念。

这是一所普通学校对"追求卓越"校训的诠释。

一、树立目标跨越观

塘沽十五中尽管是一所普通学校,但普通并不意味着无为,普通并不意味着沉沦,更不意味着十五中没有崇高的目标。让"普通"彰显十五中人追求卓越的品质,迈向"普通"的高处,是学校领导班子和全体教职工共同的理想。校领导班子大胆地提出了"创天津市一流学校、全国知名学校"的目标,并将这一目标用醒目的大字写在教学楼的墙上。为了达到目标要求,学校又带领着全体教职工勇敢地向社会做出了公开承诺,并以展牌的形式呈现在学校门前。学校目标与承诺一经确立,立即产生了极大的号召力。各年级组也纷纷向学生家长立下誓言和目标,并张贴在各层教学楼楼道里。从此,学校上下开始了为实现跨越目标而奋斗的历程。

二、树立工作生活观

学校领导致力于学校管理,整天要绞尽脑汁去想事,最容易产生职业倦怠。调节这种心理最好的方法,就是把工作作为生活的一部分,因为人最美好的愿望是憧憬生活,苦和累与体面生活交织在一起的时候,方能体现生活的意义,才会彰显生命的价值。如果把工作作为生活去奋斗,再苦再累也会被生活的乐趣、生活的追求、生活的质量所替代。因此,对教育管理中遇到的各种问题,抱以积极的生活态度,并通过努力获得成功,这是生活所需。当管理行为转化为管理效果时,工作即是生活。作为学校领导者,首先要把工作生活观贯穿于工作的全过程,方能奠定工作基础,方能找到和谐的源泉。

三、树立管理基层观

领导者要统领规划,要管理决策,要检查评价,但任何管理的素材都源于基层。管理的感召力是要下基层,并要服务于基层。这样,学校的行政权才能有效地生成管理的执行力。所以学校要求中层以上领导干部,无论做什么工作都必须走进教育教学第一线,并规定每周必须深入课堂听一节课,必须下班辅导一节自习课,必须承担某一天德育执值工作,每天两个大课间必须走进操场,督促两个班做操,教育教学主管领导每周必须参加一次教研活动。这些举措的落实,无疑拉近了领导者与教师的距离,领导者也获得了真实可信的管理素材,增强了管理的活力。

四、树立决策民主观

学校工作，大事小事，有意无意，都要决策。校长作为主决策人，一事当前切忌武断，这是原则。因为班子的每个人都有自己的决策风格，有的人逻辑性很强，细致周到；有的人很有创造性，富于想象力，善于别出心裁。所以，校长决策任何事情，必须综合各种信息，再做决定。校长要本着以下步骤去做决策：第一，要有明确的决策主题，说明到底要决定什么；第二，善于捕捉各种信息，核对各种事实观点，把握需要的信息；第三，列举几个方案供班子成员选择；第四，方案确定后充分讨论方案的可操作性；第五，当方案转化为行动时，做好决策效果的监控，以此扬长避短。树立决策民主观，实际上授予了他人一种权力，表达了一种尊重，这样会激发人的潜能，从而实现班子的凝聚力。

五、树立会议倾斜观

学校管理要面对决策、协调、考察、调研、交流、学习、总结、汇报、解决问题、处理矛盾等一系列工作，每一项工作的部署与落实都离不开校长办公会的统领。然而，要提高校长办公会的有效性，必须树立会议倾斜观。第一，坚持少开可开可不开的会议，对于零星事情在一定时间内化零为整，以此减少会议次数；第二，坚持少邀请可参加可不参加的人，做到参会者具有针对性，以此达到参会人数最小化；第三，坚持少说可说可不说的内容，做到有事说事，说话从简，以此减少会议的分散力；第四，坚持凡涉及教职工评优、评先、评职等切身利益的大事要舍得时间和精力去研究，力求公正、公开，以此赢得学校的和谐稳定；第五，坚持每学年分别召开学校教学工作会议和德育工作会议，以此把学校的中心工作提到一定的高度。

（该文发表在 2010 年 6 月 30 日的《中国教师报》上）

稳中求变，变中求新

——学校组织机构设置的思考与实践

点数学校几年来的发展变化，我觉得很多时候"管理也是生产力"的观点给了我极大的启发。学校教育质量与管理模式有着密不可分的关系，要充分发挥管理服务于学校发展的功能，就需要不断创新符合学校发展现状的管理模式。我认为，校长活动的实质就是选择，校长选择的实质就是创新。古人说"两利相权取其重，两弊相权取其轻"，如果试图作出十全十美的选择，只会丧失选择的机遇。对于学校的管理，不同的发展时期、不同的发展目标都是选择的机遇，稳健不是保守，创新不是随便冒险。要做好校长，就要有点锐意进取的真诚和勇气，在稳中求变，在变中求新。

一、现实状况必须要变

1.学校的现实状况不容等待

2006 年 7 月，带着组织的信任与嘱托，我来到塘沽十五中任校长。作为一所普通中学，这所学校正处在低谷时期，生源较差，初一招生只有 100 来人，学生中有 1/3 是外来务工人员子女，教师的教学积极性、自信心和教学能力普遍不高，中考成绩较差。最为滞后的是管理队伍缺少引领，学校多数中层管理者已经适应并逐步习惯了受人左右的命运，他们日复一日地扮演自己的工作角色，守着自己的"几亩地"，工作不主动，不积极，凡事等指示，在日常管理中对教师讨好多，批评少，遇到事情不敢出面解决。这种现实状况让我辗转反思，学校的发展更显得像是天方夜谭。但年轻的我没有向困难低头，坚信"办法总比困难多"的信念，充分调研，努力寻找工作的突破口。研究中我发现，学校的组织架构是提升管理质量的关键点，不打破旧的组织制度，革新组织弊端，学校很难得到发展。要改变这种面貌，必须要改变组织中秩序混乱、士气低迷、规则不清的现状。然而要想使组织变革富有成效，则需要一系列的改革措施与之配套。

2.学校的发展需要当机立断

如果说教育不带有超越现实的目标，不具有对现实的批判性，而是纯粹的训练人们顺应和接纳现实，那么教育就丧失了其应有的功能。按照组织行为学理论，任何一个组织都包括决策层、管理层和操作层三个层级。在学校，校长是决策层，负责学校重大事务的决策；副校长和中层干部是管理层，负责具体事务的管理；教师是操作层，负责具体工作。一个组织良好运行的关键，是各个层级各司其职、各负其责，在组织内部上传下达都按照组织的层次依次进行。校长要站在学校的立场实施管理，围绕学校发展的全局做事，有所为有所不为。校长不可能也没有必要事必躬亲，主要是理清组织层次之间的权责关系，保证特定组织层次管理职责的履行。而作为管理层的干部，就应发挥应有的作用，在学校管理过程中，与校长互相沟通、互相支持，在教师面前保持一致，使学校管理的各项措施在实践中得到落实。

二、结合实际稳中求变

1. 管理机构设置关注工作盲点

学校以德育工作为首、教学工作为主毋庸置疑，但随着教学改革的不断深入，教务处、德育处所承载的工作发生了很大变化，学籍管理的电子化、考试报名的程序化、数据统计的模板化、常规管理的精细化、档案资料的分类化，教学活动的系列化、教育科研的常规化、教育活动的序列化……还有名目繁杂的上报、统计、组织、总结等既常规又临时的工作，使得两大处室的管理者天天陷于无休止的应对中，根本无心思考、指导、反思本部门工作，学校最重要的工作处于盲点状态不能深入。我的观点是：在学校发展的初始阶段，夯实教育教学常规管理至关重要。为此，我首先改革传统的教务处设置及运行模式，改变教学与科研笼统地合在一处的传统做法，将其分解为教学运转处、教学质量处、教学科研处，并设置名师培养办公室。各处室分别竞选负责人，让想干事的人有位置，能发挥作用。教学运转处的主要职能是负责协调课表、组织考试等常规性、事务性工作，保证维持正常教育教学秩序；教学质量处重点跟踪教学质量、制订相关评价办法及对教学质量进行量化考核；教学科研处主抓教育科研，培养教师的科研能力；名师培养办公室的职能以培养名师为主攻方向，负责制订培养办法，策划培养活动，并为每一位教师建立《教师发展记录手册》。这样"三处一室"的教学管理设置，使教学管理者静心工作，精心研究，择重深入，走上了专业化管理之路，教学管理显现出有章有法、有条不紊的发展态势，教学质量逐年提升。进而我又对学校管理模式进行了改革，增设综合办公室，下设党政办公室、校园文化研究室和学术委员会三个部门，并把原来的德育处、体卫处整合为德体卫艺处。经过了"增""减""合"的变化，学校形成了"四处两室"的组织机构，四处指的是教学运转处、教学质量处、教学科研处和德体卫艺处，两室指的是名师培养办公室和综合办公室。学校管理机制的变化，更加明确了教学工作管理，增强了德育工作综合管理的力度，体现了各司其职的服务格局，彰显了各项工作既竞争又齐头并进的氛围。

2. 团队机构设置强化目标意识

作为校长，第一要务是引领教师不断保持积极向上的精神状态。当学校发展进入稳定阶段，各功能处室完成了角色转换和有序推进后，我适时提出"整合"策略来增强团队组织构建，即取消年级组制，组建学科组团队，突出教师优势，营造竞争环境，强化目标意识，以达到最优化效果。宋代张载讲过："志大则才大，事业大；志久则气久，德行久。"目标是产生奇迹的源泉，不仅具有导向作用，还有激励协调作用。为此，学校委任学科主任，明确责任义务，明确待遇奖励。为便于形成团队合力，学校打破年级组办公，实行学科组办公，要求每个团队根据学校的发展目标提出本团队的具体目标。教学楼的每面墙壁上，悬挂着教师誓言、奋斗目标、励志语。这样，目标就不再是学校领导的单方面要求，而是全体教师主动提出的奋斗目标，学校的发展目标变成了全体教师共同的愿景，大家也会为自己提出的目标而同心协力、努力工作。我要做的就是保持清醒头脑，注意引领，分散管理权限、下放权力、分块推进、鼓励部门争先创优，创生"蓬生麻中，不扶自直"的学科场、处室场、学校场。

3. 特色机构设置彰显文化建设

学校是一个育人的场所，应该拥有浓厚的文化气息。随着学校的发展变化，师生的精神面貌、常规管理的实效都发生了显著的变化，我在思考学校进一步发展的突破口——校园文化建设。一般的职业讲求劳动交换、付出回报的均衡，但是教师这个职业则必须超越交换的性质，组织文化重建的过程注定是一个复杂和渐进的过程。我决定从行为的改变入手，因为行为的改变要比态度的转变简单容易得多。于是，学校重新组建了校园文化研究室，确定负责人、配备专职人员、明确工作任务，在整体规划的前提下，实行边调研边落实的工作方针，从而深化了"人人有才，人人成材"的办学理念和"科研兴校、名师强校、质量立校"的办学思路。学校利用办公室有限空间、墙壁，发挥装饰功能和让墙壁说话的功能，归纳形成了"七静三品四用"的静文化，促使了教师静心工作，自我发展，也激励教职员工奋发工作。视角多元化会带来行动多角度。在校园环境的布置上以责任教育为主题形成了三个教育区域；在班级文化环境上，以育人为突破口，学生自己设计班牌、班名、自定班风、确定班级的奋斗目标、选取催人奋进的班歌，明确干部的职责，开展班级自主管理，各班形成一种"事事有人做，人人有事做"的氛围，激发学生对集体的热爱，增强集体责任感和荣誉感。在建设文化校园的同时，还注重抓特色活动，从升旗仪式、广播体操、课间跑操等活动入手，提升整个学校的精神面貌。学校以活动为载体，不仅强健了学生的体魄，培养了学生良好的行为习惯、责任意识、自信心和对体育锻炼的兴趣，还强化了学生的团队意识，提高了组织性和纪律性，形成了浓郁的文化艺术氛围，促进了学生良好品质的形成。教师身处其中，也体验着参与活动的快乐。

4. 操作机构设置夯实过程管理

学校教育需要扎扎实实，必须改变心浮气躁、浅尝辄止的毛病，因为无论在生活中还是工作中，愿意把小事做细的人才能最终脱颖而出。我认同学校管理的最高层次就应该是这种无人管理仍在高效运转的管理，这应该是学校管理者追求的目标。要达到这样的目标，规范岗位职责、科学地进行考核评价、恰当地奖惩是基础，也是不可逾越的必经阶段。在学校的特色活动备受关注的时候，我没有被成绩冲昏头脑，而是适时改革了学校各种相关制度，在工作中化繁为简，避免形式主义，并分类捋顺各项制度落实的程序，提升干部的执行力。首先制订出各类教师的具体岗位职责，使每个人清楚应该干什么。其次制订与岗位职责配套的评价指标体系，使每个教师知道干到什么程度才算好。最后，制订考核的具体方法和奖惩办法，把评价指标体系落到实处。我们为 41 个岗位制订了岗位职责，不留空白，不走形式，每个岗位的职责描述具体详尽。再根据干部、教师、职员的工作性质分别制订考核细则，并设定以 1000 分为评价的满分，根据各项考核指标的主次分别进行赋分，形成我校的"千分制"考核方案。再细化为一线教师的"千分制"考核评价方案、后勤服务人员即职员的"千分制"考核评价方案、中层干部的"千分制"考核评价方案、班主任的"千分制"考核评价方案。考核评价方法分为月评和期评，最后由各部门归总成绩，形成学期每一个人考核评价的结果。我们做到考评专人管，过程痕迹清，每月一小评、学期一终评，月评和期评各有侧重，月评和期评的评价结果都反馈给教师签字认可。因为，考核评价的最终目的并不是给教师扣分，而是通过考核评价让教师不断查找自身不足，进而改正不足，提高工作质量，促进自身提高。这种从要求到评价，最后给予奖励的环环相扣的三大管理机制，使教师感到了优劳优酬、有所做有所得的精神满足。管理制度的完善与建立，让教师把责任、质量、需求融为一体，把教师对工作成就的渴望转化成了一个和谐集体的向心力，将人际关系的影响降低到最低点，给教师营造了一个变压力为动力的良好工作环境和公平竞争、和谐发展的工作氛围，在相当程度上减轻了教师的心理负担。

5. 管理机构调整，不断提高效率

几年的时间，我们一方面以各项规章规程为依据，从工作规范、目标要求、责任认定、业绩考评、奖励惩罚等方面加以完善，明确每个部门、每个教师的职责，建立包含计划系统、监督检查系统、反馈系统的科学管理流程，严格操作，精细管理，逐步形成决策正确、政令畅通、反馈及时、协调运转的有效管理机制，通过制度管理、规范管理、精细管理，大大强化和提高学校广大干部和教职工的角色意识、责任意识和自律意识。另一方面，在学术、重大问题的决策、人际交往、员工待遇等领域，淡化行政意识，摒弃琐碎的事务管理，实行扁平化、人文化、个性化管理。经历了机构重组、制度健全、氛围优化、管理规范等阶段后，学校已经今非昔比。此外，要有效地完成管理的技术性任务，取决于管理者能否很好地引导教师进行合作，而这样的合作又取决于从事这些工作或相关任务的教师之间工作关系的质量。我果断地提出再次"整合"的理念，成立教育教学综合处，将教育教学管理干部并为整体，形成合力，年级管理和处室管理两个链条穿插并成一轨，既着力培养干部的大局意识、合作意识、整体联动能力，又锻炼他们实际工作水平，打造教育教学全能管理的新型干部，并搭建平台，让大家体验合作就是"互相补台好戏连台，互相拆台统统垮台。内耗人人受损，团结人人受益"的氛围。我的目的就是提倡一丝不苟、注重细节的作风，把大事做细，把小事做好，该干的事不吝啬时间，要一竿子插到底。

三、着眼未来变中求新

我在办学实践中努力将"静"蕴含于学校管理之中，旨在提高学校管理和教师工作的效率，减少不必要的时间和成本，进而提高学校的育人水平。但是任何管理模式的构建仅仅是一种方式，只有达到规定的目标，才能衡量一种模式的优劣乃至成败。教育领导工作的实践需要我们管理者对学校有一个主动积极的心态，对领导角色充满真挚的热情，一个领导者的个人素质比领导技巧更重要。无论什么时代都需要引导者，校长责无旁贷。只有校长以其思想水平、人格魅力感染激发团队成员的热情，然后大家才能为了一个共同的目标而拼搏，这是大到人类、小到一个团体向前发展必须具备的条件之一。作为一所学校发展的"总设计师"，我更坚信"变是永恒的"，校长必须心怀追求卓越的坚定志向，对学校发展和变革方向有敏锐的战略眼光和清晰而明确的发展思路，必须具备能够统协全体师生向着既定目标共同奋斗的高超领导能力，努力成为一个广受欢迎的领导者。管理的科学性在于让人高效地做事，管理的艺术性在于让人愉快地做事。

心理学上有段名言："困扰我们的不是事件本身，而是我们对于事件的看法。"学校的改革就像一颗植株，在"成长"、在"拔节"，虽然未必达到"成熟"，但有了对自身成长的关注，我们的未来会走得更加坚定、自信、从容。

（该文发表在 2011 年第 12 期的《中小学校长》上）

新课改背景下如何提高教师的基本素质

新一轮的基础教育课程改革，对教师的基本素质提出了更高的要求。这种要求不仅是在专业知识方面，也包括思想品德、责任意识、创新精神、合作能力等。教师的基本素质不仅影响到学校的教育教学质量，也关系到课程改革能否深入地进行下去。所以，如何有效地提高教师的基本素质，是每一个校长都不容忽视的课题。作为一个初中学校的校长，我认为提升教师的基本素质应该从以下几个方面着手。

一、内化共同愿景，激发个人潜能

每个学校都有自己的发展目标，每个校长都有自己的办学理念，但只有把这些目标和理念内化为全体教师的共同愿景，才能调动每个教师的自觉性和积极性，让他们发自内心地工作，把学校的发展目标与个人的奋斗目标融为一体。校长仅仅是提出要求，大多数教师就会有一种被支配的感觉，难以产生主人翁的情感。为此，学校可按学科组和年级组将全校教师分成若干个团队，每个团队根据学校的发展目标提出本团队的具体目标，这样的目标不再是学校领导的单方面要求，而是全体教师主动提出的，学校的发展目标变成了全体教师共同的愿景，他们会为实现目标而努力工作。为了激励全体教师的工作热情，我们可提出"七静三品四用"，制成展牌挂在墙上，随时激励教师互助、合作、共享。

要实现大家的共同愿景，就需要激发每个教师的个人潜能。学校领导的艺术就在于把每个人的智慧和潜能激发出来，让它们发挥巨大的作用。为此，学校要制订系列化的奖励制度，如《班主任工作奖励方案》《教师完成教学常规工作奖励方案》《体育竞赛奖励方案》《指导学生参加第二课堂活动奖励方案》等，这样，不仅学校的教学质量会有大幅度提升，过去所谓的一些"小学科"老师也会有用武之地，学校的艺术、体育、科技等各方面工作也会有很大改观。

二、搭建学习平台，更新教育理念

联合国教科文组织在《学习——内在的财富》一书中提出："终身学习"是人类解决未来面临的各种矛盾、迎接 21 世纪挑战的"钥匙"之一，是"社会的脉搏"，是一切重大教育变革的指导原则。而建立在全体社会成员终身学习基础之上的"学习型社会"，则是人类社会发展的理想目标。

目前，终身学习的概念已经深入人心，特别是这次基础教育课程改革，对广大教师来说是新生事物，对教师的素质提出了更高的要求。教师如果不能及时学习新理论、新知识，就不能适应这次前所未有的课程改革，所以提升教师的基本素质就要从学习开始。为了鼓励教师学习，我们必须疏通多种途径，力所能及地给教师提供学习的条件和机会。

首先，学校要积极营造良好的学习氛围，让全体教师牢固树立"终身学习、不进则退"的理念。学校科研处每学期可选编一些优秀的文章，结集成册发给每一位教师，让他们有目的地把教育教学理论的学习落到实处。学校每学期可推荐一些书籍供教师们阅读，要求每位教师完成读书笔记，并举办校内读书心得交流会、读书收获报告会，从而提升教师的理论素养，转变教育教学观念，将新思想、新理念用于新课程改革的实践中。学校可要求每位老师每学期阅读教育教学理论书籍不少于两本，完成读书笔记不少于 5000 字。每学期末，学校可对教师的读书学习情况进行考核。

其次，鼓励教师进行学历进修。根据原有的教师学历标准，初中教师只要具备大专文化程度就行了。随着时代的发展，我们对教师的学历要提出新的要求，要求教师都要进修本科学历，有条件的教师要学习研究生课程。为此，学校可制订《教师参加教育硕士学位进修的奖励方案》，鼓励教师考取教育硕士。

最后，学校要创造一切机会让教师参加培训，鼓励教师参加继续教育。校长要组织全体教师去教育强地考察学习，派骨干教师参加课题指导讲座，派学科带头人去参加高层次的研修学习。总之，只要有学习的机会，学校就要克服困难让教师参加，帮助教师高起点"充电""换脑"，提升理论素养，拓宽教育视野。

三、细化岗位职责，增强责任意识

责任意识是教师的基本素质。一个有责任感的人不会计较个人得失，会把做好本职工作看做是自己的天职，一旦做不好工作就会感到内疚甚至有一种负罪感，因此会千方百计地把工作做好。

培养教师的责任意识，首先要让每个教师清楚自己的职责范围是什么，怎样才算尽职。为此，我们首先要为全校的每一个岗位制订岗位职责，如德育处主任职责、副主任职责、年级组长职责、备课组长职责、课务员职责、学籍员职责等，不留空白，每个岗位的职责描述都很具体。方案制订出来后要先让教师们反复讨论修改，讨论的过程也是一个教育的过程，是一个培养责任意识的过程。

要培养教师的责任意识，还要注意督促和考核。在学校工作中，各项工作如果不与评价考核结合起来，便很难落到实处。为此，我们要根据每个岗位的职责制订考核评价方案。方案可分为工作态度、本职工作、加分项和减分项四个指标，每个指标都要有若干关键表现予以佐证。加分项主要是鼓励教职工有特殊贡献，鼓励教师对学校工作多提建设性意见。

当然，一个人的责任意识不完全取决于制度的考核，更多地需要自觉的行动。但责任意识也有一个培育的过程，在这个过程中，除了积极地引导和启发外，也要做到明确职责、加强监督、注重考核。许多学校在这方面落实不好，与岗责不明、督查不严、奖惩不力也有关系。

四、创设科研氛围，打造高效课堂

中小学教师的教育科研，不同于高校和专业科研机构的科研工作，而更多的是立足于本职，服务于本校。这次新课程改革提倡的"校本教研"主要有三种方式：专家引领、同伴互助、个人反思。围绕这三种方式，我们要积极创设科研氛围，鼓励教师参加教科研活动。在专家引领方面，我们聘请知名的专家教授作为学校的常年顾问，定期到学校来开展讲座和评课、座谈活动。在同伴互助方面，我们通过开展各种比赛和研讨活动提高教师的专业素养。在个人反思方面，我们对教师提出"5个1"和"4个2"的具体要求：每学期撰写1篇有特色的德育论文或教育案例；每年主持或参与1个科研课题的研究工作；每年撰写1篇具有一定学术水平的教学研究论文；每学期做1节校级研究课或专题讲座；每学年做1节区级或区级以上的研究课或专题讲座；每学期完成两篇以上有创意的课堂教学设计方案或学案；每学期完成2篇以上2000字左右的教学反思；每学期编制2份以上高质量的单元检测试卷；制作2节课以上的多媒体教学课件。

在教师备课方面，过去我们往往重格式轻内容，重形式轻效果，学校领导花费大量时间检查教师的教案，教师花费大量精力抄写教案，但上课时往往不用这个教案，只是为了应付检查。为了提高学校的教学质量，我们必须从实际出发，改革教师的备课办法，提倡集体备课，可采用下列做法：备课组集体讨论教科书教法—分工执笔写教案—集体讨论并修改教案—形成电子教案并共享。这样可把教师从抄教案的无效劳动中解放出来，集中精力研究学生、考虑教法，结果会大大提高课堂教学的效率。教师在教学过程中有了新的体会，可及时在电脑上提出修改意见，每个教师使用一种颜色的记号，一看就知道是谁的建议，然后开展集体讨论，修改后的教案供下一轮使用。由于提高了课堂教学的效率，学生的负担可大大减轻，包括初三毕业班在内，学生在节假日和星期天可不加课，教师和学生都能得到休息。

提高教师的基本素质是学校工作永恒的话题，校长的工作重点就在于创新办学理念和做法，结合学校工作的实际，不断提出新思路、实践新做法，引导教师不断前进。

（该文发表在 2008 年第 9 期的《天津教育》上）

评价一堂好课的两个主要指标

究竟什么样的课才算是一堂好课，不同的人有不同的评价标准，在不同的时期也有不同的评价标准。人们从不同的视角去审视和评价，也会得出不同的答案。我认为评价一堂课的好与不好，关键是要抓住学生能否得到发展和教师能否给学生的发展创造良好的条件这两个方面。

一、学生能否得到发展是评价一堂课好与不好的决定性指标

课堂教学的本质是让学生学会学习，根本目的在于促进学生的发展。所以，评价一堂课的好与不好，关键要看学生的学习是否有效、高效，课堂教学是否促进了他们的发展。因此，学生在课堂教学中参与学习活动的兴趣、具体表现以及在学习活动后得到的结果，都是评价课堂教学成功与失败的关键要素。

1. 好课应该是学生参与程度高的课

一堂好课应该是所有的学生都积极主动地参与到课堂教学的各个环节中。也就是说，从参与课堂教学的广度来讲，所有的学生在课堂教学中的每一个环节都应该参与；从参与课堂教学的深度来讲，学生的参与应该是积极、主动的，而不应该是消极、被动的。学生应该在教师的引导下能够养成良好的学习习惯，掌握科学的学习方法，自主建构知识，形成独立获取知识、创造性地运用知识解决实际问题的能力。当然，在课堂教学中，要使学生积极主动地参与，教师就要努力为学生搭建自我展示的平台，提供自我表现的机会，创设主动参与的时间和空间，激发每一个学生的参与愿望，还学生以学习的自主权，使每一个学生在参与的过程中体验学习的快乐，获得心智的发展。

2. 好课应使学生的问题意识和质疑能力增强

传统的课堂教学一般是教师提出问题，学生在教师的指导下经过思考、讨论、

解决问题，课堂教学的最终目的是解决问题。而现代教育理念认为：学习科学知识固然很重要，但形成科学态度、科学精神更重要。如果学生带着问题走进教室，又能带着更多的问题走出教室，那对培养学生怀疑的、批判的、探索的、创造的精神将是非常有益的。新课程改革要求教师并不以知识的传授为唯一目的，而是以激发学生的问题意识、加深问题的深度、探求解决问题的方法，特别是形成自己解决问题的独立见解为目的。所以，学生在课堂上能否主动地提出问题，能否发表对某个问题的不同意见和独创性见解，上完一堂课后能否再提出一些富有探究性的问题，能否再发现新的问题，将是我们评价一堂课成功与否的一个重要方面。

3. 好课应该能提高学生的学习效果

学生的学习效果不止体现在知识与技能方面，学习方法和学习习惯也是非常重要的。如果学生在知识、能力、方法、习惯等方面都学有所得，课堂的教学气氛和学生的学习气氛和谐，即师生关系和谐、生生关系和谐，师生互动、生生互动，能体现以人为本，学生总盼望着上课，那么这样的课肯定就是好课。

二、教师能否创设学生发展的良好条件是评价一堂课好与不好的重要参考指标

课堂教学是教师的教和学生的学的共同活动。学生的学能否有效，与教师的教有很大关系。一堂好课应该教学目标明确、教学重点突出、教学难点设置恰当、教学媒体使用得当。但在新课程理念下，我们评价一堂课的好与不好更应该关注以下五个方面。

1. 好课能有效地落实三维教学目标

课堂教学的三维目标（知识与技能、过程与方法、情感态度与价值观）是相辅相成的，是一个问题的三个方面。因此，在落实这"三维"目标时必须注意这三者的有机交融、渗透，不能完成了一维目标再落实另一维目标，它们是联系在一起的。就像是一个物体，不可能只拿起"高"而不拿起"长和宽"一样。知识是基础，是依托，是载体，是推动学生发展的双翅。学生在学习具体知识、形成一定技能的同时，必然要经历一定的过程，采用一定的方法，进而形成学习的初步能力，学会"学习"。在学习的过程中必然要伴随一定的情感和态度，总会有一定的价值取向。教师在教学过程中一定要进行正确的引导，引导学生具有社会责任感、正确的生活态度和做人态度以及科学的世界观、人生观、价值观。

2. 好课能关注学生的个体差异，使每个学生都能得到充分发展

教师应该尊重学生的人格，关注学生的个体差异，满足不同学生的学习需要，

创设能引导学生主动参与的教育环境，激发学生的学习积极性，培养学生掌握和运用知识的态度和能力，使每个学生都能得到充分发展。在课堂教学中要承认学生之间的差异性，让每个学生在原有基础上、不同起点上获得最优发展；承认学生发展的独特性，捕捉他们身上的闪光点，发现他们的潜在优势，让每个学生形成独特而鲜明的个性。如课堂教学中问题的设计、习题的选择、合作小组成员的组合以及作业的布置等环节，都要充分考虑到各个层次的学生，不要让课堂被小部分学生所控制。在同一个教室里，学生是存在差异的，教师应该根据学生的具体情况为他们创造适合其表现的机会，不要使课堂教学中的某个环节或教室的某个角落出现盲区。

3. 好课能创设情景，培养学生的自主探究能力

一堂好课不在于教师给了学生多少知识，而在于培养学生的创新思维、创新意识、创新精神。新课程要求教师在课堂教学中让学生感受、理解知识形成和发展的过程，培养学生的科学精神和创新思维习惯，培养学生探究问题的能力。所以，教师在课堂教学中要善于将科学探究手段引入课堂，让学生在教师的指导下进行自主探究活动，在学习过程中充分"体验"和"经历"。

4. 好课能依据教学内容拓展课程资源

新课程倡导教师用教科书教而不是教教科书。也就是说，教科书只是一个范本，教科书上有的例子不一定都在课堂上用到。教师在课堂教学中应该根据课程标准的要求，关注学生的学习兴趣和经验，依据学生的实际水平和认知规律，有意识地拓展课程资源，加强课程内容与学生生活以及现代社会和科技发展的联系，注重开发和利用学生生活经验及学习经验中的教育资源，将教学内容设计为从社会、从生活走进教科书，再由教科书走向社会、走向生活，以此增强学生的情感体验，使教学过程充满情趣和活力，这样学生对学习就会有兴趣，就愿意学习。

5. 好课能有效地指导学生进行自我反思、自我评价

教学反思是提高教师专业化水平的有效措施，新课程要求教师要主动地进行教学反思。教师在教学中也要有效地引导学生通过反思提高自学的能力，提高建构知识系统的能力。在教学中，教师要引导学生思考：对这个问题我是怎么想的？我为什么这样想？为什么做出这样的选择？所选择的解题途径是否最佳？是否还有更好的解题途径？这些知识（或问题）之间有何联系？等等。这样做，可以培养学生反思的意识和习惯，有利于提高学生的学习能力。

（该文发表在 2009 年第 4 期的《天津教育》上）

不要硬性规定课堂讲授时间

作为学校管理者，对教师课堂讲授时间硬性规定，其出发点大多是为了充分发挥学生的主体作用，力求解决上课时教师讲授多、学生活动少的现状。而实际上对教师上课时的讲授时间硬性规定，不但达不到此目的，反而还会"丢了西瓜捡芝麻"。此法真正落实起来难度很大，其实际效果也很难达到。

第一，教师上课时的讲授时间难以准确测量。无论是授课的教师还是听、评课的教师都无法准确计算课堂上教师讲授的具体时间。试想，如果一个教师上课时总在想自己的讲授时间是否超出了学校规定的讲授时间，他能全身心地投入到课堂教学的情境之中吗？如果听、评课的教师把注意力分散在了记录授课教师讲授所用的时间上，他也不可能全身心地研究授课人的课堂教学设计意图、教师讲解和学生活动体现出的教育理念、教师运用的教学方法和教学手段是否得当等。另外，课堂教学中会有很多偶发事件发生，有的教学环节在课堂上的实施会与课前的预设有很大的差异。在课堂教学中我们的教师也会产生很多教育机智，所以课堂上教师讲授的时间也很难准确把握。因此，硬性规定教师在课堂上的讲授时间，不但很难实现初衷，而且会抑制教师教学机智的发挥。

第二，课堂教学质量的好坏与教师讲授的时间不成比例。课堂教学的本质是教会学生学会学习，掌握终身学习必备的基础知识和基本技能，根本目的是为了促进学生的全面发展。所以，课堂教学质量的好坏应该以是否促进学生的全面发展为依据，不能简单地以课堂上教师讲授时间的多少来评价。课堂教学质量的好坏最终应由学生来评判，如果学生特别愿意上这个教师的课、上他的课都不愿意下课，不上他的课都感到后悔和遗憾，那么这样的课就应该是一堂好课。因为学生愿意上这个教师的课，学生在课堂上的参与程度肯定就高、学习兴趣肯定浓厚、师生关系肯定和谐，这样的课教学效果也肯定会好。上课时教师讲授的时间短，并不能说明学生的参与程度就高，自主学习的效果就好；相反，上课时教师讲授的时间长，也不能片面地认为学生的参与程度就低，学习效果就差。至于课堂上教师讲授的时间长短，要依据教科书内容的难易、学校硬件水平的高低、学生的基础和教师的素质等多种因素综合确定。如果教科书的内容比较简单或与学生的生活实际联系比较密切，学生的感性认识比较丰富，学生通过阅读教科书就能学会，则教师在课堂上完全可以不讲，通过学生的自学、学生之间的相互讨论来解决课堂教学要达到的目标；如果教科书的内容难度一般，教师可设计一些引导性的问题帮助学生自学，学生按照问题进行自学、讨论，教师再根据学生自学讨论中暴露出的问题进行有针对性的讲解；对于教科书中比较抽象、难度大的内容，教师讲的就要多一些。如果学生的基础较好、自学能力强，教师就可以少讲些；如果学生的基础较差，教师引导讲解的就要多一些。此外，如果学校的硬件设施好，对某些问题还可以通过多媒体的手段来解决，以减少教师讲解的时间。其实，在同一堂课上，根据不同层次的学生，教师讲授的时间也应该有所区别。

第三，追求课堂教学的高效应该通过提升教师的教育理念来实现。课堂教学能否实现高效，关键在于教师专业化素养的高低。实现课堂的高效需要教师有先进的教育理念，要心中有"法"、目中有人。试想，如果教师不具备先进的教育理念，对学生为主体教师为主导的观念认识不深刻，单凭规定上课时教师讲授的时间就能提高课堂教学效率吗？现在，全国各地不少学校都在学习江苏的洋思中学、山东的杜郎口中学的经验，可他们真正学到了吗？可以肯定地说，没有真正学到。为什么没有真正学到？因为他们没有学到这些学校的课堂教学改革的实质，没有学到其精髓的东西，只是照搬照抄一些直观的形式上的东西，所以就会出现很多对教师上课讲解与学生活动的时间做出各种不同比例规定的不合理的教学模式，甚至导致课堂教学的评价标准都走向了极端。洋思中学对课堂教学的时间做出规定，要求教师课堂上讲授的时间不能超过多少分钟，不是学校领导单方面的行为，也不是一蹴而就的，他们的课堂教学改革模式是经过多年的探索逐渐形成的，是在教师们的教育理念不断地发生变化、学生的学习能力也不断提高的前提下提出的，可以说是教师们真正树立了学生的主体地位后自觉自愿的行为。如果在学生自学能力比较差、教师的教育理念滞后的条件下，依然生硬地规定课堂讲授时间，不但达不到我们预期的目的，反而使课堂教学的效益更低。所以，我们应该在提升教师的教育理念上下工夫，要通过专家引领、同伴互助、个人反思等多种形式提高教师的专业素养。教师具备了先进的教育理念，树立了学生的主体意识，至于课堂上讲几分钟，教师们会根据教科书的内容、学生的学习能力做出适当的决定，不需要学校硬性规定讲多少时间。

总之，对课堂上教师讲授的时间不能做出硬性的规定，但作为学校管理者，引导教师树立精讲的意识倒是应该的，只要教师树立了以学生为主体的意识自觉地去做就行了。

（该文发表在 2009 年第 7 期的《天津教育》上）

校长是否兼课要因人而异、因校而异

现在有些地方规定中小学校长必须兼课。校长是否应该兼课，不同的人有不同的观点，有着相同工作经历的人观点也不尽一致。我认为校长是否兼课应以校长的工作经历、专业特长及学校的规模大小而定，应以学校发展的不同时期而定，切不可强行规定校长必须兼课。

一、校长的主要任务是领导和管理学校

校长有不同的类型，有行政型、业务型、实践型、学者型等。无论是哪一种类型的校长，无论是否兼课，都有成功者，都有成为优秀校长或名校长的若干典型人物。所以，兼课不应是对校长的强制要求。校长是学校的管理者，其主要任务应该是办学，为教师和学生的发展创造环境、提供条件。校长可以兼课，其主要目的是从科研的角度和管理的角度探讨问题，并以此来提高教师的教育教学能力。就如同一个乐队，校长主要还是指挥者，教师是乐队的演奏者，指挥者偶尔也可以弹奏乐器，但主要任务还是指挥。

校长首要的任务是领导和管理，领导和管理好学校是校长的主要工作。评价一名校长是否称职，关键还是要看他管理学校的水平，兼不兼课不应作为评价校长工作的主要指标。校长不兼课的主要原因有以下三方面。

一是校长兼课会分散其管理学校的精力。校长是学校的法人代表，是学校工作的第一责任人，对外代表学校，对内全面负责学校的各项工作。校长除了处理各类常规事务和组织工作例会外，还要应对各种突发事件，思考学校发展的战略问题，协调各方面的关系等。校长兼课势必会分散校长管理学校的精力，抓学校管理这个大局才是校长要抓的主要矛盾。主要矛盾抓不住、抓不好，即使自己的课教得再好，教学效果再突出，也是"捡了芝麻，丢了西瓜"，得不偿失。

二是校长兼课会加重其工作负担。校长如果兼非考试科目的课，每周的课时量较少，也许压力、负担会小些；但如果兼语、数、外、理、化等主要学科的课，则会耗费相当大的精力。校长兼课，教学成绩至少不能低于普通的一线教师，如果校长的教学质量不高，课堂效益低下，所教的学生学不好，那校长就很难有威信。校长要想真正把课教好，就必须在课下花费大量的时间进行精心准备，这就意味

着校长要花费很多的时间和很大的精力在自己所教的学科上，这势必会影响校长
对学校全局工作的领导和管理，也会大大加重校长的工作负担和精神压力。

第三，校长兼课难以保证教育教学质量。当今的校长要面对很多琐碎的事务，
虽然有分管校长和中层干部去做这些事情，但是有很多事情还是需要校长亲自参
与决策。此外，现在上级部门召开的很多会议，都明确要求校长参加；上级部门
布置的很多工作都明确规定校长是第一责任人；招生考试、校园安全等一系列工
作，校长更是第一责任人；学校每年要接受的上级部门的督导评估和各种各样的
检查评比以及年度考核、评先评优、职称评定等，都要耗费校长大量的精力。由
于校长有诸多的管理工作，所以在备课、上课、批改作业、辅导学生上花费的时
间，与其他教师相比就会少得多，而且难免会出现因为开会调课、外出误课等情况，
这就势必造成上课的随意性较大、系统性缺乏，久而久之，学生家长乃至班主任
都会有意见，教学质量肯定难以保证。

二、校长兼课应因人而异、因校而异

有些校长，他们专业特长不算突出，但他们擅长管理，虽然在教育教学和科
研方面成绩并不十分显著，但他们深谙教育的政策法规，有一定的管理理论和丰
富的行政管理经验，善于按管理的规律办事。他们能通过决策计划、组织协调、
检查总结，有效地进行学校管理，有一整套科学且行之有效的管理制度和管理措
施。对这种行政管理型的校长，如果我们非得要求他们兼课不可，不仅起不到校
长兼课的示范榜样作用，还有可能降低校长的威信，影响其管理优势的发挥。

对于教师和学生数量不多的学校，校长兼课是可行的，因为他管理的负担相
对较轻。对于规模比较大的学校，校园内外环境比较好，各项管理制度健全，运
行体制良好，校长善于授权或放权，能从繁杂的具体事务中解脱出来，精力允许，
又有专业特长，当然，校长兼一定数量的课是必要的。这样做不仅有利于促进校
长自身的专业发展，也有利于发挥校长的专业引领作用。具有一定专业特长的业
务型校长，往往是从一名优秀教师逐渐成长为校长的，他们在长期的教育教学实
践中形成了自己的教育理念和思想，对教育教学有一定的理解和认识；他们的业
务能力强，教育教学工作做得好，教育教学业绩突出；他们热衷于教学研究，科
研成果颇丰。由于他们在教育教学成绩上表现突出，使他们成为优秀教师的表率
和榜样，具有极高的威信和良好的形象。这样的业务型校长兼课，有利于其教育
思想在实际的课堂教学中体现出来，有利于新课改理念得到落实。

校长对学校的领导首先是教育思想的领导，其次才是教育行政的领导。那么，

教育思想的领导如何在学校工作中体现呢？我认为学校工作的方方面面，大到学校管理制度的制订与实施，小到学校发生的每一件具体小事的处理都体现着校长的教育思想。课堂教学更能体现教育思想，校长亲自教课有利于把自己的教育思想、课程改革的理念在课堂教学中展示出来，可以给全体教师树立榜样。例如，新课程改革的一些理念，课堂上以教师为主导、学生为主体，注意培养学生的主动探究能力，这些理念如果能在校长的课堂教学中体现出来，要比宣讲课改理念作用大。校长兼课可对教师起到示范作用，可以把自己的课堂教学作为教学课例进行分析，通过课例体现自己的教学理念。校长兼课有利于优化学校管理，校长亲自走进课堂，了解学生的学习状况、思想状况，在制订一些学校管理措施的时候就会增强针对性、实效性，从而提高管理效能。

但是，如果学校管理不够顺畅，管理工作就已使校长精疲力竭，而校长还勉强去兼课，这样不仅达不到兼课的目的，还会因兼课而分散精力和时间，影响其在管理方面的投入，结果得不偿失。

无论是哪一种类型的校长，是否兼课还要考虑不同时期的需要和学校的现状。如果一所学校各项管理制度完备，运转正常，已经形成了人人都管理、事事见管理、处处有管理的局面，那么校长就会有足够的精力去统筹全局、抓保证方向的大事，也可以去兼课。如果学校的基础比较薄弱，各项管理都急需规范，那么校长的主要精力就要用在抓管理、立规范上。

（该文发表在 2009 年第 10 期的《天津教育》上，被中国人民大学书报资料中心复印报刊资料 G30《中小学学校管理》2010 年第 3 期全文转载）

学生大课间活动不求形式要求实效

中小学校的大课间活动到底是集体统一做操好还是让学生自主活动好？笔者认为：大课间活动既要集体做广播体操，也要开展丰富多样的体育活动，二者兼而有之。

一、广播体操对促进学生生长发育和健康成长具有积极意义

广播体操是教育部推广的国操，必须做。2007 年 7 月，教育部又推出了第三套中小学生广播体操，教育部体卫艺教育司司长杨贵仁介绍说，第三套中小学生广播体操更具科学性，整套体操以教育学、心理学、生理学、社会学、运

动生物力学等理论为创作的基础，动作的设计注重适应不同年龄段中小学生身体发育和心理发展的规律，注重学生承受体育负荷的规律，符合有氧代谢的特点；更加注重对中小学生良好身体姿态以及身体灵活性和协调性的培养，更加注重体现广大中小学生在阳光下积极参加体育锻炼、健康成长、朝气蓬勃、乐观向上的精神风貌。

广播体操在学校的教育活动中分量很重，是全体师生共同参与的一项活动，因此，它还是体现中小学校教育教学管理水平很好的载体。到某所学校去看看，这个学校广播体操做得好，其他方面工作也不会太差。学生精神面貌、学校管理、师生和谐等方面，都能在每天的广播体操中体现出来。

二、大课间给学生创造自由快乐的活动天地

大课间给学生创造了自由快乐的活动天地，学生可以根据年龄、性别、健康状况、体育基础、兴趣爱好等选择活动项目，体现了"因人制宜"的原则。但大课间活动的开展还要考虑校情、场地、季节、安全等因素，也就是要体现因校、因地、因时制宜的原则。那么，如何有效开展大课间活动呢？

一是实行"双间制"。上、下午第二节课后各安排30分钟的大课间活动。二是采取先集体做操后分年级、分班自主活动的形式。每个年级、每个班一周各两个必选项目（毕业年级项目与体育考试科目结合），每四周一循环。即每天上、下午各安排30分钟的大课间体育活动时间，前5分钟集体做广播体操，之后25分钟在欢快的音乐声中进行自主活动。每周每班安排两个必选项目，其他游戏可根据个人兴趣进行。如七、八年级的活动项目有：长绳、沙包、短绳、皮筋、软式排球、呼啦圈、毽球、仰卧起坐；九年级的活动项目有：篮球投篮、篮球运球、软式排球、实心球、沙包、皮筋、短绳。另外根据季节调整活动内容，冬季时，上午大课间进行全校冬季长跑，下午大课间按原计划进行，最后安排5分钟时间调整气息、整理队伍、带回教室。

三、搞好大课间活动的几个建议

1. 领导重视、转变观念是前提

大课间活动质量的高低，关键是看学校领导是否真正重视大课间活动，是否树立了为每一个学生的健康着想的理念，是否使"每天锻炼一小时，健康生活五十年，幸福生活一辈子"的理念植根于师生的心田。我校提出"以体促智"的办学理念，着力在师生中确立"我运动、我快乐，我运动、我健康"的运动理念，

将体育工作确实提上日程，坚持"双间制"开展阳光体育运动，学生体质健康状况有了明显改善，体育锻炼成为师生每天的必修课。

2. 活动方案的制订是保证

精心设计活动方案才能保证大课间活动的顺利实施。对于活动时间的安排、不同季节活动内容的确定与选择、活动强度的论证、组织形式、场地划分、器材的配备、音乐的选配、行进路线、教师的指导与参与、领导的监督、传统项目与现代项目的结合、民间游戏开发、各种赛事（广播操比赛、球类比赛等）的确定等因素都应在设计范围之内。充分发挥大课间的综合效益，将"快乐教育""养成教育""健康教育""艺术教育"等现代教育理念贯穿于活动之中，既强身健体，又陶冶情操。

3. 组织管理是关键

只有管理到位才能保证活动质量，才不会使大课间活动制度落空。在上述方案的指导下，制订系列相关制度和相关岗位人员职责并严格执行，保证每一次活动中师生参与到位、班主任组织到位、体育教师指导到位、领导监督检查到位、评价机制到位、方方面面的协调到位，尤其是安全保障更要到位。大课间活动是每天全校师生在同一时间内共同参与的大型集体活动，学校场地有限，人员密集，在自主活动时对组织管理工作要求更高，除进行场地、器材安全检查外，还要避免开放式的"自由"活动，保证活动有序、有效地进行，减少和防范校园运动事故的发生。

大课间活动项目毕竟还会受到多种因素的制约，致使一些体育项目不能满足师生的需要。因此，学校可举办各种体育社团或俱乐部，如健美操、藤球、乒乓球、足球、武术操、田径训练等，给师生创造锻炼健身的广阔天地。

总之，能否满足学生生长发育的需要，能否达到增强学生体质的目的，是开展大课间活动的关键。大课间活动的开展不是一种形式，也不是看谁搞得多么热闹，而是把体育活动寓于健身之中，把体育与健康教育结合起来，把休闲与锻炼结合起来，把传统体育与现代体育结合起来。在充分调动学生参与积极性的基础上，逐步培养学生对体育的兴趣爱好，养成自觉锻炼身体的习惯，同时促进学生身体素质的提高。因此，大课间活动的开展不应讲求形式，而要讲求实效。

（该文发表在 2010 年第 5 期的《天津教育》上）

高效教学的探索与实践

提高教学质量的关键是提高课堂教学效益，只有抓住了课堂教学这个主渠道，关注了学生的个体差异、调动了学生的学习主动性、唤醒了学生的学习潜能，教学质量才能不断地提升，教学质量的提升才具有生命力。

2002年，作为塘沽教育中心初中化学教研员，我申报了天津市教育科学规划"十五"课题《分层教学模式的研究》并获得立项，同年，我编著的《新编初中化学知识点组系列辅导与跟踪训练》一书，由北京教育出版社正式出版，为在塘沽初中化学学科推广研究分层教学奠定了研究基础。2005年《分层教学模式的研究》课题结题，通过了天津市教育科学规划办专家组A级鉴定。2008年，该研究成果获得天津市第四届基础教育教学成果奖评比一等奖，2009年，获得中国教育学会第五届"中国教育学会奖"教育科研成果评比三等奖。在课题领引下，塘沽初中化学成绩在全市一直领先。

2006年，我调入塘沽十五中任校长，开始在全校所有学科中倡导分层教学，并以此为基点，不断深化课题研究，不断探索高效教学。我们把分层教学与"学练议"的课堂教学模式和"学练卷"相结合，促进了课堂教学的高效。几年的研究与实践，使我们充分地认识到：必须把高效教学作为教学的一个系统工程来研究和落实。我们基本做到以下几个方面：突出"一种理念"作为支撑——课堂教学必须贯彻分层教学的思想；实施"一种模式"进行操作——"学练议"教学模式；采取"一项措施"作为载体——学练卷；落实两个保证作为基础——改革备课办法、夯实校本教研。

一、一种理念——课堂教学必须贯彻分层教学的思想

分层教学是指教师在教学过程中充分考虑到学生存在的个性差异，针对不同层次学生之间不同的个性特征与心理倾向，以及不同的知识基础与学习能力，设计不同层次的致力于促进全体学生得到最大限度发展的教学目标，通过教师引导学生分层探究质疑，分组讨论内化及分层练习测评等多种方法达到教学目标、强化教学目标和深化教学目标，从而使全体学生都能在原有的基础上学有所得，在知识和能力方面都能得到充分发展，先后达到课程标准的要求。分层教学在教学

组织形式上交替运用班级、分组和个别辅导等形式，充分体现面向全体学生、分层优化、因材施教的教学特点，对于激发学生的学习兴趣，促使学生主动获取知识，大面积提高教学质量是很有效的。

贯彻分层教学的思想即是要在教学的全过程中充分尊重学生的个性差异，认真探究如何对学生进行合理的分层和分组，教学目标、备课、授课、课堂练习、作业布置、作业批改、阶段测试、课后辅导、教学评价如何进行分层，以保证每一个学生在课堂教学中都能够积极地参与课堂教学活动，使每一个学生都能在原有的基础上有所提高，有所收获，有所发展。

在分层教学思想的指导下，我们在教学过程中形成了"十抓"的教学策略。

一抓学生的分层和分组。由于每个学生个体之间都存在着一定的差异，导致学习上存在差异性。教师必须深入的了解学生，研究学生，根据学生存在的个性差异，合理的对学生进行分层和分组。教师可通过课堂提问、平时作业、单元测验、平时的接触观察等途径，了解学生的可能性水平，然后将学生分为三个不同的层次：优等生、中等生、学习困难生，并随着学生学习情况的变化而随时进行调整。不同的学生所处的层次教师一般不要告诉学生。如果要告诉学生，就必须充分征求学生本人意愿，并适当进行指导，让他们根据各自的实际情况"对号入层"。

二抓教学目标的分层。根据课程标准的要求，具体教学内容和班中各个不同层次学生的可能性水平，制订与各个不同层次"最近发展区"相吻合的分层教学目标并明示给学生，目的是让师生都明确学什么和各个不同层次的学生分别学到什么程度，以更好地发挥教学目标的导向和评价功能。一般将每节课的教学目标分为三个层次：起点目标——学困生达到，基础目标——中等生达到，提高目标——优等生达到。

三抓备课的分层。实施分层教学，搞好分层次的备课是非常关键的。教师要根据不同层次的教学目标，设计不同层次的教学内容、教学时间、教学步骤、教学方法和教学手段，以及不同层次的课堂提问、课堂反馈练习和课后作业，认真写好教案，做好课前的一切准备。搞好分层次的备课是搞好分层教学的保证。

四抓授课的分层。教师的讲授要依据课程标准的统一要求、教材的统一内容和知识系统在统一时间、统一进度内向全体学生进行同步教学，把教学措施建立在学生共性的基础上，讲授最基本的教学内容，完成最基本的教学目标。这是授课分层的前提。过程中，教师要根据优等生、中等生和学困生这三个不同层次的学生群体的知识、能力、情感、意志、性格等个性差异，采取分组分层，加强对各类不同学生的指导，对于个别学生和个别问题可以通过小组合作学习等形式，由优等生帮助解决,发挥"小老师"的作用,实现学生自身能力差异的资源共享,促进不同层次学生学习的积极性和主动性。

五抓课堂练习的分层。巩固练习题要体现不同的层次要求,尽可能地不搞一刀切。对于学习困难的学生,侧重抓基本概念,过好"书本关",多设计一些基础性、知识性、识记性的题目,不布置技巧性、难度大的题目;对于中等生,则应强调基本概念,并多设计一些基础题,可适当设置少量的有一定技巧和难度的题目;对于优等生,则应在强化基本概念和基本技能的同时,适当拓宽其知识面,并可设计适当的与巩固双基有关的技巧性强、难度稍大的题目。设计的练习题可分别对三类不同层次的学生设计成三组,每类学生分别完成相应的一组;也可设计成由易到难的 A、B、C 三组,要求学习困难的学生完成 A 组,中等生完成 A、B 两组,优等生完成 A、B、C 三组。

六抓作业布置的分层。教师在布置作业时一定要考虑各个不同层次学生的实际情况,分层设计,每次课后作业一般分三种类型的题目。一是必做题,题目深浅度适中,难易适宜,学习困难的学生经过努力也可独立完成。另一类是自选题,有一定的深度和难度,学习困难的学生和中等生可选做一些题目,优等生则全做。第三类是思考题,有一定的技巧性,优等生经过反复思考才能做出来,目的在于培养优等生综合运用知识解决实际问题的能力。

七抓作业批改的分层。学生的作业批改必须分层次。这样做一方面可减轻教师的负担,另一方面可以提高作业批改的实效性。对于学习困难学生的作业,教师要当天全部批改,给学生指出错误及其原因,并由学生当天订正。如果教师能面批作业效果更好,这样可以使学习困难的学生不断进步;对于中等学生的作业,教师也要全部批改,记录下好的方面和存在的问题,及时反馈给学生,促使其不断进步;对于优等生的作业,教师可根据实际情况采用轮批的办法,教师每次只批改一部分,其余的由科代表负责检查,向老师汇报,让学生主动发展。

八抓阶段测试的分层。阶段测试题的编写必须要考虑到各个不同层次学生的实际能力,通过对测试题的解答能够考查出各个不同层次学生的学习水平。教师在命题时可出两套内容和难度不同的试题,即 A、B 卷。A 卷侧重考查学生对基础知识和基本技能的掌握情况,B 卷侧重考查学生灵活应用所学习的知识解决实际问题的能力。

九抓课后辅导的分层。课后分层辅导是实施分层教学的重要辅助环节。课后分层辅导可采用集中辅导和个别辅导相结合的方式。对于学习困难的学生,重点放在端正学习态度,明确学习目的,培养学习兴趣上,帮助他们掌握最基础、最重要的知识。通过老师耐心细致的辅导，"牵着过河"，使其"进得来、学得进、听得懂、留得住"；对于中等生主要是教会学法，逐步提高其自学能力，使他们向优等生的层次努力；对于优等生除了给予他们较多的独立思考和个别点拨"指导过河"外，主要是培养其动脑动口动手能力，以丰富学生的思维、想象和创造力。对这些不同层次的辅导，还要特别强调和加强心理辅导，帮助学生始终处于最佳的心理状态，令其个性得到充分健康地发展。

十抓教学评价的分层。根据不同层次学生的学习能力，可采取不同的教学评价方式。对于同一份试卷，教师可对三类不同层次的学生提出不同的合格标准；也可针对同一检测内容，设计不同的检测卷进行检测。防止采用同一标准衡量不同层次的学生，使学困生丧失学习信心。

在分层教学的实施过程中，我们要做到"五反思"：

一要注重分层依据的科学性。在"十五"课题的实施过程中，由于受当时认识水平的局限，我们当时分层的依据一般是只按学生的学习成绩来分，对其他方面往往重视不够。随着分层教学的实施，我们意识到对学生的分层还要综合考虑到学生的认知风格、认知特点和认知差异等因素，这样才更科学。此外，实施分层教学的开始时往往过多地关注了教师的教，但随着分层教学的深入进行，我们意识到应该更多的关注学生的学。

二要注重分层过程的动态性。分层教学中的学生分层和分组必须是动态的，也就是说要有流动性和可变性。同一个学生在学习不同的知识时，可能处于不同的层次，有些学生在学习其中的一些知识时是处于优等生的层次，而在学习另一些知识时可能是处于中等生或是学困生的层次，这一点必须引起广大教师的注意。另外，教师为了激励学生向高一层面发展，在一个单元的测试后，教师就可以进行矫正分层，尤其是对于未达到分层目标的个别学生要采取补救措施，及时进行个别辅导，帮助他们顺利地完成学习任务。

三要注重分层结果的隐蔽性。实施分层教学时，我们目前一般采取"半隐蔽、半公开"的做法，这种做法对于优生施行公开层次可起到激励先进的作用；对于中、差生施行隐蔽层次可起到维护自尊、鞭策前进的作用。当然这种做法没有"全公开"那种对师生教与学双方的直达便利，也达不到"全隐蔽"那种对学生的保全自尊。分层过程中一定要特别注意保护学生的心理健康，在强化学生主体意识的同时，更要加强对学生个别的心理辅导，防止可能产生负面的"标签效应"。

四要注重分层评价的针对性。每个学生之间的个性特征与心理倾向，以及知识基础与学习能力是不同的，因此，在分层教学中要关注每一个学生的发展，做到课堂上没有教育盲区，同时还要关注每个学生在其原有基础上的发展变化，真正做到为了每一个学生的发展。

五要注重分层教学的计划性。分层教学是一项周期长、工作量大的工作，需要教师付出艰苦的努力才能搞好分层教学。课程标准所要求的目标，不同层次的学生在达标过程中所需要的时间和付出的劳动各不相同。有的学生（少数"尖子生"）能在学习新课时就一步到位;而有的学生(多数中上学生)要经过一轮的复习、测试后才能达标;有的学生甚至要经过几轮或几次的复习与检测才能达标。为此，要求教师要有一个长远的、周密性的计划来分阶段、分层次地采用不同的方法手段使各类学生分别达标。

实施分层教学的备课过程工作量比较大，教师可采用集体备课、一人执笔、教案共用的方式。这样做既可以发挥集体的优势，又可以减少教师的工作量，以便使教师能挤出一些时间去完成分层教学的其他环节。

二、一种模式——"学练议"教学模式

在课堂教学中我们通过"学练议"教学模式，实施"十抓"的教学策略，落实分层教学思想，让学生在课堂上真正能够学有所得，能够在自己原有的基础上有所收获，获得提高。

1. 学一学

我们可以把有关的学习内容设计成问题的形式，让学生带着问题阅读教材，这样可增强学生阅读教材的针对性，即采用"问题导学"法。当然，问题的设计要依据不同学生的层次设计不同难度的问题。实际上，无论是哪一学科的内容，都有很多知识不用教师去讲解，而通过引导学生阅读教材就能找到答案和解决问题的方法。在课堂教学中，我们大胆放手，合理调控"教"与"学"，使学生通过自主、合作、探究、交流等学习活动，真正成为学习的主人。

2. 练一练

学生对有关的知识了解以后，必须进行相应的练习，让学生在练习中体会知识的运用，掌握知识的内涵。练习的形式有多种，可以是纸笔练习，也可以是实验操作，等等。但应注意，练习的设计一定要满足不同层次学生的不同水平。不管是哪一种形式的练习，都要有明确的目的性，使每一层次的学生在课堂上都有事情可做，都能在原有的基础上有所提高。

3. 议一议

课本上的有些知识，学生通过阅读教材就能够掌握其中的大致内容，但要想

深入的理解其内涵，需要通过教师适时适度地点拨和同学之间的相互讨论才能达到。因此，在课堂教学中我们要适时适度地组织学生讨论，也就是要让学生"议一议"，让学生把自己对问题的想法、迷惑都讲出来，通过学生之间的相互启发，可能更有利于问题的解决。但应注意，学生之间议的前提是要先让学生独立地表达，不要怕学生说错了，学生说错了或者说得不完全，可由别的同学补充，学生们确实都说不出来了，再组织学生讨论，也就是"议一议"。对有些难度较大的问题，不一定非得教师给学生进行反复讲解，可采取"兵教兵"的策略，因为，有些问题，我们教师认为是比较简单的，但对学生来讲可能难度就大了，如果学生之间互相讲，可能就更容易理解，学生之间的交流更容易听懂。

上述三个环节根据不同的课型，不同的知识难度，先后次序可能不一致，有的课这三个环节可能是交互进行的。也就是说，有的课可能是先学后议再练，也有的课是先学后练再议，也有的课是先练后学再议。

三、一个载体——学练卷

为确保"学练议"教学模式的有效实施，课堂教学中使用"学练卷"作为载体。"学练卷"不同于一般的练习试卷，它不是一些题目的简单堆砌，而是根据学生的认知规律和学习特点而为学生设计的学习流程，它不仅是教师教的依据，更是学生学的依据，也是学生复习的依据。

学练卷的基本结构：

学习目标：明确告知学生通过本堂课的学习应该学什么，学到什么程度，会什么，最终要达到什么目标。学习目标可设计为起点目标、基础目标、提高目标。目标的设定一定要具体明确，避免大而空，模棱两可的现象。学习目标在学练卷上一般只展示给学生知识与技能目标，至于过程与方法，情感态度与价值观目标一般不要呈现在学练卷上，因为这个学练卷的使用对象主要是学生。

预备知识（基础知识）：它是指学习本课内容时学生必须应该做的知识准备，如果这些预备知识不能熟练掌握，那么学习这一节课时就会带来很大困难。对于预备知识，教师一定要充分挖掘，并指导学生认真落实，查缺补漏，扫清新课的学习障碍。

问题讨论：把要学习的内容设计成问题的形式，其目的是引导学生带着这些问题来阅读教材，提高阅读教材的针对性，学习的有效性。

典型例题：突出知识的巩固，能力的培养，要少而精，重在给学生方法规律。

巩固练习：设计的题目要紧紧呼应学习目标，避免随意性。可针对不同学生的实际水平，设计成不同的层次，可分为 A、B、C 三组，A 组突出巩固基础知识，B 组突出知识的运用，C 组突出知识的拓展提高。

达标检测：分层设置，可分为 A、B、C 三组。

作业设计：分层设置，可分为 A、B、C 三组。

对于学练卷上知识的掌握有几种形式：需要学生理解记忆的以理解记忆为主，那就要规定时间让学生背下来；需要学生根据问题探究理解的就要设计合理的问题让学生思考解决；特别困难的问题学生克服不了，或者即使克服了但浪费大量时间的就可让学生暂时放下，待"合作交流"或"反馈校正"时解决。总之，一节课下来后，学生应该落实的东西都应在学练卷上体现出来，这样，学生课下的复习就有了明确的依据。

四、两个保证——改革备课办法、夯实校本教研

为了切实保证课堂教学效益的提高，使"学练议"课堂教学模式能够真正地落实到实处，使课堂教学中使用的"学练卷"更有效，我们在教师备课和校本教研方面重点围绕分层教学思想的落实展开，备课活动突出学练卷的制订，校本教研的内容突出分层教学思想的相关研究。

1. 定主题，定时间，定地点，定中心发言人，教研备课活动课表化

（1）实施共享教案，提高备课的有效性

（2）设计教学流程，体现教学个性

（3）说教材，学习课标

（4）教改大课堂，探索有效教学模式

2. 校本教研重点做好"四抓"

（1）抓课题研究的"真实"

（2）抓培训效果的"实效"

（3）抓学练卷的"高效"

（4）抓业务比赛的"有效"

经过以分层教学思想为依托的高效教学的探索与实践，我们的教师、学生和学校都发生了很大的变化，可以说，高效教学的探索与实践伴随着我校的发展变化。首先，教师们注重提高课堂教学的效益，专业素养发生了很大的变化，科研能力显著提高，科研成果频频出现。近年，学校共有 87 篇教学论文获得中国教育学会和天津市教育学会的奖励；2009 年塘沽有 6 项课题获得天津市教育科学规划办专家组 A 级鉴定，我校占有 3 项；在 2009 年天津市教育科学研究院组织的

天津市基础教育科研优秀成果评比中，塘沽有4项成果获得一、二等奖，我校占有3项，其中一等奖2项，二等奖1项；在由天津市教育科学规划领导小组举办的每五年一次的"天津市第二届教育科研优秀成果评选"中，全市共评出优秀成果一等奖13项，其中基础教育仅占2项，我校的课题《新形势下教师队伍发展建设的战略研究》获得优秀成果一等奖。

这些成果的形成都是教师们在课堂教学中大胆探索的结果。学校涌现出区级首席教师1名，区级学科带头人5名，区命名的区、校两级骨干教师19名，天津市教改积极分子1名，区级教改积极分子2名，区命名校级教改积极分子3名；涌现出了塘沽"十佳"教师、塘沽"十佳"班主任、塘沽"二十佳"师德标兵、天津市优秀教师、天津市优秀班主任、天津市师德先进个人等一批教育教学方面的典型，我本人也入选了天津市未来教育家奠基工程首期学员。另外，学校的办学综合水平发生了巨大的变化，学校先后获得了全国"十一五"教育科研先进集体、国家奥组委颁发的"2008年奥运会、残奥会奥林匹克教育工作突出贡献奖"、天津市德育先进学校、天津市中小学思想政治教育先进学校、天津市中小学生日常行为规范示范校、天津市交通安全教育达标校、天津市安全保卫工作先进单位、天津市优秀家长学校、天津市绿色学校、天津市基础教育科研先进单位、塘沽教育系统先进集体、塘沽文明学校、塘沽初中毕业班工作综合评估优秀单位、塘沽学校体育工作先进单位、塘沽德育工作先进集体等40余项国家和市、区级荣誉称号。

（该文发表在2011年第8期的《天津教育》上）

谈教师队伍发展建设的八大策略

摘要：教师队伍建设八大策略包括：立德策略、机构与机制改革策略、良师培养策略、青年教师培养策略、名师培养策略、教育科研策略、激励策略、阶段盘点策略等。这些策略的实施能使教师队伍发展绩效显赫。

关键词：学校；教师队伍；建设；策略

一、立德策略

胡锦涛总书记在全国优秀教师代表座谈会上指出："要坚持育人为本，德育为先，把立德树人作为教育的根本任务，努力培养德智体美全面发展的社会主义建设者和接班人。"立德树人关键取决于教师的素质和师德风范,因为教师履行其职业的责任心是否强,在许多方面取决于他们的道德。为了有的放矢地加强师德建设,树立教师良好的职业道德形象,我校专门成立了以校长亲自挂帅任组长,党政工团及各年级组长为成员的"师德师风教育活动小组",从而使师德建设成为学校教育教学工作中的一个重要组成部分。达到党要管党,团要管团,校要管校,组要管组,齐抓共管,各有侧重的管理格局。

1. 完善制度,在丰富多彩的活动中践行师德标准

自 2006 年以来,学校先后制订并完善了《塘沽十五中加强教师职业道德建设的有关要求》《塘沽十五中加强教师职业道德建设的具体要求》《塘沽十五中师德规范》《文明办公室要求》《每周升旗仪式规定》等多项规章制度。制度的建立,让教师们找到了行为准则,有效地约束了教师职业道德行为。

让师德建设在活动中得到展示,是教师亲身践行良好师德的集中体现。通过全体教职员工签订《师德承诺书》,使教师们更深地认识到自己的使命;通过组织"教育教学开放周"活动,鞭策教师认真履行师德行为标准;通过开展"爱生月"活动,使教师走进每位学生的心灵,关爱每一位学生,尤其关爱那些处于弱势的学生。通过这些活动,教师们从中感到:教育事业绝不仅是一种牺牲和付出,更重要的是教育者在教育过程中感受到的幸福和快乐。

2. 加强管理,在考评中形成正确的师德价值观

2006 年至 2007 年,学校先后又制订了《全员育人考核方案》和《教师师德考核方案》。根据这两个考核方案,学校每月进行一次师德行为评估,先进行自评、组内互评、学生及家长问卷评、师德小组评,然后综合考评情况得出月量化结果,为学期评作依据。为了确立师德的分量,学校还作出了两项决定:一是凡违反《中小学教师职业道德规范》和《十五中师德规范》的教师在评优中均实行一票否决。二是师德评估情况作为评聘、晋级、奖励的重要依据,对于师德高尚的教师在评优上给予优先。

3. 注重宣传、表彰,倡导德高为师风尚

每学期开学的第二周,是塘沽十五中"师德风范周"。在这一周要完成四项内容:一是组织全体教职员工会议,进行"师德风范周"开周仪式。进一步认识教育、教师两个关键词,重温师德有关规定,总结师德情况,宣传师德风范典型事迹;表彰校级师德标兵、管理标兵及服务标兵。二是倡导教师以最佳的师德风范展示给学生。三是由德体卫艺处与年级组联合组织召开"感恩师德、回报学校"师生现场对话交流年级会。四是利用学校宣传展牌,开辟"师德楷模园",介绍师德个人先进事迹，利用校报"责任与成长"版面，报道师德风采。

扎实有效的师德策略实施，给学校带来了很大变化。在我校，如果没有静校的规定，教师办公室的灯不知亮到何时；教学运转处无需忧虑空课情况；德体卫艺处无需考虑班主任有无空岗情况，无论哪位班主任有事，科任老师都会主动承担临时班主任工作。学生家长来到学校，无论哪一位老师都会让出一个座位请家长坐下，平心静气与家长交谈。老师都能够静下心来和每一个学生对话，再也听不到老师对学生的斥责声。

二、机构与机制改革策略

我们努力创新工作思路，信守"思路决定出路"的工作理念。2006 年寒假，我们改革了学校中层管理体制，把原来的教务处分设三个处——教学运转处、教学质量处和教学科研处。其中，教学运转处主要职能是日常教学管理；教学质量处主要职能是跟踪教师业务成长情况，建立教学质量的跟踪体系；教学科研处主要职能是引领教师走教育科研之路。把原来的德育处、体卫处整合为德体卫艺处，其目的是把德育与各项教育活动有机地结合起来，寓教育于活动之中。

自 2007 年暑假起，学校又做出了三项决定：一是成立"校园文化研究室"，专门负责学校外部环境文化建设和学校文化宣传工作，并下设一个校报组。二是成立"名师培养工作室"，顾名思义就是进一步明确名师培养的方向，使名师培养工作进一步落到实处。三是学校实行全员聘任、竞争上岗制度。从 13 名申报教师中择优聘任年级组长 3 名，从 33 名申报教师中择优聘任班主任 24 名。

实践证明，改制后的管理机构工作畅通，执行力大大加强，教师队伍建设的方向更为明确。德体卫艺处所建成的责任教育长廊已成为学校的德育基地，各种教育活动开展得十分丰富。教学质量处交出了三份答卷：《教师发展记录手册》已经成为教师成长的里程碑，教师备课已经从手稿转到电子稿，校本课程已经初步形成。教学科研处一边主抓青年教师的专业发展，一边指导教师进行教育科研活动。改革后的人事制度，使教师争创一流工作业绩的热情得到了极大的激发，促进了广大教师独立主体地位和自主行为能力的提高，增强了教师工作的质量意识和责任感。

三、良师培养策略

目前，教师们普遍被繁杂的事务性工作搞得筋疲力尽，再加上物欲横流的价值取向刺激，有些教师在功利心理的驱使下，不免心浮起来。为了让教师静下心来工作,学校做出果断决策:在职教师绝不允许搞有偿家教,一经发现要严肃处理;为教师争取时间先从领导做起,减少会议、会议内容精讲要成为领导的一贯作风;自习课不提倡老师、班主任进课堂,由相关部门统一管理;课间操力争实行学校统一监控进行;提倡静心静悟,学校提出"七静三品四用"工作要求。

名师的一种方法,专家的一个观点,很可能使教师发生质的飞跃。于是从2006年到2009年,我校先后聘请区、市、全国名家来校为教师培训达21次。这其中有特级教师,有心理学专家,有教育科研专家,有基础教育专家等。在请进来的同时,学校积极捕捉教育信息,千方百计把教师送出去学习。我们认为:"关门办学,死守一片园地只能故步自封,只有走出去,方能获得广阔的天地,才能使教师开阔视野。教师的学术、技艺只有在学习交流中,才能获得深厚和提高。"我们得知山东省课改实验走在全国前列,便带领全体教师到山东省邹平县魏桥实验学校、九沪中学等地,亲临课堂、接触教师、走访学校的每个角落……从2006年至2009年,学校先后派260余人次外出参加业务培训或听专家讲座。只要是对学校的教育教学有益的培训,学校在资金和时间上都给予大力支持。

为了让教师多读书、读好书,学校设法安排教师读书活动。学生自习课实行学校统一管理,在稳定教学秩序的前提下,安排教师每周至少要有两课时的读书时间,并做到有检查、有落实。同时,每学期学校向教师推荐一些优秀书籍供教师阅读,要求教师写读书笔记。通过组织"心得交流会""读书报告会""教师论坛"等形式,提升教师的文化素养和理论水平。教师要读书,学校给政策,还促进了部分教师学历层次的提高。

四、青年教师培养策略

我校30岁以下教师有37人,占任课教师总数的40%,因此,学校高度重视青年教师的培养工作,专门出台了《青年教师培养方案》,帮助青年教师制订发展规划,指出明确的奋斗目标。为有侧重地培养青年教师,学校专门由教学科研处负责"青年教师文化沙龙"工作。目前,这个文化团体有成员27名,占符合条件总人数的90%。

成立青年教师文化沙龙,旨在引导青年教师加强学习,促进青年教师多读书,帮助青年教师养成自觉撰写教学反思札记的习惯,提倡有思想地进行教育教学活动。为青年教师的专业发展搭建思想交流、教育研究、教学研讨、成果共享的平台,从而提高青年教师的综合能力。

为了有助于"青年教师文化沙龙"活动,学校每个月都专门组织校领导和资深教师与青年教师进行笔谈交流。我校一位青年教师在笔记上写道:"前一段时间,看到这样一个故事,父母带着五岁的孩子去逛街,见到熟人,妈妈说:'快叫叔叔好。'孩子说:'叔叔好!'熟人问:'你叫什么名字啊?'孩子还没说话,妈妈说:'这孩子,快说我叫王晓明。''我叫王晓明。'孩子说。看到这,忽然感到这个故事好像是讲给我听的,我追忆教学中种种包办代替现象……从而告诫自己,今后的教学再不能出现误人子弟现象了!"另一位教师点评道:"一则故事讲给你也讲给了大家,我们共同记住故事给予的启迪——授人以鱼,只供一餐;授人以渔,可享一生。在践行教学活动中,我们老师应该有顿悟。"由这两个片断,使人感到师与师交流中"教学相长"的学习氛围,也看到了我校青年教师在健康成长。

五、名师培养策略

清华大学校长梅贻琦说过:"大学非大楼之谓也,乃大师之谓也。"这句话对我们的启发很大。名校由名师而托起,名师因学校而生成,名师会成就智慧学子,智慧学子会提升名校,名师是办学的宝贵财富。学校已把名师培养摆到学校发展的重要战略意义的高度,组建了一个由专人负责的"名师培养工作室",其职能是以培养学校名师为主攻方向,力争经过几年的努力,从良师队伍发展建设中脱颖一批新生的名师队伍,从而到达"名师强校"的彼岸。"名师培养工作室"成立之后,我们做了以下工作:

1. 目标培养

在分析我校师资状况基础上,圈定重点培养人选范围,然后根据教师原有的业绩能力情况,划分成名师队伍五个梯队,即区首席教师—区学科带头人—区骨干教师—区命名校级骨干教师—校骨干教师。划分名师培养的五个梯队,其目的是让教师明确努力方向,使之一阶一阶地不断向上层攀登,从而拉动教师整体队伍的良性发展。待到下一届中小学骨干教师评选时,学校预定的指标为:区级首席教师2~3名,区级学科带头人6~7名,区级骨干教师8~10名,区命名校级骨干教师8~10名。在培养期间,进一步鼓励教师向市级骨干教师行列迈进。

2. 培养流程

(1)达成愿景。"名师培养工作室"负责人对学校拟定的名师培养人选,定期或不定期——进行思想交流,提出要求,在信任、鼓励的气氛下达成共同愿景,形成一种合力。

(2)把握条件。借鉴塘沽区各类骨干教师评选条件要求,分别向名师培养人选的每一个梯队传达硬性规定，以利于这些教师遵照执行。

（3）指导帮扶。对于名师人选的教学交流活动，"名师培养工作室"给搭建研究平台，邀请本校或外校资深教师给予指导和帮扶，使他们成功地完成每一次教学活动任务。

（4）跟踪业绩。依据骨干教师业绩条件，"名师培养工作室"及时填写名师人选业绩情况以便提示教师完成硬性规定要求。

3. 培养措施

（1）创设民主和谐的工作氛围，让教师能参与到学校教育教学工作中去。

（2）课堂教学是永恒的研究课题，号召教师围绕着课堂教学效益做文章。研究课、示范课要有利于推动常态课教学。

（3）为名师培养开辟展示渠道，学校每学期要举办读书报告会、心得交流会、教师论坛和班主任论坛活动，以此锻炼教师们敢于冒尖的胆量，提高他们的学术研究能力。

（4）加大与市、区、外省市名校的沟通，为名师培养提供外出考察学习的机会，拓展教育视野。学访后要有书面材料向全体教师做访谈汇报。

（5）请一些知名专家、学者到学校进行业务培训，要求名师培养人选写出培训后的顿悟，在新理念下明确新目标。

（6）注重名师培养基本功要求，建议他们每学期要有两个笔记本，一个为个人理论学习随笔集，另一个为教学反思或教学案例分析集。

（7）抓住学校龙头课题"整体建构和谐教学，提高课堂效率"，拟定个人子课题，要求两三年内要有课题成果。

（8）大胆给名师培养人选压重担，鼓励他们承担班主任工作，兼职年级组长、学科组长或备课组长，激励教师"不用扬鞭自奋蹄"。

（9）树立"健康第一"的工作理念。学校设法安排每周不少于两个课时的体育活动时间，把人文关怀与生动活泼的工作结合起来。

在名师培养过程中，我们体会到："名师培养是一个系统工程，也是一个动态工程，只有多年瞄准这个工程，并精心地打磨这个工程，方能使原有的骨干教师不掉队，新生的骨干教师层层涌现。"我校骨干教师队伍不断壮大，各方面工作质量大幅度提升，这与学校把教师队伍建设作为核心工作来做是密不可分的。

六、教育科研策略

通过教育科研提高教师的业务能力，促进教师的专业化发展，是我校领导格外关注的事情，是我校主攻的办学方向。为此，我校于2006年组建了教学科研处，正式开始了有组织的教育科研工作。

1. 校长是教育科研的管理者，也是教育科研的实践者

2006年，当学校的教学科研处成立后，我主动提出要亲自挂帅指导教育科研工作。首先制订了有关教育科研成果的奖励办法，然后积极为学校争取各类课题，并主张"问题即课题"之说，从而引领教师从教育教学实践中寻找自己的研究课题。我们认为，校长不仅要重视教育科研的组织领导，更要重视教育科研的过程管理。学校建立每月一次专门研究教育科研工作的例会制度，极大地关注教育科研全过程，促使教育科研工作做实，做出成效。

2. 抓学习，使教育科研持续发展

搞教育科研，如果没有理论的支撑，很难向纵深发展。如果缺乏学习，不了解教育改革的形势和前沿信息，很难使研究工作真正展开，这是搞教育科研的着眼点。学习的渠道主要有两条：第一条，坚持请进来，走出去学习。请塘沽教科室专业人员指导学校教科研工作，请天津市教科院教授来校进行专题讲座，派骨干教师到科研先进校考察学习，凡是有关教育科研的活动，无论工作再忙，一定要派有关人员参加。第二条，坚持阅读学习，无论学校财力如何紧张，但绝对不允许挪用教师购书款，每年一定为教师购买理论学习用书，订购有关教育教学的刊物，有的刊物发放到各处室。与此同时学校定期组织学习报告会和学习研讨会进行理论学习交流。经过不断努力学习，我校教育科研成果逐渐增多。从2008年至2010年，学校共有87篇教学论文获得中国教育学会、市教育学会奖励，139篇教学论文获得区级奖励。

3. 坚持正确选题，保证科研实效

教育科研有没有生命力，能不能持久地进行，与选题有密切联系。在教育科研选题过程中，必须本着求真务实的态度。一线教师进行教育科研活动的根本目的在于解决教育教学实际中所遇到的具体问题，在于揭示教育规律，使之指导教育教学行为。正确的选题就是由问题到课题。本着这种思路，我们的课题选择抵制了名利主义、形式主义和假大空的倾向，做到了教育科研"真实显功力，平淡见崎岖"，使课题研究切实沿着源于实践、指导实践的轨道健康发展。至2010年为止，我校承担中国教育学会"十一五"科研重点课题子课题2项，市级规划课题4项，市级课题子课题1项，区级课题1项，学校重点攻关课题2项，这些课题从始至终一直坚持着，这与正确的选题有很大关系。

七、激励策略

每一个人的工作与生活都离不开心理需求，都会以成功感为心理慰藉，而获得成功的过程一定离不开有效的激励，激励会带给人最大潜能的发挥。如何调动教师的工作积极性，如何让教师出色地发展，是学校必须要思考的问题。

1.细化岗位职责，增强责任意识

责任意识是教师的基本素质之一。一个有责任感的人会把本职工作看做是自己的天职，一旦做不好工作就会感到内疚，甚至有一种负罪感。培养教师的责任意识，首先要让每个教师清楚自己的职责范围是什么，怎样做才算尽职。为此，从2006年开始，学校为每一个岗位制订了岗位职责，每个岗位的职责描述得都很具体，避免大而空、模棱两可的现象。方案制订出来后，先让教师们反复讨论修改，讨论的过程也是一个教育的过程，一个培养责任意识的过程，一个激励情感的过程。

2.落实岗位职责，注重督促和考核评价

如果说岗位职责对教师是激励教育，那么考核评价则是对教师工作成就的肯定。教师们得到了工作的认可，会带来更为可观的激励作用。在学校工作中，各项工作如果不与评价考核结合起来，便很难落到实处。为此，学校根据每个岗位的职责制订了考核评价方案，方案按工作特点归为16个类别。考核评价分为工作态度、本职工作、加分和减分四个指标，每一个指标都有若干关键表现予以佐证。加分项主要是鼓励教师做特殊贡献，鼓励教师对学校工作提建设性意见。同时，方案还制订了对全体教职工的考勤，参加学校各种会议、活动以及升旗仪式等其他工作的考核评价。考核评价形式分为自评、主管领导评、学生评、家长评、学校评。考核评价方法分为月评和期评，最后由各部门归总成绩，形成学期每一个人"千分制"考核评价结果。

3.适宜奖励，激励教师工作

对于工作优秀、业绩突出的教师给予适宜的物质奖励和精神奖励。通过奖励促使教师们更加愉快地工作，体面地生活，奖励之下我们的教师一定会把工作做得更好，乘势而上。健全奖励制度对加强教师队伍建设会起到积极的推动作用。为此，2006年以来学校相继制订、完善了《班主任工作的奖励方案》《教师完成教学常规工作的奖励方案》《各年级教学质量的奖励方案》《体育竞赛的奖励方案》《指导学生参加第二课堂活动的奖励方案》《教师参加教育硕士学位进修的奖励方案》及各级各类教育教学成果的奖励方案等。一系列的奖励方案带来了很大的成

效。奖励有舍得之哲理，有取之于民、用之于民之原则。学校只有用心去投入，合理分配使用资金，惠民有道，才能打造出民心工程，教师群体的凝聚力、积极性才会产生，学校才有望得到发展。

八、阶段盘点策略

教师队伍发展建设是学校全部工作的核心问题，是一个永恒的课题，是一个长期的工程。由于工程的长期性与艰巨性，很容易使教师产生一种倦怠心理。为了使教师队伍持续发展，调整教师积极向上的工作状态，保持永不停息的奋斗精神，学校管理者必须要信守善始善终的工作原则。作为阶段性评价，做好教师的成长记录，促使教师有意识地盘点自己工作的进步情况，清点自己工作的得失，从而鞭策教师重新规划新的工作目标，继续前行。

1. 对教师日常工作考核采取"千分制"量化盘点

所谓"千分制"量化，是由学校各主管部门，依据学校对教师德、能、勤、绩四个方面考察规定，根据教师完成工作的情况，以分数形式所体现的客观评价。考评的时间分为月评和期评，其操作方法为：每月由年级主任按考核的项目逐项给教师打分并于月末量化，将本学期各月平均分计入学期考评，该项满分为140分。学期末主管部门依据教师的科研成果、问卷调查、上交材料等方面情况进行汇总量化，该项满分为210分。依据制订的教学成绩考评计算方法、量化教学成绩得分，该项满分为350分。再加上考勤100分，师德200分（其中师德分数由两部分组成，学校德育和教学两个部门提供100分，另加学生、家长、组内教师问卷合成100分），这几项加在一起满分是1000分。制订"千分制"考核评价的目的就是要督促学校各个管理部门一定要树立过程管理的意识，把好的结果积淀在一般过程管理之中；通过结果的分析判断，扎实有效地从事日常管理工作。

"千分制"考核内容的规定，无疑比"百分制"考核更具体和细化，更为客观准确地评价教师的工作业绩，使教师感受一种公平，获得一种尊重，得到一种认可。从量化的区别中，使教师感悟工作的紧迫，促使教师为缩小工作差距而努力。"千分制"考核的结果作为评价教师工作的主要依据，具有说服力，有利于调动教师的工作积极性，有利于教师自我教育和自我提升。

2. 对教师专业发展以《教师发展记录手册》盘点

教师的专业化发展已成为学校管理者共同关注的热点课题，也是教师自我发展的需要。基于新形势下教育的要求，我校制订了《教师发展记录手册》，它是记录教师成长过程的显性材料。学校要求教师每学期末填写一次，作为学校个人专业发展盘点。在填写过程中教师必然要审视个人成长历程，与他人交流业绩情况，这就收到了相互促进的作用。《教师发展记录手册》的另一个作用，是向学校提供最为可靠的教师队伍建设整体进展情况，使学校及时调整工作方案和举措，加快教师队伍建设发展的步伐。《教师发展记录手册》内容包括：（1）教师基本情况（包括个人信息、工作简历、教学业绩、获取的各种荣誉、家庭主要成员情况等）；（2）教师三年规划发展目标（包括自我评价、总体目标、阶段目标、实现目标的行动计划等）；（3）发展具体实录，具体分为五个部分，第一部分为教学情况记录（包括研究课、优秀课评比、各类教学讲座、教学论坛、教学成绩等），第二部分为科研情况记录（包括论文论著获奖和出版、发表、交流情况，科研课题进展情况，科研课题结题认定情况等），第三部分为教育情况记录（包括帮教工作计划、帮教活动方案、帮教工作总结等），第四部分为学习情况记录（包括学习目录、学习心得、我的教育故事等），第五部分为评价资料（包括获奖情况和相应证书、教师评价表等）。

我校经过近三年的深入探索，初步形成了一整套适合普通中学教师队伍发展建设的方略，带来了学校发展的勃勃生机。骨干教师队伍在不断壮大，现有区级首席教师 1 名，区级学科带头人 5 名，区命名的区、校两级骨干教师 19 名，天津市教改积极分子 1 名，区级教改积极分子 2 名，区命名校级教改积极分子 3 名，骨干教师数目在全区居于前列，这些骨干教师在教育教学改革中发挥了积极的作用。学校涌现出了全国教育系统先进工作者、天津市优秀教师、天津市优秀班主任、天津市师德先进个人、塘沽区"十佳"教师、塘沽区"十佳"班主任、塘沽区"二十名"师德标兵等一批教育教学方面的典型。2009 年塘沽区有 4 项课题获得天津市教育科学规划办专家组 A 级鉴定，我校占有 3 项。学校先后有 11 名教师已取得或正在攻读教育硕士学位。更为可喜的是，干部和教师对"培训就是福利""培训是一种有钱买不到的待遇"的理念认识逐步深刻。2009 年 5 月 8 日，《天津教育报》以《三年规划铸就教师队伍建设——塘沽十五中加强教师队伍建设侧记》为题报道了学校在加强教师队伍建设方面的经验；2009 年 5 月 29 日的《天津教育报》以《用教科研引领学校的发展》为题报道了学校在教科研引领学校发展方面的经验；2009 年 11 月 6 日的《中国教育报》以《让教师潜下心来自主发展》为题报道了学校在促进教师专业化成长方面的经验。学校被评为天津市教育科研先进单位，被命名为天津市教育学会基础教育"十一五"科研基地、天津市教科院基础教育研究所实验学校，是中国教育学会"十一五"科研重点课题重点实验基地。2008 年 6 月，我校作为基层学校的唯一代表，在塘沽区教育学会第五届年会上作了"如何使教育科研深入地发展"经验介绍，在 2009 年塘沽区教育工作会议上，我校又作为全区唯一一名代表作了"用教科研引领教学，促进学校事业发展"的专题发言。

历经三年的课题研究，虽然取得了一定的研究成果，但是，还有很多值得反思之处。

1. 教师队伍的发展建设是一个长期的永恒的研究课题，作为学校管理者，必须保持持之以恒的工作态度和信念。

2. 教师队伍发展建设既需要良好的氛围，更需要树立一批能经得起长期考验的优秀教师典型，正如同齐头并进的队伍有指挥、有旗手、有排头兵。

3. 静下心来教书，需要学习，更需要读书，这样教师才能真正地走进教育世界。解决这个实质性的问题，学校必须要给教师创造更多的条件和更多的时间。

4. 教育科研是教师必须要做的，目前教师搞科研只是起点，真的全面铺开，搞得很像样子，一方面需要学校拟定若干课题提供给教师，另一方面需要有课题研究内行手把手地教，应该先带出一部分科研排头兵。

5. 最能体现教师专业水平的是课堂教学，这是教育教学最实际的地方。让我们教师的人格魅力体现在课堂上，这是对学生最好的教育。学校管理者一定要认识到这一点，要有大的投入。

6. 教书必伴随着书香。何以闻得书香，正是教师的教育教学思想方法。要培养教师健谈而又能写作的基本功，当今我们的很多教师在这方面有一定的欠缺，需要补上这门功课。

7. 一所学校的机构设置，不只限于管理层，今后我们打算要切实发挥"学校学术团体"和"纳谏组"等组织结构的作用，这样会更利于学校的发展和教师的发展。

（该文发表在 2010 年第 2 期的《天津教科院学报》上）

追求育才卓越，塑造育贤品质

"办最好的学校，做最好的教师，当最好的学生"，这是天津市塘沽区十五中的校训诠释。几年来，学校领导班子以改革创新超越自我的精神状态，瞄准育才育贤的高标准，努力培育班子的优秀品质，锻炼提升教师的综合素质，把追求教育卓越变成了生动的现实。学校各项管理指标已均达到全区前茅，教育教学质量连年攀升，学校先后获得各种荣誉 32 项，其中国家级 1 项，市级 5 项，区级 26 项；学校课题成果和经验介绍大量涌现，在市级以上刊物发表的有 18 篇，其中国家级 6 篇，市级 12 篇；教师队伍人才辈出，拥有骨干教师 25 名（占一线教师人数的 33%），其中区级首席教师 1 名，区级学科带头人 5 名，区级骨干教师 8 名，区命名校级骨干教师 11 名；教师先进典型脱颖而出，现有全国教育系统先进个人 1 名，市级优秀教师 2 名，市级优秀班主任 2 名，市级师德先进个人 1 名，区十佳教师 1 名，区十佳班主任 1 名，区二十名师德标兵 1 名，市级教改积极分子 1 名，区级教改积极分子 2 名。学校诸多荣誉和成果得到了社会的极大关注，《中国教育报》《中国教师报》《天津教育报》和塘沽电视台等多家媒体多次纪实报道了学校发展情况。

一、追求卓越，培育班子的优秀品质

学校要发展，领导班子是关键，这是办好一所学校的前提和保证。领导班子作为学校的领导核心，它的行为、作风所表现出来的思想、观念以及品行直接影响着学校的风气，决定着学校办学理念的引领、办学思路的实施和办学目标的实现。"一班人"必须有意识地培养班子成员的优良品质。

一是培育讲学习的优秀品质。建立"学习型"组织是班子建设的重要内容。学校把学习作为"一把手"工程，党支部书记、校长带头践行学习，所有班子成员坚持参与学习且不走过场。在科学发展观的主题实践活动中，"一班人"把学习作为一个课题进行研究，积极改进学习方法，完善学习措施，开展学习互助与交流，较好地解决发展认识问题，增强了"一班人"思考问题、追求发展的使命感。在学习中，"一班人"针对教育发展的"大环境""大期盼"，班子成员自觉到本市知名学校和外地品牌学校考察学习，吸纳兄弟单位优秀办学成果，较好地培育了新的学习优势。

二是培育讲敬业的优秀品质。"一班人"大力倡导想事、干事、成事的优秀作风。近年来，教育方面的新情况、新问题相继显露。"一班人"以敏锐的职业嗅觉捕捉育才育人的前沿信息，以时不我待的精神状态加强教育教学的研究工作。所有干部都发扬了"5+2"和"白＋黑"的工作精神。在出勤方面，班子成员带头早来晚归，一些成员带病坚持给学生上课。在班子影响下，不少年轻教师一再推迟婚期，有的老师主动请示愿意承担多项教学，在学校形成了干事创业光荣的良好气氛。

三是培育讲民主的优秀品质。书记和校长不搞"一言堂"，当班子不当"家长"。

在教育改革、教育创新等工作中认真听取全体教职员工的意见。在全校开展了"最佳课堂""最佳年级组""最佳教学方法"评比活动，鼓励教学工作"百花齐放、百家争鸣"。在涉及重大问题、重大人事变动、重大开支方面坚持民主程序不走样，虚心听取不同层面的意见和建议。近年来，在评选优秀教师、优秀党员等活动中，学校领导班子注意群众公论，发挥集体决策作用，形成了正确的工作导向。

四是培育讲科学的优秀品质。"一班人"坚持科学管理教学。学校领导班子自觉解放思想，更新观念，在全校大力倡导"用科学的思想引领教学，用科学的方法管理教学，用科学的成果延伸教学"。为了实现科学管理，"一班人"在加强制度建设的同时，把管理的重点向一线倾斜，做到调研坚持到教学一线，检查指导到教学一线，传授帮带教学经验到教学一线，解决问题到教学一线，为科学管理注入了活力。

五是培育创一流的优秀品质。塘沽十五中尽管是一所普通校，但"普通"彰显着十五中人追求卓越的品质，迈向"普通"的"制高点"，是"一班人"和全体教职工共同的理想。新一届领导班子上任以来，积极挖掘教师无形的内在动力，在全校弘扬"不用扬鞭自奋蹄"的精神，潜心支持教师们默默无闻、脚踏实地地工作。"一班人"还大胆地提出了"创天津市一流学校、全国知名学校"的目标，并用醒目的大字写在教学楼的墙上。为了达到目标要求，学校又带领着全体教职工勇敢地向社会作出了公开承诺，并用展牌挂在学校门前。学校目标与承诺一经确立，立即引发了极大的号召力。各年级组也纷纷向学生家长立下誓言和目标，并张贴在各层教学楼楼道里。让争创一流、实现新跨越成为全校上下的追求。

二、追求卓越，培养教师优秀品质

学校可持续发展必须要有一支精锐的教师队伍，这是因为"一流的教育必须要有一流的教师来支撑"。因而，学校领导班子十分关注对教师品质的综合培养。

一是立德树人。首先立教师之德。一方面，学校制订了师德规范要求和制度；另一方面，以活动践行师德风范。学校开展了签订《教师承诺书》、师德风范周、"爱生月"等活动。要求老师台上讲师德，自觉为人师表，言行一致，处处给学生做好表率。学校对老师的师德加强考核和检查，组织学生代表评议。老师在述职过程中，要把德作为重要内容，加大量化分数比例。

二是教书育人。教师必须过问教育，这样才能懂教育，才能实施教育。由此，学校向教师提出了十问教育，以此注入学校教育的灵魂。

三是关注细节。学校注重抓完美第一次教育。要求教师"第一次亮相是形象、第一次叫出学生名字是亲切、第一次提出要求是信任、第一次上课是艺术、第一次批改作业是鼓励"，使教育在完美中追求卓越。

四是实现最佳。学校要求教师必须要静心工作，并提出了"七静"的工作要求。这"七静"的落实，不仅昂扬了教师的工作精神状态，还加强了教育质量建设，提高了育人育才效益。

五是转化成果。请进来、走出去，开阔教育教学视野。在多元教育的今天，把教育专家请来，一个观点、一个教学策略会使教师转变观念，茅塞顿开。让教师走出去学访调研，经过实地考察，一方面可以开阔视野，另一方面还可以借鉴经验为我所用。2008—2010年，学校先后邀请区、市、全国名家21人来校为教师做专题培训，先后派260人次外出学习、学访和考察。

三、追求卓越，培养教育科研品质

为了使教育科研真正落在实处，学校领导班子立足学校发展实际，紧贴办学中心工作做了一些有益的尝试。

一是校长引路。作为教育科研的实践者，校长积极参与、身体力行、率先垂范，不当挂名领导。目前，校长和两位副校长都承担着课题研究，其中一位校长所承担的课题已经结题，并获得了天津市教育科学规划办专家组A级鉴定。

二是清晰责任。为了把教育科研落到实处，学校专门成立了教学科研处，组建了一批专兼结合的教科研队伍，具体落实教育科研的各项工作，由一名副校长专门负责。同时学校在制度上、舆论上、奖励上鼓励教师进行教育科研活动。

三是强化选题。在选题过程中，将教育教学中的典型问题、典型矛盾引进课题，采取"问题即课题"的选题思路。同时，科研处严格把关课题上报，避免"假大空"的倾向。目前，有两位教师承担的市规划办课题均已结题，同时获得了天津市教育科学规划办专家组的A级鉴定。2008年10月，校长主持的课题《分层教学模式的研究》获得了天津市第四届基础教育教学成果一等奖，填补了塘沽区多年来在这个奖项上一等奖的空白。2009年9月，我校有3项课题结题，均获得专家组A级鉴定，整个塘沽区获得A级鉴定的课题共4项。获得科研成果，令人感慨，塘沽十五中人会坚定地前行在教育科研路上。

（该文发表在2010年第1期的《求贤》（天津市一级期刊）杂志上）

浅谈学校的文化建设

学校文化建设是学校精神文明建设的重要组成部分，是青少年学生成长的内在需要，是推进学校和谐发展的重要载体。学校文化建设渗透于学校的教育教学、科研、管理等方方面面。下面从三个方面谈谈我校学校文化建设的具体做法。

一、制度文化突出精细化

制度文化彰显一所学校在日常管理工作中的绩效，其中的精细化管理确保了团队中的资源高效整合。所谓精细化管理，就是落实管理责任，建立管理责任具体化、明确化的管理网络，促进"人人都管理、处处有管理、事事见管理"良好局面的形成。

1. 实施精细化管理，抓各项工作的责任落实

学校各项工作的落实，并不是指校长必须事必躬亲，事事都要一竿子插到底。为了有效地实施精细化管理，校长要制订出统揽全局、综合谋划的管理目标，科学合理地将权力和责任分配到管理的每个环节甚至每个细节，形成一个"管理处处见、权力层层有、任务个个当、责任人人负"的运转机制。

2. 实施精细化管理，抓分层次管理

校长要把权力下放给下属，充分发挥下属的主动性和创造性，实行层层负责制，一级对一级负责。在日常管理工作中，领导可以越级检查，但不能越级指挥；教师可以越级汇报，但不能越级请示；校长应该干校长的事情，干了校长不该干的事情，也叫不务正业。

3. 实施精细化管理，提高各层次人员的执行力

从某种意义上讲，执行力关系着精细化管理的成败。为确保管理的实效，学校就要大力提倡"言必信、行必果"的良好风气。校长必须强化和提高每一位教职员工的执行力，特别是干部队伍的执行力，所以必须狠抓干部队伍建设，努力打造一支有人品、有能力、有态度、能干事、能成事的干部队伍。

4. 实施精细化管理，抓工作的考核和评价

考核和评价要实施切实可行的监督方案和合理的奖惩制度。在实施过程中，要坚持公平、公正、公开的原则；坚持一级评价一级，从多角度、多方位进行评价，

把个人自评、家长评、学生评、领导评、干部教师之间的互评等评价方式有机地整合起来。评价结果与绩效奖励、职务评聘、评先评优等的有效结合，可以确保精细化管理落到实处。

二、物质文化突出系列化

物质文化是社会主义精神文明在学校的体现，是一所学校独特的精神面貌，是学生成长和教师发展的生态环境，是无声的课程。特色的物质文化可以凸显环境育人的优势，也为增强德育的实效性。

我校校园文化课题组和德育处结合学生实际，精心挖掘和提炼教育内容，以"责任教育"为主题，制作了名为"责任教育长廊"的大型宣传展牌。学校力求让校园内的每个角落都会"说话"，都具有教育意义。教学楼每面墙壁上张贴的催人奋进的名言时时激励学生。楼道中的名人画像、教室内的黑板报和名人名言、水房中的节水标语等，内容丰富，含义深刻，充分发挥校园环境的熏陶作用，使学生在潜移默化中增长了见识，明白了事理，增强了责任感。

我校还积极营造富有特色的班级文化环境，以育人为突破口，使班级的每一个角落都体现育人功能。每一个班级都制作了班牌，充分调动学生设计的积极性。学生自己设计班名，制订班级的奋斗目标，选取催人奋进的班歌。教室内设有"我心飞扬"和"理想宣言"两个板块，张贴学生的优秀作业，或者宣传勤奋刻苦、成绩进步的学生，也可以把学生自己创作的警句写在黑板中，以激励本班学生。

三、精神文化突出人本化

精神文化建设是学校文化建设的核心内容，它是一种氛围、一种态度、一种习惯、一种有形或无形文化的凝聚，渗透于一个人的生命之中。

1. 加强校风建设，塑造有责任感的主人

校风建设是校园精神的塑造。校风作为构成教育环境的独特因素，体现着一个学校的精神风貌。学校德育工作以"责任教育"为载体，培养学生的责任意识，提高德育工作的实效性。教育思想体现"千教万教，教人求真；千学万学，学做真人"；教育要求既有科学性，又有可操作性；教育内容从小到大，由此及彼，相互渗透；教育方式抓住主渠道，凸现主环节，使学生学做一个全面发展的新时期主人。我校的责任教育把教育的空间拓展到了校外，拓展到了社会，建立了8个德育基地，使学生在社会实践中践行责任、了解责任、体验责任。在体验和感悟中，学生的责任感得到了增强，从而提高了德育工作的实效性。

2. 加强教风建设，突出有创新意识的领路人

所谓教风，就是教师的教学作风和学术作风，是教师的思想文化素养和人格修养的综合体现，对整个教学工作的推动以及对学风、校风的形成都起着无可替代的作用。

1. 具体问题科研化。在课堂教学改革过程中，学校要引领教师树立工作科研化的理念，使之享受职业幸福感。学校管理者要引导教师把教育教学实践中遇到的困难和问题作为科研的课题，这样的研究最真实，也最有实践价值。在课题研究过程中，要鼓励教师树立正确的科研价值观，努力追求科研过程的真实性，把科研和教育教学实践紧密结合起来。

2. 教育科研制度化。学校要加强校本培训，引导教师写教学反思，不断提升教师的专业化水平。学校的教研组、备课组逐步改革备课方法，既加强集体备课和学术交流，又注重个案分析研讨，改革备课模式，提高备课的实效性。在教学实践中，我们探索出分层教学的教学模式和"导入新课，明确目标；自学指导，整体感知；检查点拨，探寻规律；练习达标，拓展提高"四环节整体建构的课堂教学模式。实践证明，教育科研习惯化、制度化可以最大限度地发挥教师的智慧。

3. 加强学风建设，培育有自我价值的接班人

学风是指学生在集体学习过程中表现出来的学习态度和方法，是学生在长期学习过程中形成的学习习惯、生活习惯、卫生习惯、行为习惯等。优良学风像校风、教风一样，对学校教育教学质量的提高，对学生人格的发展和完善，对培养学生成为德、智、体、美、劳全面发展的接班人，都有重要意义。我国现阶段的教育目标是培养全面发展的社会主义事业的建设者和接班人。我校坚持从常规抓起，使学生养成良好的学习习惯；从行为抓起，使学生养成良好的品德；从细节抓起，使学生养成良好的生活习惯。

4. 加强学校人际关系建设，打造团结奋进的团队

学校人际关系包括学校领导之间的关系、领导与教职工之间的关系、教师之间的关系、教师与学生之间的关系、学生与学生之间的关系。良好的学校人际关系有助于广大师生员工密切合作，形成一个团结统一的集体，更好的发挥整体效应。

（该文发表在 2008 年 5 月 14 日的《天津教育报》上）

论新时期教师的责任

教育者都会知道，当今正是播种素质教育的时代，正面对着新课程改革向纵深发展。广大教师经受着摒弃应试教育的考验，经历着新教材的探索以及教学方法、教育观念的转变。由此，教育的目标、内容、过程、方法、评价量化出多元化。看今朝，社会的快速发展，使得学生的成长环境发生了很大变化。各种思想文化的相互碰撞极大地感染着学生，各种价值观念无不影响着学生。因而，教育出现了一些以往所没有的新问题和新特点。新时期、新思想、新观念昭示着新教育，老师正面临着前所未有的挑战。应对挑战，教师必须要有责任意识，这是教师职业的根本，是天职。

谈起教师的责任，它包含着：教师首先要对自己负责，因为这是自己的职业，也是自己的事业，关系到人生价值、教育理想的实现；要对学生负责，因为这是教育的本质，关系到每一位学生的生命价值和他们的将来；要对家长负责，因为孩子是家庭的希望，家长把孩子交给教师，就是对教师的信任，关系到每一个家庭的幸福；要对社会负责，因为社会的文明与进步取决于教师的努力；要对国家负责，因为青少年是国家的希望与未来，"少年强则国强"。

老师首先要对自己负责，关键是正确认识自己。苏霍姆林斯基曾说："正确认识自己，他才会有克服自身弱点的欢悦，他就会开始以批判的眼光看待自己，由此也便开始了自我认识，体会到自己在劳动中创造自己的美。"由此想到：同样是老师，为什么有的人天天喊累。其原因在哪？原因就是在于是否真正认识自己。认识了自己便有了自省与批判，认识了自己便有了对自己的定位，认识了自己便有了取人之长补己之短的创收，这样才能理解自己所从事工作的意义，找到努力的方向，才会把工作做好。正确认识自己是一种责任，有了这份责任，教师的职业将成为事业，教师的人生从我做起才能充分地得到体现。开启自己的责任，履行自己的责任，该从什么地方切入？不妨记下陶行知先生的每天四问："我的身体有没有进步？我的学问有没有进步？我的工作有没有进步？我的道德有没有进步？"

教师关键是需要对学生负责，这事关他们的将来。青少年时代是人生的黄金时期，他们的成长过程带有很强的可塑性，教师的行为举止无不在潜移默化地直接影响着每一个学生。教师在观察中时常会发现：班干部管理同学，很多时候讲话举止、方式、方法特别像某位老师。这正如著名教育家加里宁所讲的那样："教育者影响受教育者的不仅是所教的某些知识，而且还有他的行为、生活方式以及日常生活的态度。所以，教育者要有高度的责任心。"因而，老师要为学生的成长负责，要为学生的未来着想，关注每一位学生，帮助他们走好每一步。为他们奠定一个坚实的人生基础是教师施行教育的根本目的。那么，教师如何担负起对学生的责任？坚持育人为本，德育为先的原则，把立德树人作为教育的头等大事来抓。立德树人首先要立教师之德，良好的师德风范必须践行在师德标准中，"让学生要做的事，老师必须躬亲去做，让学生遵守的规则，教师必须躬亲共守"。为人师表，教师成为学生的一面镜子是最有力的教育。其次，老师要有意识地、坚持不懈地在学生的养成教育上下工夫。良好的行为习惯在许多家庭中已经流失，但老师必须要给学生补上，这是事关学生终身受益的大事。良好的阅读习惯的培养是老师的责任，这是涉及学生终生学习大事。教会学生阅读，老师要引导学生读进步的书，读有文化层次的书，使得学生远离有害的书，增强辨别良莠的能力。再次，老师上好课是义不容辞的责任。人们问起教师，第一要问的是，课讲得怎么样，毋庸置疑，这是老师的基本功，也是要了解老师这本终身杰作的价值所在。好课是讲出来的，更确切地说，好课是问出来的。老师会问课才会上好课。问课是一种思考、一种探索、一种回顾。课前问是了解，是预设，做到三思而后行；课后问是交流、是进步、是升华。教师养成多问课的习惯，才会拥有无际的教育蓝天。

一位清华大学老教授曾说："我从教多年，只是把自己看作泥土。"多么质朴的定位，却道出了老师的所有责任。让人体会到，教师肩负培养人的责任，犹如土壤服务于植物，土壤只有不断地向植物提供充足的水分和各种营养物质，植物才能茁壮成长。

（该文以《新时期，教师的责任是什么？——对自己负责，对学生负责》为题发表在2009年9月9日的《天津教育报》上，此次出版有改动）

要引领教师做好规划

新学期开始，学校一般都会要求教师制订学期工作规划（或学期工作计划），有的学校甚至在上一学期末就给教师布置了"假期作业"，要求教师提前制订下学期的工作规划。可实际上，有多少教师能够用心制订这个规划呢？另外，教师们把写好的学期工作规划交到学校的管理部门后，学校领导又能审阅指导多少份规划呢？还有，我们的上级督导评估部门在检查学校工作时，又有多少人能认真阅读教师的工作规划呢？久而久之，这项工作就只是流于形式了。教师写的规划大都成了学校应对上级检查的一些档案材料。

学校规划最终要依靠教师来完成，如果教师们能够根据学校的发展规划恰当、认真地规划自己的工作，学校整体工作效率就会大大提高。

那么，该如何指导教师做好个人发展规划呢？

一、要引导教师做好自我评价

教师做好自我评价是制订个人发展规划的前提。自我评价包括对自己目前基本现状的分析，如学历情况、职称情况、课堂教学能力、教育学生能力、教育科研能力以及从事班主任工作的能力和处理各种人际关系的能力等。忽视了这些，教师制订的规划就很可能不切合自身发展的实际。那么，教师制订的规划就成了无源之水、无本之木。另外，教师要注意对环境因素进行分析，如上级教育行政部门的工作重点是什么，学校的工作重点是什么，要综合这些因素，定位自己的发展层次，使自己的发展与学校的发展相一致。

有一个问题一定要提起重视——人们往往容易发现别人身上的优点或不足，却不容易认识自我，特别是往往认识不到自身的不足。因此，要引导教师与学校的干部和不同层面的教师代表进行交流。教师可以从中了解别人对自己的评价；还可以从社会公信度、社会反映、学生及家长反映来获取信息，找出自身存在的问题；也可以从学校对自己的考核数据中了解自己在学校全体教师中的位置。教师只有对自己的情况了如指掌，对所处的教育环境认识清晰，制订的规划才能切合实际。

二、教师做好目标的设定

教师要想得到快速发展就必须要有明确的目标。简单地说，教师应该明确自己应该向哪个方向发展，清楚自己三年后要达到什么水平，五年后要达到什么水平；要达到这样的水平，每年、每学期都应该完成什么样的具体任务，应该从哪些方面努力。如果教师缺乏终点思考的思维能力，不清楚自己三年后、五年后要达到什么样的水平，只是疲于"应对"，那么教师自身的专业水平就很难得到真正的提高。教师在给自己设定目标时要注意以下几点。

可行性：不能只图形式上的新颖，要实用可行；

挑战性：蹦一蹦跳一跳，经过一定的努力才能达到；

清晰性：明确具体，这样既有利于规划的有效落实，也便于评估和反馈；

适应性：应该具有一定的弹性，不能太死板；

持续性：要和自己三到五年的专业发展规划结合起来。

三、教师做好实现目标的行动计划

为了保证目标的实现，一定要拿出具体的行动方式、具体的措施，如培训、学习、科研和实践等。另外，我们必须正确分析实现目标存在的困难，同时，也要指出希望学校为实现目标提供的条件。

另外，要引导教师注意，学期发展规划实施一定时间后要进行评估和反馈，引导教师做好自我反思和自我调节。教师制订的规划要有利于评估和反馈，能量化的尽量量化；不能量化的要有一定的素材供评价时参考。

（该文发表在 2010 年 9 月 22 日的《天津教育报》上）

说教材是校本教研的重要形式

我校是本市教科院基础教育研究所所长、著名教育专家王敏勤主持的中国教育学会"十一五"科研重点课题《提高教学效率，减轻学生负担的整体建构和谐教学实验》的重点实验学校。几年来，在王教授的具体指导下，我校对此课题的研究逐步深入。我们以"说教材"为重要的校本教研方式，扎扎实实开展好此项活动，促进教师对学科课程标准和教材的把握，进而促进课堂教学效益的提高。下面，笔者简要阐述我校开展说教材活动的认识与实践。

一、为什么要开展说教材活动

基础教育课程改革已经进行了多年，取得了一定的成效。但在课程改革过程中，一些基层教学研究者和一线教师往往更关注教师的教学方式和学生的学习方式的变革，而对教学内容的改革重视不够。我认为，在课程改革过程中出现这种现象的原因，一方面是受《基础教育课程改革纲要》中明确倡导的基本观点，即"课程改革特别要注重教师的教学方式和学生的学习方式的变革"的影响；另一方面，一些基层教学研究者和一线教师们往往认为教学内容是国家规定的，教师只要按照教材上提供的内容教好就行，不需要再进行过多的研究。此外，一些学校管理者也存在片面的认识，认为现在分配的教师都是正规院校毕业的，在知识上是没有问题的，关键是教学方法问题。当然，如果我们问一些刚参加工作的青年教师：你对教材把握得如何？他们的回答多数是肯定的：没有问题，书中的内容我都能懂，每一道题我都会做，每一篇文章我都会讲解。另外，上级部门开展的一些教学研讨活动以及论文征集、课例征集等评比活动，多数都是针对教师的教学方式和学生的学习方式进行的，一些课程改革推动会也多是片面追求教师的教学方式和学生的学习方式的创新。然而，对于教学内容方面的改革却很少有人关注，都认为那些都是专家的事情，不是一线教师的事情。

针对目前的这些情况，我们感到很恐惧，试想，如果一位教师连教材都没有把握好，对所教的教学内容不能融会贯通，再好的教学方式和学习方式又有何用，又怎么能提高课堂教学效率呢？相反，如果一位教师对所教的教材非常熟悉，那么即使他的教学方式不是特别优化，我想他也能实现最基本的教学目标。所以，无论进行怎样的课程改革，钻研教材、吃透教材都是教师的基本功。尤其在当今课程改革搞得轰轰烈烈的时刻，我们更应该关注教师对教材的把握情况。其实，很多特级教师的教学效果之所以好，这与他们对教材的把握是密不可分的。

由此可见，课程改革进行到今天，我们必须重新认识把握教材、吃透教材的重要性。扎扎实实地开展说教材活动，正是为了使更多的教师更好地把握教材的重要途径。因此，我们必须扎扎实实地开展好说教材活动，以此锤炼教师的教学基本功。

二、怎样开展说教材活动

要开展说教材活动，就要引导教师理解教材、吃透教材，更好地把握好教材。换句话说，把握好教材是说教材的基础。那么，如何才能更好地把握教材呢？首先，要引导教师反复深入地学习各个学科的课程标准，因为国家的课程标准是唯一的，教材却不是唯一的，专家们可根据国家的课程标准编写出各类不同版本的教材，但无论哪个版本的教材都需要在课程标准的指导下编写。所以，教师们只有把握好课程标准，才能站在更高的层次上认识教材、把握教材，真正体现新课程标准所提出的"用教材教，而不是教教材"。

研读课程标准，首先应该明确课程标准对整个学段教材的总体要求。其次，要明确课程标准对各个年级教材的教学要求。在理解课程标准对整个学段教材和各个年级教材要求的基础上，在研读整个学段的教材时，教师要弄清整个学段教材的编排体系，即整个学段的教材都包括哪些知识，这些知识是按照怎样的逻辑顺序串联在一起的；在对这些知识的学习过程中，要培养学生哪些能力，这些能力的形成是如何渗透在各个不同年级的；在传授知识和培养学生能力的过程中，应该渗透怎样的情感态度和价值观。也就是说，教师在整体把握教材的基础上，要弄清楚整个学段的教材对学生的知识体系要求、能力体系要求和价值体系要求，可分别画出知识树、能力树和价值树，以更直观地反映出整个学段教材的要求。

另外，通过研读整个学段的教材，教师还要弄清楚前后教材中的哪些部分可以整合，前后教材的内在联系是什么。只有明确了各个部分知识之间的关系，才能用好教材。在教师把握整个学段教材的基础上，学校可开展说整个学段教材的活动。说整个学段的教材，要求学科组的每一位教师都要精心准备。以学科组为单位，人人登台进行讲解，学科组内的教师可相互学习，相互借鉴，最后通过学科组教师的共同研究、讨论形成比较完善的学段教材知识体系、能力体系和价值体系三棵知识树，并做好对教材的深入分析。

我校开展的说教材活动分为说整个学段的教材、说一册书的教材、说一个单元的教材、说一课（节）书的教材、说一课时的教材五种形式。另外，有的学科还根据知识之间的内在联系开展了专题说教材活动。在各类说教材活动中，各个学科说教材的总体框架基本一致，教师们都紧紧围绕自己设计的知识树展开。2009 年，我校共组织 13 位教师共 20 人次先后赴河南安阳、山西太原、北京等地参加全国性的各类说教材展示和示范活动，锻炼了一批中青年教师，使其开阔了视野。从一些中青年教师的教学反思中，我们看到了这些中青年教师积极上进、渴望进步的精神。在王敏勤教授的指导下，我校开展的说教材活动不断推向深入，教师们认识越来越深刻，由开始盲目地开展，到现在有序地开展，经历了两年多的时间，取得了一定的成效。

（该文发表在 2010 年 3 月 10 日的《天津教育报》上）

"三个转变""三个改变"使每个学生得到发展

每一个生命都需要有尊严地生活，而尊严的最高境界是人的全面发展。学校和教育工作者都有责任让学生生活得更有尊严，让他们在学校里得到应有的、符合他们特点、符合他们未来发展需要的教育。素质教育以促进学生的全面发展为目标，唤起学生的主体意识，发挥学生的主动性，使学生生动活泼、积极主动地发展。为了实现这一目标，教育者在教育实践中应切实关注以下几个方面。

一、抓好"三个转变"至关重要

1. 由培养"尖子生"向培养"全体学生"转变

教师课堂授课中总有三类学生：第一类是支撑这堂课的骨干，如果没有这类学生，教师的课就难以顺利进行，关键时刻的提问就没人应答；第二类是偶尔参与课堂活动但不参与主要活动的学生；第三类是旁听学生，他们不参与任何课堂活动。课堂上，教师往往找第一类学生回答问题，公开课上更是如此。虽然教师已认识到学生是主体，事实上却只把尖子生作为主体，而忽略了大多数。我们要全面实施素质教育，就应面向全体学生，把所有学生作为教学活动的主体。因此，我们不仅要培养尖子生，更要培养全体学生。

2. 由"全面发展"教育向"扬长避短教育"转变

基础教育不单单是为培养少数拔尖人才打好基础的教育，更是为培养各行各业的领先人才打好基础的教育。人才应是坚实的素质基础和良好的个性特长的统一体。但我们的教育往往培养出没有特长的所谓"全面发展的人"。如果一个学生某学科学得比较好，我们往往就会鼓励该生抓别的学科。我们不是发展学生的优势学科，而是弥补他们的弱势学科。这恐怕是我们对全面发展的片面认识。因此，我们要坚持全面发展的观点，在注重全面发展的同时，引导学生发挥自己的优势，发现自己的兴趣，发展自己的特长。全面发展的教育应是扬长避短的教育。

3. 由师者为尊向和谐平等的师生观转变

我们倡导建立平等的师生关系，这说起来容易，做起来难。研究发现，许多学生的心理障碍缘于师源性伤害。因此良好的师生关系是培育学生健康情感的重要因素。教师要以真挚的情感对待学生，努力建立一种平等、信任、理解、尊重、友爱的师生关系，营造有利于学生身心健康、全面发展的和谐的文化、道德和心理环境。

二、抓好"三个改变"势在必行

1. 改变"唯分数论"的考试、选拔、评价现状

现实的考试制度，在一定程度上使学生成了分数与升学率的奴隶；教师与家长的功利，使得学生沦为分数的奴隶；教育无情的筛选与淘汰功能，让学生失去了应有的幸福和快乐。因此我们要改变教育中"唯分数论"的考试、选拔、评价状况，使考试成为了解、激励、帮助学生学习和发展的手段，发挥学生的优势，激励学生发挥积极性、主动性和创造性；摒弃一把尺子衡量学生发展水平的做法，多几把尺子、多几种尺度、多几种方法，全面衡量学生的发展。

2. 改变重智轻德、轻体的现状

我们要改变重智轻德、轻体的现状，给学生提供丰富的教育活动形式和足够的自由活动时间，让他们根据自己的兴趣、爱好、愿望、习惯等，自主、自觉地寻求适合自己的活动内容和活动方式，包括绘画、体育、文学创作、科学实验、义务劳动等。

3. 改变"千篇一律"的现状，要"因人施教""因材施教"

多年来，我们在教育教学实践中，强调共性要求多，照顾个性发展不够。发展学生，尊重学生，就应"因人施教""因材施教"，承认差异、重视差异、培养差异，要善于激发学生的兴趣，培养学生的特长，启迪学生的智慧，挖掘学生的潜能；要对不同类型、不同层面的学生实施不同的教育，提出不同的教学要求，达到分层教育、分层教学，以培养适应现代社会需要的健全的人。

（该文发表在 2010 年 3 月 24 日的《天津教育报》上）

教师队伍培养的九大策略

强国必强教，强国先强教。教育发展的关键在教师，培养一支高素质专业化教师队伍是教育发展的基石。

一、以"立德策略"提高教师职业道德水平

教师不仅要注重教书，更要注重育人；不仅要注重言传，更要注重身教。要

使教师树立良好的道德，通过学习唤醒教师的职业道德意识；完善各项制度，让教师在丰富多彩的活动中践行师德标准；加强管理，使教师在考核评估中形成正确的师德价值观；注重宣传，让教师在总结表彰中树立师德风范。

二、以"改制策略"提高教师竞争意识

体制和管理制度的改革是促进教师专业发展的重要措施。精简部门机构，合并综合办公，提高办事效能，成立"校园文化研究室"和"名师培养工作室"，创新聘用方式，实行全员聘任、竞争上岗制度，这些措施既激发了教师的工作热情，又促进了教师竞争意识的培养。

三、以"激励策略"树立教师正确价值观

教师身上蕴涵着巨大的潜能，有效的激励措施能激发教师的潜能。因此学校要加强岗位管理，细化岗位职责，增强责任意识；落实岗位职责，注重督促和考核评价；完善激励机制，激发教师的积极性和创造性，使教师树立正确的价值观。

四、以"良师培养策略"提高教师基本素质

完善教师培养培训体系，通过研修培训，学术交流，聘请校外的名师、专家对教师进行培训和指导，为教师提供外出学习和交流的机会，开阔教师视野，发掘教师潜力。

五、以"青年教师培养策略"实现学校可持续发展

青年教师的成长是学校可持续发展的重要保障。出台《青年教师培养方案》，帮助青年教师制订发展规划，确立明确的奋斗目标；成立"青年教师文化沙龙"，引导青年教师加强读书积累，自觉养成撰写教学反思札记的习惯；开展各种教育教学活动，如思想交流、教育研究、教学研讨、成果共享等，全方位提高教师的师德修养和教育、教学、科研综合能力。

六、以"名师培养策略"实现名师强校目标

学校的可持续发展需要通过一些有影响力的名师带动其他教师的发展。于是，学校成立"名师培养工作室"，制订详细的培养目标、培养流程、培养途径和培养措施，培养一些有影响力的名师，从而提高整个教师队伍的综合素质。

七、以"班主任培养策略"提高班主任育人能力

班主任在学校工作中发挥着不可替代的作用，对学生的发展具有深刻的影响。建立班主任领导机制，明确领导机制的职能；采用加强学习、分层培训等多种方式，提高班主任队伍的整体素质；用完善的激励导向机制，激励班主任的发展，提高他们的育人能力。

八、以"教育科研策略"引领教师专业化发展

科研兴校，科研兴教。教师不仅是知识的传播者，还是知识的创造者。这就需要教师除具备深厚的专业功底和独特的教学艺术外，还要具有出色的教学效果和对教育教学的深入研究。教育科研是促进学校发展的重要推动力，也会促进教师的专业化发展。因此校长要成为教育科研的引路人，要积极承担课题，带领教师开展研究，抓好理论学习，保障教师在先进理论的指导下开展科研课题。

九、以"阶段盘点策略"跟踪教师发展情况

教师队伍建设是一个长期坚持的过程，不能一蹴而就。因此我们必须通过不断反思和总结来保持教师队伍建设的可持续性。在德勤能绩四个方面，对教师日常工作考核进行"千分制"量化盘点；在教师专业发展方面，用《教师发展记录手册》进行盘点，跟踪教师的发展轨迹，促使教师更快发展。

（该文发表在 2010 年 9 月 8 日的《天津教育报》上）

为"无为而治"奠基

一、建制与考核

哈佛大学荣誉校长陆登庭说："哈佛的成功主要是形成了一种明确的办学理念，一套系统的制度和机制，所以现在即使没有校长，哈佛一样可以正常运转。"学校管理的最高层次就应该是这种无人管理仍在高效正常运转的管理，这应该是我们学校管理者追求的目标。要达到这样的目标，建立科学可行的规章制度是基础。越是构建和谐社会，越是提倡注重人本管理，越需要有制度作为保障，否则就会使很多事情的处理失去公平。

学校有很多个岗位，每个岗位的工作性质不尽相同。作为学校管理者，必须让每位干部教师都清楚自己的岗位职责范围是什么，怎样才算尽职尽责。另外，在学校工作中，各项工作如果不与评价考核结合起来，便很难落到实处。校长要特别注意督促和考核这个环节，根据每个岗位的职责制订相应的考核评价方案。方案可分为工作态度、本职工作、加分项和减分项四个指标，每个指标都要有若干关键表现予以佐证。学校制订的考核评价措施必须综合考虑各个方面，不能过分强调某一方面，在评价上要让教师们感觉到谁都不能主宰自己，只有通过自身的努力自己才能主宰自己。评价方式要尽量简化，这样也有利于考核评价能持久地坚持下去。

二、授权与管理

"谋事在众，决断在己，成事在众。""谋事在众"指的是在决策之前，要充分发扬民主，广泛征求大家的意见，集中大家的智慧；"决断在己"指的是在充分发扬民主，广泛征求大家意见的基础上，校长要敢于担当，敢于拍板，敢于承担责任；"成事在众"指的是一旦决策之后，"一把手"不必事必躬亲，要放手让大家去干，靠大家的共同努力把事情做成。作为校长，要把管理的重心下移，要放权给下属，尽可能少地使用权力，尽可能少地管理具体事务，要充分发挥下属的主动精神和创造能力。校长必须要明确哪些事情是校长必须亲自做、自己不做不行的；哪些是副职、助手应该做的；哪些是主任应该做的；哪些是必须马上做的；哪些是可以放置一段时间再做的；哪些是不必做而经过一段时间后会自然得到解决的。在工作中倡导一级对一级负责，在什么岗研究什么事，该指挥的就不要具体参与，该具体参与的就不要怕麻烦，要一竿子插到底。校长可以越级调研，但一般情况下不宜越级指挥；中层干部可以越级反映问题，但一般情况下不宜越级请示问题。校长不要事必躬亲，事无巨细，做事务校长。另外，校长还要学会分层次管理，分块管理，大胆授权于中层管理者，放手让他们管理好自己所分管的工作，充分发挥他们的积极性和创造性，让权力人人有、任务个个担、责任人人负，形成人人都管理、事事见管理、处处有管理的局面。这样，校长才能腾出时间来干一些大事，思考一些大的事情。校长主要是抓学校统筹全局和保证方向的大事，对中层干部的具体工作要关注，要督办，但不要过分干预。另外，学校的组织结构可根据不同时期的工作重点不断调整，但调整的最终目的应该是提高工作效能。

三、沟通与协调

著名组织管理学家巴纳德认为："沟通是一个把组织的成员联系在一起，以实现共同目标的手段。"在任何一所学校，要想不断增强凝聚力和战斗力，让全校教师众志成城、同心奋斗，校长与教师之间的有效沟通起着积极的作用。因此，校长应摆正自己的位置，与教师平等地进行沟通，凭借自己的人格魅力，凭借对教师的理解与尊重，凭借共同目标激励下的情感共鸣赢得教师行动上的服从。校长与教师的沟通要因人而异，讲求方式。关心年轻教师，要侧重他们成长的需求，敢于给他们压担子；关心老教师比关心青年教师尤重，因为他们是年轻教师的榜样，是学校教育的宝贵财富，学校重大事情要先听听他们的意见，请他们出主意。同时，要充分发挥老教师的余热效应，让他们承担培养青年教师的任务，承担学校校园文化研究工作，使他们感到教育的终身责任；在关心中层领导上，校长既要真心实意地尊重他们，又要严格要求他们。校长必须深入教职员工做细致的工作，要抽出时间同教职员工接触，让教职员工参与学校管理，参与出谋划策。

另外，校长要通过有效的沟通和教师建立和谐的人际关系。

学校人际关系包括学校领导之间的关系、学校领导与教职工之间的关系、教师之间的关系、教师与学生之间的关系、学生与学生之间的关系等。良好的学校人际关系有助于广大师生员工密切合作，形成一个团结统一的集体，更好地发挥整体效应。校长就如同圆心，教职员工就如同圆上的各个点，校长和教职员工的关系就如同圆心和圆上的点一样，距离都是一样的，不能有亲近疏远之分，如果教职员工感到校长对他们有亲近疏远之分，很不利于校长工作。此外，学校领导还要做好和上级有关部门的沟通和协调工作，要主动争取各类教育教学资源，要积极向上级教育行政部门争取政策上的支持，向教学研究部门、各类学术团体争取学术上的指导，向新闻媒体争取舆论上的支持，这样可使校长的工作走上绿色通道，使学校在宽松的环境下得到快速发展。

（该文发表在2010年9月22日的《天津教育报》上）

校长听课的"三利"与"三要"

校长对学校的领导，首先是教育思想、教育理念的领导，而教育思想、教育理念的实现是要靠教学实践并最终落实到学生身上；课堂是师生活动的主要场所，是课程实施的主阵地，课堂状态是学校教师教育思想、教育理念的直接反应。基于以上认识，我认为，校长对教育思想、教育理念以及对课程改革的领导必须从课堂抓起。

一、校长听课"三利"

1. 利于教师和学生的发展

课堂教学质量取决于教师的专业发展，校长要促进教师的专业发展，就要充分利用课堂。通过听课，校长和教师就处在了一个教学研究的共同体之中，业务交流起来就比较融洽。其实，学校的领导和教师的目的都是一样的，那就是如何提高教育教学质量，如何提高教师的专业素养。如果校长不听课，在指导教师方面就会纸上谈兵，缺乏说服力。校长经常深入课堂，深入学生所处的每一个空间，了解学生的学习需求，了解学生的思想状况，就会为学生的发展改善环境，有的放矢地进行教育教学的活动，达到全面提升师生素质的目的。通过听课，我们可以针对一些问题进行深入的探究，达成共识，为完成学校的目标而共同努力。

2. 利于形成学校的学术场

"场"很重要，不同的"场"对学校发展的作用不尽一致。学校的学术场其实就是为教师发展营造一种环境，"场"一旦形成，教学研究的文化氛围就会随之而形成，教学质量必然会随之而提升。校长在学术场的形成过程中作用极其重要，因为，一般来讲，校长的爱好兴趣直接会影响到其下属和教师。如果校长能够坚持每天深入教育教学第一线，深入课堂，其下属乃至教师都会不自觉地去深入课堂听课，互相研究，互相探讨。因为，校长关注的事情，他们往往认为是比较重要的。

3. 利于校长自身发展

校长通过听课可以学习优秀教师的先进的教学经验，与教师共同研究教学问题。听课既是一种研究也是一种学习。因为听课后必须评课，校长没有宽阔的知识面、没有了解课程标准与教材如何评课？这就迫使校长要去学习，把学习作为校长领导教学的自觉行为，从而促进校长的自身发展。

上面简要分析了校长听课的"三利"，那么，校长在听课问题上应注意哪些呢？

二、校长听课"三要"

1. 要消除顾虑

校长听课有时也有一定的顾虑，这种顾虑主要是由于现行学校的管理体制和一个地域的校长所形成的文化氛围决定的。长期以来，人们认为一把手校长不要介入过多的具体工作，特别是不要在教育教学的业务工作上动过多的脑筋，因为有具体负责业务工作的副校长和主任来抓业务工作；人们认为校长要抓全盘工作，要用好下属，如果说校长要抓具体工作的话，那就是要抓好人事权和财务权；人们往往认为"一杯茶一张报纸"的领导就是有领导力的校长，其所有的工作都分配给下属去做，这样的校长才有能力，会当领导。

上述观点不能说不无道理，这种一把手校长的管理文化也在全国不同的地区形成了一定的模式。另外，现在的学校管理体制仍是层级较多，学校有主管教学的校长、主任，也有主管教育的校长、主任，校长经常去听课是不是会影响教育教学的校长、主任的工作，是不是会束缚他们的手脚？是不是会在一些干部和老师的心目中造成这样的校长不务正业的嫌疑呢？我认为，这些问题的出现是很正常的，但作为一把手校长必须消除这些顾虑，因为学校的中心工作是教育教学，尽管有分管领导，他们完全可以把他们了解的情况向你汇报，但必定听到的不如实际感受到的，校长不听课就不能全面获得教育教学的第一手材料，就无法引领学校的教育教学。所以，校长走进课堂听课是正事，要大胆地听。

2. 要端正目的

校长听课，千万不要为了找教师的"毛病"而听课，而是要抱着一种和教师一起研究的心态。因为，校长一般都是某一学科出身的教师，他们一般只对自己的学科比较专业，至多在自己的学科上有独到的研究，而对于其他学科一般则不是很精通，至多也就是了解一二。所以，校长听课，不要认为自己就是权威，不要认为自己是各个学科的专家。

校长听课关键是要关注教师的教育教学实践行为，诸如教师的教学组织情况和教学环节的安排是否合理；教师的教学基本功，诸如板书设计、多媒体的运用、教学语言、教态、提问的设计等是否合理；展示学习目标是否适时；课程改革的一些理念，诸如是否充分调动了学生的学习积极性，是否关注了学生的个体差异，体现分层教学；教师的师德风范作用发挥得如何。还要了解学生的学习情况，学生的学习状态，班风学风、良好习惯的养成等。更要注重观察教师在教育教学实践中是否体现了现代的教育思想，学校的办学思想是否成为教师的一种自觉的行为追求。

通过听课透视学校管理当中存在的问题。如某学期开学第一天，我去听课，发现有些老师对自己上哪个班的课发生了混淆。为什么会出现此现象呢？我分析了其原因是因为在开学第一天，上午的第一节课和下午的班会课调整后，周计划上已明确原来所有的课都顺延，即第二节课上第一节课，后以此类推。可有些老师在理解上发生了歧义，认为是上午的第一节课和下午的班会课对调，所以就出现了混乱。这件事，虽然看起来事情并不大，但带来了一时的混乱。这件事，给了我一定的启示：今后对一些容易发生歧义的事情，我们的管理者还必须进一步解释清楚。试想，如果校长不深入课堂听课，会了解到这一情况吗？因为，对于这样"小"的事情下属也不会汇报。可我认为，此事看似小其实却很大。

3. 要进行评课

校长听课后必须要对教师的课堂教学情况进行反馈。要明确地指出此课存在什么优点，以使教师更好地坚持，继续巩固；同时，更要明确地指出教师在授课过程中存在什么不足，不足的地方要明确哪些是可以很快就能解决的，哪些是需要自己不断探讨的，这些都要给教师以明确的方向，这样做校长听课才对教师有指导作用，才能更好地促进教师的专业发展。

当然，校长每天的工作确实很多，有时听完课来不及面对面的交谈，那么我们可以采用博客等形式交流，也可通过发电子邮件的方式交流，其实这些方式更简捷有效。另外，校长听完课后，对听课的情况和有关的教育教学领导要及时沟通，对发现的共性问题，要集中时间进行培训。同时，对发现问题较多的课，还要做好跟踪听课，看其问题是否得到解决。校长与教师一起评课、议课，一起实践教育教学改革，即帮助教师成长、推动课程改革、提升教育教学质量，又能提升校长对教学的领导能力。

（该文发表在 2011 年 6 月 29 日的《天津教育报》上）

校长应摆正角色，与教师平等进行沟通

伴随着基础教育课程改革和学校管理体制改革的深入，校长要对学校全局工作进行高效和有效的指挥，教师对校长的领导与管理也必须要有一定的遵从。然而，校长又完全不同于军事指挥员，不能要求教师无条件地服从。因此，校长应摆正自己的位置，与教师平等地进行沟通，凭借自己的人格魅力、凭借对教师的理解与尊重、凭借共同目标激励下的情感共鸣来赢得教师行动上的服从。

一、放下架子，和教师处在平等位置

人贵有自知之明，要正确估量自己，不要把自己的分量看得过重，要放下架子，与教师平等相待。任何人在感情上都需要尊重、平等和理解，知识分子在这方面尤为突出。教职工受到尊重、信任和理解时，他们才会"士为知己者死"，才会自觉遵守规章制度，自觉接受约束。在鼓励教师讲实话、讲真话、讲心里话的同时，校长要不讲套话，在平等的基础上做到知无不言，言无不尽，允许分歧，求同存异。校长必须注意倾听教师中各种不同的声音，因为不同的声音不乏金玉良言、真知灼见。当然，不同的声音中也有错误和偏激的。这时，校长要有气度、有雅量，辩证地看待，不能因与自己意见不合而抱成见，借机给人"穿小鞋"。校长多与教师进行平等的沟通既能在情感上拉近距离，又能在许多问题上达成共识，更好地开展工作，做一个在教师心目中真正有权威的"官"。

二、心系同事，和教师处在知心朋友的位置

校长同教师之间不仅是组织领导和被组织领导的关系，还应建立一种和谐、亲密、统一的关系。校长要视教师为知心朋友，心里装着每一个教师。当教师在思想、工作及生活上遇到困难时，校长要尽其所能地热情关怀和帮助；通过会议、谈话、家访、联欢等多种形式，增加与教师的密切联系与情感交流，了解教师的困难和问题，并在教师还没有提出甚至不知情的情况下就予以解决。人非草木，孰能无情？校长对教师的关心，必能消除教师的对立情绪，激起教师的工作热情。特别是在推行学校内部人事制度和分配制度改革的过程中，要本着"无情制度，有情操作"的原则，注意教师情感的变化，善于疏导，细致关心，才能保证各项改革的顺利推行。当教师取得了进步和荣誉时，校长要及时予以肯定和鼓励。"感人心者，莫先乎情。"校长与教师的沟通还要因人而异，讲究方式。与中层领导的沟通，校长既要以大哥的责任真心实意地关心和尊重他们，又要以严父的身份严格要求他们，要求他们一定要争先争优，做好表率；要求他们一定要顾全大局，维护团结。与年轻教师沟通，校长首先要肯定他们的成绩，肯定他们在学校各项工作中的重要作用，真诚地点拨他们在哪些方面如何去做会更好，同时帮助他们解决一些实际困难，为他们提供平等竞争的机会，并愿意做好他们的后盾和知心朋友，这样年轻教师就会信心百倍，轻松愉快地投入工作。与年老教师的沟通，校长要经常与他们谈心，重大事情先听听他们的意见，请他们出出主意，有什么难事请他们出面做做工作。这样既能发挥他们的作用，又让他们体验到学校对他们的尊重。当然校长在领导好他们的同时，切莫忘记对他们的关心和照顾，哪怕是一句亲切的问候，一个甜蜜的微笑，都会温暖着他们的心。校长只要一心一意为教师着想，教师就会与校长同心同德，齐心协力，共同开创学校工作的新局面。

三、出现矛盾，和教师要换个位置

学校是以知识分子为主的组织，他们具有强烈的民主参与意识，愿意自我管理。由于管理者与被管理者之间的工作目标差异，在管理中必然会产生这样那样的矛盾，这时我们应主动地进行换位思考，从教师的角度，以教师的心态，用教师的目光来看待问题，分析问题，最终解决问题。只有这样，才能代表最广大教师的利益，缓解矛盾，调动广大教师的积极性。彼此间的换位思考，真正将沟通进行到底。通过换位思考，可以让我们欣赏到教师的优点，并给予对方真诚的鼓励，使团队和谐高效；通过换位思考，可以让我们很好地进行服务定位，为家长和学生提供优质教育和优质服务；通过换位思考，校长才可能真正走进教师的心灵，得到其拥护……所以换位思考，虽属"坚冰"，但如果攻破，则是沟通的一种有效途径。

总之，作为一个优秀的管理者，一个优秀的校长应该在工作中摆正自己的位置，保持与教师广泛的平等沟通和接触。在平等沟通中消除隔阂，达成共识，增进友谊；在平等沟通中了解教师，倾听心声，解决问题；在平等沟通中交流思想，融洽感情，传达信息。通过平等沟通，用自己的真心和诚心架设起管理者和教师之间的这座情感的桥梁，使学校这个大家庭变得更加和谐、更加温馨。

（该文发表在《教育·校长参考》2008 年 1 月下）

沉下心来当校长

狄更斯说过：一个健全的心态，比一百种智慧都更有力量。作为一个教育者，当我们沉下心来时，我们发现眼前的天地那么宽广，那么深邃，那么魅力无限。

20 世纪 80 年代的中国教育，打开了大门。西方的办学体制、学制结构、教育思想对我国产生了很大的影响。我国教育教学的改革也如火如荼地进行着。但是，教育家们研究的东西与老百姓的思想暂时还不一定吻合。当今的教育还不能摆脱功利化的目的。这种功利化主要体现在：评价学生好坏的主要标准是考试分数，评价学校好坏的重要标准就是升学率。现实教育中越来越浓的功利性严重束缚了校长的手脚。"以人为本"和"全面发展"的教育理想常常是美好的，而教育现实却是残酷的，校长们不得不想尽一切办法来"应对"，游走在理想和现实之间。

为了全面推进素质教育，促进教师和学生的发展，校长要"应对"上级布置的林林总总的活动、竞赛。一把手领导亲自督战，组织领导班子进行讨论，针对区里各项竞赛内容，学校指定各类竞赛负责人，然后进行专题训练，对症下药、对号入座，领导要什么，我们就搞什么。要把"功夫"花在"露脸"的事上，领导布置，贯彻实施即是，至于贯彻实施的意思是什么，大家不会去做太多深入讲究，只要出成绩，榜上有名，就彰显出校长办学的成效。"十年树木，百年树人"，无论对教师的培养，还是对学生的培养，都是一个长期的过程，不是一朝一夕就能完成的。如果校长们忽略了学校的办学目标，不重视发展自己的办学特色。只是疲于"应对"，一个学校就很难硕果累累。

可是"应对"成为了校长们常态的工作方法，"应"者为"接应"，接应上级的指示，"对"也可以理解为"对付"，对付上级各种各样的检查评比。上级开展活动、竞赛，大力表彰，将此数据作为评价学校的重要依据，哪个校长敢不去重视！无奈之中也只好这样做了。

我们不禁陷入深深地思考，面对这种现实，校长们犹如在山涧里的急流之中，水中的残花落叶随激流而去。涧中的山石，则置若罔闻，岿然不动。只有水中的鱼儿，在水中不逐流，可溯洄，可溯游。校长们要做水中的鱼儿，对潮流做一个主动的选择者、引导者，绝不能做被动的顺应者，至少做一个水中的挣扎者。成熟的校长和成功的学校应该围绕着自己的办学目标，沉下心来，走自己的路。

沉下心来思考如何办人民真正满意的教育；沉下心来思考如何使"人人有才，人人成材"；沉下心来思考如何做好身边的每一件小事；沉下心来读几本好书；沉下心来总结规律；沉下心来反思自己的言行；沉下心来体会学校这段"旅途"，在学校的这段"旅途"中，沉下心来，体会做校长的幸福。

（该文发表在《教育·校长参考》2008年11期下，此次出版略作改动）

开好校长办公会是校长的自修课

——论如何提高校长办公会的有效性

校长要规划学校的发展，确立办学方向与目标，论证实现目标的途径，合理分配学校资源，保证稳定有序的教育环境，提高教育教学质量，办出学校特色，打造学校文化，需要决策、协调、考察、调研、交流、学习、总结、汇报、解决问题、处理矛盾等等。然而，学校每一项工作的部署与落实都离不开校长办公会的统领。校长办公会是学校日常管理中的一种重要形式，是一种议事、决策的织形式，也是学校各管理部门沟通信息、交流探讨的重要平台，更是校长践行学校管理的第一要务。那么，如何提高校长办公会的有效性呢？

校长办公会除了要传达、学习上级重要文件和重要会议精神，研究学习贯彻方法外，主要的议事范围是对学校的教育教学、科研、管理、后勤、行政等具体工作进行决策。要保证决策不出问题，少出失误，领导者就必须要懂得决策的意义：决策是对两个或两个以上的可选事物所做出的判断和选择。从着手问题的解决到行动步骤的实施，决策几乎无处不在。通常领导者要经过辨认、分析、评价、选择和计划等一系列过程后才能定夺，这就要求领导者必须遵循决策的步骤行事。

第一，决策要有明确的目的或目标，即明确到底要决策什么。

第二，决策要进行信息的收集和整理，核对事实和各种观点，即到底要什么样的信息。

第三，决策要尽可能多的列举可能的行动议案，从而激发创意，即需要什么样的可选议案。

第四，决策议案选择后，要设定一定的标准来检验其结果，用以考察其是否达到目标要求。

第五，将决策议案转变为行动，要做好监控决定的执行并总结其效果。

第六，重大决策一定要有民主程序，因为掌控学校实际的是多数人，集体的智慧是无尽的，在充分发扬民主的基础上进行集中，应该是校长对会议进行组织、决策的准则。

决定和决策过程是所有校长管理过程的基础，校长的一个重要角色就是做出一系列决策。决策有的微不足道，有的意义重大，无论什么样的决策均无小事，"认真决策只能把事情做对，用心决策才能把事情做好"，只有认真用心决策才能做出科学的决策，才能使决策不出失误，少走弯路。好的决策应具备：具有可行性，可操作性；要富有弹性，可以调整，在发展中不断完善；要与学校的目标和教职工的共同价值观相一致；要直奔主题，要切中问题的实质。事实证明，提高校长办公会的有效性，科学的决策是保障。

校长办公会的有效性不仅要有好的决策做保障，还必须坚持一定的原则去行使会议的职能，使之达到会议要追求的成果和目的。

一、坚持以"少"为原则

尽管学校工作纷繁复杂，千头万绪，但总能分出该谁管理的谁就管。所以，坚持少开可开可不开的会议，坚持少邀请可参加可不参加的人，做到参会者具有针对性。校长办公会可分为班子会、中层干部会、综合办公室会、教育教学部门会等，从而分解参会人数，达到参会人数最小化；坚持少说可说可不说的内容，做到有事说事，说话从简，避免节外生枝，由此会减少会议的分散力，增强注意力。综上，这样做的好处是去掉了会议多余的部分，让会议彰显删繁就简。这样做的益处是节省了时间，让更多的时间服务于干正事。莎士比亚告诫人们："时间是无声的脚步，是不会因为我们有许多事情要处理而稍停片刻。"因此，校长办公会坚持以"少"为原则，是对时间的珍惜，是对工作的责任，是对同事的尊重，是校长办公会效率所在。

二、坚持以"重"为原则

学校众多工作，对于界定在两可之间的会议坚持以"少"为原则是必要的，但是，对于学校的重点工作，如果持省事的态度是要不得的。所以，校长办公会坚持把教职工的切身利益放在首位，因为完成学校工作的主体是教职工，他们的利益直接关系着学校的发展，关系着他们每一个人的成长。这是学校的大局，是力求学校稳定和谐的办学基础。一年一度的评优、评先、评职称这样的大事，校长办公会必须要有公平、公正、公开处事的态度，必须要有严谨、缜密的工作方法。议事中要舍得花费时间和精力，从而去营造学校和谐的共同愿景。学校的中心工作是教育教学，教学质量是学校的生命线，因而，校长办公会坚持每学期分别召开一次学校教学工作会议、德育工作会议，这是正事，也是大事，应放到重中之重的位置。然而，"两会"的议程是什么？怎样评价过去？解决什么问题？制订完善哪些制度？如何规划下一步蓝图？这些问题没有充分的调研分析、没有足够的理论联系实际的论证怎么能行？因此，校长办公会坚持以"重"为原则，是统筹全局工作的举措，是办学的方略，是校长办公会效益所在。

三、坚持以"责"为原则

校长办公会一般定为每周一次，长此以往，会议的主持者以及参会者就会产生疲沓心理，出现不负责任的态度，拿着校长办公会不当回事。原因在哪里？心理学家认为："对某一件事情来说，如果选单个个体被要求独立完成任务，责任感就会很强，会作出积极的反应。但如果是要求一个群体共同完成任务，群体中每个个体的责任感就会很弱，面对困难或遇到责任往往会退缩。"不负责任的态度是由于责任分散效应所致。由此，作为办公会主持者的校长，必须树立"第一责任人"的意识，应做到办公会要有鲜明的主题，要有充分的精心的准备，并落在纸上；要克服随意性，掌控会议的节奏与议题；要有时间观念，在既定的时间内完成会议内容。对于办公会与会者，校长必须要引领他们树立责任意识，任何工作的部署必须责任到人，让他们独立承担责任。责任是做好工作的前提。

校长办公会是学校管理工作中最为常见的工作，说它简单，是因为每位校长都能去做；说它难，是因为真正能持之以恒愿意做好的终究是少数人。学校发展赖以校长办公会的有效引领，坚持不懈地按校长办公会的原则去做才是关键。

校长办公会议以好的决策为保障，无疑代表了教职工的根本利益，为教职工说话，说话为了教职工，说教职工的话，集中体现了谋事民主、人性化管理的领导作风。校长办公会议坚持一定的原则行使职能，无疑掌控了会议的度、量、质，从"会海"中解放出来，以更多的精力和时间抢抓机遇，使学校的发展走在快速路上。由此，"问计"校务会，开好校长办公会是校长的自修课。

（该文以《校长日常管理的必修功课》为题发表于 2009 年 10 月下《教育·校长参考》上）

论教育家的时代使命

当今世界，经济全球化深入发展，科技进步日新月异，国际竞争日趋激烈，人才资源越来越成为推动经济社会发展的战略性资源。人才培养的水平和质量决定着人力资源强国的基础，要求我们的教育，特别是学校教育要去适应这种新的发展和新的要求。面对基础教育，今天的教育家则更需要以"生命教育"为自己的使命，为培养高素质的社会主义建设者和接班人，培养创新型人才奠定基础。

一、教育观念的变革

关注生命教育将是教育观念上一次根本性的变革，作为教育的先行者，敢于践行生命教育是时代赋予教育家的重要使命。

关注生命的发展是教育最根本的使命。教育是人类特有的社会活动，这种特有性在于人的生命的独特性。我们的教育对象是青少年，教育决定着他们将来成为什么样的祖国建设者和接班人。他们的言行显示着他们的成长印记和生命状态，他们对自己的评价很大程度上又依赖于外界对他们的影响。由此观之，教育者在这些成长中的青少年身上施以何种影响直接关系到他们的生命质量，关系到家庭的和谐，关系到祖国的未来！当今社会高度发展，科学技术日新月异，物质生活极大丰富，而人与自我、与他人、与自然、与社会的关系越来越疏远，出现了对生命的漠视与浪费，影响着未成年人的心灵。而教育只有和人的生命内在融为一体的时候才能彰显其作用，因为从人的生物学领域来看，人与动物的最大区别是人的未特定化。动物的智慧发展在出生时就已经接近成年个体的水平，而人类的智慧水平则要经历一个漫长的发展时期才能接近和达到成人的水平，教育作为人的生命发展的重要活动起了决定性的作用。另外，从完善生命发展的角度看，人的未完成的自然生命和人的精神文化生命都呼唤着教育，所以教育是人生命的需要，关注生命的发展是教育最根本的使命。

唤醒生命的自觉是教育最强大的动力。只有人类社会才有真正的教育，所以教育是"人"的教育，教育回归生命是对人的认可，对生命的尊崇。生命教育就是从人的角度出发，探讨真实的"人"的教育。教育总要给人成长中最需要的东西！为此，我们必须重视对教育对象——学生的研究，明确人的内在才是最丰富的宝藏。《学会生存——教育世界的今天和明天》中指出：教育不能再限于那种必须吸收的固定内容，而应被视为一种人类的进程，在这一进程中人通过各种经验学会如何表现他自己，如何和别人进行交流，如何探索世界，而且学会如何继续不断地、自始至终地完善他自己。作为教育的先行者，教育家引导学生在仅有一次的生命里，活出自己最大的可能，是目前教育最急迫要做的事，这也是回归教育本质的事。唤醒生命的自觉，在于让学生去探索，去熟悉，去接纳，去吸取，去经历成长中所有的可能性，然后引领学生认识到自己内在强大的生命力，找到属于自己的成长之路，学会滋养自己和与自己共同成长的人的生命。

践行生命的教育是时代最迫切的呼唤。每一个时代都有独特的教育命题需要去面对，每一个时期都有不同的教育困境需要去逾越。进入21世纪，青少年心理问题日益严重，所引发的一系列问题也值得教育者反思。一桩桩血的教训告诉我们，引导学生走出生命的误区，教育他们珍惜生命，理解生命的意义，建立积极向上的人生观已成为当今教育不可忽视的一环。陶行知有言：今日的学生就是将来的公民，将来所需要的公民，即今日所应当培养成的学生。培养具有创新精神和健康人格的社会主义事业的建设者和接班人，要从当今学校教育做起。教育家正是解决这些难题、直面这些困境中的先行者。而生命教育将对提升人生境界、开发人的生命潜能、提高人的生命质量产生重大影响，尤其对占世界人口总数22%的中国来说，生命教育对切实有效地把沉重的人口负担转化为巨大的人力资源优势，更具有现实意义。因为教育的本质是培养真正的人，只有人做对了，知识和技能才能通过他们转化成对社会有用的财富，而人是以生命的方式存在的，没有生命的存在，也就没有人的存在。践行生命教育，激活受教育者的生命潜能，是时代最迫切的呼唤，也是时代赋予教育家的重大使命。使每一位受教育者认识到生命本身是美的，自己的生命是美的杰作，从而为自己拥有生命而自豪，为中华民族的腾飞献出自己的才智，这是每一位教育家当仁不让的使命。

二、教育行为的创举

实施生命教育将是教育行为上一次突破性的创举，作为教育的践行者，关注生存状态、成就生命质量、释放生命潜能，是教育家践行生命教育的历程。只有以人的生命为本，才能激发学生用生命潜在的力量，成就自己的生命价值。

关注生存状态，找准教育的起点。随着时代的进步和科技的发展，新事物层出不穷，时值青春年少的孩子面对越来越多的诱惑和越来越重的压力，他们真的能让生命之花在不同的时期都能彰显生命的魅力吗？面对望子成龙、盼女成凤不计回报地付出的家长，孩子内心的需求是否被接受并得到相应的回馈，从而形成了健康的心理？课业的负担，升学的压力，真的能激发孩子们的学习动力从而使自己不断超越，为将来适应社会打下坚实的知识技能基础吗？孩子们是否真的了解自己、经营自己并最终成为最好的自己，承担起建设家园、昌盛祖国的重任？所有这些实实在在的问题需要教育家清醒地思考，理智地解答。

成就生命质量，定位教育的终点。教育要为社会服务，培养全面发展的高素质人才。而高素质人才培养目标的实现，要着眼于教育的每个环节。教育的过程就是塑造生命的过程。每一个生命都具有无限的潜能，都具有无法估量的价值，教育家就要在实际教育工作中创设平台引领学生在生命里开创他自己更多的选择，与自己的生命和谐，与周围人的生命和谐，与大自然万物和谐，在只有一次的人生里，活出一个最大可能性的自己！

在我们的教育对象中，独生子女成为未成年人的主体，父母和社会为他们提供相对富足、安逸的物质生活，他们对人生的态度、精神动力、价值取向必须得到关注。

随着经济全球化深入发展，科技进步日新月异，先进文化、新的思想、新的观念正丰富着未成年人的精神世界，与此同时，落后文化和有害的信息也在腐蚀着未成年人的心灵。在各种消极因素的影响下，少数未成年人精神空虚、行为失控，有的甚至因一时失控而浪费教育资源，甚至造成无法挽回的不良社会影响，使生命之花过早凋零。在这种严峻的形势下，学校生命教育要致力于引导学生认识自我、悦纳自我、珍惜生命、发挥潜能、实现自我价值。有些学校结合学科特色和学生的特点，为学生搭建展示自己的舞台，收到了很好的教育效果，学生的生活丰富了，学生的生命之火得以点燃。

释放生命潜能，激活教育盲点。新一轮基础教育课程改革应时代的要求，以"为了每一位学生的发展"为出发点，从课程目标、课程内容、课程实施、课程评价等方面赋予了生命教育以必要的人文关怀。可喜的是不少学校以校园文化为载体打造育人氛围，让校园的每一个角落都浸润着学生的生命，彰显着教育的灵性。有的学校以课外活动为契机，展示个性才华，开展丰富多彩的课余活动，让学生的个性得以彰显，特长得以发挥，生命之花得以绽放。有的学校以课堂教学为渠道，让课堂成为学生焕发生命活力的舞台。通过生动活泼的学习让学生感悟生命，唤起他们的生命意识，让学生明白生命的本质、生命的价值、生命的意义，进而唤起学生对自我生命成长的觉醒与关注。

三、生命意识的觉醒

教育家自身生命意识的觉醒是完成生命教育使命的关键，作为教育的领航者，教育家要促进教师团队生命意识的觉醒。

教育家自身的生命意识是觉醒的。生命教育的目的是认识生命现象，激发生命潜能，提升生命品质，实现生命价值。在这一过程中，需要用生命温暖生命，用生命激活生命，用生命滋润生命。教育家本身是拥有觉醒意识的生命，秉承着华夏先贤的智慧，承担着时代赋予的使命，大胆实践、不断创新，以赤子之心对待工作、对待学生，调整教育行为，实现着自己的生命价值。时刻清醒地觉察自己将要去做的那一切将如何在我们所教育的青少年的心灵中折射和反映出来，而其中的关键是如何激活他们成就自己的不竭动力，唤醒他们心中沉睡的巨人。时刻以平等的心态尊重每一个生命，善待每一个生命，呵护每一个生命，坚信每一个青少年都拥有渴望成为好人的心灵。

教育家要唤醒教师群体的生命意识。教师是生命教育的实施者，如何让教师把生命教育和自己所从事的实际工作结合起来，利用自己的优势地位对学生进行生命教育，借助对生命本质和意义的思索和了解，充分认识到自身在生命教育中的定位和作用，充分享受教育，用理念的创新和实践的创新彰显自己的生命主体性，调动自己的能动性，是摆在教育家面前的又一重要课题。因为只有教师成为充满活力的生命主体，才能成为学生精神生命的创造者。简而言之，一方面要引领教师突破师道尊严的局限，视师生为真正平等的生命主体，让教师意识到教师引领学生的成长，同时也在完成自己的成长；另一方面要整合各种资源，为教师拓宽成长空间，从而唤醒教师的生命潜能，让他们在工作中得到快乐与智慧，升华自己的生命，享受职业的幸福感。

时代的发展呼唤生命教育，生命教育的实施需要有觉醒生命意识的教育家。肩负着生命教育的使命，向着理想的教育境界迫近，让智慧随着问题破解而生成，让思想伴随生命灵动而孕育，这就是当代的教育家的真实写照。

（该文发表在 2011 年 11 月下的《教育》旬刊上）

第十章 公开发表的部分报道

潘怀林：向"一"出发，从"心"开始

《中国教育报》记者 徐启建

2006年7月，潘怀林被任命为天津市塘沽第十五中学校长，虽也大致了解到了学校的一些情况，但当真正零距离面对还是"倒吸了一口凉气"：进校门是一排老平房，操场是泥土的，刮风就尘土飞扬，下雨就泥泞不堪，学生做操、活动要看"天"行事。硬件不行，生源也很成问题，初一招生时只有100余名学生，而且大多是所谓的三四流生源。

这些还不是最重要的，最重要的是学校里学生的状态有了问题：学生大多是"来这就是没指望，也就混个初中文凭吧"。

潘怀林说："到任后，不仅别人向我投来了怀疑的目光，就连我自己也不敢相信我能否在这所特殊的普通校稳住阵脚。"

但潘怀林还是站稳了阵脚，因为他"坚信只要自己肯付出百倍的努力，走改革创新的道路，就一定能把学校变个样"。他最终找到了他的治校"窍门"："一流学校一流的是'心气儿'，二流学校二流的也是'心气儿'，只要把垮掉的'心气儿'找回来，二流学校就向一流大踏步前进了。"

潘怀林重振学校"心气儿"，精心选择的是"信心教育""静心教育""责任心教育"，他称之为"三心"教育。就是这样一个"三心"教育让塘沽十五中这个普通校变得不普通了。

一、信心：自己觉得能行才真正能行

"普通校的发展、师生的成长，树立自信心是关键。有信心，才有努力和毅力；

有信念，才有不懈和追求；自信会带来勇气和超越。自己觉得能行才真正能行。"

正是基于这种思考，潘怀林提出了"人人有才，人人成材"的办学理念，其基本立意是，给学生和教师自信的力量，让师生共同树立战胜自我、超越自我的信心，让师生确立"我要成材，我能成材"的信念。

让学生和教师有信心，学校首先应该有信心，校长首先应该有信心。因此，潘怀林主持塘沽十五中工作不久，就勇敢地向社会做出了"从最后一名学生抓起，不让任何一名学生掉队"的公开承诺，这个社会承诺极大地鼓舞了学生和教师的士气，学生和教师的自信心有了大幅度提升。

潘怀林认为，作为校长，应相信每一个教师都是好教师。每一个教师都具有发展的潜力，都可以成长为优秀的教师，重要的是为其提供发展机会，为其专业发展提供发展平台。基于这个考虑，他不遗余力地为老师们的专业发展搭桥铺路，比如，从有限的学校经费中挤出最大限度的份额让教师们去参加全国各地高水平的交流和培训。

塘沽十五中主要侧重以下两个层面实施了信心教育：

其一，实施分层教学，提高学生的信心。有人认为，重点校和普通校学生的根本差别在于，前者是"不教而学"，后者是"教而不学"。让每一节课得到落实，让每一个学生学有所得，这是培养学生学习自信心的关键。为了突破"教而不学"，落实每一节课，塘沽十五中针对学生基础较差且程度不齐的"学情"，提出了分层教学的策略。分层教学完全突破了"快班""慢班"的固有模式。作为一种教学创新，分层教学具有合理分层、尊重选择和灵活实施三个特点。

其二，重视学生自主活动，增强学生成功的信心。一次成功活动的育人效果胜过千百次的说教，自主的体验感悟胜过千百次的灌输。组织丰富多彩的校内外活动不仅能培养学生的创新意识，锻炼学生的综合能力，还能在更大程度上增强学生成功的信心。为了达成上述目的，塘沽十五中非常注重"创新设计，扩大收获"。塘沽十五中的班会活动总是要把学生推到"台前"，由他们自编、自导、自演。活动主题大到"绿色环保，低碳生活""我爱祖国，我爱滨海""传承美德，奉献爱心"，小到"我的学业我做主""文明交通我参与""让爱天天住我家"。根据学生需要，学校建立了近30个课外活动的小组和社团，其中，有的很具创意，比如纸艺、编织，有的又很"冷门"，比如藤球、篆刻、心理健康营等。

潘怀林说："在学校组织的各种读书活动、体验活动、实践活动中，学生都有参与体验、发挥潜能的机会；在一次次的参与和体验中，学生的自信得到了提升，勇气也应运而生，并逐步走向成功。当然，学生信心的树立，是一个复杂、长期的过程，随着学生在学校和班级各类活动中取得的成绩不断增多，在广阔的参与背景下，学生真正获得越来越广阔的发展空间，他们的思想在保持一份天真的同时也在逐渐走向成熟。比如，有一个同学就在作文中宣告'我长大了，我并不比别人差，展望未来，人生还有无数的机遇在等我，还有无数的机会在等我去把握。只要一直往前去，我会有新的前途。'"

二、责任心：愿意担当的人才会最终成功

潘怀林说："一般人常说'人好了，一切都会好起来'，这句话实际上反映了'成人'和'成才'的关系，即先'成人'后'成才'。只有大家的责任心有了，承担起属于自己的那份职责，成了一个心智完整的人，才有可能成才。"

正是基于这些考虑，潘怀林在塘沽十五中实施了"责任心教育"，一方面应对学生责任心薄弱、责任感不强的问题；另一方面也应对我国社会转型与全球化发展对新一代的素质要求；再者也应对某些教师责任意识薄弱的问题。

塘沽十五中对教师进行责任心教育，首先是引导每个教师具有责任意识，大家其实是一个小小的"命运共同体"：学校光荣，个体也光荣，学校进步和发展，个人也进步发展，因此当大家面对各种困难的时候绝不能坐等，要找准工作的切入点，主动克服困难。

有宏观的引导，也有具体的指引，塘沽十五中给教师规定了应该做到的"五个负责"。

教师要对自己负责，因为教育教学工作是教师的职业，也是教师的事业，关系到教师人生价值、教育理想与追求的实现；教师要对学生负责，因为接受教育关系到每一位学生的未来和生命价值的充分实现；教师要对家长负责，因为孩子是家庭的希望，关系到每一个家庭的幸福，家长把孩子交给教师，就是基于家长对教师的信任；教师要对社会负责，因为社会的文明、进步与发展在很大程度上取决于每一代学生，而教师是学生成长、发展的塑造者；教师要对国家负责，因为青少年学生是国家的希望与未来，"少年强则国强，少年独立则国独立，少年自由则国自由，少年进步则国进步，少年胜于欧洲，则国胜于欧洲，少年雄于地球，则国雄于地球"。

塘沽十五中对学生进行责任心教育则是内化到了各种各样的活动上，比如"责任与我同行"的信念教育活动，又比如"爱己才能爱人，爱校才能爱家，爱父母才会爱国家、爱社会"等等活动。

潘怀林说："究其实质而言，我校实施的责任心教育是以'责任'为核心的素

质教育，意在唤醒学生的责任意识，激发他们的责任情感，培养他们履行责任的能力，帮助他们形成良好的责任行为。"

三、静心："非宁静无以致远"

潘怀林说："所谓静心教育指的是，全校师生都要胸怀远大理想，不斤斤计较眼前的一得一失；做人心态平和，待人宽容大度，生活知足常乐；遇事善于思考，深入探究；做事专心致志，精益求精。"

围绕"静心"，学校向教师和学生提出了"七静、三品、四用"的要求。

教师"七静"指的是：静下心来上好每一堂课，静下心来批改每一本作业，静下心来与每个学生对话，静下心来研究教学，静下心来读几本书，静下心来总结工作规律，静下心来反思自己的言行方式。"三品"指的是：品味师生的情谊，品味工作的乐趣，品味生活的幸福。"四用"指的是：用智慧启迪灵性，用人格陶冶情操，用爱心浇灌希望，用汗水哺育未来。

学生"七静"指的是：静下心来上好每一堂课，静下心来完成每一次作业，静下心来参加每一次活动，静下心来研究每一个问题，静下心来读几本书，静下心来总结学习规律，静下心来反思自己的言行方式。"三品"指的是：品味师生的情谊，品味学习的乐趣，品味生活的幸福。"四用"指的是：用智慧学习知识，用人格成就自我，用爱心对待别人，用汗水浇灌未来。

应该说，"七静三品四用"是一个目标，一个理想状态，要想达到这个目标和理想状态需要不断地探索和实践。

塘沽十五中在实施静心教育过程中，主要做了以下几个方面的工作，即：改革学校例会制度，为教师自主研究留出时间；在工作中化繁为简，避免形式主义；创新教师绩效评估机制，实施千分制考核；实施集体备课下的共享教案，教师备课求实效。

塘沽十五中实施静心教育，还主要把握了以下原则：

营造"静境"文化。"非淡泊无以明志，非宁静无以致远"，只有心境平和地做事做人，才可能达成远大的目标。问题在静中化解，是非在静中明辨，思想在静中绽放，工作在静中出色；静可以控制冲动，抑制盲目，克服粗劣，驱逐功利。

"静"要内化于学校各项活动中。静心教育的要义在于提高学校管理教师工作和学生学习的效率，减少不必要的时间和精力成本。教师从事教育教学活动，要按照"七静三品四用"要求去做；教师的科研行为要以一定的标准考核；教师读书要以学校推荐书目为主，要安排固定地点，按照课表安排循序进行；教师学术研究实现团队化，以"青年教师文化沙龙"为学术研究中心，辐射全体教师；学校管理实现民主化研究，以"谏言组"为核心，定期召开谏言会议，学校管理层要兑现每一项谏言。

为教师减负。为教师减负可以区分为"物质层面"的减负和"精神层面"的减负。从"物质层面"的减负来看，凡是应对检查，具有虚构成分的事情，坚决不再安排教师去做。比如，学困生帮教计划、中等生提高计划、优秀生培养计划等不再硬性要求要落实在纸上，关键是教师自觉去做；教师的教案可以采取多种形式，达到少而精的目的。学校鼓励部分教师可以做到无教案教学，但保证课堂教学是精彩的、高效的。

为教师争取时间。实施静心教育，要为教师们提供更多静心学习和工作的时间。比如，每天的课余活动实行集体管理，尽量不让班主任到操场去监控学生；早中晚自习实行无师管理，回归自习的本来面目；如无特殊问题，每周例会控制在1小时之内；每学期4次检测，测验分数统计由相关人员集中输入，然后提供给教师。如此操作，就可以给教师节省很多时间和精力，有利于教师把时间和精力更为经济、有效地运用。

潘怀林说："多年的探索与实践，应该说我们的'三心教育'发挥了它强大的功力，它让我们这样一所普通校走上了不普通之路，我们现在虽然还远未达到我们的理想状态，但我们学校已经成了被社会广泛认可的名校。"

（该文发表在2011年12月13日的《中国教育报》上）

追逐教育阳光

——记天津市滨海新区塘沽第十五中学校长潘怀林

《教育》旬刊记者 杨登明

"目中有人，心中有爱，手中有法。"这是天津市滨海新区塘沽第十五中学校长潘怀林的教育"三有法则"，他将此作为一位教育工作者生命中的空气、阳光和水。1990年7月，潘怀林从天津师范大学毕业，走上了他儿时一直梦想着的三尺讲台，成为了一名光荣的人民教师。他从普通的班主任干起，直到当起了一校之长。21年的时光改变了他的容颜，却没有改变他那份对学生的热爱以及对教育事业的追求。近日，《教育》旬刊记者采访了这位被当地教育界称为"追逐教育阳光"的人。

一、做一个"用心"的教育人

大学毕业那年，潘怀林带着憧憬，只身来到了塘沽，成了一名化学教师。从那时起，他就把教师这个职业视为自己的全部生活，把教师的形象视为自己人格的象征。在担任班主任期间，他把"育人为本"作为一名教师的基本要务，把教育的目标锁定在"使学生能够自学自励，出了学校，做主动有为的人"，"学会做人、学会做事、学会合作、学会学习"的基本理念之中。潘怀林说，学生的成长应建立在集体的大环境下，让学生懂得，集体因个体努力而生辉，个体因集体的进步而成长。平日里，他关注每一位学生的成长与进步，帮助学生发现自己、肯定自己，积极找回自信，树立起坚定人生的信念。潘怀林认为，老师的关爱、集体的温暖能让学生齐头并进，能让学生展现自己拥有健康心态、健全人格、积极向上的学习风气。

在课堂教学中，许多慕名而来的同行听他的课，无不为他的"用心"而折服。潘怀林坚持并做到了："静下心来备好每一节课，静下心来批每一本作业，静下心来总结规律，静下心来研究学问，静下心来反思教学成败。"同行们说，潘怀林是在用心来研究教学中的每一个环节，同时也是用心来处理每一节课的因果关系。

当多媒体刚刚走进课堂时，潘怀林在学校首先试行"应用多种教学媒体，优化初中化学教学，大面积提高初中化学教学质量"的课题实验。他将教学中的点滴积累，汇集成河。他的有关课题研究成果相继发表在《天津教研》《天津电教》上，撰写课题研究的阶段总结获得天津市第六届教研教改成果奖。1998 年 9 月，他执笔完成的该课题实验报告，获得了中国化学会化学教育专业委员会举办的全国化学教学研究优秀论文奖。此后，他又承担了市教研室的初中化学课堂教学模式的课题研究，所做的课堂教学模式观摩课，获得了天津市九年义务教育素质教育教学目标与学习水平测评实验成果奖，其研究成果应邀在全市推广应用。

二、用脚"走"出的教研成果

2001 年 5 月，潘怀林调入塘沽区教育中心任化学教研员，开始了专业教学研究之路。他深知作为一名教研员，应该走在专业教学的前面，用新的教学理念和思想指导教学实践。在教学实践中他更加注重学习，强化积累，积极参加各种教育教学理论和教研活动，并做到逢会有记载，逢学有感想，事事有心得，把学习到的新观点、新理论运用到实践中。

在 2001 年，潘怀林利用暑假期间写了篇近 10 万字的初中化学基本功教学讲座稿，针对整个初中化学教材进行了系统的教材分析，在教研活动时间与老师们进行研讨交流，反响很好。从此，他不断推出适应新课程理念的各类不同课型的教学模式。2001至2006年做教研员的5年间，潘怀林累计听课400余节，走遍了塘沽区的每一所学校，有同事称他的教研成果是用脚"走"出来的。

每一次教研活动，他都习惯性的帮助教师们作课件设计，为每一位教师尽可能提供满意的复习资料，此举赢得了全区初中化学教师的认可。他还在全区有计划地推广化学教学系列复习法，把整个初中化学教材内容整编成34个专题，每个专题设计了不同类型的专题练习，每个专题练习又分别编写了不同难度、不同类型的训练题。当时，各校在总复习中均普遍采用这种复习模式，此模式既减轻了教师和学生的学习负担，又大大提高了复习课的效率，受到了基层学校领导和教师的肯定。潘怀林在教研实践中撰写的课题报告《创新初中化学总复习模式，提高初中化学总复习质量》一文于2003年3月获得天津市第九届教研教改成果奖，之后又获得中国化学会化学教育专业委员会组织举办的全国中学化学教学研究优秀论文奖。他首创的化学竞赛三级培训模式在全市产生较大影响，在此模式教学下，2002年全区共有6名学生获得全国初中化学素质和实验能力竞赛一等奖，一等奖人数列全市第一；2004年，张媛同学以97分的成绩夺得全国初中化学素质和实验能力竞赛天津市第一名。潘怀林因此连续多次被中国化学会化学教学专业委员会授予"全国初中化学竞赛园丁奖"。

三、做一只教研的"虫子"

多年来，潘怀林始终瞄准一个目标，向教科研要质量，在课改中要效率。在繁忙的工作之余，为了使自己的教学经验和研究成果得以推广，受益于更多的教师和学生，他除了著书立说以外，将更多的精力投入教研部门与一线学校协调上，将教研的成果最大社会化。2002年，他受北京教育出版社委托编著了《初中化学知识点组系列辅导与跟踪训练》一书；2003年，天津教育出版社出版了他参与编写的《天津市学科疑难要点名师解析》一书。他多次参加市教研室主编的《天津市初中化学总复习》和《天津市初中化学学习指导与质量监测》等教材的编写，并在《天津日报》《天津教研网》《名师网校杂志》等多家报刊上发表指导教学类文章。他承担了2003年全国初中化学竞赛天津赛区的命题任务，在非典期间，他克服困难，接受了市教研室的紧急指派，以强烈的政治责任感，出色完成了在天津电视台为全市中考师生做电视讲座的任务。

5年的教学研究之路，潘怀林以"不干则已，干则一流"为原则，为教学工作一路洒下辛勤的汗水，写出了近百万字的教研著作，获得了许多荣誉。他是学生心中的名师，是同行中的榜样。对此，潘怀林说："我只是一只地地道道的'虫子'，对于教育教研这本大书，一个字一个字去啃就是我的天职。"

四、普通学校的华丽转身

由于工作出色，2006年夏，潘怀林被任命为塘沽十五中学校长。当时，这所学校是当地的一所并不起眼的普通校。他明白，校长是一所学校的灵魂，当自己走上校长岗位后，如何把一所普通学校办得不普通，就必须走变革的道路，而观念的转变是至关重要的。学校如何才能做到最大程度上促进学生的发展，这是他始终思考的核心所在。

虽然之前潘怀林已积累了较为丰富的教育教学经验，但作为校长的管理经验还是一片空白。如何做一名称职的校长，对于他来说是一个挑战。万事开头难，面对学校的发展现状，摆在潘怀林面前亟待解决的还是认识问题，衡量一所普通学校发展进步的标准到底是什么？什么是人们常说的好学校？什么是人民满意的学校？引导师生正确回答这些问题，事关学校的发展定位和方向。

基于学校生源的特殊原因，潘怀林提出"从最后一名学生抓起，不让任何学生掉队"的口号，以此促进教育的均衡发展，使每一个在校学生都能享受到公平的教育，让这些普通的学生能够取得不普通的进步。为了进一步明确学校的改革方向，他组织大家确定了"追求卓越"的校训，意在全校师生要自强不息、勇于奋斗、与时俱进、超越自我，力争办出最好的学校、做最好的老师、当最好的学生。

为了实现普通学校的华丽转身，潘怀林带领十五中人围绕育人这一中心任务，实施"信心教育""静心教育""责任心教育"的教育教学改革。当时的十五中，为学生树立自信心是关键。有信心，才有努力和毅力；有信念，才有不懈和追求。信心带来勇气和超越，教师树立信心，成就人生价值；学生树立信心，成就成才理想。

《教育》旬刊记者在采访中了解到，潘怀林在十五中的成功之举，当属改革教学方法，实施分层教学。"分层教学"的策略是：突出一种理念——课堂教学必须贯彻分层教学的思想；实施一种模式——课堂教学模式实施"学练议"；采取一项措施——落实"学练卷"；落实两个保证——保证课堂教学模式落实到位，保证课堂教学效果提高到位。"分层教学"的提出对于落实学校新的发展规划，使课堂教学能够走向高效无疑起到了极大的推进作用。

同时，他们还结合改革备课办法，实行集体备课等形式，由年级备课组的教师集体讨论教学方法，然后在充分论证的基础上，每位教师承担一定的任务，执笔写教案，最后通过集体讨论来修改教案，形成比较完善的共享教案。在共享教案的基础上，每位教师可以结合本班学生的具体特点适当进行个性化修改，以体现教学的个性。共享教案规定每学期修改，不断完善，这样做既减轻了教师的负担，又做到了资源共享、智慧共享。

五、将"静"蕴涵于学校管理之中

在学校管理中，潘怀林向全校师生提出了"七静三品四用"的要求。

相应地，他向学生提出了"七静三品四用"的要求，即"静下心来上好每一堂课；静下心来完成每一次作业；静下心来参加每一次活动；静下心来研究每一个问题；静下心来读几本书；静下心来总结学习规律；静下心来反思自己的言行和方式。品味师生的情谊；品味学习的乐趣；品味生活的幸福。用智慧学习知识；用人格成就自我；用爱心对待别人；用汗水浇灌未来。"

潘怀林将"静"蕴涵于学校管理之中，提高了学校管理和教师工作的效率，提高了学校的育人水平。他倡导学校的各种相关制度应化繁为简，避免形式主义。他创新教师绩效评估机制，在考核中突出教师工作绩效，将人为的影响降低到最低点，在相当程度上减轻了教师的心理负担。

天道酬勤，在潘怀林带领下，师生共同努力，学校的教育教学改革有了显著成效，学校面貌焕然一新。教师的课堂教学水平、教研能力和专业素养得到了显著提高，一大批市、区级优秀教师、优秀班主任脱颖而出，先后涌现出了塘沽区首席教师、塘沽区学科带头人7人；塘沽区命名的区校级骨干教师19人；有多位教师被评为全国教育系统先进工作者和天津市优秀教师等。学生综合素质也有了显著提升，学校得到了家长和社会的认可，由此产生了良好的社会声誉。

潘怀林在十五中度过了人生的又一个5年，5年来学校发生了质的飞跃，这所地处城乡结合部的普通学校迅速崛起为全国知名学校，中考成绩逐年攀升，督导评估综合得分多年保持区级一等。学校先后被命名为天津市教育学会基础教育"十一五"科研基地、天津市基础教育研究所实验学校、中国教育学会"十一五"科研重点课题重点实验基地。《中国教育报》《中国教师报》《天津教育》《天津教育报》等多家媒体先后报道了学校的发展情况，来自全国十余个省市的数百所学校的教育同仁慕名来校参观，十五中的教育思想和管理经验正在全国推广。

六、核心对话

《教育》旬刊：您认为你曾经的幸福是什么？

潘怀林：当年，我作为一名教研员，那时就想，绝不能因为自己的学科水平影响全区的教学质量，要时刻强化本学科水平，强化自己的责任意识，一切工作就是以此为出发点。在教研一线时，我苦心钻研，曾把自己在一线从事教育教学中积累的全部经验毫无保留地奉献给了广大教师，当老师们用到我总结的教学经验时就是我最大的幸福。

《教育》旬刊：您对静心教育的理解是什么？

潘怀林：实施静心教育，为每一个学生成功奠基。静心是一种状态，它是指不张扬、不浮躁、厚积薄发，它更是一种境界、一种修养。所谓静心教育是指：全校师生都要胸怀远大理想，不斤斤计较眼前一得一失，做人心态平和，待人宽容大度，生活知足常乐，遇事善于思考，做事专心致志，精益求精。学校要为教师创设工作和学习的安静环境，师生才能具备平和大度的良好心态。

《教育》旬刊：怎样理解学校与所在社区的关系？

潘怀林：衡量一所学校发展取得的成效，我看主要是学校是否受到了学生的热爱；每个学生是否得到了全面而有个性的发展；每个学生的综合素质是否得到了显著提高。另一个，学校是否赢得家长的青睐，家长对学校给予大力支持，能够积极配合学校，使教育获得成功。学校办学要得到社会的认可，尤其是学校所在社区的认同，学校的文明风气对营造社区良好的风尚能产生不可替代的作用。

《教育》旬刊：学校管理怎样做到与时俱进？

潘怀林：让每一个学生都能够有尊严地学习。学校的管理者有责任让全校师生生活学习得有尊严，让他们在学校里得到应有的、符合他们特点和未来发展需要的教育。对此，我认为要抓好"三个转变"：一是转变教育主体观，树立全体学生都是教育主体的理念，由培养"尖子生"向培养"全体学生"转变；二是转变"全面发展"观，树立"扬长避短"全面发展的理念，由"全面发展"教育向"扬长避短教育"转变；三是转变师生观，树立和谐、民主、平等的师生观，由师者为尊向和谐平等的师生观转变。

（该文发表在 2011 年第 9 期的《教育》旬刊杂志上）

责任文化引领学生健康成长

——滨海新区塘沽第十五中学采访纪实

《天津教育报》记者 魏颖

塘沽十五中，"人人有才，人人成材"的办学理念，"三心教育"贯穿一线的教育方针，把促进学生健康成长作为学校一切工作的出发点和落脚点，近年来，有来自全国 20 余个省市的数百所学校，逾千余人到该校参观学访。此外，仅就德育方面，学校就被评为天津市德育工作先进集体、天津市德育工作先进学校、天津市中小学生日常行为规范示范校、天津市优秀家长学校、天津市思想政治教育先进学校、天津市交通安全教育达标校、天津市绿色学校、天津市法制教育先进单位、天津市阳光体育活动先进单位、天津市安全保卫工作先进单位等，这所普通学校变得不再普通。"很多参观的学校都问我，为什么学校会有如此大的变化，我觉得我们就是坚持德育为先，积极构建学校、家庭、社会三结合德育工作模式，将责任教育贯穿于学校、家庭、社会教育的始终，使学校真正成为德育的主阵地、家庭成为德育的加油站、社区成为德育的大舞台。通过实施'责任教育文化'培养学生良好的行为习惯，以责任文化引领学生健康成长。"校长潘怀林深有体会地说。

一、学校真正成为德育的主阵地

作为一所普通校，塘沽十五中实施"责任教育"，力图通过责任教育促进学生健康成长。他们从最基本的和最容易的事情做起，让学生在学校做个"好学生"。

走进塘沽十五中，你会发现学校围绕"责任"主题，充分利用学校现有的空间，精心布置校园环境设施，以责任教育为主题形成了三个教育区域。

第一个教育区域为"团队建设园地"。学校在校门口处竖立了展牌，展示了学校对社会的公开承诺和学校办学的总体目标，明确指出了办学方向，彰显了学校的责任承诺；教学楼两侧整齐有序地排列着 22 块展牌，"教师团队建设园地"把教师团队谋求发展、团结、奋进、忘我工作的敬业精神和不同的工作特色展现在师生面前，"德育楷模园地"中教师敬业爱生的师爱事迹既感动着身边的学生，又激发着教师职业的责任和激情。

第二个教育区域为"责任教育基地"。学校以"责任教育"为主题，制作成大型的宣传展牌，置于醒目位置，命名为"责任教育长廊"。它包括：引领篇、希望篇、孝敬篇、哲理篇、行为篇、励志篇、读书篇、毅力篇、爱家篇、爱校篇、爱国篇等 30 块展牌，突出了学生的四种责任——对社会的责任、对家庭的责任、对学校的责任、对个人的责任。具体明确的要求与做法，在耳濡目染的熏陶下，学生悄然地发生着变化。学校还成立了责任教育讲解团，讲解团的最大特点是成员均由学生兼任，学生不定期地进行轮换，每一个学生都有机会成为讲解团的成员。他们把责任教育的解读讲给自己，讲给同学，讲给家长，讲给周围的人，讲解的过程也增强了他们的责任感，培养了讲解团成员的良好行为习惯，这也成为了校园中教育的一道亮丽的风景。

第三个教育区域为"德育特色活动及成果展示长廊"。教学楼北侧整齐有序地排列"德育特色活动及成果展示园地"20块展牌，呈现了塘沽十五中学生礼仪要求、一日行为规范、共青团建设、学校国旗班升旗展示、学校艺体团参赛盛况、学校车模组成果、各类兴趣组活动情况、各种劳技比赛成果等内容。这些活动及成果的展示，给了学生极大的鼓舞。同时，学校教育学生要成为国家有用的人才，必须谋求全面发展。

在校园内部环境上，教学楼大厅悬挂的陶行知先生的每天"四问"作为全校师生每天的责任"四问"，楼厅里悬挂着校训、校风、学风、校徽，还有教育工作者的要求以及教师自我发展的业务指标。师生共同诠释着对学校的责任。教学楼的每面墙壁上，悬挂着年级教师誓言、年级奋斗目标，张贴催人奋进的励志语时时激励师生、警醒师生。立德警句彰显在每一面墙壁上，温馨提示牌竖立在每一片花坛绿地上，校园的每一面墙壁都会说话，各个角落都体现浓厚的育人氛围。整个校园如同一本立体的教科书，成为精神文明的窗口和促进师生成长的温馨家园。

在班级文化环境上，学校也以育人为突破口，让每一个角落体现育人功能。记者在九年八班门口看到，班牌左上方是班主任朱老师的照片，右上方是全班同学的集体照，两幅照片的下面写着班主任对全体同学的寄语："人生旅途，总要搏击风浪，命运在手，拼搏赢得朝阳！"班牌最下面是每月五项评比的光荣榜，榜上是纪律之星、学习标兵、卫生模范、仪表楷模、体育健将等同学的名字。学生刘雅婵说："班牌对我们的影响很大，班牌是一个班级的荣耀，她像一个优质品牌一样展示在人们面前，要求班级每一个成员只能为她争光，不允许为她抹黑……"正像刘雅婵说的那样，在塘沽十五中，学生自己设计班名、自定班风、确定班级的奋斗目标、选取催人奋进的班歌，班干部还向老师和同学们"公开承诺"，明确干部的职责，开展班级自主管理，各班形成一种"事事有人做，人人有事做"的氛围，良好的环境对学生的行为习惯养成起到了潜移默化的作用。

二、创新大课间活动，培养学生的良好行为习惯

"塘沽十五中的大课间活动，那叫一个丰富多彩，令人震撼！"凡是到过这所学校的人都会发出这样的赞叹。记者有幸也亲身感受了一回这所学校与众不同的大课间活动。

下课铃响起，逾千名学生伴随着雄壮有力而又节奏分明的《运动员进行曲》跑到各班指定位置集结。接着，一段轻快愉悦的音乐响起，学生们迈着整齐的步伐开始了跑操环节。操场中央，八、九年级的16支队伍把足球场划分为4个相等的长方形，俯瞰成一个"田"字形，向中间行进的4个班级迅速成"裂队"行进，与迎面行进来的班级成"并队"行进，"并队""裂队"在中央形成一个绽放的"万花筒"。再看跑道上行进的七年级，4个班级在4跑道顺时针行进，另外4个班级在5跑道逆时针行进，时而把操场跑道划分成4块，时而把整个操场"包围"，像8条巨龙蜿蜒前行，整个操场被24支队伍绘成了一幅动态的巨型艺术画卷。

这时，音乐突然变得激昂慷慨、雄壮有力，学生像飞燕一般轻盈地飞向指定位置，开始一分钟的军姿训练。只见学生个个直立挺拔，就像即将接受将军检阅的士兵，神情庄重，令人震撼。一分钟后，广播操的音乐响起，逾千名学生做着整齐划一的广播操，场面甚是壮观。

广播操结束，伴随着铿锵有力的军歌，八、九年级开始直臂走，七年级学生做起了旗语操。只见七年级学生拿起了红黄相间的海军旗，用旗语打出了"追求卓越"的校训和"人人有才，人人成材"的办学理念。八、九年级的学生则迅速向操场中央集合，用直臂走的形式又开始了另一幅艺术"巨作"的创作。24个班踏着统一轻快的步伐，昂首挺胸、井然有序地回到教学楼内，为大课间画上了完美的句号。

俗话说百闻不如一见，亲眼观看了塘沽十五中大课间活动，记者也被震住了。"我们的大课间活动不管有没有人参观，每天都是这样，学生们从中收获了很多。"参观完大课间活动，学校负责体卫工作的王主任将大课间活动对学生的影响总结为"四性"：教育性、健身性、迁移性、持久性。教育性，即在大课间活动当中，学生们增强了自我表现力、组织纪律性，加强了集体荣誉感，学会了小至对自己、对班级、对学校，大至对社会负责任的态度；健身性，即大课间活动让学生的心肺功能得到了提升，增强了上下肢力量和身体的协调性等，促进了学生良好身体姿态的形成；迁移性，即把学生通过大课间活动养成的良好的行为习惯、认知态度迁移到学习、生活当中，终身受益；持久性，一方面指大课间活动的高质量、常态化，另一方面是让学生用高标准要求自己，始终让自己在一定的"高位"运行。

如此整齐的效果，全体学生是如何做到的？面对记者的提问，塘沽十五中校长潘怀林说："这是信心与坚持、静心与卓越、责任与毅力的融合。作为一所普通校，要实现学生的健康发展，体现学校'让每一个学生成功'的核心价值，就要从具体且能体现成效的事情抓起，通过这样的事情，培养学生良好的行为习惯，增强学生的自信心和对各种事情的兴趣。我们经过学习和研究，从抓大课间活动入手，培养学生良好的行为习惯，实现德育的创新。这是因为 2007 年《中共中央国务院关于加强青少年体育增强青少年体质的意见》明确提出：'全面实行大课间体育制度，每天上午统一安排 25~30 分钟大课间体育活动时间，认真组织学生做好广播体操、开展集体体育活动。'这成为对每一所中小学的基本要求，大课间活动是学校每天进行的常规性活动，能够确保每一个学生都参加，但很多学校大课间活动却不能起到应有的效果，我们如果抓好大课间活动，既能够培养学生良好的行为习惯，又能培养学生的组织性和纪律性，锻炼学生健康的体魄，进而培养学生对各种活动的兴趣和信心。所以我们紧紧抓住这一契机，在大课间活动上进行探索创新，取得了显著成效。"

在大课间活动中，每一位班主任教师也参与其中，他们深有感触地说："我们的大课间活动对学生行为习惯的养成是非常明显的，在跑操、做操和直臂走中，每一个学生都要按照要求做好自己的动作，每一个人的动作都会影响整个班级动作的协调性和整体性，只有每一个人的每一个动作做好了才能保持班级队伍的整体协调，最为主要的是，这些动作和习惯是每个学生每天都要做的，每天都要经历的，一开始也有很多学生不规范，不标准，对自己没有信心和勇气，但经过一段时间的锻炼，无论在动作的力度和速度方面都有很大的改进，每个学生都能找到自己喜欢的一两个项目进行锻炼。这样既锻炼了学生的体力，提高了学生的身体素质，同时也培养了学生的集体主义、爱国主义情感，培养了学生的组织性和纪律性，也培养了学生的自信心和对体育锻炼的兴趣。我们对大课间活动的评价注重从活动本身对学生身体锻炼和行为习惯养成的作用来进行，注重的是学生良好习惯的养成，而不是从外在的因素进行评价。"

此外，学校为进一步落实责任教育，增强学生爱国情感，还选拔了由 36 名优秀学生组成的学校国旗班。每周一由国旗班升旗，升旗时统一着装，从出旗到升旗整个过程，包括音乐和队形的变化，都模仿北京天安门广场的升旗仪式。每次升旗都能体现出师生对国旗的崇高信仰，激起学生的爱国情感和民族自强不息的精神。经过严格训练，该校国旗班升旗形成一大特色，也成了一大亮点，这一形式的展现激发了师生内心理想、责任的涌动，成为一股内驱力，使教与学形成良性循环。每次升旗仪式也吸引了辖区群众和路人观看，使群众和路人也受到爱国主义教育，既展示了学校教育的主渠道，也教育了学生爱家乡、爱祖国，继而激发他们努力学习的热情。

三、课堂教学中的学习习惯养成

有人可能会有这样的疑问：学校抓好大课间活动对学生的行为习惯养成等多方面的效果比较明显，但这和学生的学习之间有什么关系吗？学校和学生把精力放在大课间活动上会不会影响教学质量？其实很多学校之所以不重视大课间活动，往往认为会影响学生的学习，或者不重视，或者把课间活动时间用在了课堂教学上。但是潘校长坚定地说："不会！从我们的实践来看学生的行为习惯是能够迁移的，他们在大课间活动中形成的良好行为习惯，培养起来的自信心和对各种事情的兴趣、爱好会很好的迁移到他们的课堂教学学习中。"

学校充分利用迁移原理，抓好学生课堂教学中学习习惯的养成。主要有三个方面：一是上课前要做好各种准备。学生上课前要把这节课的学习用具准备好，不能老师开始上课了才开始找书、找笔，学生还要充分做好上课的精神准备，特别是做好课前的预习，培养学生良好的预习习惯。二是课堂教学中的行为习惯培养。在教学中，学生作为学习的主体参与教学，积极提问并回答老师的问题，积极参加各种课堂讨论，发表自己的观点和看法，对自己的学习负责。学校使用了"学练议"的教学模式，学生要在每节课上自己"学一学""练一练""议一议"，并以学练卷作为载体，学生要明确每一节课的学习目标，通过预习做好知识准备，带着问题参加讨论，并通过典型例题、巩固练习、达标测验和作业设计检验自己每节课的学习效果，不管什么程度的学生都力求每节课都有自己的收获。三是做好课后的复习工作。每个学生根据自己课堂教学中的学习情况，通过作业查找自己的不足，通过自己努力、向老师请教、同伴互助等多种形式完成学习目标，还可以根据自己的情况给自己制订更高的学习目标，并做好下一节课的预习。通过这样的做法，在教学的每一个环节都注重学生的学习行为习惯的养成，让学生对自己的学习负责，提高他们的责任心、自信心和学习的兴趣。

四、家庭成为德育的加油站

塘沽十五中的"责任教育文化"还非常重视家庭教育，要求家长积极配合学校教育，在家庭中对学生进行行为习惯养成教育，使学生在家做个好孩子，努力做好家庭教育工作，让家庭成为德育的加油站。

学校有意识地将责任文化渗透到家庭教育中，将责任文化由学校向家庭延伸。通过家长会、致家长一封信的形式，将责任教育的目标细化为学生的责任、孩子的责任、公民的责任标准讲给每一个家庭，要求每一个家庭对照标准在家庭生活中落实责任。家长围绕"责任文化"评价孩子,学校进行优秀责任家长的评选活动。家长与老师一道对孩子进行责任教育,形成一个家校合一的教育体系,教育的效果成倍或数倍增加,同时家长的素质也在提高。评选的目的不在结果,而在过程,评选的过程也是家长学习"责任"、内化"责任"的过程。

开展形式多样的家校活动是促进家庭和睦、学校发展的又一个重要举措。为了让学生和家长能积极参与到活动中,并在活动中增加家长对子女的感情和理解,配合学校做好教育工作,积累教育子女的经验;而作为子女又可使其体会到家长的辛苦,从而使家庭关系更加和谐。为此,学校利用各种教育契机,开展"母亲节"感恩活动、亲子活动、开展"爱生月"家访活动、定期举办"家有儿女初长成"育子经验交流。

五、社区成为德育的大舞台

责任教育需要学生自主体验和感悟。学生在一次活动中所获得的道德体验,往往千万次说教都难以达到如此效果。为此,学校还将责任文化拓展到社区,使社区成为德育的大舞台。为了更好地发挥社会监督作用,学校专门聘请了五名校内外责任教育监督员,坚持每月一次的监督员联系会制度,及时反馈学生在校外的表现和对学校工作的意见和建议。建立了八个德育实践基地,实践、体验、志愿服务,让学生在社会中践行责任,提前"上岗",了解责任和体验责任。结合《责任教育100问》开展责任行为自测评价及跟踪反馈(学生的责任、孩子的责任、公民的责任),利用假期开展责任教育评价(社区居委会评、邻居评、家长评、自己评)活动,通过实践和亲身体验,学生在活动中磨砺品质、学会自理、学会关心他人、关爱自己、相互协作。在评价中增强组织纪律性、树立了集体荣誉感,使学生在活动中受到了教育,强化了德育工作的层次性、针对性、实效性,学生在体验、感悟中增强了责任感,促进了学生的全面发展。

(该文发表在2011年11月9日的《天津教育报》上)

潘怀林,沉下心去办教育

《天津教育报》记者 郑玉芬

3月初,乍暖还寒,40多岁的塘沽区第十五中学校长潘怀林坚持清晨步行到学校。他从2006年来到这所处于城乡结合部的初中校工作,看看学校即将竣工的综合楼，听着井然有序进校的学生礼貌地向老师问好，想着学校一天比一天进步，他的心里有一种由衷的喜悦。

2006 年 7 月 5 日，潘怀林被派到地处城乡结合部的塘沽十五中做管理工作，有人怀疑："他过去只是个教研员，能当好校长吗？"有人甚至不无尖刻地说："是不是局里在拿十五中找乐儿？"

"那段日子经过的风风雨雨，都是对自己的历练吧。"潘怀林说起刚当校长时的事情，语气里有些云淡风轻，"是挺难的，但我们的班子团结、老师们好，难关都闯过去了。"

虽然以往从事过班主任、化学教师、政教处干部、教导主任、化学教研员及教育中心综合办公室主任等多种性质的工作，对新工作的挑战也有足够的思想准备，但在很长的一段时间里，潘怀林仍感到压力巨大，如履薄冰。他夜里经常失眠，好不容易睡着了，又会突然醒来而且再也不能入睡。学校工作中有许多的问题亟待解决，如初一的生源统计上来只有一百多人而且成绩极差，只凑成了六个班，那多出的任课教师该如何安排？学校的教育教学质量如何才能提升，如何增加社会对学校的公信度？

面对诸多的挑战，有着坚定信心的潘怀林暗暗给自己鼓劲："我坚信自己有足够的能力干好这项工作，在第一年里，无论遇到什么难题，我都抱定了这样的心态：如果一切事情都给你安排好了，还要你这个校长干吗？"

迎难而上，潘怀林扑下身子搞调研，身体力行抓师德。在新的工作岗位，潘怀林仍旧遵循着自己一向的工作原则，"事情不做则已，做就要做到最好"。"凭什么提倡老师早来晚走？我首先要求自己要第一个到校，最后一个离校。凭什么制订管理方案和措施？我首先要求自己每天都要在教学第一线走来走去，让学生的管理在我的眼皮底下，课堂教学在我的视线当中，学校所有的问题都在我的脑海里。因为只有深入的调查，校长才有管理的素材，才有可能制订出切实可行、有的放矢的管理策略。"

第一次全体会，宣布学校人事安排，潘怀林空着手来到讲台前，教师们纳闷儿，新上任的校长能叫上几个人名？没想到潘怀林对着话筒很沉稳地说出了每一位教职工的名字和他（她）在新学年所担任的工作。没有磕磕绊绊，更没有拖泥带水，在短时间内熟记下来的百多人全部各就各位。宣布完毕，全场顿时爆发出热烈的掌声！

这一幕，深深地留在了十五中教职员工的心里。校长的干练和自信传达给大家一个重要的信息：十五中的未来大有希望！

把看似简单的事情做好就是不简单，把领导者的信心传递给每一个人更不简单，从来没有做过校长工作的潘怀林上任伊始就表现不俗。

一个偌大的展牌摆在了校门口，学校向社会和家长庄严承诺：从最后一名学生抓起，不让任何一名学生掉队。让所有进入塘沽十五中的孩子都能在原有的基础上取得最大的进步，成为国家的有用人才。

为了实现承诺，为了使学校的教育教学工作有突破性地进展，在深入了解情况和科研的基础上，潘怀林开始了大刀阔斧的改革。学校原来的教务处分设为三个处室——教学运转处、教学质量处和教学科研处，下设三位主任；原来的德育处、体卫处则整合为德体卫艺处，下设三位主任。同时又增设了安全保卫处、校园文化研究室和名师培养工作室。校长决心为中层干部铺设一条专业化成长的道路，使很多原来虚着的工作真正落到实处。

不少人起初并不认同新校长的意图，主抓教学的副校长王艳惠就是其中一个。这位直率的女性毫不掩饰自己的不同意见：这样安排，人员不是更多了？工作能分得了那么细么？本来我只需要和一个主任研讨工作、传达学校精神，这回我得对着三个，我看啊，人多只会瞎捣乱！

三年后，王艳惠真诚地承认："通过近三年的运转，确实证明校长当初的决策是对的。""当年，面对我的不理解，潘校长耐心地和我沟通了很多次，利用多个周六和我一起商定教务的工作细则。他一贯主张以教育教学的科研来推动学校的发展，但按照过去的模式，科研和教学质量的测评往往落不到实处，改制之后，各项工作都有专人负责，再跟上严格的考评，科研和教学质量的测评都能一竿子插到底，教育教学质量确实是节节攀升。比如教学这块，三年来，在严格控制加课、补习的情况下，我校的中考位次连续大幅度前移，学生和家长对此非常满意。"

"这么多主任都只负责专项工作，工作量够吗？"

"主任们都兼课啊，校长说，不在课堂上直接面对学生，就不会真正了解教学，更谈不上科研了。"

王艳惠对潘怀林思维的缜密和工作的细致很赞赏："他要求我们所有总结、报表上的内容一要实，二要准，格式也要一丝不苟，他看的时候甚至连错别字也不放过。后来，我们都加了小心，人家男同志都这么细致，我们粗枝大叶也说不过去啊。"

"既敬畏又折服"，这位教语文出身的教学校长这样描述自己和潘怀林共事三年的感受。"他几乎没歇过寒暑假，我们谁加班都能见到他，这个人工作太投入了，平日又好钻研学问，和校长比，我常感到自愧不如。"

在学校管理工作中潘怀林做到了"两众一己",即"谋事在众,决断在己,成事在众"。学校的大事要事,在决策之前都充分发扬民主,广泛征求大家的意见,集中大家的智慧;决策时,他敢于担当,敢于拍板,敢于承担责任;一旦决策之后,他绝不事必躬亲,而是放手让大家去干,靠大家的共同努力把事情做成。

在拟定了2万多字的《学校发展三年规划》后,潘怀林再推新的举措:重新拟定学校34个岗位的岗位责任。为了把务虚的职责变为务实的工作实录,他又主持制订了"千分制教职工考核方案",将三年规划中的140项分解目标逐一落实。用教职工的话讲,方案"细化到了一钉一铆"。

在十五中采访了十余名中青年教师,大家都谈到了"千分制教职工考核方案",当问到是不是感到很受约束时,老师们说,方案的最大意义是在无形中营造了一种公平竞争、和谐发展的工作氛围。"大部分老师都是按照岗位责任尽职尽责工作的,所以不被扣分很正常。过去有一少部分人不严格要求自己,比如有事情不提前请假、随意离岗等,他们的随意实际上已经形成了对其他人的一种不公平,自从有了考核方案之后,感到受约束的主要是散漫惯了的人,这本身就是一件好事嘛。"

信步十五中校园,你会发现德育无处不在,责任教育长廊、各具特色的班风牌匾和立德警句都给人留下了深刻的印象。在整体德育和树立学校良好的外部形象上,潘怀林和他的同事们进行了多方面的探索。

学校的会客室里挂着很多学生家长送的锦旗,其中一面写着"严在关键处,爱在细节中"的锦旗尤其引人注目。

主抓德育的巩艳华副校长介绍说,原来学校的周边环境不太好,潘校长和社区街办事处、交通队、城管大队、工商所、派出所密切合作,商定综合治理方案,又和学校德育部门一起制订了"拉网式执勤"的策略,德育管理从校内一直延伸到学校周边,有效制止了学生和社会不良青年的接触,学生家长对此都表示满意。

学校校园文化课题组与德育处共同编写了《责任教育100问读本》,并以责任教育为主题,制作了包括引领篇、希望篇、孝敬篇、哲理篇、行为篇、励志篇、读书篇、毅力篇、爱家篇、爱校篇、爱国篇等主题的30块大型展牌,建成"责任教育长廊"。展牌上明确地提出了责任教育的要求与做法,对学生进行耳濡目染的熏陶,成为校园中一道亮丽的风景。为了能让责任教育长廊充分发挥作用,学校还通过校讲解员小组,利用班校会时间将其中的内容向学生进行了多次讲解。

学校周围有不少居民楼,还有公交站,学生上课间操时经常有人观看。潘怀林决定在这里做篇文章。经过一段时间的严格要求和刻苦练习,十五中学生的课间操成了一道风景。只见操场上的学生整齐地站在操场上，横、竖、斜都是笔直的线，学生们精神抖擞，呼号时声音响亮。

十五中的课间操出了名，得了全区一等奖，广播操在全区阳光体育活动展示会上展演，得到了全区各级领导的好评。潘怀林紧接着又推出了36人建制的国旗班。能进入国旗班是一份人人羡慕的荣誉，36名学生一色儿的绿军装，都经过专门的训练，升旗时四路纵队，50米正步，又一道英姿勃发的德育风景！

学校还在酝酿推出鼓乐队，十五中师生的心气儿真是越来越高！

2007年和2008年，十五中均获得了天津市中小学生日常行为规范示范校、市交通安全教育达标校的荣誉称号，在塘沽区各项教育教学活动中更是屡获佳绩，先后获得了塘沽区文明学校、塘沽区教育系统先进集体、塘沽区德育工作先进集体、塘沽区学校体育工作先进单位等23项荣誉称号。

学生们享受到了自豪的滋味。初三学生贾玥说："放学了，当我和我的同学们与下班族的叔叔阿姨同乘一辆公交车的时候，有人夸我们守秩序，有人夸我们知谦让，我们的心里甭提多高兴了。后来，听到他们在谈论我们的学校，说学校管理严，老师业务也不错，还说到我们的中考成绩进步了许多，好多同学都考上了重点高中等等。我仔细听，没有一个人给学校提意见的，真的一个人也没有。作为十五中的学生，我们怎能不为自己的学校叫好！"

2008年暑期，十五中不少老师都津津乐道一件新鲜事：一位事先没有被通知参加新生家长会的应届毕业生家长，和孩子举着锦旗赶到了会场，不善言辞的母子俩，一边向四周鞠躬，一边不停地说："感谢老师，感谢学校！"

虽然过去一年了，青年教师孔德俊说起当时的情景，依旧激动地湿了眼眶。

大会是潘校长的创意，初一新生还没有正式到校上课，学校就提前召开了全年级学生家长会。会上，潘校长介绍了学校中考取得的进步，介绍了学校教师在全区获得的各类奖项，并带领初一年级组的教师向全体家长宣誓：爱岗敬业，以德促智、以体促智、以体育德、以美育德，不放弃每一个差生，不让一个学生落队，三年后，中考成绩进入全区前列！

会上安排了两位家长发言，可就在会议正常进行的时候，一个意外的情况出现了，应届生高志杰和家长闻讯赶到了会场，举着感谢学校的大红锦旗要求上台发言！

正是这个意料之外的插曲，将本来已经很热烈的会场气氛推向了高潮。当年以很糟糕的入学成绩到十五中"混日子"的高志杰，在教师们的精心培育下，以优异的中考成绩被塘沽二中录取，他的家长早早定做了锦旗，在主席台上，激动的母子俩没有说出几句话，只是一个劲儿的鞠躬致谢……

"台上台下，好多人都抹开了眼泪。我们学校是个城乡结合部的普通校，40%的学生来自郊区，生源很差。虽然家长们都夸学校德育抓得紧，孩子懂规矩，但心里还是打小鼓，对学校能否顺利闯过中考这个大关口不放心。2007 年和 2008年中考我们连续取得佳绩，总成绩在原有的基础上提升了好几位，学校也因此获得了塘沽区 2007 届和 2008 届毕业班工作优秀单位的荣誉称号，不少学生能进入区里的好高中上学，这一成绩的取得，圆了多少家长的梦啊，大家伙儿怎么能不激动！"

2008 年年底，在天津市第二届基础教育名校长高峰论坛上，潘怀林做了《让教师静心工作》的主题发言，主持并负责发言点评的老校长康岫岩听罢饶有兴趣地说："我要把潘校长讲的'教师七静'张贴在南开中学的校园里。"

"静下心来备每一节课，静下心来批每一本作业，静下心来与每个学生对话，静下心来研究学问，静下心来读几本书，静下心来总结规律，静下心来反思自己的行为和方式，静下心来品味与学生的分分秒秒、品味工作的乐趣、品味生活的意义。"十五中学的老师们对这"教师七静"已经熟记于心。

一个好学善思的人不一定能当校长，但一个好校长必须是一个好学和善于反思的人。"教师七静"的提出，就源于潘怀林日常的学习和对于自己工作的反思。

2007 年，潘怀林在盘点自己过往一年的工作时，对照了陶行知先生的"每日四问"：我的身体有没有进步？我的学问有没有进步？我的工作有没有进步？我的道德有没有进步？——对照后，他对自己的状态非常不满意。"来学校的第一年，我就是在事务堆里走过来的，身体每天处于疲劳状态，教育教学研究却颗粒无收。"

为什么会这样？他认为最主要的症结是静不下来。

自己没有静下来，奋战在一线的教师能静下心来工作么？

答案不言自明。曾经有媒体做过调查，在模拟考试、公开课、主题班会、安全检查、课间操评比中忙得团团转的老师们，还要交各种计划和总结，要写课堂日志和教学笔记，再加上一年一度的考评等，工作负荷之重已经苦不堪言，在这样的大环境下让教师闹中取静，实在是太难了。

如何尝试着创造条件让教师们静下来？在深入的思考之后，潘怀林尝试着寻找解决问题的路径。

要为教师们提供更多静心学习的时间。每天课余活动，是否可以实行集体管理，尽量不让班主任到操场去监控学生？每学期 4 次检测，考后的分数统计是否可以由相关人员集中输入，然后提供给教师？早中晚自习能否实现无师管理？每周例会可否在无特殊情况时控制在 1 小时之内？如此这般，一周下来就能给教师节省不少的时间和精力。

在十五中，凡是有应付检查意味的事情，教师都可以不做。比如：学困生帮教计划、中等生提高计划、优秀生培养计划，只要有意识去帮困培优就可以了，没必要写在纸上；教学德育计划、课堂日志、抄写教学笔记等徒劳的事也不用当个事儿干——潘怀林认为，课堂上出现问题，教师在第一时间解决了就好，写出来反而容易节外生枝。

学校管理在各种条例、规则的执行上下了许多功夫，不做"拉弓不放箭"的无用功，那种只在会上讲个不停，而在行动上不去执行，消耗教师的宝贵时间的事在十五中几近绝迹。

2008 年 7 月，学校又提出了一个振奋人心的目标，再用三年左右的时间把塘沽十五中办成全市一流的优质中学，用五年左右的时间办成全国一流的优质中学，办人民群众真正满意的学校。有老师比喻说："这样的目标就像沙漠中的标志物一样，鲜明且鼓舞人心。"

"校长心中要有愿景，在学校提倡什么、反对什么都要主题鲜明；校长还要有终点思考的思维品质，清楚三年后、五年后学校要成为一个什么样子。如果校长忽略了学校的办学目标，不重视自己的办学特色，只是疲于应对，学校就很难得到真正的发展。"潘怀林认定，在学校里抓教师队伍才是抓了主要矛盾，抓教育科研则是抓了主要矛盾的主要方面。

不到三年的光景，许多区里、市里的名师都被请进了十五中校园，国家督学、北京的专家也来为老师们讲课，这些名师名家帮助教师们增长了见识。为开阔教师的视野，潘怀林还打开校门让老师走出去：山东课改实验走在全国前列，学校两次组织教师前去学访考察；江苏宜兴召开课堂教学改革实验交流会，学校选派三名骨干教师亲临会场；听说大港二中有八省市研究课，他为老师争取了一节数学研究课，这节研究课得到了专家的高度评价；学校的"青年教师文化沙龙"让大家在团体研究中碰撞火花，校报则成了教师交流展示的平台；学校还成立了名师工作室，分层培养名师方案也在运行中……

"不当二传手，人人争当主攻手。"老师们科研的积极性被调动起来了。潘怀林发挥自己熟稔教育科研的优势，又在教师们的身后推了一把——提出了 5 个"1"和 4 个"2"的硬性指标，即每位教师每学期撰写 1 篇有特色的德育论文或教育案例；每年主持或参与 1 个科研课题的研究工作，撰写 1 篇具有一定学术水平的教学研究论文；每学期做 1 节校级研究课或专题讲座；每学年做 1 节区级或区级以上的研究课或专题讲座；每学期完成 2 篇以上有创意的课堂教学设计方案或学案，完成 2 篇以上 2000 字左右的教学反思，编制 2 份以上高质量的单元检测试卷，制作 2 节课以上的多媒体教学课件。

人是需要一定压力的，人的潜能在压力下才能得到释放。经过悉心打磨，十五中的教师整体水平有了大幅提升，成长起区首席教师 1 名，区学科带头人 5 名，区级骨干教师 8 名，区命名校级骨干教师 11 名，市区级教改积极分子 5 名，涌现出了塘沽区十佳教师、十佳班主任、师德标兵等多位全区教育教学方面的典型，师资队伍建设在塘沽区同类学校中名列前茅。

潘怀林将成为学者型校长作为自己的努力方向。他认为，一所学校办学是否成功，在很大程度上取决于校长的德、识、才、学。思想品德有问题，或者没有真才实学的校长，是缺乏凝聚力的。要成为合格的现代校长，一定要加强自己的品德修养，修炼自己的高尚品德和真才实学。

天津市优秀教师、铁道部优秀教师、铁道部青年科技拔尖人才、天津市"九五"立功奖章和铁路教育奖章获得者、全国初中化学竞赛园丁奖获得者……在担任校长职位之前，潘怀林曾获得过很多荣誉；而最具创新精神校长和基础教育名校长高峰论坛一等奖获得者的荣誉，又使他的校长工作有了更新更高的起点。

潘怀林爱读书，也鼓励教师们读书。他曾经自掏腰包为年轻教师买来各类教育书籍，督促他们学习；他还有随时记笔记的好习惯，来十五中工作之前的 5 年里就曾写下了 50 多万字的教育教学论文以及教辅材料，他曾在各类报纸杂志上发表了多篇论文，有多项教育教学成果在国家和市区级的评比中获奖。

总务主任张雪松说："一次在校长办公室开会，我注意到潘校长的办公桌上有一摞笔记本。我留心数了数有十几个，数量比常人所有要多出几倍。校长肯定比我们忙，怎么会记下这么多的笔记？听人说潘校长前五年里写出过 50 多万字教育教学论文以及教辅材料，我还半信半疑，他的主要工作是搞教学，哪儿有那么多的精力一边工作，一边埋头写作？通过细心观察，我终于找到了答案，那就是校长的'日积月累'。"

教师王绍刚讲了这样一件事情："2008 年 10 月，天津市第四届基础教育教学成果奖揭晓，潘校长获得了一等奖。这个消息很快传遍了全校。老师们知道，天津市基础教育教学成果奖每三年评选一次，要求质量非常高，宁可空缺，绝不凑数，所以说潘校长取得的科研成果分量是很重的。本来这项科研成果是他个人心血的结晶、奋斗的成果，但有记者来访时，潘校长却从'校荣我荣，校兴我兴'的集体观念出发，告诉记者：'这个荣誉是我们塘沽十五中的荣誉。'之后，在一次全体会快要结束时，潘校长又出人意料地宣布：'如果我能获得塘沽区奖励资金，我与大家平均分配，因为这是大家的。'对于潘校长为人处世的大气与人和之道，大家评价非常高。"

在近三年的校长工作中，潘怀林经常要求自己"三省吾身"。

一、我有没有做了不该做的事？"不该自己做的事不做，事必躬亲、大事小事都要管，就无暇思考学校长远发展的大计。要善于授权，舍得放权，让中层干部真正做到有职、有权、有责。校长干什么？统筹全局、保证方向。当然，对中层干部的具体工作要关注，要督办，但不要过分干预。"

二、我有没有促进班子的和谐？"学校干部在工作中肯定有成功的快乐，有挫折的失意，有获得友谊的喜悦，也有遭受非议的苦恼。他们期待着与校长真诚交流，希望校长不时地吹吹暖风。校长要将自己看成普通一兵，与班子成员打成一片，用欣赏的目光看别人，以挑剔的目光看自己。"

三、我有没有提升自身素养？"校长真正的魅力是非权势的影响力，这里面包括人品和才能两个因素，其中人品最为重要。校长要通过认真学习，不断提高自己的思想觉悟，让班子觉得你在政治上是成熟的，跟着你不会有方向问题上的担心；要通过自我教育、自我砥砺，不断增强个人的人格魅力，让班子觉得你在品德上是高尚的，跟着你干感到心情舒畅；要通过认真研究教育科学理论，不断探索学校管理规律，努力提高学校管理水平，让班子成员觉得你在业务上是过硬的，跟着你干是能干出成绩的。"

经常地叩问，使潘怀林心静如水。

沉下心去办学，扑下身去做事，潘怀林一步一个脚印，走得很稳。

（该文发表在 2009 年 3 月 11 日的《天津教育报》上）

关注成长，奠基未来

——潘怀林办学思想与实践成果展示、研讨、交流会回顾
《天津教育》记者 邓 蕙

天津市自 2009 年起实施"未来教育家奠基工程"，目前已先后分两期在全市遴选了 186 名中小学优秀管理者和骨干教师进行专项系列培训。天津市副市长张俊芳指出，工程实施两年多来，初步成效已经显现：一是学员们的素质水平得到明显提高，二是建立了一套比较完善的人才培养机制，三是营造了教育家办学的

良好氛围,四是带动了教师队伍整体素质的全面提升。为了充分发挥"未来教育家"的辐射带动功能,为高端人才培养开辟更广阔的空间,天津市通过召开教育名家办学思想与实践成果展示、研讨、交流会等形式,对教育家办学的成果进行理性梳理,并以此为平台交流教育教学理念,展示"未来教育家奠基工程"取得的阶段性成果。2010年12月19日,由天津市教委、《中国教育报》联合主办,天津市教育科学研究院承办的全国基础教育"未来教育家论坛"在津开幕,论坛的主题是"遵循和敬畏教育规律",论坛期间举办了马长泽校长、潘怀林校长办学思想与实践成果展示、研讨、交流会。我刊曾多次报道潘怀林校长及塘沽第十五中学,潘校长提出的"从最后一名学生抓起,不让任何一名学生掉队"的教育思想在百花齐放的教坛引人注目。他带领的塘沽第十五中学更成为"普通校"进步与腾飞的优秀典型。在交流会上,塘沽第十五中学通过大会发言、开放听课、活动展示等形式,将办学理念及成果呈现给全国的基础教育界同行,获得与会代表的强烈关注和一致好评,成为本次"未来教育家论坛"上的一大亮点。

一、成果精彩展示

潘怀林校长在大会发言中指出,衡量一所"普通校"发展进步的标准主要有三条:一是学生热爱学校,每一个学生都得到全面而有个性的发展,综合素质得到显著提高;二是学校赢得了家长的青睐、支持和积极配合;三是学校办学得到社会认可。在这三条标准里,学生对学校的价值认同是核心。要把一所"普通校"办得不普通,就必须走变革的道路,而观念的转变是至关重要的。培养学生是学校的第一要务,学校和教育工作者有责任让学生生活得更有尊严,让他们在学校里得到应有的、符合其特点和未来发展需要的教育。因此,必须抓好"三个转变":一是转变教育主体观,树立全体学生都是教育主体的理念,由培养"尖子生"向培养"全体学生"转变;二是转变"片面的全面发展观",树立"扬长避短发展"的理念,由"全面发展"教育向"扬长避短教育"转变;三是转变师生观,树立和谐、民主、平等的师生观,由"师者为尊"向和谐平等的师生观转变。学校的发展目标就是学生的成功。学生是学校的"心脏",是学校的"品牌形象代言人"。让每一个学生焕发活力、体验成功、健康成长,是一所学校体现发展价值的最佳途径。

潘怀林校长用朴素的语言描述了自己所在的学校,总结了自己的办学实践,他说:"塘沽第十五中学是地处天津滨海新区城乡结合部的一所公办初中校,这里的学生、教师都是最为普通和平凡的,在他们身上,没有多少耀眼的光环可以炫耀,没有什么辉煌的业绩为人瞩目，有的只是一份淡定和一份坚守。在我任学校校长的这几年里，经过全校师生的拼搏奋斗，使这样一所在人们看来极为普通的学校得到了跨越式的发展，学校先后获得了40余项国家和市、区级荣誉称号。能把一所普通学校办得不普通，在我看来，成功的秘诀就在于树立了让每一个学生都成功的教育理念，从最普通的学生的实际出发，创造适合他们的教育。"

他精辟地指出，教育就是"育人为本"："多年的教育教学和行政管理工作，使我更加深刻地认识到了教育的价值所在，我把从事教育工作视为自己的生命线，把人民教师的形象视为自己的人格特征追求。心中装满学生，教师的工作才有根基。我始终把'让每一个学生成功'作为自己教育理念和实践的准绳，把它作为从事教育工作的价值追求。我始终坚信，成就了学生，就是成就了教师自己，成就了教师，也就是成就了校长自身。"

在发言中，潘怀林校长进一步介绍了塘沽第十五中学围绕育人这一中心任务，实施"信心教育""静心教育""责任教育"的教育教学改革历程。随后的课堂教学观摩、责任教育学生讲解团展示等活动，给与会代表留下了深刻的印象，达到了展示成果、研讨经验、交流思想的目的。

二、专家系统点评

与会专家针对潘怀林校长的办学思想与实践交换了看法，进行了深度点评，把关于教育家办学的讨论引向深入。在专家引领下，塘沽第十五中学的办学者更加坚定了自己的理想信念，用更科学的教育理念指导办学行为，造就学校可持续发展的新境界。

天津市教科院院长张武升教授发表了自己的感言："潘怀林校长提出'让每一个学生都成功'，有人说这个是怎么想出来的？是不是教育规划纲要里提了还是领导提了？都不是。他是真正实实在在地就这么做的，实践出真知。他提出要静下心来，潜下心来，踏下心来办教育。他的目标和他的改革是一致的，具有针对性，是非常有效的。这次教育规划纲要里，推进素质教育的主题与1999年素质教育有一个不同点，原来是培养创新精神和实践能力，这次加上了一个社会责任感。为什么加社会责任感？就是说没有这一条，前面两条实现不了，对学校来讲也是如此。塘沽十五中确实没有豪华设施，但是到处都有文化，到处都给人一种感染，环境、学风、教风确确实实可以感觉到不一般、不普通。就像一个人才，人不可貌相，但是他有内涵。好好坐下来聊一聊、听一听、看一看，你会感觉到他有内涵，这所学校我认为就是这样的典型。当今我们的教育改革一方面是'热'

起来了，但有些地方也有一些负面的'热'，就是浮躁、宣扬，有的时候就虚了。塘沽十五中的朴实、踏实、老老实实是可贵的，可以引起我们很多的思考，使我们从中受到启发。"

西南大学教育学院院长靳玉乐教授对教育家办学给出了精当的解读，他说："作为教育家，我想至少应具备三个方面。一是品格、人格魅力。他应该保持高尚的品性，要成为文化的坚守者、守望者、创造者，要时刻保持一种清醒、反思和创新意识，要胸怀大气，高瞻远瞩。二是教育家一定要有思想。他的思想一定是新颖的、独特的。而这种新颖和独特，不是为了新颖而新颖，不是为了独特而独特。我们这次论坛的主题是遵循和敬畏教育规律，也就是说教育家的教育思想一定是合乎教育规律的，合乎理性的，同时一定是合法的，还是可行的。雾里看花落不到实处就不行。三是有实践的智慧和办法。教育家的实践也是独特的，光有思想还不行，光有思想你可以成为一个学者、一个教授，但是没有实践的智慧，没有实践的办法，你也很难成为一个真正的教育家。从这几个方面来看，潘校长的办学思想和办学实践，我认为都是具备的。"

四川省教科所副所长周林教授认为潘怀林校长的办学思想已形成体系："用更远的眼光来看待潘怀林校长或者说塘沽十五中的经验，他的奥妙就在于体系化地落实教育思想、教育规律，或者说是把思想体系转换成办学的行为体系，这个时候行为也包含着思想，也是思想体系中的一个组成部分。这种体系在逻辑上有高位、基础位、中位。高位就是潘校长主张的让每一个学生都成功，这个观念是塘沽十五中的核心价值观。基础的逻辑层次，他有很多措施，如分层教学、千分制评价等。而且，这个基本的核心价值观和这些操作措施中间有若干的策略，只有概念不行，中位还有很多方略，如静心、信心、责任教育。体系化还表现在办学者对整个学校的教育活动的全程关怀。他不断地对终极目标进行叩问，那就是学生成才的目标，在塘沽十五中具有对终极目标的直接、不断、有效、时时的叩问。这种办学思想的意义，在于我们的基础教育已经走向普及，在大众化教育的意义上，办好普通校，让普通校有独特的文化，成为优质资源，价值非常重要。"

南京师范大学教育科学学院李如密教授对潘怀林校长的办学印象深刻："第一，把'普通校'办得不普通，实际上讲的是教育公平，塘沽十五中正是为实现教育公平而努力。第二，学校有很多地方出色。使用精细化管理，打好基础，这个基础要管学生一辈子；教学工作，做得很普通，但很长远，我听了一节语文课，很朴实，对教材的理解和把握很好，学练卷具有实在性。我想，工作中细致那么一点，其效果就不一样。第三，校长和教师的管理落实在学生的素质上，学生的精神面貌、礼仪行为、上课状态等都反映出良好的素质。校长和教师注重学生素质培养,尊重学生和他们的主体地位,很好地回答了如何'保护学生利益'的问题。第四,潘校长是懂得教育辩证法的。'从最后一名学生抓起',充满了辩证关系,将辩证关系挖掘出来,一定会走向更深远的意境。"

山东省特级教师、潍坊市教育学院党委书记曹红旗不仅系统地评述了潘怀林校长的办学经验,而且对学校发展提出了建议。他指出:"第一,潘校长具有超前意识和现代意识。对社会做出公开承诺,充分体现了公共教育资源的公益性和普惠性;精细化管理具有民主、平等、人文的特点。第二,学校系统发展的思路、策略是基于'顶层设计和战略规划'的。树立先进的教育理念,以人为本,面向每一个学生,让每一个学生都成功、成材;把先进的教育理念与学校实际情况结合起来规划学校发展;选准工作的切入点和总抓手分步实施,逐步形成学校教育特色。第三,实施科研立校、科研兴校战略。采取科研引路、请进来、走出去、自挖潜、勤反思的教师专业发展策略,充分发挥高校、科研机构和专家学者的专业引领作用,建立教师发展档案、名师培养工作室,出台教师队伍建设的战略规划,建设学习型团队,提高了教师队伍的教育教学水平。第四,校长和学校都取得了显著成绩,每个学生都有较大的进步,办学成果丰硕。"他同时提出两点建议:"一是进一步完善学校课程体系,为每个学生提供更加适合自己的学习资源和多元选择的课程。二是组织全体教职工向'自己'学习,向成功'开刀',不断总结反思自己学校的办学理念、创新思路和具体做法,进而内化为每一个教职工的自觉言行。学校领导可以组织教职工认真学习本次交流会上印发的学校文本材料,了解掌握学校和校长的办学思想、办学思路、教育理念和各项改革创新措施,向'自己'学习,增强对学校改革创新工作的认同感、归属感、责任感和使命感,形成更大的合力和更高的追求。"

国家督学、天津市人民政府教育督导室首席督学刘长兴主任做总结发言时说:"塘沽十五中教学改革的成果很有价值。价值在于促进教育公平,开发人力资源。学校把教育资源、办学质量,建立在'把一所普通校办得不普通'上,其实是把政府对教育的公共服务变为了现实。塘沽十五中在发展过程中向我们呈现了三个规律:一是'普通校'的办学规律。学校地处这个地区,能办得天津市一流、全国知名,就是提振师生信心,让家长看到了信心。二是管理规律。把简单的事做好,做到'水流到头'不简单。水流过程中有蒸发,若时常补充及时雨,水才不会断流;水流过程中有截流,科学改道且引流,水才不会断流。三是教学规律,我听了一节化学课,学生边做实验边探究,边揭示规律,呈现着'学练议'教学实践,效果不错。我告诉这位青年教师,你能把化学课怎么教说出来,并坚持实话实说,就是教育家。"

三、意义高层解读

在潘怀林办学思想与实践成果展示、研讨、交流会上,天津市教委主任靳润成、副主任黄永刚分别就人才培养的目的、意义进行了解读,对潘怀林校长的办学经验给予了高度肯定,明确表示天津市将继续大力推动"未来教育家"的培养教育工作,通过创新培训形式、提供展示机会、增进思想交流等途径,充分发挥高端人才培养工程的示范效应、辐射功能。

靳润成主任在讲话中强调,当前教育战线正在认真贯彻落实全国教育工作会议精神和《国家中长期教育改革和发展规划纲要(2010—2020年)》,会议和纲要明确要求创造有利条件,鼓励教师和校长在实践中大胆探索,创新教育思想、教育模式和教育方法。胡锦涛总书记、温家宝总理在全国教育工作会议上的重要讲话也强调教师队伍建设,特别是强调名师、名校长的培养。天津市认真贯彻落实全国教育工作会议精神,召开了全市教育工作会议,颁布了《天津市中长期教育改革和发展规划纲要(2010—2020年)》,特别强调:要积极创造条件,努力造就一批教育家,提出了到2020年率先实现教育现代化、率先形成学习型社会、率先建成人力资源强市、教育发展的主要指标达到发达国家平均水平的目标。这些目标的实现,关键要依靠一支高素质的、优秀的教师队伍。天津市委、市政府历来重视教师队伍建设,把教师队伍建设摆在教育改革和发展的重要位置。天津市目前已举办两期"未来教育家奠基工程"。我们还要通过研讨会等活动,总结"未来教育家奠基工程"学员的思想和经验,推出天津市的名师、名校长。从潘怀林校长的成长经历和办学实践来看,有以下几点值得思考和借鉴:一是要坚持实践第一;二是要有教育的理想,对所从事的教育事业,对自己的学校、教师和学生充满爱心和信心;三是在办学中要坚持继承和创新相结合;四是要认真学习教育理论,认真开展教育科研;五是学校的成功要紧紧依靠师生的成功。这次会议推出两位校长,仅仅是我们工作的一部分,我们将继续加大工作力度,陆续开展这样的研讨、推介活动。我们有理由相信,教育名家云集、名师荟萃的时代一定会到来。

(该文发表在2011年第2期的《天津教育》上)

小天地，大学问

——天津市滨海新区塘沽第十五中学大课间活动巡礼

《天津教育》记者 邓 蕙

2011年9月18日至19日，由全国和谐教学法研究会、天津市教科院基础教育研究所主办，天津市滨海新区塘沽教育局和塘沽第十五中学承办的"全国区域开展'说课标，说教材'活动经验交流会"在塘沽第十五中学举行。来自宁夏、内蒙古、湖北、辽宁、河南、河北、山东、上海、重庆、天津等10个省市自治区部分教育局局长、教研室主任、校长、教研员近300名代表参会。会议交流期间，塘沽十五中校长潘怀林以"实施三心教育，提升学校的办学水平"为主题进行了办学经验介绍。以信心教育为例，他介绍说，实施信心教育是为了让每个学生成功增强内在动力。在普通校，为学生树立发展信心是关键。有信心，才有动力和毅力；有信心，才有不懈的追求，信心会带来勇气和超越。让学生建立信心，学校开展了诸多群体活动，如国旗班升旗、广播操、跑步等活动，学生规范地展现"一招一式"就是建立信心的途径。

一、镜头回放

9月19日上午，与会代表观看了塘沽十五中的大课间活动，感受校园文化建设成果。大课间活动铃声响过，千名学生有序地从不同的出口向操场跑去，操场上呈现出一幅立体图案，随着《歌唱祖国》的音乐响起，国旗班学生正步向旗杆走去，整齐有力的步伐让人们精神为之一振，代表们纷纷拿出手机、摄像机记录下这令人激动的瞬间。接着，新的乐曲响起，这是提示学生开始跑步，全校24个教学班有序地向指定地点集合整队，七年级各班相间环绕在跑道上，八、九年级学生驻足在操场中间，随着音乐的鼓点节奏，学生开跑。这时，很多与会代表站在各楼层外走廊俯瞰学生跑步的场面，他们不敢相信这再平常不过的跑步竟然变成了一幅大型的、艺术的、动感的画面，有人惊讶地问：这样的学生是怎么训练出来的？这个疑问还没来得急解答，广播操音乐响了，千名学生迅速来到指定位置。看着学生做广播操时到位的动作姿态，有人说，每个学生都可以做领操员。又一曲音乐响起，八、九年级学生开始了直臂走，一圈又一圈，一个造型接着一个造型，同时，操场的南北两端是七年级学生在做旗语操，学生分别打出的是塘沽十五中办学理念和塘沽十五中校训。这一幕幕，让人惊叹的是学生走得太整齐了！学生的精神状态太好了！然而，人们不禁要问，这整齐划一的效果，全体学生是如何做到的？曾有人就此采访潘怀林校长，他自信地回答："这是信心与坚持、静心与卓越、责任与毅力的融合。"

二、校长解读

2007年，中共中央、国务院发布《关于加强青少年体育增强青少年体质的意见》，这是国家针对青少年体质问题所发布的最高级别的文件，后称为"中央7号文件"。"意见"明确指出了确保学生每天锻炼1小时，中小学要认真执行国家课程标准，保质保量上好体育课，其中，小学一、二年级每周4课时，小学三到六年级和初中每周3课时，高中每周2课时；没有体育课的当天，学校必须在下午课后组织学生进行1小时集体体育锻炼并将其列入教学计划；全面实行大课间活动制度，每天上午统一安排25到30分钟的大课间活动，认真组织学生做好广播操、开展集体体育活动；寄宿制学校要坚持每天出早操。2011年7月8日，教育部又制定下发了《关于切实保证中小学生每天一小时校园体育活动的规定》。

那么，如何保障学生每天一小时的校园体育活动？潘怀林校长指出："首先要有足够高的认识，要看得更远，更有前瞻性。把中小学生每天一小时校园体育活动当成我们的日常工作来抓，形成常规；把青少年体质健康工作当成长期的'健康希望工程'来投资，只有这样，我们才能保障每天一小时校园体育活动的落实，才能保障青少年健康成长，使其成为对国家有用的人才。这就是我们学校常讲的：以体促智，以体树人。体育不仅仅是简单的提高学生的体质状况，对学生的多方面发展也大有好处。""大课间活动对学生的影响，可总结为'四性'，即教育性、健身性、迁移性、持久性。教育性是指，在大课间活动中，学生增强了自我表现力、组织纪律性，增强了集体荣誉感，学会了小至对自己、对班级、对学校，大至对社会负责任的态度，同时，旗语操也加强了对学生的国防教育，促进了美育的实施。健身性是指，大课间活动让学生的心肺功能得到了提升，增强了上、下肢力量和身体协调性等，促进了学生良好身形的形成。迁移性是指，通过大课间活动促进对学生各方面的教育，把大课间活动看成一节特殊的'课'，让学生把良好的行为习惯、认知态度迁移到学习、生活中去，使学生终身受益。持久性是指大课间活动的高质量常态化，另外，让学生把自己定位在一个高素质平台上，无论是在学习还是在日常生活中，始终让自己在一定的'高位'行动。"

三、经验介绍

"普通校"要促进学生的健康发展，体现"让每一个学生成功"的核心价值，就要从具体的且能体现成效的事情抓起，以培养学生良好的行为习惯，增强学生的自信心。为此，塘沽十五中经过学习和研究，从抓好大课间活动入手，进行探索创新，取得了显著成效。

学校的大课间活动分为上午半小时和下午半小时，全程由音乐控制，主要内容包括几个模块：做广播操、跑步、直臂走、军姿训练等，七年级有旗语操，每周还有一次升旗仪式和国防教育。特别是在做广播操、跑步和直臂走方面颇具特色。

学校广播操是参与人数最多、活动最频繁、最有规律的大型集体活动，其教育效应是显而易见的。塘沽十五中以广播操活动作为德育工作的切入点，提出"快、静、齐、全，横、竖、斜均成线"的做操要求。重视广播操的质量，在广播操练习中主要训练学生的距离感，使其增强"量距定位"的意识。班主任和所有中层领导及部分任课教师下到各班协助调整队列，纠正学生动作，这大大激发了各班练习的积极性。每天都能看到一些班在操场上练习队列和广播操，学校还适时进行了广播操比赛，提高广播操的质量。广播操活动不仅强健了学生的体魄，培养了学生良好的行为习惯，还强化了学生的团队意识。这种团队意识，不仅在广播操中发挥了作用，而且在自习课、午会、纪律等方面见到了成效，形成了浓郁的校园文化氛围，促进了学生良好品质的形成。

学校全体学生上、下午各有约10分钟的跑步时间，这个时间，八、九年级的学生基本是在操场、足球场内跑步，队形的排列是把大长方形的足球场地划分为等大的4个小长方形，形状似"田"字，每个角都有一个班，共16个班，中间4个班是相对站立。音乐响起后，学生伴随音乐节奏成向中间跑步前进、再向外分开的一个万花筒状，以体操队形的并队、裂队形式行进。七年级学生入学时间较短，其跑步路线分别是第四、第五跑道，每个跑道4个班，分别位于直道中间及跑道的两个弧顶，其中第四跑道的班跑步行进方向为顺时针，第五跑道的班为逆时针方向行进，跑步行进的时候形成体操队形"错肩行进"。跑步结束后所有班到操场的后面集合，待提示音乐响起时，全校学生集体跑步到广播操指定的位置站好，每个学生广播操的站位是前后左右间隔2米，学生前后成行、左右成排、斜向成线，场面壮观。接着是一分钟的军姿训练，虽然只有一分钟的时间，但对学生意志品质的锻炼、身体姿态的控制、精神面貌的塑造特别是行为习惯的养成具有重要的作用。

直臂走、旗语操也是学校很有特色的项目。八、九年级是直臂走，七年级是旗语操。旗语是古代的一种主要的通讯方式，现在是世界各国海军通用的语言。不同的执旗方式、不同的挥旗动作表达不同的意思。塘沽十五中的旗语操根据现代国际通用的旗语原则进行了编排，主要原则是：单个旗语有不同的英文字母代替，一般旗语打英文缩写，如塘沽十五中是 NO.15 Middle School Of TangGu，旗语的打法是字母 N/F/M/S/O/T/G 所代表的单个旗语连续打。旗语操的主要内容有："塘沽第十五中学""欢迎来到我校""即将起航""校训：追求卓越；办学理念：人人成才，人人有材"等。七年级旗语操第一遍是整体做，接着是男、女生蹲一起交替做。旗语操既使学生了解了国防知识，增强了学生的爱国意识，同时也使学校的校训、校风、学风、教风和办学理念等精神文化元素融入每个学生的行动中，为每个学生所了解，培养了学生对学校和自己的责任感。

大课间活动结束之后是学生回班。学生回班很有秩序，也很有规律和特色。八、九年级在场地内走完 6 圈长方形的并队、裂队后沿着设计的路线直线、直角行进回班。七年级做完旗语操后，沿设计的路线蛇形行进回班，整个过程秩序井然，有条不紊。

学校为进一步落实责任教育，增强学生爱国情感，选拔出 36 名优秀学生组成国旗班。每周升旗仪式上，由国旗班升旗，升旗时统一着装，从出旗到升旗整个过程，包括音乐和队形的变化，都模仿北京天安门广场的升旗仪式。每次升旗都能激起学生的爱国情感和民族自强不息的精神。经过严格训练，学校国旗班升旗形成特色，也成了一大亮点，这一活动激发了师生的内心理想和责任，成为一股内驱力，使教与学形成良性循环。每次升旗仪式也吸引了社区群众和路人前来观看，使人们不自觉地受到爱国主义教育，既展示了学校教育的成果，也培养了学生爱家乡、爱祖国的情感，继而激发起学生努力学习的热情。

塘沽十五中的大课间活动又是如何体现对学生行为习惯的培养呢？具体来说，学校在这方面总结出了"四定"的步骤和"严、实、细"的具体要求。

一是定场地。编排时几块场地要量好，大小一样，使学生在跑和走时做到分合有致，形成对称图像。二是定速度。为使队伍之间距离不变、防止拥挤，就要统一步幅。根据学生的特点，设定跑步步幅 65 厘米，走步步幅 60 厘米。在场地里标出长度，让学生去体会，这决定了队伍的整齐度。三是定姿态。良好的姿态关系到学生的精神面貌，关系到整体的效果和学生行为习惯的养成。学校在站、跑、走等方面提出了具体要求。站的姿态：脚跟靠拢，两脚形成 60 度，两臂自然下垂，手五指并拢，中指和裤缝重合，抬头挺胸，两眼平视前方。跑的姿态：听到预令时，两手迅速握拳，握拳要求四指蜷曲，拇指贴于食指第一关节和中指第二关节，提到腰际，拳心向内，稍向里合；听到动令时，上体微向前倾，两腿微弯，同时左脚利用右脚掌的蹬力跃出，前脚掌先着地，身体重心前移，右脚照此法动作，两臂前后自然摆动；向前摆臂时，大臂略直，肘部贴于腰际，小臂略平，稍向里合，两拳内侧各距衣扣线约 5 厘米；向后摆动时，拳贴于腰际。走的姿态：上身挺直，步幅 60 厘米，前摆臂与肩平齐，拳心向下，后摆臂到摆不动为止。四是定位置。尤其是静态时的位置和学生一一对应，不能随意变动，做操时人间保持 2 米距离，达到横、竖、斜见线。

学校的广播操依据目标要求，在管理过程中做到"实、细、恒"，以这三个字为抓手，达到定面的目的。"实"就是培养学生的距离感。确定每生之间 2 米的间距。第一步是每人准备 2 米线绳，四面拉直，"量矩定位"，提高认识能力。第二步是取消线绳，站在标志点上，然后逐步取消标志点。经过一段时间的专门训练，学生就会形成习惯，位置准确。带操教师要求严格，动作要领要求一致，行政领导进班查操起到了保障作用。"细"就是有效督促学生做广播操。从位置表上了解每个学生的动作是否到位，以便及时进行纠正，弥补不足，解决了学生在理解、掌握上的差异。"恒"就是把学校的广播操作为一项常规性的工作，对学生进行严格的训练，在训练中渗透养成教育。

塘沽十五中的大课间活动对学生养成教育的作用是非常明显的。在跑步、做操和直臂走中，每个学生都按照要求做好自己的动作，每个人的动作都会影响整个班的动作协调性和整体性。最为重要的是，这些动作是每个学生每天都要做的，训练是每天都要经历的，一开始也有很多学生做得不规范，对自己没有信心，但经过一段时间的锻炼，在动作的力度和准确度方面都有很大的改进，每个学生都能找到自己喜欢的一两个项目进行锻炼。大课间活动，既锻炼了学生的体力，提高了学生的身心健康水平，又培养了学生的集体主义意识和爱国情感，培养了学生的组织性和纪律性，也增强了学生的自信心和激发了对体育锻炼的兴趣。潘校长强调，"传统的活动更需要过程的新颖、方式的新颖来焕发出新的活力"。从这一意义上说，塘沽十五中的大课间活动正是传统与创新的融合，值得我们去探索，去研究。

（该文发表在 2011 年第 11 期的《天津教育》上）

第十一章 部分课题研究报告

新形势下教师队伍发展建设的战略研究

该课题于 2009 年 6 月结题，获得天津市教育科学规划办专家组 A 级鉴定，其部分成果以《三年规划铸就优良师资队伍——塘沽十五中教师队伍建设采访纪实》为题发表在 2009 年 5 月 8 日的《天津教育报》上，全文共 8000 字；于 2010 年 3 月获得天津市第二届教育科研优秀成果评选一等奖，该次全市共评选出一等奖 13 项，其中基础教育占 2 项。

摘要：课题《新形势下教师队伍发展建设的战略研究》，经过三年的努力探索，立足真实的学校管理实践研究，初步形成了一整套适合普通中学教师队伍发展建设的九大策略：以立德策略，提高教师职业道德水平；以改制策略，提高教师竞争意识与敬业精神；以激励策略，使教师树立正确的价值取向；以良师培养策略，提高教师的基本素质；以青年教师培养策略，为学校可持续发展奠定基础；以名师培养策略，实现名师强校的办学目标；以班主任培养策略，提高班主任育人管理的能力；以教育科研策略，引领教师走专业化发展道路；以阶段盘点策略，调控教师自身的发展。研究结果表明，这一系列策略对于新形势下教师队伍发展建设切实可行，并卓有成效，课题研究的目的得到了兑现。课题成果在市、区、学校范围内影响较大，《天津教育报》曾多次以整版篇幅进行相关报道，塘沽电视台也多次进行了专题报道。

关键词：教师队伍；发展建设；战略研究

一、问题提出

实施素质教育，完成塘沽教育"十一五"规划，要靠每一位教师的不懈努力。创造新的教育，创造有助于学生全面、主动、多样发展的教育，创造宽松的、民主的教育，要靠教师来完成。要解放学生，首先要解放教师，尊重教师的创造性劳动，为教师创造多样发展的机会。在工作实践中帮助教师转变观念，提高教师自身的素养水平，不单是实现教育观念与教师角色转换的关键，也是创造新式教育的关键。因此，作为一校之长必须把教师队伍建设抓好、抓实。塘沽十五中是一所普通的国办初中校，处于城乡结合部，青年教师较多，想干好工作的热情比较高，但是缺乏系统地引导。进行此课题的研究，就是为了系统地规划教师的成长，集中团队的智慧，使每一位教师尽快成长，在塘沽教育"十一五"规划期间成为教育教学的弄潮儿，为学生的发展乃至终身发展提供最佳服务。

（一）研究背景

目前，在校学生都是 20 世纪 90 年代以后出生，绝大多数为独生子女。从社会发展需求看，人民群众对教育的着眼点不仅是要让子女上学，接受教育，更要让子女上好学，接受好的教育。然而，学校教育正面临着一个历史性的转折点——从满足教育的基本需求到追求好的教育、理想中的教育。教育必须适应社会的发展，教育必须服务于社会，学校教育才会有生命力。那么，什么是好的学校？什么是好的教育？必然是学校发展过程中着力解决的问题。

从学校教育整体资源来看，当前每一所学校外部环境和硬件配套设施都得到了明显改善。但是，大楼并不意味着大师，硬件实力并不代表学校文化的软实力。让教育的各种资源发挥其最大效应，内在的核心问题必然是学校教师队伍的建设问题。

从我校自身实际情况来看，虽然教师工作上有一定的干劲，但毕竟多数教师教龄短，教育教学能力还不是很强，经验还不是很丰富，教育视野还不是很远，所以师资力量相对薄弱。2006 年学校一线教师 77 人，其中，区级学科带头人 4 人，区级命名的骨干教师 16 人，合计占教师总人数的 26%。另外，2006 年我校中考成绩不算理想，居全区 24 所初中校的第 17 位。此外，学校的管理体制和运行机制不够完善。面对这些实际问题，要实现学校的可持续发展，使学校走在教育教学改革的前列，使教师工作正常化，就要求学校必须以全新的办学理念和视角去引领教师走在教育新时代的道路上。用"立德强身、文化修身、技高立身"的治学理念去提高教师素质，用"静下心来教书，潜下心来育人"的工作态度逐步地去实现教育质量的提升。

新一轮的基础教育课程改革，对教师的基本素质提出了更高的要求。该要求不局限于专业知识方面，也包括思想品德、责任意识、创新精神、合作能力等。教师的基本素质不仅影响到学校的教育教学质量，也关系到课程改革能否深入地进行下去。所以，如何有效地提高教师的基本素质，是各学校都不容忽视的课题。

随着世界经济竞争和科技竞争的加剧，全世界都把教育摆到了社会发展的重要战略位置。人们也越来越认识到，教育改革的成败在教师，只有教师团队水平的不断提高，才能带动教育水平的提升。为此，教师队伍建设成为一所学校、一个校长全部工作中的重中之重。加强教师队伍建设，是提高教育教学质量的根本出路，也是提升学校办学水平和知名度的正确途径。近年来，国内外各地各校在教师队伍建设上都采取了各种强有力的措施，也取得了令人欣喜的成绩。但由于国情不同、校情不同、教师情况不同，我们不可能照搬别校的经验，我们所要做的工作就是要借鉴别人成功的管理经验分析本校的教师队伍情况，进而对教师队伍建设实施战略研究。

（二）研究的目的和意义

1. 研究的主要目的

本课题是以素质教育、新课程改革中教师队伍建设为载体，以塘沽十五中77位教师为研究对象，运用调研法、观察法、教育实验法、个案法、行动研究法等现代教育科学研究方法，用三年的时间，探索出一套有效提升本校整体教师队伍专业水平、促进教师专业发展的实施策略，从而带动学校的整体发展。本课题主要从以下几方面入手展开研究：依靠每一位教师的智慧，转变观念，明确方向，建设高素质的教师队伍，为学生的发展导航；创设先进的校园文化，把学校建设成为传播、创造、发展文明的场所；建设学习型组织，教师自觉树立终身学习的意识，做到工作学习化，学习工作化；完善校本培训模式，实施科研兴师战略，落实"师兴校荣生受益"。

2. 研究的意义

教育是民族振兴的基石，是青少年成人成才的保障，也是教师成就自我的事业。教师是教育目的的实现者、教育活动的指导者、教育方法的探索者、教育实践的创造者。只有鼓励教师实现人生价值，创造人生辉煌，才能有效带动学生走向成功。

塘沽十五中地处塘沽区城郊接合处，生源的素质参差不齐，这就需要教师具有更完备的育人理念，用团队的合作精神与集体的智慧去实现学校工作总目标——把塘沽十五中办成全市乃至全国的一流优质初中校，从而承担起实现塘沽教育"十一五"规划的责任，描绘出绚丽多姿的滨海新区教育蓝图。因此，作为一校之长选择《新形势下教师队伍发展建设的战略研究》的课题进行研究，对于学校的长远发展具有非常重要的意义。

（三）课题的界定

新形势下教师队伍发展建设是指学校在办学过程中，根据教育肩负着富国强民、实现中华民族伟大复兴的历史使命。充分考虑到人民群众渴望享受和谐、公平、优质的教育需求，面对素质教育的不断深化与新课程改革的不断深入，针对我校教师队伍发展不均衡的实际情况，设计多元的教师发展策略。通过立德策略、改制策略、激励策略、良师培养策略、青年教师培养策略、名师培养策略、班主任培养策略、教育科研策略和阶段盘点策略等，提高教师学习的主动性，不断更新教育观念和知识水平，增强教师对教育事业的责任意识，即视职业为事业；促使教师积极探究教育规律，卓有成效的工作；引领教师走教育科研之路，突出教学实效性；倡导教师在教育教学实践中，不断提升理论水平，向教育高层次挑战。使教师在以学生为本的理念下实现教育的和谐，使学校在以教师为本的观念下实现工作的和谐，从而达到教师队伍良性发展，学校可持续发展。解决好新形势下教师队伍发展建设这个核心问题，才能从根本上解决教育培养人的问题，学校才有望实现优质教育，成为一流名校。

二、理论依据与研究假设

（一）理论依据

1. 马克思主义关于人的全面发展与全面发展基础上个性发展的学说。这是我们开展本课题研究的基本指导理论。

2. 邓小平关于教育有"三个面向"的理论。本课题研究必须置于"三个面向"理论的指导下。

3. 素质教育思想理论。发展基础教育是实施素质教育的指导方针，必须以素质教育思想理论为指导。

4. 主体教育理论。主体教育理论是依据马克思主义"人类主体"的思想和"主

体性发展"理论建立起来的一种当代教育理论。站在主体教育理论的高度，站在
学生主体、教师主体性（自主性、主动性、创造性等）构建与发展的高度去开展
新形势下教师队伍发展建设的战略研究，可以使本课题的研究实现较高的教育价
值定位。

教育是民族振兴的基石，是青少年成才的保障。教育大计，以师为本，振兴
教育的希望在于教师。教师素质的高低，直接影响着教育水平的高低。任何一个
国家的教育改革要想顺利实施都必须提高教师素质。

（二）研究假设

课题《新形势下教师队伍发展建设的战略研究》是以马克思主义关于人的
全面发展与全面发展基础上个性发展的学说，素质教育思想理论以及主体教育
理论为指导。通过此课题的研究，从立德出发，以学习切入；从科研起步，以
课堂教学为载体；从良师培养开始，以名师为龙头；从改制策略入手，以阶段
盘点为跟踪。使教师逐渐转变观念，跟上新课程改革的步伐实施素质教育，明
确方向，充分发展。建设高素质的教师队伍，为学生的发展导航；创设先进的
校园文化，把学校建设成为传播、创造、发展文明的场所；建设学习型组织，
教师自觉树立终身学习的意识，做到工作学习化、学习工作化；完善校本培训
模式，实施科研兴校战略，落实"师兴校荣生受益"的办学目标，实现邓小平
提出的"三个面向"教育战略。

三、研究内容与研究方法

（一）研究内容

1.目标内容

（1）转变观念，明确方向，建设高素质的教师队伍，为学生的发展导航。

（2）创设先进的校园文化，把学校建设成为传播、创造、发展文明的场所。

（3）建设学习型团队组织，教师自觉树立终身学习的意识，做到工作学习化，
学习工作化。

（4）完善校本培训模式，实施科研兴师战略，落实"师兴校荣生受益"。

2.具体内容

本课题将从以下几方面入手展开研究。

（1）师德水平。加强教师队伍建设要不断提升自我职业道德的意识和能力，

与时俱进、言传身教、身体力行，以自身职业道德水平的提升来促进教育工作质量的提高，促进学生的发展。

（2）专业知识水平。专业知识与教学智慧相辅相成，当今世界的迅速发展，专业知识在不断地更新换代，教师只有不断学习，才能更新教育观念，才能胜任工作，适应时代的教育变迁，有更广阔的教育视野。

（3）促进角色的转变。新课程提倡培养学生的综合能力，而综合能力的培养要靠教师集体智慧的发挥。因此，教师必须学会与他人合作，与不同学科的教师打交道。另外，教师必须转变教与学的观念，以促进学生全面健康发展为教师教学行为的指导思想。

（4）信息技术的运用能力。加强教师队伍建设可以使教师在掌握信息技术的过程中，努力提高搜集和处理信息的能力、课程开发和整合的能力、将信息技术与学科教学有机结合的能力、指导学生开展研究性学习的能力等。

（5）学会学习。使教师自己学会学习，并教会学生学会学习是当今教育的重要工作。教师务必不断学习，努力拓展自己的知识面，加深学科专业知识，并努力培养学生终身学习的能力。

（6）教研结合。走教育科研之路，促进教育的发展已成为共识。教师边教学边研究自己的课题，才会生成教育思想，找到教育规律，提高教学效率，向着教学的自由王国迈进。

（二）研究方法

1. 调研法

以教师为调研对象设计问题，了解教师的思想现状、知识储备、教情分析、能力特长、职业困惑及对个人的长远规划，为教师的发展把脉，为建设一支高素质的教师队伍打好基础。

以学生为调研对象设计问题，了解学生对教师的教育思想、知识能力、教学策略、教学技巧的评价，侧面了解学生对教师资源的需求特点，成为诊断教师队伍建设的参照内容之一。

2. 观察法

细心观察教师的日常工作和常态教学情况，捕捉教师工作中体现出的闪光点和懈怠情绪，及时发扬和纠正，并分析这种存在背后的思想根源和行为模式。

3. 教育实验法

建立教师成长档案，承担研究课题，要有计划、有目的、有组织领导、有定期总结，并使教师队伍建设工作科研化、问题课题化，在教育科研中解决教师迫切需要解决的问题。引导教师用理性的大脑去分析、研究、解决问题，在解决问题的过程中得到升华、获得发展。

4. 个案法

丰富骨干教师、优秀教师、学科带头人的个人档案，找出他们迅速成长的规律，推广经验，加快教师队伍的快速发展。

5. 行动研究法

反思教师自己日常教学行为或学习前后的教育行为的异同，从而找出实施素质教育的最佳途径。

（三）研究对象

选择塘沽十五中 77 位教师作为研究对象，其中男教师 12 人，女教师 65 人。从学历上看，研究生学历 1 人，占 1%；本科学历 64 人，占 84%；专科学历 11 人，占 14%；高中学历 1 人，占 1%。从职称结构上看，高级教师 13 人，占 16%；中级教师 32 人，占 42%；初级教师 32 人，占 42%。从年龄结构上看，30 岁以下 31 人，占 40%；31 至 40 岁 40 人，占 52%；41 岁以上 6 人，占 8%。教师队伍年轻化，有较强的责任感。

四、研究过程

（一）准备阶段（2006 年 9 月—2007 年 1 月）

此阶段主要是确定课题及实验对象，论证该课题研究对教师发展的重要意义。组织教师学习素质教育手册和课程改革的相关材料，学习体会《教师在实施素质教育中的作用，教师与课程改革的关系》，确定研究方向，实现《加强教师队伍建设的几点思考》。

（二）实施阶段（2007 年 2 月—2009 年 1 月）

此阶段分为三个环节：

1. 搜集材料，撰写开题计划、开题报告、实施方案。

2. 深入教师群体进行沟通，达成教育共识，每个学期制订个人目标，制成资料汇编。

3. 丰富健全教师队伍建设的制度文化，搭建展示平台，展示教师风采，张扬教师个性，鼓励思路创新，记录教师成长足迹。

（三）总结阶段（2009 年 2 月—2009 年 6 月）

由分管各项工作的课题组成员做课题研究总结，汇总文集及光盘资料，撰写结题报告《新形势下教师队伍发展建设的战略研究》，向天津市教育科学"十一五"规划课题组申请研究成果鉴定。

五、分析结果

（一）探索出教师队伍发展建设的有效策略，形成了具体的流程方法

1. 立德策略

胡锦涛同志在全国优秀教师代表座谈会上指出："要坚持育人为本，德育为先，把立德树人作为教育的根本任务，努力培养德、智、体、美全面发展的社会主义建设者和接班人。"不容分说，立德树人关键取决于教师的素质和师德风范。因为教师履行其职业责任的好坏，在许多方面取决于道德水准。

为了有的放矢地加强师德建设，形成良好的教师队伍，树立教师的良好职业道德形象，学校专门成立了以校长任组长，党政工团及各年级组长为成员的"师德师风教育领导小组"，从而使师德建设成为学校教育教学工作中的一个重要组成部分。在学校里形成了党要管党、团要管团、校要管校、组要管组、齐抓共管、各有侧重的管理格局。围绕着机构的工作职能做了以下工作。

（1）组织学习，呼唤教师职业道德意识

虽然教师做教育工作，但是教师心中未必对自己的职业和教育的涵义理解正确，那么我们必须要问教育是什么？教师是什么？这是让教师铭记在心的基本事情，也是必须要达成共识的事情，这很可能是呼唤教师职业道德觉醒的源头。我们就从教育、教师两词问起。

教育一词在《辞海》里解释道：教育是按一定的目的要求，对受教育者的德育、智育、体育诸方面施以影响的一种有计划的活动。这是非常笼统的解释，其实"教"与"育"既有相同的意义，也有不同的侧重。"教"突出知识的传授，而"育"则重视道德品行的养成。二者有机结合，才是教育的全部。二者孰重孰轻，孰为本、孰为根是不可忽视的问题。德育为首，育人为本，把人的全面发展作为教育的目的，按照教育规律办教育，才是教育。

教师是什么？教师是以教育、培养学生为职责的专业工作者。人们常把教师

比喻为"园丁",是人类灵魂的工程师。清华大学一位教授说的好:"我只是把自己看作泥土。"那么,教育就是一种服务,犹如土壤服务于植物,土壤能够持续不断地供给植物生长所需要的各种营养成分。泥土不仅把全部的爱给了花,给了树,也同样给了草。它珍惜每一个生命,如同教师的教育工作要"有教无类"。由此,教师给予学生肥沃的土壤,承担起培养人的责任,才不愧对教师的称号。文学家韩愈对教师的职业特点做了六个字的概括,为"传道,授业,解惑"。传道——以言传身教的方式解决育人问题,用人格塑造人格。授业——以宽泛的知识、艺术的方式传授知识和基本技能,给予学生生存的学习能力。解惑——让学生主动学习,提出问题,在教师的指导下解决问题,给予学生思维能力和创造能力。

教师只有问过自己是干什么的,自己是做什么的,才有可能体会教育意义的重大、教师职业的崇高,才能唤起教师对职业道德的自我要求。对于什么是教育,什么是教师的讨论与学习已成为学校每学期开学工作的惯例。

学校、教师首先要懂法,由此在师德建设中组织全校教师学习、讨论《教师法》《教育法》《义务教育法》《未成年人保护法》以及《教师职业道德规范》《教师违反职业道德行为处理规定》等法律法规条文。同时,学习后学校要求每位教师写出相应的反思及体会,以便更好地提高教师们对师德师风建设工作的认识。

为了让教师有更好的感性认识,2007年底,学校组织了全校教职工赴山东几所学校进行实地考察,学习兄弟学校教育教学方法。

(2)完善制度,让师德建设在丰富多彩的活动中践行

根据学校实际和教职工的特点,学校先后制订并完善了《塘沽十五中加强教师职业道德建设的具体要求》《塘沽十五中师德规范》《塘沽十五中文明办公室要求》《塘沽十五中每周升旗仪式规定》等规章制度。制度建立,让教师们找到了行为准则,规范了教师行为。通过全体教职工签订《教师承诺书》,使教师更加深刻地认识到自己的使命;通过组织"教育教学开放周"活动,鞭策教师认真履行师德行为标准,让家长和社会监督教师;为了让教师走进每位学生心灵,关爱每一位学生,尤其是关爱弱势的学生,开展"爱生月"活动。通过一系列的活动,使教师们从中感悟到:教育事业绝不是一种牺牲和付出,重要的是教育者和学生能从教育过程中感受到幸福和快乐。

(3)加强管理,在考核评估中形成正确的师德价值观

在师德建设中,我们必须认识到,要完成师德建设工作,一方面通过学习提高教师的自我约束力,另一方面通过建立健全制度提高整体的约束力。还有就是通过考核评价去体现德高为师的价值观。

2006年、2007年学校先后制订了《全员育人考核方案》《教师师德考核方案》，这两个方案的制订是保证教师职业道德建设不走过场，由抽象到具体的重要环节。我校对教师师德评价全过程是在民主评价中去实现师德建设制约机制。其一，组织全体教师对照《中小学教师职业道德规范》和《塘沽十五中师德规范》，实事求是的展开自评；其二，以年级、处室为单位，召开师德评议会，展开互评；其三，通过问卷调查或召开学生代表、家长代表座谈会来民主评议师德情况，并及时向教师通报；其四，学校师德建设领导小组依据日常行政值班的真实记录，对每位教师进行师德评估。同时，学校在评估的基础上作了两项规定。

一是凡违反《中小学教师职业道德规范》和《塘沽十五中师德规范》的教师，在评先评优和职称评定中，均实行一票否决制。学校接到家长或教育局举报我校教师违反职业道德的投诉，均作调查，并以书面形式向区教育局上报调查结果（情况属实的附处理意见）。学校把教师的师德情况列入学校教师年度考核标准之中，凡师德师风存在严重问题的个人，年度考核均为不称职，经教育仍不思悔改的，作出相应的处理，并记入个人师德档案。

二是师德评估情况作为评聘、晋级、奖励的重要依据，对于师德高尚，业务精良，学生爱戴的教师在评优评先工作中给予优先考虑。

在这种评建结合，以评促建的师德建设中，我校完成了从解读—约束—管理—评价的全过程，它的真实有效性极大的鼓舞着教师，促使教师主动养成良好的职业习惯，努力追求师德价值观，共同走在师德良性发展的道路上。

（4）注重宣传，在总结表彰中营造师德风尚

每学期开学伊始的第二周，定为"学校的师德风范周"。要完成三项内容：①组织全校性会议进行"师德风范周"开周仪式。进一步认识教育、教师两个关键词；重温师德有关法律法规；总结上学期师德风范进展情况；表彰师德风范典型事迹；公布校级师德标兵、管理标兵及服务标兵；根据存在的差距提出改进意见。②倡导教师以最佳的师德风范展示给学生。③由德育处组织各年级召开"感恩师德回报学校"师生现场交流对话年级会。除此之外，学校要求校园文化研究室，在教师节之前做好师德宣传报道工作，利用学校发展建设展牌，开辟"师德楷模园"栏目宣传师德个人先进事迹。利用校报"责任与成长"版面宣传报道师德风范。珠联璧合的宣传活动，使教师的师德水平呈攀升事态，教师队伍整体风貌积极向上。

通过实施"立德策略"，教师整体面貌有很大改观，具体表现在以下几点。

（1）教师的劳动是自觉的。上下班铃声响后，看不到老师进出校门的身影，教师们自觉遵守劳动纪律，爱岗敬业，无私奉献，已经成为一种习惯。

（2）教学运转处无需忧虑空课情况。有的老师亲人住院手术，却没有耽误一节课。

（3）班主任无空岗情况。无论班主任因公因私，科任老师都会主动承担临时班主任工作，并做到尽职尽责。

（4）爱的执著随时可见。一位老师家访后，见学生家中没有闹钟，前去购买送给学生。一位老师为汶川灾区捐款600元却不留姓名，直到居委会经多方查找给我校送来表扬信，才得知此事。

（5）静下心来和每一个学生对话，再也听不到老师批评学生的喧闹声。

（6）教育管理责任的增强，很难再看到违纪学生在楼道逗留的身影。

（7）学生家长来到学校，无论哪一位老师都会让出一个座位请家长坐下，平心静气与家长交谈。

（8）教师工作的一致性，造就着一个和谐的集体，学生出现问题，谁的课堂谁管，从不依赖学校和班主任；集体备课，畅所欲言，资源共享；各组别、各处室之间工作分明，合作有序。良好的工作氛围，看得出老师们健康的工作心态。

在师德建设中看到师生间、师长间、同事间、干群间所发生的不起眼的变化，却验证着小事成大道之理。老师们乐此不疲的工作精神头，即珍藏着十五中老师这个群体的工作印迹，同时又为十五中的发展带来了无限的希冀。

当2008年教师节到来的时候，我们的队伍中有17人获得了有关师德方面的荣誉。他们中有1名是塘沽区十佳班主任，1名是塘沽区师德标兵，1名是塘沽区优秀德育工作者，1名是塘沽区优秀思想政治课教师，2名是塘沽区百名优秀班主任，11名是塘沽区校级师德标兵。我们坚信还会有更多的青年教师在这支教师队伍中成长起来。

2. 改制策略

教师队伍建设需要强有力的管理。因此，改革学校管理体制、改革人事管理机制，无疑是非常重要的方略。2006年寒假，学校研究决定，把原来的教务处分为三个处——教学运转处、教学质量处、教学科研处，下设三位主任。其中，教学运转处主要职责是负责教学的常规工作，教学质量处主要职能是跟踪教师业务成长情况，教学科研处主要职能是引领教师走教育科研之路。另外，把原来的德育处、体卫处整合为德体卫艺处，下设三位主任，其中有一名主任专门抓班主任工作。

自2007年暑假起，学校又做出了三项决定：一是成立了"校园文化研究室"，负责学校外部环境的文化建设和学校的文化宣传工作。二是成立"名师培养工作室"，顾名思义，明确了名师培养的方向。三是实行全员聘任、竞争上岗制度。从 13 名教师中择优聘任年级组长 3 名，从 33 位竞争教师中择优聘任班主任 24 名。

实践证明，改制后的管理机制工作通畅，执行力大大加强，教师队伍建设的方向更为明确。改革后的人事，使教师争创一流工作业绩的热情得到了极大的激发，促使广大教师具有独立主体地位和自主行为能力，增强了质量意识和责任感。由此得出，随着社会的变革给教育带来的前所未有的挑战，改革传统的管理体制，构建合理的竞争机制，是教师队伍发展建设的重要策略。

3. 激励策略

人同此心，每一个人的工作与生活都离不开心理需求，都会以成功感为心里慰藉，而获得成功的过程一定离不开有效的激励，激励会带给人最大潜能的发挥。作为学校如何调动教师的工作积极性，让教师出色的发展、体面的生活是必须要思考的问题。

（1）细化岗位职责，增强责任意识

责任意识是教师的基本素质之一。一个有责任感的人会把本职工作看做是自己的天职，一旦做不好工作就会感到内疚，甚至有一种负罪感。因此会激励教师千方百计的把工作做好。

培养教师的责任意识，首先要让每个教师清楚自己的职责范围是什么，怎样做才算尽职。为此，从 2006 年开始，学校无一例外地为每一个岗位制订了岗位职责，每个岗位的职责描述都很具体，避免大而空、模棱两可的现象。方案制订出来后，先让教师们反复讨论修改，讨论的过程也是一个教育的过程，一个培养责任意识的过程、一个激励情感的过程。

（2）落实岗位职责，注重督促和考核评价

如果说岗位职责对教师是激励教育，那么考核评价则是对教师工作成就的肯定。教师们得到了工作的认可，会带来更为可观的激励作用。在学校工作中，各项工作如果不与评价考核结合起来，便很难落到实处。为此，学校根据每个岗位的职责制订了考核评价方案。方案按工作特点归为 16 个类别，考核评价分为工作态度、本职工作、加分和减分 4 个指标，每一个指标都有若干关键表现予以佐证。加分项主要是鼓励教师做特殊贡献，鼓励教师对学校工作提建设性意见。同时，方案还制订了对全体教职工的考勤，参加学校各种会议、活动以及升旗仪式等其他工作的考核评价。考核评价形式分为：自评、主管领导评、学生评、家长评、学校评；考核评价方法分为：月评和期评，最后由各部门归总成绩，形成学期每一个人"千分制"考核评价结果。

（3）适宜奖励，激励教师工作

对于工作优秀、业绩突出的教师给予适宜的物质奖励和精神奖励，这是人之常情。通过奖励促使教师们更加愉快地工作，体面地生活，奖励之下我们的教师一定会把工作做得更好，乘势而上。健全奖励制度对加强教师队伍建设会起到积极的推动作用。为此，2006年以来学校相继制订、完善了《班主任工作的奖励方案》《教师完成教学常规工作的奖励方案》《各年级教学质量的奖励方案》《体育竞赛的奖励方案》《指导学生参加第二课堂活动的奖励方案》《教师参加教育硕士学位进修的奖励方案》及各级各类教育教学成果的奖励方案。一系列的奖励方案带来了超乎想象的成效。

①奖励让教师们享受着成就，奖励激励着教师们朝向更高的目标迈进，比、学、赶、帮、超的教风成为工作的大气候。

②主动服务的意识增强了，教师不再是权威，面对面给予学生辅导随处可见；教学附属部门放下架子登门服务于教学一线，教学所需得心应手；干部不再高高在上，深入第一线，躬亲走进教师，指导工作已成为人性化管理的具体体现。

奖励有舍得之哲理，有取之于民、用之于民之原则。学校只有用心去投入，合理分配使用资金，惠民有道，才能打造出民心工程，教师群体的凝聚力、积极性才会产生，学校才有望得到发展。

4. 良师培养策略

学校要想持续发展、有后劲，必须打造一支新形势下的教师队伍。这项工作具体做法有以下几项。

（1）让教师静心工作

目前教师们被繁杂的事务性工作搞的筋疲力尽，再加上物欲横流的价值取向的刺激，有些教师在功利心理的驱使下，不免心浮气躁。如何让教师静下心来工作，在当今显得十分重要。然而，教师静心教书要时间，潜心育人要时间，时间对教师极为珍贵，为教师争取"静"的时间，学校有责任。为教师减负，减少一些不必要务虚的东西，给教师整出时间，需要学校领导深思熟虑做实事。①消除功利的诱惑需要引导也需要硬性规定。学校规定，在职教师绝不允许搞有偿家教，一经发现，严肃处理。②为教师争取时间应从领导做起，减少会议、压缩内容要形成领导作风。③自习课不提倡教师、班主任进课堂，德育处统一管理，课间操实行学校统一监控势在必行。

静心才能静悟，为了实现教师"静态"工作，学校提出"七静"要求，即："静下心来备每一节课，静下心来批每一本作业，静下心来与每个学生对话，静下心来研究学问，静下心来读几本书，静下心来反思自己的行为和方式，静下心来品味与学生的分分秒秒，品尝工作的乐趣，品味生活的意义。这一提法得到了有关专家的高度赞扬。一篇《让教师静心工作》的论文在2008年天津市第二届基础教育名校长高峰论坛上作了典型思想交流，反响极为深刻，随即这篇文章在《中国教育报》上发表。

（2）请进来

我们认为，老师工作时间越长，保守残缺的思想就越严重，给老师洗脑，转变一些观念，更新一些思想是必要的。年轻教师工作时间短，缺乏实际经验，给年轻教师予以指导和点播，让他们尽快成长也是十分必要的。名师的一种方法，专家的一个观点，很可能使我们的老师的思想发生质的飞跃。基于这种认识，从2006年至2009年，我校聘请了区、市、全国名家来我校为教师进行培训达21次。

（3）走出去

打开校门走出去，开阔教师的视野，让老师们在体验中得到启迪，又是一个提高的过程。得知山东省课改实验走在全国前列，学校通过天津教科院王敏勤教授引见，曾多次组织部分教师和全体教师到山东省邹平县进行学访；听说江苏省宜兴市实验中学召开课堂教学改革经验交流会，学校选派三名骨干教师前去参加；河南省安阳市举办全国说教材展示，学校选派11名教师前去观摩学习，并争取了6名教师参加现场说教材展示；听说大港二中有全国六省市研究课，学校为老师争取了一节数学课前去展示，选派的老师作课后受到专家的高度点评。从2006年至2009年，我校先后派260余人次外出参加业务培训或听专家讲座；还组织全体教职工到山东邹平魏桥实验学校、九沪中学等地，亲临课堂、接触教师、走访学校的每个角落；只要是对学校的教育教学有益的培训，学校在资金和时间上都给予大力支持。

（4）自挖潜

①加强校本教研并使之制度化

校本教研是"建立以校为本的教学研究制度"的简称。实施校本教研的制度创新是提高校本教研有效性和促进校本教研可持续发展的根本保证。我校校本教研的做法如下。

组织形式——首先由教学质量处安排课表化的校本教研时间，分为大学科组教研和年级备课组教研两种形式。日常的教研活动通常在年级备课组进行。凡教研活动，学校相关领导一定到会，做到实地跟踪并予以教研指导。

备课方法——按照教学内容，每位教师承担一定的备课任务，任课教师先进行主备，提出自己的观点，然后进行说课—研讨修改—形成教案—上课—自评反思—研讨修改—形成电子教案，提供给下一个年级。

制度程序保障——"上岗培训"制度—"师徒结对"制度—"集体备课"制度—"交流展示"制度—"以评促导"制度—"教学反思"制度、教研跟踪记录表—"总结反馈"制度等。

②实现资源共享教案

在教师备课方面，过去我们往往重格式轻内容，重形式轻效果。若重若轻的模式使学校领导花费大量时间检查教案，教师花费大量精力抄写教案，但上课时往往不用这个教案，只是为了应付检查。我们从实际出发，改变教师的备课办法，提倡集体备课，其具体做法是：备课组集体讨论教材教法—分工执笔写教案—集体讨论并修改教案—形成电子教案并共享。继而实施教案循环使用的方法，来加深对共享教案的深度交流，并定期修改完善。这样把教师从抄教案的无效劳动中解放出来，集中精力研究学生，考虑教法，有效提高了课堂教学效率。而后对于课件、习题也逐步在实现资源共享。

③课表化读书引导教师自发学习

教师整天工作忙碌，无暇考虑读书，老师原本的书香气渐渐散去，新形势、新教育、新课改，老师不读书怎么行，只低头拉车，不抬头看路怎么行。于是，学校没法安排教师读书活动，学生自习课实行学校统一管理，在稳定教学秩序的前提下，每周有两节课规定的读书时间，安排老师到图书馆读书，并做到了课表化，同时做到有检查、有落实。

每学期给科任老师和班主任推荐一些优秀书籍供教师们阅读，并要求教师写读书笔记。通过心得交流会，读书报告会，教师论坛等形式，提升教师的文化素养和理论水平。让全体教师牢固树立终身学习，不进则退的理念。另外，我们注意把教育教学理论的学习落到实处，每学期学校科研处都选编一些优秀文章结集成册发给每一位教师，让老师有目的地去学习，学期末学校对教师的学习情况进行总结。

经过几年的培养，到2008年教师节到来之际，我校有区级首席教师1名，区级学科带头人5名，区级骨干教师8名，区命名校级骨干教师11名，总数占全校纯一线教师的36.8%，比2006年提高了10个百分点。同时，现学校有11名教师取得或正参加教育硕士学位的学习，占任课教师总数12%。学校教师队伍快速发展，受到了社会极大关注，2008年9月24日，《天津教育报》以整版的篇幅，详细报道了我校师资队伍建设情况，极大地鼓舞了全校教职工的士气。

5. 青年教师培养策略

我校青年教师居多，30岁以下教师有31人，占任课教师总数的40%，他们都在教学第一线，这个现象引起了学校的高度重视。学校意识到学校发展的希望关键在于我校青年教师身上，因而启动青年教师培养策略，并视为学校的一项重点工程来打造是刻不容缓的议题。由此，学校专门出台了《青年教师培养方案》，并帮助青年教师制订发展规划，指出明确的奋斗目标。为了有侧重地培养青年教师，学校委派科研处成立"青年教师文化沙龙"，得到了青年教师积极响应，31人中有27人报名参加，占总数的90%。

成立"青年教师文化沙龙"，旨在引导青年教师加强读书积累，帮助他们自觉养成撰写教学反思札记的习惯，大力提倡有思想地进行教育教学活动，为他们的专业发展搭建思想交流、教育研究、教学研讨、成果共享的平台，全方位提高他们的师德修养和教育、教学、科研综合能力。

"青年教师文化沙龙"活动的主要内容有：

（1）每一位成员必须履行青年教师文化沙龙组织规定的10条义务；

（2）准时参加每月一次的组织活动，并做好活动记录；

（3）活动形式有：研讨汇报式、咨询观摩式和争鸣论坛式三种；

（4）定期上交书面教学札记；

（5）做好学年活动总结。

为了验证青年教师文化沙龙的活动情况，学校每个月专门组织有关领导和资深教师与青年教师进行笔谈交流。从中欣喜地发现，这些青年教师所写的教学反思札记比过去学校规定上交的教学反思有了长足的进步。具体表现在：（1）书写教学反思札记已成为自觉行为，有的青年教师能达到每节课必反思；（2）由教学反思札记可看出，他们平时是在抽时间读书；（3）教学反思既是土生土长的个人所见，又具有一定的专业深度；（4）他们能认真地阅读和思考上交反思札记后别人给予的点评。

6. 名师培养策略

名校由名师而托起，名师因学校而生成，以名师成就智慧学子，由智慧学子提升名校，名师是学校最为宝贵的财富。基于这种理念，学校门前横幅写道："人人有才，人人成材"，只要我们的学校有目的地去发现人才，有计划地去培养人才，终究会出现人才。清华大学老校长梅贻琦曾说："大学非大楼之谓也，乃大师之谓也"，这一句话无疑给学校指明了办学方向，点明了在办学过程中，名师所具有的举足轻重的作用。因此，加强对各层次教师的培养，尤其是对名师的培养又是学校管理工作的重点之一。当学校把名师培养摆到学校发展的重要战略意义上的时候，一个有专人负责的"名师培养工作室"应运而生，其职能以培养学校名师为主攻方向，努力去实施计划、完成任务。"名师培养工作室"的工作思路如下。

（1）目标培养

依据扬长避短，人尽其才的培养原则，在分析本校教师队伍状况的基础上，实现有目标的名师培养与良师建设相结合的方法，以此形成名师队伍的5个梯队：区首席教师—区学科带头人—区骨干教师—区命名校级骨干教师—校命名骨干教师。反过来，由名师交替上升拉动良师队伍进一步发展，由此达到教师整体队伍的良性发展。待到塘沽区下一届中小学首席教师、学科带头人和骨干教师评选时，我校兑现的指标为：区首席教师2~3名，区学科带头人6~7名，区级骨干教师8~10名，区命名校级骨干教师8~10名。

（2）培养流程

①达成共识

"名师培养工作室"负责人，对学校拟定的名师培养候选人一对一进行思想交流，并提出5条要求。在信任、鼓励的气氛下完成共同愿望，形成强大的推动力。

②把握条件

借鉴塘沽区首届首席教师、第五届学科带头人和第三届骨干教师的评选条件要求，分别向名师五个不同梯队传达硬性规定，以利于教师遵照执行。

③跟踪业绩

依据塘沽区第三届骨干教师申报表的业绩要求，"名师培养工作室"即时填写名师培养人业绩情况，以便提示他们硬性规定指标的完成情况。

"名师培养工作室"在关注名师成长的过程中，要深入他们的教学实际，给予适当的指导和帮助，使他们少走弯路。

（3）培养途径

①在工作允许的情况下，一定要让他们承担班主任工作，因为教师的成长与成功都与班主任的工作息息相关，可以说班主任工作是成就名师的摇篮。

②名师培养基本功很重要，建议他们要有两个笔记本，一本用于个人习题集，另一本用于教学反思或教学成功案例总结。

③抓住学校龙头课题《整体建构和谐教学，提高课堂的有效性》拟定个人子课题，要求两年内子课题要有个人成果。

④为教师提供阅读的时间与空间，实现每周阅读不少于两课时。

⑤树立"健康第一"的工作理念，学校设法安排每周不少于两个课时的体育

活动时间，把人文关怀与生动活泼的工作结合起来。

（4）培养措施

①创造民主和谐的工作氛围，让教师能参与到学校的工作上来，在信任的激励下，让教师能向前冲，得到出色的发挥，在发挥中使老师感到生活的体面，并形成良性循环心理状态，越干越好。

②面对复杂的社会，复杂的舆论，复杂的教育，要引导教师有思想地去工作。课堂教学是永恒的研究课题，要围绕着课堂教学效益做文章。论文的内容必须源于教学实践，论文发表要讲求高格次，研究课、示范课讲求高级别。

③支持优秀教师参加硕士学习，并提供一定的方便，在不影响工作的前提下，若学习时间为工作日，则按公假对待，学业有成给予一次性奖励。

④为名师培养开辟展示渠道，学校每学期举办读书报告会、心得交流会，教师论坛和班主任论坛等活动，以此增强教师争当名师的自信心。

⑤加大与市、区及外省市学校的沟通，为名师培养提供外出考察学习提高的机会，扩充治学视野。学访后要有书面材料向全体教师做访谈汇报。

⑥设法请一些知名专家、学者到学校进行业务培训，要名师培养对象写出培训后的思想顿悟，在新理念下明确新目标。

⑦有些工作出色的教师因未能达到区级骨干教师的硬性条件规定而从中落选，学校可给予校级学科带头人命名，并予以适当的奖励。

⑧名师的成长一定与所在的优秀团队密不可分，打造优秀的团队，为名师培养创设优良的工作环境尤为重要，因而，在塘沽区下一届骨干教师评选时，学校将设立优秀教研组奖、优秀学科组奖等。

名师的培养是一个系统工程，也是一个动态工程，只有多年瞄准这个工程，并精心打磨这个工程，方能涌现一支名师队伍。我们告诫老师：名师成长的经历，必须以阅读和学习为积淀，必须以精细的教学研究为指导，必须以高效课堂为核心，必须以爱的执著为境界，还必须把握教育改革的脉搏，才可能享有名师的美誉。作为学校有责任让老师功成名就，笑对体面的人生。"名师工作室"最大的责任是：要保住原有的骨干教师不掉队，要力争新生骨干教师层出不穷，使每一届的人数有所增加。

7. 班主任培养策略

班主任是班级工作的组织者，班集体建设的指导者，学生健康成长的引领者，是学生思想道德教育的骨干力量，是学校德育工作的主力军，是完成学校各项教育任务的中坚力量。

班主任是学校最基层的领导，是学生最信赖的老师。一个班级的稳定要靠班主任，一个班级教学成绩的提高很大程度上取决于班主任。因此，抓好班主任队伍建设是做好学校德育工作的关键，是发挥德育管理效能的基础和保证，是提高学生学业水平和提高学校办学质量的主干力量。从学校干部队伍发展来看，他们中的多数都与班主任经历有关。可见，班主任队伍建设至关学校的持续发展。由于班主任工作的重要，加大班主任的培养力度是学校不容忽视的大问题。我校采取的方略如下。

（1）健全领导机制，明确职能

学校建立了以校长为组长，主管德育副校长为副组长，德体卫艺处相关主任为成员的班主任队伍建设领导小组。其职能之一是制订相关的管理制度。学校先后制订了《班主任工作职责》《班主任例会制度》《班主任工作经验交流制度》《德育科研课题汇报交流制度》《班主任德育工作评价考核制度》等。职能之二是把关班主任人选的先进性。在任用班主任问题上，必须经过领导小组研究形成一致意见，才能做出决定。职能之三是加强班主任的培养。

（2）采用多种培养模式，全面提高班主任队伍整体素质

对于班主任新手，我们不能全靠他们在摸着石头过河中探索，对于班主任老手，也需要更新班级管理理念，做到与时俱进。在班主任管理过程中，我校积极探索和实践班主任培养的多种模式。如理论学习、师徒结对、讲座培训、经验交流、课题研究、个别指导等。这些措施有利地促进了班主任素质和管理水平的提升。

①加强学习，提升班主任的思想政治素质和心理素质

一个思想政治素质不高的班主任不可能带出一个团结向上的优秀班集体。因此，我们除了要求班主任自觉加强理论学习和政策法规学习外，还利用班主任会和政治学习的时间，学习"三个代表"的重要思想和时事政治以及优秀班主任的事迹。让班主任树立起"重视学生完整人格的培养和个性的充分发展"的观念；树立起"为学生创设有利于他们创造性思维和实践能力形成的条件"的观念；树立起"由保姆型、事务型向民主型、自主型管理转变"的观念。从而，使班主任能潜下心来育人。

良好的心理素质是做好班主任工作的前提，班主任不仅要对学生进行心理健康教育，而且更重要的是提高自身的心理素质。我校不仅要求班主任要经常学习心理学知识，了解学生的生理、心理发展特点。同时，还通过我校心理辅导教师结合自己工作实践向班主任介绍学生生理、心理发展特点，使班主任了解学生的心理状态，了解学生的学习心理、交往心理、个性发展特点、个性意识特点。学

校还定期请心理专家为班主任举行讲座，使班主任学会自我认识、自我调整。

为了缓解班主任心理的疲惫，每学期各年级要召开一次"班主任与学生情感互动会"，通过学生赞美老师、老师欣赏学生的交流，使班主任从中体验教育的成功和亲情的快乐。

②以分层培训为立足点，促进班主任研究能力的发展

一是普通培训，培养工作能力。为了不断提高班主任的研究能力和教育艺术，每学期德育管理部门都精心设计新学期班主任学习培训计划，确定重点内容，做到有计划、有组织、有记录、有考评。新的学年开始时，学校利用假期对新初一班主任进行集中培训，重点讲新生的养成教育和学校的有关规定。每逢大的对外活动，都要进行相关内容的培训，用以达成教育活动的最佳效果。每逢周一，作为班主任例会进行集中学习。另外，根据教育的适时性聘请专家进行辅导，不断更新教育观念，掌握先进的教育手段，提高解决问题的能力。

二是重点培养，提高研究能力。为了促进班主任队伍建设与发展，学校着眼于"名班主任培养"。给班主任中的骨干创造各种外出学习的机会，让他们在学访中借鉴先进的教育方法、手段为我所用。学校为他们"搭台子，搬梯子"提供更多的展示，让他们更好地发展。组织班主任论坛让他们做重点发言，把他们的典型经验、教育案例、德育论文向市、区推荐参加交流和评选，同时为了记录他们的成长过程，学校将他们的教育手迹编辑成册，成为班主任学习、交流的材料。《教育案例集——心与心的对话》《责任教育论文集——责任源于关爱》《责任教育案例、论文集粹——让每粒种子长出奇迹》这三本集册已成为我校骨干班主任的成长记录，他们推动着我校班主任队伍向前发展。

③积极开展德育科研促进班主任理论水平和工作水平的提高

社会的发展，素质教育的深入，引起了教育的深刻变革。在变革中不可避免地要出现无数新的问题，那么德育科研工作就成为解决这些问题的有效途径。我校班主任大部分是本科毕业生，这为开展德育科研工作提供了良好的条件。为了保证德育科研工作的顺利开展，学校将德育科研制度化，提出"问题即课题"的理念，要求班主任从学生入学时起，结合学生的实际情况，制订德育工作规划并确定德育科研课题，确定研究人员，根据科研的程序进行研究。学校定期检查课题的研究进展情况，期末召开德育科研课题汇报交流会，各年级对德育科研的研究结果进行汇报。长期的坚持，使我校形成了浓厚的科研氛围。年级之间、班主任之间相互交流学习，使班主任的科研意识变成了自觉行为，有力地促进了班主任理论水平和工作水平的提高。现在班主任承担着市级德育科研课题《班级活动

中培养学生责任感的研究》、塘沽区"十一五"规划课题《学校、家庭、社会"三结合"德育工作模式实用性的研究》，我校在 2009 年 1 月塘沽区德育课题中期推动会上做了经验介绍。

（3）完善激励导向机制

①实行双向选聘

每学年工作结束前，下发新学期教师工作意向表，征求班主任工作岗位人选，然后挑选其中自愿承担班主任工作的优秀教师进行聘任。

②注重激励

激励方式有：津贴激励——根据考核结果发放班主任岗位津贴；关爱激励——积极为班主任提供进修的机会和成为名师的机会；升职激励——在评职、晋级等方面给予政策上的倾斜；推优激励——推出评选"优秀班主任"等活动，注重对班主任的精神奖励。

③健全考核评价机制

制订班主任管理办法，并对班主任工作进行多元化的考核是加强班主任工作的日常管理，使学校的德育工作都能通过班主任的具体工作得到落实的保证，同时又是帮助班主任实现工作需求的举措。为了发挥考核评价的效应，促进教师力争上游，学校在完成这项工作中有如下流程。

第一，构建评价指标体系。建立评价指标体系主要有四项内容：一是班主任是否符合基本任职条件；二是履行班主任职责情况；三是履行班主任职责所应具备的素养达成情况；四是班主任工作的实际效果。在四项大的指标下又分解为若干个具体的可测评指标及其权重分配。为保证其科学性和可测性，学校组织专门力量，在广泛听取班主任意见的基础上加以制订。

第二，建立评价运行机制。为了防止评价的片面性，学校坚持他评与自评结合的方法，以自评为主。他评，即领导评、同事评、学生评、家长评。这些外部评价机制，一方面对班主任起着监督促进作用，另一方面也促使班主任工作的自省。而自评是班主任自我认识、自我分析、自我促进、自我提高的过程，它比外部刺激更具有持续性和有效性。评价的目的，最终还得通过班主任自身的认同、内化，才能真正发挥作用。

三年来，我校在班主任建设过程中，通过思想上、制度上、能力上、评价上等方面的教育与培养，有力地促进了这支队伍的壮大与发展，涌现出一批积极向上的年轻班主任。其中有一名班主任被评为塘沽区"十佳班主任"，有九人次被评为塘沽区优秀班主任。我们确信，班主任队伍建设发展，离不开日常管理，班主任的成长离不开有计划、有目标的培养，我们将持续地坚持下去，继往开来，为实现班主任队伍的整体优秀而努力。

8. 教育科研策略

通过教育科研提高教师的业务能力，提升教师的专业化水平，已经成为我校办学的方向。但问题的关键是教育科研持久、深入地进行较为困难。依据我校的实际情况，在促进教育科研持久深入地进行方面，我们做了一些构思和尝试。

（1）校长应该成为教育科研的引路人

中国人民大学附中校长刘彭芝女士说：校长就是个"领跑人"——面向世界、面向现代化、面向未来，领着全校的教职工不停地奔跑，领着一茬又一茬的孩子不停地奔跑。"领跑人"的办学理念在奔跑中反映，"领跑人"的心智、情感在奔跑中展现，"领跑人"的人生价值在奔跑中实现。这句话讲得非常好，对校长的角色定位也恰如其分。学校的教育科研工作能否落到实处，能否抓出实效，能否考虑学校的可持续发展，关键在校长的重视程度。校长要成为教育科研的引路人，就必须抓住一切机会去学习，使自己对教育科研工作有一个正确的认识。作为校长，既要做教育科研的管理者，又要做教育科研的实践者。

作为教育科研的管理者，校长主动提议成立教育科研工作领导小组，校长亲自挂帅指导教育科研工作，由一名副校长专门负责这项工作，同时成立科研处，组建一批专兼结合的教科研队伍具体落实教育科研的各项工作。另外，学校积极地为教师提供教育科研的良好环境，并在制度上、舆论上鼓励教师进行教育科研活动，校长对学校的教育科研工作进行有效管理，综合调控。

作为教育科研的实践者，校长要积极参与、身体力行、率先垂范，不当挂名领导，要亲自承担课题研究。作为校长不仅要重视组织领导，还要重视对教育科研的过程管理。学校建立每月一次专门研究教育科研工作的例会制度。由于学校领导重视教育科研，亲自抓教育科研，再加上教师的投入，我校的教育科研工作正在有组织、有步骤地顺利进行，并已初见成效。目前，我校任课教师都参与在课题研究之列，现有课题经过课题组教师们两三年的努力，已处在结题阶段，等待成果的到来。其中美术教师张宝明承担的天津市教育科学规划办课题《合理使用档案袋，搞好美术评价的研究》，获得了天津市教育科学规划办专家组 A 级鉴定（另外三项课题的评审结果未下达）。

（2）抓好学习，使教育科研工作能够可持续发展

搞教育科研，如果没有理论的支撑，单凭热情、凭氛围，也难使教育科研向纵深发展。如果缺乏学习，不了解教育改革的形势和前沿信息，就很难使教育

科研工作真正展开。学习的渠道,我们坚持请进来,走出去。请教科室的专家指导我校的教科研工作,请教科院教授来我校进行专题讲座;派骨干教师出去考察学习,派参与课题的老师去教科院聆听大师们的精彩报告。另外,学校在财力紧张的情况下,为教师拨专款购买理论学习用书,订购有关教育教学刊物,并定期组织报告会、研讨会进行理论学习交流。通过这些活动的开展,学校的教育科研气氛日益浓厚,工作的开展越来越顺利,教育科研水平逐渐提高,教科研成果逐渐增多,且获奖级别也越来越高,教师的教育科研积极性得到了极大的发挥。自2006年9月至2009年3月,我校在国家级刊物上发表的论文有6篇,在市级刊物上发表的论文有6篇;教学论文中获国家级奖项10篇,获市级奖项63篇,获区级奖项169篇,其中获区级一等奖35篇;德育学术论文、教育案例获得市级奖励的共有46篇,其中一等奖3篇,二等奖8篇,三等奖23篇,参评奖12篇。

(3)构建教育科研的网络体系和评价机制

我校教育科研的网络体系主要分为三层,第一层是"核心体系",处于教育科研管理和实践的"领头羊"位置,并担任重要的课题研究工作。第二层是"骨干队伍",由从教育科研实践中选出的优秀教师组成,在群体性教育科研活动中起带头、引领作用。"骨干队伍"不但在实际工作中指导把关,更是市、区级课题组成员,并参与教师课题的评估。第三层是"群体队伍",即在科研骨干队伍的引领下参与某项子课题的研究工作。我校要求所有教师都必须参加教育科研活动。在评价机制方面,学校首先在制度上保证教育科研的地位,把它作为一项教师基本功来评价,在教师的业务考评指标中占有一定的权重,且是评选先进教师等一系列荣誉称号的必备要求。另外,根据不同类别教育科研成果的含金量制订相应的教育科研成果奖励方案。无论财力怎样紧张,对教师的科研成果的奖励一定要兑现,以此鼓励教师参与教育科研工作。

(4)坚持正确的教育科研选题思路,保证教育科研的实效性

教育科研有没有生命力,能不能持久进行,与选题有密切联系。在教育科研选题过程中,我们力求体现我校教育科研工作"求真务实"的领导思路。我们认为,一线教师进行教育科研活动的根本目的在于解决教育、教学实际中所遇到的具体问题,在于揭示教育规律,使之指导教育教学行为。所以,我们十分注意将教育教学过程中的典型问题、典型矛盾引进课题,采用"问题即课题"的教育科研选题思路。我们坚决抵制教育科研工作中的名利主义、形式主义和"假大空"倾向,做到教育科研"真实显功力,平淡见崎岖"。迄今为止,我校承担中国教育学会"十一五"科研重点课题的子课题1项,市级规划课题3项,市级电教课题1项,

市级课题子课题1项，区级课题1项，学校重点攻关课题2项，这些课题申报的成功，一个重要原因就是我们坚持了正确的教育科研选题思路。

（5）抓住课堂这个教育科研主阵地

教育科研的主阵地是在课堂上，没有课堂教学的实践，只能是纸上谈兵，不可能产生实际效果。为此，我们确立了以教学改革和课程改革为核心的科研导向，使科研工作走进课堂，走进新课程。我们围绕课题开展了相应的课堂教学竞赛、说课比赛、教学设计方案评比等活动，这些活动都使课题研究在课堂教学中发挥了积极的作用，也取得了一定的成效。

通过教育科研活动的开展确实促进了教师的专业发展，扩大了教师现代教育信息的接收量，锻炼了教师的思维品质和意志品质，提升了教师对语言文字的驾驭能力和相关的迁移能力，使他们积极地向学者型教师靠拢。诚然，教育科研是一项艰苦的工作，教育科研工作要向纵深发展，还必须不断地探索促使教育科研工作的激励机制和管理机制，方能真正发挥教育科研在教师专业化发展方面的作用。

9. 阶段盘点策略

教师队伍发展建设是学校全部工作的核心问题，是一个永恒的课题，是一个长期的工程。由于工程的长期性与艰巨性，很容易使教师产生一种倦怠心理。为了使教师队伍持续发展，调整教师积极向上的工作状态，保持永不停息的奋斗精神，学校管理者必须要信守善始善终的工作原则。作为阶段性评价，做好教师的成长记录，促使教师有意识地盘点自己工作的进步情况，清点自己工作的得失，从而鞭策教师不断规划新的工作目标继续前行。

（1）对教师日常工作考核采取"千分制"量化盘点

所谓"千分制"量化，是由学校各主管部门，依据学校对教师德、能、勤、绩四个方面考察规定，根据教师完成的工作情况，以分数形式所体现的客观评价。考评的时间分为月评和期评，其操作方法为：每月由年级主任按考核的项目逐项给教师打分并于月末量化，将本学期各月平均分计入学期考评，该项满分为200分。学期末主管部门依据教师的科研成果、问卷调查、上交材料等方面情况进行汇总量化，该项满分为300分。依据制订的教学成绩考评计算方法、量化教学成绩得分，该项满分为500分。将上述总分70%计算后，再加上考勤100分，师德200分（其中师德分数由两部分组成，学校德育和教学两个部门提供100分，另加学生、家长、组内教师问卷合成100分），这几项加在一起满分是1000分。制订"千分制"考核评价的目的就是要督促学校各个管理部门一定要树立过程管理的意识，把好的结果积淀在一般过程管理之中；通过结果的分析判断扎实有效的从事日常管理工作。

千分制考核内容的规定，无疑比"百分制"考核更具体和细化，更为客观准确地评价教师的工作业绩，使教师感受一种公平，获得一种尊重，得到一种认可，使他们以利再战。从量化的区别中，使教师感悟工作的紧迫，促使教师为缩小工作差距而努力。千分制考核的结果作为评价教师工作的主要依据，是有说服力的佐证，有利于调动教师的工作积极性，有利于教师自我教育和自我提升。

（2）对教师专业发展以《教师发展记录手册》盘点

教师的专业化发展已成为学校管理者共同关注的热点课题，也是教师自我发展的需要。基于新形势下教育的要求，我校设置了《教师发展记录手册》，它是记录教师成长过程的显性材料。学校要求教师每学期末填写一次，作为学校个人专业发展盘点。在填写过程中教师必然要审视个人成长历程，与他人交流业绩情况，这就收到了相互促进的作用。《教师发展记录手册》的另一个作用是向学校提供最为可靠的教师队伍建设整体进展情况，使学校及时调整工作方案和举措，加快教师队伍建设发展步伐。《教师发展记录手册》内容包括：①教师基本情况（包括个人信息、工作简历、教学业绩、获取的各种荣誉、家庭主要成员情况等）；②教师三年规划发展目标（包括自我评价、总体目标、阶段目标、实现目标的行动计划等）；③发展具体实录，具体分为五个部分：第一部分为教学情况记录（包括研究课、优秀课评比、各类教学讲座、教学论坛、教学成绩等），第二部分为科研情况记录（包括论文论著获奖和出版、发表、交流情况，科研课题进展情况、科研课题结题认定情况等），第三部分为教育情况记录（包括帮教工作计划、帮教活动方案、帮教工作总结等），第四部分为学习情况记录（包括学习目录、学习心得、我的教育故事等），第五部分为评价资料（包括获奖情况和相应证书、教师评价表等）。

（二）教师队伍发展建设，促进了学生的发展变化

1. 毕业班中考总成绩有了较大突破

我校自 2006 年 9 月开始立项《新形势下教师队伍发展建设的战略研究》课题以来，通过策略研究试验和扎实有效的管理，教师的敬业精神、责任意识、教育教学能力、驾驭课堂的能力都有了显著提高。在常态的课堂教学中，教师探究高效课堂已经形成一种自觉行为。由此，学生的学习成绩比课题研究之前有了较大进步，尤其是近两年的中考成绩更是有了突破性的进步。2007 年毕业生总成绩

较初一入学时的成绩提高了 4 个位次，较 2006 年中考提高了 5 个位次，超额完成了区下达的各项指标。2008 届毕业班在节假日不补课且参考率为 99% 的情况下，局下达的各项指标超额完成，较初一入学时的成绩提高了 7 个位次。由于毕业班工作成绩突出，我校连续两年受到区教育局表彰，获得了塘沽区毕业班工作优秀单位称号。

2. 毕业班上线率有了较大突破

我校地处城乡结合部，生源质量不是很好，学生入学时的最好成绩为优 D，这样的学生也是寥寥无几的，多数学生的入学成绩为良 B、良 C。教师对优秀生的培养目标也是在这个范围内。我们曾对社会公开承诺：把更多的入学为良的学生送进重点高中或普通高中。这个承诺我们实现了。

2007 届毕业班参考人数为 301 人，其中有 9 人达到塘沽一中分数线，180 人达到高中分数线，占参考人数的 60%。2008 届参考人数为 242 人，其中有 158 人达到高中分数线，占参考人数的 65%。2008 届学生高志杰，升入初中成绩为良 C，毕业成绩为 439.5，被塘沽二中高中录取。当家长接到通知书时激动不已，为了表达对学校的感激之情，在一次年级会上，家长手捧锦旗频频鞠躬向在座的老师表示感谢。

3. 学生在活动中得到了陶冶和教育

为了提高学生的全面素质，促进学生的全面发展，学校一方面根据教师资源，开设校本课程，用以陶冶学生的情趣，使学生的个性得到充分发展；另一方面积极组织各类活动，使学生从中受到教育。

我校开设的校本课程有 20 多个类别，每周三参加活动的学生人数涉及全校学生。其中车模小组自 2006 年至 2008 年先后 5 次参加区、市、全国比赛。2007 年 6 月，获塘沽区"小龙杯"青少年车辆模型竞赛第一名；2006 年至 2008 年连续三年获得天津市第 11、12、13 届青少年车模竞赛中学组团体第一名；2009 年 1 月获得第 13 届"驾驭未来"全国青少年车模总决赛第四名。劳技小组于 2007 年 12 月获得塘沽区劳动技能暨创新大赛中学组社团二等奖，2008 年 9 月获得塘沽区中学生生存体验"小试身手"金厨奖。还有学生合唱团、健美操队在各项比赛中均获得了奖项。

我校组织了多种活动，所显现出的精神风貌证实了活动富予的教育意义。2007 年开始，学校把广播操当成形象工程来抓，动员了所有的干部和班主任来把关队列和动作要领。经过一段时间的努力，终于达到目标要求，横、竖、斜成一线，动作要领规范整齐，远眺情景似一幅画卷。当 500 名学生参加全区广播操展示时，受到了各界好评，得到了媒体的关注。2008 年开始学校又组建了国旗班，升旗时国旗班 38 名学生统一着装，从出旗到升旗整个过程，完全模仿北京天安门的升旗仪式进行。国旗班先后承担了"塘沽区第 22 届科技活动周开幕式""第一届新河辖区运动会""第二届塘沽区教职工运动会"等活动升旗仪式。出色的表现为各种大型活动增添了异彩。

（三）教师队伍的发展建设，促进了教师的自身发展

1."人在事中"——教师敬业精神的体现

（1）学校不再强调劳动纪律

据学校值勤人员和人事部门统计观察，目前很少见到老师们有迟到、迟课、早退现象，取而代之的是学校每天都要催着老师们早一点回家，这说明我们的老师是在奉献中从事他们的工作。就此，学校正在论证"有必要硬性规定教师做班时间吗？"其观点在中国教育报上发表。

（2）自发承诺，树立目标

自学校向社会做出公开承诺后，各年级组教师在年级组长的带领下自发地写下了每一个年级的工作誓言和工作目标，并召开主题年级会进行宣誓仪式，同时又把写有承诺人姓名的誓言和目标以招贴的形式悬挂在教学楼显著位置，以此提示教师不忘承诺，努力工作。

（3）老师的爱是育人的灵魂

虽然我们的学生很一般，他们的学习能力、行为习惯不是很好，但捧着一颗心去爱学生，已是全体教师的育人原则。所有的一线教师名下都对应着帮教暂困生，他们日复一日关注着这些学生的成长，潜移默化地影响着学生。每次期中前后，各年级组都要举行一次"感恩师德，回报学校"师生互动交流主题年级会。

2."心在事上"——教师专业化发展的体现

（1）教师对自身专业发展与学校总课题达成共识

自 2006 年起，学校围绕着《新形势下教师队伍发展建设的战略研究》课题所付出的投入与心血，唤起了广大教师心灵的感悟。当《天津教育报》记者对我校教师进行采访时，他们即兴提笔写下一段又一段自身专业发展的经历。张宝明老师撰写的《前厅的那面镜子》讲述着他获得天津市教育科学规划课题 A 级鉴定的缘由。张莉芬老师撰写的《莉芬，努力啊！》透着学校对青年教师鼓励、鞭策与帮助。孔德俊老师撰写的《有团队你怕什么》记录着这位年轻班主任在学校的引领下所获得的"塘沽区十佳班主任"荣誉称号的经过。郭志娟老师撰写的《没有举行仪式的师徒》讲述着学校领导对青年教师培养的亲身经历，表述着对学校的感谢。李俊岭老师撰写的《寻找快乐工作的源泉》，讲述着自己从消沉到重新奋起的心理复活过程，他用切身体会告诉同行多读书——做充实的人，善思考——做有心的人，勤写作——做快乐的人，这是老师工作快乐的源泉。

（2）激发教师自主专业发展的迫切愿望

"青年教师文化沙龙"组建之后，成员每周都要写两篇教学反思，每月上交一次。点评工作就落在教学管理人员和资历较深的老教师身上。点评人员翻阅他们的教学反思，不无感慨地说："同比过去，他们真的是在用心地写，很有长进，逼着我们也要好好点评。"

2008年末，教师创新论文评选活动通知下达后，老师们都积极响应参加评比，有19人获得区级教育创新论文评比一等奖并被推荐到市里参加评比，其中获得市级一、二等奖的共6篇，在塘沽区名列前茅。

当学校提出"教育科研主阵地是课堂"的时候，老师们在有意识地打造常态高效课堂的同时，积极主动参与区级"双优课"评比活动。以2007—2008学年度为例，获得参加区级双优课评比资格的人数为33人，占教师总人数的43%，其中有2人获得市级三等奖，4人获得区级一等奖，8人获得区级二等奖，21人获得区级三等奖。这些数字远远高于塘沽区的平均数。

2009年3月，我校组织了青年教师比赛活动，很多青年教师积极踊跃参加，参赛者全部是有备而来。尤其是那场"情境问题即兴演讲"，让评判员感到他们不仅有一定的演讲功底，重要的是他们讲出了思想，讲出了道道，从中可以领略青年教师想要成才的自信。

（3）教师队伍的发展建设中走来一群骨干教师

当2008年教师节到来之际，我校骨干教师人数又有了新的突破。涌现出区级首席教师1名，区级学科带头人5名，区级骨干教师8名，区命名校级骨干教师11名。这几个数据不但在同类校中位居榜首，而且远远超出全区的平均比例。

（四）获奖推动情况

1. 在校长论坛上作演讲

2008年10月，在塘沽区举行的第三届青年校长学术论坛上，我校潘怀林校长作了题为《新课改背景下，如何提高教师的基本素质》的论坛演讲，受到了专家评委的好评，获得了塘沽区青年校长学术论坛一等奖第一名，继而被推荐参加天津市第二届青年校长学术论坛获得市级二等奖。2008年12月，潘怀林校长代表塘沽区参加了天津市第二届基础教育名校长高峰论坛，会上他又作了《让教师静心工作》的主题发言，主持并负责点评的南开中学老校长康岫岩听罢饶有兴趣地说，我要把潘校长讲的"教师七静"张贴在南开中学的校园里。然后，这篇《让教师静心工作》的文章在中国教育报上全文刊登。

2. 在《天津教育报》等媒体上报道

当我校教师队伍发展建设逐步走向深入的时候，随之带来了教学质量的年年提升，由此得到了社会的普遍认可。2008年5月7日，《天津教育报》以《让每个学生都进步》为题，用整版的篇幅纪实报道了我校所发生变化。随后，2008年9月24日，《天津教育报》又一次以《加强师资队伍建设，全面提升办学质量》为题，进一步报道了我们塘沽十五中办学的前进步伐。紧接着，2009年3月，受塘沽区教育局委托，天津教育报记者再次来到我校进行采访，并于2009年3月11日对获得天津市第三届最具创新精神校长称号的潘怀林校长的事迹以《潘怀林，沉下心去办教育》为题在《天津教育报》上作了全面报道。2009年5月的《天津教育报》又全面报道了学校在加强师资队伍建设方面的经验和做法。另外，塘沽电视台也多次对学校的师资队伍建设进行了报道。

3. 在塘沽区各类教育教学工作会议上多次作典型发言

2009年3月27日，塘沽区教育工作会议召开。在大会上，潘怀林校长代表塘沽区作了《以教科研引领教学，促进学校事业发展》的典型发言。2008年6月，在塘沽区教育学会第五届年会上，潘怀林校长作为基层学校的唯一一名代表作了《如何使教育科研深入地发展》典型发言。2008年5月，潘校长在塘沽区第22届科技活动周开幕式上作了科技活动的典型经验介绍。2008年5月，他在塘沽区体育工作会议上介绍了学校开展阳光体育活动方面的经验介绍。2008年和2009年学校连续两次在塘沽区德育工作会议上作典型发言。

4. 青年教师研究的课题在全区推广

我校青年教师张宝明所研究的课题《合理使用档案袋，搞好中学美术教学评价》于2008年5月在我校面向全区举行了中期推动活动。随后，他所撰写的结题报告获得了天津教育科学规划办公室专家组A级鉴定。

5. 为保障教师队伍的发展建设，学校先后组建了多个组织机构

（1）2007年，学校把原来的教务处分设为三个处，即教学运转处，教学质量处和教学科研处。从教学的综合管理到具体分解管理，更利于教师的专业发展。

（2）2008年"青年教师文化沙龙"学术团体建立，为青年教师提供了相互学习、相互交流的研究基地。

（3）2007 年校园文化研究室成立，学校的环境文化发生了根本的变化，为学校走向内涵的精神文化正发挥着潜移默化的作用。

（4）2009 年元旦，校报《进取》创刊，这标志着校园文化走向了一个发展阶段，教师的文化交流在校报中得到了沟通。

（5）2008 年，学校名师工作室成立，着眼于目标培养的方案正在实施。

（五）教师队伍建设促进了学校的发展，学校获得了多项荣誉

1. 2007 年 9 月被评为塘沽区教育系统先进集体。

2. 2007 年 1 月被评为塘沽区文明学校。

3. 2009 年 3 月被评为塘沽区文明学校。

4. 2009 年 3 月学校领导班子被评为塘沽区教育系统"五好"班子。

5. 2008 年 9 月获得塘沽区德育工作先进集体。

6. 2007 年 12 月获得塘沽区德育工作先进集体。

7. 2008 年 1 月获得天津市中小学生日常行为规范示范校荣誉称号。

8. 2009 年获得天津市思想政治教育先进学校。

9. 2008 年获得天津市交通安全教育达标校荣誉称号。

10. 2008 年 9 月获得塘沽区第 22 届科技周活动优秀组织单位。

11. 2006 年学校被命名为天津市基础教育研究所实验学校，中国教育学会重点课题重点实验基地。

12. 2007 年 2 月被评为塘沽区教育科研先进单位。

13. 2008 年被命名为天津市教育学会基础教育"十一五"科研基地。

14. 2008 年学校课题组被评为塘沽区教科研优秀课题组。

15. 2007 年获得塘沽区初中毕业班工作综合评价先进单位。

16. 2007 年被评为塘沽区初中毕业班工作综合评估优秀单位。

17. 2007 年获得塘沽区现代教育技术先进单位。

18. 2006 年 12 月获得塘沽区体育科研工作先进集体。

19. 2006 年 12 月获得塘沽区体育工作先进集体。

20. 2007 年学校获得塘沽区体育竞赛综合评估成绩第三名。

21. 2007 年 10 月获得塘沽区秋季运动会团体总分第四名。

22. 2007 年 4 月获得塘沽区广播操评比一等奖，塘沽区春季运动会第五名，创学校近五年来的最好成绩。

23. 2008 年 4 月获得塘沽区春季运动会第六名。

24. 2007 年 12 月获得塘沽区第三届全民健身运动少年初中组金标榜第七名。

25. 2007 年 12 月获得塘沽区欢乐健康夏令营组织奖。

26. 2007 年 12 月获得塘沽区 "2+1" 大课间先进集体。

27. 2007 年 12 月获得塘沽区学校体育工作先进单位。

28. 2008 年 12 月获得塘沽区学校体育工作先进单位。

29. 2008 年 4 月在塘沽区春季运动会上 500 人的广播操展演，赢得了区四大机关领导的高度评价，被评为塘沽区阳光体育活动先进单位。

30. 2008 年 11 月获得国家奥组委颁发的 08 年奥运会、残运会奥林匹克教育工作突出贡献奖。

31. 2007 年 12 月获得塘沽区劳动技能暨创新大赛中学组团体二等奖。

32. 2007 年 12 月获得天津市第 12 届青少年车辆模型比赛中学组团体第一名。

33. 2007 年 6 月获得塘沽区 "小龙杯" 青少年车辆模型竞赛第一名。

34. 2008 年 11 月获得天津市第 13 届青少年车辆模型竞赛团体第一名。

35. 2008 年 9 月获得塘沽区中小学生存体验 "小试身手" 金厨奖。

36. 2008 年 11 月获得塘沽区中小学合唱比赛团体二等奖。

37. 2008 年 8 月获得塘沽区爱国拥军模范集体。

38. 2008 年 5 月获得塘沽区团队工作先进单位。

39. 2007 年 3 月获得塘沽区综合治理工作先进单位。

40. 2008 年 3 月获得塘沽区综合治理工作先进单位。

41. 2009 年 3 月获得塘沽区综合治理工作先进单位。

（六）教师队伍建设课题形成了许多典型的可借鉴的经验

1.《谈新形势下的教师队伍建设》获得第二届全国初中校长论坛征文二等奖。

2.《谈新形势下的教师队伍建设》发表在 2008 年 10 月 15 日的《天津教育报》上。

3.《新课改背景下如何提高教师的基本素质》发表在 2008 年第 9 期《天津教育》上，获得 2009 年天津市基础教育 "教育创新" 论文评比三等奖。

4.《新课改背景下如何提高教师的基本素质》获得天津市第二届青年校长学术论坛二等奖，塘沽区第二届青年校长学术论坛一等奖第一名。

5.《以教育科研为载体，促进教师的专业化发展》获得第二届全国初中校长论坛征文二等奖，该文以《如何促进教育科研的深入开展》为题发表在 2008 年 5 月 2 日的《天津教育报》上，略作改动。

6.《用学习打造教师团队》发表在《教育 . 校长参考》2008 年第 5 期下，获得中国教育学会第 21 次学术年会论文三等奖。

7.《让教师静心工作》获得天津市第二届基础教育名校长高峰论坛一等奖，发表在 2008 年 12 月 9 日的《中国教育报》上，部分观点以《把静字融入学校文化之中》为题发表于 2008 年 12 月 19 日的《天津教育报》上。

8.《以学校文化建设为载体，提升学校的办学水平》获得 2009 年天津市基础教育"教育创新"论文评比二等奖，发表在《天津教育》增刊上，略作改动，获得塘沽区第二届青年校长学术论坛一等奖。

9.《浅谈学校的文化建设》发表在 2008 年 5 月 14 日的《天津教育报》上。

10.《以责任教育为载体，提高德育工作的实效性》获得 2008 年全国中青年骨干教师优质论文及教学课件征集活动一等奖，发表在《天津教育》增刊上，略作改动。

11.《沉下心来当校长》发表在《教育·校长参考》2008 年 11 期下。

12.《校长的作为在哪，学校的发展就在哪》为天津市第二届示范性高中学校校长高级研修班结业论文，获得了《现代教育报社》和中央教科所课题办公室举办的首届《建国 60 年中国教育创新与发展》征文一等奖。

13.《校长如何摆正位置，与教师平等进行沟通》获得 2008 年全国中青年骨干教师优质论文及教学课件征集活动一等奖。

14.《摆正自身角色，与教师平等进行沟通》发表于《教育·校长参考》2008 年 1 月下。

15.《学校管理以责任为重》发表在《教育·校长参考》2008 年第 6 期下。

16.《注重过程调控，使教学管理更有效》入编塘沽区校长个案征文。

17.《一堂好课的标准》发表在《天津教育》2009 年第 4 期上。

18.《强制教师坐班有碍工作效率提高》发表在 2009 年 3 月 17 日的《中国教育报》上。

六、课题研究结论

经过近三年对《新形势下教师队伍发展建设的战略研究》这一课题的研究实验，我校初步形成了一整套适合普通中学教师队伍发展建设的方法和策略，策略如下：

1. 以"立德策略"，提高教师职业道德水平；

2. 以"改制策略"，提高教师竞争意识；

3. 以"激励策略"，树立教师正确价值取向；

4. 以"良师培养策略",提高教师基本素质;

5. 以"青年教师培养策略",实现学校可持续发展;

6. 以"名师培养策略",实现名师强校目标;

7. 以"班主任培养策略",提高班主任育人管理能力;

8. 以"教育科研策略",引领教师走专业化发展道路;

9. 以"阶段盘点策略",跟踪教师发展情况。

研究结果表明,这一系列策略对于新形势下教师队伍发展建设是切实可行的,也是卓有成效的。从而确认,课题研究假设是成立的,课题研究所预设的目的得到了兑现。在课题研究整个过程中,基本建成了一支具有较高素质的塘沽十五中教师队伍。学校涌现出了天津市优秀教师、天津市优秀班主任、塘沽区十佳教师、十佳班主任、师德标兵及天津市和塘沽区教改积极分子等一批教育教学方面的典型,同时,潘怀林校长于 2009 年 3 月入选天津市未来教育家奠基工程首期学员,这些都为学校的可持续发展奠定了基础。教师自觉树立了终身学习的意识,做到了"工作学习化,学习工作化"。教师的科研意识、校园文化的创设、校本培训的模式都发生了前所未有的变化,落实了"师兴校荣生受益"。诸多例论,显而易见我校教师队伍是在建设中健康发展。

七、反思与建议

历经三年的课题研究,取得了一定的研究成果。学校管理层进一步明确了如何去抓教师队伍的发展建设,如何使全体教师提高专业化水平。但是,沉下心来做教育,办教育,还有很多值得反思之处。

1. 教师队伍的发展建设是一个长期的永恒的研究课题,作为学校管理者,必须保持持之以恒的工作态度和信念。

2. 教师队伍发展建设即需要良好的氛围,更需要树立一批能经得起长期考验的优秀教师典型,正如同齐头并进的队伍有指挥、有旗手、有排头兵。

3. 静下心来教书,需要学习,更需要读书,这样教师才能真正地走进教育世界。解决这个实质性的问题,学校必须要给教师创造更多的条件和更多的时间。

4. 教育科研是教师必须要做的,目前老师搞科研只是起点,真的全面铺开,搞得很像样子,一方面需要学校拟定若干课题提供给教师,另一方面需要有课题研究内行手把手地教,应该先带出一部分科研排头兵。

5. 最能体现教师专业水平的是课堂教学。这是教育教学最实际的地方,是照亮学生的地方。让教师的人格魅力体现在课堂上是对学生最好的教育。学校管理者一定要认识到这一点，要有大的投入。

6.教书必伴随着书香，书香即是教师的教育教学思想方法。要培养教师健谈而又能写作的基本功，当今我们的很多教师在这方面有一定的欠缺，需要补上这门功课。

7.一所学校的机构设置，不只限于管理层，还应该多元些，今后我们打算要切实发挥"学校学术团体"和"纳谏组"等组织结构的作用，这样会更利于学校的发展和教师的发展。

参考文献

[1] 马联芳主编：《60个校长的智慧谈话》，上海：上海教育出版社，2004年。
[2] 金娣、王刚编著：《教育评价与测量》，北京：北京科学出版社，2002年。
[3] 盛逸民主编：《走向优质学校》，上海：上海三联书店，2000年。
[4] 申继亮主编：《教师人力资源开发与管理》，北京：北京师范大学出版社，2006年。
[5] 韦昌勇主编：《学校团队管理》，世界知识出版社，2007年。
[6] 王斌华编著：《教师评价：绩效管理与专业发展》，上海：上海教育出版社，2005年。
[7] 潘怀林：《天津教育》2008年第9期，《新课改背景下如何提高教师的基本素质》
[8] 潘怀林：《中国教育报》2008年12月9日，《让教师静心工作》
[9] 潘怀林：《天津教育报》2008年5月2日，《如何使教育科研深入的发展》
[10] 潘怀林：《教育·校长参考》2008年第5期下，《用学习打造教师团队》

构建教师评价体系，促进教师专业化发展课题研究报告

该课题是天津市教育科学"十一五"规划课题，于2010年7月结题，获得天津市教育科学规划办专家组A级鉴定，该课题的研究成果多次在全国各类学术会议上介绍。

一、问题的提出

目前教师评价的现状如下：1.学校在教师评价目标设定方面，基本兼顾了形成性评价与终结性评价，但终结性评价居于优势地位；在目标达成方面，终结性目标的达成度相对高于形成性目标，但二者的达成水平都比较低。2.学校在教师评价政策制订方面随意性比较大，对评价政策的宣传学习还不够，透明度不高。关注评价方案的制订过程和宣传学习过程，是目前教师评价改革中需要加强的一个环节。3.目前的教师评价实践中，主要侧重在教师效能评价和教师素质评价方

面，行为评价是目前教师评价需要加强的内容。4.在目前的教师评价实践中，由上而下的各级领导发挥着主要作用。5.对教师评价结果的书面或口头反馈没有得到充分重视，评价反馈对于改进教师工作的作用没有充分发挥。

学校的各项工作如果不与相应的评价考核结合起来，便很难落到实处。那种没有对教师工作进行考核评价，完全依靠教师的自觉性去高质量完成各项工作的设想不仅是不现实的，而且也是不可能做到的。同样，教师的专业化发展如果不与相应的考核评价结合起来，即使我们对教师专业化发展方案设计得非常完美，也不会得到有效落实，也不会收到好效果。

因此，教师评价改革，既是课程改革的需要，也是学校管理和教师专业发展的需要。

（一）研究背景

《教育部基础教育课程改革纲要》指出：要建立促进教师不断提高的评价体系。强调教师对自己教学行为的分析与反思，建立以教师自评为主，校长、教师、学生、家长共同参与的评价制度，使教师从多种渠道获得信息，不断提高教学水平。教师评价具有导向功能和激励功能，如何通过教师评价来指导、激励教师专业发展，促进教师自身的成长，是许多教育管理人员思索和探索的重要课题。从课程改革来看，课改提出了培养学生"具有创新精神、实践能力和终身可持续发展能力"的观点，这也对教师评价提出了新的要求，指明了教师评价改革的方向。从教师角度来看，许多中小学教师对教师评价表现出不满情绪，教师评价没有很好地发挥其应有的积极作用，甚至产生相反的作用。所以，研究教师评价、建立科学的教师评价体系势在必行。

（二）研究的目的和意义

1.本课题研究的主要目的

健全科学完善的教师绩效评价考核指标体系，以此促进教师的专业化发展。指标体系的建立要符合全面实施素质教育的要求，体现课程改革的方向，正确发挥对教师的激励导向作用，促进教师的专业化发展，充分体现考核指标的激励性和约束性的有机统一。教师绩效考核指标体系要体现以下主要内容。

教师履行《义务教育法》《教师法》《教育法》等法律法规规定的教师法定职责，完成学校规定的岗位职责和工作任务的实绩，包括师德和教育教学、从事班主任工作等方面的实绩。

师德主要考核教师遵守《中小学教师职业道德规范》的情况，特别是为人师表、爱岗敬业、关爱学生的情况。在考核中，要明确规定，教师不得以任何理由、任何方式有碍完成教育教学任务，不得以非法方式表达诉求、干扰正常教育教学秩序、损害学生利益，并将此作为教师绩效考核合格的必备的基本要求。

教育教学主要考核教师从事德育、教学、教育教学研究、教师专业发展的情况。德育工作是每个教师应尽的责任，要结合所教学科特点，考核教师在课堂教学中实施德育的情况。教学工作重点考核教学工作量、教学准备、教学实施、教学效果以及组织课外实践活动和参与教学管理的情况。对教学效果的考核，主要以完成国家规定的教学目标、学生达到基本教育质量要求为依据，不得把升学率作为考核指标，要引导教师关爱每个学生，特别是学习上有困难或品行上有偏差的学生。教育教学研究工作重点考核教师参与教学研究活动的情况。教师专业发展重点考核教师拓展专业知识、提高教育教学能力的情况。

班主任是义务教育学校教育教学工作中的重要岗位。班主任的工作任务应作为教师教学工作量的重要组成部分，要鼓励教师尤其是优秀骨干教师积极主动承担班主任工作，使他们有热情、有时间、有精力，高质量高水平做好班主任工作，当好学生的人生导师，促进学生德智体美全面发展。要强化对班主任工作的考核，重点考核其对学生的教育引导、班级管理、组织班集体和团队活动、关注每个学生全面发展的情况。

2. 本课题研究的意义

做好教师的考核评价，也是对教师实施绩效考核工作的基础，它也是义务教育学校实施绩效工资制度的必然要求。绩效考核结果是绩效工资分配的主要依据。义务教育学校实施绩效工资分配改革，必须建立符合教育教学规律和教师职业特点的教师绩效考核制度，为绩效工资分配更好地体现教师的实绩和贡献、更好地发挥激励功能提供制度保障。做好教师绩效考核工作是加强教师队伍建设的重要基础。科学有效地实施教师绩效考核，是全面贯彻党的教育方针、深入实施素质教育的重要举措，是提高教师队伍整体素质、促进教师队伍科学发展的关键环节，是完善教师激励约束机制、努力构建充满生机与活力的教师人事制度的重要任务，对于加强教师队伍建设，充分调动广大教师的积极性、主动性和创造性，具有极其重要的导向作用。

（三）课题的界定

"构建教师评价体系，促进教师专业化发展"是指通过构建教师评价体系来实现促进教师的专业化发展，意指本课题研究的最终目的是促进教师专业化发展，而达到此目的通过的途径是构建教师评价体系。

二、理论依据与研究假设

（一）理论依据

1. 马克思主义关于人的全面发展与全面发展基础上个性发展的学说。这是我们开展本课题研究的基本指导理论。该学说的基本内容主要包括以下三个方面。

（1）人的全面发展是人的活动及其能力的全面发展

人的全面发展是人的活动及其能力的全面发展，即人的"类特性"在个人那里的全面发展，指的是将人的丰富的能力最大限度地发挥出来，也就是说任何人的职责、使命、任务就是全面地发展自己的一切能力。

（2）人的全面发展是人的社会关系的全面发展

生活在社会中的每个人的发展必须以其他人的发展为条件。个人才能的施展和发展离不开他人，所以个人的发展离不开整个人类的发展，个人只有在整个人类的历史发展中才能得到发展。同时，人的全面发展也是人的社会关系的全面发展即人的"社会特性"在个人那里的充分发展。

（3）人的全面发展是人的个性的全面发展

马克思关于人的发展理论告诉我们，社会对于人的意义从根本上来说有两个方面。其一，人作为社会的人，必须以社会群体的方式作用于自然才能摆脱动物的离群索居状态，从而把人和自然的关系融入社会的整体发展之中，以实现人与自然的真正和谐。其二，人作为社会的人，也只有借助于社会的方式。才能促成人与人之间的交往、沟通，化解人与人之间的矛盾和冲突，使分散的个体联合起来，构成人与人和谐的社会基础。

2. 邓小平关于教育要"三个面向"的理论，即教育要面向世界、面向现代化、面向未来。本课题研究必须置于"三个面向"理论的指导下。

3. 素质教育思想理论。本课题研究必须以素质教育思想理论为指导，即以全面提高人的基本素质为根本目的，以尊重人的主体性和主动精神，注重开发人的智慧潜能，注重形成人的健全个性为根本特征。

4. 主体教育理论。主体教育理论是依据马克思主义"人类主体"的思想和"主体性发展"理论建立起来的一种当代的教育理论。站在主体教育理论的高度，站在学生主体、教师主体性（自主体、主动性、创造性等）建构与发展的高度去开展构建教师评价体系，促进教师专业化发展的研究，可以使本课题的研究实现较高的教育价值定位。

（二）研究假设

通过制订出各类教师的具体岗位职责，并制订与岗位职责配套的评价指标体系、具体方法和奖惩办法，把评价指标体系落到实处，能够促进教师专业化发展，使教师更加主动、更加职业地从事教育教学工作，从而提高教学水平。

三、研究内容与研究方法

（一）研究内容

1. 目标内容

研究教师评价关键是要制订出教师评价的标准，该标准能够对教师的工作进行科学有效的评价，对教师的工作发挥正导向作用，使教师能够按照教师评价标准中的各项指标自觉约束自己的行为并努力工作。在当前形势下，根据教师队伍的整体素质，制订教师评价标准必须同时考虑奖惩性教师评价和发展性教师评价。

（1）研究教师评价标准中绝对评价指标的范围以及绝对评价指标体系中各项指标的分值权重如何分配才能体现教师工作的量和质。

（2）研究教师评价标准中相对评价指标的范围以及相对评价指标体系中的各项指标如何尽可能转化为可以定量的、可操作性强的绝对评价指标。

（3）研究教师评价的方法，包括学生评教、家长评教、教师自评、同行评价、领导评议、专家评价等评价方法在实际操作中的实施办法，即各种评价方法在教师评价中所占的分值权重和指标体系及不同的评价方法在实际操作中的操作流程。研究如何通过调整各部分的分值权重，达到对教师评价的科学合理，使教师工作重点与学校中心工作融合，防止教师评价对学校中心工作产生负面影响。

（4）研究教师评价的综合结果与教师实际工作质量的相关系数及如何发挥教师评价综合分数在教师奖励、教师聘任、职称评定、教师专业发展、评先评优等各类评选中的作用。

2. 具体内容

各个国家因国情不同，教育发展的历史和文化背景不同，因此教师评价标准也不尽相同。我国的教师评价标准通常涵盖德、能、勤、绩、效五个方面。研究教师评价标准，就是要结合学校的具体情况，如学校发展的历史、学校的文化背景、师资状况、学生状况、家长状况、教育行政部门的政策及当地大环境的影响等多方面因素，具体研究这五个方面在实际操作过程中的可操作性的评价指标和评价方法。如教师的职业态度、教育教学水平、科研能力、教师发展和专业发展等多方面的内容都如何进行指标设计和权重分配。具体内容为如下。

（1）建立具有可操作性的教师岗位职责。

（2）建立"千分制"教师考核评价方案，同时对考核方案中的有关指标进行研究，具体包括以下十个方面。

①研究课堂教学的评价指标体系，具体制订出各类评优课、研究课和随堂听课、常规听课及各类不同课型，如新授课、复习课、实验课、习题课、试卷分析课等不同评价指标体系。

②研究教学质量的评价指标体系。

③研究班主任进行班级管理工作和任课教师对学生进行德育工作的评价指标体系。

④研究科研工作的评价指标体系，如实施的课题、撰写的科研论文等。

⑤研究教师专业发展的评价指标体系，如学历进修提高情况、业务水准、优秀课评比的层次、业务影响力、使用现代教育技术的技能等。

⑥研究教学常规工作的评价指标体系，即教师应该完成的基本的教学工作有哪些，其评价指标体系中各部分的分值权重如何分配。

⑦研究教师对教师职业的态度评价指标体系，如教师爱岗敬业、热爱学生、团结协作、自我学习、劳动纪律、承担的工作量、辅导学生、各项教育教学活动的参与程度等情况的具体评价指标体系。

⑧研究教师备课设计（具体体现在教案、学案的书写）、作业批改等具体评价指标体系。

⑨研究针对不同年龄段的教师，如青年教师、中年教师和老年教师在承担同一工作上的不同评价指标体系。

⑩研究不同学科的教师，如主科教师和副科教师，作业学科和非作业学科，中考学科和非中考学科的不同评价指标体系。

3. 建立与"千分制"考核评价方案相对应的奖励方案，同时形成各类特殊的奖励方案。

略。

（二）研究方法

1. 文献法

文献法就是对于文献进行查阅、分析、整理从而找出事物本质属性的一种研究方法。关于教师评价的研究目前虽然还比较薄弱，但在这方面毕竟已经有了一些可借鉴的经验做法，所以我们完全可以通过查阅文献资料广泛吸收和借鉴国内外对教师评价的一些做法，结合学校的具体情况制订出相应的方案。

2. 行动研究法

坚持理论联系实践，强调研究的探究性和可操作性，坚持边实践、边探索、边研究、边总结，不断反思，不断完善评价指标体系的构成。

3. 调研法

以教师为调研对象设计问题，了解教师的思想现状、知识储备、教情分析、职业困惑及对个人的长远规划，为教师的发展把脉，进而为教师评价提供真实的评价对象。

以学生为调研对象设计问题，了解学生对教师的教学思想、知识能力、教学策略、教学技巧的评价，侧面了解学生对教师资源的需求特点，进而为教师评价提供参考指标。

4. 观察法

细心观察教师的日常工作，捕捉教师工作中体现出的闪光点和懈怠情绪，及时发扬和纠正，并分析这种存在背后的思想根源和行为模式，进而为制订教师评价提供第一手材料。

5. 教育档案法

建立教师成长档案，引导教师用理性的大脑去分析、研究、解决自己成长中的问题，在解决问题的过程中得到升华，获得发展。使教师评价工作科研化、问题课题化，在教育科研中解决教师评价过程中迫切需要解决的问题。

（三）研究对象

本研究选择塘沽十五中 77 位教师作为研究对象，其中男教师 12 人，女教师 65 人。从学历上看，研究生学历 1 人，占 1%；本科学历 64 人，占 84%；专科学历 11 人，占 14%；高中学历 1 人，占 1%。从职称结构上看，高级教师 13 人，占 16%；中级教师 32 人，占 42%；初级教师 32 人，占 42%。从年龄结构上看，30 岁以下 31 人，占 40%；31 至 40 岁 40 人，占 52%；41 岁以上 6 人，占 8%。

教师队伍年轻化，有较强的责任感。

四、研究过程

（一）准备阶段（2007 年 8 月—2009 年 7 月）

此阶段主要是确定课题及研究对象，论证通过构建教师评价体系，促进教师专业化发展的重要意义。组织干部教师学习有关教师评价的理论知识，从促进教师专业化发展的角度出发，初步构建教师的评价体系并进行有针对性的研究实验。

（二）实施阶段（2009 年 8 月—2010 年 7 月）

此阶段分为三个环节：
1.搜集材料，撰写开题计划、开题报告、实施方案。
2.深入教师群体进行沟通，进一步达成共识，明确意义。
3.进一步完善各类岗位的岗位职责、考核评价方案和相应的奖励方案。

（三）总结阶段

由分管各项工作的课题组成员作课题研究总结，汇总资料，撰写《构建教师评价体系，促进教师专业化发展》结题报告，向天津市教育科学"十一五"规划课题组申请研究成果鉴定。

五、结果分析

构建教师评价体系，促进教师专业化发展，首先要制订出各类教师的具体岗位职责，使每个人清楚应该干什么。其次要制订与岗位职责配套的评价指标体系，使每个教师知道干到什么程度才算好。第三，要制订考核的具体方法和奖惩办法，把评价指标体系落到实处。以上三个问题可归纳为：干什么、干到什么程度、干好与干不好有什么区别。

在制订评价指标体系时要掌握四个原则。

1.部分评价与整体评价相结合

在对每类教师进行评价时，既要细化不同的岗位职责和考核标准，又要完整地看一个人。具体的岗位职责评价不具体就会流于形式，使评价工作落不到实处。但看待一个人的时候要完整评价而不是仅就某一方面做出判断。对教师的评价标准要采用综合的评价标准，不能顾此失彼，一好百好，一差百差。所谓综合的评价标准是全方位的、立体的教师评价标准，它要求对教师工作的方方面面都应做出科学的、客观的评价。

2. 量化评价与质性评价相结合

在对教师的各项工作职责进行量化考核的同时，对一些不便于量化的指标要进行质性评价，质性评价虽然比较模糊，但对人的评价更完整、更深入，有些东西是数据测不出来的。对于采用量化评价的指标要科学确定权重，对于不能量化评价的指标也要通过案例、实物等进行质性评价，要有看得见、摸得着、可操作的评价依据。

3. 引导与奖惩相结合

在评价中离不开具体的奖惩措施，离开必要的奖惩就引不起人们的重视，就不能形成良好的工作氛围。但评价的目的主要不在于奖惩，而在于引导教师的专业化发展。所谓发展性评价是指：评价是为了促进教师的发展。从这个意义上说，有利于教师发展的事就做，不利于教师发展的事就不做，一切为了教师的积极发展。所以制订出岗位职责和评价指标体系后，要广泛征求全体教师的意见，让大家参与到评价指标体系的制订工作中来，法源于师而用于师。评价标准制订以后，要发动教师开展各种演讲竞赛和学习制度活动。评价标准取得大家的认同，大家就会自觉地遵守制度而不是靠奖惩来落实。要把制度管理和人本管理有机地结合起来。

4. 个体评价与集体评价相结合

本课题研究的评价对象，既有每一位教师的个体，又有以学科备课组为单位、以教研组为单位、以教学班任课教师为单位、以年级组为单位的教师群体。所以，在研究评价指标体系时要把个体评价与集体评价结合起来。如同一个年级的任课教师，如果过分强调个人的教学成绩或给教师排名次，就会出现同一个班的任课教师争课时、抢时间、压作业的现象。要强调集体的作用和力量，让每个教师在集体的发展中得到成长。

哈佛大学荣誉校长陆登庭说："哈佛的成功主要是形成了一种明确的办学理念，一套系统的制度和机制，所以现在即使没有校长，哈佛一样可以正常运转。"学校管理的最高层次就应该是这种无人管理仍在高效正常运转的管理，这是我们学校管理者追求的目标。要达到这样的目标，就要以规范岗位职责，科学地进行考核评价，恰当的奖惩为基础，这是学校管理过程中不可逾越的必经阶段。越是构建和谐社会，越是提倡注重人本管理，越需要有一套系列化的岗位职责、考核评价方案和奖惩措施作为保障，否则就会有很多事情失去公平。学校的规章制度就如同国家的法律一样，在学校里就如同学校的"法"，是学校的最高法则，是保证学校正常运行的基础。为了增强各项规章制度的可操作性、各项评价方案的科学性和各项激励机制的实效性，对学校的各项规章制度和考核评价方案、激励机制的制订要遵循从群众中来、到群众中去、反复讨论、反复修改、不断完善的原则，使各项规章制度、考核评价方案和激励机制更科学、更有效，更有针对性和可操作性。

（一）形成各个岗位的岗位职责

责任意识是教师的基本素质。一个有责任感的人不会计较个人的得失，会把本职工作看做是自己的天职，一旦做不好工作就会感到内疚，因此会千方百计地把工作做好。

培养教师的责任意识，首先要让每个教师清楚自己的职责范围是什么，怎样做才算尽职。为此，学校无一例外地为每一个岗位制订了岗位职责，如教学质量处主任的职责、教学运转处主任的职责、教学科研处主任的职责、课务员的职责、学籍员的职责等等。岗位职责共涉及 40 个岗位类别，不留任何空白，不走形式，每个岗位的职责描述都很具体，避免大而空、模棱两可的现象。岗位职责制订出来后，我先组织教师们反复讨论修改，讨论的过程也是一个教育的过程，是一个培养责任意识的过程，是一个激励情感的过程，也是教职员工不断明晰自己岗位职责的过程。

（二）形成了"千分制"教职工考核评价方案

如果说岗位职责对教师是激励教育，那么考核评价则是对教师工作成就的肯定。教师们的工作得到了认可，会带来更为可观的激励作用。在学校工作中，各项工作如果不与评价考核结合起来，便很难落到实处。因此，岗位职责制订出来并被干部教师认可后，我们特别注意督促和考核这个环节，根据每个岗位的职责都制订了相应的考核评价方案。考核评价方案按工作特点归为 16 个类别，分为工作态度、本职工作、加分项和减分项 4 个指标，每个指标都有若干关键表现予以佐证。加分项主要是鼓励教职工有特殊贡献，鼓励教师对学校工作多提建设性意见。同时，方案还制订了对全体教职工的考勤，参加学校各种会议、活动以及升旗仪式等其他工作的考核评价。考核评价形式分为自评、主管领导评、学生评、家长评、学校评；考核评价方法分为月评和期评，最后由各部门归总成绩，形成学期每一个人考核评价的结果。我们坚持每月一小评、学期一终评，月评和期评各有侧重，月评和期评的评价结果都要求教师签字认可。因为，考核评价的最终目的并不是给教师扣分，而是通过考核评价让教师不断查找自身自足，进而改正不足，提高工作质量，促进自身的提高。为便于对考核评价的结果进行分类定等，也便于实际操作，我们在实践中形成了每学期每一个人"千分制"考核评价的结果。

所谓"千分制"考核就是根据干部、教师、职员的工作性质分别制订考核细则，并设定以 1000 分为评价的满分，根据各项考核指标的主次分别进行赋分的一种考核评价方式。

1. 关于一线教师的"千分制"考核评价方案

一线教师的考核评价主要包括三部分：教学科研情况占 700 分，考勤占 100 分，师德占 200 分。其中教学科研情况又包括三部分：日常教学占 140 分（每月一评），包括区校教研、课堂教学、考试纪律、教案使用、组长职责等；学期综合占 210 分（每学期一评），包括材料上交、控辍管理、课堂等级、校本教研、问卷调查、课堂展示、教学交流、教育科研、课题研究、专项活动等；教学成绩占 350 分，它是区分度较大的一项。

对一线教师的考核评价实行年级主任负责制，由分管年级的主任负责组织评定本年级教师的考核分数，在年级内排序定等。每月由年级主任对教师的日常教学情况逐项量化打分，每学期各月的平均分作为教师的学期日常教学得分；学期末由年级主任会同教学质量处、教学科研处主任对教师的学期综合评定项目和教学成绩打分，进而核定出教师学期的教学科研情况总得分；师德由德育和教学统筹 100 分，另加学生、家长、学校、组内教师问卷合成 100 分；考勤由办公室按照考勤的量化标准核定分数。

此外，考核评价一定要注意评价方式要尽量简化，这样也有利于考核评价能持久地坚持下去。

2. 关于后勤服务人员即职员的"千分制"考核评价方案

职员的评价主要包括三部分：第一部分为处室主任、校级领导、中层干部、全体一线教师评和职员自评，总计 700 分。其中，处室主任于每月末对本处室每位职员进行量化考评，每学期每月评价的平均分数为处室主任对职员的评定分数，占 50%；学期末校级领导评价占 20%，中层干部评价占 10%，全体一线教师评价占 15%，职员根据自己的工作情况自评占 5%。以上总得分乘以 7 即为该部分的分数（因该部分是百分制，乘以 7 是将其转化为 700 分）。第二部分为考勤占 100 分，第三部分为执勤情况占 200 分。

3.关于中层干部的"千分制"考核评价方案

中层干部的评价主要包括三部分：第一部分为分管领导评、全体教职工评、中层干部互评、校级干部评、所负责处室的工作人员评及中层干部自评等组成，总计700分。其中，每月由分管领导（分管副校长、主持处室整体工作的中层干部）依据中层干部月考评细则对中层干部进行量化打分，每学期月评平均成绩占总分数的50%。每学期末对中层干部进行学期考评，期评成绩占总成绩的50%。期评成绩的组成为：全体教职工（不含校级和中层干部）对中层评价占学期成绩的10%；中层干部互评占学期成绩的10%；校级干部对中层评价占学期成绩的15%；所负责的处室工作人员评价占学期成绩的5%；中层干部自评占学期成绩的5%；全体教职工对中层干部的民主测评占学期成绩的5%。以上总得分乘以7即为该部分的分数（因该部分是百分制，乘以7是将其转化为700分）。第二部分为考勤占100分，第三部分为执勤落实情况占200分。

4.关于班主任的"千分制"考核评价方案

班主任工作质量考核由班主任学期量化成绩和相关部门评价两部分组成。其中班主任学期量化成绩占60%，相关部门评价占40%。班主任的学期量化成绩由两部分组成：班级、班主任量化积分（德育处月评，学期累计平均分，其中包括体育、卫生、财产分项）的70%和智育成绩的30%（由教学部门提供）。德育成绩的70%来自于班主任履行职责情况和班级日常管理情况的考核，实行月考核制度。学期末德育处汇总平均得分。另外30%的智育成绩由教学口提供。相关部门评价占40%，其中包括：中层及以上领导的评价占5%，主管领导、处室主任的评价占15%，班主任自评占5%，科任教师的评价占5%，学生的问卷占5%，家长的问卷占5%，其中各项的评价细则共十条。班主任学期工作质量考核成绩=（德育量化的70%+智育的30%）×60%+相关部门评价（40%），最后的得分乘以10转化为1000分。

（三）形成了与"千分制"教职工考核方案相对应的奖励方案和各类特殊奖励方案

对于工作优秀、业绩突出的教师给予适宜的物质奖励和精神奖励，这是人之常情。通过奖励能够促使教师们更加愉快地工作，体面地生活。奖励之下我们的教师一定会把工作做得更好，乘势而上。健全奖励制度对加强教师队伍建设，促进教师专业化成长会起到积极的推动作用。为此，我们按照各类人员的"千分制"考核结果分别赋予适当的物质奖励。此外，我们还设定了各类特殊奖励，如《班主任工作的奖励方案》《中考教学质量的奖励方案》《各类体育竞赛的奖励方案》《指导学生参加第二课堂活动的奖励方案》及各级各类教育教学成果的奖励方案等。一系列的奖励方案带来了超乎想象的成效。

奖优让教师们享受着成就，奖励激励着教师们朝向更高的目标迈进，比、学、赶、帮、超的教风成为工作的大气候。

教师们主动服务意识增强，教师不再是权威，面对面给予学生辅导随处可见；教学附属部门放下架子登门服务于教学一线，教学所需得心应手；干部不再高高在上，深入第一线，躬亲走进教师，指导工作已成为人性化管理的具体体现。

奖励有舍得之哲理，有取之于民、用之于民之原则。学校只有用心去投入，合理分配使用资金，惠民有道，才能打造出民心工程，教师群体的凝聚力、积极性才会提高，学校才有望得到发展。

（四）教师的专业化发展取得了显著成效

（1）"十一五"期间我校承担了3项天津市教育科学规划课题，这3项课题经过近三年的研究目前均已结题，且3项课题均获得了天津市教育科学规划办专家组A级鉴定。有11名教师具有（教育）硕士学位或正在攻读（教育）硕士学位。学校现有塘沽区首席教师1名，塘沽区学科带头人5名，塘沽区命名的区校级骨干教师19名，涌现出了全国教育系统先进工作者1名，天津市优秀教师2名、天津市优秀班主任2名、天津市师德先进个人1名、塘沽区"十佳"教师1名、塘沽区"十佳"班主任1名、塘沽区"二十名"师德标兵1名、天津市教改积极分子1名等一批教育教学方面的典型。

（2）2009年11月6日的《中国教育报》以《让教师潜下心来自主发展》为题报道了我校教师专业化发展方面的经验。

（3）2009年11月11日的《中国教师报》以《一所普通中学迅速崛起的奥秘——塘沽十五中潘怀林与他的团队》为题全面报道了学校的办学经验，其中重点介绍了学校实施"千分制"考核，提高教师专业化水平方面的经验。

（4）2009年11月28日在塘沽十五中举行的"全国中小学学校管理与校园文化研讨会"上，校长潘怀林做了以《构建教师评价体系，促进教师专业化发展》的大会典型发言，受到来自全国各地近300名校长的肯定。

（5）2009年11月25日，潘怀林在第五届全国优秀班主任、优秀校长颁奖大会暨教育创新论坛大会上做了以《创新学校管理，促进教师发展》为题的发言，其中重点介绍了有关教师评价方面的做法。

（6）2009年11月27日，在全国中小学课题研究方法指导暨科研兴校经验交流会上，学校做了《用教科研引领教师专业化发展的实践探索》的专题发言，其中重点介绍了教师评价和教师专业化发展方面的经验。

（7）潘怀林校长对《让教师静下心来自我发展——校长的责任与使命》一文于2009年7月22日在塘沽区教育系统党政一把手培训班上做典型经验介绍，该文发表于全国教育类核心期刊《天津教育》第9期上，同时被中国人民大学书报资料中心复印报刊资料G30《中小学学校管理》2009年第12期全文转载。

（8）《实施千分制考核，提高工作效能》获得2009年全国中青年骨干教师优质论文及教学课件征集活动一等奖。

（9）《构建教师评价体系，促进教师专业化发展》研究报告已公开出版在《智慧的教育——天津塘沽第十五中学教师专业化发展的探索与实践》一书中。

（10）教师的论文、教学反思、课题实验报告等有多篇已公开出版在《智慧的教育——天津塘沽第十五中学教师专业化发展的探索与实践》一书和《中国名校——塘沽十五中卷》一书中。

六、课题研究结论

经过"千分制"教职工考核的研究实验，多数教职员工认为"千分制"教职工考核方案，并不让人们感到受约束，而方案的最大意义是在无形中营造了一种公平竞争、和谐发展的工作氛围。大部分教职员工都是按照岗位责任尽职尽责地工作，所以不被扣分很正常，其实这正是学校的愿望。过去有一少部分人不严格要求自己，比如有事情不提前请假、随意离岗等，他们的随意实际上已经形成了对其他人的一种不公平，自从有了考核方案之后，感到受约束的主要是散漫惯了的人，这本身就是一件好事。"千分制"教职工考核方案的实施进一步落实了我区推行的"一考两评"的"两评"工作。

（一）对教师的考评注重强化过程管理，为规范教师教学行为起到积极作用

我们对教师的日常工作有明确的要求，常规检查及时，记录准确，每月按期完成量化已经形成制度。同时，平时性的考评记载是指导、检查、督促、激励教师认真履行职责，努力提高自身素质、完成工作任务的重要手段，也是期末考核的基础。

做好教师的考核评价，是对教师实施绩效考核工作的基础，也是义务教育学校实施绩效工资制度的必然要求。绩效考核结果是绩效工资分配的主要依据。义

务教育学校实施绩效工资分配改革，必须建立符合教育教学规律和教师职业特点的教师绩效考核制度，为绩效工资分配更好地体现教师的实绩和贡献、更好地发挥激励功能提供制度保障。做好教师绩效考核工作是加强教师队伍建设的重要基础。科学有效地实施教师绩效考核，是全面贯彻党的教育方针、深入实施素质教育的重要举措，是提高教师队伍整体素质、促进教师队伍科学发展的关键环节，是完善教师激励约束机制、努力构建充满生机与活力的教师人事制度的重要任务，对于加强教师队伍建设，充分调动广大教师的积极性、主动性和创造性，具有极其重要的导向作用。

（二）多角度对中层干部和职员进行考核评价准确反映实际情况

对中层干部和职员的考核评价实行月评、期评制度，坚持集中考评与日常考评相结合；坚持自评、互评、处室人员评、校级领导评、全体教职工评暨民主测评（模糊评价）等多条途径考评，能从多角度、多层次、多方位地较为准确地反映出中层干部和职员的德、能、勤、绩等方面的实际情况，这样的量化考核评价能促使中层干部和职员认真学习岗位职责，改进工作方法，完善工作作风，与此同时团结合作意识得到了加强，工作能力得到了一定的提高。一方面有利于主管领导对中层干部和职员平时工作的指导、检查、监督、激励；另一方面有利于中层干部和职员们及时调整工作，查找工作中的不足与缺失，以全面提升工作质量。再一方面也促使中层干部和职员能自觉接受群众的监督与考核，起到对中层干部和职员的监督、激励作用，增强了工作的责任意识和竞争意识。

（三）实施分层考核，强化了各层级人员的责任意识

我校制订的岗位考核内容是按照专业类别和岗位特点分别确定的，实行层层负责的管理体制，分管校长考评年级主任和处室主任，年级主任和处室主任考评本年级教师和处室工作人员，实行月末、期末量化公示。这样就使每一名管理者都以双重身份参与其中，对制度充满理解并能认真执行。作为管理者都能够严格履行职责要求，自觉完成检查、计算、公示、解释、积累资料等一系列工作。

（四）全员参与考核，创设竞争氛围

没有评价的教育是盲目的教育，没有教师参与的评价也是不完善的。在各项评价过程中，突出的特点就是重视全员参与，充分考虑到被管理者的意愿，按照不同的比例，采纳同志间的互评、不同岗位的互评、不同职级的互评，同时坚持

以人为本，采纳教师的自评，多层面、多角度地丰富考评内容。这样的考评能对干部教师的工作、考勤、业绩等做出公正地评价，鼓励先进、鞭策后进，并为日后的各种评优、职称评定、工资晋升等提供较为准确、科学的数据，减少了评价的人为因素。

（五）激励了班主任工作的积极性、主动性

量化考核区分了班主任的工作质量。通过考核班主任的德、能、勤，绩，把班主任各方面的工作分别放到德育处、团委、教学处、总务处、体卫艺处、年级组等六大部门进行考核，同时学生、家长也参与考核工作。考核既能把班主任在各方面的工作所体现出的特点区分，也能把班主任各种能力、责任心、工作态度区分开来，挖掘了班主任的潜能。同时把班主任工作的绩效与班主任评优、晋职相联系，极大地调动了班主任工作的积极性、主动性和竞争意识，使得学校的德育工作开始迈上了一个新的台阶。

七、反思与建议

通过此课题的研究，取得了显著的效果，但在实施过程中还有一些方面必须注意。

（一）制订明晰的具有可操作性的考核细则是关键

无论是每月考核还是学期末考核，都需要有细致的考核项目。岗位职责确定后，我们将其细化为有利于操作的条目，研究权重的分配。能够量化的指标在月评中尽可能量化，对于不能量化的指标和不宜量化的指标在期评中要做出定性的描述，并且在同一层级相对统一的基础上修改部分内容，以求考核不断提高管理效能。另外，考核指标必须做到具有可操作性、客观性、公正性。

（二）要尽量减少因为评价人的不同而造成的误差

如对中层干部的月考评，因为不同的主管领导对月考评细则掌握的尺度不尽一致，各主管领导在进行月评量化时会出现考评分数的差距，而且月评成绩的比重很大，相乘的系数也高，所以会出现最终总分悬殊甚大。再如，在实施月考核的过程中，由于设定了加分的项目，其中加分的权重不甚明确，完全取决于考评者的理解；也有些项目，扣分的尺度难于把握，所以，各分管领导、年级主任和处室主任对分值的把握尺度应保持相对统一，另外也可以考虑分年级、分处室，

考评后按年级和处室公示、划等、兑现，减少年级间和处室间的不平衡。

（三）要尽量考虑到不同学科、不同年级的特点，科学使用考核数据

如对教师的量化考核中，教学成绩的计算问题较多。在整个考评体系中，教学成绩的得分举足轻重，也是教师间区分度较大的一项。在制订计算原则上虽然考虑到了工作量和学科类别的不同，方法略有区别，但考评结果显示，不同类别间的区分度过大，考试、会考、考查科目间的差距，同学科不同教师间的差距明显。究其原因，虽然教师间的教学成绩、工作量的确有一定的差距，但也要考虑超分封顶的问题，以免造成各类别间差距太大，教师无法接受。

（四）对各种原始资料的保存要准确

各种数据必须真实可靠，尤其是教师的荣誉，主管部门应准确无误地提供信息，教学成绩的留存要全面，尤其是区内兄弟学校的成绩（包括区成绩）备全，便于比较和计算。

参考文献

[1] 王斌华：《教师评价：绩效管理与专业发展》，上海：上海教育出版社，2005 年。
[2] 金娣、王刚：《教育评价与测量》，北京：北京科学出版社，2002 年。
[3] 郭继东：《学校人力资源管理》，天津：天津教育出版社，2006 年。
[4] 沈玉顺：《现代教育评价》，上海：华东师范大学出版社，2002 年。
[5] 《教育部基础教育课程改革纲要》
[6] 《教育部关于做好义务教育学校教师绩效考核工作的指导意见》

让每一个学生成功的办学探索

该课题是天津市教育科学学会"十二五"规划课题，是我在参加天津市未来教育家奠基工程学习期间重点研究的课题，该研究报告发表在 2012 年 5 月由天津市教育委员会和天津市教育科学研究院主编的天津教育出版社出版的《为未来教育家奠基》一书中。

摘要： 滨海新区塘沽十五中是一所普通中学，近年来把"让每一个学生成功"的价值追求作为全校教职员工的共同信念，通过实施"信心教育""静心教育""责

任心教育"，使学校实现了内涵式快速发展。我们认为，学校之所以能够从一所普通中学逐渐走向不普通、办学成绩显著，"让每一个学生成功"的办学探索起了关键作用。

提出并坚持"让每一个学生成功"的信念符合当前国内外教育发展的趋势，体现了教育公平的理念追求。学校成功的办学经验，也为教育公平理论研究提供了一个生动的办学实例。

成功是多样的、丰富的、多层次的、有连续性的。学生的成功不仅是指在学校学习期间，从学校创设的各种教育活动中，学生通过自身的努力获得预期的学习结果，达到自己预期设定的目标，实现预期的目的。而且还反映在学校教育为学生未来发展提供有益帮助，为学生一生的发展奠定良好基础。

"让每一个学生成功"需要从学校日常教育教学点滴做起，根据我校学生的特点，我们主要进行了"信心教育""静心教育"和"责任心教育"三方面的理论和实践探索。

"让每一个学生成功"办学探索的成功启示有：坚持科学的学生发展观，坚信每个学生都能成功。坚持科学的办学之路，探索"信心、静心、责任心"教育促进学校内涵式发展。办好一所学校，校长是关键，教师是根本。以学校变革引领学校发展。

关键词： 学生成功；信心教育；静心教育；责任心教育

一、问题的提出

提出并坚持"让每一个学生成功"的信念不是偶然的，它符合当前国内外教育发展的趋势，体现了教育公平的理念追求。学校成功的办学经验，也为教育公平理论研究提供了一个生动的办学实例。

（一）教育公平的理念追求

从我国未来教育的发展来看，让每一个学生成功是义务教育均衡发展的必然要求。建国起至今，我国对于教育公平的理念追求主要体现在下述三个阶段。

1. 从法律层面保障公民就学机会公平

1954 年我国颁布的第一部宪法明确规定，"中华人民共和国公民有受教育的权利"。从此我国以宪法的形式规定了全体公民平等享有受教育权的基本教育机会公平，"就学机会公平"是教育公平的底线要求。其后的半个多世纪，我国宪法虽经过了 1975 年、1978 年和 1982 年的修订及 1988 年、1993 年及 1999 年的修正，但公民享有受教育权利这条规定始终没有变化。

2. 就读优质学校的机会公平

从法律层面保障公民"就学机会公平"实际上还是一种基本层次的教育公平。因为如果学生就读的学校在师资条件、硬件设施及办学经费等方面存在着显著差异，存在着所谓的优质学校和一般学校之间的巨大区别，那么对于就读一般学校的学生而言，就是不公平的。政府正在着力推进义务教育均衡发展，这可以视为我们正在力图实现"就读优质学校的机会公平"。

3. 教育过程参与机会公平

衡量一个学校中的学生是否真正享受到平等的受教育权利，还要看学生在学校教育过程中能否公平地参与。当前形势下，学校努力探索实践学生在教育过程中参与机会的公平具有非常重要的理论价值和现实意义。让每一个学生成功，是在教育起点公平的基础上追求教育过程、教育结果公平的重要体现。

胡锦涛总书记在 2007 年全国优秀教师代表座谈会上强调，教师"要关爱每一名学生，关心每一名学生的成长进步，以真情、真心、真诚教育影响学生，努力成为学生的良师益友，成为学生健康成长的指导者和引路人"。胡锦涛总书记的讲话为我国学校教育未来的发展指明了方向，那就是学校教育要关爱每一名学生，关心每一名学生的成长进步，力图使每一个学生成功。

让每一个学生成功，为进一步实现教育公平提出了新的挑战。它着眼于学校内部的具体教育教学过程，通过提供给每个学生公平的参与机会让学生享受成功的喜悦，获得全面发展，最终实现学校教育质量的整体提升。

（二）国外教育改革发展的趋势

让每一个学生成功，不仅体现了我国教育公平的理念追求，也符合世界教育的发展趋势。美国、法国、芬兰等许多国家都在进行相关的理论和实践探索，他们的研究成果和实践经验为我们的探索提供了重要的借鉴和启发。

1. 美国：不让一个孩子掉队

众所周知，美国的教育水平走在世界的前列，但在基础教育中也有"弱项"，其突出的表现在美国学生参加历届国际奥林匹克数学、化学和物理竞赛大多名落孙山。面对这种事实，美国的新闻媒体几乎每年都要把这些"家丑"拿出来"数落"一番，美国的家长们也为自己的孩子在学习上落后于其他国家的孩子而忧心忡忡。针对这种状况，美国政府在 20 世纪 70 年代以来陆续发布了一些教育法案，采取了一系列举措。2002 年 1 月美国总统乔治·布什签署了《不让一个孩子掉队》的教育改革法案。在这个教育改革法案中，布什总统"勾画了新世纪美国教育改革与发展的蓝图，重申了美国公立学校应不分地区、不论家庭背景、没有肤色之别地发展学生心智、培养学生品格的历史使命与责任，并郑重宣布将与国会共同努力，力争不让一个孩子掉队，从而最终实现中小学教育的高质量"。《不让一个孩子掉队》几乎对美国义务教育质量控制的各个方面都做出了明确的规定，成为美国近年来最重要的教育改革法案。

《不让一个孩子掉队》教育改革法案是美国继 20 世纪 80 年代后发布的一系列教育文件、法案精神的集中体现，它指明了美国政府面向 21 世纪的教育改革方向，表达了美国政府在新的世纪"不让一个孩子掉队"的教育理想和追求，也体现了让每一个孩子成功的理念。

2. 法国：为了全体学生成功

进入 21 世纪，法国学校未来全国讨论委员会在 2004 年 10 月 12 日向教育部提交了题为《为了全体学生成功》的报告。该报告提出了法国未来教育的宏伟目标：为了全体学生成功。就是要使全体学生在义务教育完成之后，都能够掌握就业所必需的知识、能力和行为准则，并为终身学习奠定基础。

《为了全体学生成功》指出，之所以以"为了全体学生成功"为标题和中心议题，是因为所有参加讨论的法国公众，都将使每个学生获得成功作为其首选议题和发表意见的出发点。这既是公众的期望，也是学校的任务。作为一所学校，它应该用对社会和成功的个人生活不可缺少的知识、能力和行为规范来武装所有的公民，同时它使每个人能做出明智的发展路径的选择，并最大限度地施展其才智。

回顾法国 20 世纪 80 年代以来的教育改革发展历程可以看出，赋予每个学生基础知识和基本能力，让全体学生成功，几乎是所有官方文件和改革报告的主旨。"让全体学生成功"，体现了法国教育改革发展的新理念、新追求，标志着法国教育改革和发展已经进入了新的层次和境界。

（三）办学实践探索

学校的发展是全体教职员工共同奋斗、努力拼搏的结果。校长是学校的法定责任人，是学校发展的领头人，校长的价值观对学校的发展有着重要的影响。一所学校的办学特色，文化内涵在某种程度上体现了校长的领导力。谁都不会否认蔡元培之于北京大学，梅贻琦之于清华大学，竺可桢之于浙江大学，陶行知之于晓庄师范，张伯苓之于南开中学，苏霍姆林斯基之于帕夫雷什中学的重要作用所在。这些校长凭借自身特有的人格魅力和非凡的领导才能铸就了学校的成功，他们的办学思想影响深远，成为促进学校发展的永恒动力。

2006 年 7 月，我被任命为塘沽第十五中学校长，面对学校初一招生时只有 100 余名生源、学生中有 1/3 是外来务工人员子女、教师的教学积极性、自信心不足等种种不利因素，我决心，一定要做个称职的校长把学校办好。我相信，只要自己不怕辛苦，肯付出努力，加强学习，用理论武装头脑，按教育规律办学，走改革创新的道路，就一定能把学校办好。

培养学生是学校教育的第一要务，学校如何才能做到更好地促进每一个学生的发展，是我始终思考的一个核心问题。这些年的办学实践使我认识到：要把一所普通学校办得不普通，就必须走教育改革之路，其中观念的转变是至关重要的。每一个学生都希望能够有尊严地生活，学校和教育工作者有责任让学生生活得更有尊严，让他们在学校里得到应有的、符合他们的特点和未来发展需要的教育。这需要学校必须抓好"三个转变"：转变教育主体观，树立全体学生都是教育主体的理念，由培养"尖子生"向培养"全体学生"转变；转变"全面发展"观，树立"扬长避短"全面发展的理念；转变师生观，树立和谐、民主、平等的师生观，由师者为尊向和谐平等的师生观转变。

基于上述思考，我进一步提出"人人有才，人人成材"的办学指导思想，相信每一位师生都有很大的潜能，都能做好本职工作和搞好学习。学校尽一切可能帮助教师得到发展，帮助每一个学生为日后成为社会栋梁之材而奠定基础。在学校教育教学中实施"信心教育""静心教育""责任心教育"，激励学校全体人员力争办最好的学校，做最好的老师，当最好的学生。

二、研究探索主题

何谓成功？不同的人有不同的理解，"成功就是达成所设定的目标""成功就是逐步实现有价值的理想""成功就是成就功业或事业""成功就是事情获得预期结果、成效"。《现代汉语词典》将"成功"进行了言简意赅的诠释："成功，获得预期的结果。"从各种各样的理解和定义中，我认识到成功是多样的、丰富的、多层次的、有连续性的。学生的成功不仅是指在学校学习期间，从学校创设的各种教育活动中，学生通过自身的努力获得预期的学习结果，达到自己预期设定的目标，实现预期的目的。而且还反映在学校教育为学生未来发展提供有益帮助，为学生一生的发展奠定良好基础。学生成功是一种具有特殊意义的成功，它不但强调学习的成功，更强调生活的成功、合作的成功、创新的成功；不但强调学习结果的成功，更强调学习过程的成功；不但强调个体学生的成功，更强调全体学生的成功；它遵循着"在教师的帮助下成功—追求自主成功—享受成功"的发展路线。

每个学校都有自己的发展目标，每个校长都有自己的办学理念，只有把这些目标和理念内化为全体教师的共同愿景，才能激发每个教师的自觉性和积极性，使全体教师主动而真诚地奉献和投入，而非被动的遵从。为此，我们通过组织各种形式的学习、交流、活动，将学校的办学理念"人人有才，人人成材"、学校的工作思路"科研兴校，名师强校，质量立校"、学校的工作目标"创天津市一流、全国知名学校"等内容内化为教师自己的追求，并引导教师将它们转化并落实到自己的教育教学实践中，同时鼓励教师大胆实践，不断积累经验、提高自己的专业能力，形成自己的教学风格。

一所普通学校要想向前发展，取决于学校全体上下要有不甘于普通的热情和斗志，要有超越普通的思路和策略，更为重要的是，还要有脚踏实地的工作态度和作风。衡量一所普通学校发展取得了显著成效的标志主要有三：一是学校受到了学生的称赞，每一个学生都得到了全面而有个性的发展，每一个学生的综合素质都得到了显著的提高；二是学校赢得了家长的青睐，家长对学校给予大力的支持，能够积极配合学校教育子女；三是学校办学得到了社会的认可，尤其是学校所在社区的赞同，学校的文明风气对营造社区良好的风尚产生了不可替代的作用。其中，学生对学校的价值认同是核心。为此，我校围绕育人这一中心任务，发展创新，实施了"信心教育＋静心教育＋责任心教育"的教育教学改革，取得了显著的成效。

三、研究探索内容

（一）信心教育：为每一个学生成功增强内在动力

1. 概念

信心，通常意义是指对行为必定成功的信念。它主要是指对于尚未见到事物的信念和凭据，相信自己的理想、愿望或预见一定能够实现的心理。

实施信心教育旨在提振全体师生要相信自我。师生在工作和学习中，要有追求卓越的勇气，要有承受失败和挫折的准备，要有不断学习、实践、反思、开拓的意识。教师要在教育教学实践中关注每一个学生的进步，发现每一个学生的闪光点，为每一个学生注入信心，增强活力，从而成就自身教学完美。学生要以端正的态度，顽强的意志对待学习，开创属于自己的学习天地。

2.实施缘由

初到十五中我发现学校师生都明显地不够自信,他们总认为较之其他重点学校的教师和学生,他们是处于劣势的,对自己的未来发展缺乏足够的信心。根据我校实际,我觉得学校要发展,师生要进步,重中之重是首先全体人员要树立足够的信心。由于长期以来入学生源的差距,学校教师尽管付出了很大的努力,却很难取得较突出的成绩,对学校、对学生、对自己都失去了信心,总觉得自己的学校不如别的学校,见到重点学校的老师好像矮半截,从教师的日常谈话中总是流露难以掩盖的自卑情绪。社会各方对学校的评价不高,学生家长受到社会舆论的影响,多数认为孩子进入这样的学校就没有什么太大的前途了,对孩子成才不抱很大希望。针对这种状况,我提出,学校要发展,师生要进步,首先要有自信心。有自信心,才会有努力和毅力;有信念,才会有不懈和追求;自信会带来勇气和超越。如何让老师树立自信心、让学生树立自信心,是摆在一名普通校校长面前的首要问题。要让师生有信心、校长自己首先要有信心。我坚信,通过实施一系列有目的、有计划、有组织的"信心教育",定能使我校的师生坚定"我能行""我也能成功"的认识,激发他们自尊、自信、自强、自豪的情感,使他们具有自我调节、自我控制的意志力,使他们有勇气和毅力实现自己更高的追求。提出"人人有才,人人成材"的办学理念,就是要给师生一种自信的力量。让师生共同树立战胜自我的信心,让师生扬起"我要成材,我能成材"的信念风帆。

3.实施策略

探索高效教学,增强学生学习的信心。学生"以学为主",学习是学生的天职和第一要务,帮助学生取得学习上的成功,体验学习成功所带来的积极的情绪体验是培养学生自信心的最基础、最有效的手段。因此,我校在实施高效教学方面进行了一些有效的探索,针对学生基础较差且程度不齐的"学情",改革教学方法,实施个性化教学策略,帮助学生树立学习信心,让每一节课保证落实,让每一个学生学有所得,这是培养学生学习自信心的关键。

我们要求教师在课堂教学中,突出"一种理念"——课堂教学必须贯彻整体建构和个性化教学的思想,实施"一种模式"——"学练议"教学模式,采取"一项措施"——学练卷,落实"两个保证"——改革教师备课方法、提高教师素质。

（1）一种理念:课堂教学必须贯彻整体建构和个性化教学的思想。贯彻整体建构的思想就是指课堂教学不能就一课时而讲一课时,应该立足于整个学科、整个学段、整册教材、整个单元、整个章节来设计一个课时的教学,要充分考虑教材的前后联系,教材的逻辑关系。这就要求教师站在更高的高度认识教材,理解教材，把握教材，更好地落实课程标准。贯彻个性化教学的思想即是要在教学的全过程中充分尊重学生的个性差异，认真探究如何指导学生进行合理的分组合作，以保证每一个学生在课堂教学中都能够积极地参与课堂教学的活动，使每一个学生都能在原有的基础上有所提高，有所收获，有所发展。个性化教学作为一种教学创新，它凸显了三个特征：一是教学目标合理分层。学校根据学科要求将教学目标分层。以确保学习中遇到较多困难的学生，达到教学基本要求，形成基础能力，进而感受到学习乐趣，为他们能够达到更高的学习目标做好准备。二是尊重选择。学校在对学生逐个进行过细分析的基础上，教师充分征求学生本人意愿，并适当进行指导，让他们根据各自的实际情况选择自己适合的学习目标。允许学生对不同学科有不同的选择，允许学生随着学习的进程提出新的选择。事实证明，学生选择的自主性的确极大地促进了他们学习的自觉性。三是灵活实施。根据教学内容的实际需要和学习情况的不断变化，学校协调运用班级教学、分组研讨和个别辅导等不同的学习形式，使过去一直追求而没有得到的"既能面向全体，又能面向个体"的教学效果，充分显现出来。

在个性化教学思想的指导下，我们在教学过程中形成了"十抓"教学策略，"五注重"的教学原则。"十抓"教学策略是：

一抓学生的分组合作。每个学生个体之间存在的差异导致了他们的学习存在差异性。教师必须深入了解学生，研究学生，根据学生存在的个性差异，合理引导学生分组合作。

二抓个性化的教学目标。教师根据课程标准的要求、具体教学内容和本班学生的个性差异，制订不同的分层教学目标并明示给学生，让每一个学生都明确学什么、学到什么程度，以更好地发挥教学目标的导向和评价功能。

三抓分类备课。教师要根据不同层次的教学目标，设计不同类型的教学内容、教学时间、教学步骤、教学方法和教学手段，以及不同类型的课堂提问、课堂反馈练习和课后作业，认真写好教案，做好课前的一切准备。

四抓分类授课。教师的讲授要依据课程标准的统一要求、教材的统一内容和知识系统在统一时间、统一进度内向全体学生进行同步教学，把教学措施建立在学生共性的基础上，讲授最基本的教学内容，完成最基本的教学目标。这是分类授课的前提。授课过程中，教师要根据不同学生的知识、能力、情感、意志、性格等个性差异，加强对各类不同学生的指导，对于个别学生和个别问题可以通过分组合作学习等形式，加以解决，实现学生个性差异的互补，促进每一个学生学习的积极性和主动性。

五抓分类练习。巩固练习题要满足不同学生的个性需求，尽可能地不搞一刀切。设计的练习题可分为侧重基础知识、有少量技巧和难度、技巧性强拓宽知识面等等的不同类型，以供学生根据自己的情况自主选择完成。

六抓分类布置作业。教师在布置作业时一定要考虑各个不同学生的实际情况，分类设计，每次课后作业一般分三种类型的题目，必做题、自选题、思考题，供学生自主完成。

七抓分类批改作业。学生的作业批改必须分类。这样做一方面可减轻教师的负担，另一方面可以提高作业批改的实效性。对于考察基础知识的作业，教师要当天全部批改，给学生指出错误及其原因，并由学生当天订正，如果教师能面批作业效果更好。其他作业由学生互相合作，互批互改。

八抓分类测试。阶段测试题的编写必须要考虑到每一个学生的实际能力，通过对测试题的解答能够考查出每一个学生在原有基础上实际取得的进步。

九抓分类辅导。课后分类辅导是实施个性化教学的重要辅助环节。课后分类辅导可采用集中辅导和个别辅导相结合的方式。既要引导学生端正学习态度，明确学习目的，培养学习兴趣，帮助学生掌握基础知识、基本技能，使学生"进得来、学得进、听得懂、留得住"；又要教会学生掌握学习方法，逐步提高其自学能力；还要让学生学会独立思考，丰富学生的思维、想象和创造力。此外，还要特别强调加强学生的心理辅导，帮助学生始终处于最佳的心理状态，令其个性得到充分健康的发展。

十抓分类评价。根据不同的学生，采取不同的教学评价方式。为防止采用同一标准衡量所有学生，可以设计不同的检测卷进行评价，也可以对同一份检测卷提出不同的合格标准，目的在于，不使一名学生丧失学习信心。

个性化教学的"五注重"原则是：

一要注重分类的科学性。随着个性化教学的实施，我们意识到对学生的评价不能只依据学习成绩，还要综合考虑到学生的认知风格、认知特点和认知差异等因素，更多关注学生的学而不是教师的教。

二要注重教学过程的动态性。个性化教学必须是动态的，有流动性和可变性。同一个学生在学习不同的知识时，可能会有不同的表现，有些学生学习某些知识有优势，学习另一些知识则比较困难。教师为了激励学生不断进步，允许学生通过教师指导选择合作小组，小组成员之间通过互帮互学顺利地完成学习任务。

三要防止负面效果。实施个性化教学时，一定要特别注意保护学生的心理健康，在强化学生主体意识的同时，更要加强对学生个别的心理辅导，防止可能产生负面的"标签效应"。

四要注重有针对性地评价。不同学生的个性特征、心理倾向、知识基础与学习能力是不同的，个性化教学要关注每一个学生的发展，做到课堂上没有教育盲区，同时还要关注每个学生在其原有基础上的发展，真正做到为了每一个学生的发展。

五要注重计划性教学。个性化教学是一项周期长、工作量大的工作，需要教师付出艰苦的努力才能搞好。不同的学生达到课程标准所要求的目标，所需要的时间和付出的劳动各不相同。为此，要求教师要有一个长远的、周密性的计划来分阶段、分步骤地采用不同的方法手段使全体学生分别达标。

（2）一种模式："学练议"教学模式。在课堂教学中我们通过"学练议"教学模式，落实个性化教学思想，让学生在课堂上"学一学、练一练、议一议"，真正能够学有所得，在自己原有基础上获得提高。

学一学：我们在教学中把有关的学习内容设计成问题的形式，让学生带着问题阅读教材，增强学生阅读教材的针对性，也就是采用"问题导学"法。问题的设计要依据不同学生的层次设计不同难度的问题。实际上，无论是哪一学科的内容，都有很多知识不用教师去讲解，而通过引导学生阅读教材就能找到答案和解决问题的方法。在课堂教学中，我们大胆放手，合理调控"教"与"学"，使学生通过自主、合作、探究、交流等学习活动，让学生真正的"学一学"。

练一练：学生对有关的知识了解了以后，必须进行相应的练习，让学生在练习中体会知识的运用，掌握知识的内涵。练习的形式有多种，可以是纸笔练习，也可以是实验操作等等。但应注意，练习的设计一定要满足不同个性学生的不同需求。不管是哪一种形式的练习，都要有明确的目的性和任务性，使每一个学生在课堂上都有事情可做，都能在原有的基础上有所提高。

议一议：课本上的有些知识，学生通过阅读教材就能够掌握其中的大致内容，但要想深入地理解其内涵，则需要通过教师适时适度地引导和同学之间的相互讨论才能达到。因此，在课堂教学中教师要适时适度地组织学生讨论，也就是要让学生"议一议"，让学生把自己对问题的想法，迷惑都讲出来，通过学生之间的相互启发，可能更有利于问题的解决。学生之间议的前提是要先让学生独立的表达，不要怕同学说错了，学生说错了或者说的不完全，可由别的同学补充，学生们确实都说完了，再组织学生讨论，也就是"议一议"。对有些难度较大的问题，不一定非得教师给学生进行反复的讲解，可采取"兵教兵"的策略，因为，有些问题，我们教师认为是比较简单的，但对学生来讲可能难度就大了，如果学生之间互相讲，可能就更容易理解，因为学生之间的交流更容易被接受。

上述三个环节根据不同的课型，根据不同的知识难度，先后次序可能不一致，有的课这三个环节可能是交互进行的。也就是说，有的课可能是先学后议再练，也有的课是先学后练再议，也有的课是先练后学再议，等等。

（3）一个载体——学练卷。"学练卷"不同于一般的练习试卷，它不是一些题目的简单堆砌，而是根据学生的认知规律和学习特点而为学生设计的学习流程，它不仅是教师教的依据，更是学生学的依据，也是学生复习的依据。

学练卷的基本内容包括：

学习目标：明确告知学生通过本堂课的学习应该学什么，学到什么程度，会什么，最终要达到什么目标。学习目标可设计为起点目标、基础目标、提高目标。目标的设定一定要具体明确，避免大而空，模棱两可的现象。学习目标在学练卷上一般只展示给学生知识与技能目标，至于过程与方法，情感态度与价值观目标一般不要呈现在学练卷上，因为这个学练卷是给学生用的，使用对象主要是学生。

预备知识（基础知识）：它是指学习本课内容时学生必须应该做的知识准备，如果这些预备知识不能熟练掌握，那么学习这一节课时就会带来很大困难。对于预备知识，教师一定要充分的挖掘，并指导学生认真落实，查缺补漏，扫清新课的学习障碍。

问题讨论：把要学习的内容设计成问题的形式，其目的是引导学生带着这些问题来阅读教材，提高阅读教材的针对性，学习的有效性。

典型例题：突出知识的巩固，能力的培养，要少而精，重在给学生方法规律和解题的规范性。

巩固练习：设计的题目要紧紧呼应学习目标，避免随意性。可照顾到不同学生的实际水平，设计成不同的类型，可分为 A、B、C 三组，A 组突出巩固基础知识，B 组突出知识的运用，C 组突出知识的拓展提高。

达标检测：分类设置，可分为 A、B、C 三组。

作业设计：分类设置，可分为 A、B、C 三组。

对于学练卷上知识的掌握有几种形式：需要学生理解记忆的以理解记忆为主，那就要规定时间让学生记下来；需要学生根据问题探究理解的就要设计合理的问题让学生思考解决；特别困难的问题学生克服不了，或者即使克服了但浪费大量时间的就可让学生暂时放下，待"合作交流"或"反馈校正"时解决。总之，一节课下来后，学生应该落实的东西都应在学练卷上体现出来，这样，学生课下的复习就有了明确的依据。

学练卷的编写及使用方法：

备课组内教师根据授课计划分工，集体备课时主要讨论学练卷和课堂教学的主要环节，由同年级的教师共同合作完成，发挥集体的作用。确定后需提前3天交审核人审阅签字，经年级主任批阅后至少提前整一天送文印室印制。使用后可根据实际将修改情况作记录，作为资料积累或交流。

学练卷中涉及的知识要以问题的形式呈现，符合学生的起点，便于学生思考和书写，不要把问题的答案由老师直接呈现在学练卷上。

内容不宜过多，每节课（45分钟）最多一张纸（8开）内容，可单面印也可双面印。根据学科特点文科可针对篇目、模块设计学练卷。

学练卷的主要内容基本上都要在课上完成，能力提高和拓展题可有一部分留到课下完成，教师要进行认真批阅。

学练卷要抓住学生的起点，体现分层次教学。根据学生的基础情况做不同的要求，基础好一些的学生要求高一些，基础差一些的学生要求低一些，但必须完成老师布置的基本任务。

教师要在熟练掌握课本知识的基础上编写学练卷，精选练习题，要对教材的内容作进一步的整合，在适当的时间指导学生回归课本。

教师组织学生每周对学练卷进行一次整理装订，提高利用率，作为学生复习的依据，并作为学校作业检查的唯一依据。

学期末整理好完整的资料上交教学质量处备存。

各班同学可准备作业本，书写特别作业，但此类作业不作为检查的内容。

学生的课堂笔记可记录在学练卷的适当位置，要把学练卷和课堂笔记整合起来。

（4）两个保证——改革教师备课方法，提高教师素质。

①改革备课方法：备课活动——定主题，定时间，定地点，定中心发言人，教研备课活动课表化。我校的每次备课都是事先有主题的，而且有确定的时间、地点和中心发言人，使教研备课活动课表化，提高备课的质量。

②备课方法——个体备课与集体教研相结合，达成共识，共享教案。

提高教师素质：实施高效教学的一个重要前提就是教师的高素质。如果没有教师的高素质、高参与，任何高效教学的措施和理念及做法都只能流于形式、最终导致失败。提高教学质量很大程度取决于教师的素质，即强校先强师。因此，要想践行高效教学，就必须强师资抓质量，提高教师的素质，提振教师的信心。

经过探索我们实施了一整套适合普通中学教师队伍发展建设的策略：立德策略，提高教师职业道德水平；改制策略，提高了教师竞争意识与敬业精神；激励策略，使教师树立正确的价值取向；良师培养策略，提高教师的基本素质；青年教师培养策略，为学校可持续发展奠定了基础；名师培养策略，实现名师强校的办学目标；班主任培养策略，提高班主任育人管理的能力；教育科研策略，引领着教师走专业化发展道路；阶段盘点策略，调控教师自身的发展。同时，我们采取了一套先"减"后"加"的方案。先"减"是减轻教师负担，切实减轻教师的负担，减少教师的无效劳动，减少一些形式上的东西，给教师创设宽松的环境，使他们能够有充足的时间和精力去提高自己的专业素养。后"加"是要敢于给教师加"担子"，扶助和激励教师成长。给教师们加的第一个"担子"是通过请进来、走出去和自挖潜等方法，拓宽教师的教育视野；给教师们加的第二个"担子"是教育科研，通过务实的教育科研提高教师的业务能力，提升教师的专业化水平，提高教师解决教育教学实际问题的能力，从而有效提高教育教学质量。

2009年在北京召开的全国"四大教学流派同课异构活动"（魏书生的六步教学法、王敏勤的和谐教学法、刘京海的成功教学法、李吉林的情境教学法），我校部分教师代表和谐教学流派到北京参加同课异构活动，受到与会代表的一致好评。我校的教师也经常被邀请到全国各地送课。还有不少学校和教师到我校来进行学访与交流，这都使我校的教师们获得了更多的成功与自信。

总之，以个性化教学为主要策略和途径的高效教学，为每位学生的进步和发展提供了基础而有效的便捷方式、方法，也使他们更具有学习成功的信心。

2. 重视学生的自主活动，奠定学生成功的信心

（1）对学生自主活动的认识：每个学生都有自己的优势智能，有自己的学习风格和方法，只要给他们足够的空间，他们同样能取得成功。我们的教育教学要向学生展示多方面的智能领域，让其有展示多方面智能的机会和体验，在平时的教育教学中要注意鉴别并发展学生的优势智能领域。作为教师，我们有责任帮助学生将优势智能领域的特点迁移到其他智能领域。

心理研究表明：一个人只要体验到一次成功的喜悦，就会激发他100次追求成功的欲望，成就感犹如一种动力，使我们在学习和工作中有更高的追求。学生的信心与成功解决问题密切关联，孩子能从学习的成功体验中感受到学习的欢乐和知识的力量，假如他们经常遭受失败，体验失败的痛苦，那么他们就会逐渐逃避学习，对学习产生厌恶的情绪，而且会越来越没信心。

（2）学生自主活动：我校特别重视通过学生的自主活动增强学生成功的信心。

我们给学生提供了丰富多彩的课外活动，而且总是鼓励学生自选项目。到目前为止，我校总共开发了近30个课外活动的小组和社团，涉及文学、艺术、体育、科技、劳技、社会、心理等领域和门类。其中，有的很具创意，比如纸艺、编织，有的又很"冷门儿"，比如藤球、篆刻、心理健康营等。尽管每周只有一次，只要学生们提出来，我们都想方设法地去满足。一次活动的育人效果能胜过千百次的说教，成功的自主体验、感悟胜过千百次的灌输；学生只有在自主活动的过程中才能最大程度上体验到成功的快乐，增强成功的自信。比如在"青春与责任同行"的艺术节活动中，英语社团自编、自导、自演的课本剧，赢得了师生的赞誉；文联社将学生的书法、绘画等诸多作品进行了展示；健美操队曾参加天津市大型健美操比赛，获得二等奖；科技小组也多次代表塘沽参加了天津市的车模比赛，连续五次取得市团体第一名的好成绩，还多次代表天津市参加全国性的车模比赛，取得第三名的好成绩。

在我们开展的各种读书活动、体验活动、实践活动等研究实践中，学生不断地有参与体验，发挥潜能的机会，他们的自信和勇气随之产生，并逐步走向成功。有的同学在作文中宣告："我长大了，我并不比别人差，展望未来，人生还有无数的机遇在等我，还有无数的机会在等我去把握。只要一直往前走，我就会有新的前途。""学校就像一个大家庭，在这里生活虽然不是无忧无虑，但是过得很充实，努力着并快乐着。"

这就是教育的真谛，孩子们的变化，源于学校给了他们前所未有的尊重、信任和与他人分享自己想法、体验自我成功的信心。试想，他们由此得到的收获能不深刻吗？他们能不一步步地取得成功吗！

（二）静心教育——为每一个学生成功奠基

"追求卓越"是我向全体师生提出的校训，"办最好的学校，做最好的教师，当最好的学生"是我们对校训的精彩诠释。做最好的教师才能办最好的学校，教出最好的学生，这就需要教师静下心来自我发展，提高自身素质，努力走专业化发展的道路，为办好学校教好学生。当前社会很浮躁，很多教师中也存在浮躁情绪。如何让教师静心工作？教师静心教书、潜心育人既需要教师从个体内部加强自我修养，又需要从个体的外部改善教师的生态环境。学校有责任为教师的静心教书、潜心育人创造良好的环境，为教师静心工作争取时间。

1. 概念

所谓静心教育是指：全校师生都要胸怀远大理想，不斤斤计较眼前的一得一失；做人心态平和，待人宽容大度，生活知足常乐；遇事善于思考，深入探究；做事专心致志，精益求精。学校为师生创设工作和学习的安静环境，师生为自己创设平和大度的良好心态。努力培养自己静心工作、学习的良好习惯。

学校向教师提出"七静三品四用"要求，即"静下心来上好每一堂课；静下心来批改每一本作业；静下心来与每个学生对话；静下心来研究教学；静下心来读几本书；静下心来总结工作规律；静下心来反思自己的言行和方式。品味师生的情谊；品味工作的乐趣；品味生活的幸福。用智慧启迪灵性；用人格陶冶情操；用爱心浇灌希望；用汗水哺育未来。

2. 实施缘由

2006 年，我开始担任学校校长。校长的工作经历使我感受到如今作为一名校长着实不易，在学校正常的工作时间之内，校长根本没有多少精力和时间静下心来读书学习。联想到我们的教师，媒体上曾刊载过这样一段调查："教师不论在学校，还是在家里，甚至在梦中，都惦记着学生，想着刚进行的模拟考试，顾着明天将要进行的公开课，后天的主题班会，下周的安全检查，下月的课间操评比……以及没完没了的统计数字和报表，随时随地地推门听课，防不胜防的意外事故，突发事件和告状风波。"教师的事务性工作实际上还不仅仅是这些。他们面对繁重的工作，想静下心来读书学习、提高自己的专业化水平是很难的。

面对现状，作为校长我总是在想：如何才能为师生创造更好的条件，真正贯彻胡锦涛同志在全国优秀教师座谈会上的讲话精神"静下心来教书，潜下心来育人"。

3. 实施策略

（1）创设安静的环境。"静"蕴涵于学校管理之中，要义在于提高学校管理和教师工作的效率，减少不必要的时间和成本，进而提高学校的育人水平。

我们首先改革学校例会制度，给教师自主研究提供时间。成功而有效的学校管理，应该是最大限度地节约教职员工的时间，只有这样，教职员工才能真正成为自己的主人，校长也才能有更多的时间思考学校发展的大事、要事。

近几年，我校逐步使会议"瘦身"，废除了每周都开行政例会的做法，无特殊情况，一般是分别于学期初、学期中和学期末开三次行政办公会，全体会也很少开。凡是分管校长管理的处室均由分管校长按照学校的总体工作计划布置具体工作，协调解决相关的问题；对于跨部门的事情，则先由分管校长进行协调解决，分管校长之间确实很难协调解决的事情，再由校长出面协调解决。凡是周工作计划上写得很明确的事情，就不要再打电话通知，让大家养成看周工作计划的习惯；能打电话通知的事情就不要再开会集中讲；能集中少部分人员讲的就不要集中全体人员讲。无论开任何性质的会议,开会时都要有主题,尽量减少层级传达,要一竿子插到底。对于一些常规的工作,能不开会就不开会;可开可不开的,坚决不开;必须开的,尽量合并,尽量压缩时间,提高会议质量。但是,对于直接涉及教职员工切身利益的事情,如干部聘任、职称评定、评先评优、年度考核等,毫不吝啬时间开会,尽力做到公平参与、政策公开、程序公开,要分别召开领导班子会、领导小组会、教代会、民主党派会甚至是全体教职员工大会等,以增加工作的透明度,减少工作的失误。

其次,在工作中化繁为简,避免形式主义。我们认为,凡是需要应对检查,具有虚构成分的事情,就不要让教师再做。比如:教学德育计划、课堂日志、抄写教学笔记,这不是徒劳的事吗?教学渗透教育不是有计划就一定能兑现的。课堂出现问题,教师在第一时间解决了最好不过,写出来节外生枝反而不好。抄写笔记不如不写。我一直在设想,教师的教案能不能少写,能不能不做评比?也渴望尝试一下,我们的教师站在讲台上无教案,却能做出精彩的课堂教学。如果做到这个程度,那才是静的真谛。作为校长心静则实,方能鉴别虚的东西,做实事。

(2)创设安静的心态。我们注重把复杂问题简单化,阳光透明,使教师不必考虑过多的人际关系。

九年义务教育阶段已实施绩效工资制度,但如何公平科学的考核教师们的绩效,却是令许多学校领导头痛的事情。我校在实施绩效工资制度之前就实行了“千分制管理考评办法”,即根据干部、教师、后勤服务人员的工作性质分别制订考核细则,并设定以1000分为评价的满分,根据各项考核指标的主次分别进行赋分。之所以选择千分而不是百分作为评价手段,是因为千分制无疑比百分制考核更具体和细化,更利于客观准确地评价教师的工作成绩,使教师感受公平,获得尊重,得到认可,有利于他们不断进步。考核方案中各种量化指标并不是绝对排名,而是考虑进步幅度。比如说,将考试成绩细化到占平均分的比率。如果比率大于上次那就代表即使是最后一名也有进步。这样每位教师都能看到希望,不管什么样的班级都有可激励的方面。

我们无一例外地为每一个岗位制订了岗位职责,岗位职责共涉及41个岗位类别,不留任何空白,不走形式,每个岗位的职责描述都很具体,避免大而空、模棱两可的现象。考核评价方案按工作特点归为16个类别,每个类别具体分为工作态度、本职工作、加分项和减分项四个指标,每个指标都有若干关键表现予以佐证。与岗位考核对应的是41个考核评价表。

考核评价方法分为:月评和期评,最后由各部门归总成绩,形成学期每一个人考核评价的结果。我们坚持每月一小评、学期一终评，月评和期评各有侧重，月评和期评的评价结果都要求教师签字认可。考核评价的最终目的并不是给教师扣分，而是通过考核评价让教师不断查找自身不足，进而改正不足，提高工作质量，促进自身的提高。这种从要求到评价、最后给予奖励的环环相扣的三大管理机制，使教师感到了优劳优酬、有所做有所得的精神满足。管理制度的完善与建立，让教师把责任、质量、需求融为一体，把教师对工作成就的渴望转化成了一个和谐集体的向心力。我们在充分调研、多次修改、完善的基础上相应地制订了适合我校教职员工的考核细则，尝试实施了"千分制"考核方案，取得了较好的效果。

① "千分制"考核方案主要适用于对一线教师、后勤服务人员、中层干部、班主任的考核。

对一线教师的考核评价主要包括三部分：教学科研占 700 分，考勤占 100 分，师德占 200 分。其中教学科研又包括三部分：日常教学 140 分（每月一评），包括区校教研、课堂教学、考试纪律、教案使用、组长职责；学期综合 210 分（每学期一评），包括材料上交、控辍管理、课堂等级、校本教研、问卷调查、课堂展示、教学交流、教育科研、课题研究、专项活动；教学成绩 350 分。核评价实行年级主任负责制，由分管年级的主任负责组织评定本年级教师的考核分数，在年级内排序定等。每月由年级主任对教师的日常教学情况逐项量化打分，每学期各月的平均分作为教师的学期日常教学得分；学期末由年级主任会同教学质量处、教学科研处主任对教师的学期综合评定项目和教学成绩打分，进而核定出教师学期的教学科研总得分；师德由德育和教学统筹 100 分，另加学生、家长、学校、组内教师问卷合成 100 分；考勤由办公室按照考勤的量化标准核定分数。

后勤服务人员的评价分三部分：第一部分为处室主任、校级领导、中层干部、全体一线教师和职员自评，总计 700 分。处室主任于每月末对本处室每位职员进行量化考评，每学期每月评价的平均分数为处室主任对职员的评定分数，占 50%，学期末校级领导评价占 20%，中层干部评价占 10%，全体一线教师评价占 15%，职员根据自己的工作情况自评占 5%。以上总得分乘以 7 即为该部分的分数。第二部分为考勤占 100 分，第三部分为执勤情况占 200 分。

中层干部的评价分三部分：第一部分为分管领导、全体教职工、中层干部互评、校级干部、负责处室的工作人员及中层干部自评等组成，总计 700 分。其中，每月由分管领导（分管副校长、主持处室整体工作的中层干部）依据中层干部月考评细则对中层干部进行量化打分，每学期月评平均成绩占总分数的 50%。每学期末对中层干部进行学期考评，期评成绩占总成绩的 50%，期评成绩的组成为：全体教职工（不含校级和中层干部）对中层评价占学期成绩 10%；中层干部互评占学期成绩的 10%；校级干部对中层评价占学期成绩 15%；所负责的处室工作人员评价占学期成绩 5%；中层干部自评占学期成绩 5%；全体教职工对中层干部的民主测评占学期成绩的 5%。以上总得分乘以 7 即为该部分的分数。第二部分为执勤落实情况占 200 分，第三部分为考勤占 100 分。

班主任工作质量考核由班主任学期量化成绩和相关部门评价两部分组成。其中班主任学期量化成绩所占比例为 60%，相关部门评价占 40%。班主任的学期量化成绩由两部分组成：班级、班主任量化积分（德育处月评，学期累计平均，其中包括体育、卫生、财产）的 70% 和智育成绩的 30%（由教学部门提供）。德育成绩的 70% 来自于班主任履行职责情况和班级日常管理情况的考核，进行月考核制度。学期末德育处汇总平均得分，另外 30% 的智育成绩由教学口提供。相关部门评价占 40%。其中包括：中层及以上领导的评价占 5%，主管领导、处室主任的评价占 15%，班主任自评占 5%，科任教师的评价占 5%，学生的问卷占 5%，家长的问卷占 5%，其中各项的评价细则共十条。班主任学期工作质量考核成绩 =（德育量化的 70%+ 智育的 30%）×60%+ 相关部门评价（40%），最后的得分乘以 10 转化为 1000 分。

② "千分制" 考核效果显著。多数教职员工认为，"千分制" 教职工考核方案，并不让人们感到受约束，而方案的最大意义是在无形中营造了一种公平竞争、和谐发展的工作氛围。千分制考核方案将人际关系的影响降低到了最低点，工作的成绩不是主观评出来的而是客观算出来的，给教师营造了一个变压力为动力的良好工作环境和公平竞争、和谐发展的工作氛围，在相当程度上减轻了教师的心理负担。千分制考核的结果作为评价教师工作的主要依据，是有说服力的佐证，有利于调动教师的工作积极性，有利于教师自我教育和自我提升。因为考核的指标是公开的，考核的过程是透明的，并且需要个人签字认定，教师们自己应该做什么，做到什么程度心中有数，教师只需安心工作就行，不再为绩效工资的事分心。

（3）创设教师静心钻研的机会。通过教育科研提高教师的业务能力，提升教师的专业水平，是学校办学的方向。学校规定，凡是任课教师都要有自己本学科的课题研究，在此基础上要完成 "5 个 1" "4 个 2" 的指标要求。"5 个 1" 是："每学期撰写 1 篇有深切感受的德育论文或教育案例；每学年主持或参与 1 项校级以上科研课题；每学年撰写 1 篇具有一定学术水平的教学研究论文；每学期做 1 节校级或以上研究课或专题讲座；每学年做 1 次校级或以上教材分析或参加 1 次读书论坛活动。""4个2"是:"每学期完成2篇以上有创意的课堂教学设计方案;每学期完成2篇以上2000字左右的教学反思;每学期编制2份以上高质量的单元检测试卷;每学期制作2节课以上的多媒体教学课件。"同时,为了帮助教师开阔教育视野,学校采取了"请进来,走出去,自挖潜"的举措,积极为教师搭建学习平台。近几年,学校聘请教育专家、特级教师为教师培训达30多次,组织教师外出学访300多人次。这无疑是为教师静心钻研教育教学起到了催化、提高的作用。

另外,我们实施了集体备课下的共享教案制度。学校不再检查教师的个人教案,每个备课组集体备课,实行统一的电子备课稿,其具体做法是:首先,由年级备课组的教师集体讨论教科书的教法;然后,在充分论证的基础上,每位教师承担一定的任务,执笔写教案;最后,通过集体讨论来修改教案,形成比较完善的共享教案。第一年使用的叫"第一使用人",第二年使用的叫"第二使用人",年年修改,逐年完善,既减轻了教师的负担,又做到了资源共享,智慧共享。在共享教案的基础上,每一位教师可以结合本班学生的具体特点适当地进行个性化修改,也可根据自己的设想再设计教学流程,进行内容的加减,以体现教学的个性。实践证明,教师们经过集体备课后形成的共享教案,每位教师每周可省五六个小时的时间。节省下来的时间教师们可进行自主研究,提高自己的专业素养。

教学是学校的中心工作,针对普通中学生源基础差的问题,首先要提高教学质量才能赢得家长和社会的信任。在教学方面我们进行了有益尝试,如为了引导教师把握课程标准和教材,我们开展了教师"说教材"活动,并应邀到山东和本市的许多学校去展示。为了探讨高效的课堂模式,我们开展了"教改大课堂"和"同课异构"活动,并形成了适合本校特点的各科教学模式。我们的教学改革不但提高了本校的教学质量,也锻炼了一支训练有素的教师队伍,经常被邀请到全国各地讲示范课。

(三)责任心教育——为每一个学生成功导航

"人人有才,人人成材",是我校的办学理念,也是我们这所普通学校办得不普通的重要原因,从根本上说就是让每一个学生都取得成功。实践这一办学理念需要学校的教师和学生从不同的方面进行努力,德育就是其中重要的方面。近年来我们从德育入手,重视和加强责任心教育,使责任心教育为每一个学生的成功导航,取得了明显的成效。

1. 概念

责任心教育就是对学生进行以"责任"为核心的思想和品德教育，其目的是培养学生的责任意识，规范学生的责任行为，提高学生的责任能力，养成学生的责任习惯，也就是培养具有责任意识、关怀精神、健全独立人格、能够负起责任的人。

2. 实施缘由

责任，它代表了一个人的品质。责任，使人变得稳重；责任，使人知道自己的义务；责任，使你拥有了一些对你真正关心、帮助和爱护你的人。然而，由于受社会某些不良风气的影响，在相当一部分学生中存在着一些缺乏责任意识的现象。如：遇事只顾自己，不考虑他人和集体；对父母长辈缺乏礼貌；对待同学缺乏热情；遇事以我为中心，一言不合，性情烦躁；集体荣誉感不强，遇事怕担责任，自己该做的事推给别人，未做好的事怪罪他人，做错了的事不敢承认事实等等。针对此种情况，学校倡导全校师生，树立一个信念：责任与我同行，秉承"人人有才，人人成材"的办学理念，坚持以人为本，创新德育工作方法，以"责任心教育"为载体，提高德育工作的实效性。

3. 实施策略

来过塘沽十五中的人，都会被矗立在校园中的责任心教育长廊所吸引，"我成长、我负责、我与滨海新区同发展"为题的引领篇会带您去领略我校责任心教育的风采。

2006年塘沽教育局德育科开展了"我成长、我负责、我与滨海新区同发展"的责任心教育，给我校的德育工作带来了春天，赋予了德育工作无限的生机。"培养有责任的人"进行责任心教育，成为了我校德育工作的重要主题。在责任心教育启动仪式上，我向全校师生响亮地提出"做有责任感的人"动员，从此，"责任与我同行"的理念伴随着十五中成长的步伐。

我们深知青少年责任感的形成不是一个简单的说理和教育过程，它是在家庭生活中，在参与集体和社会活动中，在人际交往的基础上，在主、客观多种因素的共同作用下逐步形成与发展起来的，是一项由学校、家庭和社会三方共同参与的、从责任认知、责任情感和责任行为等诸方面齐抓共管的育人系统工程。因此，我校积极构建学校、家庭、社会三结合的德育工作模式，将责任心教育贯穿于学校、家庭、社会教育的始终，使学校真正成为德育的主阵地、家庭成为德育的加油站、社区成为德育的大舞台。

（1）加强校园责任文化建设。

①建设全方位育人机制，增强教师的责任意识，"做有责任感的教师"。我校连续几年在全体教师中开展了"不让一名学生掉队""从每一名学生抓起""为每一个学生负责""为每一位家长负责""帮助每一名学生进步"的"五个一"责任心教育活动，"走进学生学习;走进学生生活;走进学生家庭;走进学生心灵"的"四个一"责任奉献活动。活动的开展，既感动了身边的学生，又激发了教师职业的责任和激情。师德是爱，更是责任。正是在这种办学思路的指引下，在德育工作和班级管理中，用爱心把学生培养成为有责任心的人，成为我校每一位教师铭记的责任。课堂教育"滴水穿石"，教师注入了责任心教育这股清泉，责任的泉水流淌进学生的心田。教师认真地授课，精心地辅导学生，对工作尽职尽责，这些都在潜移默化地影响着学生。空洞的说教变成了具体形象的教育，在学生的身上，我们逐渐看到了认真、看到了责任。

②探索"责任文化"建设，突出责任教育的系列化。为了更直接地让学生获得教育，学校力求让校园建筑的每一面墙壁、每一个角落都会"说话"，都具有教育意义。学校校园文化课题组和德育处结合学生实际，精心挖掘和提炼教育内容，以"责任心教育"为主题，制作成大型的宣传展牌，置于学校的醒目位置，命名为"责任心教育长廊"。它包括引领篇、希望篇、孝敬篇、哲理篇、行为篇、励志篇、读书篇、毅力篇、爱家篇、爱校篇、爱国篇等30块展牌，突出了学生的四种责任——对社会的责任、对家庭的责任、对学校的责任、对个人的责任，明确具体要求与做法。整个校园如同一本立体的教科书，成为精神文明的窗口和促进师生成长的温馨家园。学校成立了责任心教育讲解团，他们要把责任心教育的解读讲给自己，讲给同学，讲给家长，讲给周围的人，也成了校园中教育的一道亮丽的风景。

我们还积极创设特色的班级文化环境。在制订班牌的过程中，调动学生设计的积极性。学生自己设计班名、自定班风、确定班级的奋斗目标、选取催人奋进的班歌，班干部还向老师和同学们"公开承诺"，明确干部的职责，开展班级自主管理，各班形成一种"事事有人做，人人有事做"的氛围，激发学生对集体的热爱，增强集体责任感和荣誉感。不同的地方、不同的载体、不同的内容，几乎都有责任在无声的说话。耳濡目染将责任渗透到师生的心理，渐渐变成了责任行为。

③积极探索德育工作序列化。学校德育工作坚持以养成教育为切入点，在关注细节中让学生养成责任行为。在我区"责任心教育"课题的引领下，依据责任心教育五级管理的目标，我们将责任心教育的目标重新组合，形成三个序列：学

生的责任、孩子的责任、公民的责任，同时围绕提高学生责任心意识这个核心，确定责任能力、责任行为、责任情感、责任品格四个纬度，提出《责任行为100问》，实现了将学生的责任意识迁移到其精神体验与生活的实践中。学校德育梳理出年级特色活动主线，形成德育工作序列化，即起始年级：规则教育（养成良好的学习和行为习惯，学会生活）；中间年级：生命教育（树立珍爱生命和环保节约意识，学会尊重）；毕业年级：公民教育（了解国情，懂得报国与感恩，学会生存）。并坚持学校德育工作在"实、严、细、恒"四字上下工夫，提高德育工作的针对性、实效性。根据德育序列主线学校编写的《塘沽十五中责任心教育读本》已经成为了我校实施责任心教育的校本教材。

④开展丰富多彩的责任体验活动。开展丰富多彩的实践活动，寓责任心教育于主题教育、体验活动之中，如演讲会、联谊会、知识竞赛、征文比赛、文化沙龙等，定期举办校园科技节、艺术节和体育节，使学生在活动中得到教育和熏陶，促进师生对学校精神的理解和传承，从而提高学生的责任能力。

（2）将责任教育延伸到家庭。思想品德教育中如果教师的道德评价与家庭道德标准脱节，就会造成"学校一套，家庭一套"的情况。因此，我们必须高度重视家庭教育问题，要求家长积极配合学校教育，努力做好家庭教育工作，让家庭成为德育的加油站。

①开发家庭教育资源，家校共建形成合力。在责任文化建设过程中，父母的生活习惯、兴趣爱好、个性特征，对学生的成长影响很大。可以说，每个特殊的学生背后，都有一个特殊的家庭。我们通过家长会、致家长一封信的形式，将责任心教育的目标细化为学生的责任、孩子的责任、公民的责任标准讲给家长，要求家长对照标准，在每天的家庭生活中落实责任、评价孩子。学校进行优秀责任家长的评选活动，在这个评选的过程中，家长们更加深入地明晓了自己的责任，增强了自身的责任意识，评选的目的不在结果，而在过程，评选的过程也是家长学习"责任"、内化"责任"的过程。

②开展家校联谊活动。为了让学生和家长能积极参与到活动中，并在活动中增加家长对子女的感情和理解，积累教育子女的经验；子女体会到家长的辛苦，从而使家庭关系更加和谐。为此，学校利用各种教育契机，开展"母亲节"感恩活动、亲子活动、开展"爱生月"家访活动、定期举办"家有儿女初长成"育子经验交流。有家长在交流中这样写道："逐渐成熟的女儿，思想有了很大的飞跃，整个人都好像变了：以前的坏毛病养成现在的好习惯；从以前的乖乖女成长为一个豁达、乐观、追求进取的优秀学生……总之，从每一个细节，都可以看出女儿

长大了，这都要归功于学校对家长的指导以及学校为家长提供交流、学习的平台，让我们这些不懂教育的家长在学习之后，能够从容应对家庭教育中出现的棘手问题。解决问题的过程，成了我与孩子共同成长的过程。作为家长，我对学校表示衷心感谢！"

③将责任教育拓展到社区。责任心教育需要学生自主地体验和感悟。学生在一次活动中所获得的道德体验，往往胜过千万次说教收到的效果。"学会负责，做合格公民"通过实施"责任心教育"，逐步培养学生的公民意识，让学生明白，自己不仅仅是一名学生，而且是一名公民。我校的责任教育把教育的空间拓展到校外，拓展到社会。为了更好地发挥社会监督作用，我校聘请了责任心教育校内外监督员五名，坚持每月一次的监督员联系会制度，及时反馈学生在校外的表现和对学校工作的意见和建议，同时建立了8个德育实践基地，如交通治理服务分队、社区敬老服务志愿者、109路公交服务小分队、社区服务等定期进行实践、体验、志愿服务，让学生在社会中践行责任，提前"上岗"，去了解责任和体验责任。结合《责任心教育100问》开展责任行为自测评价及跟踪反馈（学生的责任、孩子的责任、公民的责任），利用假期开展责任心教育评价（社区居委会评、邻居评、家长评、自己评）活动，通过实践和亲身体验，学生在活动中磨砺品质、学会自理、学会关心他人、关爱自己、相互协作。在评价中增强了学生的组织纪律性，树立了集体荣誉感，使学生在活动中受到了教育，强化了德育工作的层次性、针对性、实效性，促进学生的全面发展。

责任心教育实施五年效果显著。责任心教育已经走进了学生学习，走进了学生生活，走进了学生家庭，走进了学生心灵。学校的文化氛围浓郁，特色更鲜明；教师的责任意识进一步强化，凝聚力明显增强。学校的德育工作得到了上级主管部门的极大关注，近几年，在全区德育工作中，我校做了两次典型汇报，并收获了多项荣誉，吸引了众多来自四面八方的教育同仁的目光。

四、成效及启示

（一）成效

1. 教师专业素养得到显著提高

近年来，学校先后涌现出了2名天津市优秀教师、1名天津市优秀班主任、1名天津市师德先进个人、1名天津市教改积极分子、1名塘沽"十佳"教师、1名塘沽"十佳"班主任、1名塘沽"二十佳"师德标兵等一批教育教学方面的典型。

学校现有塘沽学科带头人6名、塘沽命名的区校级骨干教师19名。

"十一五"期间塘沽有7项课题获得天津市教育科学规划办专家组A级鉴定，我校占有4项。在2009年天津市教育科学研究院组织的天津市基础教育科研优秀成果评比中，塘沽有4项成果获得一、二等奖，我校占有3项，其中一等奖2项，二等奖1项。在由天津市教育科学规划领导小组举办的每5年一次的"天津市第二届教育科研优秀成果评选"中，全市共评出优秀成果一等奖13项，其中基础教育仅占2项，我校的课题《新形势下教师队伍发展建设的战略研究》获得优秀成果一等奖。

2. 学生综合素质有了很大提高

几年前，学校向社会公开承诺："从最后一名学生抓起，不让任何一名学生掉队，让所有进入塘沽十五中的学生都能在原有的基础上取得最大的进步：让小学升初中成绩为优E的学生，三年后全部考入重点高中；让更多的小学升初中成绩为良的学生，三年后考入重点或普通高中；让小学升初中成绩极不理想的学生，三年后也能接受高中阶段的教育，成为国家的有用人才。"今天我们做出的承诺已全部兑现，得到了家长和社会的极大认可。

学校课堂教学改革取得实效，使学生在培养学习品质、掌握科学的学习方法和提高学习效率等方面获得了极大的提升。学生通过综合实践活动，走进社会，体验生活，既锻炼了能力，又增强了社会责任感。

3. 学校的办学水平得到了社会各界的高度认可

学校先后获得了国家奥组委颁发的2008年奥运会残奥会奥林匹克教育工作突出贡献奖、全国"十一五"教育科研先进集体、天津市德育工作先进学校等40余项国家和市、区级荣誉称号。《中国教育报》《中国教师报》《天津教育》《天津教育报》《求贤》以及塘沽电视台等多家报刊、媒体均对学校发展给予了报道。2010年12月21日，由天津市教委和《中国教育报》基础教育新闻中心联合举办了潘怀林办学思想与实践成果展示、研讨、交流会，面向全国推介我的办学思想和实践成果。

伴随着学校的发展，作为校长的我也获得了很大的进步。我有幸获得了全国教育系统先进工作者、首届全国教育改革创新优秀校长、全国"十佳"初中校长、全国科研杰出校长、全国"十一五"教育科研先进工作者、天津市第三届最具创新精神"十大"校长、天津市优秀德育研究校长、天津市阳光体育活动先进校长、天津市基础教育科研带头人及天津市滨海新区"十佳"校长、塘沽工委优秀共产党员、塘沽专业技术拔尖人才、塘沽"十佳"校长和塘沽教育系统优秀共产党员标兵等荣誉称号，并入选了天津市未来教育家奠基工程首期学员，入选了由著名教育家、中国教育学会会长顾明远先生任主编的《中华名校长风采录》一书。我深知荣誉的背后是更大的使命和更多的责任，我也将一如既往地为学校的未来发展而不断求索和努力。

（二）启示

1. 坚信每个学生都能成功

衡量学生成功的基本标准有三条：一是学生的学习实现了最大的进步，能力有了充分的提高；二是学生作为社会的一分子，拥有较高的思想道德素质和良好的公民道德意识；三是学生拥有正确的世界观、人生观和价值观，能够正确认识自己、他人和社会。通过探索我们认识到：所有学生都有能力，人人皆可成功。教育的任务就是发现每一个学生的特点与优势，和学生一起寻找到一条适合其发展的成功之路。

2. 坚持科学的办学之路

维护每一个学生发展的权益，保障每一个学生得到充分的发展，这是学校坚持"以人为本"，实践科学发展观的旨要所在。我校实施的"信心教育、静心教育、责任心教育"三位一体的系统教育，正是着眼于保障每一个学生得到充分的发展而提出的，我们通过"信心教育"提振学生的学习士气，通过"静心教育"夯实学生的学习基础，通过"责任心教育"开拓学生的远大胸怀。实践证明，"信心、静心、责任心"教育符合学校的发展实际，极大地促进了学生的充分发展。

3. 办好一所学校，校长是关键，教师是根本

校长作为学校发展和师生共同进步的引领者，是学校发展的关键人物。他的核心任务，就是要对学校的良性运作进行机制、制度设计，进而把校长所推行的治校理念、师生行为、学校运作模式等渗透到每一位师生的意识中，使每一位师生都深受校长领导"无形的手"的影响。教师是学校教育的第一资源。"一流的教育必须要有一流的教师来支撑"，建立一支爱岗敬业、为人师表、专业化的教师队伍是学校教育的基本保障。教师的素质不仅影响到学校的教育教学质量，也关系到课程改革能否深入地进行下去。要通过各种途径和方法，注重提升教师的道德品质、专业品质和科研品质，促进教师的专业化成长。

4. 以学校变革引领学校发展

学校的成功变革是学校建设的必由之路。判断学校变革好与坏，成功与失败的标准，就在于学校文化是否得到进一步地创新，学校文化的档次和境界是否得

到显著地提升，学校的育人水平和育人效率是否有了明显地提高。在学校中发起变革，离不开广大教师的热烈响应和相互合作，变革能否真正在学校中发生，主要取决于教师的态度与行动。教师只有对变革心存强烈的兴趣与愿望，学习和认同变革的理念与思想，掌握变革的策略与步骤，才能真正从行动上支持并参与学校变革。

"让每一个学生成功"是我校提出的"人人有才，人人成材"办学理念的生动写实，是引导我校走向不普通发展之路的航标。今后，我校将一如既往，为把学生培养发展成为符合时代需要的特色发展的现代公民而不断努力，开拓进取。

参考文献

[1] 胡庆芳:《不让一个孩子掉队—新世纪美国政府的教育理想与改革方向》,《外国中小学教育》, 2001 年第 5 期。

[2] 隗峰:《试析"不让一个孩子掉队"法案的实施与发展》,《外国中小学教育》, 2007 年第 12 期。

[3] 赵中建:《从教育蓝图到教育立法——美国〈不让一个儿童落后法〉评述》,《教育发展研究》, 2002 年第 2 期。

[4] 霍益萍、戴天华:《为了所有学生的成功——法国全国教育大讨论总报告概述》,《教育发展研究》, 2004 年第 12 期。

[5] 梅秀荣:《国外如何促进教育公平》,《学习时报》, 2007 年 3 月 27 日。

[6] 何东昌:《中华人民共和国教育史》, 海口：海南出版社, 2007 年版。

[7] 江泽民:《国运兴衰系于教育，教育振兴全民有责》,《人民日报》, 1999 年 6 月 16 日。

[8] 胡锦涛:《高举中国特色社会主义伟大旗帜，为夺取全面建设小康社会新胜利而奋斗》,《人民日报》, 2007 年 10 月 16 日。

[9] 胡锦涛:《努力办好人民群众满意的教育》,《人民日报》, 2007 年 8 月 31 日。

[10] 胡锦涛:《在全国优秀教师代表座谈会上的讲话》,《人民日报》, 2007 年 9 月 1 日。

[11] 改革开放以来的教育发展历史性成就和基本经验研究课题组:《改革开放 30 年中国教育重大理论成果》, 北京：教育科学出版社, 2008 年版。

[12] 李连宁:《要从教育发展战略上思考和促进基础教育的均衡发展》,《人民教育》, 2002 年第 4 期。

[13] 燕国材:《论科学的学生发展观》,《探索与争鸣》, 2005 年第 5 期。

[14] 夸美纽斯著，傅任敢译:《大教学论》, 北京：教育科学出版社, 1999 年版。

[15] 张军凤、王银飞:《论"以师生为本"的学校发展观》,《基础教育参考》, 2007 年第 4 期。

[16] 张军凤:《校长的使命：在学校变革中生成学校文化》,《中国教育学刊》, 2008 年第 1 期。

第十二章　部分领导和专家对学校办学的评价

要想评论一个学校，先要评论他的校长

初识塘沽十五中的潘怀林校长是在首届全国教育改革创新校长表彰会上。当潘校长捧着一摞承载他20年教育历程和校长生涯厚重积淀的文稿让我作序时，我尽管很忙，还是答应了这位立志"做金牌校长、塑王牌教师、创品牌学校"校长的要求。

一个睿智干练的学者型校长

无论当教师还是做校长，一路走来，他始终带着对教育的执著和痴迷，追求着一个个卓越，留下了一串串踏实而闪亮的足迹。他曾是一名普通的德育干部、化学教师、班主任、化学教研员、中层干部。这位素来勤奋钻研屡获殊荣，屡次在各大教研刊物发表教研论文，撰写学科专著的学者型教师，在管理岗位上也尽显风流。作为一所普通中学的校长，他3年间荣获了全国教育系统先进个人、第五届全国"十佳"初中校长、首届全国教育改革创新优秀校长、天津市基础教育科研带头人、天津市第三届最具创新精神"十大"校长、天津市阳光体育活动先进校长、天津市优秀德育研究校长等称号，入选天津市未来教育家奠基工程首期学员，发表了30余篇教育科研文章，办学经验被多家媒体报道。而这些是与他追求"卓越"的精神和信念——"行到半山步犹健、山登绝顶我为峰"分不开的。

一名好校长就能造就一所好学校。他对此有着独到的见解，他说："校长是一所学校的领导。'领导'的内涵就是领先、引导。合格的校长要有思想、有学识，并是教育教学的内行。"正因为有着这样的理念，他从繁杂行政事务中，挤出时间，深入一线搞科研，走科研兴校之路。他既做教育科研的管理者，又做教育科研的实践者，主持的课题《分层教学模式的研究》获得了天津市第四届基础教育教学成果一等奖，主持并成功结题的《新形势下教师队伍发展建设的战略研究》获天

津市教育科学规划办专家组 A 级鉴定。

学者型校长引领出了一个优秀的学者型团队。3 年间，十五中打造出了一支德才兼备的教师队伍，培养出区首席教师 1 名、学科带头人 5 名、区校级骨干教师 19 名，涌现出了天津市优秀教师、教改积极分子、优秀班主任、师德先进个人，塘沽区"十佳"教师、"十佳"班主任、师德标兵等一批教育教学方面的典型。这样的成绩对于一所普通国办初中校来说是很不容易的。

学者型的校长引领出了十五中文化：追求卓越的治校文化、高效和谐的教学文化、精细化管理文化、责任德育文化、"七静三品四用"的教师"静"文化。

正是这样一位睿智干练的学者型校长，用他的潜能激发着教师创业的冲动和创新的潜能，也让每一个十五中的学子在和谐校园里个性鲜活、潜能迸发，推动十五中走向一个又一个卓越。

一个永不服输的校长

"把普通校办得不普通"是他的誓言，也是一种气魄和胆识。面对生源差，他勇敢地对社会公开承诺："从最后一名学生抓起，不让任何一名学生掉队，让所有进入塘沽十五中的孩子都能在原有的基础上取得最大的进步，使他们成为国家的有用人才。"这也是他一直坚守的崇高教育使命和责任，是他办好学校的决心和信心。他相信"每一个师生都有很大的潜能，都能做好本职工作，学校要尽一切可能帮助每一个教师得到发展，帮助每一个学生为日后成为社会栋梁之才而奠定基础"。他带领领导班子确立了"人人有才、人人成材"的办学理念，"追求卓越"的校训，"规范、文明、和谐、向上"的校风，"敬业、民主、创新、高效"的教风，"勤奋、科学、自主、合作"的学风。他把学校的发展定位为"科研兴校、质量第一、立德强身、文化修身、艺高立身、名师强校"，把学生的发展定位为"以德促智、以体促智、以体育德、以美育德"。学校从规范管理入手，从精细化管理着眼，强力推行"一个中心"（以提高教学质量为中心），"两个基本点"（抓精细化管理促教学常规有序，抓科研促教师专业化成长）的教育教学管理策略。

这个不服输的校长在短短的 3 年多时间使十五中发生质的飞跃。今天的塘沽十五中已经成为塘沽地区基础教育创新改革发展的一面旗帜，被誉为绽放在滨海新区的一朵教育奇葩。学校获得了国家奥组委颁发的 2008 年奥运会残奥会奥林匹克教育工作突出贡献奖、天津市中小学生日常行为规范示范校、天津市中小学生思想政治教育先进学校、天津市基础教育科研先进单位、天津市阳光体育活动先进学校、天津市优秀家长学校、天津市安全保卫工作先进单位、塘沽区教育系统先进集体、塘沽区文明学校、塘沽区德育工作先进集体、塘沽区学校体育工作先进单位、塘沽区初中毕业班工作综合评估优秀单位、塘沽区综合治理先进单位、塘沽区优秀法制校园单位等40余项国家和市区级荣誉称号。

不服输的他执著地追求着他的教育梦想。对于学校今后的发展，他坚定地说："再用3年左右的时间，把塘沽十五中办成全市一流优质初中校，用5年左右的时间办成全国一流的优质初中校，办人民群众真正满意的学校。"

一个务实创新的校长

"一流的教育必须有一流的教师来支撑。名师的一种方法、专家的一个观点，很可能使教师发生质的飞跃。"这是潘校长经常爱说的一句话。从2006年到2009年3年间，他执著地行走在"求学""求教""改革""创新"的教育之路上。他提出校长要"十抓"。为让教师静心工作，他用切身的体会，向老师提出了"七静三品四用"工作要求。他关注教育中每一个细节，提出了教育中的"五个第一次"。为促进教师教育实践与研究，他提出了五个"一"和四个"二"的具体要求。作为校长，他亲自求教于知名专家，带领教师学访山东、江苏等地，时刻关注教育信息，不放弃每一个教学展示的机会。他下基层进课堂，听课、评课、指导教学。为使管理体制畅通，他大胆进行中层管理体制改革、人事聘任制度改革、课堂教学改革、职工考核评估制度改革。而《千分制考核》无疑是十五中制度创新的一大成果。天津市最具创新精神"十大"校长、全国"十佳"初中校长、首届全国教育改革创新优秀校长等称号，对他来说确实当之无愧！

在追求真理的路上，潘校长以一个坚定行者的姿势，追求着一个又一个的卓越。有这样一个用心做教育的校长，塘沽十五中的孩子们就有志气、有勇气、有福气，老师们就有底气、有胆气、有朝气，而家长们则有心气、有傲气、有运气。衷心希望在"人人有才，人人成材"的理念激励下，十五中师生们能共同成长，共同进步。衷心祝愿在潘校长的带领下，十五中的明天会更加辉煌！

郭永福

2010年4月15日

（作者系中国教育学会常务副会长、编审）

注：该文是郭永福先生为《林下清心，听吾风吟——天津市塘沽第十五中学潘怀林教育思想文集》（2010年6月，吉林大学出版社出版）一书写的序。

"三大教育"推动一所普通中学的快速发展

塘沽十五中是一所城乡结合部的普通初中，2006年潘怀林到这所学校任校长时，该校校舍陈旧，1/3的学生是农民进城务工子女。要把这样的学校办好并非易事。然而2009年这所学校不仅校舍焕然一新，全体师生的精神面貌昂扬向上，办学成绩也让人刮目相看，已有十几个省市的中小学到这里来参观学习，潘怀林校长也成为全国知名的创新型校长。回首四年来塘沽十五中的发展变化，主要得益于实施三大教育——信心教育、静心教育和责任教育。

信心教育——让师生和家长都要对学校的发展充满信心

有人说：优质学校和普通学校师生的精气神就不一样。步入优质学校，每个师生的一举一动都充满了自信，他们在校外也喜欢告诉别人自己是哪个学校的，就像身上穿了名牌服装。而普通学校的师生却提不起这份精气神，他们对学校的发展缺乏信心，对自己的发展也缺乏信心，他们在心底里就有一份自卑感。作为一所城乡结合部的普通初中，潘怀林校长遇到的最大问题就是师生信心不足：他们没有优质的生源，没有优质的教学设备，也没有骄人的办学成绩，家长把学生送到这样的学校也是无奈之举。谁不想把自己的孩子送到优质学校？有门路的教师谁不想调入优质学校？潘怀林校长上任的第一件事就是如何提升全体师生的信心，让他们对学校的发展充满希望，让家长对学校的发展充满期待。

现在许多政府部门为了提高服务意识，都向社会作出公开承诺，唯有学校却很少有向社会和家长作出承诺的。而潘怀林校长上任后不久就在学校门口的宣传栏向社会和家长作出公开承诺："从最后一名学生抓起，不让一个学生掉队。让所有进入塘沽十五中的学生都能在原有的基础上取得最大的进步。"并且有具体的承诺指标。承诺需要胆量，如果不能实现会影响学校的声誉和招致家长的不满，所以它是以学校和校长的信誉做风险抵押的。承诺是为校长和全体老师树立一份信心，增加一份责任，大家都要为这份承诺付出自己的智慧和汗水。承诺是为学校找到一个最近发展方向，有了承诺学校就有了具体的发展目标，这个目标的实现会增强全体师生的信心。

三年过去了，2006年入学的一届学生实现了学校的承诺，他们的成绩大大提高了学校的知名度和家长对学校的信任度。自 2006 年以来，学校年年向社会作出承诺，向每届学生作出承诺。在教学楼的走廊里，有教师的誓言和学生的誓言，有每个年级组的具体奋斗目标。承诺需要胆量和智慧，更需要科学的决策和认真的落实。塘沽十五中成功了，他们成功地实现了自己的承诺。现在走入塘沽十五中，我们看到的不仅是焕然一新的校舍，更主要的是写在每个师生脸上的那份自信。

静心教育——不仅要减轻学生负担，也要减轻教师负担

潘校长说之前不仅学生负担重，老师的负担更重。老师们往往被许多与教学无关的事所累：没完没了的统计数字和报表，随时随地推门听课，防不胜防的意外事故、突发事件和告状风波，开学初要交各种计划，期末要交总结，每节课要写课堂日志，每周要交教学反思，每月要交教学笔记，每学期要交论文等等。除日常工作之外，又有如此多的事情，老师们不堪重负，没法集中精力研究教学。现在都提倡减轻学生的课业负担，但很少有人提出要减轻教师的过重负担。潘校长认为只有减轻教师的负担，让老师们静下心来研究教育教学问题，才能真正促进教师的专业发展，也才能提高学校的教育教学质量。在这些方面他进行了大刀阔斧的改革，如：

课间操尽量不让班主任到操场去监控学生，实行整体管理；每学期四次检测，考后数字统计可由相关人员集中输入，然后提供给教师们；早中晚自习可以实现无师管理，回归自习的本来面目。这样算起来，一周会给教师节省许多时间，为教师提供了静心思考的时间。另外，凡是应对检查之类的事情，都不让老师做了。例如：学困生帮教计划、中等生提高计划、优秀生培养计划等，没有必要一定要写在纸上，教师自觉地去做就可以。又如：教学德育计划、课堂日志以及抄写教学笔记，也没有必要写在纸上。包括备课这样的常规工作他们也进行了改革。

许多中小学校长都有一个两难的事：检查教师的教案。如果不检查，有些老师责任心差，拿着书本上讲台，不认真备课，不能保证教学质量。如果检查，需要大量的人力和时间，何况校长主任们也不是科科精通，只是看一下教师备课的格式和认真程度，至于这个教案是老师自己设计的还是网上下载的，上课时是否用这个教案等就顾不上了。对这个让人苦恼的问题潘怀林校长进行了大胆改革：学校不再检查教师的个人教案，每个备课组集体备课，实行统一的电子备课稿，个人有需要修改的地方用不同的颜色在电子稿上修改，备课组活动时集体讨论修订。第一年使用的叫"第一使用人"，第二年使用的叫"第二使用

人", 年年修改, 逐年完善, 既减轻了教师的负担, 又做到了资源共享, 智慧共享。潘校长认为, 明明知道无用的事情就不要去做, 一切从实际出发, 是做好学校工作的基础。

减掉老师无效的劳动, 无疑给教师提供了静心研究的时间。在塘沽十五中工作的教师是幸福的, 他们在给学生减负的同时学校领导也在给他们减负, 让他们静下心来研究教学和读书。

责任教育——让每个教师明确自己的岗位职责

责任胜于能力——越来越多的人意识到这个问题。人与人的差别很大程度上不是能力问题, 是责任心的问题。一个有责任心的人会想方设法把事情做好; 而一个缺乏责任心的人往往能够做好的事情也由于马虎草率而做不好。每个人不存在有没有责任的问题, 只是想不想负责任的问题, 责任与生俱来, 无处不在。教育工作是个 "良心活", 如何提高全体教师的责任心, 让他们自觉主动的干好工作, 是校长的重要任务。潘怀林校长一方面通过各种讲座、讨论、演讲等活动提升教师们的责任意识, 另一方面通过改革评价方式, 加强全体教师的责任感。

各初中小学已实施绩效工资制度, 但如何公平科学的考核老师们的绩效, 是令许多校长头痛的事情。塘沽十五中在这之前就实行了 "千分制管理考评办法", 所以在实施绩效工资时实现了无缝对接。潘校长认为: 越是构建和谐社会, 越要注重人本管理, 越需要有一套系统化的岗位职责、考核评价方案和奖励措施作为保障, 否则就会有很多事情失去公平。作为校长, 首先要制订出各类教师的具体岗位职责, 使每个人清楚应该干什么。其次要制订与岗位职责配套的评价指标体系, 使每个教师知道干到什么程度才算好。第三, 要制订考核的具体方法和奖惩办法, 把评价指标体系落到实处。以上三个问题可归纳为: 干什么、干到什么程度、干好与干不好有什么区别。

为此, 学校制订了 34 个岗位职责, 考核评价方案按工作特点归为 16 个类别, 每个类别具体分为工作态度、本职工作、加分项和减分项四个指标, 每个指标都有若干关键表现予以佐证。与岗位考核对应的是 41 个考核评价表。

考核评价方法分为: 月评和期评, 最后由各部门归总成绩, 总结出学期每一个人考核评价的结果。学校坚持每月一小评、学期一终评, 月评和期评各有侧重, 月评和期评的评价结果都要求教师签字认可。考核评价的最终目的并不是给教师扣分, 而是通过考核评价让教师不断查找自身不足, 进而改正不足, 提高工作质量, 促进自身的提高。为便于对考核评价的结果进行分类定等, 也便于实际操作, 学校在实践中形成了"千分制"考核办法。所谓"千分制"考核就是根据干部、教师、职员的工作性质分别制订考核细则，并设定以1000分为评价的满分，根据各项考核指标的主次分别进行赋分的一种考核评价方式。

因为考核的指标是公开的，考核的过程是透明的，并且需要个人签字认定，老师们不用担心会失去公平，自己应该做什么，做到什么程度心中有数，所以安心工作就行，不再为绩效工资的事分心。

王敏勤

2010年5月

（作者系全国和谐教学法研究会理事长、天津市教科院基础教育研究所所长、

研究员）

注：该文是王敏勤教授为《怎样把普通校办得不普通——我当校长四年的思考》（2010年6月，吉林大学出版社出版）一书写的序。

《创建师生共同成长的学校》序

读到潘怀林校长的这本书稿，已经让我为之一振。最近有机会走进他的校园和接触他的团队，更让我精神振奋。"关心每个学生，促进每个学生主动地、生动活泼地发展；尊重教育规律和学生身心发展规律，为每一个学生提供适合的教育"——《国家教育规划纲要》中的这一段话，说起来容易，做起来却很难。但塘沽十五中学的校长和老师们每天都在这样做着。

在《创建师生共同成长的学校》这本书中，字里行间都渗透出这所学校"领跑人"对教育的执著追求和睿智管理，渗透出这所学校不断积淀的学校文化底蕴和魅力。正是这种学校文化，以一种无形、巨大和长久的力量影响着师生成长，创造着一个又一个卓越和非凡的成绩。"创建师生共同成长的学校"，可以说是潘校长带领十五中人对教育事业追求的美好愿景，而这个愿景正在变成现实。

学校是育人的专门场所，肩负着社会赋予的历史使命。一个个成长中的个体期望在这里得到健康成长，一颗颗闪耀的心灵期望在这里得到人生的感悟，一个个聪明的头脑期望在这里得到智慧的启迪。育人，育好人，这就是学校的本分。十五中学面对地域相对偏僻、生源平平的现状，以"相信每一个学生都能成材、

相信每一位老师都有巨大潜能、相信学校能为每一个学生提供适合的教育"的信心和勇气，确立了"让每一个学生都成功"的办学理念，向社会公开承诺"不让一个学生掉队、从最后一名学生抓起"。在当前仍然存在片面追求升学率的状态下，潘校长的这种"不抛弃、不放弃"的责任与坚守，不能不让人对他肃然起敬。十五中学对这个承诺的坚守和践行也促进了师生对"让每一个学生都成功"的教育思想的理解，促进了师生的共同成长，也赢得了家长和社会的认可。十五中学真正成了基础教育的一面旗帜，成了先进教育思想的传播基地。

纵观十五中学的发展进程，不能不说这是科研实践的过程。"科研兴校""教研科研一体化"在这里得到了真实的体现。整体建构和谐教学的"学练议"教学模式，有效地促进了课堂教学的高效果。分层教学、分类指导的"十抓"策略，关注了每个学生的个性差异，使每一个学生获得了发展。静下心来教书、潜下心来育人的"七静三品四用"以及促进教师能力提升的"5个1、4个2"要求，更促进了教师专业化水平的提升，也使学校真正成了现代教育科研的实验基地、优秀教师培养的基地。

教育的根本目的是培养真正的人，这也是办学的使命所在。潘校长和他的团队在不断追求管理的新境界，在不断前行并超越自我的过程中，在"创建师生共同成长的学校"的愿景下，有效地解决了一些棘手的德育问题，建设"责任文化"，用"责任"引领师生的发展与进步，用精神激励师生成长。他们的这种"责任立身、文化立校"的管理境界，使学校变成师生共同成长、和谐发展的精神家园。

寥寥数语不能涵盖这本书稿的全部要义，但可以肯定地说，这是一本不可多得的好书，值得每一位教育者细细品读和回味。祝愿潘校长和他的团队在教育的路上越走越坚定，祝愿塘沽十五中再铸教育的辉煌！

郭永福

2011 年 6 月 27 日

（作者系中国教育学会常务副会长、编审）

注：该文是郭永福先生为《创建师生共同成长的学校》（2011 年 7 月，新华出版社出版）一书写的序。

《信心、静心、责任心——一所普通校心中的教育》总序

　　教育总是以鲜明的时代精神为底蕴，以时代发展的要求为方向，以地区发展的要求为照应，以学生发展的需要为基准。办人民满意的教育落脚点在哪？在于"办好每一所学校"，更在于"教好每一个学生"。依此塘沽教育推出"人本发展"和"均衡发展"方略。

　　"人本发展"是让我们的教育更加关照学生这个独特的生命主体：尽可能地为学生的发展提供机会，让学生更多地体验到被人关注、被人爱护的温暖与幸福，更多地体验到自由探索与成功的快乐；"人本发展"是教育直接指向每一个学生，要关注学生个性的发展，还原学生的主体地位。要尽可能地去发现学生的闪光点，引导学生扬长避短，帮助学生积极开发自身潜能，用以激发学生学习的主动性、积极性和创造性。真正使我们的教育服务于学生，使我们的课堂凸显"人本教育"理念，这样我们才能"教好每一个学生"。

　　"均衡发展"是地区教育发展的必然趋势，这不仅是政府的责任，更是从事教育事业部门的使命；我们知道，春的气息不是一花独秀，而是百花齐放。换言之，教育事业办几所标志性重点校不足以说明是好教育，只有"均衡发展""办好每一所学校"，我们的教育才会有后劲，我们的教育才能持续发展。让我们的薄弱校不再薄弱，让我们的普通校不再普通，让学校与学校不再有多大差距，让学校教育资源不再有落差，让家长不再为选择学校而为难，这才是为教育者不辱使命的作为，这才是"办好每一所学校"的标志。

　　多年来，塘沽教育把培养学校干部、教师作为素质教育的有力手段，把整合教育资源，加大对一些普通学校的投入作为重要举措，强有力地推动了塘沽教育事业均衡发展。我们立足"办好每一所学校，教好每一个学生"。在解决"如何办好普通校"这个实质性问题上，今天的塘沽十五中就是我局在推进义务教育均衡发展方面的一个很好的典型。

　　塘沽十五中是一所位于滨海新区塘沽城乡结合部的普通国办初中校。重新审视这所普通校，我因学校发生的前所未有的变化、取得的多种荣誉而感到由衷的欣慰，更被眼前的这本《信心、静心、责任心——一所普通校心中的教育》教育丛书深深打动。

《信心、静心、责任心——一所普通校心中的教育》这本教育丛书，是学校施以"信心教育""责任心教育"和"静心教育"的教育总结，它为学校发展、为教师成长、为学生进步带来"含金的矿脉"。其教育价值，唤醒了师生对美好事物的向往；激发了师生昂扬向上的斗志；形成了师生对"追求卓越"的共同愿景。

《信心、静心、责任心——一所普通校心中的教育》这本教育丛书，凝聚的是学校领导集体的心血，他们沿着"人人有才，人人成材"的办学理念，直接与师生对话，帮助师生提振精神、树立信心，从而在师生心里营造了一种和谐氛围。他们把对管理的责任落在实处，在学校管理上进行了多次改革，在不同时期架构不同管理机制，譬如：教务处改为三处——教学运转处、教学质量处、教学科研处；德育处和体卫处整合为"德体卫艺处"，后又把德育、教学两部门综合为"教育教学处"；同时还增设了"校园文化研究室""教育督导室""名师培养工作室"等；他们为客观评价教职工业绩，几经论证推出"千分制考核方案""教师职称评定量化方案"；他们深化教学改革，减轻教师负担，实行"集体备课的共享教案"，而后又实行了"自选分类教案"；这些改革举措，从功能层面看，无疑具有指导个人行动，维持个人行为的作用，体现着人文管理理念。

《信心、静心、责任心——一所普通校心中的教育》这本教育丛书，是一所普通校从"思我"走向"大我"经历的见证。学校的教育及其发展自始至终没有偏离这所学校，没有放弃每一个学生，没有忘记每一位教师的发展问题。师生需要注入信心，学校把大课间跑操活动打造成品牌，让人震撼，这其实在告诉师生："我们能把这件事做好，意味着其他事也能做好"。学校了解学生学习会遇到困难，便实施"分层教学"，2011年中考成绩实现历史性突破，证实了"分层教学"的有效性；学校听到教师有专业发展的诉求，便广开渠道为教师搭起各种教学交流、课堂展示平台，区学科带头人、区骨干教师一茬又一茬成长起来，居同类校之前列；学校分析当今学生缺少责任，于是实施"责任心教育"：校园里"责任教育长廊"发挥着陶冶作用；学生"责任讲解团"呈现着生生教育功能；每月召开两次责任教育主题班会，是有针对性的责任教育；为学生开辟近30个社团活动场所，每周活动一次，必然会促进学生个性发展；学校发现师生受社会影响有浮躁现象，便积极进行"静心教育"，分别向师生提出"七静三品四用"要求，进而又为学生创设课表化阅读学习的空间，向教师提出"5个1"和"4个2"自身发展要求，自然有效地控制了师生教学中的浮躁心理，为教学指向了高处。教育是关系着每一个学生成长与学校发展的价值领域，在这个领域中，正是由于塘沽十五中有着不懈的努力和追求，使得学校获得了各种荣誉：学校被评为首届全国百强特色学校，获得了全国"十一五"教育科研先进集体、国家奥组委颁发的 2008 年奥运会残奥会奥林匹克教育工作突出贡献奖，获天津教育十大特色学校等各种市级荣誉 17 项、获天津市教育教学科研成果一等奖 2 项。如果说，塘沽十五中的发展是在"思我"中不断前行，那么现如今这所学校诸多荣誉正向"大我"走去。

《信心、静心、责任心——一所普通校心中的教育》诠释了塘沽十五中"信心教育""责任心教育""静心教育"三位一体的教育主题。信心教育是以发现自我为教育根基，责任教育是以发展自我为教育载体，静心教育是以成就自我为教育目标。这本教育丛书是办好每一所学校，教好每一个学生的践行本，是"人本发展"与"均衡发展"的教育起色。它必将为塘沽教育的发展带来辐射与影响，期待塘沽十五中再创辉煌。

天津市滨海新区塘沽教育局局长

闫国梁

2012 年 1 月 6 日

注：该文是天津市滨海新区塘沽教育局闫国梁局长为《信心、静心、责任心——一所普通校心中的教育》(2012 年 2 月，中国出版集团——现代教育出版社出版) 系列丛书写的总序。

把普通学校办得不普通

2010 年，我应天津市教委之邀，参加天津市未来教育家奠基工程学员潘怀林办学思想与实践成果展示、研讨、交流会，结识了天津市塘沽十五中的潘怀林校长。潘校长与同事们一道努力践行"把普通校办得不普通""让每一学生都成功"等教学理念，给我留下特别深刻的印象。

赏析塘沽十五中的办学经验，有"学校精细化管理"所彰显的科学管理引人注目。我认为，其经验中的人文精神分析也不容忽视。不仅从科学理性，而且从人文精神视角两方面，才能更为深层地触摸到塘沽十五中具体办学行为中的可持续发展意义。

"把普通校办得不普通""让每一学生都成功"的时代价值首先表现为教育的民主情怀、人文精神。对原本并非名校的塘沽十五中来说，把普通学校办得不普通，就是要把一般的教育资源转化为优质资源，为更多学生的发展创造条件、提供机会。学校向社会做出的"从最后一名学生抓起，不让任何一个学生掉队"的承诺，进而表达了对每一个个体生命的敬畏和对每一个学生家庭的教育权利的尊重，其内隐藏的正是一种民生、民主责任自觉。

塘沽十五中教育管理实践中散见的一些教育民主措施，是应该而且可能发扬光大的。这些措施如，学校为教师搭建公共化的专业发展平台，培养教师教书育人的责任意识，培养学生的培养学生服务于社区、社会的责任意识。又如，在《千分制教职工考核方案》的教师工作绩效考评中，通过对工作成绩的客观计算，限制管理者的自由裁量，努力使"考核结果与职工工作表现一致"，以实现公正、公平。再如，学校办学指导思想及重大改革方案、工作规划计划、涉及教职工切身利益的规章制度及奖惩执行情况等，都需要经过教代会审议、讨论通过。教代会代表还要参与推荐学校行政领导人选，对学校领导干部进行民主监督等。

从科学视角，"把普通校办得不普通"，就是通过理性逻辑算计，把先进教育思想体系转换成办学的行为体系，就是要把大家都知道的一些教育观念落实得很不普通。一如潘怀林的口头禅"把简单的事办好就是不简单"。

塘沽十五中选择"精细化管理"作为展开办学行为体系的重要路径。"精细化管理"是现代企业在实践中发展起来的一种科学管理办法，关注产品质量的精细化和分工的精细化。其基本特征是重质量、重效果、重过程、重具体、重落实，讲究专注地做好每一件事，在每一个细节上精益求精、力争最佳。在办学中引入精细化管理，就是要在办学指导思想及其基本规范确定后，强调执行力，强调从细节上落实以求精。

塘沽十五中从2006年开始尝试，具体而清晰地描述每一个岗位的职责；制订与岗位职责配套的评价指标体系，以及具体评价措施和奖惩办法；实施月评和学期评价。当然，这些做法反映的仅仅是精细管理的技术路线。

单有技术路线，于事无补。我曾经接触过一些引入精细化管理办法的办学案例，并从中获得些许认识。由于学校育人质量的描述较之企业产品质量描述更为复杂，抓住哪些节点来刻画质量，影响着学校精细化管理的价值取向，也是一关键。

我尚不能全面概括塘沽十五中的精细管理所指向的关键节点，其不胜枚举。先说，他们把原来的教务处分设为三个处：设教学运转处负责教学的常规工作；设教学质量处跟踪教师业务成长情况；设教学科研处以引导教师走教育科研之路。又把原来的德育处、体卫处整合为德体卫艺处，下设三位主任，其中有一名主任专门抓班主任工作。这样的管理机构重构，传达出对教师专业发展、教学研究以及班主任工作等方面的重视。

再看，在其管理改革重典《千分制教职工考核方案》中，不管是所谓的"主科"还是"副科"，不管是作业学科和非作业学科、中考学科和非中考学科都专设有相应的评价指标体系，所有教师都能根据自己的工作完成情况得到德、能、勤、绩四个方面考察，获得一个客观的"千分数"。这样的评价方案得到教职工普遍认可，其工作积极性的调动，正有助于纠正一点"偏科现象"。

还有，该校要求中层及以上干部每天必听一节课，相关教学管理干部则要求听课后必须评课；要求教学管理干部，课表化地深入教研组与教师一起教研；要求分管教育、教学的校长领导相关中层干部开展"巡课"活动，确保每一节课都有人巡课。工作要求精细至此，对保障课堂教学质量的稳定，确实发挥了有效作用。

从上述管理节点中不难辨析出推进素质教育的种种意向。正因为此，我们能从因果联系上理解天津市人民政府教育督导室2009年11月的评估结论。试转述若干：管理改革优化了学校的运行机制，学校提出的"静下心来教书，潜下心来育人"的要求，得到了比较好的落实；课堂教学质量普遍提高，家长反映成绩较差的孩子也愿意上学了；德育工作成果比较突出，体现了针对性、实效性和主动性，从根本上加强了班主任队伍的建设，体育、艺术教育得到重视，学生活动生动活泼，全校学生精神状态积极向上，行为习惯良好。

改革需要智慧，莽撞行事往往会把好事办砸。改革者的实践智慧常常表现在拿出对策，来处理伴生于改革新政的各种矛盾冲突。塘沽十五中精细化管理实施过程中的"先减后加"当属实践智慧，即先要切实减少一些形式主义的东西，减轻教师不必要的工作负担，给教师创设宽松的环境，然后才能使他们能够有充足的时间和精力去提高自己的专业素养。

说到底，精细化管理由管理层"自上"引发，是一种"管理控制"，其对立面是被管理者的主体能动性。依据现代观念，学校场域中存在着"外在控制"与"主体自主"间的权衡。在反映塘沽十五中办学经验的本书中，有关"反思"部分假设一所学校的机构设置，不只限于管理层，还应该多元些，打算今后要切实发挥"学校学术团体"和"纳谏组"等组织结构的作用。这些假想措施的意义正是谋求"教师自主"。我们坚信，更加智慧地调动广大师生参与管理的主体能动性，是塘沽十五中科学发展的一方新的上升空间。

近几年来，经过全体教职工的团结奋斗，塘沽十五中发生了历史性的、可喜的变化。最后想到两条结论。其一，靠"生源大战"争夺高分生源来来确保毕业班出口成绩的优异，这种打造名校的路子肯定不是优质资源建设的公道。其二，彰显办学思想不是靠校长能说会道，教育改革上的夸夸其谈已经成为一种令人厌恶的喧闹和折腾。"静下心来教书，潜下心来育人"是正道。

周林

（四川省教育科学规划办副主任、研究员）

2012 年 2 月 5 日

注：该文是周林先生为《信心、静心、责任心——一所普通校心中的教育》（2012 年 2 月，
中国出版集团——现代教育出版社出版）系列丛书《精细打造精品》一书写的序。

《责任培养习惯》序

2010 年应邀到滨海新区塘沽进行一场有关德育的讲座，路途中翻阅当天的报纸，《渤海早报》上一则对塘沽十五中学责任教育活动的报道，让我为之一振，并让我为它临时改了行程，利用会议前期的间隙驱车直奔塘沽十五中的校园，走进了这所城乡结合部的普通中学，感受到了这所普通学校中"爱与责任"的力量，从此也与十五中的领头人潘怀林校长结下了不解之缘。潘校长请求为学校的《责任是一种习惯》作序，我也正欲与这位有识、有志的挚友畅谈，乐此不疲亦欣然接受。

谈及教育，首先我要说，中国的教育是幸运的。在人类社会发展的进程中，从来没有像今天我们所处的时代如此波澜壮阔；在中国教育发展的历史上，也从来没有像今天这样，引起全社会的共同关注和重视。全民关注教育是教育的幸运，是教育发展的巨大推动力；全民谈论教育、思考教育是社会进步与发展的必然，也是我们教育者收获的成果，教育已经成为风口浪尖上的事业。

十五中的教育有着它的高贵之处就是不浮躁。书稿中呈现的德育实践的成果和育人经验，是老师们静心钻研、静心教书、静心育人的真实写照。"七静三品四用"这种从容、平和的静心教育打造了十五中"心灵德育"的品牌，带给学生的是一种享受：学生们在享受中浸润，在享受中悟理，在享受中成长。

十五中的教育有着它的高贵之处就是负责任。塘沽十五中学不是重点校，这是一所城乡结合部的普通初中校；它没有优质的生源，生源 1/3 来自外地务工人

员家庭；十五中更没有优质的师资，但他们相信"人人有才，人人成材"，"从最后一名学生抓起、不让任何一名学生掉队，办人民满意的教育、办家长满意的学校"的责任情怀引领着教师们走上了"我与责任同行"的阳光大道。几年来，责任教育的坚守和推进，十五中学打造了"责任文化"的德育特色品牌。文稿中字里行间记录着十五中人践行责任的足迹、诠释着责任的深刻内涵；校园中的责任教育长廊熏陶着师生们，学生的责任讲解团的巡回宣讲感染着激励着师生、家长和来自四面八方的客人，十五中的责任教育也由此走进了家庭、走进了社会。责任成就了成功，仅仅几年时间，十五中学已是全国知名、享誉各地的名校。在这里，责任也已经成为了师生的一种习惯。

　　十五中的教育的高贵之处就是有着自己的精神。我曾讲过："缺什么也不能缺健康，少什么也不能少精神。"在挤时间、拼体力、求高分数的今天，十五中学每天都有一小时大课间活动。丰富多彩的活动将学校的办学理念、将学生的行为规范、将集体荣誉和观念、将强身健体等理念融于一体。在多家网站上不时跳动的"令人震撼的大课间"的学校风采展示，也同样向人们昭示着十五中的展示、展示、再展示的"我要发展"的冲动和激情。"我要发展"的精神，而且是积极主动地去发展自己的精神，是十五中学之所以成功的不竭动力。培养学生的良好习惯需要展示，事实证明，展示的结果使师生士气越来越高、斗志越来越强、信心越来越足、人生的步伐迈得也越来越豪迈。"展示、展示、再展示"的这种精神，也正是这些蓝领家庭的普通学生能够阳光健康、快乐成长的奥秘。十五中打造了德体兼容的"大课间特色"品牌，体艺活动促进了学生健康快乐成长。

　　教育是农业工程，需要耐心等待，需要留出成长的空间，十五中的教育还会有更加广阔的成长天地。教育是种责任，把教育当成了一种习惯，我们就能把每一次工作变换当成一种成长，把每一份重担看成是一分收获。十五中人已经把责任变成了一种习惯，在日复一日的平凡工作中执著地追求他们崇高的教育理想。

张国宏

（作者系《德育报》社长、总编）

2012 年 1 月 25 日

注：该文是张国宏社长为《信心、静心、责任心——一所普通校心中的教育》（2012 年 2 月，中国出版集团——现代教育出版社出版）系列丛书《责任培养习惯》一书写的序。

在路上

近几年，天津市滨海新区塘沽第十五中学以其艳羡的办学实绩逐渐出现在公众视野，更因其校长潘怀林鲜明的办学理念、儒雅精致的办学风格和坚韧的办学实践为社会所高度关注，并得到充分认可。

这是一所地处塘沽城乡结合部的普通初中校，学校没有华丽的校舍、奢华的教学装备、优越的师资队伍和高水平的生源，学校各方面的条件都很一般，很不显眼。然而，就是这样一所在人们看来极为普通的学校，在天津市义务教育学校现代化标准建设评估验收中，不仅顺利达标，而且赢得了评估专家的一致赞誉。几年来，他们以"让每一个学生成功"作为学校办学的核心价值观，把更多的小学升初中成绩为"良"的学生送进了重点高中或普通高中，能以学生三年后的进步兑现对社会的公开承诺，靠的不仅仅是勇气和勤奋，更体现了一种心智和艺术。这个学校的发展轨迹和校长的管理风格产生的示范效应可以为当前中国各地普通初中的内涵发展提供极为珍贵的借鉴价值。

在天津市教育委员会和中国教育报基础教育新闻中心举办的潘怀林办学思想与实践成果展示、研讨、交流会的时候，我来到了塘沽十五中，虽然考察时间不长，但却带给了我许多新的发现。校长紧紧抓住教学这个学校工作的主阵地，带领全校教师学生在高效教学上实实在在、一点一点狠下工夫，以此辐射到学校工作的每一个领域，每一项任务中，并形成了"信心、静心、责任心"的学校办学品牌特色。其中静心，有沉潜之意，是学校持续做许多具有创意举措的起点、基础。

走进十五中，醒目的办学理念映入眼帘，学校对社会的公开承诺和办学总体目标竖立校门一侧，教学楼两侧整齐有序的"团队建设园地"、环绕校园的"责任教育基地""德育特色活动及成果展示长廊"，呈现出外部校园环境的三大主题。步入教学楼，门厅、楼道、班级、办公室文化各具特色，彰显学校的文化内涵，营造出良好的育人氛围。塘沽十五中确实没有豪华的设施，却到处给人一种感染、陶冶、体验的浓郁氛围，环境、学风、教风确确实实能感觉到不一般、不普通。在塘沽十五中，从学校领导到每一位教师，都把爱和学习作为一种专业追求，一种核心行动准则，一种工作态度，一种生活享受。这个学校的文化使得师生充满了对学校生活的幸福感。"文化的力量"为学校教学的改革、素质教育的推进拓展了空间。

塘沽十五中的教学工作做得普通扎实，但很长远有效，他们有组织、有步骤采取的措施和系列活动使学校的教学质量、教师教学水平得到了显著提高，毕业班教学成绩稳步提升，优秀率连年有突破。他们的做法可以引发我们的思考，使我们从中受到极大的鼓舞与启迪：一个极普通的初中校如何实现华丽转身成为一所现代化教育优质学校？

校长考虑的龙头问题——教育科研。塘沽十五中校长潘怀林是一位年轻的学术型校长，他倡导教师不仅仅做知识的传授者，更应做一名教育研究者。校长的身影所在，就是领导力所在。他带头搞科研，亲自传经验，鼓励教师把课堂教学中的问题变成研究课题，按照科学方法进行研究，寻求解决的路径与方法。他的科研成果获得了天津市第四届基础教育教学成果奖一等奖、天津市第二届教育科研优秀成果一等奖、天津市基础教育首届科研成果评比一等奖等诸多荣誉，由此带动学校一批教师在教学实践中钻研，不仅使教师的科研能力和专业素养得到显著提高，而且学校高水平的科研成果的数量跃居塘沽地区前列。

教学改革的实验场——课堂教学。教学有法但无定法，所有的"法"都要为学生的学和学习的效果服务，所有的"法"都要围绕学生健康发展、健康成长。塘沽十五中的教师不仅将课堂作为教学场所，还把课堂当做一个实验基地，学生不仅是教育对象，也是研究对象。在这样的理念认同下，塘沽十五中唱响了教学改革的主旋律，一系列活动拉开序幕。

学校实施集体备课下的共享教案，教师备课务求实效。校内先由备课组集体讨论教材和教法，然后分工执笔写教案，再集体讨论并修改教案，最后形成电子教案并共享，电子教案三年一循环。这样做的目的是减少教师无效的劳动时间，使其把精力真正用在备课上，集中精力研究学生、考虑教法、提高课堂教学效率。教师在教学过程中有了新的体会，可及时在共享教案上提出修改意见，每个教师使用一种颜色作为记号，一看就知道是谁的建议，然后开展集体讨论，修改后的教案供下一轮使用。这样使有经验的教师不用再花费宝贵的时间重复写教案，而年轻教师也在集体备课中得到了提高。三年循环后，学校再与教师一起分析，结合教师的自我意愿和实际，分层定位，分类书写详案、教学流程、个性研究教案。这是一种非常有效的交流、一箭双雕的尝试。

引导教师说课标、说教材。如果一个教师不能熟练的把握课程标准和教材，即使教学方法再灵活，也是舍本逐末。为此，学校每学期都开展教师说教材竞赛，暑期长假说整个学段的教材，每学期开始说一册教材，学期过程中结合集体备课说一个单元的教材。在说教材过程中，老师们画"知识树"，把各科的知识树张贴在教学楼的走廊里。现在，知识树已经成为学校一道靓丽的风景线。课间，学生们看着知识树就能回忆教材。老师们也应邀到外省外校介绍说教材的经验和现场示范展示。

改革教学方法，实施分层教学，通过"教改大课堂"探讨高效课堂。在实践探索中，塘沽十五中找到了课堂教学改革的基本路径即"学练议"的教学模式和"学练卷"的载体。老师按照分层教学的要求，在备课的过程中本着"学练议"的基本过程，设计"学练卷"。课上学生自己根据"学练卷"，了解和把握任务，阅读和理解教材，思考和试作例题，议论和探究规律，练习和研究习题。学生随着课堂步步深入的学习，跟着老师适时地点拨，盯着自己层层目标的落实，享受着自主学习过程的快乐和成果。每周一天的教改大课堂不仅锻炼了一支高水平的教师队伍，也探索出了适于学校各学科的高效教学模式。课堂教学效率提高了，学生的负担减轻了，而升学率却大幅度提升。

突出教学管理的针对性和实效性。改革教学管理模式，建立了教学运转处、教学质量处和教学科研处，并设置名师培养办公室，使教学管理更趋专业化，显现出有章法、有层次、有侧重的格局。学校调整作息时间，将每节课缩至40分钟，挤出的时间增设学生作业答疑课，强化"今日事今日毕"的习惯。学校以巡课视导为手段，从减少教师授课时间、取消业余补课时间入手，约束教师的教学行为，严格规定放学静校时间，对拖堂、不按时静校实施公示制，对家庭作业进行追踪，以此"逼"着教师研究高效教学，切实减轻学生的过重负担。

上述做法其实是体现了学校全方位聚焦于教学领域最基本、最核心的问题，潘校长与塘沽十五中的教师作了极富创造性的积极回应与有效探索，从中反映出众多教师孜孜以求的学习状态，折射出教师群体的实践智慧，可操作性与可见性融和。经过几年的探索实践，塘沽十五中教师队伍的课堂教学水平、科研能力和专业素养得到了显著提高，学生的学业成绩明显进步，学校连年被授予塘沽毕业班工作综合评估优秀单位，学校的办学水平得到了社会高度认可。

这本书印记着塘沽十五中教师在潘怀林校长带领下走过的一段又一段足迹，都是来自教学第一线的真实声音，原汁原味，去了许多刻意雕琢，朴实无华，真实生动，叙述中多用白描手法，讲出了老师的许多心里话；夹叙夹议，也道出了不少探索中的困惑与喜悦。这些都是其他学校的校长、教师可以学到做到的。

在深化课程改革的路上，塘沽十五中还有很多的追求，但只有走在路上才能丈量出理想与现实的距离，只有走在路上才能欣赏到最美的风景，只要行动就会有值得期待的变化。我们期待着塘沽十五中涌现出更多变化、新的成果。

上海师范大学教授 博导
前任基础教育处处长、基础教育发展中心主任
钱源伟
2012 年 1 月 13 日

注：该文是钱源伟教授为《信心、静心、责任心——一所普通校心中的教育》(2012 年 2 月，中国出版集团——现代教育出版社出版)系列丛书《科研铸就品牌》一书写的序。

附录一：任校长后的主要业绩档案

（2006.7~2012.7）

一、发表的学校管理方面的论文和文章主要有：

1.《让教师静心工作》发表在 2008 年 12 月 9 日的《中国教育报》（中华人民共和国教育部主管，中国教育报刊社主办）上。

2.《强制教师坐班有碍工作效率提高》发表在 2009 年 3 月 17 日的《中国教育报》上。

3.《办公室应成为学校的文化标志》发表在 2010 年 2 月 2 日的《中国教育报》上。

4.《教师流动如何更加有序有效》发表在 2010 年 2 月 27 日的《中国教育报》上。

5.《集体备课促教师业务水平提升》发表在 2010 年 3 月 5 日的《中国教育报》上。

6.《不辱使命，为教育奠基》发表在 2010 年 11 月 12 日的《中国教育报》上。

7.《潘怀林：让每一个学生都成功》发表在 2010 年 11 月 26 日的《中国教育报》上。

8.《建立实至名归的教代会制度》发表在 2011 年 7 月 5 日的《中国教育报》上。

9.《校长人生的变与不变》发表在 2011 年 12 月 27 日的《中国教育报》上。

10.《校长怎样走出"忙区"——大道至简，寻找"脱忙"智慧》发表在 2012 年 3 月 6 日的《中国教育报》上。

11.《践行生命化教育：当代教育家的时代使命》发表在 2009 年第 21 期的《人民教育》（中华人民共和国教育部主管，中国教育报刊社主办）上。

12.《迈向"普通"的高处就是追求卓越》发表在 2010 年 6 月 30 日的《中国

教师报》（中华人民共和国教育部主管，中国教育报刊社主办）上。

　　13.《教育要为学生的未来负责》发表在 2011 年 6 月 29 日的《教育文摘周报》（中华人民共和国教育部主管，中国教育科学研究院主办）上。

　　14.《创新学校管理，促进教师发展》发表在 2010 年第 2 期的《中小学校长》（中华人民共和国教育部主管，国家教育行政学院主办）上。

　　15.《普通初中校发展的探索与实践》发表在 2011 年第 9 期的《中小学校长》上。

　　16.《让每一个学生成功，把普通校办得不普通》发表在 2011 年第 11 期的《中小学校长》上。

　　17.《稳中求变，变中求新——学校组织机构设置的思考与实践》发表在 2011 年第 12 期的《中小学校长》上。

　　18.《新课改背景下如何提高教师的基本素质》发表在 2008 年第 9 期的《天津教育》（天津市教育委员会主管，天津教育杂志社主办，全国教育类核心期刊）上。

　　19.《评价一堂好课的两个主要指标》发表在 2009 年第 4 期的《天津教育》上。

　　20.《让教师能够静下心来工作》访谈录发表在 2009 年第 5 期的《天津教育》上。

　　21.《不要硬性规定课堂讲授时间》发表在 2009 年第 7 期的《天津教育》上。

　　22.《让教师静下心来自我发展——新时期校长的责任与使命》发表在 2009 年第 9 期的《天津教育》上。

　　23.《校长是否兼课要因人而异、因校而异》发表在 2009 年第 10 期的《天津教育》上。

　　24.《建设文化校园，提升学校品质》发表在 2010 年第 3 期的《天津教育》上。

　　25.《学生大课间活动不求形式要求实效》发表在 2010 年第 5 期的《天津教育》上。

　　26.《高效教学的探索与实践》发表在 2011 年第 8 期的《天津教育》上。

　　27.《实施"三心教育"，促使学生人人成材》发表在 2011 年第 11 期的《天津教育》上。

　　28.《中学校长应该做到的"十抓"》发表在 2009 年第 5 期的《天津教科院学报》（天津市教育委员会主管，天津市教育科学研究院主办，全国教育类核心期刊，天津市一级期刊）上。

　　29.《谈教师队伍发展建设的八大策略》发表在 2010 年第 2 期的《天津教科院学报》上。

　　30.《让每一个学生成功——教育公平的必然要求》发表在 2011 年第 3 期的《天

津教科院学报》上。

31.《构建教师评价体系，促进教师专业化发展研究》发表在 2012 年第 1 期的《天津教科院学报》上。

32.《追求育才卓越，塑造育贤品质》发表在 2010 年第 1 期的《求贤》（天津市一级期刊）杂志上。

33.《校长应该做到的"十抓"》发表在 2011 年第 8 期的《求贤》上。

34.《如何促进教育科研的深入开展》发表在 2008 年 5 月 2 日的《天津教育报》上。

35.《浅谈学校的文化建设》发表在 2008 年 5 月 14 日的《天津教育报》上。

36.《浅谈新形势下教师队伍建设》发表在 2008 年 10 月 15 日的《天津教育报》上。

37.《新时期，教师的责任是什么？——对自己负责，对学生负责》发表在 2009 年 9 月 9 日的《天津教育报》上。

38.《践行生命化教育：当代教育家的时代使命》发表在 2009 年 12 月 9 日的《天津教育报》上。

39.《要引领教师做好规划》发表在 2010 年 3 月 3 日的《天津教育报》上。

40.《说教材是校本教研的重要形式》发表在 2010 年 3 月 10 日的《天津教育报》上。

41.《"三个转变""三个改变"使每个学生得到发展》发表在 2010 年 3 月 24 日的《天津教育报》上。

42.《教师队伍培养的九大策略》发表在 2010 年 9 月 8 日的《天津教育报》上。

43.《为"无为而治"奠基》发表在 2010 年 9 月 22 日的《天津教育报》上。

44.《校长听课的"三利"与"三要"》发表在 2011 年 6 月 29 日的《天津教育报》上。

45.《价值多元化更需要负责任的教师》发表在 2011 年 9 月 7 日的《天津教育报》上。

46.《用"三心教育"促学生成功》发表在 2011 年 12 月 28 日的《天津教育报》上。

47.《摆正自身角色，平等进行沟通》发表在 2008 年 1 月·下的《教育·校长参考》（中国教育学会教育机制研究分会主办）上。

48.《用学习打造教师团队》发表在 2008 年 5 月·下的《教育·校长参考》上。

49.《学校管理以责任为重》发表在 2008 年 6 月·下的《教育·校长参考》上。

50.《理解，直面现实与困境——沉下来当校长》发表在 2008 年 11 月·下的《教育·校长参考》上。

51.《校长日常管理的必修功课》发表在 2009 年 10 月·下的《教育·校长参考》上。

52.《校长的幸福使命》发表在 2010 年 1 月·下的《教育·校长参考》上。

53.《论教育家的时代使命》发表在 2011 年 11 月·下的《教育》旬刊上。

54.《"学练议"教学模式的实施》发表在 2012 年 1 月·下的《教育》旬刊上。

55.《用教科研引领教师专业化发展——天津市滨海新区塘沽第十五中学教科研方面的实践探索》发表在团中央主办的《辅导员》2010 年第 3 期上。

56.《让教师静下心来自我发展》（发表在《天津教育》2009 年第 9 期），被中国人民大学书报资料中心复印报刊资料 G30《中小学学校管理》2009 年第 12 期全文转载。

57.《校长是否兼课要因人而异、因校而异》（发表在《天津教育》2009 年第 10 期），被中国人民大学书报资料中心复印报刊资料 G30《中小学学校管理》2010 年第 3 期全文转载。

58.《分层教学模式的研究》收录在 2009 年 8 月天津社会科学院出版社出版的《天津教育 60 年》一书中。

59.《人人成材——校长幸福的使命》收录在 2009 年 10 月出版的《素质教育——一场输不起的战争》一书中。

60.《人人成材——校长幸福的使命》收录在 2009 年 12 月天津社会科学院出版社出版的《当代教育教学研究与实践》（二十五）一书中。

61.《完善学校质量的生命线》收录在 2010 年 8 月北京团结出版社出版的《校魂》一书中。

62.《让教师静下心来自主发展——新时期校长的使命与责任》收录在 2010 年 12 月国家行政学院出版社出版的《教育创新与科学发展》一书中。

63.《拓宽校本教研形式，提高教师的专业化水平——提高课堂教学效益的根本》收录在 2010 年 12 月国家行政学院出版社出版的《教育创新与科学发展》一书中。

64.《抓好"三个转变""三个改变"使每个学生得到发展》收录在 2010 年 12 月全国基础教育"未来教育家论坛"文集中。

65.《践行生命化教育：当代教育家的时代使命》收录在 2009 年 12 月全国基础教育"未来教育家论坛"文集中。

66.《为学生的终身发展奠基——塘沽十五中普通校变得不普通的"变生"之道》收录在 2011 年 6 月中国文联出版社出版的《现代教育理论与实践》指导全书中。

67.《沉下心去办教育》于 2011 年 6 月入编《当今名校长的治校智慧》一书。

68.《为学生的终身发展奠基——塘沽十五中普通校变得不普通的"变生"之道》收录在 2011 年 12 月全国基础教育"未来教育家论坛"文集中。

69.《让每一个学生成功的办学探索》发表在 2012 年 5 月由天津市教育委员会和天津市教育科学研究院主编的天津教育出版社出版的《为未来教育家奠基》一书中。

二、出版的学校管理方面的学术著作主要有：

1.《怎样把普通校办得不普通——我当校长四年的思考》，2010 年 6 月，吉林大学出版社出版，45 万字（专著）。

2.《林下清心，听吾风吟——天津市塘沽第十五中学潘怀林教育思想文集》，2010 年 6 月，吉林大学出版社出版，33 万字（专著）。

3.《让每一个学生成功——一所普通学校办得不普通的理论与实践探索》，2010 年 11 月，天津教育出版社出版，22 万字（专著）。

4.《创建师生共同成长的学校》，2011 年 7 月，新华出版社出版，45.5 万字（专著）。

5. 主编《智慧的教育——天津塘沽第十五中学教师专业化发展的探索与实践》一书（35 万字），2010 年 3 月，天津社会科学院出版社出版。

6. 主编《中国名校——塘沽第十五中学卷》一书（63.4 万字），2010 年 3 月，中国教师发展基金会推荐，线装书局出版。

7. 主编《信心、静心、责任心———所普通校心中的教育》系列丛书，包括精细打造精品（37.5 万字）、科研铸就品牌（37 万字）、责任培养习惯（35.9 万字），2012 年 2 月，中国出版集团、现代教育出版社出版。

8. 主编《中国教育学会"十一五"科研规划重点课题成果——说教材和教学设计典型范例》，2012 年 2 月，云南出版集团公司——云南教育出版社出版。

9. 参加编写《教育创新与科学发展》一书，任编委，2010 年 12 月，国家行政学院出版社出版。

三、获奖的学校管理方面的论文主要有:

1.《用学习打造教师团队》2008年11月获得中国教育学会第21届学术年会论文评比三等奖。(中国教育学会颁证)

2.《托宽校本教研形式,提高教师的专业化水平》2009年11月获得中国教育学会第22届学术年会优秀论文三等奖。(中国教育学会颁证)

3.《用教科研引领教师专业化发展的实践探索》2010年11月获得中国教育学会第23届学术年会优秀论文二等奖。(中国教育学会颁证)

4.《让每一个学生成功——把一所普通学校办得不普通的实践探索》2010年11月获得中国教育学会第23届学术年会优秀论文一等奖。(中国教育学会颁证)

5.《以学校文化建设为载体,提升学校的办学水平》2009年3月获得天津市基础教育"教育创新"论文评选二等奖。(天津市教育学会颁证)

6.《新课改背景下如何提高教师的基本素质》2009年3月获得天津市基础教育"教育创新"论文评选三等奖。(天津市教育学会颁证)

7.《中学校长应该做到的"十抓"》2010年3月获得天津市基础教育"教育创新"论文评选二等奖。(天津市教育学会颁证)

8.《高效教学的探索与实践》2011年3月获得天津市基础教育"教育创新"论文评选二等奖。(天津市教育学会颁证)

9.《建设文化校园,提升学校品质》2011年3月获得天津市基础教育"教育创新"论文评选三等奖。(天津市教育学会颁证)

10.《普通初中校发展的探索与实践》于2011年11月被认定为天津市基础教育教育教学成果奖。(天津市教育学会颁证)

11.《高效教学的探索与实践》于2011年11月被认定为天津市基础教育教育教学成果奖。(天津市教育学会颁证)

12.中学校长应该做到的"十抓"于2010年11月被认定为天津市基础教育教学成果奖。

13.《打造三种文化,让教师静心工作》2009年12月获得天津市首届科研成果评比一等奖。(天津市教育科学研究院颁证)

14.《新课改背景下如何提高教师的基本素质》2008年12月获得天津市第二届基础教育名校长高峰论坛论文一等奖。

15.《人人成材——校长幸福的使命》2009年12月获得天津市第三届基础教

育名校长高峰论坛论文一等奖。

16.《高效教学的探索与实践》于 2011 年 4 月获得 2011 年全国中小学校长论坛一等奖（中国教育学会高中教育专业委员会、初中教育专业委员会等联合颁证），并收入大会论文集。

17.《论教育家的时代使命》2009 年 12 月荣获庆祝建国六十周年全国教师优秀论文征集和评选活动优秀论文三等奖。（全国教师教育学会颁证）

18.《谈新形势下的教师队伍建设》2008 年 7 月获得第二届全国初中校长论坛征文二等奖。（中国教育学会初中教育专业委员会颁证）

19.《以教育科研为载体，促进教师的专业化发展》2008 年 7 月获得第二届全国初中校长论坛征文二等奖。（中国教育学会初中教育专业委员会颁证）

20.《以责任教育为载体，提高德育工作的实效性》获得 2008 年全国中青年骨干教师优质论文及教学课件征集活动一等奖。（中国教育学会教育机制研究分会颁证）

21.《校长如何摆正位置，与教师平等进行沟通》获得 2008 年全国中青年骨干教师优质论文及教学课件征集活动一等奖。（中国教育学会教育机制研究分会颁证）

22.《实施"千分制"考核，提高工作效能》获得 2009 年全国中青年骨干教师优质论文及教学课件征集活动一等奖。（中国教育学会教育机制研究分会颁证）

23.《不要硬性规定教师上课时的教授时间》获得 2009 年全国中青年骨干教师优质论文及教学课件征集活动二等奖。（中国教育学会教育机制研究分会颁证）

24.《构建教师评价体系，促进教师专业化发展》获得 2010 年全国中青年骨干教师优秀教学成果征集活动一等奖。（中国教育学会教育机制研究分会颁证）

25.《说教材是校本教研的重要形式》获得 2010 年全国中青年骨干教师优秀教学成果征集活动二等奖。（中国教育学会教育机制研究分会颁证）

26.《普通初中校发展的探索与实践》获得天津市教育学会初中教育专业委员会首届学术年会（2010 年 3 月）论文评选一等奖。（天津市教育学会初中教育专业委员会颁证）

27.《实施"学练议"教学模式，构建高效和谐的课堂》获得天津市教育学会初中教育专业委员会第二届学术年会（2012 年 3 月）论文评选一等奖。（天津市教育学会初中教育专业委员会颁证）

28.《用教科研引领教师专业化发展的实践探索》2010 年 1 月获得国家教师

科研基金"十一五"规划阶段性成果一等奖。（中国教师发展基金会颁证）

29.《以责任教育为载体，提高德育工作的实效性》成果于 2010 年 5 月在 2010 年度全国中小学和中职学校思想道德建设优秀成果展评活动（第八届小公民思想道德建设实践创新活动）中，荣获优秀成果一等奖。（中国教育报、中国教育学会中小学德育研究分会联合颁证）

30.《托宽校本教研形式，提高教师的专业化水平》获得第五届（2009 年）全国校本研究促进教师专业化发展教育教学优秀科研成果评比一等奖。

31.《时代呼唤不能再强制教师坐班了》获得中国教育学会《中国教育学刊》征文评比一等奖（2009 年）。

32.《校长的作为在哪，学校的发展就在哪》获得中国教育学会《中国教育学刊》征文评比一等奖（2009 年）。

33.《校长的作为在哪，学校的发展就在哪》2009 年 1 月获得首届《建国 60 年中国教育创新与发展》征稿活动一等奖。

34.《完善学校质量的生命线》在《校魂》征稿活动中荣获一等奖。

35.《为学生的终身发展奠基》于 2011 年 10 月获得现代教育理论与实践论坛全国教育论文评比一等奖，且该论文入编现代教育出版社出版的大型教育文献《现代教育理论与实践指导全书》中。（中国教育学会教育机制研究分会、现代教育理论与实践论坛、现代教育理论与实践指导全书编委会颁证）

四、典型发言和专题讲座主要有：

1.2008 年 11 月 22 日，在天津市第二届青年校长学术论坛上做大会发言。

2.2009 年 7 月，在塘沽区学校党政干部培训会上做大会典型发言：学校管理经验介绍。

3.2009 年 8 月 9 日，应邀赴海南，为海南省万宁市校长进行培训讲座：让教师静下心来自主发展——校长的责任与使命。

4.2009 年 9 月 9 日，在天津市优秀教师表彰会上做大会书面发言：幸福地实现教育理想。

5.2009 年 9 月 20 日在山西太原举行的由全国和谐教学法研究会、天津教科院基础教育研究所举办的"全国初中提高课堂教学效率和谐教学研讨会"上作大会典型发言，介绍学校教学改革的经验，受到与会专家与代表的一致好评。

6.2009 年 10 月，在塘沽区校长任期三年规划的制订培训会上做大会发言：

如何做好校长任期三年规划的制订。

7.2009 年 10 月 17 日在天津市东丽区举行的由全国和谐教学法研究会、天津教科院基础教育研究所举办的"全国初中提高课堂教学效率和谐教学研讨会"上做大会典型发言：拓宽校本教研形式，提高教师的专业化水平。

8.2009 年 11 月，在塘沽区第六届专业技术拔尖人才表彰会上做大会典型发言。

9.2009 年 11 月 23 日在天津举行的由天津市教委、《中国教育报》《人民教育》杂志社、《教育研究》杂志社联合举办的全国首届基础教育未来教育家论坛上做大会总论坛发言：践行生命化教育——当代教育家的时代使命。

10.2009 年 11 月 28 日在天津市塘沽十五中举行的由全国和谐教学法研究会、天津教科院基础教育研究所举办的"全国中小学学校管理与校园文化研讨会"上做大会主题发言，介绍了学校管理和校园文化建设方面的经验。

11.2009 年 12 月 27 日在北京举行的由中国教育学会中青年理论工作委员会、中国教育学会高中教育专业委员会、中国教育学会初中教育专业委员会、中国教育学会小学教育专业委员会、团中央辅导员杂志社联合举办的全国第五届优秀校长表彰上做创新论坛发言：创新学校管理，促进教师发展。

12.2009 年 12 月 25 日在北京举行的由中国教育学会"十一五"科研规划重点课题"名师教学思想与教法研究"总课题组举办的中国教育会"十一五"科研重点课题"名师教学思想与教法"研究课题研讨会上做大会典型发言：用教科研引领教师专业化发展的探索与实践。

13.2010 年 1 月 18 日，在北京举行的国家教师科研基金"十一五"规划课题阶段性总结会上做大会典型发言：用教科研引领教学，促进学校事业发展。

14.2010 年 4 月 9 日，在天津市未来教育家奠基工程首期学员阶段总结、第二期学员开学典礼上作为首期学员代表做大会典型发言。

15.2010 年 4 月 10 日，在天津市教育学会初中教育专业委员会首届学术年会上做大会典型发言：普通校发展的探索与实践。

16.2010 年 4 月 24 日在北京举行的"全国中学提高课堂教学效益研讨会暨北师大大兴附中课改经验展示会"上介绍学校提高教学效率的经验：高效教学的探索与实践，受到与会专家与代表的一致好评。

17.2010 年 5 月 5 日，在天津市塘沽十五中召开"高效教学"的探索与实践暨塘沽十五中"分层教学模式的研究"成果推广会，做大会主题发言：高效教学的探索与实践——暨分层教学模式的研究成果推广。

18.2010年5月22日,在《天津教育》创刊60周年庆典大会上,应邀做大会发言。

19.2010年6月3日,贵州省校长代表团来校考察学习,为其做办学经验介绍。

20.2010年6月,为塘沽教育系统党政干部做培训讲座。

21.2010年6月3日,贵州省校长代表团来我校考察学习,为其做办学经验介绍。

22.2010年12月21日,在由天津市教育委员会、《中国教育报》基础教育新闻中心主办,天津市未来教育家奠基工程办公室、天津市教育科学研究院、塘沽教育局承办的潘怀林办学思想与实践成果展示、研讨、交流会上做大会发言:让每一个学生都成功。

23.2011年3月11日为天津市西青区的校长、主任做办学经验的专题讲座,发言题目为:创建师生共同成长的学校,让每一个学生都成功——我做校长四年多来的办学实践阐述。

24.2011年3月21日,为来访的潍坊市新华中学和育英学校及咸水沽二中的领导和骨干教师做办学经验的专题讲座,发言题目为:创建师生共同成长的学校,让每一个学生都成功——我做校长四年多来的办学实践阐述。

25.2011年3月26日在广州市举行的"广东省教育评价实战论坛"上应邀做大会专题讲座:关于教师评价的研究。

26.2011年4月8日,西青区九十五中和太原市五十一中来校学访交流,为其做办学经验介绍。

27.2011年4月11日,广东省校长来校学访交流,为其做报告:创建师生共同成长的学校,让每一个学生都成功——我做校长四年多来的办学实践阐述。

28.2011年7月30日,为来访的山西省灵岛县80余名校长做经验介绍:实施"三心"教育,提升学校的办学水平。

29.2011年8月7日,为山西省吕梁市500名优秀班主任做经验介绍:实施"三心"教育,让每个学生都成功。

30.2011年8月9日,为山东省胶州市200名校长做经验介绍:实施"三心"教育,提升学校的办学水平。

31.2011年8月22日,为天津开发区教坛新秀做教师专业化发展的专题讲座。

32.2011年9月18日—9月19日,在我校举办了全国区域开展"说教材"活动暨塘沽十五中办学经验交流会,在会上做了经验介绍:实施"三心"教育,提升学校的办学水平。

33.2011 年 9 月 21 日，广东省佛山市学校领导来校学访交流，为其介绍办学经验。

34.2011 年 10 月 14 日，由德育报社主办的在山西省太原市举行的"2011·太原全国培养中小学生良好行为习惯现场会"上做了典型经验介绍：责任文化引领学生健康成长。

35.2011 年 10 月 19 日，由中国教育学会初中教育专业委员会主办的在四川泸州举行的"中国教育学会初中教育专业委员会第 16 次学术年会"上做了典型经验介绍：为学生的终身发展奠基——塘沽十五中普通校办得不普通的发展之路。

36.2011 年 11 月 20 日在天津市东丽区举行的由全国和谐教学法研究会举办的《全国首届和谐杯"我的模式我的课"高效教学模式博览会》上介绍学校教学改革的经验：实施"学练议"教学模式，构建高效和谐的课堂，受到来自全国 15 个省市自治区的代表和与会专家的一致好评。

37.2011 年 11 月 30 日，河西区环湖中学全校教职员工莅临我校学访交流，代表学校介绍办学经验。

38.2011 年 12 月 7 日，西青区杨柳青二中德育干部和全体班主任莅临学校学访交流。

39.2011 年 12 月 9 日，西青区张家窝中学等学校和山东省济南市师范学校天桥附属学校莅临学校学访交流，代表学校做办学经验介绍。

40.2011 年 12 月 27 日，在首届中国当代学校特色发展高峰论坛上做典型发言。

41.2012 年 3 月 22 日，在天津市教育学会初中教育专业委员会第二次学术年会上，做大会典型发言。

42.2012 年 3 月 25 日，在塘沽十五中举行的全国初中创新教育研讨会上做大会典型发言，介绍学校的办学经验。

另外，我校在全区德育工作会议，体育工作会议，科研工作会议及教育工作会议上都多次做典型发言。

五、学校管理方面的重要研究课题及科研成果主要有：

1.《分层教学模式的研究》（省部级课题），获得天津市教育科学规划办专家组 A 级鉴定，2008 年 9 月获得天津市第四届基础教育教学成果奖评比一等奖（全市共 9 项，每 3 年评选一次），2009 年 11 月获得第五届"中国教育学会科研成果奖"三等奖（每 5 年评选 1 次）。该课题收录在 2009 年 8 月天津社会科学院出版社出版的《天津教育 60 年》一书中。

2.2007 年 1 月开始正式承担天津市教育科学规划课题《新形势下教师队伍发展建设的战略研究》（省部级课题）课题，于 2009 年 6 月结题，获得天津市教育科学规划办专家组 A 级鉴定，其部分成果以"三年规划铸就优良师资队伍——塘沽区第十五中学教师队伍建设采访纪实"为题发表在 2009 年 5 月 8 日的《天津教育报》上（全文共 8000 字），于 2010 年 6 月获得天津市第二届教育科学研究优秀成果一等奖（全市共评选出一等奖 13 项，其中基础教育占 2 项）。2010 年 7 月该课题获得全国"十一五"教育科研优秀成果一等奖。

3.2009 年 7 月开始承担天津市教育科学规划课题《构建教师评价体系，促进教师专业化发展》（省部级课题）课题，于 2010 年 7 月结题，获得天津市教育科学规划办专家组 A 级鉴定，发表在天津社会科学院出版社出版的《智慧的教育——天津塘沽第十五中学教师专业化发展的探索与实践》一书中。

4.2011 年 3 月开始承担的天津市教育科学学会课题《让每一个学生成功的办学探索》于 2012 年 4 月结题，其研究成果发表在天津市教育委员会和天津市教育科学研究院主编的天津教育出版社出版的《为未来教育家奠基》一书中。

5.2006 年 10 月开始承担中国教育学会科研重点课题《提高教学效率，减轻学生负担的整体建构和谐教学实验》（国家级学会一级课题）子课题，其研究报告发表在天津社会科学院出版社出版的《智慧的教育——天津塘沽第十五中学教师专业化发展的探索与实践》一书中。该课题于 2010 年 6 月获得 2010 第六届全国校本研究促进教师专业化发展教育教学优秀科研成果一等奖。

6.2009 年 5 月开始承担中国教育学会科研重点课题《名师教学思想与教法研究》（国家级学会一级课题）子课题《教师专业化发展途径的研究》。研究报告于 2010 年 6 月获得 2010 第六届全国校本研究促进教师专业化发展教育教学优秀科研成果二等奖。结题时获得国家级科研成果一等奖。2012 年 5 月该课题获得天津市塘沽第五届基础教育教学成果一等奖。

7. 现正承担中国教育学会"十二五"教育科研规划课题《"信心、静心、责任心"三位一体系统教育的行动研究》、天津市教育科学规划"十二五"资助课题《教师专业化发展的校本管理策略研究》和塘沽"十二五"区域重点招标课题《以减轻学生过重课业负担为目标的教师专业化发展行动研究》。

六、学校管理中获得的荣誉主要有:

1.2009 年 9 月获得全国教育系统先进工作者荣誉称号。(中华人民共和国人力资源和社会保障部,中华人民共和国教育部联合颁证)

2.2009 年 12 月,被评为首届全国教育改革创新优秀校长。(中国教育报、中国教育新闻网颁证)

3.2009 年 12 月,被评为全国十佳初中校长。(中国教育学会中青年理论工作委员会、中国教育学会高中教育专业委员会、中国教育学会初中教育专业委员会、中国教育学会小学教育专业委员会、团中央辅导员杂志社联合颁证)

4.2010 年 1 月,被评为全国教育科研杰出校长。(中国教师发展基金会,国家教师科研专项基金管理办公室颁证)

5.2010 年 7 月,被评为全国"十一五"教育科研先进工作者。(教育部中国教师发展基金会颁证)

6.2011 年 12 月,被评为首届全国百强特色学校十佳创新校长。(中国教育报刊社颁证)

7.2011 年 12 月,被评为 2011《中国教育报》现代校长周刊年度"十大"校长。(2012 年 1 月 3 日的《中国教育报现代校长周刊》报道)

8.2011 年 12 月,被评为 2011 年度全国优秀现代校长。(中国教师报颁证)

9.2011 年 10 月,在参加由中国教育学会教育机制研究分会主办的现代教育理论与实践论坛全国校长优秀教育教学管理成果评选中荣获第十届"现代教育理论与实践全国优秀校长"荣誉称号。(中国教育学会教育机制研究分会、现代教育理论与实践论坛评委会颁证)

10.2012 年 7 月,被评为全国特色教育先进工作者。(教育部中国教师发展基金会颁证)

11.2008 年 12 月获得天津市第三届最具创新精神校长荣誉称号。(天津教育报刊社、天津教师发展基金会颁证)

12.2008 年 12 月获得天津市优秀德育研究校长荣誉称号。(天津教育报刊社颁证)

13.2008 年 12 月获得天津市第二届青年校长学术论坛二等奖。(天津教育学会颁证)

14.2009 年获得天津市学校阳光体育运动先进校长荣誉称号。(天津市教育委

员会颁证）

15.2009 年 12 月被评为天津市基础教育科研带头人。（天津市教育科学研究院颁证）

16.2012 年 2 月获得天津市学校阳光体育运动先进校长荣誉称号。（天津市教育委员会颁证）

17.2011 年 9 月被评为滨海新区十佳校长。（中共滨海新区区委、区政府颁证）

18.2009 年 11 月获得塘沽区第六届专业技术拔尖人才荣誉称号。（中共塘沽区委、区政府颁证）

19.2010 年 9 月被授予塘沽第五届十佳校长荣誉称号。（中共滨海新区塘沽工作委员会，滨海新区塘沽管理委员会颁证）

20.2011 年 6 月被评为塘沽工委优秀共产党员。（中共滨海新区塘沽工作委员会颁证）

21.2012 年 6 月被评为塘沽工委优秀共产党员。（中共滨海新区塘沽工作委员会颁证）

22.2008 年 9 月获得塘沽区第二届青年校长学术论坛一等奖。

23.2009 年 6 月获得塘沽区教育系统优秀共产党员标兵荣誉称号。

七、媒体的报道主要有：

1.2009 年 7 月，接受《中国改革杂志社》采访。

2.2009 年 11 月 6 日的《中国教育报》以《让教师潜下心来自主发展》为题报道学校教师专业化发展方面的经验。

3.2011 年 12 月 13 日的《中国教育报》以《潘怀林：向"一"出发，从"心"开始》为题报道了学校的教育教学情况。

4.2009 年 11 月 11 日的《中国教师报》以《一所普通中学迅速崛起的奥秘——塘沽十五中潘怀林校长与他的团队》为题全面报道了学校的办学经验。

5.2010 年 5 月 31 日的《现代教育报》报道了学校分层教学的"十抓"策略。

6.2011 年第 9 期的《教育》以《追逐教育阳光——记天津市滨海新区塘沽第十五中学校长潘怀林》为题报道我的事迹。

7.2011 年 11 月 30 日的《语言文字报》以《三心炉中炼教育——天津市滨海新区塘沽第十五中学的教改之路》为题报道了学校教育教学改革的情况。

8.2011 年第 5 期的《初中教育研究》（中国教育学会初中教育专业委员会主办）

在教育家成长栏目以"追逐教育梦想21年——记天津市滨海新区塘沽第十五中学校长潘怀林"为题报道潘怀林校长的教育经历。

9.2012年3月12日的《德育报》以《"责任教育"经营学校德育特色——访天津市滨海新区塘沽第十五中学潘怀林校长》为题报道了学校实施责任教育的情况。

10.2009年第5期的《天津教育》以《让教师能够静下心来工作》为题刊载了《天津教育》对我的访谈。

11.2010年第5期的《天津教育》上国家督学、天津市人民政府教育督导室首席督学、原市教委副主任刘长兴撰文《把一般校办得不一般》介绍我校的办学情况。

12.2010年第9期的《天津教育》以《塘沽第十五中学的变化生成之道》为题全面报道了十五中近四年的办学情况。

13.让教师能够静下心来工作——天津市塘沽区第十五中学校长潘怀林访谈录发表在《天津教育》60年精华集萃《经历见证》一书中（2010年出版）。

14.2011年第2期的《天津教育》发表《关注成长，奠基未来——潘怀林办学思想与实践成果展示、研讨、交流会回顾》的报道。

15.2011年第12期的《天津教育》发表《小天地，大学问——天津市滨海新区塘沽第十五中学大课间活动巡礼》的报道。

16.2008年5月7日的《天津教育报》以《让每一个学生都进步》为题整版报道了学校在教学科研、责任教育和师德建设方面的经验。

17.2008年9月24日的《天津教育报》以《加强师资队伍建设，全面提升办学质量——前进中的塘沽区第十五中学》为题整版报道了我校在加强师资队伍建设方面的经验。

18.2009年3月11日，《天津教育报》记者专程来到我校采访，以《潘怀林沉下心去办教育》为题整版报道了潘怀林被评为天津市第三届最具创新精神校长的事迹,撰文《沉下心去做校长》发表在2009年6月由天津社科院出版社出版的《用心做教育的人》一书中。

19.2009年5月8日的《天津教育报》以《三年规划铸就优良师资队伍——塘沽区第十五中学教师队伍建设采访纪实》为题整版报道了学校在加强教师队伍建设方面的经验。

20.2009年5月29日的《天津教育报》以《用教科研引领学校的发展》为题

报道了学校在教科研引领学校发展方面的经验。

21.2009 年 9 月 18 日的《天津教育报》以《不畏挑战，追求卓越》为题报道了潘怀林被评为全国教育系统先进工作者的事迹。

22.2011 年 10 月 19 日的《天津教育报》以《令人震撼的大课间——滨海新区塘沽十五中大课间活动见闻》为题报道了学校的大课间活动。

23.2011 年 11 月 9 日的《天津教育报》以《责任文化引领学生健康成长——滨海新区塘沽第十五中学采访纪实》为题报道了学校在德育和体育方面的情况。

24.2011 年 12 月 16 日的《天津教育报》在记者走基层栏目里以《让一所普通校变得不普通》为题报道了潘怀林被评为滨海新区十佳校长的事迹。

25.2012 年 3 月 23 日的《天津教育报》以《普通校科研景观绽放》为题报道了学校在教学科研方面的情况。

26.2012 年 4 月 4 日的《天津教育报》报道了学校经过多年的不断探索形成的"学练议"课堂教学模式。

27.2012 年 3 月 31 日接受河南教育报刊社主办的《教育时报》访谈，题目为：寻找校长脱"忙"的智慧——访名校长蓝继红、潘怀林。

28.2009 年第 1 期天津的《求贤》杂志以《桃李芬芳醉津沽》为题报道了潘怀林被评为天津市最具创新精神校长的事迹。

29.2011 年第 2 期天津的《求贤》杂志以《基础教育一面旗——记天津市滨海新区塘沽第十五中学校长潘怀林和他的团队》为题报道了学校的办学情况，潘怀林本人为本期的封面人物。

30.2011 年第 9 期天津的《求贤》杂志以《追逐教育幸福的人——记天津市滨海新区塘沽第十五中学校长潘怀林》为题报道了潘怀林从教 21 年来的经历。

31.2008 年 11 月，潘怀林接受了塘沽电视台《才智英华》节目专访，电视台为他制作了 18 分钟的专题片，报道了潘怀林带领全校教师进行教育科研，获得天津市第四届基础教育教学成果一等奖的情况。

32.2009 年 9 月 11 日，潘怀林作为全国教育系统先进工作者，接受塘沽电视台《滨海之声》现场采访。

33.2011 年 1 月 26 日的《滨海时报》以《塘沽十五中教育理念全国推广》为题对学校进行报道。

34.2011 年 1 月 28 日的《渤海早报》以《塘沽十五中创新办学理念 累计接待教育人士 600 余名 "破题"教育公平引关注》为题报道学校办学情况。

35.2010 年 1 月，经过严格的遴选，潘怀林入编了由红旗出版社出版，中国教育学会会长顾明远先生担任主编的《感动中国·教育人物——中华名校校长风采录》一书。

36.2010 年 7 月，潘怀林的事迹入编全国教师教育学会主办、天津市教育学会协办的《庆祝建国六十周年全国名优校长访谈录》一书。

37.2010 年 12 月，潘怀林的办学思想和实践做法入编北京师范大学出版集团出版的全国优秀校长办学思想录《成长中的教育家》一书。

38.2011 年 1 月，潘怀林的事迹入编吉林大学出版社出版的《津门名师名校长访谈录》一书。

39.2011 年 10 月，潘怀林的办学思想和实践成果入编东北师范大学出版社出版、中国教育学会初中教育专业委员会编辑的《中国著名初中学校发展报告》一书。

另外，《每日新报》《渤海早报》《今晚报——塘沽新闻》均报道过学校举行重大活动的新闻。

八、学校获得的市级及以上的荣誉主要有：

1.2011 年 12 月，被评为首届全国百强特色学校。

2.2011 年 10 月，获得第十届现代教育理论与实践全国优秀学校荣誉称号。

3.2011 年 12 月，获得 2011 年度全国优秀现代学校荣誉称号。

4.2008 年 10 月，获得 2008 年奥运会、残奥会奥林匹克教育工作突出贡献奖。

5.2010 年 7 月，被评为全国"十一五"教育科研先进集体。

6.2010 年 1 月，被评为国家教师科研专项基金科研先进单位。

7.2012 年 7 月，被评为全国特色学校。

8.2012 年 2 月，被评为天津市未成年人思想道德建设工作先进单位。

9.2010 年 6 月，被评为天津市中小学德育工作先进学校。

10.2008 年 12 月，被评为天津市中小学思想政治教育先进学校。

11.2007 年—2013 年，天津市中小学生日常行为规范示范校。

12.2011 年 9 月，被评为天津市中小学德育工作先进集体。

13.2010 年 12 月，被评为天津市中小学责任教育理论与实践研究先进单位。

14.2010 年 6 月，被评为天津市绿色学校。

15.2009 年 12 月，被评为天津市中小学优秀家长学校。

16.2012 年 3 月，被评为天津市中小学示范家长学校。

17.2011 年 6 月，被评为天津市中小学法制教育先进单位。

18.2007 年 12 月，被评为天津市中小学交通安全教育达标学校。

19.2009 年 12 月，被评为天津市中小学安全保卫工作先进单位。

20.2009 年 12 月，被评为天津市学校阳光体育活动先进学校。

21.2012 年 2 月，被评为天津市学校阳光体育活动先进学校。

22.2009 年 12 月，被评为天津市基础教育科研先进单位。

23.2011 年度，被评为天津教育"十大"特色学校。

九、社会兼职主要有：

1.2010 年 12 月 1 日被聘为北京师范大学校长培训学院教育专家发展研究中心特约教育专家。

2.2010 年 12 月被聘为《天津市教科院学报》理事会常务理事。

3.2009 年 11 月在中国教育学会初中教育专业委员会第 15 次学术年会暨代表大会上被选为常务理事、学术委员。

4.2009 年 10 月，被聘为《中国教师报》教育专家团成员。

5.2009 年 12 月，被聘为中国教育学会"十一五"科研规划重点课题"名师教学思想与教法研究"总课题组专家指导委员会核心专家。

附录二：任校长前的主要业绩档案

一、发表的文章、论文

1.《测定空气成分的实验》发表在陕西师范大学主办的 1993 年 9 月 20 日出版的《中学理化报》上。

2.《介绍一个混合物计算的公式》发表在陕西师范大学主办的 1993 年 10 月 5 日出版的《中学理化报》上。

3.《化学方程式课余谈》发表在陕西师范大学主办的 1993 年 10 月 30 日出版的《中学理化报》上。

4.《二氧化碳答问录》发表在陕西师范大学主办的 1993 年 11 月 23 日出版的《中学理化报》上。

5.《在初中教学中某些结论的不可逆性》发表在教育部主管的上海华东师范大学主办的全国中等教育类核心期刊《化学教学》1994 年第 8 期上。

6.《运用电教媒体优化初中化学教学》发表在北京铁路局主办的《北京铁路教育》1994 年第 3 期上。

7.《重视教法，更要重视学法》发表在北京铁路局主办的《北京铁路教育》1994 年第 5 期上。

8.《十字交叉法解溶液稀释题》发表在《中学生数理化》1994 年第 4 期上。

9.《物质的性质与变化》发表在《中学生数理化》1994 年第 10 期上。

10.《初中化学实验装置中导管口的位置》发表在天津教育杂志社出版的《课内外辅导》1994 年第 6 期上。

11.《谈浓酸稀释的计算》发表在陕西师范大学主办的 1994 年 1 月 20 日出版的《中学理化报》上。

12.《化学图像题的类型及解法》发表在陕西师范大学主办的 1994 年 4 月 8 日出版的《中学理化报》上。

13.《第三章碳检测题》发表在陕西师范大学主办的 1994 年 11 月 28 日出版的《中学理化报》上。

14.《投影媒体在二氧化碳实验室制法一课中的应用》发表在天津市电化教育馆主办的《天津电教》1995 年第 3 期上。

15.《溶液易混概念辨析》发表在《中学生数理化》1995 年第 1 期上。

16.《质量守恒定律的应用》发表在《中学生数理化》1995 年第 11 期上。

17.《媒体在初中化学各类课型中的具体应用》发表在《天津教研》1995 年第 7 期上。

18.《烟·雾·烟雾·气》发表在天津教育杂志社出版的《课内外辅导》1995 年第 8—9 期上。

19.《中考前复习指导》发表在哈尔滨师范大学主办的《中学化学》1995 年第 1 期上。

20.《浅谈初中化学中物质的提纯与分离》发表在哈尔滨师范大学主办的《中学化学》1995 年第 1 期上。

21.《关系式法在初中化学计算中的应用》发表在哈尔滨师范大学主办的《中学化学》1995 年第 1 期上。

22.《讨论型计算题解法四例》发表在哈尔滨师范大学主办的《中学化学》1995 年第 5 期上。

23.《浅谈初中化学基本概念的学习》发表在广西师范大学杂志社出版的《中学生理科月刊》1995 年第 18 期上。

24.《选择气体收集方法的依据》发表在广西师范大学杂志社出版的《中学生理科月刊》1995 年第 18 期上。

25.《质量守恒定律的应用》发表在广西师范大学杂志社出版的《中学生理科月刊》1995 年第 18 期上。

26.《巧解根据化学式的计算题》发表在广西师范大学杂志社出版的《中学生理科月刊》1995 年第 18 期上。

27.《化学方程式的配平技法种种》发表在广西师范大学杂志社出版的《中学生理科月刊》1995 年第 18 期上。

28.《碳一章疑难问题解答》发表在广西师范大学杂志社出版的《中学生理科

月刊》1995 年第 24 期上。

29.《一道习题的多种解法》发表在陕西师范大学主办的 1995 年 1 月 10 日出版的《中学理化报》上。

30.《无外加试剂鉴别法》发表在陕西师范大学主办的 1995 年 2 月 28 日出版的《中学理化报》上。

31.《解计算型选择题十巧》发表在陕西师范大学主办的 1995 年 4 月 18 日出版的《中学理化报》上。

32.《书写化学方程式常见错误例析》发表在陕西师范大学主办的 1995 年 9 月 10 日出版的《中学理化报》上。

33.《一道选择题》发表在陕西师范大学主办的 1995 年 11 月 25 日出版的《中学理化报》上。

34.《反向思维，除杂两例》发表在 1995 年 3 月 10 日出版的《中国煤矿中学生》报上。

35.《初中化学多媒体教学模式的探讨》发表在北京铁路局主办的《北京铁路教育》1995 年第 2 期上。

36.《指导学生记忆化学知识的几种方法》发表在北京铁路局主办的《北京铁路教育》1995 年第 4 期上。

37.《无悔的追求》发表在铁道部教育卫生司基础教育研究室主办的《铁路基础教育》1995 年第 3 期上。

38.《浅谈初中化学方程式的记忆》发表在《文化与智慧》杂志 1995 年第 1—3 期上。

39.《利用电教媒体指导学生学习化学的方法》发表在天津市电化教育馆主办的《天津电教》1996 年第 2 期上，入编 1997 年 6 月出版的《天津市普教系统电化教育优秀论文选》中。

40.《初中化学方程式的记忆法》发表在天津师范大学主办的《中学考试通讯》1996 年第 3 期上。

41.《速解初中化学计算型选择题八法》发表在天津教育杂志社主办的《课内外辅导》1996 年第 5 期上。

42.《分子原子一章疑难问题解答》发表在广西师范大学杂志社出版的《中学生理科月刊》1996 年 11 月下半月刊上。

43.《学好化合价，做到六掌握》发表在广西师范大学杂志社出版的《中学生理科月刊》1996 年 11 月下半月刊上。

44.《化学方程式与代数方程式七不同》发表在广西师范大学杂志社出版的《中学生理科月刊》1996 年 11 月下半月刊上。

45.《根据化学式计算典型错例分析》发表在广西师范大学杂志社出版的《中学生理科月刊》1996 年 11 月下半月刊上。

46.《运用关系式巧解根据化学式的计算》发表在广西师范大学杂志社出版的《中学生理科月刊》1996 年 11 月下半月刊上。

47.《CO 和 CO_2 化学性质的差异及其应用》发表在广西师范大学杂志社出版的《中学生理科月刊》1996 年 12 月下半月刊上。

48.《酸碱盐一章疑难问题解答》发表在广西师范大学杂志社出版的《中学生理科月刊》1996 年 12 月下半月刊上。

49.《如何求反应前后质量的减少》发表在陕西师范大学主办的 1996 年 4 月 8 日出版的《中学理化报》上。

50.《元素符号中的数字》发表在陕西师范大学主办的 1996 年 10 月 21 日出版的《中学理化报》上。

51.《记得牢鉴别快——快速用一种试剂鉴别物质的方法》发表在 1996 年 3 月 20 日出版的《中国煤矿中学生》报上。

52.《原子结构对元素性质的决定作用》发表在广西师范大学杂志社出版的《中学生理科月刊》1997 年第 10 期上。

53.《初中化学第二章几组概念辨析》发表在广西师范大学杂志社出版的《中学生理科月刊》1997 年第 10 期上。

54.《溶液计算中的规律与技巧》发表在广西师范大学杂志社出版的《中学生理科月刊》1997 年第 12 期上。

55.《大面积提高初中化学教学质量的几点探索》发表在教育部主管的上海华东师范大学主办的全国中等教育类核心期刊《化学教学》1997 年第 12 期上。

56.《初中化学知识点组系列复习法初探》发表在北京铁路局主办的《北京铁路教育》1997 年第 3 期上。

57.《2002 年化学总复习质量检测题》发表在天津师范大学主办的《中学教与学》2002 年第 6 期上。

58.《初中化学知识点组复习法初探》发表在北京团结出版社出版的安徽省化学学会和安徽省教育学院化学系编写的《中学化学教学与科研论文集》上。

59.《大面积提高初中化学教学质量的几点探索》收录在 1997 年黑龙江省化学会编写的黑龙江省化学学会第三届化学教育研讨会《化学教育文集》中。

60.《指导学生进行初中化学计算复习的粗浅体会》收录在安徽省化学会和安徽省教育学院化学系编写的《中学化学教学与科研学术交流论文集》中。

61.《浅谈指导学生记忆化学知识的方法》收录在 1997 年黑龙江省化学学会编写的黑龙江省化学学会第三届化学教育研讨会《化学教育文集》中。

62.《应用多种教学媒体，优化初中化学教学，大面积提高初中化学教学质量》课题实验报告于 2000 年 1 月入编由天津市教育教学研究室主编的《天津市第七届中小学教研教改优秀成果选》一书中。

63.《应用多种教学媒体，优化初中化学教学，大面积提高初中化学教学质量》课题实验报告于 1999 年 9 月入编由中国化学学会主编的《第二届全国中学化学教学改革研讨会论文集》一书中。

二、出版的主要学术著作

1.1995 年由四川科学技术出版社出版了《九义初中化学考点例析与能力训练》一书，任编委。

2.1996 年 9 月由北京国际文化出版公司出版了《初中名师设计与教学——化学》一书，任编委。

3.1996 年由东北朝鲜民族教育出版社出版了《初中化学考点辅导与训练》一书，任副主编。

4.1998 年 3 月由贵州民族出版社出版了《初中化学题型剖析与解题思路》一书，任主编。

5.1999 年参加修订天津市教育教学研究室主编的天津教育出版社出版的《三年制初级中学化学学习质量监测》一书，全市初三学生使用。

6.1999 年 7 月由北京教育出版社出版了《初中化学知识点组系列辅导与跟踪训练》一书，任总编。

7.1999 年 8 月由吉林延边大学出版社出版了中小学学科思维训练丛书《初中化学总复习》一书，任主编。

8.2002 年 3 月由北京教育出版社出版了个人专著《新编初中化学知识点组系列辅导与跟踪训练》一书，共 38 万字。

9.2003 年 2 月参加了由天津教育出版社出版的由张健昌、王松青主编的《疑难要点，名师解析》一书，共撰稿 7 万字，全国发行已连续多次修订再版。

10.2003 年 4 月，主命 2003 年全国初中化学竞赛天津赛区试题，入编 2003 年全国初中化学竞赛一书中。

11.2005 年 4 月参加了由中国青年出版社出版的《中考专题冲刺》一书，共撰稿 3 万字，全国发行已连续多次修订再版。

12.2002—2006 年参加了由天津教育出版社出版的《天津市初中化学总复习》的编写和修订工作，全市初三学生使用。

三、主要的研究课、优秀课获奖情况

1.1991 年 12 月获得塘沽区第四届中青年教师"希望杯"评课片优秀奖。

2.1992 年 6 月参加塘沽区中学首届多媒体教学研讨会并提供研究课。

3.1993 年 12 月获得塘沽区 1993—1994 学年度中小学青年教师"希望杯"创优课评比一等奖。

4.1994 年 10 月获得塘沽区第五届中学化学教学研究会《青年教师基本功展示课》一等奖。

5.1994 年 12 月获得天津市初中数理化学科利用电教手段优化课堂教学优秀课评比一等奖。

6.1996 年 12 月获得 1996 年塘沽区电教创优课评比一等奖。

7.1997 年 12 月获得塘沽区 1997 年中学中青年教师"双优课"评比一等奖。

8.1998 年 11 月获得天津市中学中青年教师"双优课"评比一等奖（初中组第一名，全市获得一等奖的共 2 节，初中和高中各 1 节）。

9.1999 年 12 月在天津铁路分局普教分处教研课展示中获得优秀奖。

10.2000 年 9 月，《铁的性质》录像课获得天津市九年义务教育素质教育教学目标与学习水平测评实验优秀成果三等奖。2003 年 5 月，参加天津电视台名师电视讲座已制成光盘，在天津教研网上发布。

四、主要的学术论文获奖情况

1.1991 年 11 月，《反应工具在化学教学中的应用》一文在电化教学研究会 1991 年年会交流中获得论文入选奖。

2.1993 年 4 月获得塘沽区科研论文评比三等奖。

3.1994 年 4 月获得塘沽区科研论文评比三等奖。

4.1994 年 10 月，在塘沽区第五届中学化学教学研究会中获得交流论文评比一等奖。

5.1995 年 3 月，《指导初中学生学习元素化合物知识的探索》在天津铁路分局普教分处中学优秀论文评比中获得二等奖。

6.1995 年 3 月，《化学教学软片》在天津铁路分局普教分处中学优秀软片评比中被评为一等奖。

7.1995 年 12 月，《利用电教手段，指导学生学习方法的点滴体会》获得北京铁路局优秀论文评比三等奖。

8.1996 年 8 月，《初中化学知识点组复习法初探》获得安徽省化学学会举办优秀论文评比三等奖。

9.1996 年 10 月，《初中化学教学中多媒体教学模式的探讨》获得《中学化学》举办首届全国初中化学优秀教学论文评选一等奖。

10.1996 年 10 月，《初中化学知识点组复习法初探》获得《中学化学》举办首届全国初中化学优秀教学论文评选一等奖。

11.1996 年 10 月，《指导学生进行初中化学计算复习的粗浅体会》获得《中学化学》举办首届全国初中化学优秀教学论文评选一等奖。

12.1996 年 11 月获得塘沽区中学化学教学研究会第六届年会活动交流论文一等奖。

13.1996 年 12 月，《初中化学教学中多媒体教学模式的探讨》获得全国首届青年教师教育教学研究成果二等奖，1999 年 5 月被天津市教育学会学术委员会认定为天津市普教系统教育教学成果。

14.1996 年 12 月，《初中化学知识点组系列复习法初探》教学成果被评为一等奖。

15.1997 年 4 月，《用好电教媒体指导学生学好化学》获得天津市中小学第六届教研教改成果三等奖，于 2000 年 5 月被天津市教育学会学术委员会认定为天津市普教系统教育教学成果。

16.1997 年 8 月，《大面积提高初中化学教学质量的几点探索》获得黑龙江省化学学会第三届化学教育研讨会一等奖。

17.1997 年 8 月，《浅谈指导学生记忆化学知识的方法》获得黑龙江省化学学会第三届化学教育研讨会二等奖。

18.1997 年 12 月，《初中化学总复习模式的设计与实施》课题实验报告获得北京铁路局优秀教学成果一等奖，1999 年 5 月被天津市教育学会学术委员会认定为天津市普教系统区县级教育教学成果。

19.1997 年 12 月，《初中化学总复习结构》在 1997 年天津铁路分局普教分处成果评比中获得一等奖。

20.1997 年 12 月，《大面积提高初中化学教学质量的几点探索》在 1997 年天津铁路分局普教分处论文评比中获得二等奖。

21.1998 年 5 月，《初中化学总复习模式的设计与实施》课题实验报告获得庆祝《中学生数理化》（初中版）创刊 15 周年征文评比一等奖。

22.1998 年 6 月，《大面积提高初中化学教学质量的几点探索》获得天津教育学院中学骨干教师培训班结业论文一等奖，1999 年 5 月被天津市教育学会学术委员会认定为天津市普教系统教育教学成果。

23.1998 年 7 月承担天津市教育教学教研室《构建初中化学全方位的课堂教学模式》的课题研究，2002 年 7 月结题。2002 年 11 月，《构建初中化学全方位的课堂教学模式》获得天津市第二届基础教育教学成果奖纪念成果奖。

24.1998 年 9 月承担天津市教育教学研究室《引导探索法教学模式在初中化学课堂教学中的应用》，2000 年结题获得天津市素质教育教学目标与学习水平测评实验优秀成果一等奖。

25.1998 年 11 月，《应用多种教学媒体，优化初中化学教学，大面积提高初中化学教学质量》课题实验报告获得北京铁路局优秀教学成果二等奖。

26.1998 年 12 月，《应用多种教学媒体，优化初中化学教学，大面积提高初中化学教学质量》课题实验报告获得天津市企业办学单位论文评比一等奖。

27.1998 年 12 月，《应用多种教学媒体，优化初中化学教学，大面积提高初中化学教学质量》课题实验报告获得中国化学会化学教育委员会举办的 1998 年全国化学教学研究优秀论文评选二等奖，并在中国化学会第二届全国中学化学教学改革研讨会上宣读。

28.1999 年 3 月，《应用多种教学媒体，优化初中化学教学，大面积提高初中化学教学质量》课题实验报告获得天津市中小学第七届教研教改成果二等奖，于 2000 年 5 月被天津市教育学会学术委员会认定为天津市普教系统教育教学成果。

29.1999 年 8 月，《大胆改革初中化学总复习模式》获得铁道部第六届基础教育优秀论文评选三等奖。

30.2000 年 3 月，《引导——探索法教学模式在初中化学课堂教学中的应用》

获得天津市第一届新世纪杯教育科研论文评选二等奖，于 2000 年 5 月被天津市教育学会学术委员会认定为天津市普教系统教育教学成果。

31.2000 年 9 月，《"引导——探索"教学模式在初中化学课堂教学中的应用》获得天津市九年义务教育素质教育教学目标与学习水平测评实验优秀成果一等奖。

32.2000 年 12 月，《初中化学总复习模式的设计与实施》课题实验报告获得中国化学会化学教育委员会举办的 2000 年全国第三届中学化学优秀论文评比二等奖。

33.2002 年 5 月，《优化实验教学，培养学生的创新能力》获得天津市素质教育"六优工程"实践研究成果二等奖。

34.2003 年 3 月，《创新初中化学总复习模式，提高初中化学总复习质量》获得天津市第九届教研教改成果二等奖。

五、获得的荣誉称号

1.1992 年 6 月被评为塘沽区优秀班主任。

2.1993 年 6 月被评为塘沽区"海门教卫新星"。

3.1994 年 11 月被评为天津铁路分局普教分处优秀青年教师。

4.1995 年 3 月获得塘沽区中学青年教师成材竞赛活动一等奖。

5.1995 年 6 月被评为天津铁路分局优秀共产党员。

6.1995 年 8 月被评为塘沽区电化教育先进工作者。

7.1995 年 9 月被评为天津市优秀教师。

8.1995 年 12 月被评为天津市中小学青年教师区县级学科带头人。

9.1995—2000 年被评为天津铁路分局先进职工。

10.1996 年 3 月被评为北京铁路局先进工作者，获得"八五"建功立业奖章。

11.1996 年 6 月被评为天津铁路分局优秀共产党员。

12.1996 年 9 月被评为铁道部优秀教师。

13.1996 年 11 月被评为塘沽区中学化学学科带头人。

14.1996 年 12 月获得天津市第三届普教系统"十佳青年教师"提名奖。

15.1996 年 12 月获得天津市第三届普教系统"优秀青年教师"称号。

16.1997 年 1 月被评为天津铁路分局"十佳"职业道德标兵。

17.1997 年 3 月被评为北京铁路局先进工作者，获得"九五"建功立业奖章。

18.1997 年 6 月被评为北京铁路局优秀共产党员。

19.1997 年 6 月被评为天津市交通口岸系统优秀共产党员。

20.1997 年 6 月被评为天津铁路分局优秀共产党员"十佳"标兵。

21.1997 年 7 月被评为铁道部青年科技拔尖人才。

22.1997 年 8 月被评为北京铁路局教育系统优秀教师。

23.1997 年 9 月被评为北京铁路局专业学科带头人。

24.1998—2000 年被评为北京铁路局先进职工。

25.1998 年 5 月被评为天津市"九五"先进个人,获得天津市"九五"立功奖章。

26.1998 年 8 月,被评为北京铁路局教育系统优秀教育工作者。

27.1998 年 9 月被评为天津铁路分局普教分处师德高尚"十佳"标兵。

28.1998 年 12 月被评为塘沽区教育科研带头人。

29.1999 年 1 月被评为天津铁路分局先进职工"十佳"标兵。

30.1999 年 4 月被评为北京铁路局"十优青年"。

31.1999 年 4 月被评为天津铁路分局杰出青年"十佳"岗位能手。

32.1999 年 6 月被评为北京铁路局优秀共产党员。

33.1999 年 6 月被评为塘沽区中小学第二届学科带头人,塘沽区学科兼职教研员。

34.1999 年 6 月被评为天津铁路分局优秀共产党员标兵。

35.1999 年 8 月,被评为北京铁路局教育系统优秀教育工作者。

36.1999 年 9 月,被评为天津铁路分局普教分处"十佳"教学能手。

37.1999 年 9 月获得天津市第四届普教系统"十佳青年教师"提名奖。

38.1999 年 9 月被评为天津市第四届普教系统"优秀青年教师"。

39.2000 年 1 月被评为天津铁路分局先进职工"十佳"标兵。

40.2000 年 6 月获得塘沽区中学第三届青年成材竞赛一等奖。

41.2000 年 6 月被评为天津市交通口岸系统优秀共产党员。

42.2000 年 9 月,被评为北京铁路局教育系统优秀教育工作者。

43.2001 年 11 月获得天津市第四届双优课指导奖。

44.2002 年 6 月被评为塘沽区教育系统优秀共产党员。

45.2002 年 10 月被评为天津市基础教育教学改革积极分子。

46.2002 年 10 月被聘为天津名师网校教师。

47.2002—2005 年全国初中化学竞赛园丁奖。

48.2002 年 10 月被评为塘沽区第四届优秀中青年知识分子。

49.2004 年 9 月被评为天津市优秀教师。

50.2006 年 6 月被评为塘沽区教育系统优秀共产党员。

51.2006 年 12 月被评为塘沽区"十五"教育科研先进个人

附录三：任校长后的六年学校获得的成绩

（2006.7—2012.7）

主要荣誉

获奖年份	荣誉称号
2006 年	
2006 年 10 月	被命名为天津市基础教育研究所实验学校，中国教育学会科研重点课题重点实验基地
2006 年 12 月	塘沽区体育科研工作先进集体
2006 年 12 月	塘沽区学校体育工作先进单位
2007 年	
2007 年 1 月	塘沽区文明学校
2007 年 2 月	塘沽区教育科研先进单位
2007 年 3 月	塘沽区综合治理工作先进单位
2007 年 4 月	塘沽区广播操评比一等奖，塘沽区春季运动会第五名，创学校近五年来的最好成绩
2008 年 5 月	塘沽区团队工作先进单位
2007 年 6 月	塘沽区"小龙杯"青少年车辆模型竞赛第一名
2007 年 9 月	塘沽区教育系统先进集体
2007 年 10 月	塘沽区秋季运动会团体总分第四名
2007 年 12 月	塘沽区德育工作先进集体
2007 年 12 月	塘沽区第三届全民健身运动少年初中组金牌榜第七名
2007 年 12 月	塘沽区欢乐健康夏令营组织奖
2007 年 12 月	塘沽区"2+1"大课间先进集体
2007 年 12 月	塘沽区学校体育工作先进单位
2007 年 12 月	塘沽区劳动技能暨创新大赛中学组团体二等奖
2007 年 12 月	天津市第 12 届青少年车辆模型比赛中学组团体第一名
2007 年	塘沽区初中毕业班工作综合评价先进单位
2007 年	塘沽区现代教育技术先进单位
2007 年	塘沽区体育竞赛综合评估成绩第三名

2008 年	
2008 年 1 月	天津市中小学生日常行为规范示范校
2008 年 3 月	塘沽区综合治理工作先进单位
2008 年 4 月	塘沽区春季运动会第六名
2008 年 4 月	在塘沽区春季运动会上进行了 500 人的广播操展演，赢得了区四大机关领导的高度评价，被评为塘沽区阳光体育活动先进单位
2008 年 8 月	塘沽区爱国拥军模范集体
2008 年 9 月	塘沽区德育工作先进集体
2008 年 9 月	塘沽区第 22 届科技周活动优秀组织单位
2008 年 9 月	塘沽区中小学生存体验"小试身手"金厨奖
2008 年 11 月	国家奥组委颁发的 08 年奥运会、残运会奥林匹克教育工作突出贡献奖
2008 年 11 月	天津市第 13 届青少年车辆模型竞赛团体第一名
2008 年 11 月	塘沽区中小学合唱比赛团体二等奖
2008 年 12 月	塘沽区学校体育工作先进单位
2008 年	天津市交通安全教育达标校
2008 年	被命名为天津市教育学会基础教育"十一五"科研基地
2008 年	塘沽区教科研优秀课题组
2008 年	塘沽区初中毕业班工作综合评估优秀单位
2008 年 12 月	天津市中小学生思想政治教育先进学校
2009 年	
2009 年 1 月	第八届区中小学自编法制报比赛活动优秀组织单位
2009 年 3 月	塘沽区综合治理工作先进单位
2009 年 3 月	塘沽区文明学校
2009 年 3 月	学校领导班子被评为塘沽区教育系统"五好"班子
2009 年 4 月	被命名为塘沽区中小学区本课程研发基地
2009 年 4 月	塘沽区文艺展演小合唱三等奖
2009 年 4 月	塘沽区文艺展演群舞三等奖
2009 年 7 月	塘沽区第 23 届科技周活动优秀组织单位
2009 年 9 月	塘沽区教育系统先进集体
2009 年 12 月	天津市优秀家长学校
2009 年 12 月	天津市基础教育科研先进单位
2009 年 12 月	天津市阳光体育活动先进单位
2009 年 12 月	天津市安全保卫工作先进单位
2009 年 12 月	塘沽区 2009 年度综合治理工作先进单位
2009 年 12 月	塘沽区 2009 年度优秀法制校园单位
2009 年 12 月	塘沽区 2009 年度科协工作先进集体
2010 年	
2010 年 1 月	国家教师科研专项基金科研先进单位

2010 年 1 月	塘沽社会治安综合治理先进单位
2010 年 4 月	塘沽第二届校园英语节优秀组织单位
2010 年 5 月	塘沽中小学第七届科技创新实践技能大赛初中组团体一等奖
2010 年 5 月	塘沽中小学第七届科技创新实践技能大赛初中组优秀组织奖
2010 年 6 月	天津市绿色学校
2010 年 6 月	塘沽中小学田径运动会初中组第三名
2010 年 6 月	塘沽中小学田径运动会暨学校阳光体育活动展演：优秀表演奖
2010 年 6 月	天津市中小学德育工作先进学校
2010 年 7 月	全国"十一五"教育科研先进集体
2010 年 7 月	塘沽区第 24 届科技周活动优秀组织单位
2010 年 9 月	塘沽优秀教育网站评选活动中荣获优秀奖
2010 年 9 月	2010 年塘沽教育技术先进集体
2010 年 10 月	塘沽 2010 年初中毕业班工作综合评估优秀单位
2010 年 12 月	学校被命名为 2011—2013 年天津市实施《中小学生日常行为规范》示范学校
2010 年 12 月	天津市中小学责任教育理论与实践研究先进单位
2011 年	
2011 年 4 月	在天津市妇联儿童部、天津市网上家长学校共同举办的 2011 年"未来春节畅想曲"主题征文大赛活动中荣获最佳组织奖
2011 年 4 月	天津市法制教育先进单位
2011 年 6 月	塘沽第 25 届科技活动周先进集体
2011 年 7 月	2011 年塘沽中小学版画藏书票学生作品比赛优秀组织奖
2011 年 9 月	滨海新区塘沽第六届青年教师学术论坛优秀组织单位
2011 年 11 月	天津市教育系统中小学德育工作先进集体
2011 年 10 月	第十届现代教育理论与实践全国优秀学校
2011 年 12 月	塘沽 2011 年初中毕业班工作综合评估优秀单位
2011 年 12 月	在"首届中国当代特色学校推选活动"中荣获全国百强特色学校
2011 年 12 月	2011 年度天津教育十大特色学校
2011 年 12 月	2011 年度全国优秀现代学校
2011 年 12 月	在 2011 年度塘沽精神文明创建活动中，被评为文明单位
2011 年 12 月	塘沽学校体育工作先进单位
2012 年	
2012 年 2 月	天津市未成年人思想道德建设工作先进单位
2012 年 2 月	2011 年天津市阳光体育活动先进学校
2012 年 3 月	塘沽女职工建功立业工程优秀组织单位
2012 年 3 月	天津市示范家长学校

⊙ 后记

追逐教育幸福

光阴荏苒，一晃在教育战线上已工作 22 个年头了。回顾这些年来追求教育理想的心路历程，我幸福地享受着付出后的收获。22 年间，我从事过班主任、化学教学、德育处干部、教导主任、化学教研员、塘沽教育中心综合办公室主任、塘沽十五中学校长等岗位的工作，时光虽然改变了我的容颜，却始终没有改变我对教育的热爱。

做有追求的教师，把教师职业视为精神生活

在我即将工作的时候，母亲对我说了一句话："山那边是海。"当时我并不理解，只认为她在告诫我，农村孩子到了大城市要处处小心点。后来我渐渐觉得这句话有更深刻的含义。我曾在日记中写道："在跋涉中，我告诉自己要想知道外面的世界究竟有多大，要靠自己闯，不要有懈怠之心。在攀登时，我告诉自己每一级台阶都是目标，山到底有多高，只有登上去才知道。"

1990 年，我从一名化学教师起步，开始了跋涉与攀登。从那时起，我把教师这个职业视为自己的精神生活，把教师的形象视为自己人格的象征，把教师的成就视为自己的生命线。

我在教学中凭借年轻人身上那股闯劲，大胆实践，不断探索新的教学模式，改进自己的教学方法。因为我懂得，教学方法和教学手段都应当随着社会的发展而改变。

为了上好一节课，我几乎翻阅所有能接触到的资料；为了让课堂充满激情，我认真琢磨每一句课堂语言；为了进行"培养学生的创新精神和实践能力"的课题研究，我亲自去湖北宜昌新课标研讨会上向专家请教。当时多媒体刚刚进入课堂，我一马当先自费参加计算机培训学习，并大胆地进行了"应用多种教学媒体，优化初中化学教学，大面积提高初中化学教学质量"的课题实验。

我的教学开始活起来，学生的热情开始高起来，学生兴趣提高了，思维开

阔了，成绩突飞猛进了。许多慕名而来的同行来听我的课，在与同行们研磨、探讨、交流的过程中更加提升了我的教学能力。我以5个"静"警示自己："静下心来备好每一节课，静下心来批每一本作业，静下心来总结规律，静下心来研究学问，静下心来反思教学的成败。"

在担任德育干部和班主任工作期间，我更是把"育人为本"作为履职的基本理念，把教育的最终目标锁定在"使学生能够自学自励，出了学校，做主动有为的人"；把育人的成效落实为"学会做人，学会做事，学会合作，学会学习"。我所带的班向同行们展现了一个又一个拥有健康心态、健全人格、积极向上的学生集体。

作为一名教师，我幸福地耕耘着、品味着、实践着，将教育理想逐渐地变为现实。面对荣誉，我心静如水，因为人生没有止境，每个人都要追求更有意义、更能体现自己价值的生活。

做专业领跑者，让教研工作引领教师专业发展

2001年5月，我调入塘沽区教育中心任化学教研员，开始了专业教学研究之路。不知多少个夜晚，我独自坐在桌前，以书为乐，以写为乐。我深知作为一名教研员，应该走在所有教师的前面。

我曾利用暑假时间，完成了近2万字的初中化学基本功教学讲座的稿件，并对整个初中化学教材进行了比较系统的教材分析，作了10万字的笔记。平时，在教研活动中和老师们进行研讨交流，不断总结和推出适应新课程理念的不同课型的教学模式。做教研员的5年间，我几乎走遍了塘沽区的每一所学校，撰写听课调研报告3万余字，指导教师做各种类型的研究课30余节。每一次研究课，我都帮上课教师精心设计，准备了非常详尽规范的课堂教学设计方案，同时，精心设计所讲部分的专题练习，为每一位教师提供了比较满意的复习材料，赢得了全体初中化学教师的认可。我还亲自主讲各类级别的研究课50余节，研究课也曾获得天津市最高级别的双优课比赛一等奖。

作为一名教研员，我时常想，决不能让自己的学科影响全区的教学质量。5年教研之路，我始终怀着"不干则已，干则一流"的志向，永不懈怠地行进在教研前沿。尽管一路千辛万苦，但我得到了领导和同事们的认可，先后被授予"塘沽区优秀中青年知识分子""天津市基础教育教学改革积极分子"称号。

做幸福的校长，让普通学校变得不再普通

2006 年夏，我任塘沽十五中校长。虽然之前已积累了较为丰富的教育教学实践经验，但做校长的经验还是一片空白。尤其是面对这样一所地处城乡结合部的普通学校，该怎么办？我暗下决心：一定要让这所普通的学校变得不再普通，一定要让进入这所学校的每个学生获得进步和发展。

我提出"从最后一名学生抓起，不让任何一名学生掉队"，以此促进学生的均衡发展。为了明确学校的发展方向，我提出了"追求卓越"的校训，意在勉励全校师生要自强不息、与时俱进，力争办最好的学校、做最好的老师、当最好的学生。

围绕"育人"这一中心任务，我们实施了"信心教育 + 静心教育 + 责任心教育"教育教学改革。我认为，对于普通校来说，帮助师生树立信心是发展的关键。有了信心，才会有努力和毅力，才会有勇气和超越。学校要帮助教师树立信心，成就他们的人生价值；更要帮助学生树立信心，成就每一个孩子的梦想。

静心教育，是指学校要为师生创设工作和学习的安静环境，师生要为自己创设平和大度的心态。我向师生们提出了"七静三品四用"的希望，鼓励大家无论为人还是处事，都要静心而为，用心品味。我们还适时地改革了学校各种相关制度，在工作中化繁为简，避免形式主义。创新教师绩效评估机制，实施"千分制"考核，把人际关系的复杂程度降低到最低点，给教师营造了一个变压力为动力的良好工作环境和公平竞争、和谐发展的工作氛围，在相当程度上减轻了教师的心理负担。

此外，学校德育工作以责任教育为主线。在校园环境建设上，以构建"责任文化"体系为目标，在教育思想上，强调"千教万教，教人求真；千学万学，学做真人"；在教育内容上，从小到大，由此及彼，相互渗透；在教育方式上，抓住主渠道，凸现主环节，让学生学做一个明是非、知廉耻、重操守、守信义、讲气节、有骨气的人；学做一个有自我教育的能力、有管理集体的经验、有建设家乡的宏愿、有社会责任感的现代公民。

做校长 6 年多来，"信心教育、静心教育、责任心教育"效果显著，十五中也发生了质的飞跃，由一所地处城乡结合部的普通学校，跃升为天津市的知名学校。

这几年，学校和我本人的荣誉接踵而至，当别人掂量这些成果时，只有我知道，哪怕是一个微小的进步，哪怕是一点点的改革，都得需要很大的付出，唯有厚积

才能薄发。

做校长 6 年多来，每天休息只有五六个小时，有时候看似正确的路也会碰得自己头破血流，但这就是校长人生，而我也愿意为这样的人生去坚持。如今，我已步入中年，虽然青春年华已逝去，但不变的激情仍促使我在充满劳苦的职业生涯中体验教育的意义，享受生活的幸福。

潘怀林

2012 年 8 月